Herbert Zierhut

Sanitär-, Heizungs- und Klimatechnik

Lernfelder 9 bis 15

Wärmeerzeuger
Regelung von Heizungsanlagen
Anlagen zur Trinkwassererwärmung
Brennstoff-Versorgungsanlagen
Raumlufttechnische Anlagen
Ressourcenschonende Anlagen
Instandhaltung

1. Auflage

Bestellnummer 07489

Bildungsverlag EINS

Inhaltsverzeichnis

1 Wärmeerzeuger ... 5
1.1 Brennstoffe und Verbrennung ... 6
1.2 Gasgeräte ... 20
1.3 Heizkessel ... 36
1.4 Öl- und Gas-Gebläsebrenner ... 57
1.5 Sicherheitstechnische Einrichtungen bei Wärmeerzeugern ... 75
1.6 Aufstellung von Wärmeerzeugern ... 87
1.7 Abgasanlagen ... 94

2 Regelung von Heizungsanlagen ... 109
2.1 Grundlagen der Steuerungs- und Regelungstechnik ... 110
2.2 Temperaturregler und Temperaturbegrenzer ... 115
2.3 Witterungsgeführte Heizungsregelungen ... 120
2.4 Einzelraumregelungen und Gebäudeleittechnik ... 130
2.5 Elektrische Komponenten der Heizungsregelung ... 134

3 Anlagen zur Trinkwassererwärmung ... 143
3.1 Trinkwassererwärmer ... 144
3.2 Elektrische Trinkwassererwärmer ... 158
3.3 Gasgeräte für die Trinkwassererwärmung ... 171
3.4 Trinkwassererwärmung durch Sonnenenergie ... 176
3.5 Leitungsnetze bei Trinkwasser-Erwärmungsanlagen ... 191

4 Brennstoff-Versorgungsanlagen ... 199
4.1 Erdgasversorgung ... 200
4.2 Flüssiggas-Anlagen ... 222
4.3 Heizöllagerung ... 233
4.4 Lagerung von Holzbrennstoffen ... 239

5 Raumlufttechnische Anlagen ... 243
5.1 Grundlagen der Raumlufttechnik ... 244
5.2 Lüftungssysteme ... 255
5.3 Luftbehandlung ... 265
5.4 Luftverteilung ... 281

6 Ressourcenschonende Anlagen ... 301
6.1 Solar- und Wärmepumpen-Heizungen ... 302
6.2 Wohnraumlüftung ... 314
6.3 Kraft-Wärme-Kopplung und Fernheizungen ... 319
6.4 Ressourcenschonung durch Heizkostenabrechnung ... 328

7 Instandhaltung ... 333
7.1 Instandhalten sanitärer Anlagen ... 334
7.2 Instandhalten von Heizungsanlagen ... 345
7.3 Instandhalten von Brennstoff-Versorgungsanlagen ... 354
7.4 Instandhalten raumlufttechnischer Anlagen ... 358

Lernsituationen

1. Aufstellraum für einen Gas-Heizkessel 107
2. Trinkwassererwärmer mit Wärmepumpe 170
3. Solaranlage für Trinkwassererwärmung 190
4. Erdgas-Installationen 220
5. Entwurf einer Teilklimaanlage 298
6. Wärmepumpen-Heizung 310
7. Ressourcenschonende Anlagen in einem Reihenhaus 311

Sachwortverzeichnis 366

Quellennachweis der Abbildungen

Wir danken folgenden Firmen für die freundliche Unterstützung und Bereitstellung technischer Unterlagen und Fotos:

Atex-Filter, Sprockhövel; Axär, Leipzig; Biral, CH-Münsingen; Brugg, Wunstdorf; Buderus, Wetzlar; Burger, Schwerte; Centra, Berlin; Cetetherm, Hamburg; Chauvin Arnoux, CH-Horgen; Comfort, Wettringen; Dingerkus, Attendorn; EUROTUBI, Waldbröl; Goldschmidt TIB, Mannheim; Helios, Villingen-Schwenningen; IDM, A-7993 Matrei, Osttirol; Institut für wirtschaftliche Ölheizung, Hamburg; Ista, Leipzig; KaRo, Hückeswagen; Kieback+Peter, Berlin; Kutzner+Weber, Maisach; Loos, Gunzenhausen; Mertik Maxitrol, Tahle; Naturwärme, Reit im Winkel; ÖkoFEN, Mittelneufnach-Reichertshofen; Pneumatex, Bad Kreuznach; Polytherm, Ochtrup; Primgas, Krefeld; Raychem, Offenbach; Rothenberger, Kelkheim; Sachs, Bad Tölz; Sauter, Hamburg; Schmieg, Frankfurt; Stiebel Eltron, Holzminden; Strunz, Norbert, Würzburg; Tece, Emsdetten; Techem, Frankfurt; Trox Klimatechnik, Neukirchen-Vluyn; Vaillant, Remscheid; Viega, Attendorn; Viessmann, Allendorf; Weishaupt, Schwendi; Wolf, Mainburg; Ziel-Abbegg, Künzelsau.

Haben Sie Anregungen oder Kritikpunkte zu diesem Buch?
Dann senden Sie eine E-Mail an bv07487@bv-1.de.
Autoren und Verlag freuen sich auf Ihre Rückmeldung.

www.bildungsverlag1.de

Gehlen, Kieser und Stam sind unter dem Dach des Bildungsverlages EINS zusammengeführt.

Bildungsverlag EINS
Sieglarer Straße 2, 53842 Troisdorf

ISBN 3-427-**07489**-0

Copyright 2005: Bildungsverlag EINS GmbH, Troisdorf
Das Werk und seine Teile sind urheberrechtlich geschützt. Jede Nutzung in anderen als den gesetzlich zugelassenen Fällen bedarf der vorherigen schriftlichen Einwilligung des Verlages.
Hinweis zu § 52 a UrhG: Weder das Werk noch seine Teile dürfen ohne eine solche Einwilligung eingescannt und in ein Netzwerk eingestellt werden. Dies gilt auch für Intranets von Schulen und sonstigen Bildungseinrichtungen.

Vorwort

Dieses Fachbuch enthält nach dem neuen Rahmenlehrplan die Lernfelder des 3. und 4. Ausbildungsjahrs der Anlagenmechaniker für Sanitär-, Heizungs- und Klimatechnik. Die Lernfelder des 2. Ausbildungsjahrs finden Sie im Fachbuch „Sanitär-, Heizungs- und Klimatechnik – Lernfelder 5–8", Bestellnummer 07487.

Die Lerninhalte werden ohne Fächertrennung einschließlich der notwendigen physikalischen Grundlagen, der Fachmathematik und der technischen Kommunikation vermittelt. Durch diese Änderungen und durch die Weiterentwicklung der Technik, der neuen Verordnungen und Normen wurde eine völlige Neubearbeitung der bisherigen Fachbücher notwendig. Im Wesentlichen wurden folgende neue Inhalte und neue Entwicklungen berücksichtigt:

- Heizkessel für Holz-Peletts und Holz-Hackschnitzel,
- Erneuerung von Heizkesselanlagen,
- DIN EN 12828/Juni 2003, Heizungssysteme in Gebäuden,
- Regelung von Heizungsanlagen,
- neues DVGW-Arbeitsblatt W 551, Minderung des Legionellenwachstums,
- Maßnahmen gegen Manipulation bei Gasanlagen nach TRGI,
- Druckverluste in Erdgasleitungen,
- Ressourcenschonende Anlagen,
- Instandhaltung der Anlagen.

Dieses Fachbuch wendet sich in erster Linie an Berufsschüler im 3. und 4. Ausbildungsjahr, aber auch an Meister- und Technikerschüler sowie an Praktiker, die mit der Planung und Ausführung von Sanitär-, Heizungs- und Klimaanlagen beschäftigt sind.

Neben den vielfältigen Aufgaben zur Wiederholung, Vertiefung und Fachmathematik sind 7 komplexe Aufgaben zu bestimmten Lernsituationen enthalten, damit der Unterricht auch nach Kundenauftrag projektbezogen gestaltet werden kann. Die Schüler haben dabei Gelegenheit, das Erlernte anzuwenden, in Gruppen zu arbeiten und sich auf Klassenarbeiten und Prüfungen vorzubereiten.

Am Ende des Buchs ist eine CD-ROM mit ca. 1 000 Seiten technischer Informationen bekannter Firmen beigefügt, die die Inhalte des Buchs erheblich erweitern und das Arbeiten mit elektronischen Medien unterstützen.

Wir wünschen viel Erfolg und Freude bei der Arbeit mit diesem neuen Fachbuch. Kritische Anmerkungen sind jederzeit willkommen.

Würzburg/Troisdorf
Fühjahr 2005
Autor und Verlag

Wärmeerzeuger

1.1 Brennstoffe und Verbrennung 6
- 1.1.1 Wärmewerte 6
- 1.1.2 Feste Brennstoffe 6
- 1.1.3 Heizöle 7
- 1.1.4 Brenngase 9
- 1.1.5 Zustandsgrößen der Brenngase 10
- 1.1.6 Verbrennungsvorgänge 12
- 1.1.7 Abgase 15
- 1.1.8 Brennstoffbedarf und Energiekosten für Heizungsanlagen 16

1.2 Gasgeräte 20
- 1.2.1 Einteilung der Gasgeräte 20
- 1.2.2 Gasbrenner 22
- 1.2.3 Armaturen am Gasbrenner 24
- 1.2.4 Strömungssicherung 27
- 1.2.5 Einstellung von Gasgeräten 29
- 1.2.6 Gasherde und Gasbacköfen 31
- 1.2.7 Gas-Raumheizer 33

1.3 Heizkessel 36
- 1.3.1 Allgemeine Anforderungen 36
- 1.3.2 Heizkessel für Gebläsefeuerungen 38
- 1.3.3 Heizkessel für Gasbrenner ohne Gebläse 40
- 1.3.4 Brennwertkessel 42
- 1.3.5 Heizkessel mit Trinkwassererwärmung 43
- 1.3.6 Wandhängende Heizgeräte 43
- 1.3.7 Heizkessel für Festbrennstoffe 45
- 1.3.8 Abgasmessungen am Wärmeerzeuger 47
- 1.3.9 Wirkungsgrade bei Wärmeerzeugern 50
- 1.3.10 Überwachung durch den Bezirks-Schornsteinfeger 51
- 1.3.11 Erneuerung von Heizkesselanlagen 52
- 1.3.12 Hydraulische Schaltung von Heizkesselanlagen 53

1.4 Öl- und Gas-Gebläsebrenner 57
- 1.4.1 Einstufige Öl-Zerstäubungsbrenner 57
- 1.4.2 Sonderausführungen bei Ölbrennern 65
- 1.4.3 Einstellung und Überprüfung von Ölbrennern 67
- 1.4.4 Gas-Gebläsebrenner 68
- 1.4.5 Einstellung und Inbetriebnahme von Gas-Gebläsebrennern 72

1.5 Sicherheitstechnische Einrichtungen bei Wärmeerzeugern 75
- 1.5.1 Sicherheitseinrichtungen bei Heizkesseln für Öl- und Gasfeuerungen, geschlossene Anlagen 75
- 1.5.2 Sicherheitseinrichtungen bei Umlaufwasserheizern und Wandheizkesseln 78
- 1.5.3 Sicherheitseinrichtungen für offene Warmwasserheizungen 79
- 1.5.4 Geschlossene Warmwasserheizungen mit Festbrennstoff-Feuerungen 80
- 1.5.5 Ausdehnungsgefäße 81
- 1.5.6 Berechnung von Membran-Ausdehnungsgefäßen 82

1.6 Aufstellung von Wärmeerzeugern 87
- 1.6.1 Allgemeine Anforderungen an Aufstellräume 87
- 1.6.2 Aufstellung von Gasgeräten Art A 88
- 1.6.3 Aufstellung raumluftabhängiger Feuerstätten 88
- 1.6.4 Luftversorgung über Außenfugen 88
- 1.6.5 Luftversorgung über Öffnungen ins Freie 91
- 1.6.6 Eigene Aufstellräume für Feuerstätten 91
- 1.6.7 Heizräume 92

1.7 Abgasanlagen 94
- 1.7.1 Schornsteine und Abgasleitungen 94
- 1.7.2 Verbindungsstücke 99
- 1.7.3 Abgasklappen und Nebenluft-Vorrichtungen 100
- 1.7.4 Abgasabführung bei raumluftunabhängigen Feuerstätten 102
- 1.7.5 Abgasleitungen für Brennwertgeräte 104
- 1.7.6 Inbetriebnahme und Übergabe der Wärmeerzeugungsanlage 104

Wärmeerzeuger

1.1 Brennstoffe und Verbrennung

*Versottung, Zerstörung der Abgasanlage durch Säuren.

Die Wärmeenergie für Heizungsanlagen wird überwiegend aus Edgas, Heizöl, in geringerem Maß aus Holz und nur noch in seltenen Fällen aus Kohle-Brennstoffen gewonnen. Erdgas, Erdöl und Kohle haben sich vor mehreren Millionen Jahren aus pflanzlichen und tierischen Lebewesen gebildet und in den Erdschichten abgelagert. Man bezeichnet sie auch als fossile* Brennstoffe. Sie müssen aus der Erde gefördert und mehr oder weniger aufbereitet werden.

*Fossilien, versteinerte Reste von Pflanzen und Tieren aus der Vorzeit.

1.1.1 Wärmewerte

Der Wärmewert eines Brennstoffs gibt die massen- oder volumenbezogene Wärmemenge an, die bei vollständiger Verbrennung freigesetzt wird. Die Wärmewerte werden bei festen Brennstoffen überwiegend in kWh/kg, bei Heizölen in kWh/l und bei gasförmigen Brennstoffen in kWh/m³ angegeben. Der Wärmewert ist die Sammelbezeichnung für Brennwerte und Heizwerte.

*Brennwert, früher wurde der Brennwert als oberer Heizwert mit dem Kurzzeichen H_o bezeichnet. Jetzt wird die europäische Bezeichnung H_s verwendet, s: franz. supérieur, oberer.

Brennwert* H_s. Er gibt die bei vollständiger Verbrennung eines Brennstoffs frei werdende Wärmemenge an, wenn die Anfangsprodukte (Brennstoff und Luft) und die Endprodukte (Abgase) eine Temperatur von 25 °C haben und der bei der Verbrennung entstehende Wasserdampf kondensiert ist. Die Verdampfungswärme von Wasser beträgt bei normalem Luftdruck 627 Wh/kg.

*Heizwert, früher wurde der Heizwert als unterer Heizwert mit dem Kurzzeichen H_u bezeichnet. Jetzt wird die europäische Bezeichnung H_i verwendet, i: franz. inférieur, unterer.

Heizwert* H_i. Bei der Ermittlung des Heizwerts darf der Wasserdampf in den Abgasen nicht kondensieren. Sonst gelten die gleichen Temperaturbedingungen wie bei der Ermittlung des Brennwerts. Der Heizwert ist deshalb um den Betrag der Verdampfungswärme im Wasserdampf der Abgase niedriger als der Brennwert. Wenn bei Feuerungsanlagen der Wasserdampf in den Abgasen wegen Korrosions- und Versottungsgefahr* nicht kondensieren darf, muss diese Verdampfungswärme ungenutzt bleiben.

*Lufttrocken, Feuchtigkeit 15 % bis 18 %.

*Pellets, engl., kleine gepresste Zylinder aus Holzabfällen.

Die aus einer beliebigen Brennstoffmasse bzw. einem beliebigen Brennstoffvolumen bei vollständiger Verbrennung frei werdende Wärmemenge wird wie folgt berechnet:

$$Q = m \cdot H_i$$
$$Q = V \cdot H_i$$

Q	Wärmemenge	in kWh	kWh	kWh
m	Brennstoffmasse	in kg		
V	Brennstoffvolumen	in	m³	l
H_i	Heizwert	in kWh/kg	kWh/m³	kWh/l

Beispiel:

Welche Wärmemenge kann aus 15 kg Holz-Pellets gewonnen werden?

Lösung nach Tab. 1.01:
H_i = 4,9 kWh/kg
$Q = m \cdot H_i$
Q = 15 kg · 4,9 kWh/kg = 73,5 kWh

1.1.2 Feste Brennstoffe

Zu den festen Brennstoffen zählen Steinkohle, Koks, Braunkohle, Holz und Stroh.

Tabelle 1.01: Heizwerte fester Brennstoffe

Brennstoff	Heizwert H_i (Mittelwerte) in kWh/kg
Braunkohle	5,6
Brennholz, lufttrocken*	4,3
Holz-Pellets*	4,9
Steinkohle (Anthrazit)	9,3
Stroh	3,3
Zechenkoks	8,2

Wegen des schwierigen Transports, des verhältnismäßig hohen Preises und des großen Arbeitsaufwands beim Heizen, sind Kohle-Brennstoffe durch Heizöle, Brenngase und Holz weitgehend verdrängt worden.

Außerdem belastet Kohle die Umwelt durch Ruß- und Schwefelemissionen stärker als gasförmige oder flüssige Brennstoffe.

Holz-Brennstoffe sind nachwachsende Rohstoffe, die von allen festen Brennstoffen die größte Bedeutung haben. Sie werden für die Beheizung von Kachelöfen, Kaminöfen oder in einem Holz-Heizkessel verwendet. Aber auch in großen Heizwerken in ländlichen Gebieten lassen sich Holzabfälle für die Beheizung ganzer Ortschaften einsetzen. Vgl. 6.3.4, S. 324. Dieser ressourcenschonende Rohstoff kann den Brennstoffmarkt in gewissen Grenzen entlasten. Der Kohlenstoffgehalt von Holz liegt zwischen 40 % und 50 %. Der Heizwert nimmt mit zunehmendem Wassergehalt ab. Brennholz darf nicht mit giftigen und umweltschädlichen Holzschutzmitteln behandelt sein. Man unterscheidet bei der Verfeuerung Scheitholz, Holz-Hackschnitzel und Holz-Pellets. Vgl. 1.3.7, S. 45.

Stroh ist ein Abfallprodukt der Landwirtschaft. Es kann zu Briketts* oder Pellets gepresst und als Brennstoff, z.B. in einem Bauernhof, preiswert eingesetzt werden.

Holz-Pellets werden aus Holzabfällen, z.B. Säge- und Hobelspänen sowie aus Stroh gepresst. Es sind kleine zylinderförmige Körper mit einem Durchmesser von 6 mm bis 8 mm und einer Länge von 10 mm bis 30 mm. Durch die geringe Größe und Gleichförmigkeit lassen sich Holz-Pellets automatisch transportieren und in speziellen Pellets-Heizkesseln verfeuern. Die Anzahl von Pellets-Heizungen hat darüber hinaus wegen des günstigen Preises und als umweltfreundlicher Brennstoff in den letzten Jahren stark zugenommen.

1.1.3 Heizöle

Mineralische Heizöle werden in Raffinerien aus Erdöl gewonnen. Andere Raffinerieerzeugnisse sind Propan- und Butangas, Benzin, Petroleum, Schmieröle und Bitumen.

*Briketts, aus kleinen Stücken gepresste Brennstoffe, die erheblich größer als Pellets sind.

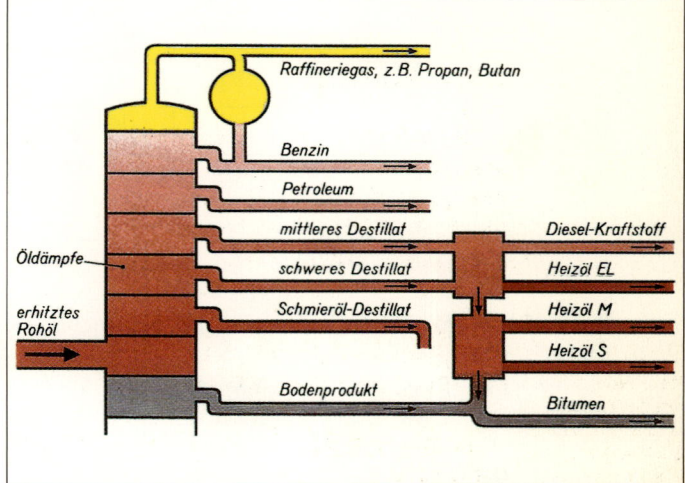

2. Raffinerieanlage.

Man unterscheidet extra leichtflüssiges Heizöl EL von mittelschwer- und schwerflüssigen Heizölen M und S. Die Heizölsorten unterscheiden sich in ihrer Dichte, in der Viskosität* und im Heizwert. Die Heizölsorte EL bleibt wegen der geringen Viskosität bei normalen Temperaturen dünnflüssig. Die schweren Sorten müssen vor der Verbrennung auf 100 °C bis 150 °C aufgeheizt werden, damit sie ausreichend dünnflüssig und somit pumpfähig sind. Für normale Heizungsanlagen wird ausschließlich Heizöl EL verbraucht, während die schweren Sorten in Industrieanlagen verwendet werden. Aber auch hier wird der Verbrauch dieser Heizöle stark eingeschränkt, da durch den hohen Schwefelgehalt die

*Viskosität, Zähflüssigkeit.

1. Holz-Pellets.

Wärmeerzeuger

Umwelt stark belastet wird. Es ist technisch möglich, die schweren Heizöle durch Kracken* in leichte Heizöle umzuwandeln.

*Kracken, Aufspalten von Kohlen-Wasserstoffen; engl. to crack, zerbrechen.

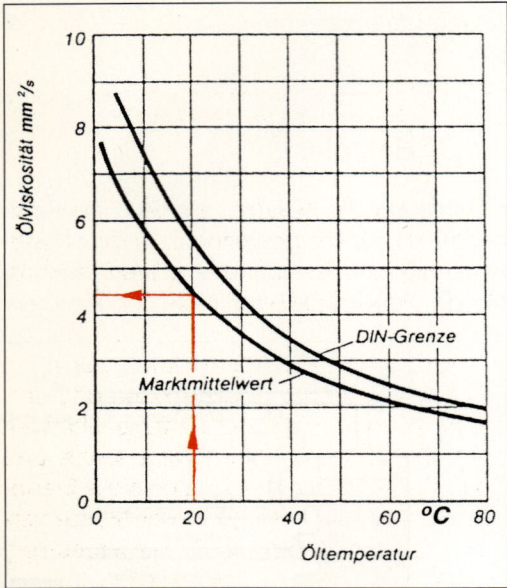

1. Viskosität von Heizöl EL.

Heizöl EL ist neben Erdgas der wichtigste Energieträger für die Beheizung von Gebäuden. Es ist dem Dieselkraftstoff sehr ähnlich. Damit Missbrauch wegen der unterschiedlichen Besteuerung erkannt werden kann, wird es rot eingefärbt.

Für Heizöl EL sind nach DIN 51603-1* Mindestanforderungen für die wichtigsten Kennwerte festgelegt.

DIN 51603-1, Heizöl EL, Mindestanforderungen.

*Additiv, hinzufügen.

Tabelle 1.02: Kennwerte für Heizöl EL	
Kennwert	Größe des Kennwerts
Heizwert H_i	10 kWh/l
Dichte bei 15 °C	maximal 0,86 kg/dm³
Flammpunkt-Temperatur*	über 55 °C
Viskosität bei 20 °C	maximal 6 mm²/s
Pourpoint*	höchstens −6 °C
Schwefelgehalt	
Standard-Heizöl	maximal 2000 mg/kg
schwefelarmes Heizöl	maximal 50 mg/kg

*Flammpunkt-Temperatur, ab dieser Temperatur können sich brennbare Öldämpfe bilden.

*Pourpoint, engl. Fließpunkt; ab dieser Temperatur scheiden sich Paraffine aus, die die Fließfähigkeit des Öls stark einschränken.

Heizöl EL ist ein Kohlenwasserstoff, der aus ca. 86 % Kohlenstoff und ca. 12 % Wasserstoff besteht. Der Rest setzt sich überwiegend aus Stickstoff, Sauerstoff, Schwefel und unbrennbaren Bestandteilen zusammen. Kohlenwasserstoffe sind chemische Verbindungen aus Kohlenstoff (C) und Wasserstoff (H_2). Durch Bindung ihrer Atome zu Molekülen können sie eine große Anzahl brennbarer Stoffe bilden. In Heizöl EL sind verschiedene Kohlenwasserstoffe enthalten, z.B. $C_{15}H_{32}$.

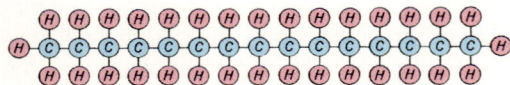

2. Kohlenwasserstoff-Molekül $C_{15}H_{32}$.

Man unterscheidet:
- Heizöl EL, Standard,
- Heizöl EL, schwefelarm.

Heizöl EL, Standard. Das im Handel erhältliche Heizöl enthält etwa 1300 mg/kg bis 1400 mg/kg Schwefel. Es darf bis zu 2000 mg/kg Schwefel enthalten und wird am meisten in herkömmlichen Öl-Heizkesseln ohne Brennwertnutzung verwendet.

Heizöl EL, schwefelarm. Es enthält maximal 50 mg/kg Schwefel und wird bei Öl-Brennwertkesseln eingesetzt. Durch den geringen Schwefelgehalt bilden sich nur wenig schwefelige Säuren, so dass das Kondensat erheblich weniger Korrosion als Heizöl-Standard hervorruft.

Additive. Darüber hinaus werden Heizöle mit zusätzlichen Additiven* angeboten, die nach Herstellerangaben die Alterung des Öls verzögern und die Verbrennungsergebnisse verbessern sollen.

Bioöle. Nachwachsende Rohstoffe, die in der Landwirtschaft durch ölhaltige Pflanzen, z.B. Raps, gewonnen werden, fasst man unter dem Begriff Bioöle zusammen. In der Heizungstechnik haben sie wegen des hohen Preises bisher keine Bedeutung. Bei Kraftfahrzeugen hat sich jedoch „Biodiesel" durch steuerliche Begünstigung einen begrenzten Markt erobert.

1.1.4 Brenngase

Brenngase sind gasförmige Brennstoffe, die in erster Linie der Wärmeerzeugung in Gebäuden und in der Industrie dienen. Sie enthalten neben den brennbaren auch nicht brennbare Bestandteile, so genannte inerte Gase. Die brennbaren Bestandteile sind Wasserstoff (H_2) und Kohlenwasserstoffe (C_nH_m). In einem Molekül Methan (CH_4) bindet z.B. das Kohlenstoffatom vier Wasserstoffatome. Methan bildet den Hauptbestandteil von Erdgas. Außerdem enthalten die Brenngase geringe Mengen schwefelhaltiger Gasbegleitstoffe, z.B. Schwefelwasserstoff (H_2S).

Die nicht brennbaren Bestandteile der Brenngase sind Kohlendioxid (CO_2) und Stickstoff (N_2). Außerdem können Wasserdampf (H_2O) und Sauerstoff (O_2) enthalten sein.

Erdgas besteht zu mehr als 80 % aus Methan (CH_4) und hat sich wie das Erdöl vor vielen Millionen Jahren aus abgestorbenen Meerestieren und Pflanzen gebildet. Im Laufe der Erdgeschichte haben undurchlässige Erd- und Gesteinsschichten sie überlagern. Erdgasvorkommen müssen deshalb auf dem Festland oder im Meer durch Tiefbohrungen erschlossen werden. Man unterscheidet Erdgas E* mit einem hohen Heizwert und Erdgas LL* mit einem etwas niedrigeren Heizwert. Erdgas E wird z.B. in der Nordsee und in Russland gefunden, Erdgas LL in der norddeutschen Tiefebene und in den Niederlanden.

Nachdem das Erdgasnetz in Europa sehr weit verzweigt ist und fast alle größeren Städte und Gemeinden an die Gasversorgung angeschlossen sind, ist Erdgas zum wichtigsten Brennstoff für die Wärmeversorgung der Gebäude geworden.

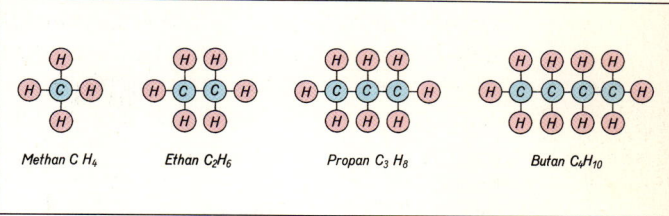

1. Kohlenwasserstoff-Moleküle bei Brenngasen.

Stadtgas und Ferngas werden durch Erhitzung von Steinkohle gewonnen und enthalten als brennbare Bestandteile überwiegend Wasserstoff, Kohlenwasserstoffe und Kohlenmonoxid. Früher wurden diese Brenngase für die Gasversorgung der Städte verwendet, heute haben sie keine Bedeutung mehr.

Spaltgas entsteht in Ölraffinerien. In Krackanlagen werden flüssige Brennstoffe wie Benzin und leichtes Heizöl aufgespalten. Die dabei entstehenden Brenngase haben ähnliche Brenneigenschaften wie Stadt- und Ferngas.

Biogas entsteht durch Faulprozesse biologischer Abfallprodukte wie Holz, Stroh, Mist und Gülle. Es ist dem Erdgas ähnlich und besteht überwiegend aus Methan. Auch das in Kläranlagen und Mülldeponien anfallende Brenngas ist Biogas. In Biogasanlagen kann hochwertiges Brenngas aus nachwachsenden Rohstoffen und Abfallstoffen gewonnen werden.

Flüssiggas. Propan (C_3H_8) und Butan (C_4H_{10}) fallen überwiegend bei der Verarbeitung von Erdöl in Raffinerien an. Ein geringer Teil wird direkt bei der Erdgasförderung gewonnen. Bei verhältnismäßig geringem Überdruck werden diese Gase flüssig, bei normalem Luftdruck und normalen Temperaturen sind sie gasförmig. Durch die

*Erdgas E nach DIN EN 437, es wurde früher als Erdgas H bezeichnet.

*Erdgas LL, es wurde füher als Erdgas L bezeichnet.

Tabelle 1.03: Erdgasbestandteile

Bestandteile	Erdgas E in Volumen-%	Erdgas LL
Methan (CH_4)	93,0	81,8
andere Kohlenwasserstoffe (C_nH_m)	4,9	3,4
Stickstoff (N_2)	1,1	14,0
Kohlendioxid (CO_2)	1,0	0,8

wirtschaftliche Lagermöglichkeit der Flüssiggase in Behältern und Flaschen kann es überall eingesetzt werden, wo die öffentliche Gasversorgung fehlt. Vgl. 4.2, S. 222. Im flüssigen Zustand benötigt Propan, der Hauptbestandteil der Flüssiggase, nur noch 1/265 des Volumens im gasförmigen Zustand.

Gasfamilien. Das Arbeitsblatt G 260/1 des DVGW* enthält grundsätzliche Anforderungen an Brenngase der öffentlichen Gasversorgung. Danach werden Brenngase mit weitgehend übereinstimmenden Brenneigenschaften in vier Gasfamilien zusammengefasst:

*DVGW, **D**eutscher **V**erein des **G**as-und **W**asserfaches.

1. Gasfamilie: Sie umfasst wasserstoffreiche Gase. Man unterscheidet die Brenngase Gruppe A „Stadtgas" und Gruppe B „Ferngas".

2. Gasfamilie: Sie umfasst methanreiche Gase. Das sind überwiegend die aus natürlichen Vorkommen stammenden Erdgase.

3. Gasfamilie: Dazu gehören die Brenngase Propan und Butan und Gemische dieser Gase, die im verflüssigten Zustand als Flüssiggase bezeichnet werden.

4. Gasfamilie: Es sind Kohlenwasserstoff-Luft-Gemische, die aus Flüssiggasen oder Erdgasen und Luft hergestellt werden. Diese Brenngase dienen häufig als Austauschgase für die 1. Gasfamilie.

1.1.5 Zustandsgrößen der Brenngase

Das Volumen einer bestimmten Gasmenge ist von der jeweiligen Zustandsgröße des Gases – dem Gasdruck und der Gastemperatur – abhängig. Steigt der Druck, verringert sich das Volumen, steigt die Temperatur, erhöht es sich. Genaue Mengenangaben für Gase können deshalb nur gemacht werden, wenn Gasdruck und Gastemperatur bekannt sind. Dieser Sachverhalt wird in der Gastechnik durch die Begriffe Normzustand und Betriebszustand berücksichtigt.

Normzustand. Ein Gas befindet sich im Normzustand, wenn es eine Temperatur von 0 °C und einen absoluten Druck von 1013 mbar hat. Der Normzustand ist die Grundlage für die geschäftliche Berechnung des Gaspreises.

Betriebszustand. Der Zustand eines Brenngases an der Verbrauchsstelle wird als Betriebszustand bezeichnet. Die Gastemperatur liegt bei 15 °C. Der absolute Gasdruck ergibt sich aus dem örtlichen Luftdruck und dem Überdruck des Gases in der Leitungsanlage.

Beispiel 1:

Der absolute Luftdruck an einer Verbrauchsstelle beträgt 1020 mbar, der Überdruck in der Erdgasleitung 30 mbar. Wie groß ist der absolute Gasdruck?

Lösung:
$p_{abs} = p_{amb} + p_e$
$p_{abs} = 1020\ \text{mbar} + 30\ \text{mbar}$
$p_{abs} = 1050\ \text{mbar}$

Allgemeine Gasgleichung. Sie erfasst die Volumenausdehnung bei Temperatur- und Druckänderungen der Gase.

$$\frac{p_{abs1} \cdot V_1}{T_1} = \frac{p_{abs2} \cdot V_2}{T_2}$$

p_{abs1}	abs. Gasdruck im Zustand 1	in Pa	bar
V_1	Volumen im Zustand 1	in m³	m³
T_1	abs. Temperatur im Zustand 1	in K	K
p_{abs2}	abs. Gasdruck im Zustand 2	in Pa	bar
V_2	Volumen im Zustand 2	in m³	m³
T_2	abs. Temperatur im Zustand 2	in K	K

Beachten Sie: Bei der allgemeinen Gasgleichung muss mit absoluten Drücken und absoluten Temperaturen gerechnet werden. Konstante Größen können aus der Formel gekürzt werden.

Brennstoffe und Verbrennung

Beispiel 2:

100 m³ Erdgas werden bei konstantem Druck von 0 °C auf 15 °C erwärmt.
a) Wie groß ist das Gasvolumen im Zustand 2?
b) Um wie viel m³ hat sich das Gas ausgedehnt?

Lösung:
a) $p_{abs1} = p_{abs2}$ = konstant

$$\frac{V_1}{T_1} = \frac{V_2}{T_2}$$

$$V_2 = \frac{V_1 \cdot T_2}{T_1}$$

$T = \vartheta + 273$
$T_1 = 0\ °C + 273\ K = 273\ K$
$T_2 = 15\ °C + 273\ K = 288\ K$

$$V_2 = \frac{100\ m^3 \cdot 288\ K}{273\ K} = 105{,}5\ m^3$$

b) $\Delta V = V_2 - V_1$
$\Delta V = 105{,}5\ m^3 - 100\ m^3 = 5{,}5\ m^3$

Beispiel 3:

Erdgas hat bei einer Temperatur von 0 °C und einem absoluten Druck von 1013 mbar (Normzustand) ein Volumen von 10 000 m³. Im Betriebszustand verändern sich der Druck auf 990 mbar und die Temperatur auf 15 °C. Wie groß ist das Gasvolumen im Betriebszustand?

Lösung:

$$\frac{p_{abs1} \cdot V_1}{T_1} = \frac{p_{abs2} \cdot V_2}{T_2}$$

$$V_2 = \frac{p_{abs1} \cdot V_1 \cdot T_2}{T_1 \cdot p_{abs2}}$$

$$V_2 = \frac{1013\ mbar \cdot 10\,000\ m^3 \cdot 288\ K}{273\ K \cdot 990\ mbar}$$

$V_2 = 10\,795\ m^3$

Relative Dichte. Sie ist das Verhältnis der Dichte des Brenngases zur Dichte der Luft jeweils im Normzustand. An der relativen Dichte ist zu erkennen, ob ein Brenngas leichter oder schwerer als Luft ist. Gase mit einer relativen Dichte < 1 steigen in Luft auf, Gase mit einer relativen Dichte > 1 sinken in Luft ab. Von den in Tabelle 1.04 angegebenen Brenngasen sinken Butan und Propan in Luft ab, alle anderen Gase steigen auf.

Tabelle 1.04: Dichten bei Brenngasen

Gasart	Normdichte ϱ_n in kg/m³	Relative Dichte d
Butan (gasförmig)	2,703	2,09
Erdgas	0,71 bis 0,91	0,55 bis 0,70
Kohlenmonoxid	1,251	0,968
Luft	1,293	1,000
Methan	0,717	0,555
Propan (gasförmig)	2,004	1,550
Wasserstoff	0,090	0,070

Wärmewerte bei Brenngasen. Wenn bei Brenngasen Wärmewerte angegeben werden, muss erkennbar sein, ob sich das Gas im Normzustand* oder im Betriebszustand* befindet. Deshalb sind folgende Wärmewerte zu unterscheiden:
- Brennwert im Normzustand $H_{s,n}$,
- Brennwert im Betriebszustand $H_{s,B}$,
- Heizwert im Normzustand $H_{i,n}$,
- Heizwert im Betriebszustand $H_{i,B}$.

Brennwerte und Heizwerte im Betriebszustand werden durch das GVU* ermittelt und veröffentlicht. Diese Werte sind zur Einstellung einer Gasfeuerstätte notwendig.

Der Brennwert ist bei Brennwertnutzung von großer Bedeutung, da ein Teil der Verdampfungswärme im Wasserdampf der Abgase gewonnen wird. Bei Erdgas liegt der Brennwert um ca. 10 % über dem Heizwert.

Es können z.B. folgende Angaben eines GVU über Erdgas E vorliegen:
$H_{s,n}$ = 12,4 kWh/m³
$H_{i,n}$ = 11,3 kWh/m³
ΔH = 12,4 kWh/m³ − 11,3 kWh/m³
ΔH = 1,1 kWh/m³

***Normzustand,** Index n.

***Betriebszustand,** Index B.

***GVU,** Abkürzung für **G**as**v**ersorgungs**u**nternehmen.

Wärmeerzeuger

Tabelle 1.05 Wärmewerte bei Brenngasen

Gas-familie	Brenngas	Brennwert $H_{s,n}$ in kWh/m³	Heizwert $H_{i,n}$ in kWh/m³	Wobbe-Index $W_{s,n}$ in kWh/m³
1	Stadtgas	4,6 bis 5,5	4,1 bis 5,0	6,4 bis 7,8
	Ferngas	5,0 bis 5,9	4,5 bis 5,3	7,8 bis 9,3
2	Erdgas LL	8,4 bis 13,1	7,6 bis 11,8	10,5 bis 13,0
	Erdgas E			12,8 bis 15,7
3	Propan	26,2 bis 28,3	24,5 bis 26,0	21,5 bis 22,7
	Butan	36,6 bis 37,2	33,8 bis 34,3	25,5 bis 25,7
4	Flüssiggas-Luft	7,5	6,8	6,8 bis 7,0
	Edgas-Luft	6,0 bis 6,4	5,4 bis 5,8	7,0

$H_{s,B}$ = 11,6 kWh/m³
$H_{i,B}$ = 10,6 kWh/m³
ΔH = 11,6 kWh/m³ − 10,6 kWh/m³
ΔH = 1,0 kWh/m³

Die Differenz ΔH entsteht durch die Verdampfungswärme des Wasserdampfs in den Abgasen.

*G. Wobbe, er entwickelte 1927 die nach ihm benannte Kenngröße.

Wobbe*-Index. Dieser Gaskennwert gibt Auskunft über die Austauschbarkeit von Brenngasen. Gase mit gleichem Wobbe-Index ergeben bei gleichen Zustandsgrößen die gleiche Wärmebelastung einer Gasfeuerstätte. Die Wärmebelastung ist der einem Gasbrenner zugeführte Wärmestrom in Form des Brenngases. Der Wobbe-Index kann mit dem Brennwert $H_{s,n}$ oder dem Heizwert $H_{i,n}$ berechnet werden. Entsprechend ergeben sich der obere Wobbe-Index* $W_{s,n}$ oder der untere Wobbe-Index* $W_{i,n}$.

*Der obere Wobbe-Index wurde früher mit W_o, der untere Wobbe-Index mit W_u bezeichnet.

$$W_{s,n} = \frac{H_{s,n}}{\sqrt{d}}$$

$$W_{i,n} = \frac{H_{i,n}}{\sqrt{d}}$$

$W_{s,n}$ oberer Wobbe-Index in kWh/m³
$W_{i,n}$ unterer Wobbe-Index in kWh/m³
$H_{s,n}$ Brennwert in kWh/m³
$H_{i,n}$ Heizwert in kWh/m³
d relative Dichte

In der Praxis wird der Wobbe-Index zur Einstellung von Gasbrennern benötigt. Er wird wie die Wärmewerte durch das GVU bekannt gegeben.

Beispiel 4:

Wie groß ist der obere Wobbe-Index von Erdgas E bei einem Brennwert von 12,4 kWh/m³ und einer relativen Dichte von 0,67?

Lösung:

$$W_{s,n} = \frac{H_{s,n}}{\sqrt{d}}$$

$$W_{s,n} = \frac{12,4 \text{ kWh/m}^3}{\sqrt{0,67}}$$

$W_{s,n}$ = 15,15 kWh/m³

1.1.6 Verbrennungsvorgänge

Die chemische Reaktion eines Brennstoffs mit Sauerstoff wird als Verbrennung bezeichnet. Dabei reagieren der Kohlenstoff, der Wasserstoff und – falls im Brennstoff vorhanden – der Schwefel mit dem Sauerstoff der Luft. Die Luft ist ein Gemenge verschiedener Gase. Sie besteht aus ca. 21 Vol.-% Sauerstoff, 78 % Stickstoff sowie 1 % Edelgasen und Kohlendioxid. Ohne Sauerstoff ist eine Verbrennung nicht möglich.

Zündtemperaturen. Um eine Verbrennung einzuleiten, muss der Brennstoff auf seine Zündtemperatur erwärmt werden. Diese Temperatur ist kein fester Wert und hängt von mehreren Bedingungen ab. Bei Heizöl und Brenngasen sowie bei Holz-Schnitzel und Holz-Pellets wird die Zündtemperatur durch eine elektrische Zündeinrichtung oder

Brennstoffe und Verbrennung

Versuch 1: Verbrennung bei Sauerstoffmangel

Über eine brennende Kerze wird ein Glas gestülpt. Nach kurzer Zeit verlischt die Kerzenflamme.

Ergebnis:
Zu jeder Verbrennung ist Sauerstoff notwendig.

bare Bestandteile vorhanden sind. Bei mehr als 15 % Erdgas zündet das Gemisch ebenfalls nicht, weil der erforderliche Sauerstoff fehlt. Die Zündgrenzen des Erdgases liegen demnach zwischen 4 % und 15 % Erdgasanteilen und 85 % bis 96 % Luftanteilen.

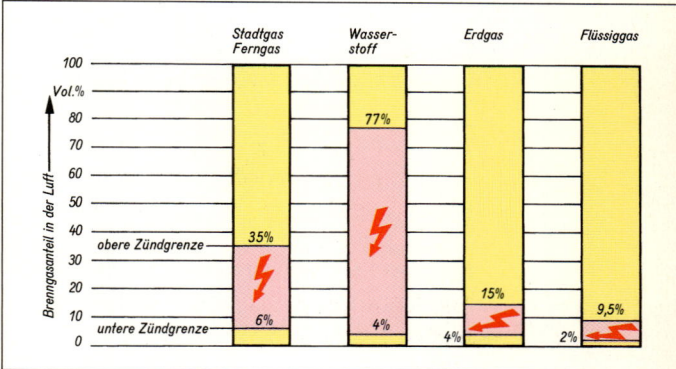

1. Zündgrenzen bei Brenngas-Luft-Gemischen.

durch eine Zündflamme erreicht. Bei Scheitholz muss die Zündtemperatur durch leicht entzündbare Stoffe wie Papier überschritten werden.

Tabelle 1.06: Zündtemperaturen

Feste und flüssige Brennstoffe	Zündtemperatur in °C
Braunkohle	200 bis 250
Heizöl	330 bis 360
Holz	200 bis 300
Koks	550 bis 650
Steinkohle	470 bis 500
Brenngase	
Butan	460
Erdgas	600 bis 670
Propan	510
Stadt- und Ferngas	550 bis 570

Zündgrenzen. Wenn sich Brenngas und Luft vermischen, so kann dieses Gemisch nur bei bestimmten Mischungsverhältnissen zünden. Daraus ergibt sich eine untere und eine obere Zündgrenze, in deren Bereich eine Zündung oder auch Explosion eintreten kann. Ein Erdgas-Luft-Gemisch mit einem Erdgasanteil unter 4 % zündet nicht, weil zu wenig brenn-

Zündgeschwindigkeit*. Man versteht darunter die Geschwindigkeit, mit der sich die Flamme in einem brennbaren Gas-Luft-Gemisch fortpflanzt. Sie ist abhängig von der Zusammensetzung des Brenngases: Wasserstoff erhöht die Zündgeschwindigkeit, unbrennbare Bestandteile setzen sie herab. Die Zündgeschwindigkeit von Erdgas ist besonders niedrig und beträgt etwa 0,35 m/s. Die Ausströmgeschwindigkeit des Brenngas-Luftgemischs an einem Brenner muss etwa so groß wie die Zündgeschwindigkeit sein. Ist die Ausströmgeschwindigkeit zu groß, hebt die Flamme vom Brenner ab und kann verlöschen. Ist sie zu gering, schlägt die Flamme in den Brenner zurück und verursacht hier eine unzulässige Erwärmung oder gar Zerstörung des Brenners.

*__Zündgeschwindigkeit,__ sie wird auch als Flammengeschwindigkeit bezeichnet.

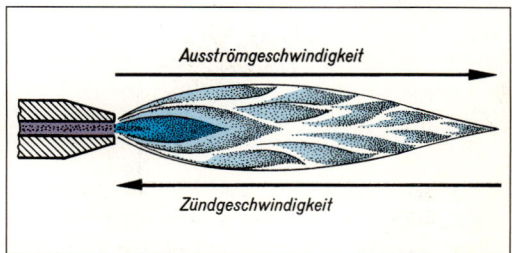

2. Ausström- und Zündgeschwindigkeit.

Wärmeerzeuger

*λ, griech. Buchstabe, sprich *lambda*.

Vollständige Verbrennung. Der Kohlenstoff verbrennt bei einer vollständigen Verbrennung zu Kohlendioxid, der Wasserstoff zu Wasserdampf und der Schwefel zu Schwefeldioxid:

Kohlenstoff + Sauerstoff ⇒ Kohlendioxid
$C + O_2 \Rightarrow CO_2$

Wasserstoff + Sauerstoff ⇒ Wasserdampf
$2H_2 + O_2 \Rightarrow 2H_2O$

Schwefel + Sauerstoff ⇒ Schwefeldioxid
$S + O_2 \Rightarrow SO_2$

Methan, der Hauptbestandteil des Erdgases, verbrennt mit Sauerstoff vollständig zu Kohlendioxid und Wasserdampf:

$CH_4 + 2O_2 \Rightarrow CO_2 + 2H_2O$

Die unbrennbaren Bestandteile der Brennstoffe und der Luft sind am Verbrennungsprozess nicht beteiligt. Je nach Flammentemperatur und Verbrennungsdauer können sich jedoch geringe Mengen des Stickstoffs mit Sauerstoff zu Stickstoffoxiden* verbinden.

***Stickstoffoxide:** NO, Stickstoffmonoxid, NO_2, Stickstoffdioxid, NO_x, zusammenfassende Bezeichnung für NO und NO_2. Sie werden auch als Stickoxide bezeichnet.

Unvollständige Verbrennung. Falls bei einer Verbrennung Sauerstoffmangel besteht, verbrennt der Kohlenstoff unvollständig. Es bildet sich das gasförmige, noch brennbare und sehr giftige Kohlenmonoxid:

$2C + O_2 \Rightarrow 2CO$

Kohlenmonoxid verbrennt mit zusätzlichem Sauerstoff zu Kohlendioxid:

$2CO + O_2 \Rightarrow 2CO_2$

Bei Sauerstoffmangel scheidet sich bei der Ölverbrennung der Kohlenstoff in Form von Ruß* ab.

***Ruß** besteht aus Kohlenstoff (C).

Luftüberschuss. Jeder Brennstoff hat, je nach seiner chemischen Zusammensetzung, einen theoretischen Luftbedarf. Vgl. Tabelle 1.07. Für eine vollständige Verbrennung – also ohne CO- und Rußbildung – muss einer Feuerung stets mehr Luft zugeführt werden, als theoretisch notwendig ist. Der Luftüberschuss beträgt je nach Feuerungsart 10 % bis 30 %. Die Luftverhältniszahl λ* ergibt sich aus dem tatsächlichen zum theoretischen Luftbedarf.

$$\lambda = \frac{L_{tats}}{L_{min}}$$

λ	Luftverhältniszahl	
L_{tats}	tatsächlicher Luftbedarf	in m^3/kg m^3/m^3
L_{min}	theoretischer Luftbedarf	in m^3/kg m^3/m^3

Beispiel:

Für Erdgas LL ist ein theoretischer Luftbedarf von 8,4 m³ Luft je m³ Gas erforderlich. Wie groß ist die Luftverhältniszahl bei einem tatsächlichen Luftbedarf von 9,6 m³ Luft je m³ Brenngas?

Lösung:

$$\lambda = \frac{L_{tats}}{L_{min}}$$

$$\lambda = \frac{9,6 \; m^3/m^3}{8,4 \; m^3/m^3} = 1,14$$

Das entspricht einem Luftüberschuss von 14 %.

Tabelle 1.07: Luftbedarf bei Brennstoffen

feste und flüssige Brennstoffe	L_{min} in m³ Luft je kg Brennstoff
Braunkohle	5,6
Heizöl EL	10,8
Holz	3,8
Koks	7,7
Steinkohle	8,3
Brenngase	L_{min} in m³ Luft je m³ Brenngas
Butan	30,9
Erdgas E	10,0
Erdgas LL	8,4
Ferngas	4,2
Propan	23,8
Stadtgas	3,7

Brennstoffe und Verbrennung

1.1.7 Abgase

Die bei einer Verbrennung entstehenden Verbrennungsprodukte werden als Abgase bezeichnet. Sie enthalten bei vollständiger Verbrennung Kohlendioxid, Wasserdampf, geringe Anteile an Schwefeldioxid* und Stickoxide. Der größte Anteil der Abgase besteht aus Stickstoff, der an der Verbrennung im Wesentlichen nicht beteiligt ist. In den Abgasen ist auch der Teil des Sauerstoffs enthalten, der durch den Luftüberschuss für die Verbrennung nicht benötigt wird.

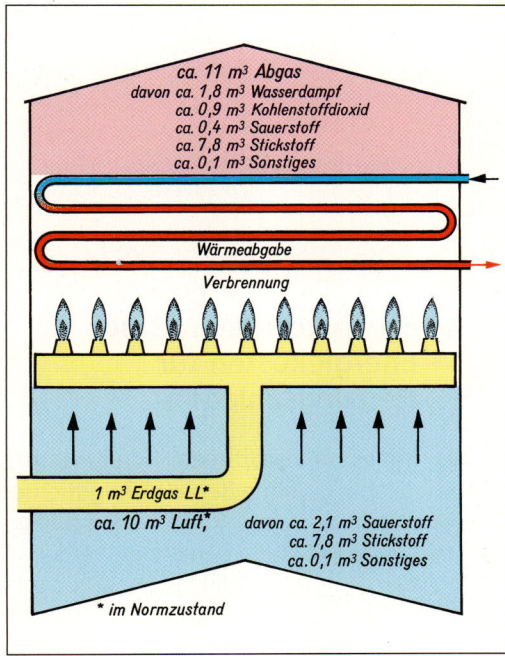

1. Verbrennungsstrombild. Um 1 m³ Erdgas LL vollständig zu verbrennen, ist bei einem Luftüberschuss von 20 % ein Luftvolumen von ca. 10 m³ erforderlich. Es entstehen dann ca. 11 m³ feuchte Abgase.

Bei unvollständiger Verbrennung befinden sich zusätzlich das giftige Kohlenmonoxid und bei Ölfeuerungen Ruß in den Abgasen.

Beachten Sie: CO-haltige Abgase können lebensgefährlich werden, wenn sie aus der Abgasanlage entweichen. Ab einer CO-Konzentration von ca. 0,1 % in der Luft besteht akute Lebensgefahr.

Umweltbelastung. Abgase enthalten Verbrennungsprodukte, die umweltschädlich sind. Dazu gehören:
- staubförmige Emissionen* bei festen Brennstoffen,
- Kohlenmonoxid und Ruß bei unvollständiger Verbrennung,
- Schwefeldioxid bei schwefelhaltigen Brennstoffen; es bildet mit Wasser schwefelige Säure* H_2SO_3,
- Stickstoffdioxid; es bildet mit Wasser und Sauerstoff Salpetersäure* HNO_3,
- Kohlendioxid; es ist ungiftig, belastet jedoch ebenfalls die Umwelt, da das in großen Mengen freigesetzte Abgas für die zunehmende Erwärmung der Erde* verantwortlich gemacht wird.
- Kohlenwasserstoffe, die bei unvollständiger Verbrennung mit den Abgasen in die Atmosphäre gelangen.

Die von einer Feuerung ausgehenden Belastungen der Luft durch Abgase werden auch als Immissionen* bezeichnet.

Die Umweltbelastungen durch Abgase können gemindert werden
- hauptsächlich durch Energieeinsparung,
- durch vollständige Verbrennung,
- durch Verwendung schwefelfreier oder schwefelarmer Brennstoffe,
- durch Maßnahmen zur Minderung der Stickstoffoxide bei der Verbrennung,
- durch ressourcenschonende Anlagen, vgl. Kap. 6, S. 301.

Besonders durch den sparsamen Umgang mit Energie lassen sich nicht nur die Belastungen der Umwelt verringern, sondern auch die nicht in unbegrenzter Menge verfügbaren Brennstoffe einsparen.

Taupunkttemperatur. Es ist die Temperatur, bei der der Wasserdampf in den Abgasen kondensiert. Sie ist abhängig vom Brennstoff und von der Luftverhältniszahl. Bei einem Luftüberschuss von 20 % liegt die Taupunkttemperatur von Erdgas bei ca. 56 °C und von Heizöl EL bei ca. 47 °C.

*__Emission,__ die von einer Feuerung ausgehende Luftverunreinigung.

*__Schwefeldioxid,__ nur bei schwefelhaltigen Brennstoffen.

*__Schwefelige Säure__
$SO_2 + H_2O \Rightarrow H_2SO_3$.

*__Salpetersäure:__
$4NO_2 + 2H_2O + O_2 \Rightarrow 4HNO_3$.

*__Erwärmung der Erde,__ sie kommt durch den Treibhauseffekt, den CO_2 hervorruft, zustande.

*__Immissionen,__ Einwirkungen auf die Umwelt.

Wärmeerzeuger

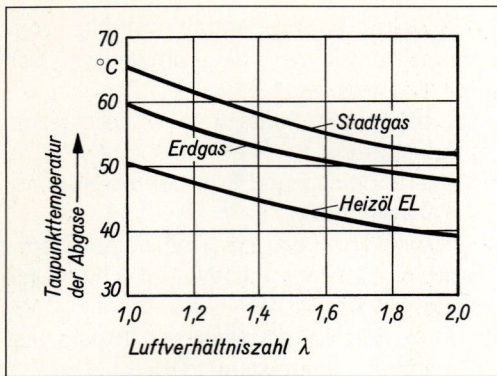

1. Taupunkttemperaturen der Abgase.

Der bei der Verbrennung entstehende Wasserdampf wird bei vielen Feuerungen dampfförmig in die Atmosphäre abgeleitet. Dabei dürfen die Abgase nicht zu stark abgekühlt werden, damit die Taupunkttemperatur weder in der Feuerstätte, noch in der Abgasanlage unterschritten wird. Bei Abgaskondensation kann es durch Bildung von Säuren zu Korrosion in der Feuerstätte und Abgasanlage kommen. Die Abgastemperaturen liegen bei diesen Feuerstätten zwischen 80 °C und 200 °C.

Brennwertnutzung. Bei der Verbrennung von Erdgas, das einen hohen Wasserstoffanteil besitzt, entsteht eine große Menge Wasserdampf. Vgl. Abb.1, S. 15. Beim Kondensieren dieses Wasserdampfs wird die Verdampfungswärme frei. In Brennwertgeräten lässt sich diese Verdampfungswärme energiesparend nutzen. Dabei müssen die Abgase mindestens bis auf die Taupunkttemperatur abgekühlt werden. Auch beim schwefelarmen Heizöl EL kann der Brennwert genutzt werden. Der Wasserstoffgehalt und damit die Menge des Wasserdampfs ist jedoch nur etwa halb so groß wie bei Erdgas und die Taupunkttemperatur liegt tiefer. Deshalb wird die Brennwertnutzung bei Heizöl seltener als bei Erdgas angewendet. Die Feuerstätten und Abgasanlagen müssen bei Brennwertnutzung gegen die entstehenden säurehaltigen Kondensate korrosionsbeständig sein, z.B. durch Verwendung nicht rostender Stähle.

Die Verdampfungswärme für Wasserdampf beträgt bei normalem Luftdruck 627 Wh/kg.

$$Q = m \cdot r$$

Q	Wärmemenge	in Wh
m	Kondensatmenge	in kg
r	Verdampfungswärme	in Wh/kg (627 Wh/kg)

Beispiel:

Welche Wärmeleistung wird zusätzlich gewonnen, wenn sich in einem Brennwertgerät für Erdgas 3 kg/h Kondensat bilden?

Lösung:
$\dot{Q} = \dot{m} \cdot r$
$\dot{Q} = 3$ kg/h $\cdot$ 627 Wh/kg = 1 881 W

1.1.8 Brennstoffbedarf und Energiekosten für Heizungsanlagen

Der Jahresbrennstoffbedarf für zentral beheizte Gebäude ohne Berücksichtigung der Trinkwasser-Erwärmung kann überschlägig nach folgenden Formeln berechnet werden:

$$B_a = \frac{Q_a}{H_i \cdot \eta_{ges}}$$

$$Q_a = t_v \cdot \dot{Q}_{HL,Geb}$$

B_a	Jahresbrennstoffbedarf	in m³/a	kg/a	l/a
Q_a	Jahreswärmebedarf	in kWh/a	kWh/a	kWh/a
H_i	Heizwert des Brennstoffs	in kWh/m³	kWh/kg	kWh/l
t_v	Jahres-Betriebsstunden	in h/a	h/a	h/a
$\dot{Q}_{HL,Geb}$	Norm-Heizlast des Gebäudes	in kW	kW	kW
η_{ges}	Gesamtwirkungsgrad			

Brennstoffe und Verbrennung

Der Gesamtwirkungsgrad einer Heizungsanlage wird auch Jahresnutzungsgrad genannt. Vgl. 1.3.9, S. 51. Die in Tabelle 1.08 angegebenen Gesamtwirkungsgrade beziehen sich auf den Heizwert und können von Anlage zu Anlage besser oder schlechter sein.

Tabelle 1.08: Gesamtwirkungsgrade von Heizungsanlagen (Mittelwerte)

Öl- und Gasfeuerungen	$\eta_{ges} \approx 0{,}90$
Gas-Brennwerttechnik	$\eta_{ges} \approx 1{,}05$
Öl-Brennwerttechnik	$\eta_{ges} \approx 1{,}00$
Festbrennstoff-Feuerungen	$\eta_{ges} \approx 0{,}85$
Wärmepumpen	$\varepsilon^* \approx 3{,}00$

Tabelle 1.09: Durchschnittliche Jahres-Betriebsstunden bei Heizungsanlagen ohne Trinkwassererwärmung

Etagenwohnung	$t_v \approx 1400$ h/a
Einfamilienhaus	$t_v \approx 1450$ h/a
Mehrfamilienhaus	$t_v \approx 1500$ h/a
Bürohaus	$t_v \approx 1400$ h/a
Schulen	$t_v \approx 1100$ h/a

Beispiel 1:

Wie groß ist voraussichtlich der Jahresbrennstoffbedarf ohne Brennwertnutzung an Heizöl EL für ein Mehrfamilienhaus bei einer Norm-Heizlast von 40 kW?

Lösung:
$Q_a = t_v \cdot \dot{Q}_{HL,Geb}$
$Q_a = 1500$ h/a $\cdot$ 40 kW $= 60\,000$ kWh/a

$B_a = \dfrac{Q_a}{H_i \cdot \eta_{ges}}$

$B_a = \dfrac{60\,000 \text{ kWh/a}}{10 \text{ kWh/l} \cdot 0{,}90} = 6667$ l/a

Energiekosten. Die Brennstoff- und Energiepreise unterliegen großen Schwankungen. Deshalb sollten die folgenden Beispiele und Aufgaben mit den jeweils aktuellen Brennstoff- bzw. Energiepreisen gerechnet werden.

Beispiel 2:

Wie groß sind die voraussichtlichen jährlichen Energiekosten für die Heizungsanlage ohne Trinkwassererwärmung in einem Einfamilienhaus, wenn die Norm-Heizlast 8 kW beträgt, die Anlage durch eine elektrisch angetriebene Wärmepumpe beheizt wird und das EVU einen Sonderpreis für Wärmepumpen von 0,08 EUR/kWh berechnet?

Lösung:
Jahresenergiebedarf:
$Q_a = t_v \cdot \dot{Q}_{N,Geb}$
$Q_a = 1450$ h/a $\cdot$ 8 kW $= 11\,600$ kWh/a

$B_a = \dfrac{Q_a}{H_i \cdot \eta_{ges}}$

$B_a = \dfrac{11\,600 \text{ kWh/a}}{1 \text{ kWh/kWh} \cdot 3{,}0} = 3867$ kWh/a

Energiekosten:
$K = 3867$ kWh/a $\cdot$ 0,08 EUR/kWh
$K = 309$ EUR/a

*ε = Leistungszahl
Vgl. 6.1.3, S. 303.

Beispiel 3:

Wie hoch sind die jährlichen Brennstoffkosten für eine Warmwasser-Heizungsanlage in einer Etagenwohnung mit einer Norm-Heizlast von 6 kW, wenn die Wärme durch ein Gas-Brennwertgerät erzeugt wird. $H_{i,B} = 8{,}5$ kWh/m³, Gaspreis 0,42 EUR/m³.

Lösung:
$Q_a = t_v \cdot \dot{Q}_{N,Geb}$
$Q_a = 1400$ h/a $\cdot$ 6 kW $= 8400$ kWh/a

$B_a = \dfrac{Q_a}{H_i \cdot \eta_{ges}}$

$B_a = \dfrac{8400 \text{ kWh/a}}{8{,}5 \text{ kWh/m}^3 \cdot 1{,}05} = 941$ m³/a

$K = 941$ m³/a $\cdot$ 0,42 EUR/m³
$K = 395$ EUR/a

Wärmeerzeuger

Zur Wiederholung

1. Wie unterscheiden sich der Brennwert und der Heizwert von Erdgas?
2. Welche wesentlichen Unterschiede bestehen zwischen den Brennstoffen Steinkohle, Braunkohle, Scheitholz, Hackschnitzel und Holz-Pellets?
3. Wie haben sich in der Natur Kohle, Erdgas und Erdöl gebildet?
4. Welche Brennstoffe zählen zu den nachwachsenden Rohstoffen?
5. Welche Produkte können aus Erdöl gewonnen werden?
6. Wie unterscheiden sich schwerflüssige und extra leichtflüssige Heizöle?
7. Wie groß sind der Heizwert und die Dichte von Heizöl EL?
8. Was bedeutet die Flammpunkttemperatur und wie groß ist sie bei Heizöl EL?
9. Was drückt der Pourpoint bei Heizöl EL aus?
10. Wie groß darf maximal der Schwefelgehalt von Heizöl EL Standard und von Heizöl EL schwefelarm sein?
11. Welche brennbaren und welche nicht brennbaren Bestandteile können Brenngase enthalten?
12. Wie werden Erdgase und wie Flüssiggase gewonnen?
13. Aus welchen Gasen besteht im Wesentlichen Erdgas?
14. Wie unterscheiden sich Erdgas LL und Erdgas E?
15. Welche Gase werden als Flüssiggase bezeichnet?
16. Welche Brenngase sind den vier Gasfamilien zugeordnet?
17. Was versteht man unter dem Norm- und dem Betriebszustand eines Gases?
18. Wie groß sind die Norm-Brennwerte und Norm-Heizwerte von Erdgas E und Erdgas LL?
19. Welche Bedeutung haben die relative Dichte und der Wobbe-Index eines Brenngases?
20. Aus welchen brennbaren Elementen setzen sich Brennstoffe zusammen und welches Element ist zu jeder Verbrennung notwendig?
21. Was beudeutet die Zündtemperatur und wie groß ist sie bei Erdgas, bei Heizöl und bei Holz?
22. Welche Produkte entstehen bei vollständiger Verbrennung von Kohlenstoff, Wasserstoff und Schwefel?
23. Welche Stoffe entstehen bei unvollständiger Verbrennung von Kohlenstoff?
24. Welche Bedeutung hat der Luftüberschuss und wie groß soll er bei einer Feuerung sein?
25. Welche Stoffe sind im Abgas einer Erdgasfeuerung bei vollständiger Verbrennung enthalten?
26. Welche Abgasbestandteile sind für die Umwelt besonders belastend?
27. Wie können sich durch Abgase schwefelige Säure und Salpetersäure bilden?
28. Was versteht man unter Brennwertnutzung und bei welchen Brennstoffen wird sie angewendet?

Zur Vertiefung

1. Warum hat der Gesetzgeber den Schwefelgehalt bei Heizölen begrenzt?
2. Wie kann bei Heizöl EL verhindert werden, dass das Öl bei zu niedrigen Temperaturen nicht mehr pumpfähig ist?
3. Bestimmen Sie die Viskosität von Heizöl EL nach Abb. 1, S. 8, bei 20 °C, 40 °C und 60 °C.
4. In einem Einfamilienhaus werden 1600 l/a Heizöl EL Standard bei einer Dichte von 0,84 kg/dm^3 und einem Schwefelgehalt von 1500 mg/kg verbrannt. Wie viel kg/a Schwefel sind bei der Verbrennung beteiligt?
5. Warum ist es besonders gefährlich, wenn Flüssiggas freigesetzt wird?

6. Begründen Sie, warum Flüssiggas nicht in Räumen gelagert werden darf, die allseitig unter Erdgleiche liegen.
7. Eine Erdgassorte hat einen Norm-Brennwert von 11 kWh/m³ und eine relative Dichte von 0,65. Wie groß ist der Wobbe-Index?
8. Wie groß ist der zusätzliche Gewinn an Wärmeleistung, wenn in einem Gas-Wandheizkessel mit Brennwertnutzung 1,2 kg/h Kondensat anfallen?

Zur Berechnung

Heizwerte

1. Ein Einfamilienhaus benötigt in einem Jahr 18 MWh Wärmeenergie einschließlich der Verluste, die bei der Verbrennung entstehen. Wie viel Liter Heizöl EL oder wie viel kg Brennholz sind dazu erforderlich?
2. In einem Vierfamilienhaus wird für die Heizungsanlage eine jährliche Wärmemenge von 36 MWh einschließlich der Kesselverluste benötigt. Wie viel m³/a Erdgas werden bei einem Betriebsheizwert von 9,6 kWh/m³ verbraucht?
3. Berechnen Sie die Wärmemengen, die bei vollständiger Verbrennung aus folgenden Brennstoffen gewonnen werden können:
   a) 25 kg Koks,   c) 25 kg Holz-Pellets,
   b) 25 kg Brennholz,   d) 25 kg Heizöl EL.
4. Berechnen Sie die Wärmemengen, die bei vollständiger Verbrennung aus je 25 m³ Brenngasvolumen gewonnen werden können:
   a) Stadtgas, $H_{i,B}$ = 4,9 kWh/m³,
   b) Erdgas LL, $H_{i,B}$ = 7,9 kWh/m³,
   c) Erdgas E, $H_{i,B}$ = 9,8 kWh/m³,
   d) Flüssiggas, $H_{i,B}$ = 26,0 kWh/m³.
5. Für die Beheizung einer Wohnung wird im Winter eine Wärmemenge von 80 kWh je Tag benötigt. Berechnen Sie die erforderlichen Brennstoffmassen bzw. -volumen, wenn folgende Brennstoffe zur Auswahl stehen:
   a) Heizöl EL,
   b) Holz-Pellets,
   c) Erdgas $H_{i,B}$ = 9,5 kWh/m³,
   d) Flüssiggas H_i = 12,9 kWh/kg.

Allgemeine Gasgleichung

6. Erdgas hat im Betriebszustand folgende Werte: Temperatur 20 °C, absoluter Druck 1000 mbar, Volumen 10.000 m³. Wie groß ist das Gasvolumen im Normzustand?
7. Ein kugelförmiger Erdgas-Behälter hat im Sommer eine Tagestemperatur von 40 °C und einen Überdruck von 3 bar. Nachts kühlt sich das Gas auf 25 °C ab. Welcher Überdruck besteht bei 25 °C im Gasbehälter, wenn angenommen wird, dass sich das Volumen nicht ändert?
8. In einem Zweifamilienhaus werden im Jahr 2500 m³ Erdgas verbraucht. Der Betriebszustand des Gases wird mit ϑ_1 = 15 °C und der Betriebsdruck mit p_{abs1} = 990 mbar angenommen. Berechnen Sie das Gasvolumen im Normzustand.
9. Wie verändert sich das Volumen von 1 m³ Erdgas im Normzustand, wenn die Gastemperatur auf 15 °C ansteigt und der Gasdruck auf 950 mbar sinkt?

Brennstoffbedarf und Energiekosten

10. Berechnen Sie den jährlichen Brennstoff- bzw. Energiebedarf und die Energiekosten für ein Einfamilienhaus mit einer Norm-Heizlast von 10 kW ohne Berücksichtigung der Trinkwassererwärmung bei folgenden Energieträgern und Energiepreisen:
    a) Heizöl EL, 0,38 EUR/l,
    b) Erdgas (Brennwertnutzung), $H_{i,B}$ = 9,5 kWh/m³, 0,42 EUR/m³,

Wärmeerzeuger

c) elektr. Wärmepumpe, 0,08 EUR/kWh,
d) Flüssiggas, 0,48 EUR/l,
   H_i = 6,6 kWh/l,
e) Brennholz (Scheitholz), 0,06 EUR/kg.

11. Eine Schule hat eine Norm-Heizlast von 500 kW.
    a) Wie groß muss ein Heizölbehälter für Heizöl EL sein, wenn sein Volumen den Jahresbrennstoffbedarf ohne Brennwertnutzung um ca. 16 % übersteigen soll?
    b) Wie hoch sind die jährlichen Brennstoffkosten bei einem Heizölpreis von 0,35 EUR/l?

12. Eine Etagenheizung mit Brennwertnutzung und einer Norm-Heizlast von 7 kW wird mit Erdgas LL, $H_{i,B}$ = 8,6 kWh/m³, beheizt.
    a) Wie groß ist der jährliche Brennstoffbedarf für die Heizung?
    b) Wie hoch sind die Brennstoffkosten bei einem Gaspreis von 0,41 EUR/m³?

13. Ein 12-Familienhaus hat eine Norm-Heizlast von 80 kW. Es wird mit Heizöl EL mit Brennwertnutzung beheizt. Es sind zu berechnen:
    a) der Jahresbrennstoffbedarf für die Heizungsanlage,
    b) die Größe des Heizölbehälters, der ca. 25 % größer als der gesamte Jahresbedarf sein soll,
    c) die Jahresbrennstoffkosten bei einem Ölpreis von 0,38 EUR/l.

***TRGI**, **T**echnische **R**egeln für **G**as-**I**nstallationen.

■ **Arbeitsauftrag**

Erkundigen Sie sich bei Ihrem GVU, welchen Brennwert, Betriebsheizwert, Wobbe-Index und welche Dichte das in Ihrem Wohnort verwendete Brenngas hat.
Wie hoch sind an Ihrem Wohnort die aktuellen Preise für Heizöl EL und für Erdgas?

1.2 Gasgeräte

1.2.1 Einteilung der Gasgeräte

Gasgeräte werden in Wohnungen zum Heizen, Kochen, Backen und für die Trinkwasser-Erwärmung verwendet. Es gibt Gasgeräte, deren Abgase über eine Abgasanlage ins Freie geleitet werden und Gasgeräte, die sich ohne Abgasanlage installieren lassen.

Gasgeräte, die die notwendige Verbrennungsluft dem Aufstellraum entnehmen, sind raumluftabhängig. Gasgeräte mit einer geschlossenen Verbrennungskammer zum Aufstellraum, die die Verbrennungsluft von außen ansaugen und die Abgase ins Freie abführen, sind raumluftunabhängig.

Entsprechend der Abgasabführung und Verbrennungsluftversorgung werden Gasgeräte nach TRGI* eingeteilt:

Gasgeräte Art A. Sie werden ohne Abgasanlage aufgestellt, z.B. Gasherde und Gasbacköfen. Vgl. 1.2.6, S. 31. Eine weitere Unterteilung berücksichtigt, ob diese Geräte mit einem Gebläse ausgestattet sind oder nicht.

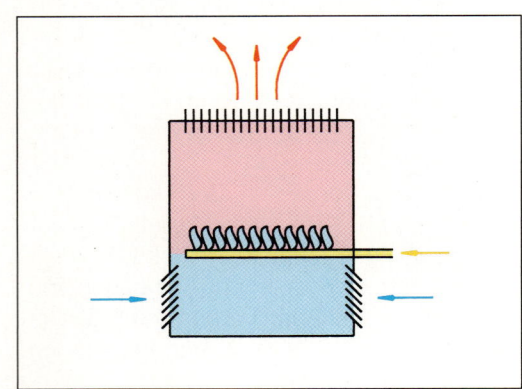

1. Gasgerät Art A ohne Gebläse, Bezeichnung nach TRGI, A_1.

Gasgeräte Art B. Sie werden an eine Abgasanlage angeschlossen und haben eine offene Verbrennungskammer gegenüber dem Aufstellraum; sie sind also raumluftab-

Gasgeräte

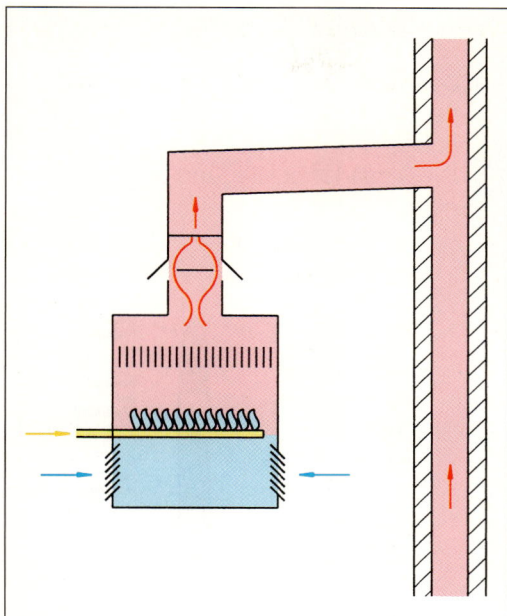

1. Gasgerät Art B mit Strömungssicherung ohne Gebläse, Bezeichnung nach TRGI, B_{11}.

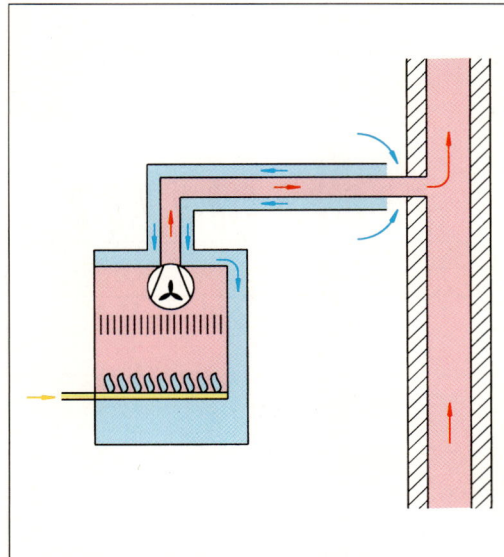

2. Gasgerät Art B ohne Strömungssicherung, mit Gebläse hinter dem Wärmeaustauscher, Bezeichnung nach TRG, B_{32}.

Gasgeräte Art C. Sie haben eine geschlossene Verbrennungskammer und sind deshalb raumluftunabhängig. Diese Gasfeuerstätten sind mit einem Gebläse hinter dem Wärmeaustauscher oder vor dem Brenner ausgestattet. Nach TRGI werden diese Geräte weiter unterteilt, je nachdem, wie die Außenluft angesaugt wird und die Abgase ins Freie transportiert werden. Gasgeräte der Art C für Außenwandanschluss sind auch ohne Gebläse zugelassen.

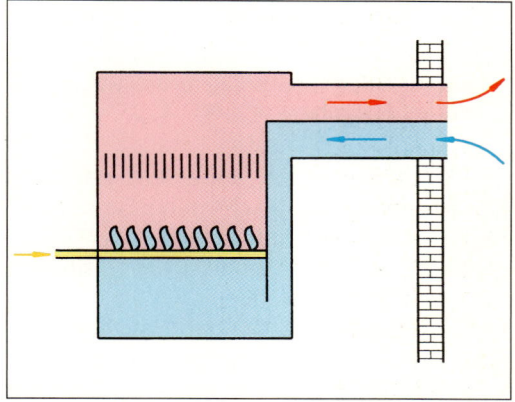

3. Gasgerät Art C ohne Gebläse für Außenwandanschluss, Bezeichnung nach TRGI, C_{11}.

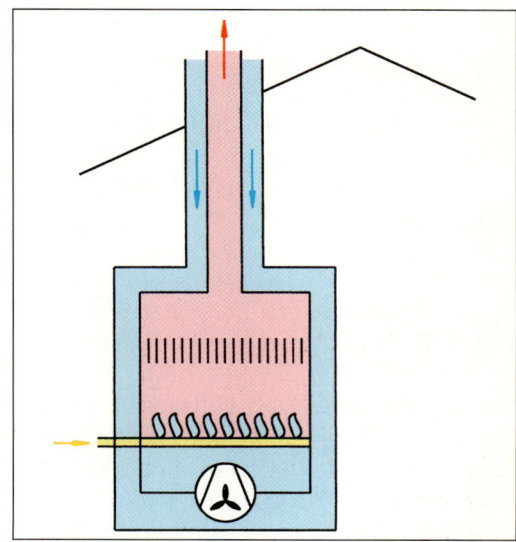

4. Gasgerät Art C mit Gebläse vor dem Brenner. Bezeichnung nach TRGI, C_{33x}. Der Buchstabe „x" gibt an, dass das Gasgerät erhöhte Dichtheitsanforderungen gegenüber dem Aufstellraum erfüllt.

hängig. Diese Gasgeräte können mit und ohne Gebläse sowie mit und ohne Strömungssicherung ausgestattet sein.

Wärmeerzeuger

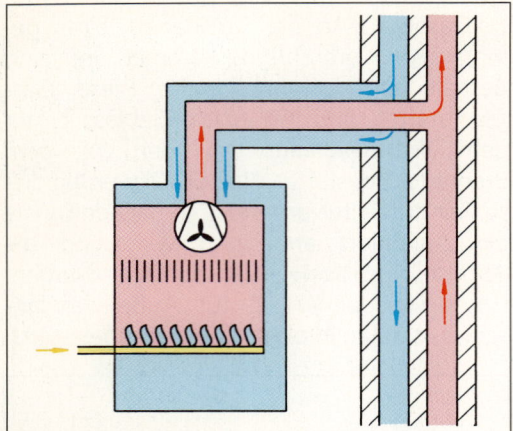

1. Gasgerät Art C mit Gebläse hinter dem Wärmeaustauscher, Bezeichnung nach TRGI, C_{42x}.

Versuch 2: Gasflammen

a) Der Gasbrenner wird bei geschlossener Primärluftansaugung angezündet.
b) Die Primärluftansaugung wird geöffnet.

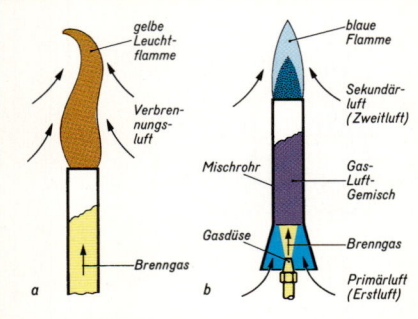

Ergebnis:
a) Am Brenner bildet sich eine große, gelb leuchtende und flackernde Diffusionsflamme.
b) Das Gas verbrennt mit kleiner, nicht leuchtender Blauflamme.

Gasgeräte werden außerdem nach der Einsetzbarkeit für verschiedene Gasfamilien nach DIN EN 437* unterschieden:
- Kategorie I: Das Gerät ist für Gase einer Gasfamilie ausgelegt.
- Kategorie II: Das Gerät ist für Gase aus zwei Gasfamilien ausgelegt.
- Kategorie III: Das Gerät ist für Gase aus drei Gasfamilien ausgelegt.

*DIN EN 437, Prüfgase, Prüfdrücke, Gerätekategorien.

1.2.2 Gasbrenner

Gasbrenner müssen für das jeweilige Gasgerät geeignet sein und eine gute Verbrennung garantieren. Gasbrenner ohne Gebläse werden auch als atmosphärische Brenner bezeichnet.

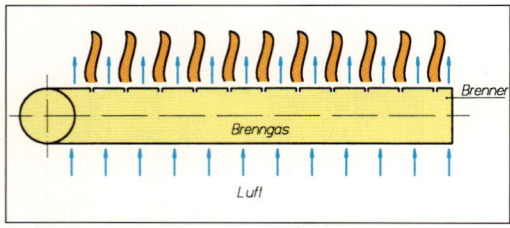

2. Diffusionsbrenner.

Diffusionsbrenner. Wenn aus einem Gasbrenner nur Brenngas austritt, entsteht eine gelb leuchtende Flamme. Der zur Verbrennung erforderliche Luftsauerstoff muss von außen in die Flamme diffundieren*. Man bezeichnet sie deshalb als Diffusionsflamme oder Leuchtflamme. Diffusionsbrenner arbeiten ohne Luftvormischung. Für die Verbrennung von Erd- und Flüssiggasen sind sie ungeeignet. Für Stadt- und Ferngase sowie für Zündflammen werden sie teilweise noch eingesetzt.

*diffundieren, gegenseitiges Durchdringen von Gasen und Flüssigkeiten.

*Primärluft, Erstluft.

*Sekundärluft, Zweitluft.

Gasbrenner mit Luftvormischung. Bei diesen Gasbrennern strömt das Brenngas durch eine Gasdüse in ein Mischrohr und saugt durch Injektorwirkung Primärluft* an. Im Mischrohr entsteht ein Gas-Luft-Gemisch, das mit einer nicht leuchtenden Blauflamme verbrennt. Der noch zur vollständigen Verbrennung fehlende Luftsauerstoff wird durch den thermischen Auftrieb der Gasflamme angesaugt. Diese Verbrennungsluft wird Sekundärluft* genannt.

Gasgeräte

Die Blauflamme entsteht, weil der Kohlenstoff bereits im Kern der Flamme durch die Primärluft unvollständig zu CO und dann mit Sekundärluft vollständig zu CO_2 verbrennt. Vgl. 1.1.6, S. 14. Gasbrenner, die mit Luftvormischung arbeiten, werden auch Blaubrenner, Injektorbrenner oder Bunsenbrenner* genannt.

Gasbrenner ohne Gebläse mit Luftvormischung bestehen aus einem Gasverteilrohr, den Gasdüsen, dem Mischrohr und dem Brennerrohr mit den Austrittsöffnungen für das Gas-Luft-Gemisch. Bei großen Wärmeleistungen, z.B. bei Gas-Heizkesseln, werden mehrere Brennrohre zu einem Gasbrenner zusammengebaut.

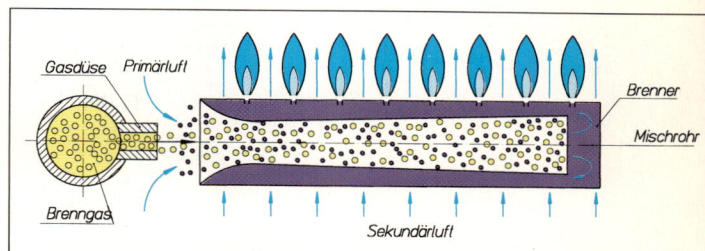
3. Gasbrenner mit Luftvormischung.

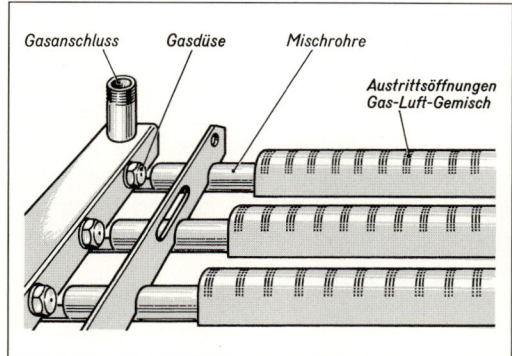
1. Gasbrenner mit mehreren Brennrohren.

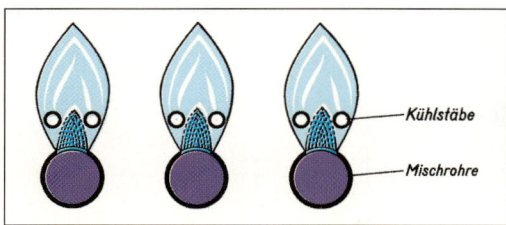
2. Kühlung der Gasflammen durch Kühlstäbe.

Da die Verbrennung bei Gasbrennern mit Luftvormischung bei verhältnismäßig hohen Temperaturen erfolgt, bildet sich viel Stickstoffoxid. Deshalb werden die Brenner häufig mit Kühlstäben aus Metall oder Keramik ausgerüstet, die eine geringere Flammentemperatur und dadurch eine geringere NO_x-Bildung bewirken. Bei Gas-Wasserheizern gibt es Konstruktionen, die den Brenner mit Wasser kühlen, um die NO_x-Bildung zu reduzieren.

Vormischbrenner. Sie arbeiten wie Injektorbrenner, jedoch wird die gesamte Verbrennungsluft als Primärluft dem Brenngas beigemischt. Sekundärluft ist nicht mehr erforderlich. Um die Verbrennungsluft genau einstellen zu können, kann auch ein Gebläse vor dem Brenner eingebaut sein. Durch Vormischbrenner werden gute Verbrennungsergebnisse bei geringer NO_x-Bildung erreicht.

4. Flammenbild eines Vormischbrenners.

Strahlungsbrenner*. Sie besitzen ein Gebläse vor dem Brenner. Das Brenngas-Luft-Gemisch strömt in einen Brenner mit großer Oberfläche aus nicht rostendem Stahl oder Keramik. Die Form des Brenners kann zylinderförmig, halbkugelförmig oder flach sein. Durch die Verteilung der Flammen auf eine große Fläche entsteht eine verhältnismäßig niedrige Verbrennungstemperatur. Dadurch wird eine Reduzierung der schädlichen Stick-

*Bunsen, Robert Wilhelm, deutscher Chemiker (1811 bis 1899), Erfinder des Gasbrenners mit Luftvormischung.

*Strahlungsbrenner, sie werden auch als Flächenbrenner bezeichnet.

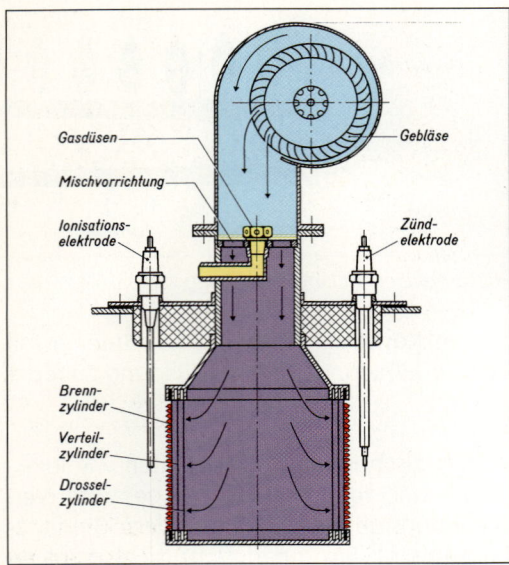

1. Zylinderförmiger Strahlungsbrenner.

4. Flammenbild eines halbkugelförmigen Strahlungsbrenners.

großen Teil durch Wärmestrahlung an den Wärmeaustauscher ab.

1.2.3 Armaturen am Gasbrenner

Gasbrenner benötigen im Gasanschluss und am Brenner Armaturen und Einrichtungen, die einen sicheren Betrieb gewährleisten. Vor allem die Gasflamme muss überwacht werden, damit kein ungezündetes Gas entweichen kann. Armaturen und Einrichtungen in Gasleitungen und Gasgeräten müssen vom DVGW zugelassen sein.

<mark>Absperreinrichtung.</mark> Alle Gasgeräte, die in Räumen aufgestellt werden, müssen mit einer thermisch auslösenden Absperreinrichtung angeschlossen werden. Sie muss bei einer Temperatur von mehr als 100 °C die Gaszufuhr selbsttätig absperren und Tem-

2. Flammenbild eines flachen Keramik-Strahlungsbrenners.

stoffoxide erreicht. Der Brenner wird rotglühend und gibt die Wärme zu einem

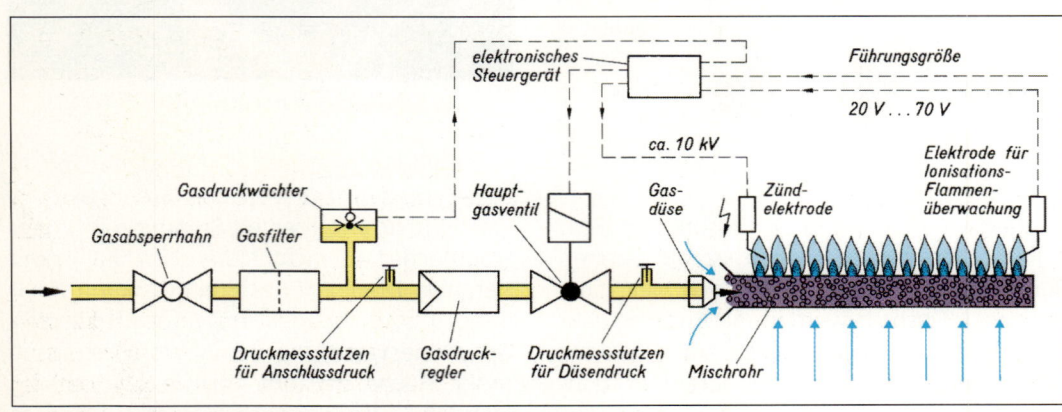

3. Anordnung der Armaturen bei einem atmosphärischen Gasbrenner.

Gasgeräte

1. Thermisch auslösender Absperrhahn mit vorgeschaltetem Schmelzlot-Element.

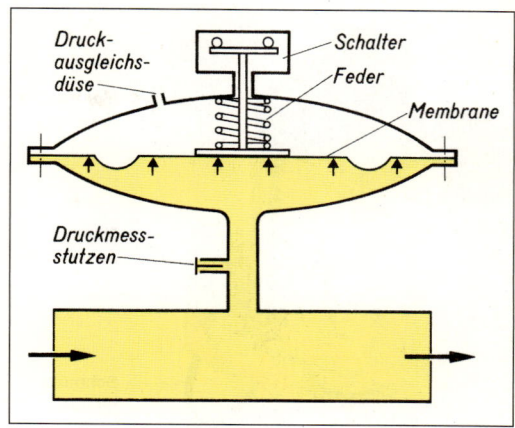

3. Prinzip eines Gasdruckwächters.

peraturen bis zu 650 °C mindestens 30 Minuten lang standhalten. Dadurch soll verhindert werden, dass im Fall eines Brands und bei Zerstörung des Gasgeräts Brenngas ungezündet ausströmen kann.

<mark>Gasfilter.</mark> Sie sorgen dafür, dass Armaturen und Brenner nicht verschmutzen. Der Filtereinsatz kann zum Reinigen herausgenommen werden.

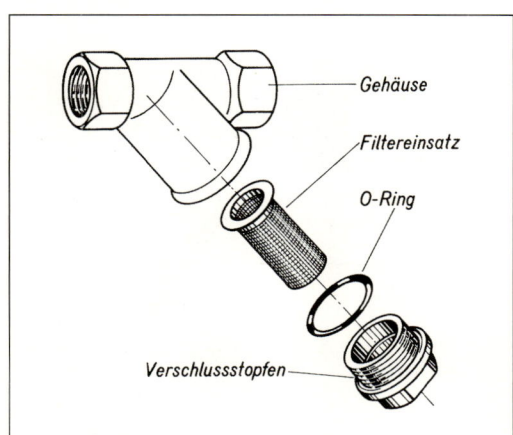

2. Gasfilter.

<mark>Gasdruckwächter.</mark> Er schließt die Gaszufuhr durch die werkseitig eingestellte Federkraft, wenn der Anschlussdruck zu gering ist, damit Flammenrückschläge verhindert werden. Bei ausreichend hohem Anschlussdruck ist der Stromkreis im Schalter geschlossen.

<mark>Gasdruckregler.</mark> Er gleicht Druckschwankungen im Gasnetz aus und hält den eingestellten Gasdruck und somit den Gasvolumenstrom zum Brenner konstant. Vor dem Gasdruckregler befindet sich ein Messstutzen zur Messung des Anschlussdrucks. Eine verstellbare Federkraft wirkt von oben auf die Membrane und öffnet den Gasdurchfluss. Unter der Membran wirkt der geregelte Gasdruck. Ist der eingestellte Druck erreicht, wird der Gasdurchfluss geschlossen oder verengt. Bei Druckabfall überwiegt wieder die Federkraft und der Regler öffnet.

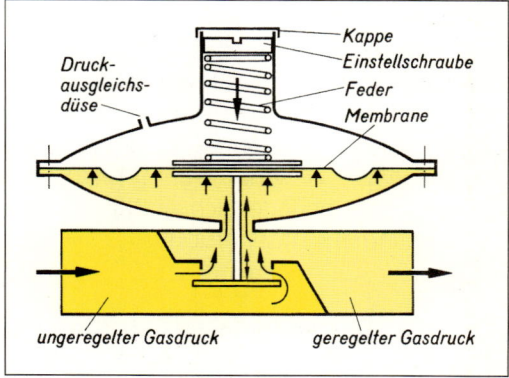

4. Prinzip eines Gasdruckreglers.

<mark>Hauptgasventil.</mark> Es ist bei den meisten Gasgeräten ein Magnetventil, das die Gaszufuhr zum Hauptbrenner in Abhängigkeit der Regelgröße automatisch in ein oder zwei Stufen öffnet und schließt. Bei Störungen,

Wärmeerzeuger

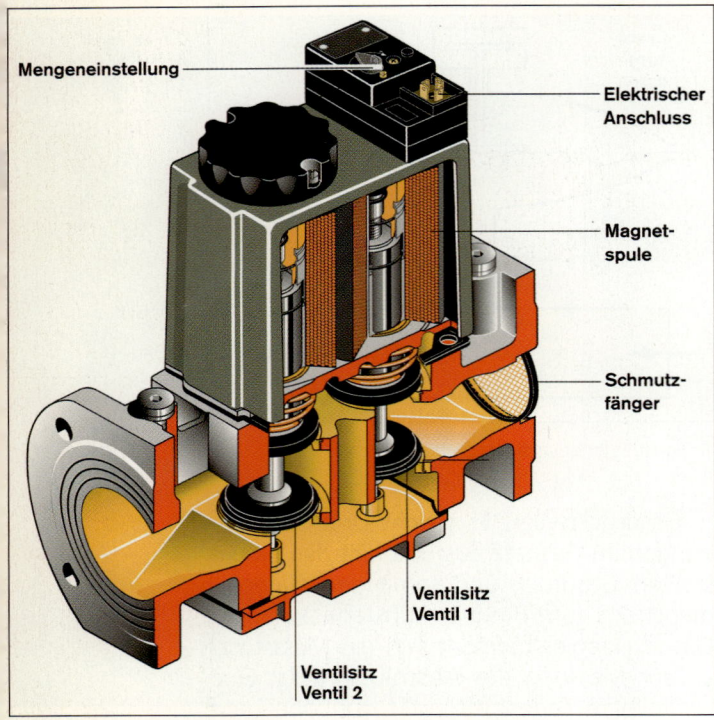

1. Gas-Magnetventil für zweistufige Regelung.

*Ionisation, neutrale Gasmoleküle werden in elektrisch geladene Ionen verwandelt.

z.B. bei zu geringem Gasdruck oder beim Verlöschen der Flamme, wird es geschlossen.

Gasdüsen. Sie müssen für die zur Verfügung stehende Gasfamilie geeignet sein. Die Gasdüsen werden mit verschieden großen Bohrungen hergestellt. Gase mit kleinem Wobbe-Index benötigen große, Gase mit großem Wobbe-Index kleine Bohrungen. Dadurch ist der Gasbrenner für verschiedene Gasfamilien verwendbar. Vgl. 1.1.4, S. 10. Vor den Düsen befindet sich ein Messstutzen zur Messung des Düsendrucks.

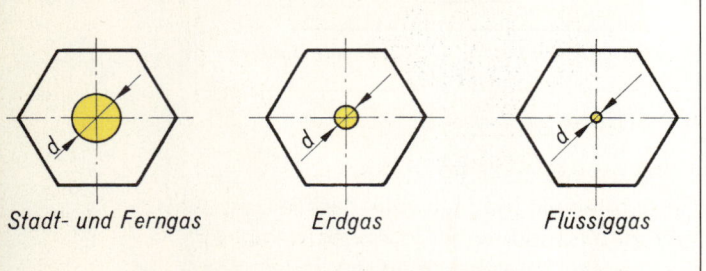

2. Gasdüsen für verschiedene Brenngase.

Elektrische Zündeinrichtung. Vor dem Öffnen des Magnetventils wird über ein Steuergerät die elektrische Zündung eingeschaltet. Durch einen Zündtransformator wird eine Spannung von ca. 10 kV erzeugt. Dadurch entsteht zwischen der Zündelektrode und dem Brenner eine Funkenstrecke, an der sich das Brenngas entzündet. Nach der Flammenbildung wird die Zündung abgeschaltet.

Ionisations*-Flammenüberwachung. Dieses System wird bei elektrischer Zündung angewendet. Es ist die sicherste Art, Gasflammen zu überwachen, da die Trägheit sehr gering ist. An einer Überwachungselektrode wird eine elektrische Spannung angelegt. Eine Gasflamme leitet elektrischen Gleichstrom durch ionisierte Gasmoleküle. Bei nicht brennendem Gas wird der Stromkreis unterbrochen. Über das Steuergerät kommt es nach einer kurzen Sicherheitszeit zu einer Störabschaltung. So kann nur eine geringe Gasmenge ungezündet ausströmen, wenn sich beim Start des Brenners keine Flamme bildet oder die Flamme während des Betriebs verlöscht.

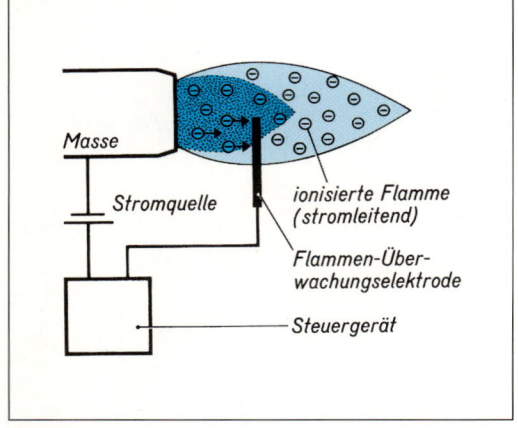

3. Prinzip einer Ionisations-Flammenüberwachung bei einem Gas-Gebläsebrenner.

Zündbrenner. Einfache und ältere Gasgeräte ohne Steuergerät sind mit einem Zündbrenner ausgestattet. Die Zündflamme muss bei Inbetriebnahme des Gasgeräts von Hand gezündet werden. Dazu dient ein

Piezozünder*. Bei Betätigung eines Schlagbolzens wird durch das Piezoelement eine elektrische Spannung von ca. 18 kV und ein Funkenüberschlag erzeugt, der das Brenngas zündet.

Zündbrenner als Zündeinrichtung werden seltener verwendet, da sie nicht so sicher wie elektrische Einrichtungen sind. Außerdem wird während einer Regelabschaltung durch die Zündflamme ständig Gas verbraucht.

==Thermoelektrische Zündsicherung.== Die Gasflammen bei Gasgeräten mit Zündbrenner werden mit Hilfe eines Thermoelements überwacht. Bei Ruhestellung hält eine Schließfeder das Hauptgasventil geschlossen. Bei Anzündstellung wird durch einen Knopfdruck das Hauptgasventil geöffnet und der Gasdurchgang zum Zündbrenner freigegeben. Der Weg zum Hauptbrenner bleibt geschlossen. Die Zündflamme ist auf das Thermoelement gerichtet. Die dabei entstehende Thermospannung erregt einen Elektromagneten, der die angedrückte Ankerplatte festhält. Bei Betriebsstellung sind die Gaswege zum Zündbrenner und zum Hauptbrenner geöffnet. Verlischt die Zündflamme, so erkaltet das Thermoelement und das Hauptgasventil wird durch die Feder geschlossen. Eine erneute Zündung muss wieder von Hand vorgenommen werden.

1.2.4 Strömungssicherung

Gasgeräte der Art B mit offener Verbrennungskammer ohne Gebläse benötigen eine Strömungssicherung. Durch die thermische Auftriebshöhe von der Brenneroberkante bis zur Strömungssicherung entsteht im Gasgerät ein Unterdruck, durch den die Sekundärluft angesaugt und das Abgas abgeführt wird. Der Schornstein übernimmt erst hinter der Strömungssicherung den weiteren Transport der Abgase. Der Schornsteinzug ist nicht konstant, sondern u.a. von Witterung und Schornsteintemperatur abhängig. Vgl.

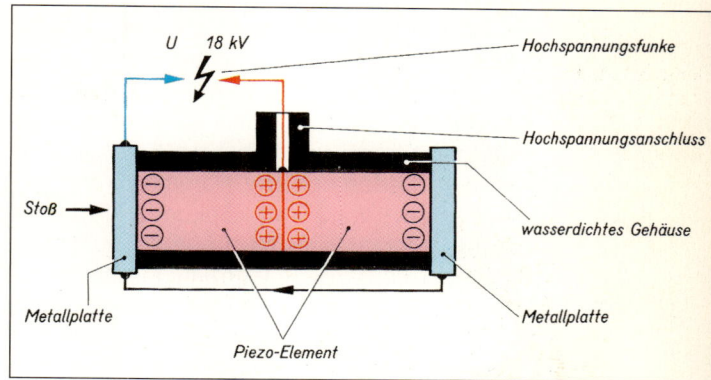

1. Piezozünder.

***Piezo,** griech. drücken, Druck ausüben.

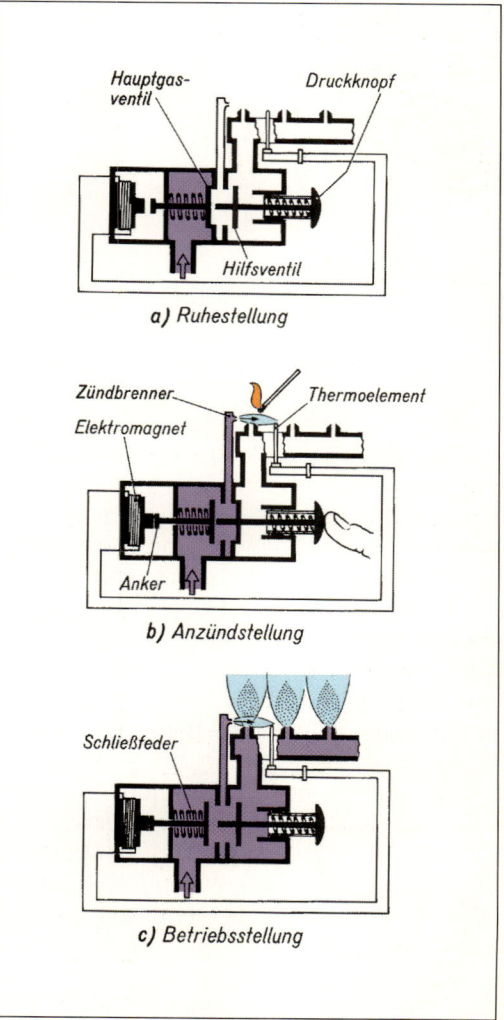

2. Arbeitsweise einer thermoelektrischen Zündsicherung.

Wärmeerzeuger

1.7.1, S. 95. Ohne Strömungssicherung könnte ein zu starker Auftrieb die Gasflammen vom Brenner abheben. Bei Stau oder Rückstrom würden die Abgase in das Gasgerät gedrückt. In beiden Fällen könnte es zum Verlöschen der Flammen kommen. Außerdem wäre die Sekundärluftmenge nicht konstant, teils bestünde ein zu großer Luftüberschuss, teils Luftmangel. Durch die Strömungssicherung wird der Schornsteinzug unterbrochen und kann sich nicht bis zum Brenner auswirken. Bei Stau und Rückstrom können die Abgase kurzzeitig in den Aufstellraum abströmen.

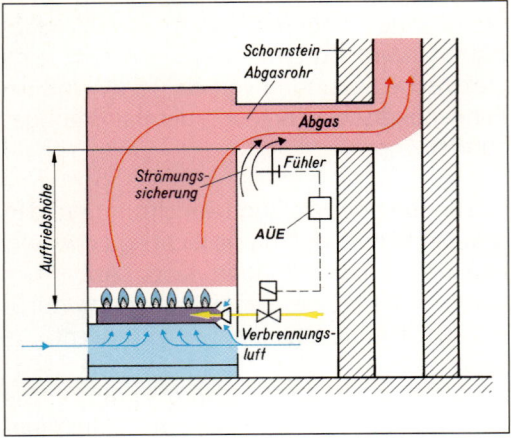

2. Gasgerät Art B mit Strömungssicherung und AÜE.

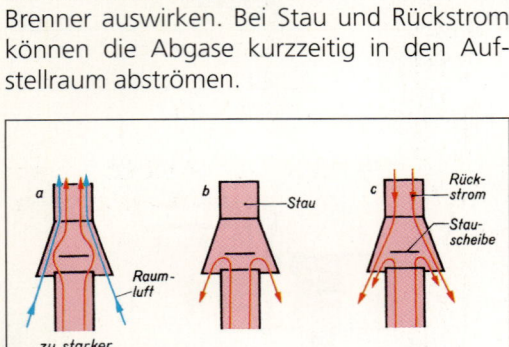

1. Wirkungen einer Strömungssicherung.

*Taupunktspiegel, doppelwandiger Metallspiegel, der mit kaltem Wasser gefüllt wird, damit die feuchten Abgase an der Oberfläche kondensieren.

*Abgas-Überwachungseinrichtung, Abkürzung AÜE, nach Europanorm BS, engl. blocked safety.

*Sensor, Fühler.

Abgasüberwachung. Gasgeräte der Art B mit Strömungssicherung, die in Aufstellräumen einer Wohnung stehen, müssen bei einer Nennwärmeleistung von mehr als 7 kW mit einer Abgas-Überwachungseinrichtung* ausgerüstet sein. Falls der Schornstein nicht richtig arbeitet, kann es trotz Einhaltung aller Vorschriften zum Rückstrom der Abgase in den Aufstellraum kommen. Deshalb wird an der Strömungssicherung ein Sensor* angebracht, der in Verbindung mit der Abgas-Überwachungseinrichtung die Gasfeuerstätte nach spätestens zwei Minuten abschaltet, wenn Abgas austritt. Ein Wiedereinschalten ist erst nach 15 Minuten möglich. Man geht davon aus, dass sich innerhalb dieser Zeit die Abgase ausreichend verdünnt haben. Der Betreiber des Gasgeräts ist darüber zu informieren, dass er nach einer Störabschaltung eine Fachfirma hinzuziehen sollte, damit festgestellt wird, warum das Gasgerät abgeschaltet hat.

Funktionsprüfung. Die Strömungssicherung muss nach Fertigstellung der Installation überprüft werden. Dabei ist festzustellen, ob Abgas an der Strömungssicherung austritt. Das Gasgerät muss fünf Minuten in Betrieb sein, bevor die Prüfung mit einem Taupunktspiegel* beginnt. Dieser Metallspiegel wird seitlich an die Öffnungen der Strömungssicherung gehalten. Wenn Abgas austritt, beschlägt der Spiegel durch den Wasserdampf im Abgas; bei einwandfreier Abgasabführung bleibt er klar. Die Prüfung kann auch mit einem normalen Spiegel vorgenommen werden.

Bei mehreren in derselben Wohnung installierten raumluftabhängigen Feuerstätten ist die Prüfung bei gleichzeitigem Betrieb aller Feuerstätten bei geschlossenen und bei geöffneten Innentüren durchzuführen. Diese Prüfung muss bei der größten Wärmeleistung aller Feuerstätten vorgenommen werden, bei dem zu prüfenden Gasgerät auch bei der kleinsten Wärmeleistung. Tritt während der Prüfungen Abgas an der Strömungssicherung aus, so liegt Stau oder Rückstrom vor. Die Ursachen müssen unverzüglich festgestellt und die Mängel beseitigt werden. Vorher darf das Gasgerät nicht an den Betreiber übergeben werden. Auch die Funktion der Abgas-Überwachungseinrichtung ist nach Herstellerangaben zu überprüfen.

1.2.5 Einstellung von Gasgeräten

Bei Gasgeräten muss der Gasvolumenstrom entsprechend der zulässigen Wärmebelastung eingestellt werden. Dabei sind die Einbau- und Bedienungsanleitungen der Hersteller und besondere Vorschriften des GVU zu beachten. Für die Geräteeinstellung sind folgende Größen von Bedeutung:

Wärmebelastung. Es ist der einem Gasgerät durch das Brenngas zugeführte Wärmestrom in kW. Die Wärmebelastung ergibt sich aus dem Gasvolumenstrom und dem Betriebsheizwert des Brenngases:

$$\dot{Q}_B = \dot{V}_A \cdot H_{i,B}$$

$\dot{Q}_B$ Wärmebelastung in kW
$\dot{V}_A$ Anschlusswert in m³/h
$H_{i,B}$ Betriebsheizwert in kWh/m³

Beispiel 1:

Einem Gasgerät für Erdgas LL werden 2,50 m³/h Brenngas zugeführt. Der Betriebsheizwert beträgt 8,5 kWh/m³. Wie groß ist die Wärmebelastung des Gasgeräts?
Lösung:
$\dot{Q}_B = \dot{V}_A \cdot H_{i,B}$
$\dot{Q}_B = 2{,}50 \text{ m}^3/\text{h} \cdot 8{,}5 \text{ kWh/m}^3$
$\dot{Q}_B = 21{,}25 \text{ kW}$

Größte Wärmebelastung. Es ist die vom Hersteller auf dem Geräteschild angegebene Wärmebelastung, die bei der Einstellung des Gasgeräts nicht überschritten werden darf.

Kleinste Wärmebelastung. Diese vom Hersteller ebenfalls auf dem Geräteschild angegebene Wärmebelastung darf bei der Einstellung des Gasgeräts nicht unterschritten werden.

Nennwärmebelastung. Es ist die zwischen $\dot{Q}_{B,max}$ und $\dot{Q}_{B,min}$ fest eingestellte Wärmebelastung, die auf einem am Gasgerät dauerhaft anzubringenden Hinweisschild zu vermerken ist.

Nennwärmeleistung. Es ist der vom Gasgerät nutzbar gemachte Wärmestrom, wenn die Nennwärmebelastung zugeführt wird. Sie ist ebenfalls auf dem Hinweisschild zu vermerken. Ohne zusätzliches Hinweisschild gilt als Nennwärmeleistung der höchste Wert des Nennwärme-Leistungsbereichs.

Nennwärme-Leistungsbereich. Es ist der vom Hersteller auf dem Geräteschild angegebene Leistungsbereich, in dem das Gasgerät eingestellt werden kann.

Gerätewirkungsgrad. Er ergibt sich aus dem Verhältnis der Nennwärmeleistung zur Nennwärmebelastung.

$$\eta = \frac{\dot{Q}_{NL}}{\dot{Q}_{NB}}$$

η Gerätewirkungsgrad
$\dot{Q}_{NL}$ Nennwärmeleistung in kW
$\dot{Q}_{NB}$ Nennwärmebelastung in kW

Die Nennwärmeleistung ist um die Abgasverluste und Wärmeverluste des Gasgeräts an den Aufstellraum geringer als die Nennwärmebelastung. Vgl. 1.3.8, S. 48.

Beispiel 2:

Ein Gasgerät ist auf eine Nennwärmeleistung von 19 kW und auf eine Nennwärmebelastung von 21 kW eingestellt. Wie groß ist der Gerätewirkungsgrad?

Lösung:
$\eta = \dfrac{\dot{Q}_{NL}}{\dot{Q}_{NB}} = \dfrac{19 \text{ kW}}{21 \text{ kW}} = 0{,}90 \triangleq 90\,\%$

Anschlusswert. Es ist der Gasvolumenstrom in m³/h, der einem Gasgerät bei Nennwärmebelastung zugeführt wird.

Einstellwert. Es ist der Gasvolumenstrom in l/min, auf den das Gasgerät eingestellt werden muss, damit es seine Nennwärmebelastung erreicht.

Anschlusswert und Einstellwert werden nach folgenden Formeln berechnet:

$$\dot{V}_A = \frac{\dot{Q}_{NB}}{H_{i,B}}$$

$$\dot{V}_E = \frac{\dot{Q}_{NB} \cdot 1000}{H_{i,B} \cdot 60}$$

$\dot{V}_A$	Anschlusswert	in m³/h
$\dot{V}_E$	Einstellwert	in l/min
$\dot{Q}_{NB}$	Nennwärmebelastung	in kW
$H_{i,B}$	Heizwert	in kWh/m³
1000	Umrechnungsfaktor	in l/m³
60	Umrechnungsfaktor	in min/h

Beispiel 3:

Ein Gasgerät soll auf eine Nennwärmebelastung von 20 kW eingestellt werden. Der Betriebsheizwert von Erdgas E beträgt 10 kWh/m³. Wie groß sind der Anschluss- und der Einstellwert?

Lösung:

$$\dot{V}_A = \frac{\dot{Q}_{NB}}{H_{i,B}}$$

$$\dot{V}_A = \frac{20 \text{ kW}}{10 \text{ kWh/m}^3} = 2 \text{ m}^3/\text{h}$$

$$\dot{V}_E = \frac{\dot{Q}_{NB} \cdot 1000}{H_{i,B} \cdot 60}$$

$$\dot{V}_E = \frac{20 \text{ kW} \cdot 1000 \text{ l/m}^3}{10 \text{ kWh/m}^3 \cdot 60 \text{ min/h}} = 33{,}3 \text{ l/min}$$

*__Manometrische Methode,__ sie wird auch als Düsendruck-Methode bezeichnet.

Anschlussdruck. Es ist der Fließdruck des Gases am Anschluss des Gasgeräts. Er wird am Messstutzen vor dem Druckregler mit einem U-Rohr-Manometer gemessen. Um die Widerstände in den Gasarmaturen zu überwinden und um Flammenrückschläge zu verhindern, sind Mindestdrücke der einzelnen Gasfamilien erforderlich.

Tabelle 1.10: Anschlussdruck bei Brenngasen

Gas- familie	Anschlussdruck p_e in mbar	
	Gesamtbereich	Nennwert
1. Stadt- u. Ferngas	7,5 bis 15	8
2. Erdgas	18 bis 24	20
3. Flüssiggas	47,5 bis 57,5	50
4. Flüssiggas-Luft	12 bis 18	15
Erdgas-Luft	7,5 bis 15	8

Düsendruck. Es ist der Fließdruck des Gases unmittelbar vor den Gasdüsen des Brenners. Er wird am Messstutzen vor den Düsen gemessen.

Inbetriebnahme. Vorher muss festgestellt werden, ob das Gasgerät für den Wobbe-Index-Bereich der zur Verfügung stehenden Gasfamilie geeignet ist. Außerdem ist zu prüfen, ob der vorhandene Anschlussdruck ausreicht. Die Angaben des Herstellers in den Betriebsanleitungen müssen beachtet werden. Alle Absperrungen in der Anschlussleitung müssen voll geöffnet sein. Die Gasgeräte werden vom Hersteller auf einen Wobbe-Index-Bereich voreingestellt. Vor Ort muss die Feineinstellung der Wärmebelastung vorgenommen werden. Dabei ist darauf zu achten, dass die am Geräteschild angegebene größte Wärmebelastung nicht überschritten und die kleinste Wärmebelastung nicht unterschritten wird.

Beachten Sie: Bei falscher Einstellung eines Gasbrenners kann sich giftiges CO-Gas bilden!

Die Einstellung eines Gasgeräts kann nach zwei verschiedenen Methoden vorgenommen werden:

Manometrische Methode*. Dabei wird der Düsendruck mit einem U-Rohr-Manometer gemessen. In Abhängigkeit von der

Tabelle 1.11: Düsendruck-Einstelltabelle*

Gasart	Bohrungsdurchmesser der Gasdüsen in mm	Wobbe-Index W_s in kWh/m³	Düsendruck p_e in mbar bei einer Nennwärmeleistung $\dot{Q}_{NL}$ von			
			12 kW	14 kW	15,5 kW	17 kW
Stadt- und Ferngas	5,9	7,0	1,9	2,6	3,2	3,9
		7,5	1,7	2,3	2,8	3,4
		8,0	1,5	2,0	2,5	2,9
Ergas LL	3,4	11,6	6,7	9,1	11,1	13,4
		12,4	5,8	7,9	9,7	11,7
		13,0	5,3	7,2	8,9	10,7
Ergas E	3,1	13,3	7,3	10,0	12,2	14,7
		14,5	6,2	8,4	10,3	12,4
		15,5	5,4	7,3	9,0	10,8
Propan	1,7	22,5	19,5	26,6	32,6	39,2
Butan	1,7	25,6	15,1	20,6	25,2	30,3

*Zu Tabelle 1.11. Bei der Brennereinstellung dürfen nur die vom Gerätehersteller gelieferten Tabellen verwendet werden.

Nennwärmeleistung und dem örtlich vorhandenen Wobbe-Index wird dann der Düsendruck nach Herstellerangaben am Druckregler eingestellt. Vorher muss geprüft werden, ob die richtigen Gasdüsen eingebaut sind.

Beispiel 4:

Ein Gasgerät für Erdgas E soll auf $\dot{Q}_{NL}$ = 17 kW bei W_s = 14,5 kWh/m³ eingestellt werden. Wie groß muss nach Tabelle 1.11 der Düsenduck sein?

Lösung: 12,4 mbar.

Volumetrische Methode. Der erforderliche Einstellwert wird nach der Nennwärmebelastung und dem Betriebsheizwert berechnet oder einer Tabelle entnommen. Mit Hilfe des Gaszählers und einer Uhr ist der Druckregler dann so einzustellen, bis der Einstellwert mit dem gemessenen Gasvolumenstrom in l/min übereinstimmt. Vgl. Beispiel 3, S. 30.

Bei Gasgeräten, die vom Hersteller auf eine feste Wärmebelastung eingestellt und verplombt oder versiegelt sind, entfällt die Geräteeinstellung.

Übergabe und Wartung. Der Betreiber von Gasgeräten muss über die Handhabung und Bedienung unterrichtet werden. Entsprechende Bedienungsanleitungen sind ihm zu übergeben. Der Kunde ist auf die notwendige regelmäßige Wartung der Gasgeräte hinzuweisen. Bei Wartungsarbeiten muss die Brennereinstellung überprüft und gegebenenfalls korrigiert werden. Vgl. 7.2.3, S. 347.

Umstellung von Gasgeräten. Diese Maßnahme wird notwendig, wenn sich die Gasversorgung von einer Gasfamilie auf eine andere ändert. Bei Gasgeräten der Kategorie II und III müssen die Gasdüsen des Hauptbrenners und gegebenenfalls des Zündbrenners ausgetauscht werden. Das Gasgerät ist dann auf die geänderte Gasfamilie neu einzustellen. Die geänderte Einstellung wird auf einem Hinweisschild dauerhaft am Gasgerät gekennzeichnet. Gasgeräte der Kategorie I sind nicht umstellbar, sie müssen ausgetauscht werden.

1.2.6 Gasherde und Gasbacköfen

Gasherde und Gasbacköfen sind Gasgeräte der Art A und benötigen keine Abgasanlage. Sie sind so aufzustellen, dass durch ihre Wärmeabgabe die Umgebung nicht gefährdet ist und die Abgase ungehindert abströmen können. Ihre Abmessungen sind auf genormte Küchenmöbel abgestimmt, so dass sie sich in Anbauküchen einbauen lassen.

Wärmeerzeuger

1. Gasherd mit Gasbackofen.

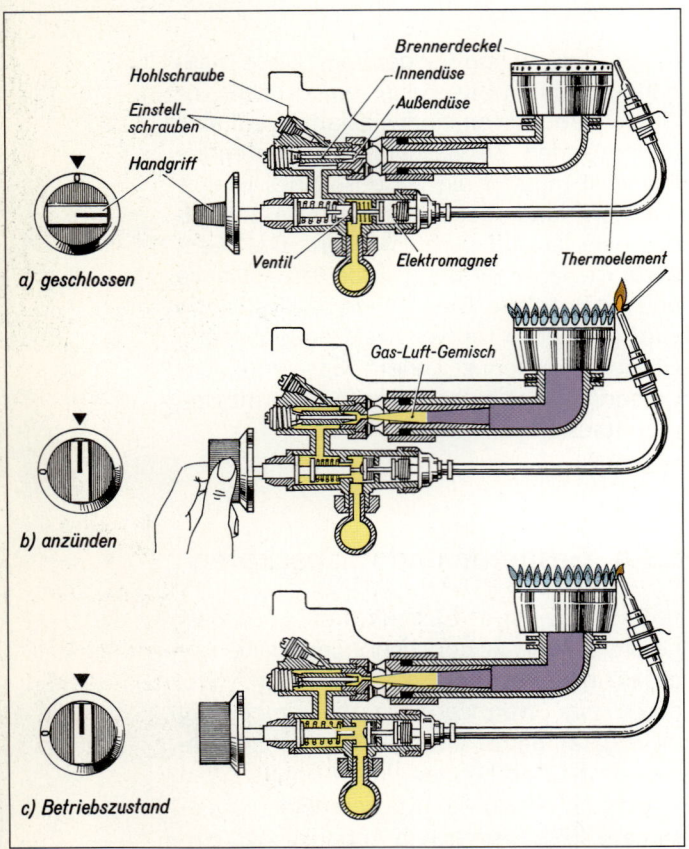

2. Kochbrenner mit thermoelektrischer Zündsicherung.

3. Kochbrenner an einem Gasherd.

Gasherde. Sie haben gegenüber Elektroherden folgende Vorteile:
- Die Energie zum Kochen steht ohne Vorheizen sofort zur Verfügung.
- Nach dem Abschalten bleibt keine Restwärme, dadurch wird Energie eingespart.
- Die Flamme lässt sich stufenlos und damit individuell regulieren.
- Gas ist preiswerter als elektrische Energie.

Gasherde besitzen eine Kochmulde mit meist vier Kochbrennern, die unterschiedliche Wärmebelastungen haben:
- 1 Starkbrenner, $\dot{Q}_{B,max}$ = 2,7 kW,
- 2 Normalbrenner, $\dot{Q}_{B,max}$ = 1,7 kW,
- 1 Garbrenner, $\dot{Q}_{B,max}$ = 1,0 kW,

Jeder Kochbrenner muss bei Bedarf von Hand gezündet werden und ist durch eine thermoelektrische Zündsicherung abgesichert.

Gasbackofen. Der Backofenbrenner hat häufig eine maximale Wärmebelastung von $\dot{Q}_{B,max}$ = 3,7 kW. Der Gasvolumenstrom wird in Abhängigkeit von der eingestellten Temperatur geregelt. Durch diese modulierende Regelung wird die Gaszufuhr je nach Bedarf reduziert oder verstärkt. Der Regler besteht aus einem Temperaturfühler, der mit einer Ausdehnungsflüssigkeit gefüllt und durch ein Kapillarrohr mit einem Dehnkörper verbunden ist. Dehnt sich die Flüssigkeit im

Fühler aus, drückt sie sich durch das Kapillarrohr in den Faltenbalg, der die Gaszufuhr drosselt. Dadurch wird die Wärmeleistung des Brenners so herabgesetzt, dass die eingestellte Temperatur gehalten wird. Vgl. 2.2.3, S. 118. Bei zu geringer Backofentemperatur verläuft der Vorgang umgekehrt. Damit die Flammen nicht verlöschen und dadurch die thermoelektrische Zündsicherung die Gaszufuhr unterbricht, muss ein Kleinstvolumenstrom des Brenngases eingestellt werden, der das Thermoelement noch ausreichend erwärmt.

1.2.7 Gas-Raumheizer

Gas-Raumheizer sind geeignet, einzelne Räume mit Wärme zu versorgen. Ihre Abgase werden über eine Abgasanlage ins Freie geführt.

Bauweise. Gas-Raumheizer mit offener Verbrennungskammer und Schornsteinanschluss müssen in Schornsteinnähe aufgestellt werden. Die notwendige Strömungssicherung befindet sich am Abgasstutzen.

Gas-Raumheizer mit geschlossener Verbrennungskammer und Außenwandanschluss lassen sich unter einem Fenster aufstellen. Die abfallende Kaltluft wird dabei abgefangen und gelangt nicht wie bei der Aufstellung an einer Innenwand auf den Fußboden. Über den geteilten Mauerkasten in der Außenwand strömt die Verbrennungsluft in die Brennkammer und die Abgase gelangen ins Freie. Diese Gas-Raumheizer können mit und ohne Gebläse ausgestattet sein.

Arbeitsweise. Der Gasbrenner erwärmt die inneren Ofenwände. Dabei kühlen sich die Abgase auf 180 °C bis 120 °C ab. Damit die sichtbaren Heizflächen keine zu hohen Oberflächentemperaturen haben, wird die äußere Ofenverkleidung mit einem Abstand zu den inneren Ofenwänden angebracht.

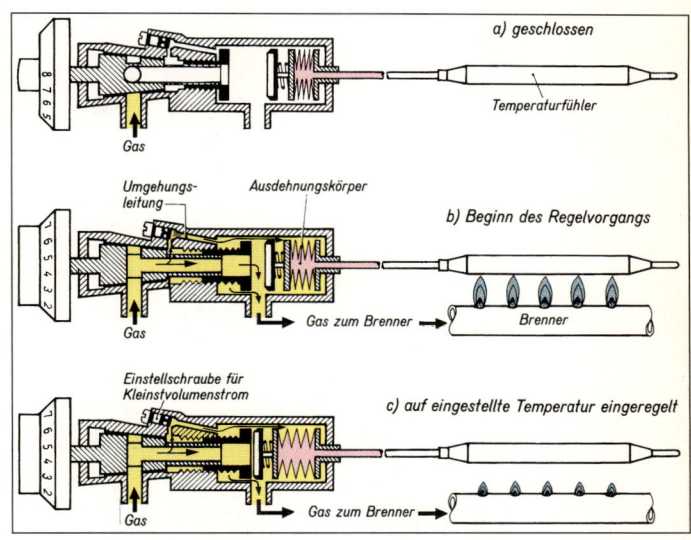

1. Temperaturregler bei einem Gas-Backofen.

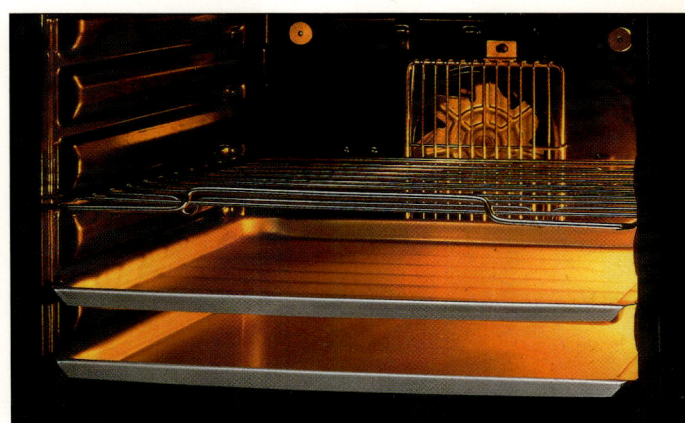

2. Gas-Backofen mit Heißluftgebläse.

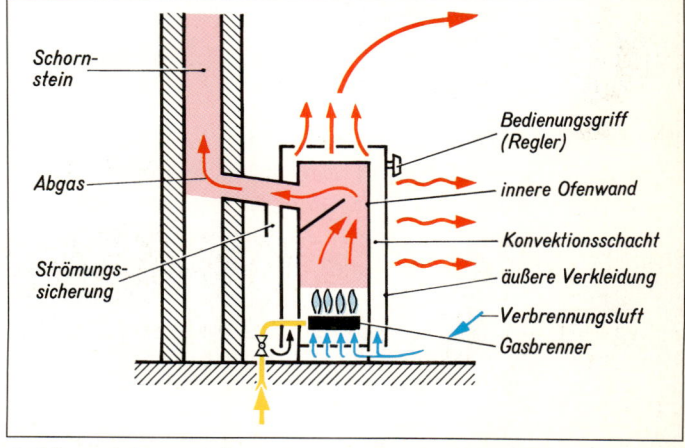

3. Schematische Darstellung eines Gas-Raumheizers Art B.

Wärmeerzeuger

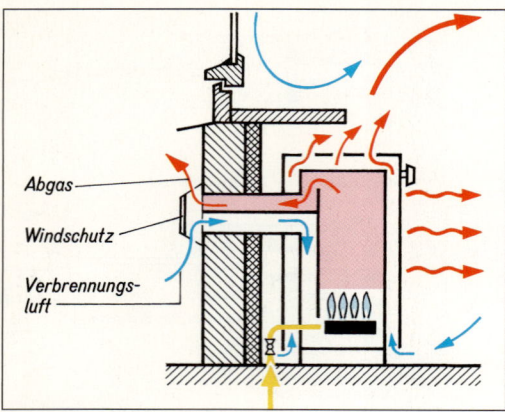

1. Schematische Darstellung eines Gas-Raumheizers Art C ohne Gebläse.

2. Gas-Raumheizer als Kaminofen mit sichtbarer Brennkammer.

Die Raumluft strömt zwischen diesen Wänden und wird dabei erwärmt. Sie tritt oben aus dem Ofen aus, erwärmt den Raum und tritt nach Abkühlung durch Bodenöffnungen wieder in den Ofen ein. Die äußere Verkleidung gibt durch Konvektion und Strahlung ebenfalls Wärme an den Raum ab.

Die Wärmeleistung der Gas-Raumheizer kann auf verschiedene Weise geregelt werden, vgl. 2.2.4, S. 119:

- Zweipunktregelung,
- Dreipunktregelung,
- modulierende Regelung.

Zweipunktregelung. Bei dieser einfachen Regelungsart wird der Gasbrenner bei zu niedriger Raumtemperatur ein- und bei zu hoher Temperatur ausgeschaltet. Nachteilig sind die ständigen Dehnungsgeräusche bei Erwärmung und Abkühlung des Gas-Raumheizers sowie die Geräusche bei Überzündung der Gasflammen. Die Raumtemperatur ist nicht konstant, sondern liegt z.B. zwischen 18 °C und 22 °C. Höheren Komfortansprüchen kann diese Regelung nicht gerecht werden.

Dreipunktregelung. Der Gas-Raumheizer kann dabei mit großer oder kleiner Wärmeleistung arbeiten. Bei ausreichender Raumtemperatur wird das Gerät abgeschaltet. Im Vergleich zur Zweipunktregelung ist die Wärmeabgabe gleichmäßiger, die Temperaturschwankungen im Raum sind entsprechend geringer, z.B. zwischen 19 °C und 21 °C.

Modulierende Regelung. Hierbei wird die Wämeleistung des Gas-Raumheizers zwischen der Klein- und Großstellung der jeweiligen Heizlast des Raums angepasst. Die Temperaturschwankungen im Raum werden kontinuierlich ausgeglichen, wodurch sich ein behagliches Wärmeempfinden einstellt. Übersteigt die Wärmeleistung bei Kleinstellung die Heizlast, so schaltet der Temperaturregler die Gaszufuhr ab. Bei erneuter Wärmeanforderung wird zunächst die Kleinstellung geöffnet, ehe sich die modulierende Arbeitsweise einschaltet. Mit dieser stetigen Reglungsart sind die meisten modernen Gas-Raumheizer ausgestattet.

Wärmeleistung. Gas-Raumheizer müssen in der Lage sein, im Winter bei Norm-Außentemperaturen eine Raumtemperatur von 20 °C bis 24 °C zu erreichen. Bei stationärem Heizbetrieb mit geringen Unterbrechungen kann die notwendige Wärmeleistung nach DIN EN 12831* ermittelt werden. Vgl. Bd. 07487, Kap. 1.4.4. Bei unterbrochenem Heizbetrieb sind entsprechende Aufheizleistungen zu berücksichtigen.

Gasgeräte für Heizungs- und Trinkwasser-Erwärmunganlagen werden in den Kapiteln 1.3, S. 36 und 3.3, S. 171 behandelt.

***DIN EN 12831**, Verfahren zur Berechnung der Norm-Heizlast.

Zur Wiederholung

1. Wie werden Gasgeräte bezüglich der Verbrennungsluftversorgung und der Abgasabführung eingeteilt?
2. Was versteht man unter Gasgeräten der Kategorie I, II und III?
3. Wie unterscheiden sich die verschiedenen Gasbrenner, die in Gasgeräten eingebaut werden?
4. Welche Gasgeräte benötigen eine Strömungssicherung? Erklären Sie die Arbeitsweise.
5. Was ist eine Abgas-Überwachungseinrichtung; wie arbeitet sie und bei welchen Gasgeräten muss sie eingebaut sein?
6. Wie wird die Funktion einer Strömungssicherung überprüft?
7. Welche Aufgaben haben im Anschluss eines Gasgeräts ein Gasfilter, ein Gasdruckwächter und ein Gasdruckregler?
8. Wie können die Flammen von Gasbrennern gezündet und überwacht werden?
9. Erklären Sie die Begriffe Nennwärmebelastung, Nennwärmeleistung und Nennwärme-Leistungsbereich.
10. Wie unterscheiden sich Anschlusswert und Einstellwert eines Gasgeräts?
11. Mit welchen Methoden kann ein Gasgerät auf seine Nennwärmeleistung eingestellt werden?
12. Was muss bei der Umstellung eines Gasgeräts von Flüssiggas auf Erdgas beachtet werden?
13. Welche Vorteile haben Gasherde im Vergleich zu Elektroherden?
14. Mit welchen Einrichtungen zur Zündung und Flammenüberwachung sind Gasherde und Gasbacköfen ausgestattet?
15. Wie arbeitet die Regelung bei einem Gasbackofen?
16. Welche Bauweisen von Gas-Raumheizern unterscheidet man bezüglich der Verbrennungsluft-Zuführung und Abgas-Abführung?
17. Nennen Sie verschiedene Möglichkeiten, einen Gas-Raumheizer zu regeln.

Zur Vertiefung

1. Erklären Sie, weshalb Gasdüsen für Ferngas, Erdgas und Flüssiggas unterschiedlich große Bohrungen haben.
2. Die Strömungssicherung eines Gasgeräts Art B darf auf der Baustelle nicht verändert werden. Erklären Sie den Sinn dieser Vorschrift.
3. Begründen Sie, warum eine Gasfeuerstätte mindestens fünf Minuten in Betrieb sein muss, bevor mit der Funktionsprüfung der Strömungssicherung begonnen werden darf.
4. Warum muss die Funktion der Strömungssicherung bei der größten und bei der kleinsten Wärmeleistung geprüft werden?
5. Warum ist für ein Gasgerät Art B mit Strömungssicherung eine Abgas-Überwachungseinrichtung vorgeschrieben, wenn es in einem bewohnten Raum aufgestellt wird?
6. Warum darf die größte Wärmebelastung bei einem Gasgerät nicht über- und die kleinste Wärmebelastung nicht unterschritten werden?

> *DIN 4702,
> Heizkessel. Zurzeit werden viele nationale Normen auf Europanormen umgestellt, z.B. DIN EN 303, Heizkessel mit Gebläse.

Zur Berechnung

Anschluss- und Einstellwerte, Wirkungsgrade

1. Ein Gasgerät hat eine Nennwärmeleistung von 23 kW und eine Nennwärmebelastung von 25 kW. Berechnen Sie den Gerätewirkungsgrad, den Anschluss- und den Einstellwert bei Erdgas $H_{i,B}$ = 9,3 kWh/m³.
2. Für folgende Gasgeräte sind die Anschluss- und Einstellwerte bei Flüssiggas $H_{i,B}$ = 25 kWh/m³ zu berechnen:
   a) $\dot{Q}_{NB}$ = 5 kW
   b) $\dot{Q}_{NB}$ = 8 kW
   c) $\dot{Q}_{NB}$ = 12 kW
   d) $\dot{Q}_{NB}$ = 18 kW
   e) $\dot{Q}_{NB}$ = 25 kW
3. Ein Gasherd mit Gas-Backofen besitzt folgende Brennstellen:
   1 Starkbrenner, $\dot{Q}_{B,max}$ = 2,7 kW,
   2 Normalbrenner, $\dot{Q}_{B,max}$ = je 1,7 kW,
   1 Garbrenner, $\dot{Q}_{B,max}$ = 1,0 kW und
   1 Backofenbrenner, $\dot{Q}_{B,max}$ = 3,7 kW.
   Berechnen Sie die jeweiligen Gaseinstellwerte und den gesamten Anschlusswert, wenn Erdgas E mit $H_{i,B}$ = 9,8 kWh/m³ zur Verfügung steht.
4. Berechnen Sie den Anschlusswert, Einstellwert und Gerätewirkungsgrad eines Gas-Raumheizers für Erdgas E bei $\dot{Q}_{NB}$ = 5 kW, $\dot{Q}_{NL}$ = 4,3 kW und $H_{i,B}$ = 9,8 kWh/m³.
5. In einem Mehrfamilienhaus werden insgesamt 8 Gasherde mit Gasbacköfen installiert. Es steht Erdgas LL mit $H_{i,B}$ = 8,0 kWh/m³ zur Verfügung. Die Gasgeräte haben die in Aufgabe 3 genannten Brennstellen. Berechnen Sie die Anschlusswerte für jedes einzelne Gerät und für alle Geräte und die Gaseinstellwerte für jede Brennstelle.

1.3 Heizkessel

Bodenstehende Wärmeerzeuger mit Feuerungen für die Erwärmung von Wasser oder Dampf werden als Heizkessel bezeichnet.

1.3.1 Allgemeine Anforderungen

Normung. Heizkessel sind nach DIN 4702* genormt. Die Hersteller müssen die Anforderungen dieser Normen einhalten. Außerdem sind die Vorschriften der Energie-Einsparverordnung zu beachten. Vgl. Bd. 07487, Kap. 4.4.1.

Heizflächen. In einem Heizkessel geht die freigesetzte Wärme des Brennstoffs in das Heizungswasser über. Der erste Wärmeaustausch findet im Feuerraum statt, wo durch starke Wärmestrahlung und Konvektion die Wärme in die Kesselwandungen übergeht. Die nach dem Feuerraum noch sehr heißen Verbrennungsgase kühlen sich in den Nachschaltheizflächen bis auf die Abgastemperatur ab.

Werkstoffe. Heizkessel können aus Gusseisen (Gusskessel) oder Stahl (Stahlkessel) hergestellt sein. Bei großen Gusskesseln müssen

1. Transport eines Gussglieds.

die einzelnen Glieder auf der Baustelle zusammengebaut werden. Sie lassen sich bei einer Kesselerneuerung als einzelne Glieder leichter transportieren als entsprechend große Stahlkessel.

Montage eines Gusskessels. Die einzelnen Gussglieder sind durch konische Stahlnippel an den Naben miteinander verbunden. Die Kesselmontage beginnt am Hinterglied. Die Dichtleisten sind mit Kesselkitt einzustreichen, um den Heizgasraum abzudichten. Die Kesselnippel bestreicht man mit Bleimennige* und schlägt sie in die Naben ein.

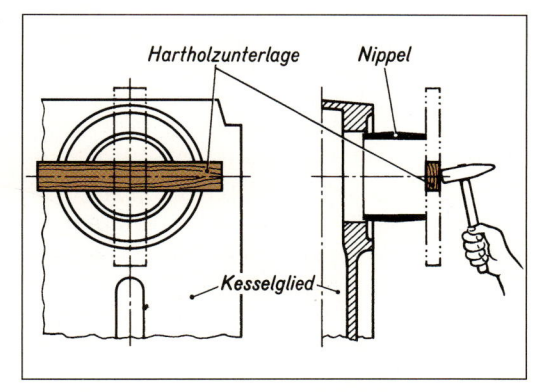

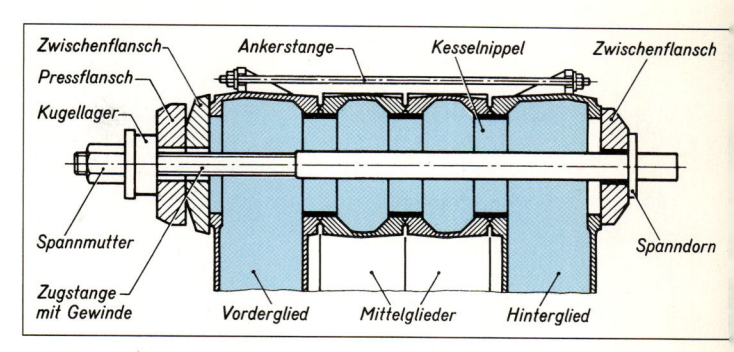

2. Presswerkzeug beim Zusammenbau eines Gusskessels.

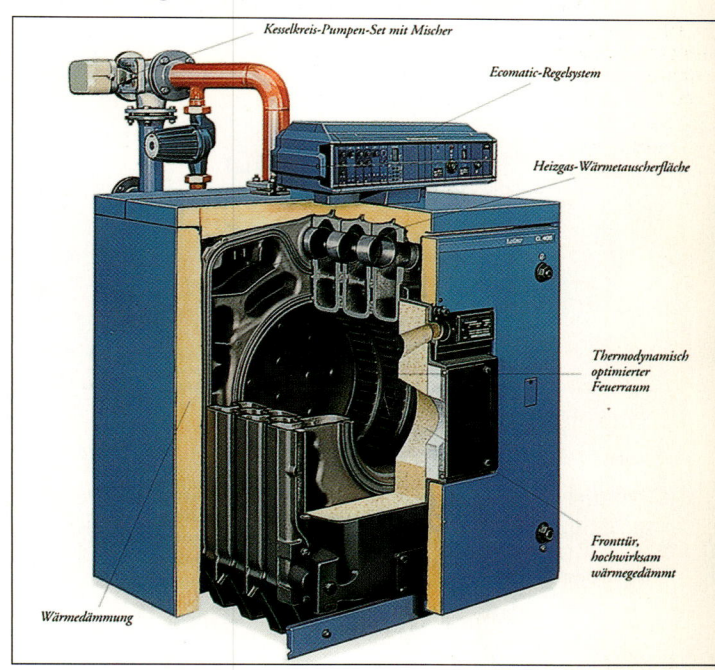

1. Eintreiben eines Kesselnippels in die Kesselnabe.

Die Glieder werden dann mit einem Presswerkzeug zusammengepresst. Der herausgequollene Kesselkitt an den Dichtleisten wird mit einem Spachtel verstrichen und der Kesselblock durch Ankerschrauben oder Ankerstangen zusammengehalten.

3. Fertig montierter Gusskessel.

Wärmeleistung. Heizkessel werden für einen Leistungsbereich hergestellt, innerhalb dessen die Feuerung einzustellen ist. Die erforderliche Wärmeleistung ergibt sich aus der Norm-Heizlast des zu beheizenden Gebäudes oder der Wärmeleistung anderer Wärmeverbraucher, z.B. eines Trinkwassererwärmers. Größere Heizkessel sind mit zweistufigen oder modulierenden Öl- oder Gasbrennern ausgestattet; außerdem kann die Heizleistung auf mehrere Heizkessel aufgeteilt werden.

*Bleimennige, rötliche Rostschutzfarbe aus Bleioxid und Öl.

*Zu Tabelle 1.12, die angegebenen Wärmeleistungen beziehen sich auf kleinere Leistungsbereiche eines bestimmten Heizkessel-Fabrikats.

Tabelle 1.12: Wärmeleistung von Heizkesseln*

Kesselgröße		1	2	3	4	5	6	7
$\dot{Q}_{NL,max}$	in kW	10	14	18	25	32	42	50
$\dot{Q}_{NL,min}$	in kW	8	11	15	21	26	35	43
$\dot{Q}_{NB,max}$	in kW	11	16	21	28	36	46	55
$\dot{Q}_{NB,min}$	in kW	9	12	17	24	30	38	47

Wärmeerzeuger

Technische Unterlagen. Mit dem Heizkessel müssen vom Hersteller technische Informationen, Montage- und Bedienungsanleitungen mitgeliefert werden. Alle Heizkessel müssen mit einem dauerhaften Schild versehen sein, auf dem u.a. Folgendes angegeben sein muss:
- Hersteller,
- Bauart und Typ,
- Herstellungsjahr,
- Wärmeleistungsbereich,
- Prüfzeichen,
- maximaler Betriebsdruck,
- maximale Betriebstemperatur.

1.3.2 Heizkessel für Gebläsefeuerungen

Heizkessel für Öl- oder Gas-Gebläsebrenner benötigen einen ausreichend großen Feuerraum, in dem die Flamme, ohne die Kesselwandungen zu berühren, ausbrennen kann.

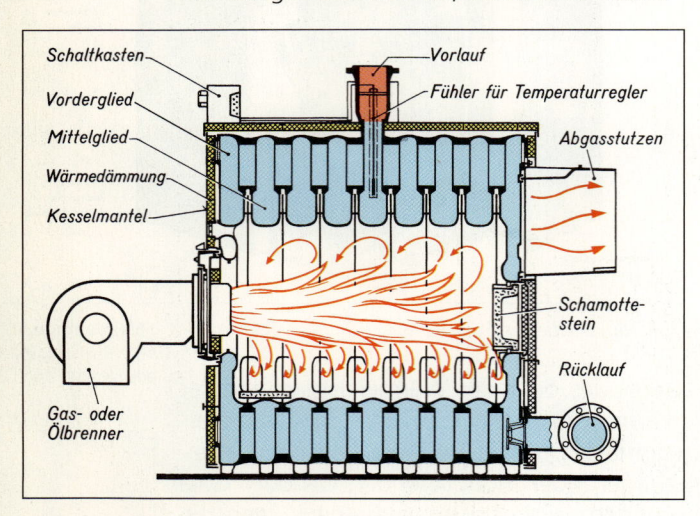

1. Gusskessel für Gebläsefeuerung.

Je nach Gestaltung der Nachschaltheizflächen unterscheidet man Heizkessel mit Zugbedarf durch den Schornstein (Naturzugfeuerung) und Heizkessel ohne Zugbedarf (Überdruckfeuerung).

Naturzugfeuerung. Bei einem Heizkessel mit Zugbedarf besteht bei brennender Flamme im Heizgasraum ein Unterdruck von z.B. 5 Pa. Die Abgaswege müssen so bemessen sein, dass der Schornstein in der Lage ist, die Abgase durch den Heizkessel abzusaugen. Die meisten Heizkessel werden für Naturzugfeuerungen hergestellt.

Überdruckfeuerung. Diese Feuerungsart wird benötigt, wenn kein ausreichender Schornsteinzug vorhanden ist, z.B. bei Aufstellung des Heizkessels in einer Dachzentrale. Die Nachschaltheizflächen sind so verengt, dass ein hoher rauchgasseitiger Widerstand entsteht. Die Abgase müssen mit dem Gebläse des Brenners durch den Heizkessel gedrückt werden. Im Heizgasraum herrscht deshalb Überdruck. Rauchgasseitig sind diese Heizkessel besonders abgedichtet, damit die Abgase nicht in den Aufstellraum strömen können. Durch die verengte Nachschaltheizfläche erreichen die Heizgase eine hohe Geschwindigkeit und Turbulenz, wodurch die Wärmeleistung erheblich gesteigert wird. Man spricht auch von Hochleistungskesseln. Nachteilig sind die höheren Brennergeräusche, die durch Schalldämpfer am Brenner und am Abgasstutzen gemindert werden können.

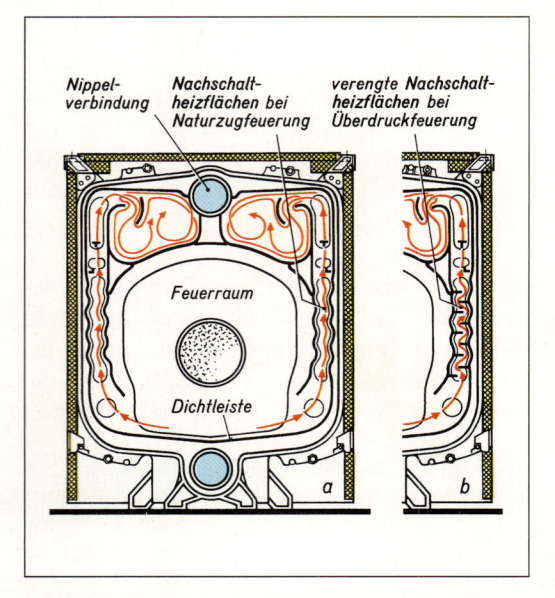

2. Gusskessel a) für Naturzugfeuerung, b) für Überdruckfeuerung.

Heizkessel

Niedertemperaturkessel. Damit die Stillstandsverluste möglichst gering sind, werden Heizkessel je nach Außentemperatur überwiegend im Niedertemperaturbereich zwischen 35 °C und 75 °C betrieben. Der Feuerraum und die Nachschaltheizflächen müssen so konstruiert sein, dass trotz der niedrigen Heizwassertemperaturen die Taupunkttemperatur der Heizgase nicht unterschritten wird. Bei den meisten Heizkesseln im kleineren Leistungsbereich wird dies durch eine nicht vom Heizungswasser gekühlte Brennkammer* aus nicht rostendem Stahl erreicht. Sie ist hinten häufig durch einen Schamottestein* verschlossen, so dass die Verbrennungsgase umgelenkt werden und dann die Nachschaltheizfläche mit Wabenzügen durchströmen. Am hinteren Teil des Heizkessels werden die Abgase gesammelt und durch ein Verbindungsstück mit einem Schornstein oder einer Abgasleitung verbunden. Zur Kesselreinigung wird die Brennertür ausgeschwenkt und die Brennkammer herausgezogen.

Nach der Energie-Einsparverordnung müssen neu einzubauende Heizkessel ein CE*-Kennzeichen besitzen und Niedertemperatur- oder Brennwertkessel sein. Ausnahmen sind in der EnEV festgelegt.

Unitkessel. Heizkessel mit einer Nennwärmeleistung bis ca. 100 kW werden wahlweise mit oder ohne Gebläsebrenner geliefert. Bei einer gemeinsamen Lieferung einschließlich der notwendigen Steuerungs- und Regelungseinrichtungen spricht man von einem Unitkessel*. Dabei wird werkseitig der Brenner fertig montiert, verdrahtet und auf eine gewünschte Wärmeleistung eingestellt.

Großkessel. Für große Heizungsanlagen mit Wärmeleistungen bis zu mehreren MW werden Stahlheizkessel mit waagrechter Rauchgasführung als Zwei- oder Dreizugkessel, mit Normalzug- oder Überdruckfeuerung hergestellt. Diese Heizkessel können als Niedertemperaturkessel, als Heißwasserkes-

*CE, franz. Abk. für Communautés Européennes = Europäische Gemeinschaften. Geräte mit diesem Kennzeichen erfüllen die europäischen Richtlinien.

*Brennkammern, die nicht durch Wasser gekühlt sind, werden auch als heiße Brennkammern bezeichnet.

*Schamotte, feuerfester gebrannter Ton.

*Unit, engl. Einheit.

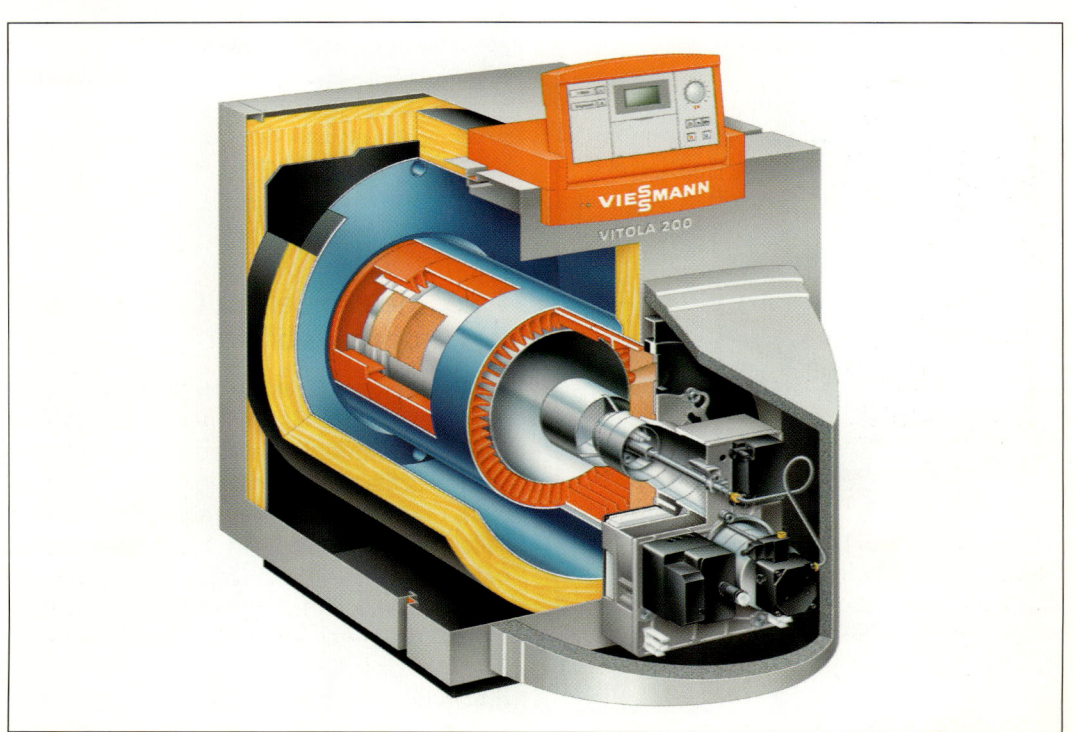

1. Niedertemperaturkessel aus Stahl und Gusseisen mit heißer Brennkammer.

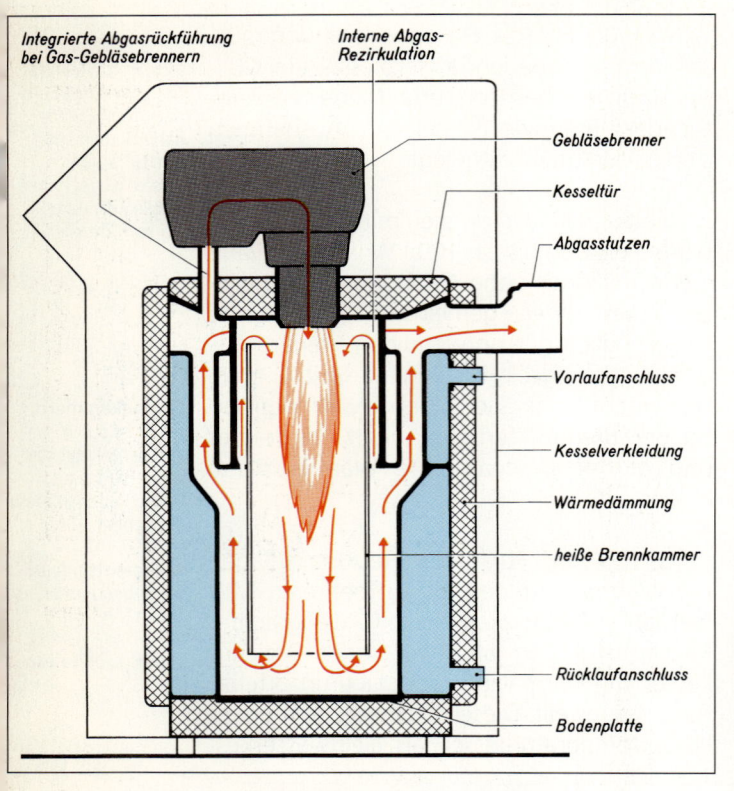

Wärmeerzeuger

1. Niedertemperaturkessel mit senkrechter Flammenführung.

sel bis zu 180 °C oder auch als Dampfkessel verwendet werden. Für diese Heizkessel sind besondere Sicherheitsvorschriften zu beachten.

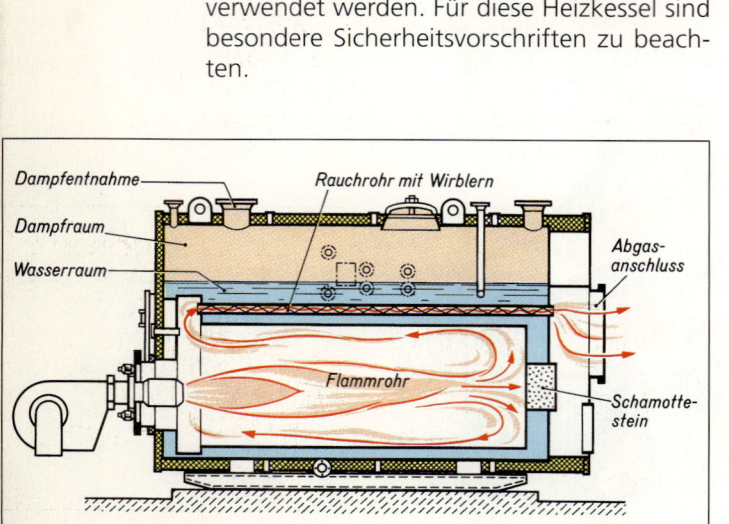

2. Großkessel aus Stahl als Dampfkessel mit Überdruckfeuerung.

3. Unitkessel für Gebläsefeuerung mit unten liegendem Speicher-Wassererwärmer. Der Brenner liegt hinter einer Abdeckhaube.

1.3.3 Heizkessel für Gasbrenner ohne Gebläse

Heizkessel mit Gasbrennern ohne Gebläse (atmosphärische Gasbrenner) haben kleine Feuerräume und darüber angeordnete Nachschaltheizflächen, durch die die Heizgase nach oben strömen. Sie sind in den meisten Fällen raumluftabhängig und werden stets mit Gasbrenner und Strömungssicherung werkseitig geprüft, eingestellt und als Unitkessel geliefert. Um bei abgeschaltetem Brenner das Durchströmen der Raumluft durch den warmen Heizkessel weitgehend zu vermeiden, wird vor der Strömungssicherung eine motorgesteuerte Abgasklappe eingebaut. Sie wird vor Inbetriebnahme des Brenners durch das Steuergerät geöffnet und ist während der Stillstandszeiten geschlossen. Vgl. 1.7.3, S. 101.

Werden Gas-Heizkessel in einem besonderen Raum aufgestellt, so befindet sich die Strömungssicherung oberhalb des Heizkessels oder hinter dem Heizkessel. Bei großer Heizlast können mehrere Gas-Heizkessel mit atmosphärischen Gasbrennern so zusammengeschaltet werden, dass sie als eine Feuerstätte gelten. Die Leistungsanpassung dieser Kesselanlage erfolgt durch eine so genannte Kaskadenregelung, die sich weitgehend genau der jeweiligen Heizlast anpassen kann. Vgl. 2.3.5, S. 128. Nach Anordnung der Strömungssicherung werden dabei verschiedene Kesselbauarten unterschieden:
- Kesselbauart 1 mit einem Heizkessel und einer Strömungssicherung,
- Kesselbauart 2 mit bis zu 6 Heizkesseln und einer gemeinsamen Strömungssicherung,
- Kesselbauart 3 mit bis zu 4 Heizkesseln, getrennten Strömungssicherungen und einem gemeinsamen Abgassammelrohr.

Kleinere Gas-Heizkessel können auch in Küchen aufgestellt werden. Die Abmessungen sind auf genormte Küchenmöbel abgestimmt. Die Strömungssicherung befindet sich an der Vorderfront der Kesselverkleidung. Die einzelnen Kesselglieder aus Gusseisen liegen nebeneinander, damit sich bei verschiedenen Wärmeleistungen die Bautiefe nicht ändert. Heizungspumpe, Ausdehnungsgefäß, Gasarmatur, Regel- und Steuergeräte sind kompakt am Heizkessel angebaut und von außen nicht sichtbar.

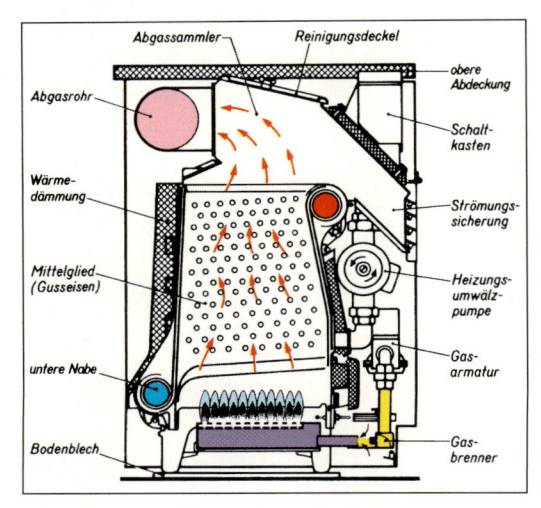

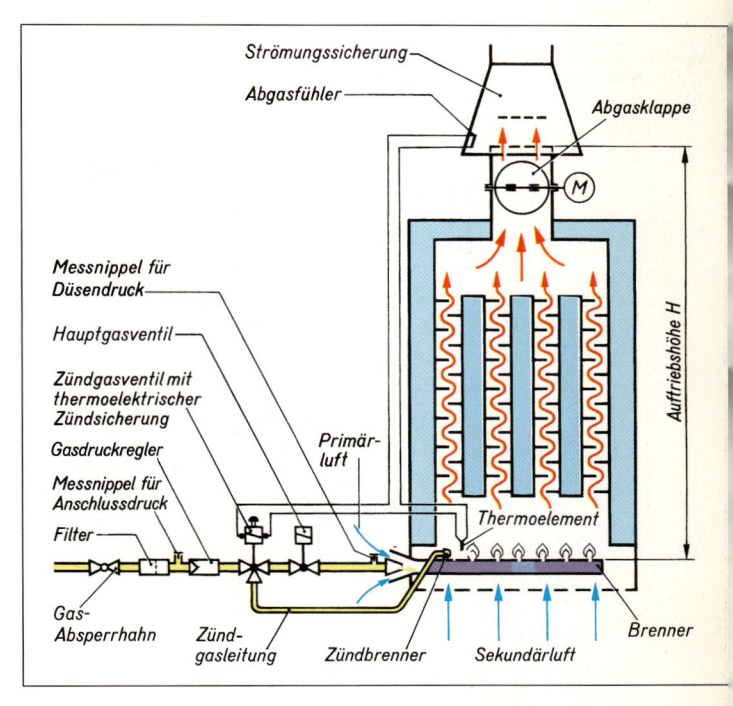

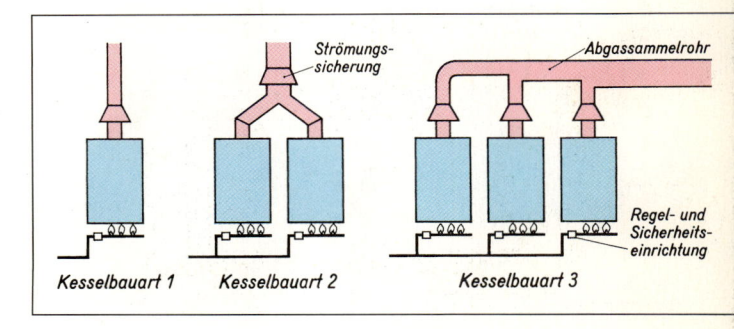

2. Schematischer Aufbau eines Gas-Heizkessels mit atmosphärischem Gasbrenner, Zündflamme, thermoelektrischer Zündsicherung, Strömungssicherung, Abgasklappe und Abgasüberwachung.

1. Gas-Heizkessel für Küchenaufstellung.

3. Kesselbauarten mit atmosphärischen Gasbrennern. Die Kesselbauarten 2 und 3 gelten als eine Feuerstätte.

1.3.4 Brennwertkessel

Brennwertkessel für Öl- oder Gasfeuerungen können die in den Abgasen enthaltene Verdampfungswärme des bei der Verbrennung entstehenden Wasserdampfs teilweise nutzen. Vgl. 1.1.7, S. 16. Dazu besitzen sie eine zusätzliche Nachschaltheizfläche, die im Heizkessel integriert oder dem Heizkessel nachgeschaltet sein kann. Die Abgase werden in beiden Fällen bis unter die Taupunkttemperatur abgekühlt. Dazu sind möglichst niedrige Rücklauftemperaturen des Heizungswassers erforderlich.

Das anfallende Kondensat ist durch Bildung von Säuren bei niedrigen pH-Werten aggressiv. Die Nachschaltheizflächen müssen deshalb gegen Säurekorrosion geschützt sein und werden überwiegend aus nicht rostendem Stahl hergestellt. Das saure Kondensat darf nicht in jedem Fall in die öffentliche Entwässerungsanlage geleitet werden, da diese geschädigt werden könnte. Bei größeren Brennwertkesseln – in den meisten Fällen bei mehr als 200 kW – ist deshalb eine Neutralisation* des Kondensats erforderlich.

Die Brennwerttechnik wird überwiegend bei Erdgasfeuerungen angewendet, da Erdgas einen etwa doppelt so hohen Wasserstoffanteil wie Heizöl besitzt. Seit der Einführung von schwefelarmen Heizölen werden auch häufiger Öl-Brennwertkessel in Heizungsanlagen eingebaut.

***Neutralisation,** das saure Kondensat wird durch Zugabe von alkalischen Stoffen, z.B. Kalk, neutralisiert.

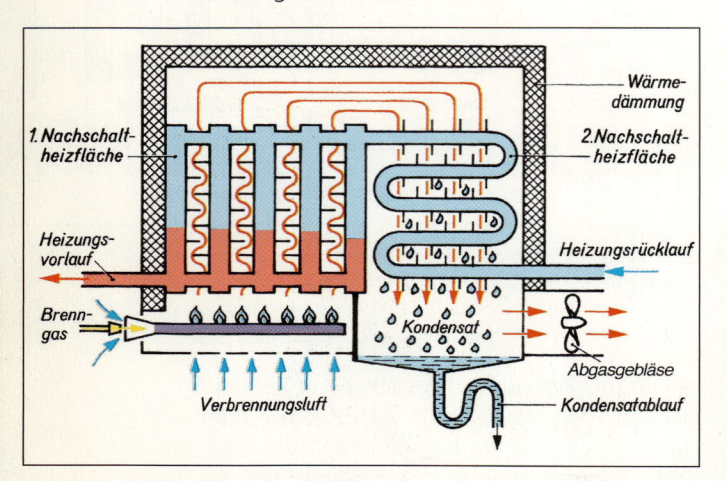

1. Schematischer Aufbau eines Brennwertkessels mit atmosphärischem Gasbrenner.

2. Rückseite eines Brennwertkessels für Gebläsefeuerung mit nachgeschaltetem Wärmeaustauscher.

3. Brennwertkessel mit Gas-Gebläsebrenner.

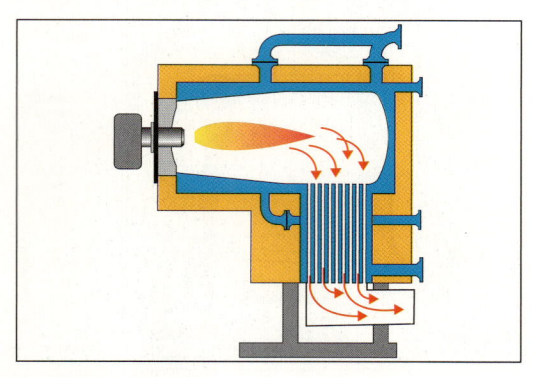

4. Führung der Verbrennungsgase bei einem Brennwertkessel mit Gebläsebrenner.

Durch die niedrigen Abgastemperaturen und die teilweise Ausnutzung des Brennwerts kann sich der Wirkungsgrad eines Gas-Brennwertkessels im Vergleich zu einem herkömmlichen Heizkessel um 10 % bis 15 % verbessern. Bezogen auf den Heizwert H_i können Kesselwirkungsgrade bis zu 108 %, bei Öl-Brennwertkesseln bis zu 105 % erreicht werden.

1.3.5 Heizkessel mit Trinkwassererwärmung

Bei zentraler Versorgung eines Gebäudes mit erwärmtem Trinkwasser (TWW) wird das kalte Trinkwasser (TW) häufig in Verbindung mit der Heizungsanlage erwärmt. Vgl. 3.1, S. 144.

Kombikessel. Im unteren Leistungsbereich bilden Heizkessel und Trinkwassererwärmer häufig eine konstruktive Einheit. Dabei haben sich Kombikessel mit einem temperaturgeregelten Speicher-Wassererwärmer überwiegend durchgesetzt, der meistens unter oder neben dem Heizkessel angeordnet ist.

Im Speicher befindet sich eine Heizschlange, die die Wärme des Heizungswassers an das Trinkwasser überträgt. Durch einen Temperaturregler wird eine Speicher-Ladepumpe ein- oder ausgeschaltet, die heißes Kesselwasser durch die Heizschlange pumpt. Eine Rückschlagklappe verhindert Zirkulationen bei ausgeschalteter Ladepumpe. Die Temperatur des Warmwassers kann so unabhängig von der Kesseltemperatur geregelt und auf 60 °C begrenzt werden.

Speicher-Wassererwärmer und Heizschlangen werden aus nicht rostendem oder emailliertem Stahl hergestellt. Bei emaillierten Stahlbehältern ist eine Magnesiumanode als zusätzlicher Korrosionsschutz eingebaut.

1. Rückseite eines Kombikessels mit Heizwasser-Anschlüssen und Speicher-Ladepumpe.

2. Heizschlange eines Speicher-Wassererwärmers in emaillierter Ausführung.

1.3.6 Wandhängende Heizgeräte

Für kleinere Heizungsanlagen in Etagenwohnungen, Ein- oder Zweifamilienhäusern werden häufig keine bodenstehenden Heizkessel, sondern wandhängende Heizgeräte verwendet.

Gas-Umlaufwasserheizer. Sie können in der Wohnung oder im Keller an einer Wand

Wärmeerzeuger

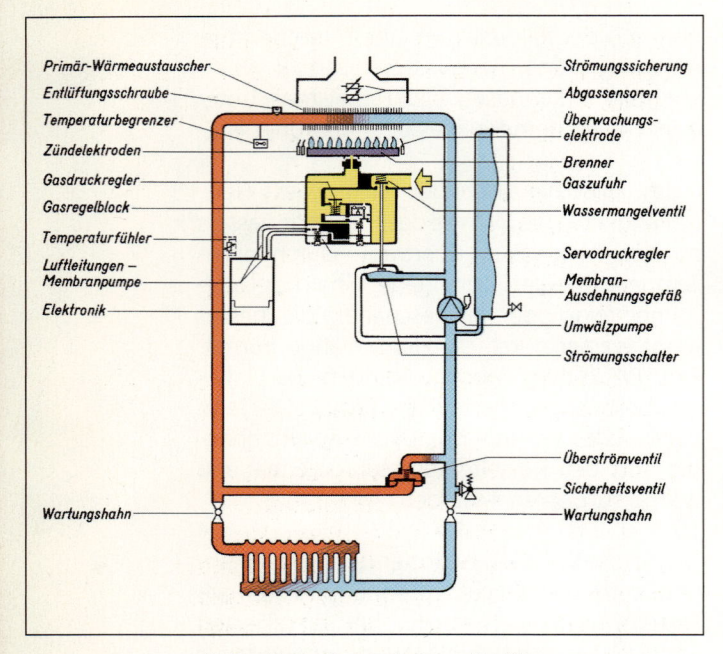

1. Gas-Umlaufwasserheizer mit offener Verbrennungskammer (Gasgerät Art B).

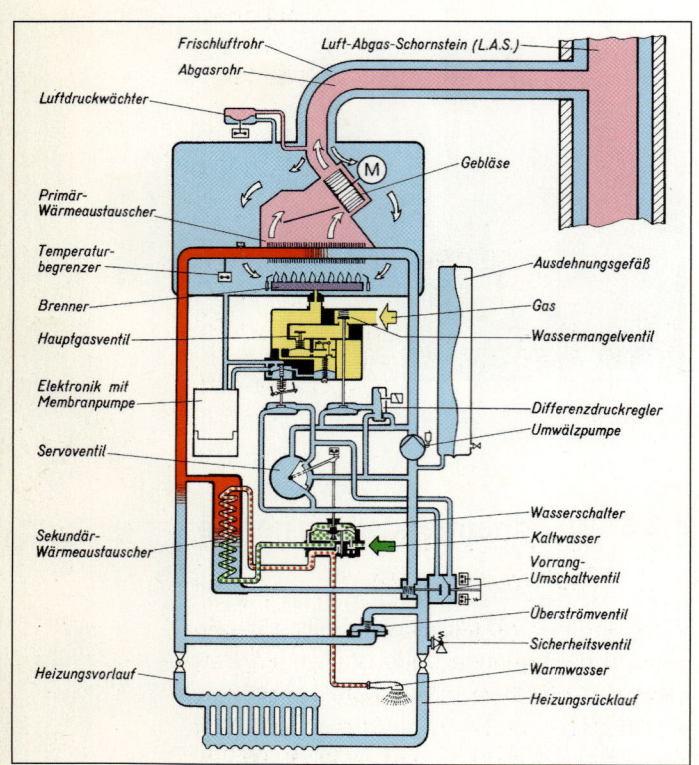

2. Gas-Kombiwasserheizer mit geschlossener Verbrennungskammer, Warmwasserbetrieb (Gasgerät Art C).

befestigt werden und benötigen wenig Platz. Gasbrenner, Heizungspumpe, Ausdehnungsgefäß, Steuer-, Regel- und Sicherheitseinrichtungen sind in den Geräten eingebaut. Sie besitzen eine elektrische Zündeinrichtung mit Ionisations-Flammenüberwachung. Vgl. 1.2.3, S. 26. Gas-Umlaufwasserheizer werden mit offener Verbrennungskammer (Gasgerät Art B) oder geschlossener Verbrennungskammer (Gasgerät Art C) sowie mit und ohne Brennwertnutzung hergestellt.

Bei Wärmeanforderung wird durch ein elektronisches Steuergerät die Heizungspumpe eingeschaltet. Im Strömungsschalter entsteht ein Differenzdruck, der über das Wassermangelventil die Gaszufuhr öffnet. Gleichzeitig wird die elektrische Zündung in Betrieb gesetzt. Ein Servo-Druckregler öffnet das Hauptgasventil so weit, dass die Zündgasmenge freigegeben wird. Nach der Flammenbildung wird die Gaszufuhr geöffnet. Die Heizgase durchströmen den Wärmeaustauscher und geben die Wärme an das Heizungswasser ab. Das Überströmventil garantiert auch dann einen Mindest-Heizwasserstrom, wenn mehrere Heizkörper geschlossen sind.

Tabelle 1.13: Kennwerte nach Werksangaben von Gas-Umlaufwasserheizern

Gerätegröße	1	2	3	4
$\dot{Q}_{NL,max}$ in kW	10,5	18	24	28
$\dot{Q}_{NL,min}$ in kW	5,3	9	10,9	13,2
$\dot{Q}_{B,max}$ in kW	12	20,4	27,3	31,9
Gasanschluss DN	15	20	25	25
Vor-/Rücklauf DN	15	20	20	20

Gas-Kombiwasserheizer. Sie übernehmen neben der zentralen Beheizung auch die Erwärmung des Trinkwassers im Durchflussprinzip. Im Heizbetrieb arbeiten sie wie Gas-Umlaufwasserheizer. Wird Warmwasser entnommen, unterbricht ein Vorrang-Umschaltventil den Heizbetrieb, so dass die gesamte Wärmeleistung für die Trinkwassererwärmung zur Verfügung steht. Danach schaltet das Gerät wieder auf Heizbetrieb. Da für die Trinkwassererwärmung eine größere Wärmeleistung als für die Heizung benötigt wird, werden diese Geräte auf unterschiedliche Wärmeleistungen eingestellt, z.B. 24 kW für die Trinkwassererwärmung und 11 kW für die Heizung. Vgl. Tabelle 1.13, Gerätegröße 3. An einem Gas-Kombiwasserheizer kann auch ein Speicher-Wassererwärmer angeschlossen werden, von dem aus die Wohnung mit Warmwasser versorgt wird.

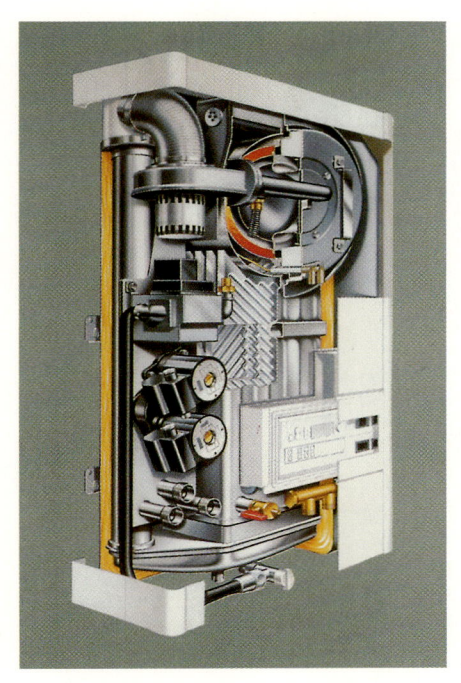

==Gas-Wandheizkessel.== Sie können wie Gas-Umlauf- oder Gas-Kombiwasserheizer eingesetzt werden, haben jedoch einen größeren Wasserinhalt und sind meistens mit einem Strahlungsbrenner ausgestattet. Vgl. 1.2.2, S. 23. Gas-Wandheizkessel werden bis zu einer Wärmeleistung von 50 kW mit und ohne Trinkwassererwärmung sowie mit und ohne Brennwertnutzung hergestellt. Innerhalb ihres Leistungsbereichs können sich diese Heizgeräte durch eine modulierende Regelung dem Wärmebedarf anpassen. Dabei wird der Gasvolumenstrom in Verbindung mit der Verbrennungsluft stufenlos eingestellt.

==Öl-Wandheizkessel.== Diese Heizkessel besitzen einen zweistufigen Öl-Blaubrenner und arbeiten mit Brennwertnutzung in ähnlicher Weise wie Gas-Wandheizkessel. Dabei darf nur schwefelarmes Heizöl verwendet werden. Vgl. Tab. 1.02, S. 8 und 1.4.2, S. 65. Der Kesselwirkungsgrad liegt etwas niedriger als bei Gasbetrieb, da die anfallende Kondensatmenge geringer ist.

1.3.7 Heizkessel für Festbrennstoffe

Koks- und Kohlefeuerungen findet man heute nur noch sehr selten. Biologische Abfallstoffe wie Holz, Holzspäne oder Stroh sind dagegen preisgünstige Brennstoffe, die aber eine aufwändige Verbrennungstechnik benötigen, um die Umweltbelastung durch Staub und CO-Gas in Grenzen zu halten.

1. Gas-Wandheizkessel mit Strahlungsbrenner und Brennwertnutzung.

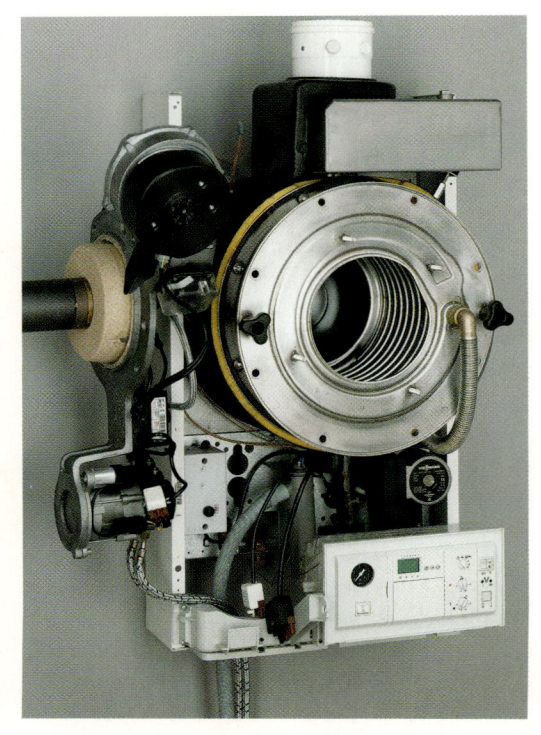

2. Öl-Wandheizkessel mit Brennwertnutzung.

Wärmeerzeuger

Heizkessel für Scheitholz. Sie müssen von Hand mit Brennholz beschickt werden, benötigen einen Füllraum für den Brennstoff und einen luftdurchlässigen Rost. Darunter befindet sich der Aschenraum. Die Verbrennungsluft wird der Feuerung durch den Rost über eine regelbare Luftklappe zugeführt.

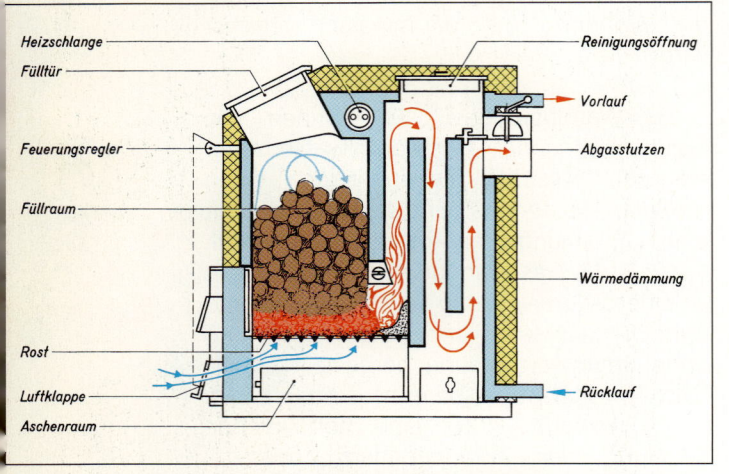

1. Heizkessel für Scheitholz mit unterem Abbrand.

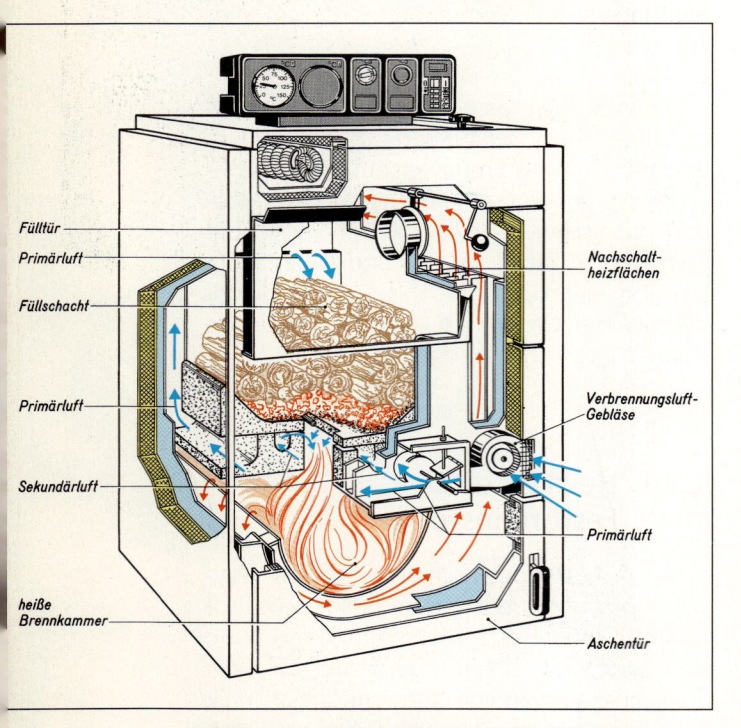

2. Heizkessel mit Verbrennungsluftgebläse und Holzverschwelung.

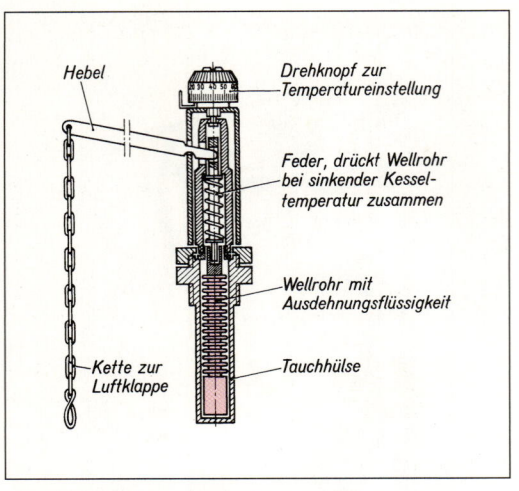

3. Feuerungsregler für Festbrennstoffe.

Bei geschlossenen Wasserheizungen muss im Heizkessel ein Wärmeaustauscher für eine thermische Ablaufsicherung eingebaut sein. Vgl. 1.5.2, S. 80.

Je nach Anordnung der Nachschaltheizflächen unterscheidet man unteren und oberen Abbrand. Beim unteren Abbrand werden die Verbrennungsgase im unteren Teil des Füllschachts zu den Nachschaltheizflächen abgeleitet. Der obere Teil dient als Brennstoffvorrat. Beim oberen Abbrand werden die Verbrennungsgase oben am Füllschacht zu den Nachschaltheizflächen geleitet. Die Kesseltemperatur kann mit einem mechanischen Feuerungsregler durch Öffnen und Schließen der Luftklappe geregelt werden. Vgl. 2.2.3, S. 118.

Andere Kesselkonstruktionen sind mit einem Gebläse ausgestattet, das die Verbrennungsluft dem Bedarf besser anpassen kann. Durch Holzverschwelung im Füllschacht kann das Schwelgas in der Nachverbrennungszone bei hoher Temperatur verbrannt werden.

Heizkessel für Holz-Pellets. Sie enthalten eine Brennerschale, in die die Pellets automatisch durch eine Förderschnecke zugeführt werden. Mit einem stufenlos arbeitenden Gebläse wird die erforderliche Verbrennungsluft zugeführt. Die automatische Zündung der Pellets erfolgt über ein Heißluftgebläse oder über einen elektrischen Glühzünder. Die Flamme wird durch eine Fotozelle überwacht. Die Asche fällt durch die nachgeschobenen Pellets über den Brennerrand in einen Aschenkasten, der von Zeit zu Zeit entleert werden muss. Pelletskessel können in einem Leistungsbereich zwischen 30 % und 100 % modulierend vollautomatisch arbeiten und werden mit Wärmeleistungen bis zu 30 kW bevorzugt in Ein- und Zweifamilienhäusern eingebaut.

Heizkessel für Hackschnitzel. Bei größeren Wärmeleistungen verwendet man keine Holz-Pellets, sondern preiswertere Holz-Hackschnitzel, die ebenfalls automatisch über eine Förderschnecke in den Heizkessel eingebracht werden. Festbrennstoffkessel mit automatischer Beschickung benötigen eine Sicherheitseinrichtung, die einen Rückbrand in Richtung des Brennstoffvorrats durch Löschwasser verhindert.

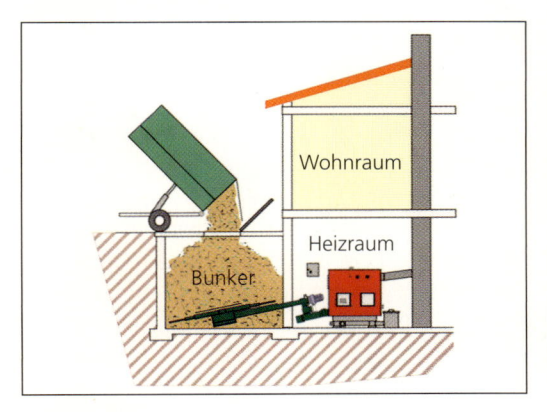

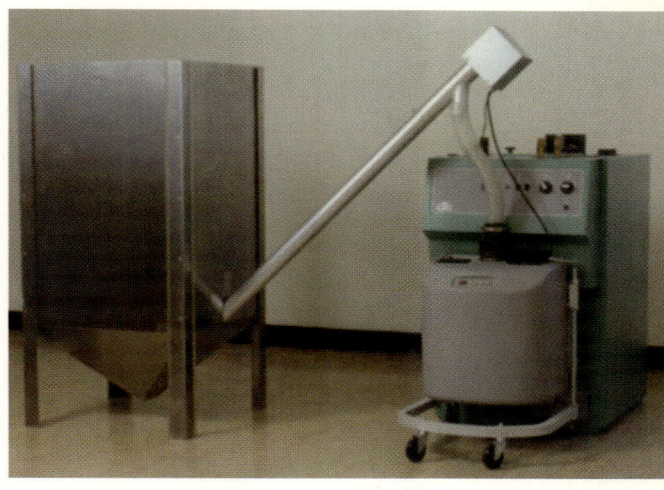

2. Pelletskessel mit Vorratsbehälter.

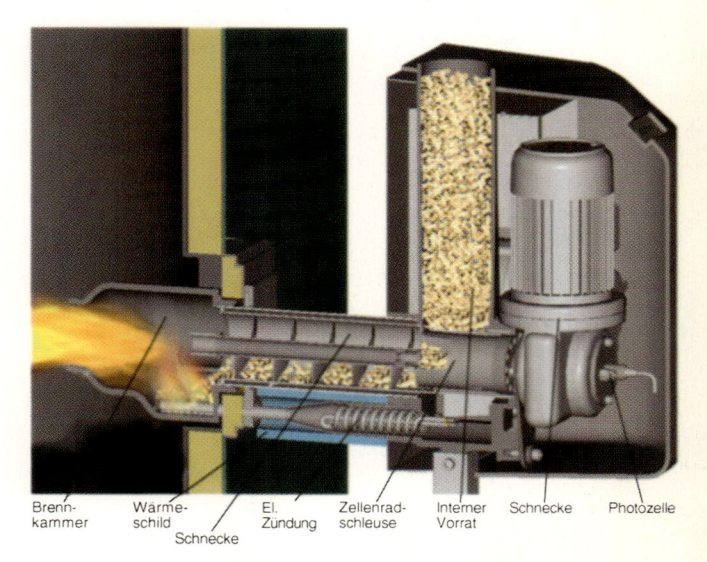

1. Hackschnitzel-Heizung mit automatischer Brennstoffbeschickung.

3. Pelletsbrenner mit Förderschnecke.

1.3.8 Abgasmessungen am Wärmeerzeuger

Messöffnung. Im Verbindungsstück zwischen Feuerstätte und Schornstein ist bei überwachungspflichtigen Anlagen eine Messöffnung mit einem Durchmesser von ca. 10 mm vorzusehen. Die Öffnung soll in einem Abstand vom zweifachen Durchmesser des Verbindungsstücks angebracht werden.

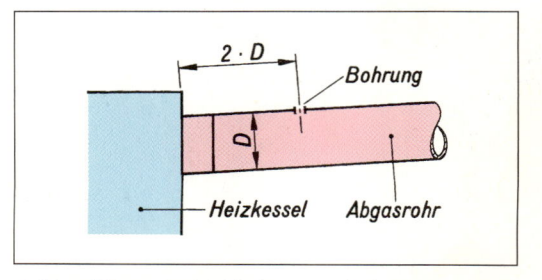

4. Messöffnung im Verbindungsstück eines Heizkessels.

Wärmeerzeuger

Analyse, chemische Zerlegung.

Messungen bei Festbrennstoffen. Feuerungsanlagen für feste Brennstoffe mit mehr als 15 kW Nennwärmeleistung sind überwachungspflichtig. Die jährlichen Messungen werden vom zuständigen Bezirks-Schornsteinfeger durchgeführt. Vgl. 1.3.10, S. 51. Im Dauerbetrieb sind Holzfeuerungen so zu betreiben, dass die Abgasfahne heller als der Grauwert 1 der Ringelmann-Skale ist. Es müssen außerdem folgende Emissionsgrenzwerte eingehalten werden:

- Staub, maximal 150 mg/m³,
- O_2-Gehalt, maximal 13 %,
- CO-Gehalt bei Nennwärmeleistungen
  bis 50 kW   max. 4 g/m³,
  über 50 kW bis 150 kW   max. 2 g/m³,
  über 150 kW bis 500 kW   max. 1 g/m³.

*Diese Verordnung dient der Durchführung der Bundes-Immissionsschutz-Verordnung, Abkürzung BImSchV.

1. Ringelmann-Skale. Der Grauwert 5 ist 100 % schwarz; er nimmt von Grauwert zu Grauwert um 20 % ab.

Messungen bei Öl und Gas. Mit dem Messen soll frühestens zwei Minuten nach dem Einschalten des Brenners begonnen werden.

Elektronische Messgeräte saugen Abgas über eine Sonde selbsttätig an und erstellen die Analyse* über den O_2-Gehalt, CO_2-Gehalt und CO-Gehalt. Gleichzeitig werden die Abgastemperaturen gemessen, die Abgasverluste berechnet und digital angezeigt. Abgasmessgeräte, die den gesetzlich vorgeschriebenen Messungen dienen, müssen halbjährlich auf geeichte Werte eingestellt werden.

Abgasverluste. Durch die warmen Abgase geht Wärme verloren. Aus Gründen der Energieeinsparung und des Umweltschutzes hat der Bundesgesetzgeber eine „Verordnung über Kleinfeuerungsanlagen"* erlassen, in der Grenzwerte für Abgasverluste von Feuerstätten festgelegt sind.

Tabelle 1.14: Zulässige Abgasverluste bei Öl- und Gasfeuerungen

Nennwärmeleistung der Feuerstätte in kW	Abgasverlust-Grenzwerte
4 bis 25	11 %
über 25 bis 50	10 %
über 50	9 %

Die Abgasverluste werden nach der Verordnung über Kleinfeuerungsanlagen mit folgenden Formeln berechnet:

$$q_A = (\vartheta_A - \vartheta_L) \cdot \left(\frac{A_1}{CO_2} + B \right) \quad \text{bei } CO_2\text{-Messung}$$

$$q_A = (\vartheta_A - \vartheta_L) \cdot \left(\frac{A_2}{21 - O_2} + B \right) \quad \text{bei } O_2\text{-Messung}$$

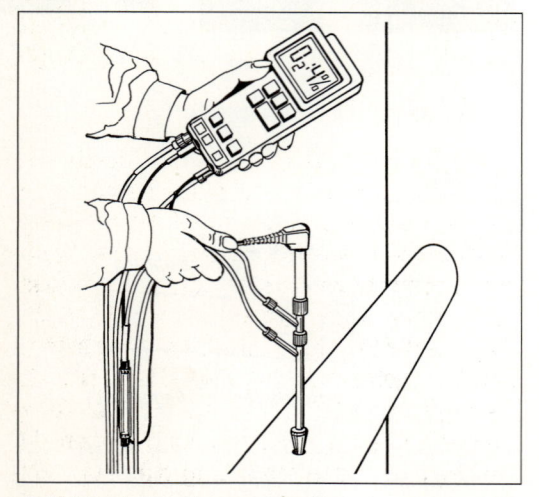

2. Elektronisches Abgasmessgerät.

q_A Abgasverluste   in %
ϑ_A Abgastemperatur   in °C
ϑ_L Verbrennungslufttemperatur   in °C
CO_2 CO_2-Gehalt im trockenen Abgas   in Vol.-%
O_2 Sauerstoff-Gehalt im trockenen Abgas   in Vol.-%
A_1, A_2, B Berechnungsbeiwerte nach Tabelle 1.15

Tabelle 1.15: Berechnungsbeiwerte für Abgasverluste

Berechnungs-beiwert	Heizöl	Erdgas	Stadtgas	Kokereigas	Flüssiggas
A_1	0,50	0,37	0,35	0,29	0,42
A_2	0,68	0,66	0,63	0,60	0,63
B	0,007	0,009	0,011	0,011	0,008

Beispiel 1:

Bei einem Heizkessel für Erdgas mit einer Nennwärmeleistung von 60 kW werden folgende Abgaswerte gemessen: ϑ_A = 150 °C, ϑ_L = 15 °C, CO_2 = 9 %. Wie groß sind die Abgasverluste? Sind diese Verluste zulässig?

Lösung*:

$$q_A = (\vartheta_A - \vartheta_L) \cdot \left(\frac{A_1}{CO_2} + B\right)$$

$$q_A = (150 - 15) \cdot \left(\frac{0{,}37}{9} + 0{,}009\right)$$

$$q_A = 6{,}76 \% = 7 \%$$

Das Ergebnis wird auf volle Prozentpunkte auf- oder abgerundet. Die Abgasverluste dieser Feuerung sind zulässig.

Luftüberschuss. Er bestimmt den gemessenen CO_2-Gehalt bzw. O_2-Gehalt der Abgase. Bei hohem Luftüberschuss ist der CO_2-Gehalt niedrig, der O_2-Gehalt ist hoch. Dabei ergeben sich durch den großen Luftüberschuss hohe Abgasverluste. Bei geringem Luftüberschuss entsteht ein hoher CO_2-Gehalt und ein niedriger O_2-Gehalt bei geringen Abgasverlusten.

Die Luftverhältniszahl λ kann aus dem gemessenen CO_2-Gehalt oder O_2-Gehalt berechnet werden:

$$\lambda = \frac{CO_{2,\,max}}{CO_2} \quad \text{bei } CO_2\text{-Messung}$$

$$\lambda = \frac{O_2}{21 - O_2} + 1 \quad \text{bei } O_2\text{-Messung}$$

λ	Luftverhältniszahl	
$CO_{2,max}$	maximaler CO_2-Gehalt	in %
CO_2	gemessener CO_2-Gehalt	in %
O_2	gemessener O_2-Gehalt	in %

Tabelle 1.16: CO_2 und O_2-Gehalte bei Abgasen

Brennstoff	$CO_{2,max}$	CO_2-Gehalt*	O_2-Gehalt*
Heizöl EL	15,4 %	12 % bis 14 %	2 % bis 5 %
Erdgas	11,9 %	8 % bis 10 %	2 % bis 5 %
Flüssiggas	13,8 %	10 % bis 12 %	2 % bis 5 %
Stadtgas	13,6 %	10 % bis 12 %	2 % bis 5 %

*CO_2- und O_2-Gehalt, diese Werte sind anzustreben.

*Lösung, bei den Formeln für Abgasverluste sollte nur mit Zahlen ohne Einheiten gerechnet werden.

Beispiel 2:

Wie groß ist bei einer Erdgasfeuerung der Luftüberschuss, wenn ein CO_2-Gehalt von 10,5 % gemessen wird?

Lösung:
Nach Tabelle 1.16: $CO_{2,max}$ = 11,9 %

$$\lambda = \frac{CO_{2,\,max}}{CO_2} = \frac{11{,}9 \%}{10{,}5 \%} = 1{,}13$$

Der Luftüberschuss beträgt 13 %.

Abgastemperatur. Sie wird durch das Verhältnis der Wärmeaustauscherfläche in der Feuerstätte und der zugeführten Brennstoffmenge bestimmt. Eine zu große Brennstoffzufuhr bewirkt eine zu hohe Abgastemperatur und damit unzulässig hohe Abgasverluste. Durch niedrige Abgastemperaturen erreicht man geringe Verluste. Zu niedrige Abgastemperaturen sind bei Feuerungen ohne Brennwertnutzung wegen der Gefahr einer Unterschreitung der Taupunkttemperatur zu vermeiden.

Wärmeerzeuger

Beispiel 3:

Ein Öl-Heizkessel hat eine Wärmeleistung von 52 kW. Es werden folgende Abgaswerte gemessen: ϑ_A = 230 °C, ϑ_L = 15 °C, O_2 = 8 %. Wie groß sind die Abgasverluste und die Luftverhältniszahl?

Lösung:

$$q_A = (\vartheta_A - \vartheta_L) \cdot \left(\frac{A_2}{21 - O_2} + B\right)$$

$$q_A = (230 - 15) \cdot \left(\frac{0{,}68}{21 - 8} + 0{,}007\right)$$

q_A = 13 %

Dieser Wert ist unzulässig hoch.

$$\lambda = \frac{O_2}{21 - O_2} + 1 = \frac{8\ \%}{21\ \% - 8\ \%} = 1{,}62$$

Der Luftüberschuss beträgt 62 %. Bei dieser Anlage müssen der Luftüberschuss gedrosselt und die Abgastemperatur durch weniger Brennstoff verringert werden.

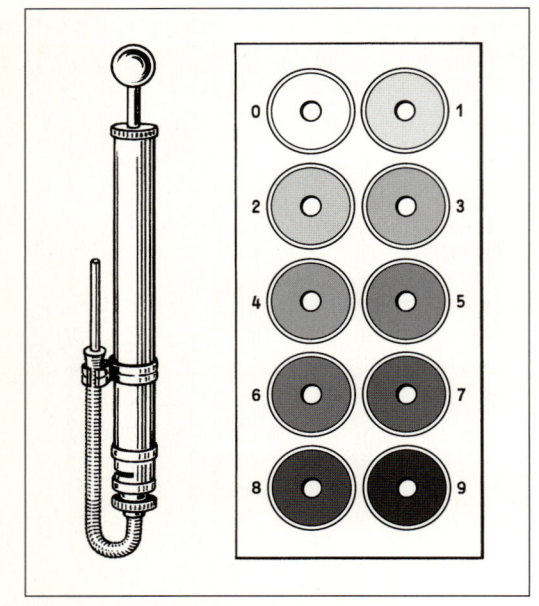

1. Rußmesser und Vergleichsskale.

Rußzahl. Da sich bei Ölfeuerungen Ruß bilden kann, muss die Rußzahl Rz gemessen werden. Bei handbetriebenen Geräten wird mit 10 Saughüben Abgas durch ein weißes Filterpapier gesaugt. Automatische Rußpumpen saugen die vorgeschriebene Abgasmenge von selber an. Der durch Rußpartikel auf dem Filterpapier entstehende Grauton wird mit einer Vergleichsskale* mit 10 verschiedenen Grautönen verglichen. Es müssen drei Messungen durchgeführt und arithmetisch gemittelt werden. Die so errechnete Rußzahl darf den Wert 1 der Skale nicht überschreiten.

*Vergleichsskale, sie wird auch Bacharach-Skale genannt.

CO-Messung. Da sich bei Gas- und teilweise auch bei Ölfeuerungen durch Luftmangel oder bei schlechter Verbrennung CO-Gas bilden kann, muss der CO-Gehalt in den Abgasen gemessen werden. Dabei darf der Grenzwert von 0,1 Vol.-% bezogen auf das unverdünnte Abgas nicht überschritten werden.

1.3.9 Wirkungsgrade bei Wärmeerzeugern

Einem Heizkessel muss stets mehr Wärme in Form von Brennstoff zugeführt werden, als er nutzbar abgibt. Ein Teil geht durch die Abgase, ein anderer Teil durch Wärmeverluste der Feuerstätte an den Aufstellraum verloren.

Der prozentuale Anteil der Brennstoffwärme abzüglich der Abgasverluste wird feue-

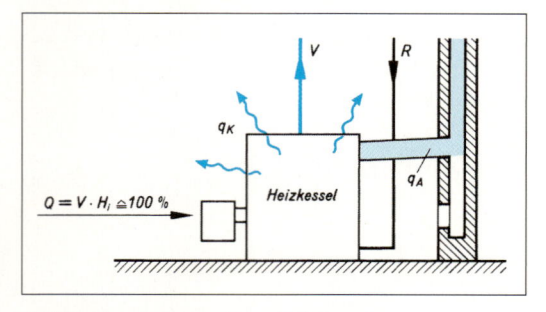

2. Wärmeverluste an einem Heizkessel.

rungstechnischer Wirkungsgrad η_F* genannt. Der Geräte- oder Kesselwirkungsgrad ist nochmals um die Wärmeverluste an den Aufstellraum geringer.

$$\eta_F = 100\% - q_A$$

$$\eta_K = 100\% - q_A - q_K$$

η_F	feuerungstechnischer Wirkungsgrad	in %
η_K	Geräte- oder Kesselwirkungsgrad	in %
q_A	Abgasverluste	in %
q_K	Wärmeverluste an den Aufstellraum	in %

Beispiel:

Ein Wandheizkessel hat 6 % Abgasverluste und 1 % Wärmeverluste an den Aufstellraum. Wie groß sind der feuerungstechnische Wirkungsgrad und der Kesselwirkungsgrad?

Lösung:
$\eta_F = 100\% - q_A = 100\% - 6\% = 94\%$
$\eta_K = 100\% - q_A - q_K$
$\eta_K = 100\% - 6\% - 1\% = 93\%$

*η griechischer Buchstabe, sprich eta

Brennwertnutzung 90 % bis 93 %, mit Brennwertnutzung bis zu 105 %, bezogen auf den Heizwert H_i.

1.3.10 Überwachung durch den Bezirks-Schornsteinfeger

Nach der Verordnung über Kleinfeuerungsanlagen* müssen neue Feuerungen durch den zuständigen Bezirks-Schornsteinfeger erstmalig überprüft und dann jährlich überwacht werden, damit die Grenzwerte der Abgasverluste und die zulässigen Emissionen eingehalten werden.

*Kleinfeuerungsanlagen, Fassung vom 07.08.1996.

Nutzungsgrad. Der Kesselwirkungsgrad berücksichtigt Abgasverluste und Wärmeverluste des Heizkessels an den Aufstellraum, wenn die Feuerung eingeschaltet ist. Der Heizkessel hat aber auch Wärmeverluste bei abgeschaltetem Brenner über die Kesseloberfläche und durch einströmende kalte Luft in die Abgaswege. Diese Wärmeverluste werden Stillstandsverluste genannt. Sie hängen ab von der Konstruktion des Heizkessels, der Wärmedämmung, der Heizwassertemperatur und der Dichtheit der Abgaswege. Bei modernen Heizkesseln betragen sie 0,5 % bis 2 %. Der Jahres-Nutzungsgrad eines Heizkessels ist das Verhältnis der in einer Heizperiode nutzbar gemachten Heizwärme zur in dieser Zeit zugeführten Feuerungswärme. Er wird vom Kesselhersteller ermittelt, in den technischen Unterlagen angegeben und beträgt bei neuen Heizkesseln ohne

Erstmalige Überwachung. Der Betreiber einer überwachungspflichtigen Feuerstätte muss die Abgasmessungen innerhalb von 4 Wochen nach Fertigstellung vom zuständigen Bezirks-Schornsteinfeger durchführen lassen. Das betrifft neue und wesentlich geänderte Anlagen. Die Übwachung gilt nicht für alle Feuerstätten. Von der Überwachungspflicht sind befreit:
- Feuerstätten bis zu einer Nennwärmeleistung von 4 kW,
- Feuerstätten mit einer Nennwärmeleistung bis zu 11 kW, wenn sie der Beheizung eines einzelnen Raums dienen,
- Feuerstätten ausschließlich für die Trinkwassererwärmung mit einer Nennwärmeleistung bis zu 28 kW,
- alle Brennwertgeräte und Brennwertkessel.

Bei Öl-Brennwertgeräten müssen allerdings die Rußzahl und Ölderivate festgestellt werden. Außerdem hat der Bezirks-Schornsteinfeger nach den Bestimmungen der Bundesländer CO-Messungen und Abgaswegeüberprüfungen durchzuführen.

Wiederkehrende Überwachung. Sie ist einmal jährlich durch den Bezirks-Schornsteinfeger für alle überwachungspflichtigen Öl- und Gas-Feuerstätten mit mehr als 11 kW und für alle Feuerstätten für Festbrennstoffe mit mehr als 15 kW Nennwärmeleistung durchzuführen. Falls eine Messung unzulässige Ergebnisse bringt, wird innerhalb von sechs Wochen eine Wiederholungsmessung durchgeführt. Wenn sich auch bei mehreren Wiederholungen zu schlechte Abgaswerte ergeben, kann die Feuerungsanlage stillgelegt und bei Nichtbeachtung ein Bußgeld erhoben werden.

Messprotokoll. Über die Messergebnisse wird durch den Bezirks-Schornsteinfeger eine Bescheinigung ausgestellt, aus der hervorgeht, ob die Messungen der Verordnung entsprechen oder ob sie wiederholt werden müssen. Das Messprotokoll enthält bei Öl- oder Gasfeuerungen folgende Angaben:
- Name und Anschrift des Bezirks-Schornsteinfegers,
- Tag der Messung,
- Name und Anschrift des Betreibers,
- Hersteller, Typ, Baujahr und Wärmeleistung des Wärmeerzeugers,
- Hersteller, Typ, Baujahr und Leistung des Öl- oder Gasbrenners,
- Art des Brennstoffs,
- Art der Heizungsanlage,
- Messergebnisse:
  – Rußzahl und Ölderivate bei Ölfeuerungen,
  – Temperaturen: Wärmeträger, Verbrennungsluft, Abgas,
  – O_2- oder CO_2-Gehalt in %,
  – Abgasverluste in %,
  – Schornsteinzug in Pa.

1.3.11 Erneuerung von Heizkesselanlagen

Bei älteren Heizungsanlagen lassen sich die Abgasverluste häufig nicht mehr den gesetzlich vorgeschriebenen Werten anpassen, vor allem, wenn in die Heizkessel zu viel Falschluft eindringt. Auch die Wärmeverluste an den Aufstellraum sind oft durch eine mangelhafte Wärmedämmung des Heizkessels zu hoch. Außerdem können unzulässig hohe Ruß-, CO- und NO_x-Werte durch den Bezirks-Schornsteinfeger gemessen werden, die häufig bei älteren Anlagen nicht mehr zu verbessern sind. Die Heizkesselanlage muss dann erneuert werden.

Nachrüstungspflicht. Eigentümer von Gebäuden müssen nach der EnEV Öl- oder Gas-Heizkessel mit einer Nennwärmeleistung von mehr als 4 kW bis zu 400 kW, die keine Niedertemperatur- oder Brennwertkessel sind und vor dem 01.10.1978 eingebaut wurden, bis zum 31.12.2006 außer Betrieb nehmen. Falls der Brenner nach dem 01.11.1996 erneuert wurde, verlängert sich die Frist um 2 Jahre. Diese Nachrüstungspflicht gilt nicht bei Ein- oder Zweifamilienhäusern, wenn der Eigentümer selbst eine Wohnung nutzt. Durch diese Forderung nach Austausch der Heizkessel will der Gesetzgeber verhindern, dass unwirtschaftliche und häufig stark überdimensionierte Heizkessel einen zu hohen Brennstoffverbrauch haben und dadurch den Energiemarkt und die Umwelt negativ belasten.

Bei Austausch eines Heizkessels sollten auch alle Sicherheitseinrichtungen und das Membran-Ausdehnungsgefäß erneuert und dem Stand der Technik angepasst werden. Vgl. 1.5.1, S. 75. Da die Umwälzpumpen bei älteren Heizungsanlagen häufig überdimensioniert sind und mit konstanter Drehzahl arbeiten, ist dem Kunden der Einbau richtig ausgewählter Pumpen mit automatischer Drehzahlanpassung zu empfehlen. Überströmventile zur Verringerung des Pumpendrucks sind dann auszubauen, damit elektrische Energie eingespart und Strömungsgeräusche in der Anlage vermieden werden. Vgl. Bd. 07487, Kap. 4.7.3.

Bei Erneuerung der Heizkesselanlage ist der Kunde außerdem darauf hinzuweisen, dass die Abgastemperaturen neuer Niedertemperatur-Heizkessel erheblich tiefer liegen als bei alten Heizkesseln, die mit konstant hohen Vorlauftemperaturen betrieben wurden. Dadurch kann es bei schlecht wärmegedämmten und zu großen Schornsteinen zur Taupunktunterschreitung der Abgase kommen. Eine Versottung der Schornsteinanlage wäre dann die Folge. Es ist deshalb in vielen Fällen notwendig, auch die Abgasanlage zu sanieren, indem z.B. ein wärmegedämmtes Abgasrohr mit geringerer Nennweite aus nicht rostendem Stahl in den vorhandenen Schornstein eingebaut wird. Bei Umstellung der Kesselanlage auf Brennwerttechnik muss in jedem Fall auch die Abgasanlage erneuert werden Vgl. 1.7.5, S. 104.

sind zweistufige oder modulierende Öl- oder Gasbrenner zu verwenden. Falls der Heizkessel nicht für Niedertemperaturbetrieb geeignet ist, muss eine Rücklauftemperatur-Anhebung eingebaut werden, um Abgaskondensation am Kesselrücklauf zu verhindern.

Beachten Sie: Brennwertkessel sind stets ohne Rücklauftemperatur-Anhebung einzubauen, da sonst die Brennwertnutzung verhindert wird.

Mehrkesselanlagen. Sie sind bei großen Wärmeleistungen günstiger als Einkesselanlagen, da sich bei Teillastbetrieb ein oder mehrere Heizkessel abschalten lassen. Damit die abgeschalteten Heizkessel nicht von Heizwasser durchströmt werden und zusätzliche Stillstandsverluste verursachen, müssen motorgesteuerte Absperreinrichtungen diese Zirkulation automatisch unterbinden. Bei Reparaturen hat eine Mehrkesselanlage den Vorteil, dass nicht die gesamte Anlage außer Betrieb gesetzt werden muss.

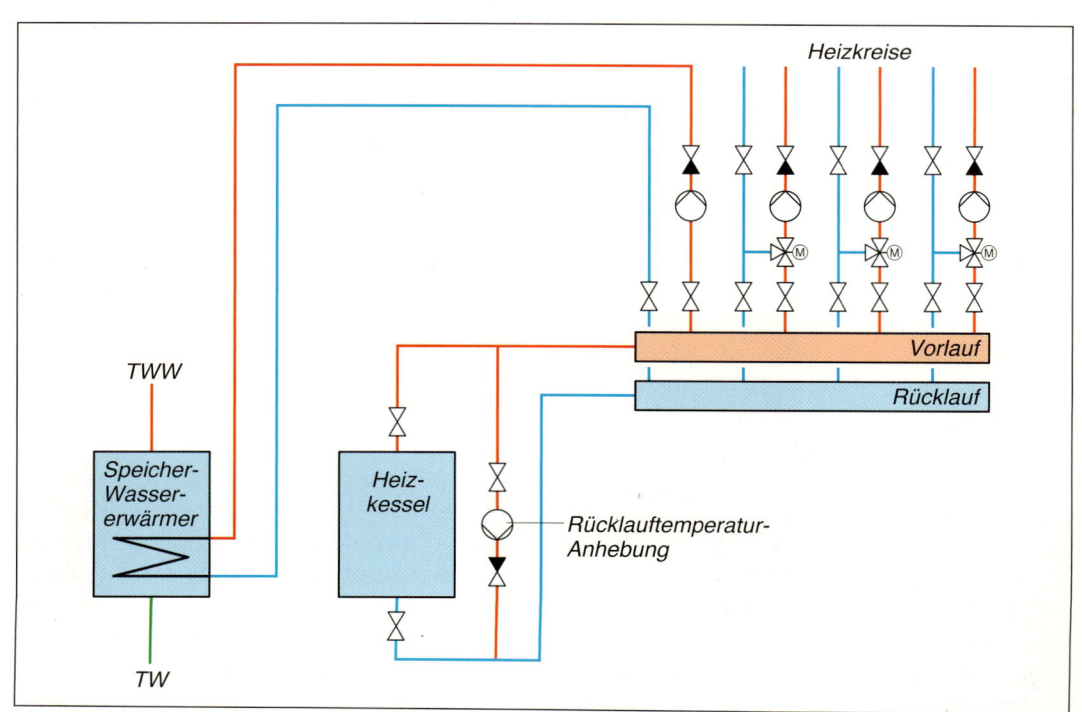

1.3.12 Hydraulische Schaltung von Heizkesselanlagen

Heizkessel können auf verschiedene Weise hydraulisch in eine Wasserheizungsanlage eingebaut werden.

Einkesselanlagen. Sie können bei kleineren Wärmeleistungen mit einstufigen Brennern ausgerüstet sein. Bei größeren Anlagen

1. Hydraulische Schaltung einer Einkesselanlage mit Rücklauftemperatur-Anhebung.

Wärmeerzeuger

Die Druckverluste zwischen Heizkessel, Vorlaufverteiler und Rücklaufsammler werden durch Kesselkreispumpen überwunden. Dabei wird am Vorlaufverteiler und Rücklaufsammler ein hydraulischer Ausgleich* eingebaut, damit sie die Heizkreispumpen nicht beeinflussen. Außerdem wird durch eine hydraulische Weiche die Rücklauftemperatur des Heizkessels angehoben, so dass eine besondere Rücklauftemperatur-Anhebung nicht erforderlich ist.

***Hydraulischer Ausgleich,** man spricht bei diesem Rohrteil auch von einer hydraulischen Weiche.

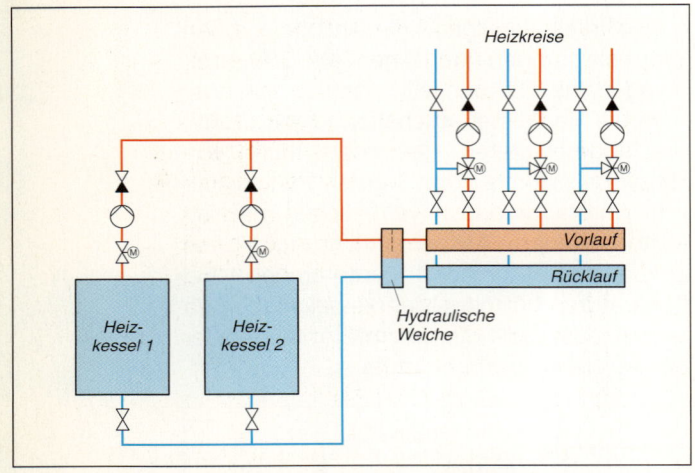

1. Mehrkesselanlage mit Kesselkreispumpen und hydraulischer Weiche.

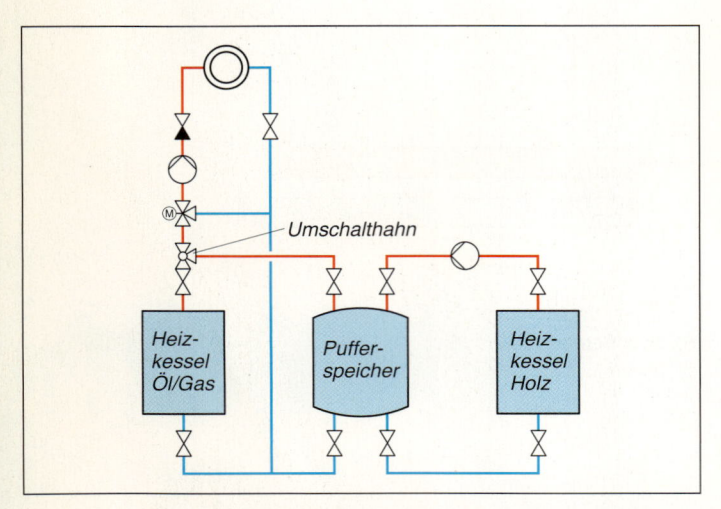

2. Hydraulische Schaltung eines Holz-Heizkessels mit Pufferspeicher.

Pufferspeicher. Um einen Heizkessel für Festbrennstoffe möglichst bei voller Wärmeleistung und dadurch mit guten Verbrennungswerten betreiben zu können, wird ein gut wärmegedämmter Pufferspeicher eingebaut. Er speichert bei Teillastbetrieb die überschüssige Wärme und gibt sie bei Bedarf an das Heizungsnetz ab. Ohne Pufferspeicher muss der Heizkessel in einem Leistungsbereich arbeiten, wo die Verbrennung unvollständiger und somit umweltbelastender ist.

> **Beispiel:**
>
> Ein Holz-Heizkessel hat eine Wärmeleistung von 20 kW. Bei Teillastbetrieb werden davon 8 kW für die Heizungsanlage benötigt. Der Pufferspeicher soll die überschüssige Wärmeleistung während zwei Stunden speichern, wobei er von durchschnittlich 40 °C auf 80 °C aufgeheizt werden kann. Wie groß muss der Pufferspeicher sein?
>
> Lösung:
> $$Q_{Sp} = \Delta \dot{Q}_{NL} \cdot t$$
> $$Q_{Sp} = (20 \text{ kW} - 8 \text{ kW}) \cdot 2 \text{ h} = 24 \text{ kWh}$$
>
> $$m_{Sp} = \frac{Q_{Sp}}{c \cdot \Delta \vartheta}$$
>
> $$m_{Sp} = \frac{24\,000 \text{ Wh}}{1{,}163 \text{ Wh/(kg} \cdot \text{K)} \cdot 40 \text{ K}} = 516 \text{ kg}$$
>
> gewählter Speicherinhalt:
> 500 l oder 600 l

Ein Pufferspeicher sollte ein Volumen von 25 l je kW Wärmeleistung des Heizkessels haben. Im vorstehenden Beispiel stimmt das mit dem Berechnungsergebnis weitgehend überein.

Heizkreisverteiler. Bei Heizungsanlagen mit mehreren Heizkreisen sind ein Vorlaufverteiler und Rücklaufsammler notwendig.

1. Vorlaufverteiler und Rücklaufsammler für drei Heizkreise und einen Kesselanschluss.

Da die Herstellung auf der Baustelle sehr zeitaufwändig ist, werden häufig fertige Verteiler und Sammler verwendet.

Zur Wiederholung

1. Welche Angaben muss das Herstellerschild an einem Heizkessel enthalten?
2. Nennen Sie die Unterschiede zwischen einer Naturzug- und einer Überdruckfeuerung.
3. Was ist ein Niedertemperatur-Heizkessel?
4. Welche Aufgaben erfüllt eine heiße Brennkammer?
5. Was ist ein Unitkessel und was ein Kombikessel?
6. Wie können Heizkessel mit atmosphärischen Gasbrennern mit Strömungssicherungen ausgerüstet sein?
7. Wann spricht man von einem Brennwert-Heizkessel und welche besonderen Konstruktionsmerkmale hat er?
8. Welche Bauarten von Gas-Umlaufwasserheizern und welche Wandheizkessel kennen Sie?
9. Welche besonderen Konstruktionsmerkmale haben Heizkessel für Scheitholz?
10. Wie arbeitet ein Heizkessel für Holz-Pellets?
11. Welche Bedeutung hat der Luftüberschuss und wie groß soll er bei einer Feuerung sein?
12. Welche Werte müssen gemessen werden, um die Abgasverluste einer Öl- oder Gasfeuerung zu bestimmen?
13. Wie groß sollen die Abgaswerte einer Erdgasfeuerung ohne Brennwertnutzung etwa sein?
14. Wie wird die Rußzahl bei einer Ölfeuerung ermittelt?
15. Wie hoch darf maximal der CO-Gehalt bei Öl- und Gasfeuerungen sein?
16. Welche Grenzwerte müssen in den Abgasen bei Feuerungen mit Holz eingehalten werden?
17. Wie unterscheiden sich der feuerungstechnische Wirkungsgrad, der Kesselwirkungsgrad und der Kesselnutzungsgrad?
18. Welche Feuerstätten sind von der einmaligen und welche von der dauernden Überwachungspflicht durch den Bezirks-Schornsteinfeger befreit?
19. Bei welchen Feuerungen muss jährlich eine CO-Messung durchgeführt werden?
20. Auf welche wichtigen Punkte ist der Betreiber einer Feuerstätte bei der Übergabe hinzuweisen?
21. Wann ist ein Kunde verpflichtet, einen alten Heizkessel erneuern zu lassen?
22. Wann muss bei einem Heizkessel eine Rücklauftemperatur-Anhebung eingebaut werden?
23. Wie werden Mehrkesselanlagen hydraulisch mit der Heizungsanlage verbunden?
24. Welche Aufgabe erfüllt ein Pufferspeicher, wann wird er eingebaut und wie groß soll er sein?

Wärmeerzeuger

Zur Vertiefung

1. Durch welche Umstände kann sich der Jahresnutzungsgrad eines Heizkessels verschlechtern oder verbessern?
2. Kann ein Gebläsebrenner für Naturzugfeuerung auch für eine Überdruckfeuerung verwendet werden? Begründen Sie Ihre Antwort.
3. Warum bewirkt ein hoher Luftüberschuss hohe Abgasverluste?
4. Warum wird die Brennwertnutzung häufiger bei Erdgas- und weniger bei Ölfeuerungen angewendet?
5. Warum müssen Heizkessel mit Gasbrennern ohne Gebläse eine Strömungssicherung haben, Heizkessel mit Gebläsebrennern dagegen nicht?
6. Warum werden Heizkessel für Gasbrenner ohne Gebläse stets als Unitkessel geliefert?
7. Wann ist der zusätzliche oder ausschließliche Einbau eines Holz-Heizkessels besonders zu empfehlen?
8. Bei der jährlichen Überprüfung eines Wandheizkessels für Erdgas messen Sie im Abgas einen O_2-Gehalt von 8 % und eine Temperatur von 220 °C. Beurteilen Sie diese Werte und machen Sie Vorschläge, wie sie verbessert werden können.
9. Ein Kunde beklagt sich bei Ihnen, weil der zuständige Bezirks-Schornsteinfeger seine alte Heizkesselanlage als nicht mehr zulässig eingestuft hat. Welche Empfehlungen würden Sie ihm bezüglich der alten oder einer neuen Anlage geben?

Zur Berechnung

Abgasverluste

1. Bei einem Öl-Heizkessel mit einer Wärmeleistung von 80 kW werden ein CO_2-Gehalt von 12 % und eine Abgastemperatur von 180 °C gemessen. Die Temperatur der Verbrennungsluft beträgt 15 °C. Wie groß sind der feuerungstechnische Wirkungsgrad, der Kesselwirkungsgrad bei 2 % Wärmeverlust an den Aufstellraum und der Luftüberschuss? Beurteilen Sie die Qualität der Feuerung.

2. Bei einem Heizkessel mit Erdgasfeuerung und einer Wärmeleistung von 23 kW werden folgende Abgaswerte gemessen: Lufttemperatur am Brenner 20 °C, Abgastemperatur 130 °C, O_2-Gehalt 3 %, CO-Gehalt 0,02 %. Berechnen Sie die Abgasverluste, den Luftüberschuss und den feuerungstechnischen Wirkungsgrad. Machen Sie gegenüber dem Kunden eine Aussage über die Qualität der Feuerung.

3. Bei einem Öl-Heizkessel mit einer Wärmeleistung von 20 kW werden folgende Abgaswerte ermittelt: Lufttemperatur am Brenner 15 °C, Abgastemperatur 260 °C, O_2-Gehalt 10 %, Rußzahl 0. Berechnen Sie die Abgasverluste, den Luftüberschuss und den feuerungstechnischen Wirkungsgrad. Machen Sie Vorschläge, wie die Abgaswerte verbessert werden können.

4. Bei einem Heizkessel für Erdgas werden folgende Werte gemessen: CO_2 = 9 %, ϑ_A = 140 °C, ϑ_L = 20 °C. Berechnen Sie: a) η_F b) λ.

5. Bei einem Wand-Heizkessel für Flüssiggas werden ein CO_2-Gehalt von 12 %, eine Abgastemperatur von 160 °C und eine Verbrennungsluft-Temperatur von 18 °C gemessen. Berechnen Sie: a) η_F b) λ.

6. Bei einem Öl-Heizkessel mit einer Nennwärmeleistung von 100 kW werden unter verschiedenen Betriebsbedingungen und bei ϑ_L = 20 °C vier Messungen durchgeführt:

	1.	2.	3.	4.
O_2	10,0 %	7,4 %	6,0 %	3,3 %
ϑ_A	240 °C	240 °C	200 °C	140 °C

Wie groß sind jeweils η_F und λ? Beurteilen Sie die verschiedenen Messergebnisse.

7. Bei einem Heizkessel für Erdgas werden bei vier verschiedenen Einstellungen und bei $\vartheta_L = 15\ °C$ folgende Abgaswerte gemessen:

	1.	2.	3.	4.
O_2	10,4 %	6,9 %	3,3 %	3,3 %
ϑ_A	260 °C	220 °C	120 °C	160 °C

   Wie groß sind jeweils η_F und λ? Beurteilen Sie die Messergebnisse.

8. Bei einem Brennwertgerät für Erdgas wird eine Abgastemperatur von 48 °C erreicht. Dabei kondensiert ein Teil des Wasserdampfs in den Abgasen, wodurch 7 % Wärme (Verdampfungswärme) zusätzlich gewonnen wird. Wie groß ist η_F der Anlage bezogen auf $H_{i,B}$, wenn ein O_2-Gehalt von 3 % und $\vartheta_L = 20\ °C$ gemessen werden?

9. Bei einem Brennwertkessel für schwefelarmes Heizöl werden folgende Abgaswerte gemessen: Lufttemperatur 15 °C, Abgastemperatur 40 °C, Sauerstoffgehalt der Abgase 4 %. Durch die Kondensation des Wasserdampfs in den Abgasen werden zusätzlich 4 % Wärme gewonnen. Wie groß ist der feuerungstechnische Wirkungsgrad bezogen auf H_i?

Pufferspeicher

10. Für einen Heizkessel für Scheitholz ist die Größe eines Pufferspeichers bei folgenden Angaben zu berechnen: Wärmeleistung des Heizkessels 23 kW, überschüssige Wärmeleistung 10 kW, Aufheizzeit des Pufferspeichers 3 Stunden, Wasseraufheizung im Speicher von durchschnittlich 40 °C auf 85 °C.

11. Ein Holz-Heizkessel hat eine Wärmeleistung von 25 kW. Es wird ein Pufferspeicher eingebaut, der von 40 °C auf 90 °C aufgeheizt werden kann. Wie groß muss der Pufferspeicher sein, wenn die Heizungsanlage 11 kW Wärmeleistung benötigt und die Feuerung 2,5 Stunden mit voller Leistung brennen soll?

1.4 Öl- und Gas-Gebläsebrenner

1.4.1 Einstufige Öl-Zerstäubungsbrenner

Heizöle entwickeln erst ab der Flammpunkttemperatur* brennbare Öldämpfe und brennen erst ab der Brennpunkttemperatur* selbstständig weiter. Um Heizöl mit niedrigen Temperaturen zu verbrennen, muss es fein zerstäubt werden.

Flammpunkttemperatur. Es ist bei Heizöl die Temperatur von ca. 55 °C, ab der sich brennbare Öldämpfe bilden.

Brennpunkttemperatur. Ab ca. 120 °C brennen die Öldämpfe selbstständig weiter.

Versuch 3: Verbrennung von Heizöl EL

a) Eine geringe Menge Heizöl EL wird in ein Gefäß gefüllt. Dann wird versucht, es mit einem Zündholz anzuzünden.
b) Mit einer Zerstäuberflasche wird Heizöl EL in eine Zündflamme zerstäubt.
Vorsicht bei der Ausführung, Brandgefahr!

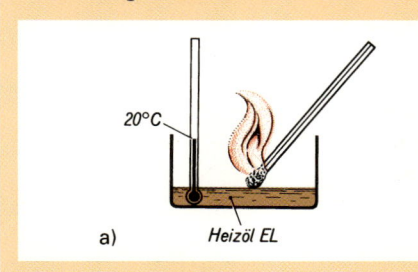

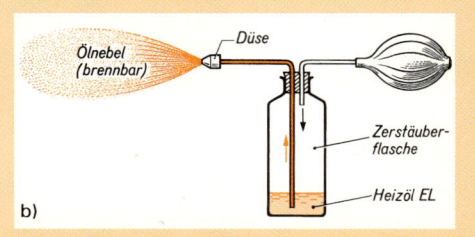

Ergebnis:

a) Das Heizöl EL lässt sich im kalten Zustand nicht mit einem Zündholz in Brand setzen.
b) Das zerstäubte Heizöl EL verbrennt mit gelber Flamme.

Wärmeerzeuger

Die Möglichkeit, Heizöl durch Zerstäubung zu verbrennen, wird beim Bau von Ölbrennern ausgenutzt. Für kleinere Heizkessel bis ca. 70 kW Wärmeleistung werden überwiegend einstufige Öl-Zerstäubungsbrenner verwendet, die das Heizöl mit gelb leuchtender Flamme verbrennen.

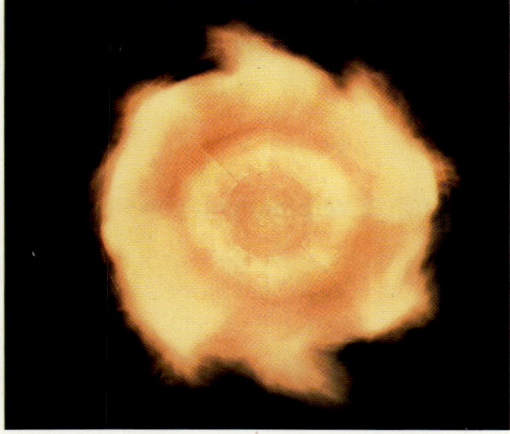

Das Heizöl EL wird durch eine Öldüse zerstäubt und elektrisch gezündet. Ein Gebläse führt die notwendige Verbrennungsluft zu. Die Flamme wird durch einen Lichtfühler überwacht. Der Temperaturregler am Heizkessel schaltet den Brenner nach Bedarf ein und aus; ein Temperaturbegrenzer sichert den Heizkessel gegen unzulässig hohe Temperaturen ab. Vgl. 1.5.1, S. 75.

Luftzufuhr. Auf der Welle des Motors ist das Gebläse angebracht. Die Luft wird über eine einstellbare Luftklappe angesaugt, die sich bei einfachen Brennern durch den Sog des Gebläses öffnet und bei abgeschaltetem Brenner durch ihr Eigengewicht wieder schließt. Bei anderen Konstruktionen wird die Luftklappe durch einen Stellmotor* beim Anlaufen geöffnet und nach dem Abschalten wieder geschlossen. Das Nachströmen kalter Luft bei abgeschaltetem Brenner wird dadurch vermieden und der Stillstandsverlust gemindert.

*Stellmotor, er wird auch als Servomotor = Hilfsmotor bezeichnet.

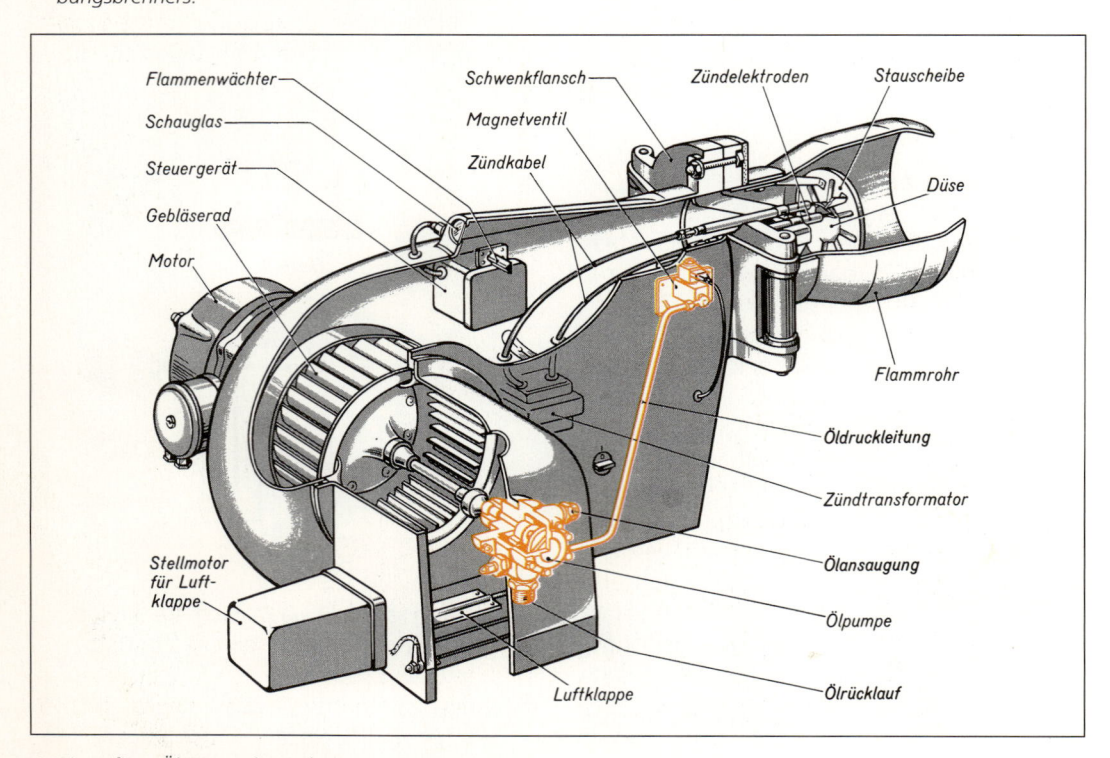

1. Flammenbild eines gelb leuchtenden Öl-Zerstäubungsbrenners.

2. Einstufiger Öl-Zerstäubungsbrenner.

Öl- und Gas-Gebläsebrenner

1. Lufteinstellvorrichtung bei einem Ölbrenner.

Das Gebläse drückt die Luft durch eine Stauscheibe, die sie über schräg angeordnete Schlitze in Turbulenz versetzt, damit sich Ölnebel und Luft gut vermischen. Die Stauscheibe ist im Flammrohr angeordnet und hat außerdem die Aufgabe, die Flamme richtig zu formen und zu stabilisieren.

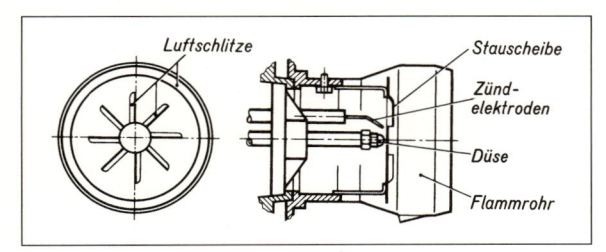

2. Stauscheibe für Öl-Zerstäubungsbrenner.

Durch Verschieben der Stauscheibe im konischen Flammrohr kann die Verbrennungsluft so eingestellt werden, dass sie mehr oder weniger durch die Luftschlitze oder über den äußeren Ringspalt der Flamme zugeführt wird.

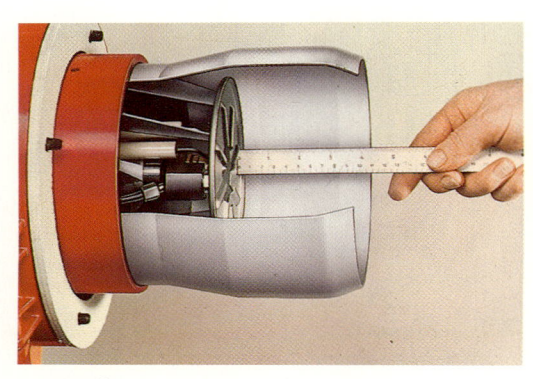

3. Einstellung einer Stauscheibe.

Ölleitungen. Der Ölbrenner wird durch Kupferrohre mit dem Heizölbehälter verbunden. Vgl. 4.3.4, S. 242. Dabei unterscheidet man Zwei- und Einstrangsysteme. Beim Zweistrangsystem wird eine Ansaug- und eine Rücklaufleitung verlegt, über die das zu viel geförderte Öl wieder in den Behälter zurückfließt. Bei freier Einmündung in den Öltank nimmt das Rücklauföl Luftsauerstoff auf, der die Alterung des Öls beschleunigt. Da außerdem bei einem Leck in der Rücklaufleitung Heizöl unkontrolliert ausfließen und große Schäden verursachen kann, wird bei neuen Anlagen das Einstrangsystem bevorzugt. Dabei wird nur so viel Heizöl gefördert, wie tatsächlich verbrannt wird. Die Haltbarkeit des Öls und des Ölfilters werden dadurch wesentlich verlängert. Bei unterirdischer Heizöllagerung ist das Einstrangsystem meistens vorgeschrieben; dabei muss am Anschluss des Ölbrenners eine Entlüftung vorhanden sein.

Wenn der Heizölbehälter höher als der Brenner liegt, ist der Einbau einer Antiheber-Einrichtung in der Öl-Zulaufleitung erforderlich, damit das Öl bei einem Leck nicht durch Heberwirkung auslaufen kann.

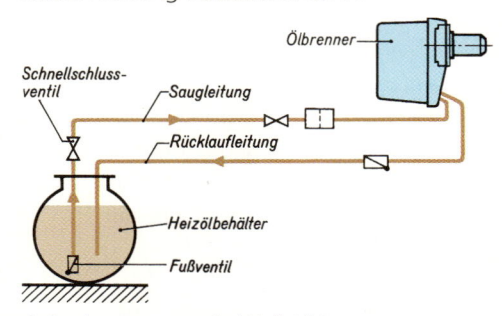

4. Zweistrangsystem bei Heizölleitungen.

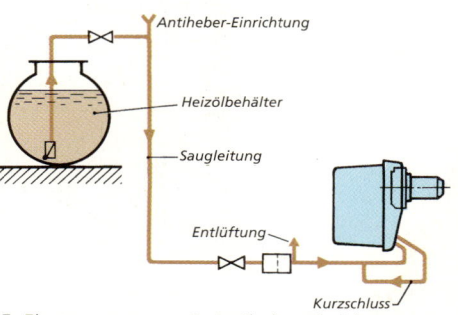

5. Einstrangsystem mit Antiheber-Einrichtung.

Wärmeerzeuger

Die Abmessungen der Ölleitungen hängen vom Anschluss-System, vom Öldurchsatz, von der Leitungslänge und vom Höhenunterschied zwischen Heizölbehälter und Ölpumpe ab. Bei Ölfeuerungen mit geringer Wärmeleistung werden Kupferrohre 6 x 1, 8 x 1 oder 10 x 1 verwendet. Bei großen Anlagen sind genauere Berechnungen erforderlich. Der Unterdruck (Vakuum) in der Ölansaugleitung darf maximal 0,4 bar betragen. Lösbare Kuferrohrverbindungen sind mit Schneidringverschraubungen, unlösbare durch Hartlöten oder Pressen* herzustellen.

*Pressen. Es müssen geeignete Pressfittings verwendet werden.

1. Einstrangsystem mit Pressfittings, Ölfilter, Entlüfter und Anschluss-Schläuchen

*Zahnradpumpen arbeiten nach dem Verdrängungsprinzip. Das geförderte Heizöl kann nicht zurückfließen.

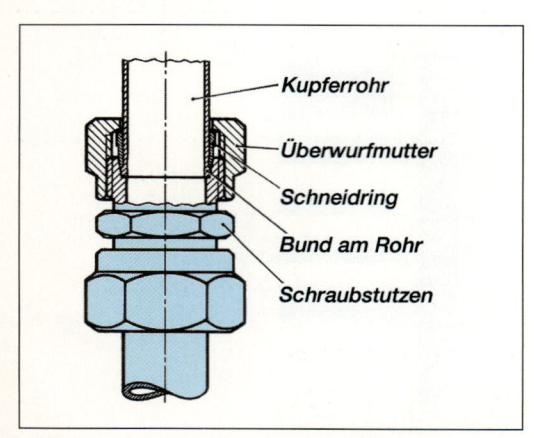

2. Schneidringverschraubung für Ölleitungen.

Beachten Sie: Die Ölleitungen müssen einer Druckprobe mit Druckluft oder Stickstoff bei 5 bar unterzogen werden. Der Brenner darf bei der Prüfung nicht angeschlossen sein.

Ölfilter. Filter, Absperrventil und Rückflussverhinderer sind in einer Armatur vereinigt, die durch flexible Anschluss-Schläuche mit dem Brenner verbunden wird.

3. Ölfilter mit Absperrventil und Rückflussverhinderer für Zweistrangsysteme.

Ölpumpe. Das Heizöl wird durch eine Zahnradpumpe angesaugt, die hinter dem Gebläserad mit der Motorwelle verbunden ist. Motor, Gebläse und Ölpumpe sind bei Öl-Zerstäubungsbrennern stets gleichzeitig in Betrieb. Zahnradpumpen* dürfen nicht gegen eine geschlossene Absperrung arbeiten, da dann der Druck unzulässig hoch wird. Beim Zweistrangsystem wird deshalb in die Ölrücklaufleitung nur ein Rückfluss-

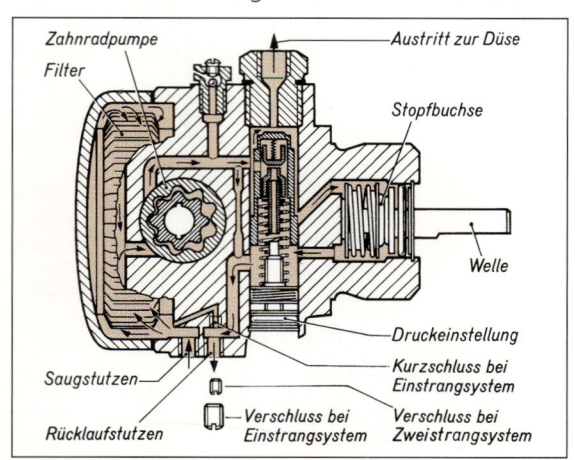

4. Zahnradpumpe für Ölbrenner.

Öl- und Gas-Gebläsebrenner

verhinderer eingebaut. Beim Einstrangsystem muss ein Kurzschluss vorhanden sein.

Die Ölpumpe drückt bei einstufigen Brennern das Heizöl mit 10 bar bis 14 bar zur Öldüse. Am Austritt der Ölpumpe oder in der Öldruckleitung ist ein Magnetventil eingebaut, welches das Öl dicht absperrt.

Öldüse. Sie zerstäubt das Heizöl zu einem feinen Ölnebel, der durch Wirbelschlitze entgegengesetzt zur Luftwirbelung in Turbulenz gebracht wird. Die Öldüse muss dem Brenner und dem Heizkessel angepasst sein. Je nach Form des Verbrennungsraums werden Düsen mit Sprühwinkeln von 30°, 45°, 60°, 80° oder 90° verwendet. Lange Feuerräume benötigen kleine, kurze Feuerräume große Sprühwinkel. Auch die Sprüh-Charakteristik – Hohlstrahl, Vollstrahl oder Halbvollstrahl – muss für den jeweiligen Heizkessel und Brenner geeignet sein. Der Öldurchsatz wird in l/h, in kg/h oder in US-Gallonen* je Stunde angegeben.

Auf dem Sechskant sind die wesentlichen Daten der Öldüse angegeben:
- Fabrikat,
- Öldurchsatz, bei Europa-Norm in kg/h,
- Hinweis auf Europa-Norm,
- Hersteller-Code*,
- Öldurchsatz in US-gal/h (gph),
- Sprühwinkel und Sprüh-Charakteristik.

Öldurchsatz und Düsenauswahl. Der Öldurchsatz $\dot{V}_E$ einer Öldüse muss auf die Nennwärmebelastung des Heizkessels abgestimmt sein. Er wird nach folgenden Formeln berechnet (s. S. 62):

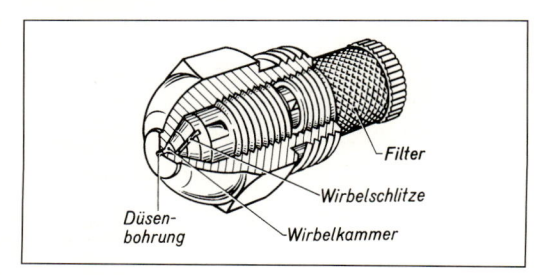

1. Öldüse für Öl-Zerstäubungsbrenner.

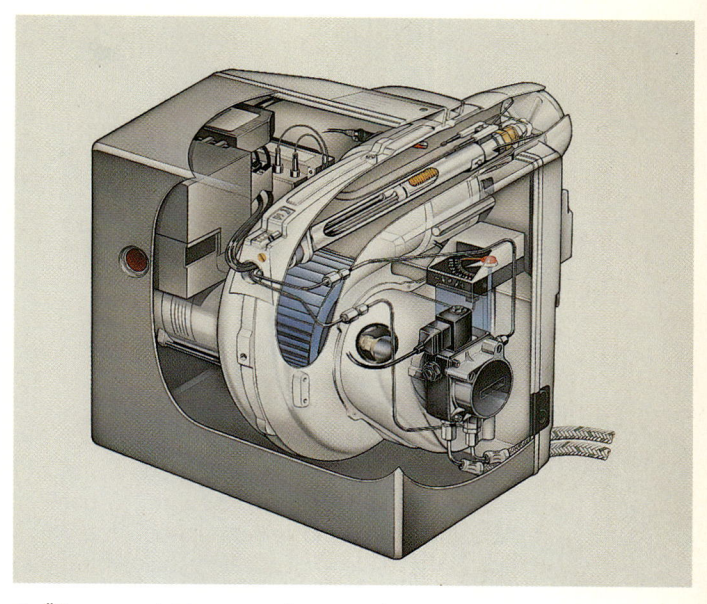

2. Ölbrenner mit Magnetventil am Austritt der Ölpumpe.

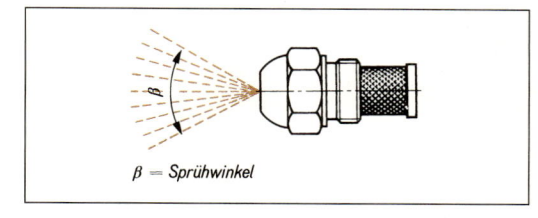

3. Sprühwinkel bei einer Öldüse.

*US-Gallonen je Stunde, engl. **g**allons **p**er **h**our, Abkürzung gph, 1 US-Gallone = 3,785 Liter, 1 gph = 3,785 l/h.

*Code, System von Zeichen.

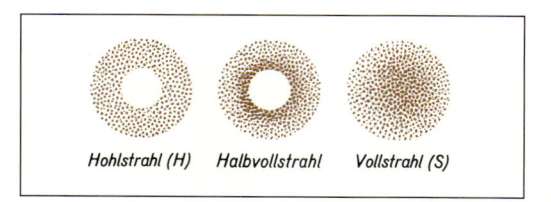

4. Sprüh-Charakteristik bei Öldüsen.

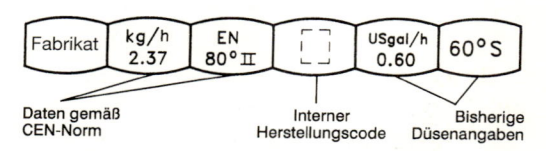

5. Kennzeichnungen am Sechskant einer Öldüse.

Wärmeerzeuger

$$\dot{V}_E = \frac{\dot{Q}_{NL}}{H_i \cdot \eta_K}$$

$$\dot{V}_E = \frac{\dot{Q}_{NB}}{H_i}$$

$\dot{V}_E$	Öldurchsatz	in l/h
$\dot{Q}_{NL}$	Nennwärmeleistung	in kW
$\dot{Q}_{NB}$	Nennwärmebelastung	in kW
H_i	Heizwert	in kWh/l
η_K	Kesselwirkungsgrad	

Der Nenndurchsatz einer Öldüse in l/h bezieht sich bei Angaben in Europa-Norm auf einen Öldruck vor der Düse von 10 bar, bei Angaben in gph auf einen Öldruck von 7 bar. Der eingestellte Öldruck liegt bei einstufigen Brennern häufig zwischen 10 bar und 14 bar. Die erforderliche Düse kann einem Diagramm oder einer Tabelle entnommen werden.

Beispiel:

Ein Öl-Heizkessel hat eine Nennwärmeleistung von 63 kW und einen Kesselwirkungsgrad von 90 %. Wie groß muss der Öldurchsatz des einstufigen Ölbrenners in l/h sein und welche Düse ist zu wählen?

Lösung:

$$\dot{V}_E = \frac{\dot{Q}_{NL}}{H_i \cdot \eta_K}$$

$$\dot{V}_E = \frac{63 \text{ kW}}{10 \text{ kWh/l} \cdot 0{,}90} = 7{,}0 \text{ l/h}$$

Düse nach Diagramm:
1,50 gph bei p_e = 11 bar

1. Diagramm zur Auswahl von Öldüsen.

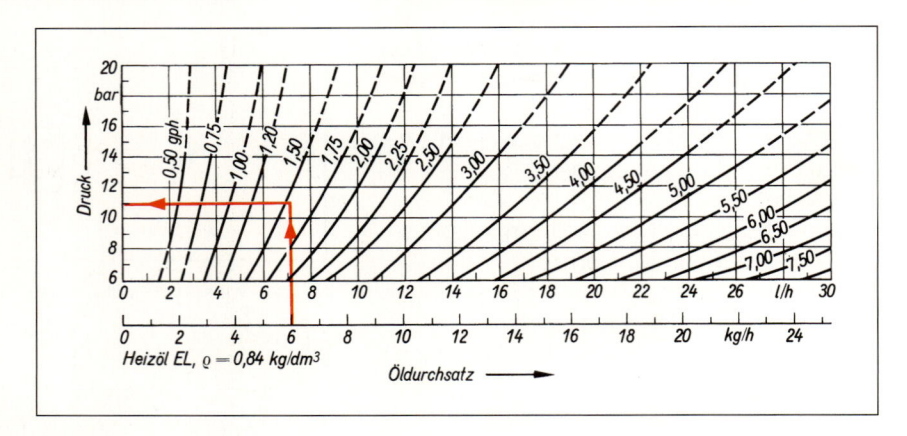

Tabelle 1.17: Öldurchsatz bei Öldüsen für Heizöl EL

Düsengröße in gph	Düsendruck in bar								
	8	10	12	14	16	18	20	22	24
				Öldurchsatz in l/h					
1,75	7,0	7,9	8,7	9,4	10,0	10,6	11,2	11,8	12,3
2,0	8,1	9,0	9,9	10,7	11,4	12,1	12,9	13,5	13,9
2,25	9,0	10,1	11,2	12,0	12,9	13,7	14,4	15,1	15,8
2,5	10,1	11,3	12,4	13,3	14,4	15,1	16,0	16,9	17,6
2,75	11,0	12,4	13,6	14,6	15,6	16,5	17,5	18,3	19,0
3,0	12,1	13,6	14,9	16,1	17,1	18,2	19,2	20,1	21,1
3,5	14,2	15,8	17,4	18,7	20,0	21,2	22,4	23,5	24,5
4,0	16,2	18,1	19,9	21,4	22,9	24,3	25,6	26,8	28,0
4,5	18,2	20,4	22,3	24,0	25,7	27,3	28,7	30,1	31,4
5,0	20,2	22,6	24,8	26,8	28,6	30,4	32,0	33,6	35,1
5,5	22,3	24,9	27,3	29,4	31,4	33,3	35,1	36,8	38,5

Öl- und Gas-Gebläsebrenner

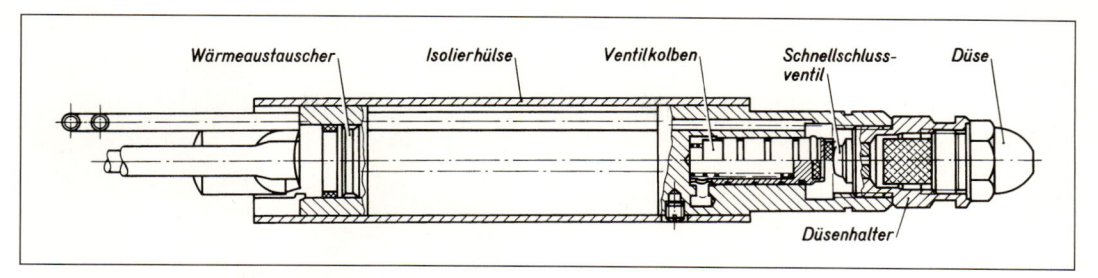

1. Düsenstock mit Ölvorwärmung.

Ölvorwärmung. Ölbrenner mit geringer Leistung sind mit einer elektrischen Ölvorwärmung ausgestattet, die das Heizöl bis auf ca. 60 °C aufheizt und so die Viskosität herabsetzt. Bei kleinen Brennerleistungen ist ohne Ölvorwärmung eine einwandfreie Zerstäubung nicht gewährleistet. Der Ölbrenner geht erst in Betrieb, wenn ein Bimetall-Schalter bei erreichter Öltemperatur den Brennerstart freigibt.

Vorspülung. Wenn ein Öl-Zerstäubungsbrenner anläuft, bleibt das Magnetventil während der Vorspülzeit geschlossen. So kann sich zwischen Pumpe und Magnetventil der notwendige Öldruck aufbauen. Die Vorspülung mit Luft ist notwendig, um zündfähige Gase aus dem Heizkessel zu entfernen. Ohne Vorspülung könnte es beim Zünden zu explosionsartigen Verpuffungen kommen. Die Vorspülzeit dauert mindestens 15 Sekunden.

Zündung. Das durch die Düse zerstäubte Heizöl wird elektrisch gezündet. Ein Zündtransformator oder ein elektronisches Zündgerät erhöht die Spannung von 230 V auf 4 kV bis 10 kV. Zwischen den Spitzen von zwei Zündelektroden bildet sich eine Funkenstrecke mit Temperaturen von ca. 3 800 °C. Der Abstand der Elektrodenspitzen ist je nach Brennergröße und Typ verschieden und in den Betriebsanleitungen angegeben. In keinem Fall dürfen die Zündelektroden die Düse oder die Stauscheibe berühren, da es sonst zum Kurzschluss kommt.

Die Zündzeit setzt sich aus einer Vor- und Nachzündzeit zusammen. Die Vorzündzeit entspricht der Vorspülzeit, sie dauert also vom Anlaufen des Brenners bis zum Öffnen des Magnetventils. Die Nachzündzeit beträgt bis zu 15 Sekunden.

Flammenüberwachung. Um zu verhindern, dass ungezündetes Heizöl über eine längere Zeit in den Heizkessel gesprüht wird, muss die Feuerung durch einen Flammenwächter überwacht werden. Man benutzt dazu Fotozellen* oder Fotowiderstände*. In beiden Fällen ändert sich bei Lichteinfall die Spannung im Fotokreis, die zur Überwachung der Feuerung genutzt wird. Der Flammenwächter muss stets der Flamme zugewandt und vor Fremdlichteinfall geschüzt sein.

Sicherheitszeit. Beim Einschalten des Brenners erhalten Motor, Zündung und Fotokreis gleichzeitig elektrische Spannung. Ein Sicherheitsschalter wird beim Öffnen des Magnetventils ein- und bei Flammenbildung wieder ausgeschaltet. Die Flammenbildung wird über die Spannungsänderung im Foto-

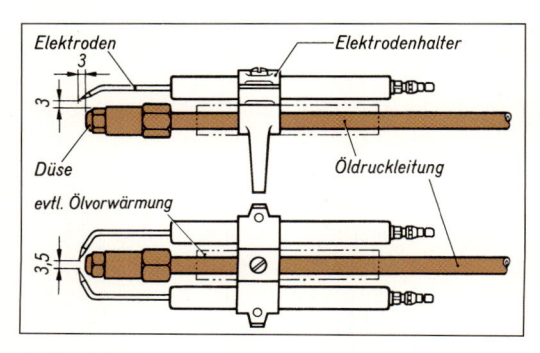

2. Zündelektroden mit werkseitig angegebenen Abständen in mm.

***Fotozelle**, elektronisches Bauelement, das bei Lichteinfall einen elektrischen Gleichstrom erzeugt.

***Fotowiderstand**, Halbleiter-Bauelement, bei dem sich bei Lichteinfall der elektrische Widerstand ändert.

Wärmeerzeuger

kreis dem Steuergerät gemeldet. Die Laufzeit des Sicherheitsschalters beträgt im Normalbetrieb nur den Bruchteil einer Sekunde. Wenn sich keine Flamme bildet, wird der Sicherheitsschalter nicht ausgeschaltet. Er läuft dann bis zum Ende der Sicherheitszeit weiter und verursacht eine Störabschaltung. Diese kann nach einer Abkühlungsdauer von ca. 30 Sekunden durch Drücken der Entstörtaste am Steuergerät aufgehoben werden. Die Sicherheitszeiten betragen bei Ölbrennern mit einem Öldurchsatz bis zu 30 kg/h maximal 10 Sekunden, über 30 kg/h maximal 5 Sekunden.

Wenn während des Betriebs die Flamme verlischt, wird das Magnetventil geschlossen und die Zündung eingeschaltet. Nach einer Vorspülung öffnet das Magnetventil. Kommt es nach Ablauf der Sicherheitszeit zu keiner erneuten Zündung, geht der Brenner auf Störung.

Steuergerät. Alle Betriebsabläufe sind im Steuergerät vorprogrammiert. Hier werden die Steuerimpulse des Temperaturreglers und des Flammenwächters empfangen und an den Motor, an die Zündung und an das Magnetventil weitergeleitet. Vorspül-, Zünd- und Sicherheitszeiten sind dem Steuergerät vorgegeben. Steuergeräte dürfen auf der Baustelle nicht geöffnet werden. Bei Störungen sind sie auszutauschen.

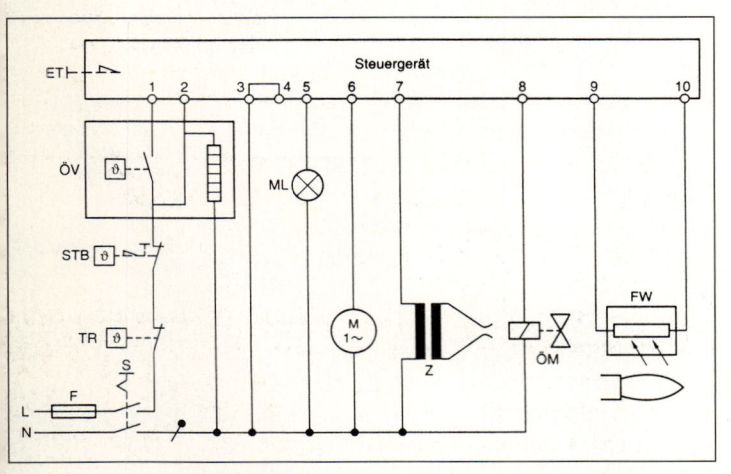

Funktionsabläufe. Das Steuergerät mit dem in Abbildung 1 schematisch dargestellten Schaltplan arbeitet wie folgt: Der Außenleiter L ist an Klemme 1 über Sicherung F, Hauptschalter S, Temperaturregler TR und Sicherheits-Temperaturbegrenzer STB angeschlossen. In der Grundstellung sind Hauptschalter S und Öltemperaturschalter ÖV geöffnet, TR und STB sind geschlossen. Wenn der Brenner durch S manuell eingeschaltet wird, liegt Netzspannung am Heizwiderstand der Ölvorwärmung an. Bei einer Öltemperatur von ca. 60 °C schließt ÖV den Stromkreis; Antriebsmotor M und Zündtrafo Z gehen in Betrieb. Nach der Vorspülzeit bzw. Vorzündzeit erhält das Ölmagnetventil ÖM Spannung. Die Flamme zündet und wird durch den Fotowiderstand FW überwacht. Am Ende der Nachzündzeit schaltet die Zündung ab. Der Kontakt von ÖV wird nach der Flammenbildung überbrückt, damit Schwankungen der Öltemperatur keine Unterbrechung des Betriebs verursachen. Ist die eingestellte Kesseltemperatur erreicht, öffnet TR den Stromkreis, M geht außer Betrieb und ÖM schließt. Kommt es zu keiner Flammenbildung oder verlischt die Flamme außerplanmäßig, geht der Brenner

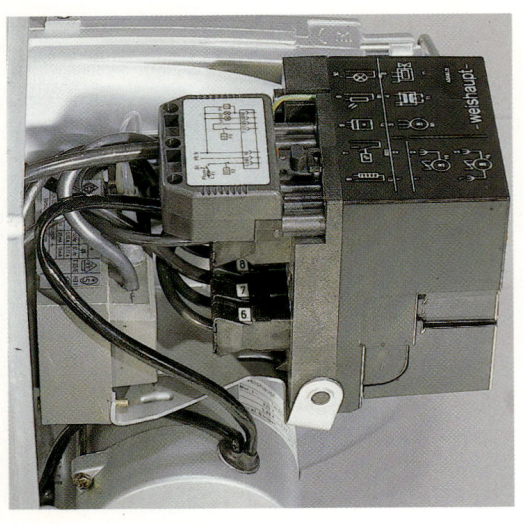

2. Steuergerät an einem Ölbrenner.

1. Belegung der Steckleiste eines Steuergeräts für einstufige Ölbrenner mit Ölvorwärmung. Vgl. Tab. 2.01, S. 135.

Öl- und Gas-Gebläsebrenner

auf Störung, wenn nach Ablauf der Sicherheitszeit keine Zündung erfolgt. Die Meldeleuchte ML zeigt die Störabschaltung des Brenners an; der Brenner kann durch Druck auf die Entriegelungstaste ET am Steuergerät wieder entstört werden.

Die Funktionsabläufe eines Ölbrenmners können auch durch Diagramme für den Normalbetrieb und bei Störungen dargestellt werden. Vgl. Abb. 2.

1.4.2 Sonderausführungen bei Ölbrennern

Öl-Blaubrenner. Bei herkömmlichen Öl-Zerstäubungsbrennern verbrennt ein Ölnebel-Luft-Gemisch mit gelber Flamme. Bei Blaubrennern wird das von der Düse zerstäubte Öl verdampft, ehe das Öldampf-Luft-Gemisch mit blauer Flamme verbrennt.

Bei so genannten Raketenbrennern erfolgt die Ölverdampfung in einem heißen Mischrohr. Durch das Mischsystem werden heiße Abgase an die Flammenwurzel zurückgeführt*. So verdampft das noch tropfenförmige Heizöl zu Ölgas, das dann mit blauer Flamme verbrennt.

Mit Blaubrennern sind hohe feuerungstechnische Wirkungsgrade bei rußfreier Verbrennung erreichbar. Die Flamme wird nicht optisch, sondern durch Infrarotstrahlen oder durch eine Ionisationsüberwachung kontrolliert. Vgl. 1.2.3, S. 26.

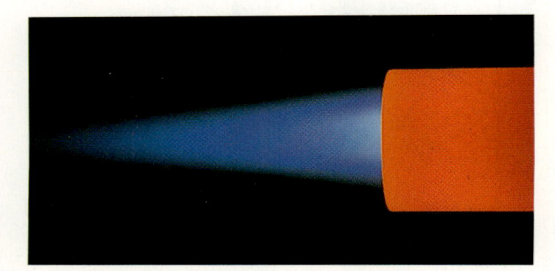

1. Flamme eines Öl-Blaubrenners.

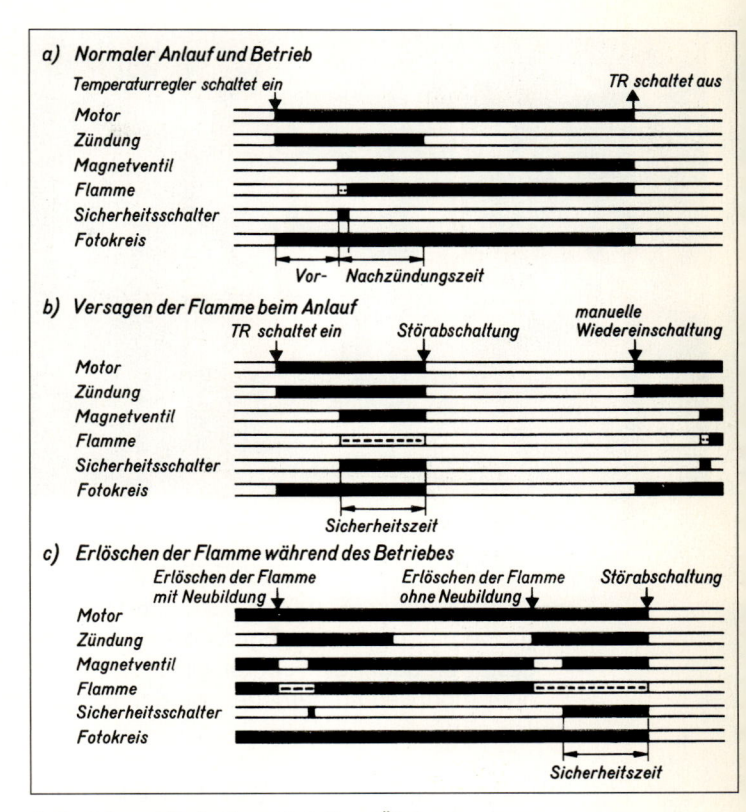

2. Funktionsabläufe eines einstufigen Ölbrenners ohne Ölvorwärmung im Normalbetrieb und bei Störungen.

*__Abgasrückführung__, sie wird auch als Rezirkulation bezeichnet.

3. Heizgasrückführung bei einem Öl-Blaubrenner.

Wärmeerzeuger

1. Große Mehrkesselanlage mit zweistufigen Öl-Zerstäubungsbrennern.

Zweistufige Ölbrenner. Größere Heizkessel werden mit zweistufigen Ölbrennern ausgestattet, damit die Feuerung in zwei Stufen oder modulierend betrieben werden kann.

Der Öldurchsatz wird bei Brennern mit zwei Düsen so aufgeteilt, dass die erste Düse nur einen Teil, z.B. 60 % des gesamten Öldurchsatzes übernimmt. Am Ende der Vorspülzeit öffnet nur das Magnetventil I und gibt den Weg zur ersten Düse frei. Nach einer am Steuergerät eingestellten Zeit oder Temperatur geht die zweite Düse in Betrieb. Eine motorbetätigte Luftklappe passt die Verbrennungsluft dem jeweiligen Öldurchsatz an.

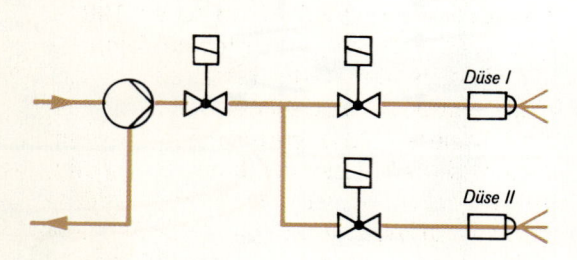

Zweistufige Ölbrenner können auch mit einer Öldüse betrieben werden. Sie arbeiten dann mit Ölpumpen, die verschieden große Drücke erzeugen. Dabei wird die erste Stufe auf einen Druck von 10 bar bis 12 bar und die zweite Stufe auf 20 bar bis 24 bar eingestellt.

> **Beispiel:**
>
> Ein zweistufiger Ölbrenner mit einer Öldüse zerstäubt das Heizöl in der ersten Stufe bei 10 bar und in der zweiten Stufe bei 22 bar. Wie groß sind die Öldurchsätze und Wärmebelastungen des Heizkessels, wenn eine Düse mit 5,0 gph eingebaut ist?
>
> Lösung nach Tabelle 1.17, S. 62:
> 1. Stufe, $\dot{V}_E$ = 22,6 l/h
> 2. Stufe, $\dot{V}_E$ = 33,6 l/h
> $\dot{Q}_{NB}$ = $\dot{V}_E \cdot H_i$
> $\dot{Q}_{NB1}$ = 22,6 l/h · 10 kWh/l = 226 kW
> $\dot{Q}_{NB2}$ = 33,6 l/h · 10 kWh/l = 336 kW

Öl-Verdampfungsbrenner. Diese Brenner arbeiten nach dem Verdampfungsprinzip. In einen Stahltopf fließt Heizöl EL. Eine elektrische Heizeinrichtung verdampft etwas Öl, das elektrisch gezündet wird. Nach kurzer Zeit ist die Wärmeentwicklung so groß, dass sich neu einfließendes Öl ohne Zusatzheizung in Öldampf verwandelt. Die Ver-

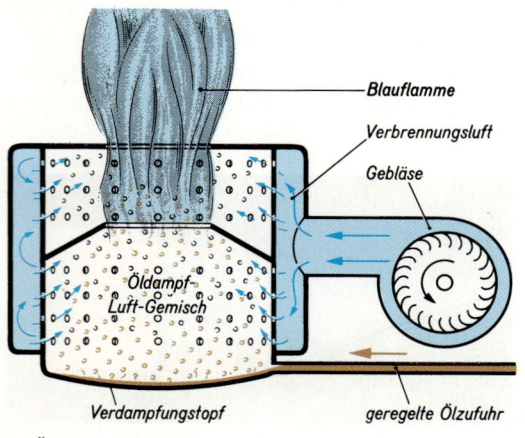

2. Armaturen für einen zweistufigen Ölbrenner mit zwei Öldüsen und einem vorgeschalteten Sicherheits-Magnetventil.

3. Öl-Verdampfungsbrenner mit Gebläse.

Öl- und Gas-Gebläsebrenner

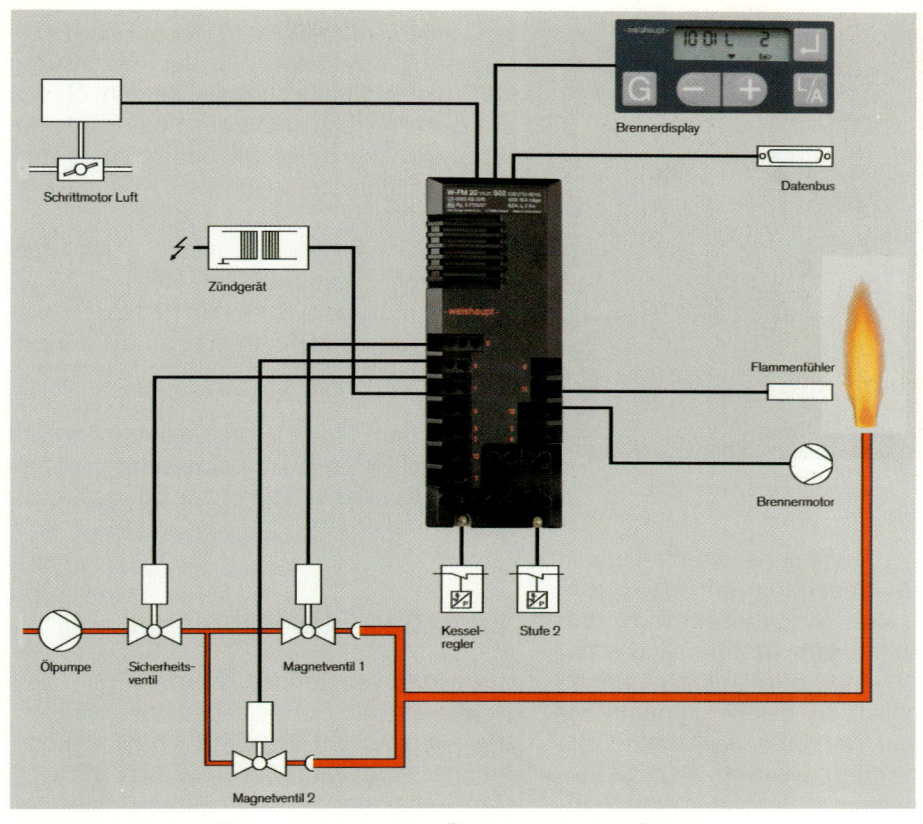

1. Schematische Darstellung eines zweistufiger Ölbrenners mit einer Öldüse.

brennungsluft wird durch ein geräuscharmes Gebläse zugeführt. Diese Ölbrenner können für spezielle Etagenheizkessel oder Kachelofenheizungen verwendet werden. Sie arbeiten vollautomatisch in zwei Leistungsstufen.

1.4.3 Einstellung und Überprüfung von Ölbrennern

Inbetriebnahme. Nachdem der Ölbrenner montiert sowie mit dem Heizölbehälter und dem Stromnetz verbunden ist, kann die Funktion des Brenners überprüft werden. Dabei ist besonders die Arbeitsweise folgender Teile zu kontrollieren:
- Motor, Ventilator, Ölpumpe und Ölvorwärmung,
- Zündung mit Vor- und Nachzündzeit,
- Magnetventile,
- Flammenwächter; es ist eine Störung* vorzutäuschen, um die Sicherheitszeit und Verriegelung zu überprüfen,
- Entriegelung.

Damit der Brenner wirtschaftlich und störungsfrei arbeitet, muss er auf zulässige Werte eingestellt werden. Vgl. 1.3.8, S. 48. Die Abgastemperatur soll zwischen 100 °C und 200 °C liegen. Bei zu hohen Temperaturen muss der Öldurchsatz durch Verringerung des Öldrucks oder durch Wahl einer kleineren Düse herabgesetzt werden. Liegen die Abgastemperaturen zu niedrig, z.B. unter 100 °C, ist umgekehrt zu verfahren. Der Luftüberschuss soll 10 % bis 30 % betragen und ist durch Messung des O_2- oder des CO_2-Gehalts festzustellen. Ist er zu hoch, muss die Luftzufuhr gedrosselt werden.

*__Störung__, sie kann vorgetäuscht werden, indem der Flammenwächter in die Hand genommen und vom Lichteinfall der Ölflamme getrennt wird.

Wärmeerzeuger

***Öltröpfchen**, die sich auf dem Filterpapier niedergeschlagen, werden - Ölderivate genannt.

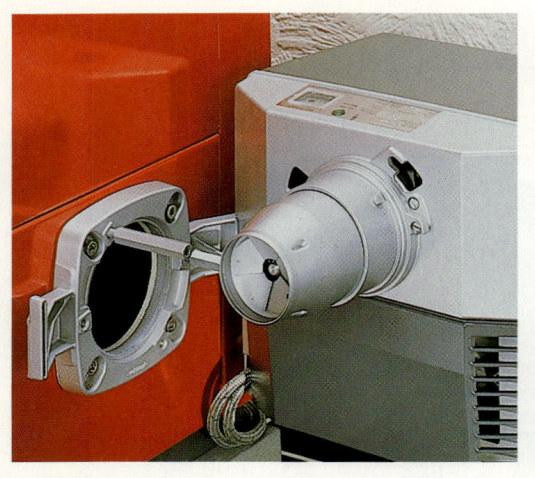

1. Ölbrenner im ausgeschwenkten Zustand bei der Montage.

tens durch Luftmangel. In jedem Fall ist eine Rußzahl 0 anzustreben. Bei der Rußmessung kann gleichzeitig festgestellt werden, ob sich auf dem Filterpapier Öltröpfchen* niedergeschlagen haben. Eine Ölfeuerung muss stets frei von Ölderivaten sein.

Bei Blaubrennern bildet sich bei Luftmangel kein Ruß, sondern CO-Gas. Deshalb muss der CO-Gehalt gemessen werden. Er darf den Grenzwert von 0,1% nicht überschreiten.

Nach dem Einstellen des Ölbrenners wird eine abschließende Abgasmessung durchgeführt, die zulässige Ergebnisse bringen muss.

Die Flamme soll weitgehend rußfrei und in ihrer Form dem Feuerraum angepasst sein. Sie darf die Kesselwandungen nicht berühren. Gegebenenfalls ist eine Öldüse mit anderem Sprühwinkel oder anderer Charakteristik zu wählen. Bei der Bestimmung der Rußzahl darf der Wert 1 der Bacharach-Skale nicht überschritten werden. Bei Öl-Verdampfungsbrennern ist auch der Wert 2 zulässig. Eine rußende Flamme entsteht meis-

1.4.4 Gas-Gebläsebrenner

Gas-Gebläsebrenner werden für Gas-Heizkessel mit Gebläsefeuerungen verwendet. Sie sind ähnlich wie Öl-Zerstäubungsbrenner aufgebaut. Ein Heizkessel mit Gas-Gebläsebrenner ist raumluftabhängig und wird ohne Strömungssicherung an eine

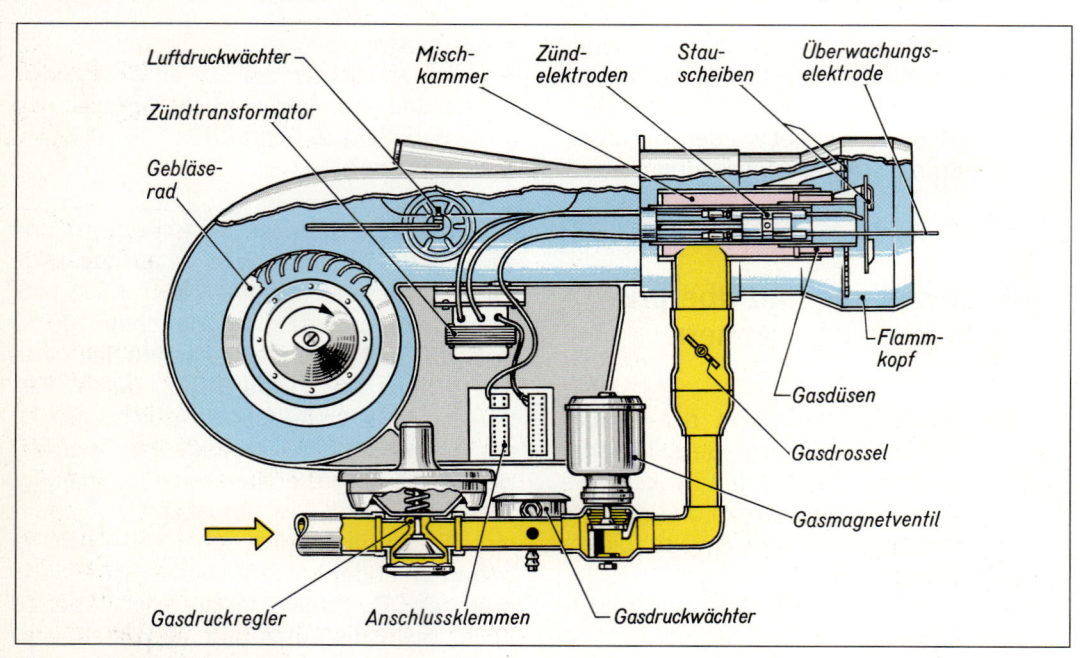

2. Gas-Gebläsebrenner in schematischer Darstellung.

Öl- und Gas-Gebläsebrenner

1. Heizkessel mit Gas-Gebläsebrennern in einer Heizzentrale.

Abgasleitung oder einen Schornstein angeschlossen.

Luftzufuhr. Die Verbrennungsluft wird über einen Luftregler eingestellt und durch ein Gebläse der Feuerung zugeführt. Die Stauscheibe ist etwas anders gestaltet als beim Ölbrenner, erfüllt aber den gleichen Zweck.

Da Gas- und Luftzufuhr unabhängig voneinander arbeiten, muss ein Luftdruckwächter eingebaut sein, der den Brenner bei Luftmangel abschaltet. Die Vorspülzeit beträgt bei einer Nennwärmebelastung unter 350 kW 15 Sekunden, ab 350 kW 30 Sekunden. Dabei muss mit dem gesamten Verbrennungsluft-Volumenstrom durchlüftet werden.

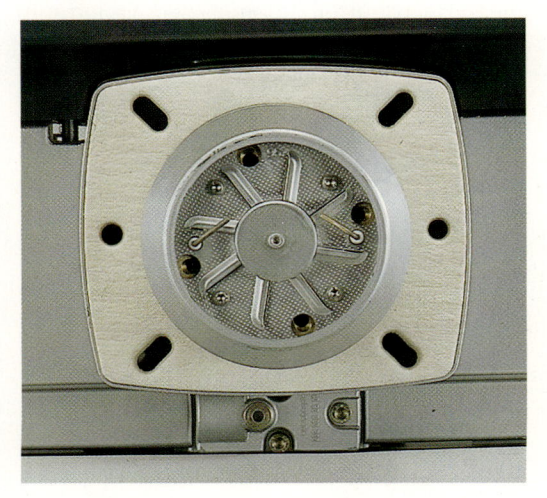

Gaszufuhr. Das Gas strömt durch Absperrhahn, Filter, Gasdruckregler und Magnetventil zum Brenner. Vgl. 1.2.3, S. 24. Ab 350 kW Nennwärmebelastung ist ein zweites Magnetventil zur Sicherheit vorgeschrieben. Zwischen den beiden Ventilen soll ein Dichtheitswächter eingebaut sein, der den Gasdruck in der Prüfstrecke bei geschlossenen Magnetventilen erhöht. Bei Druckabfall wird der Brenner verriegelt, da dann mindestens ein Ventil undicht ist. Ein Gasdruckwächter schaltet den Brenner bei zu geringem Gasdruck ab. Bei mehr als 350 kW Nennwärmebelastung ist der Einbau eines absperrbaren Gas-Manometers vorgeschrieben.

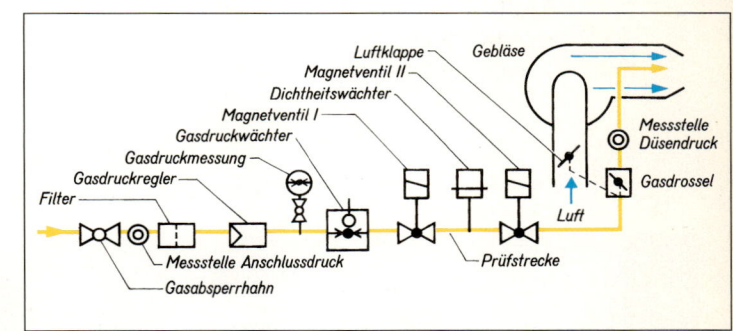

2. Stauscheibe bei einem Gas-Gebläsebrenner mit Gasdüsen, Zünd- und Überwachungselektrode.

3. Anordnung der Gasarmaturen für einen Gas-Gebläsebrenner mit mehr als 350 kW Nennwärmebelastung.

In der Mischeinrichtung des Brenners bildet sich ein Gas-Luft-Gemisch, das durch ringförmig angeordnete Gasdüsen ausströmt. Das Mischungsverhältnis von Gas und Luft muss sorgfältig eingestellt werden.

Zündung. Sie erfolgt wie beim Ölbrenner über eine Hochspannungs-Funkenstrecke, die aber erst am Ende der Vorspülzeit einsetzt. Um Druckstöße im Heizkessel und Gasnetz zu begrenzen, werden Gas-Gebläsebrenner mit

Wärmeerzeuger

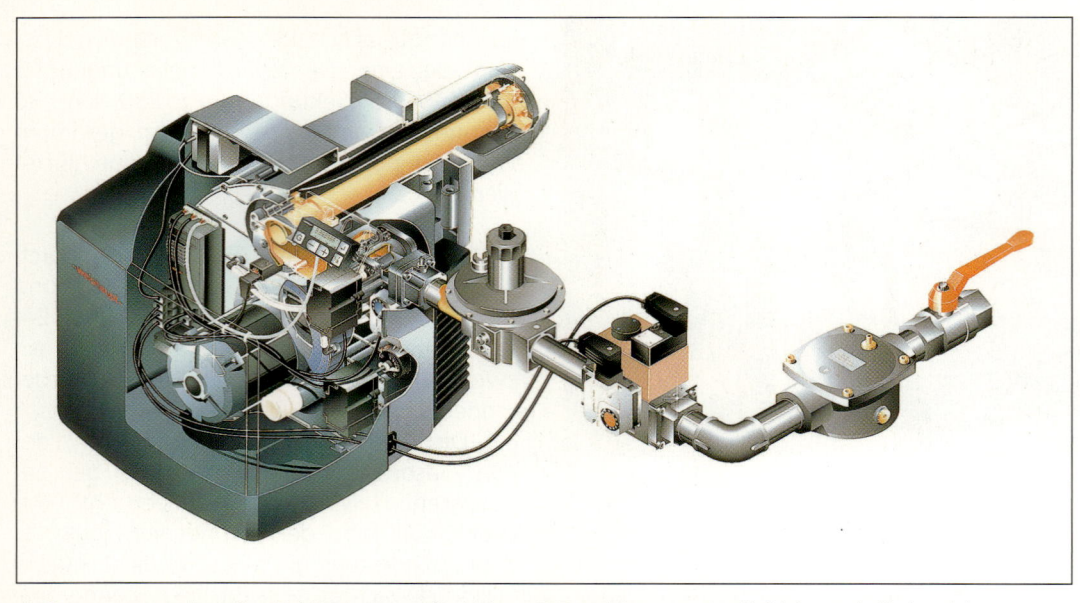

1. Gasarmaturen eines Gas-Gebläsebrenners für kleinere Wärmeleistungen. In Fließrichtung befinden sich: Absperrhahn, Filter, Doppel-Magnetventil mit Gasdruckwächter, Druckregler.

weniger als 50 % der Nennwärmebelastung gestartet. Dazu müssen Magnetventile zweistufig arbeiten. Das Brenngas wird in Verbindung mit der Verbrennungsluft über eine Drosselklappe gleitend zugeführt.

Flammenüberwachung. Gas-Gebläsebrenner sind mit einer Ionisations-Flammenüberwachung ausgestattet, mit der kurze Sicherheitszeiten von 1 Sekunde bis maximal 5 Sekunden eingehalten werden können. Vgl. 1.2.3, S. 26.

Betriebsweise. Gas-Gebläsebrenner werden meistens zweistufig mit gleitender oder modulierender Regelung betrieben. Die Funktionsabläufe entsprechen im Wesentlichen denen eines Öl-Zerstäubungsbrenners. Gas-Gebläsebrenner benötigen jedoch eine Nachspülzeit, damit der Feuerraum

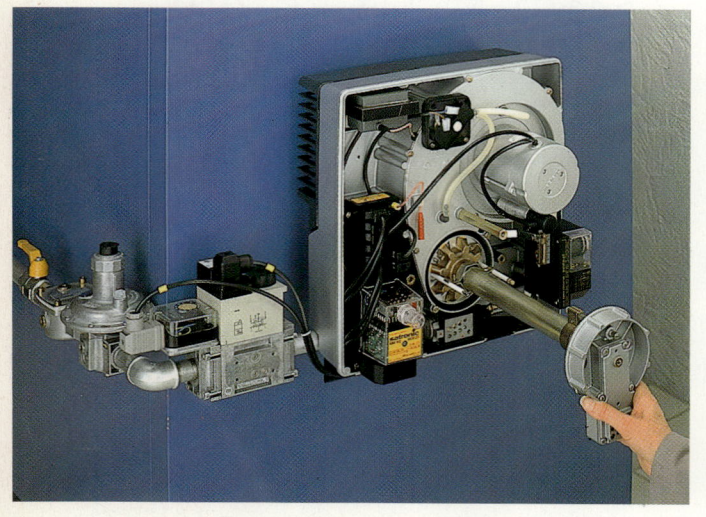

2. Gas-Gebläsebrenner mit herausgezogener Mischeinrichtung.

3. Stellantrieb für gleitende Luft- und Gaszufuhr bei einem Gas-Gebläsebrenner.

Öl- und Gas-Gebläsebrenner

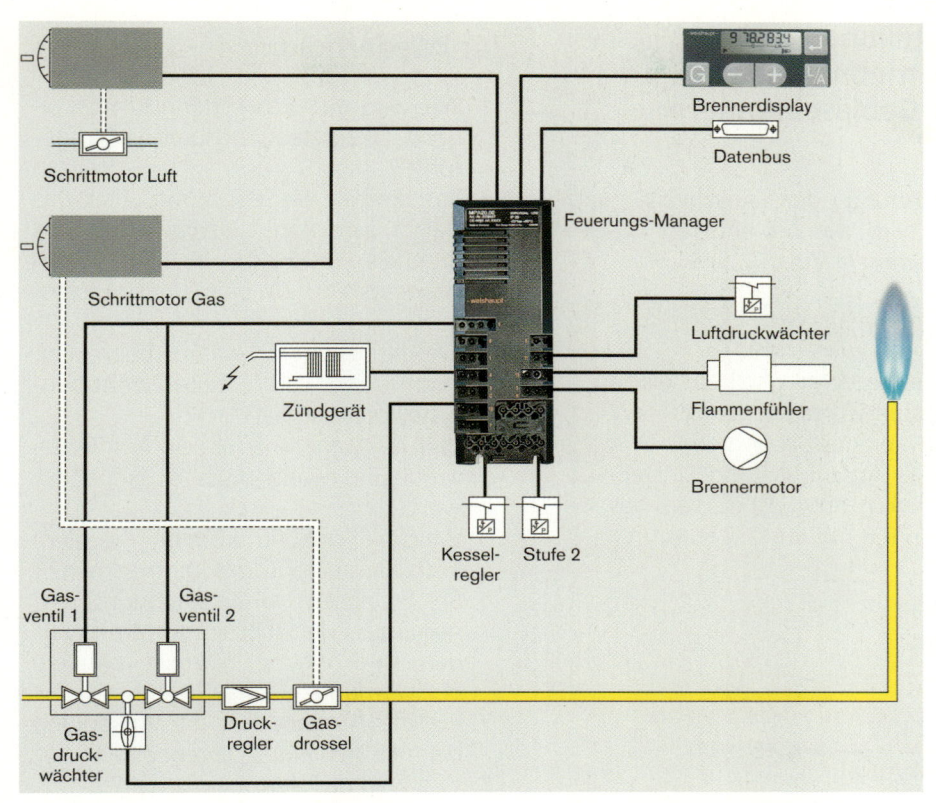

1. Schematische Darstellung der Steuerung eines Gas-Gebläsebrenners für eine Nennwärmebelastung von 80 kW bis 550 kW. Das Steuergerät wird in diesem Beispiel als Feuerungs-Manager bezeichnet.

auch nach dem Schließen der Magnetventile mit Luft durchgespült und zündfähige Gas-Luft-Gemische über die Abgasanlage hinausgedrängt werden.

Zweistoffbrenner. Bei Zweistoffbrennern ist ein Öl-Zerstäubungsbrenner mit einem Gas-Gebläsebrenner kombiniert. Wahlweise können Heizöl oder Gas verfeuert werden. Zweistoffbrenner sind dann sinnvoll einzusetzen, wenn bei hohen Wärmeleistungen die Brennstoffversorgung stets gesichert sein muss. Gebläse, Luftklappe, Stauscheibe, Zündung, Flammenüberwachung und Brennergehäuse sind gemeinsame Einrichtungen. Die Öl- und Gaszufuhr einschließlich der notwendigen Armaturen werden im Brenner getrennt geführt.

2. Zweistoffbrenner für Heizöl und Gas.

1.4.5 Einstellung und Inbetriebnahme von Gas-Gebläsebrennern

Die Berechnung der Anschluss- und Einstellwerte wird wie bei anderen Gasgeräten vorgenommen. Vgl. 1.2.5, S. 30.

Beispiel:

Ein Gas-Gebläsebrenner soll auf einen Wärmebelastungsbereich von 80 kW bis 200 kW eingestellt werden. Wie groß sind die Anschluss- und Einstellwerte bei einem Betriebsheizwert des Erdgases von 9,8 kWh/m³?

Lösung:

$$\dot{V}_A = \frac{\dot{Q}_{NB}}{H_{i,B}}$$

$$\dot{V}_{A1} = \frac{80 \text{ KW}}{9{,}8 \text{ kWh/m}^3} = 8{,}16 \text{ m}^3/\text{h}$$

$$\dot{V}_{A2} = \frac{200 \text{ kW}}{9{,}8 \text{ kWh/m}^3} = 20{,}41 \text{ m}^3/\text{h}$$

$$\dot{V}_E = \frac{\dot{Q}_{NB} \cdot 1000}{H_{i,B} \cdot 60}$$

$$\dot{V}_{E1} = \frac{80 \text{ kW} \cdot 1000 \text{ l/m}^3}{9{,}8 \text{ kWh/m}^3 \cdot 60 \text{ min/h}} = 136 \text{ l/min}$$

$$\dot{V}_{E2} = \frac{200 \text{ kW} \cdot 1000 \text{ l/m}^3}{9{,}8 \text{ kWh/m}^3 \cdot 60 \text{ min/h}} = 340 \text{ l/min}$$

Da bei Gas-Gebläsebrennern die Verbrennungsluft nicht werkseitig vorgegeben ist, werden sie wie Öl-Zerstäubungsbrenner überprüft und eingestellt. Anstelle der Rußzahl wird der CO-Gehalt gemessen, wobei der Grenzwert von 0,1 % nicht überschritten werden darf. Gut eingestellte Brenner haben CO-Gehalte, die wesentlich niedriger sind. Inbetriebnahme und Übergabe haben in entsprechender Weise zu erfolgen wie bei einem Öl-Zerstäubungsbrenner.

Zur Wiederholung

1. Wie wird die Verbrennungsluft bei einem Öl-Zerstäubungsbrenner zugeführt?
2. Beschreiben Sie den Weg, den das Heizöl zwischen Heizölbehälter und Brenner zurücklegt, a) beim Zweistrangsystem, b) beim Einstrangsystem.
3. Welche Ölfilter werden beim Einstrang- und welche beim Zweistrangsystem verwendet?
4. Welche Aufgabe erfüllt ein Antiheberventil und wann muss es eingebaut werden?
5. Welche Angaben können Sie dem Sechskant einer Öldüse entnehmen?
6. Bei welchen Öl-Zerstäubungsbrennern muss Heizöl EL vorgewärmt werden und welche Vorteile hat die Vorwärmung?
7. Welche Aufgabe hat die Vorspülung beim Betrieb eines Ölbrenners?
8. Wie wird das Heizöl gezündet?
9. Wie wird beim Öl-Zerstäubungsbrenner die Flamme überwacht?
10. Wann und wie kommt es beim Ölbrenner zu einer Störabschaltung?
11. Erklären Sie die Reihenfolge der Steuerungsvorgänge beim Einschalten eines einstufigen Öl-Zerstäubungsbrenners mit Ölvorwärmung.
12. Wie unterscheiden sich Blaubrenner von gelb brennenden Ölbrennern?
13. Wann sind zweistufige Ölbrenner erforderlich und wie arbeiten sie?
14. Wo werden Öl-Verdampfungsbrenner verwendet und wie arbeiten sie?
15. Wie werden Luft und Brenngas einem Gas-Gebläsebrenner zugeführt?
16. Nennen Sie die erforderlichen Armaturen im Gasanschluss eines Gas-Gebläsebrenners mit einer Nennwärmebelastung von 100 kW.
17. Welche Bedeutung hat der Gasdruckwächter im Anschluss eines Gas-Ge-

Öl- und Gas-Gebläsebrenner

bläsebrenners und unter welchen Umständen sperrt er die Gaszufuhr?
18. Bei welchen Gas-Gebläsebrennern wird ein Dichtheitswächter eingebaut? Erklären sie die Funktion.
19. Wie wird bei einem Gas-Gebläsebrenner die Flamme überwacht?
20. Geben Sie die Funktionsabläufe eines zweistufigen Gas-Gebläsebrenners an, der modulierend arbeitet.
21. Was ist ein Zweistoffbrenner und wann wird er verwendet?

Zur Vertiefung

1. Warum ist Benzin feuergefährlicher als Heizöl?
2. Wie viel Liter Heizöl entsprechen 3 US-Gallonen?
3. Eine Öldüse mit 4 gph soll auf die neue Europa-Norm umgerechnet werden. Wie groß muss die Angabe in kg/h sein?
4. An den Zündelektroden eines Ölbrenners bildet sich keine Funkenstrecke. Welche Ursachen sind möglich?
5. Sie beobachten, dass kein Öl durch die Düse eines Ölbrenners versprüht wird. Welche Gründe können vorliegen?
6. Wie kann bei der Einstellung eines Ölbrenners eine zu hohe Rußzahl, z.B. $Rz = 2$, verbessert werden?
7. Wie können eine zu hohe und wie eine zu niedrige Abgastemperatur bei einer Ölfeuerung und wie bei einer Gasfeuerung verändert werden?
8. Ein Gas-Gebläsebrenner benötigt einen Luftdruckwächter, ein Öl-Zerstäubungsbrenner dagegen nicht. Erklären Sie diese unterschiedlichen Vorschriften.
9. Warum haben Gas-Gebläsebrenner eine Nachspülzeit?
10. Wann wird ein Gas-Gebläsebrenner und wann ein atmosphärischer Gasbrenner benötigt?

Zur Berechnung

Öldurchsatz und Düsenauswahl

1. Es liegen für einen Heizkessel folgende Werte vor: Nennwärmeleistung 30 kW, Kesselwirkungsgrad 90 %, Öldruck 10 bar. Bestimmen Sie eine geeignete Öldüse.
2. Wie groß muss der Öldurchsatz einer Öldüse für Heizöl EL sein, wenn die Nennwärmeleistung des Heizkessels 25 kW und der Kesselwirkungsgrad 90 % betragen? Bestimmen Sie eine passende Öldüse.
3. Für die folgenden Öl-Heizkessel mit Kesselwirkungsgraden von 90 % sind die Öldüsen für Heizöl EL nach Diagramm, S. 62, zu bestimmen:

Aufgabe	$\dot{Q}_{NL}$	Öldruck
a)	54 kW	ca. 13 bar
b)	126 kW	ca. 11 bar
c)	27 kW	ca. 9 bar
d)	72 kW	ca. 10 bar
e)	90 kW	ca. 12 bar

4. In einem Ölbrenner für Heizöl EL ist ein Düse 3,0 gph eingebaut. Es wird ein Öldruck von 10 bar gemessen.
    a) Wie groß ist bei diesem Druck der Öldurchsatz?
    b) Wie muss der Öldruck verändert werden, wenn der Öldurchsatz ca. 16 l/h betragen soll?
5. Ein Heizkessel soll so eingestellt werden, dass er im Leistungsbereich zwischen 145 kW und 225 kW arbeitet. Der Kesselwirkungsgrad kann mit 92 % angenommen werden. Bestimmen Sie bei einem zweistufigen Ölbrenner die erforderliche Öldüse bei Drücken von 10 bar und 24 bar.
6. Ein Heizkessel mit einem zweistufigen Ölbrenner für Heizöl EL hat zwei Öldüsen, eine Nennwärmeleistung von 200 kW und einen Kesselwirkungsgrad von 90 %. Bestimmen Sie die Öldüsen bei einem Öldruck von ca. 13 bar, wenn die erste Düse 40 %

und die zweite Düse 60 % der Wärmeleistung übernehmen soll.

7. Bei einem zweistufigen Ölbrenner mit einer Öldüse 2,75 gph wird für die erste Stufe ein Öldruck von 12 bar und für die zweite Stufe von 22 bar eingestellt. Wie groß sind bei den zwei Stufen
   a) die Öldurchsätze,
   b) die Wärmebelastungen des Heizkessels,
   c) die Wärmeleistungen des Heizkessels bei einem Kesselwirkungsgrad von 92 %?

8. Ein Heizkessel mit einem Wirkungsgrad von 90 % besitzt eine Öldüse, die mit zwei Druckstufen arbeitet. Er soll in der ersten Stufe eine Wärmeleistung von 120 kW und in der zweiten Stufe von 180 kW haben. Bestimmen Sie eine passende Öldüse und die zugehörigen Drücke.

Gas-Gebläsebrenner

9. Ein Heizkessel mit einem zweistufigen Gas-Gebläsebrenner soll auf einen Wärmeleistungsbereich von 100 kW bis 180 kW eingestellt werden. Berechnen Sie die minimalen und maximalen Anschluss- und Einstellwerte bei einem Betriebsheizwert des Erdgases von 9,6 kWh/m³ und einem Kesselwirkungsgrad von 93 %.

10. Für die folgenden Heizkessel mit Gas-Gebläsebrennern für Erdgas und Kesselwirkungsgraden von 93 % sind die Anschlusswerte in m³/h und Einstellwerte in l/min zu berechnen:

Aufgabe	Wärmeleistung	Betriebsheizwert
a)	20 kW	9,8 kWh/m³
b)	35 kW	8,2 kWh/m³
c)	50 kW	9,5 kWh/m³
d)	70 kW	8,2 kWh/m³
e)	120 kW	9,6 kWh/m³

11. Ein Gas-Wandheizkessel mit Brennwertnutzung hat einen zulässigen Wärmeleistungsbereich von 10 kW bis 25 kW. Der Kesselwirkungsgrad kann über den gesamten Bereich mit 105 % angenommen werden. Es steht Erdgas mit $H_{i,B}$ = 9,8 kWh/m³ zur Verfügung. Wie groß müssen der Anschlusswert und der Einstellwert bei kleinster und bei größter Wärmeleistung sein?

12. Ein Heizkessel für Flüssiggas soll eine Wärmeleistung in der ersten Stufe von 60 kW und in der zweiten Stufe von 110 kW erreichen. Der Kesselwirkungsgrad beträgt in beiden Fällen 92 %. Berechnen Sie die Wärmebelastungen, die Anschluss- und Einstellwerte des Gas-Gebläsebrenners.

13. Ein Zweistoffbrenner, der für Heizöl EL und für Erdgas E, $H_{i,B}$ = 9,8 kWh/m³, geeignet ist, soll jeweils auf eine maximale Wärmeleistung von 600 kW eingestellt werden. Wie groß müssen dabei der Öldurchsatz in l/h, der Gasanschlusswert in m³/h und der Gaseinstellwert in m³/min sein bei einem Kesselwirkungsgrad von 93 %?

1.5 Sicherheitstechnische Einrichtungen bei Wärmeerzeugern

Heizkessel und sonstige Wärmeerzeuger müssen gegen unzulässige Überschreitung von Druck und Temperatur abgesichert werden. Man unterscheidet bei Wasserheizungen:
- Warmwasserheizungen mit zulässigen Vorlauftemperaturen bis maximal 105 °C,
- Heißwasserheizungen mit Vorlauftemperaturen über 105 °C.

Im Folgenden werden die sicherheitstechnischen Ausrüstungen von Warmwasserheizungen nach DIN EN 12828* behandelt.

1.5.1 Sicherheitseinrichtungen bei Heizkesseln für Öl- und Gasfeuerungen, geschlossene Anlagen

Die sicherheitstechnischen Einrichtungen geschlossener Warmwasserheizungen mit Vorlauftemperaturen bis 105 °C und Nennwärmeleistungen bis 1 MW sind in DIN EN 12828 vom Juni 2003* festgelegt. Darüber hinaus müssen die Anweisungen der Hersteller der Wärmeerzeuger beachtet werden. Heizkessel mit Öl- oder Gasbrennern bis zu einer Wärmeleistung von 300 kW müssen bei geschlossenen Warmwasserheizungen mindestens mit folgenden Sicherheitseinrichtungen ausgestattet sein:
- Temperaturregler,
- Sicherheits-Temperaturbegrenzer,
- Thermometer,
- Sicherheitsventil,
- Manometer,
- Wassermangelsicherung,
- Füll- und Entleerungseinrichtungen,
- Membran-Ausdehnungsgefäß*.

Wenn der Heizkessel eine Wärmeleistung von mehr als 300 kW hat, ist zusätzlich ein Sicherheits-Druckbegrenzer einzubauen.

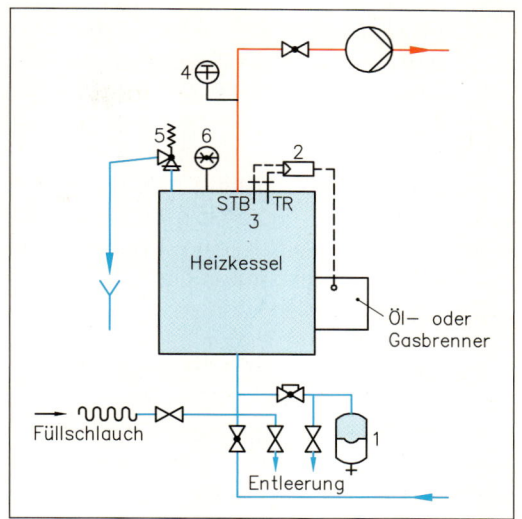

1. Schematische Darstellung der sicherheitstechnischen Einrichtungen einer geschlossenen Warmwasserheizung mit Öl- oder Gasbrenner, Nennwärmeleistung bis zu 300 kW und Vorlauftemperaturen bis zu 105 °C.

2. Schematische Darstellung der sicherheitstechnischen Einrichtungen einer geschlossenen Warmwasserheizung mit Öl- oder Gasbrenner, Nennwärmeleistung über 300 kW und Vorlauftemperaturen bis zu 105 °C.

Erklärungen zu den Abbildungen 1 und 2:
1 Membran-Ausdehnungsgefäß (MAG), 2 Temperaturregler (TR), 3 Sicherheits-Temperaturbegrenzer (STB), 4 Thermometer, 5 Sicherheitsventil (SV), 6 Manometer, 7 Sicherheits-Druckbegrenzer, 8 Wassermangelsicherung.

*DIN EN 12828, Heizungssysteme in Gebäuden, Planung von Warmwasser-Heizungsanlagen.

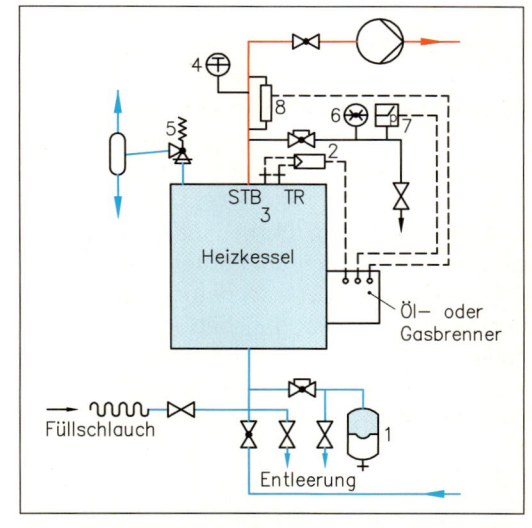

*Früher waren die sicherheitstechnischen Einrichtungen in DIN 4751 festgelegt.

*Membran-Ausdehnungsgefäß, es können auch andere zugelassene Ausdehnungsgefäße verwendet werden.

Wärmeerzeuger

Temperaturregler (TR). Er muss die Feuerung so rechtzeitig abschalten, dass die Vorlauftemperatur am Heizkessel den Sollwert nicht wesentlich überschreitet. Der höchste Schaltpunkt des Temperaturreglers muss einen bestimmten Abstand zum unteren Schaltpunkt des Sicherheits-Temperaturbegrenzers haben. Durch eine Überbrückung des Temperaturreglers muss die Funktion des STB überprüft werden können.

Sicherheits-Temperaturbegrenzer (STB). Jeder direkt beheizte Wärmeerzeuger benötigt einen STB mit separatem Fühler, der auf die höchste zulässige Vorlauftemperatur werkseitig eingestellt ist. Bei Überschreitung dieser Temperatur wird die Feuerung abgeschaltet und gegen selbsttätiges Wiedereinschalten verriegelt. Die Verriegelung kann nur mit einem Werkzeug beseitigt werden. Das soll stets durch eine fachkundige Person geschehen.

Thermometer. Die Vorlauftemperatur des Heizkessels muss durch ein Thermometer angezeigt werden. Der Anzeigebereich muss mindestens 20 % größer als die maximale Betriebstemperatur sein.

Sicherheitsventil (SV). Jeder Wärmeerzeuger muss durch mindestens ein Sicherheitsventil gegen Überschreitung des zulässigen Betriebsdrucks gesichert sein. Werden mehrere Sicherheitsventile eingebaut, muss das kleinste Ventil mindestens 40 % der gesamten Abblaseleistung haben. Die Sicherheitsventile sind an leicht zugänglicher Stelle am höchsten Punkt des Wärmeerzeugers oder in unmittelbarer Nähe an der Vorlaufleitung anzubringen. Zwischen Wärmeerzeuger und Sicherheitsventil darf keine Absperrung oder Verengung eingebaut sein. Die Abblaseleitung ist so zu verlegen, dass beim Abblasen niemand gefährdet wird.

Membran-Sicherheitsventile kleinerer Warmwasserheizungen öffnen bei einem Überdruck von 2,5 bar oder 3 bar. Größere Anlagen benötigen entsprechende Ventile, deren Öffnungsdruck sich nach der statischen Wasserhöhe und dem Dampfdruck bei Temperaturen über 100 °C richtet. Die Nennweiten von Membran-Sicherheitsventilen und deren Ausblaseleitungen können nach Tabelle 1.19 bestimmt werden.

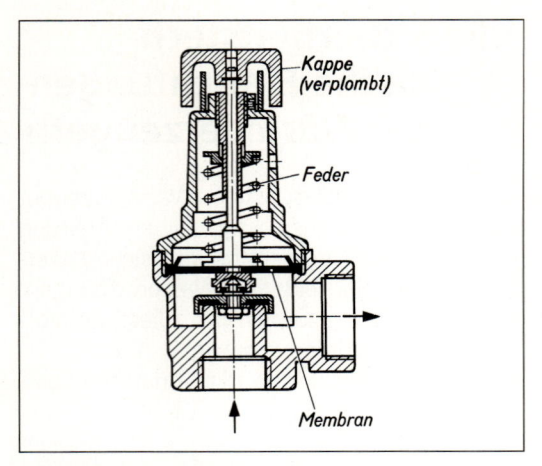

1. Federbelastetes Membran-Sicherheitsventil mit Gewindeanschluss.

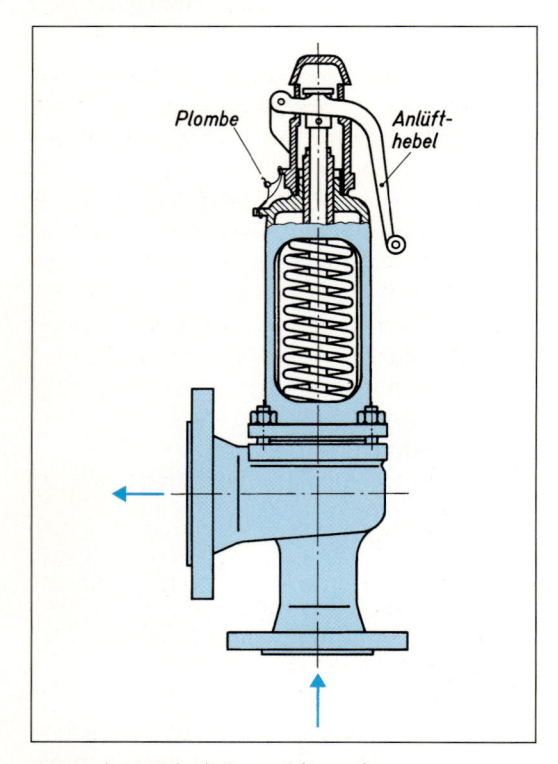

2. Membran-Sicherheitsventil für große Wärmeleistungen.

Sicherheitstechnische Einrichtungen bei Wärmeerzeugern

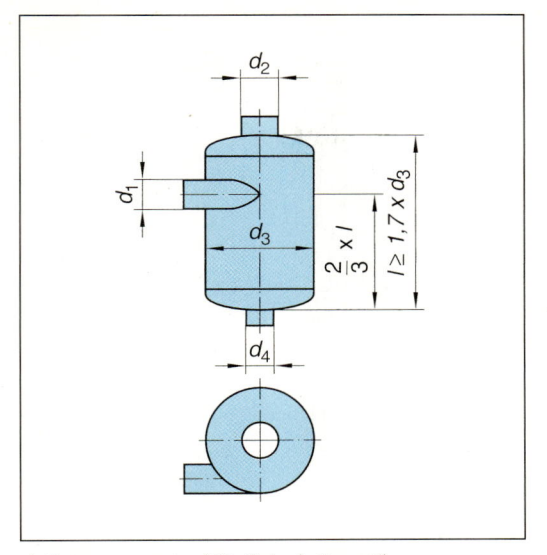

1. Entspannungstopf für Sicherheitsventile.

2. Anordnung eines Sicherheitsventils mit Entspannungstopf.

Entspannungstopf. Bei Wärmeerzeugern mit mehr als 300 kW Nennwärmeleistung muss in der Nähe des Sicherheitsventils ein Entspannungstopf eingebaut sein. Wenn Heißwasser über 100 °C ausgeblasen wird, kann so ein Teil des Wassers im Entspannungstopf verdampfen. Die Mündung der Abblaseleitung muss ins Freie geführt werden.

Auf den Einbau von Entspannungstöpfen kann bei Warmwasserheizungen bis 105 °C und über 300 kW Nennwärmeleistung verzichtet werden, wenn ein zusätzlicher Temperaturbegrenzer und ein Druckbegrenzer am Heizkessel eingebaut sind.

Beispiel:

Ein Heizkessel hat eine Nennwärmeleistung von 500 kW. Welches Membran-Sicherheitsventil und welche Abblaseleitungen sind zu wählen?

Lösung nach Tabelle 1.18:
Nennweite des Membran-
Sicherheitsventils: DN 40
Abblaseleitung mit
Entspannungstopf: DN 80
Entspannungstopf: DN 300
Abblaseleitung ins Freie: DN 100
Wasserabflussleitung: DN 80

Tabelle 1.18: Nennweiten von Membran-Sicherheitsventilen und Abblaseleitungen*

Abblaseleistung der Sicherheitsventile in kW		50	100	200	350	600	900
DN des Sicherheitsventils		15	20	25	32	40	50
DN der Abblaseleitung ohne Enspannungstopf							
Länge bis 2 m, max. 2 Bögen		20	25	32	40	50	65
Länge bis 4 m, max. 3 Bögen		25	32	40	50	65	80
Entspannungstopf vgl. Abb. 1	d_1	32	40	50	65	80	100
	d_2	40	50	65	80	100	125
	d_3	125	150	200	250	300	400
	d_4	32	40	50	65	80	100

*Zu Tabelle 1.18, Werte nach DIN 4751-2.

Wärmeerzeuger

Sicherheits-Druckbegrenzer. Heizkessel mit einer Nennwärmeleistung von mehr als 300 kW benötigen einen Sicherheits-Druckbegrenzer. Dieser muss so eingestellt sein, dass die Feuerung abgeschaltet und verriegelt wird, bevor die Sicherheitsventile ansprechen. Die Verriegelung kann nur von Hand aufgehoben werden.

Manometer. Jede geschlossene Heizungsanlage muss mindestens mit einem Druckmessgerät ausgerüstet sein, das den Überdruck in bar angibt. Gegenüber dem maximalen Betriebsdruck muss das Messgerät einen mindestens 50 % größeren Anzeigebereich haben. Es können Ablesemarken für den Mindestdruck und Öffnungsdruck des Sicherheitsventils angebracht sein.

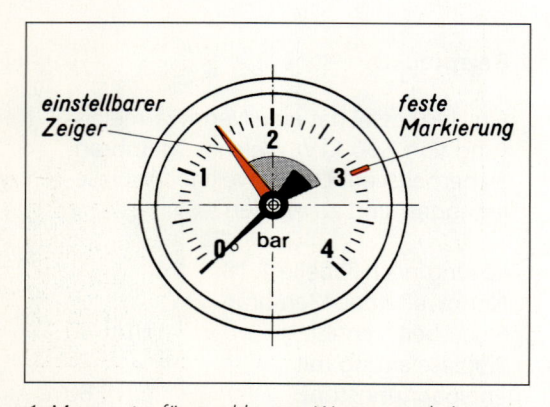

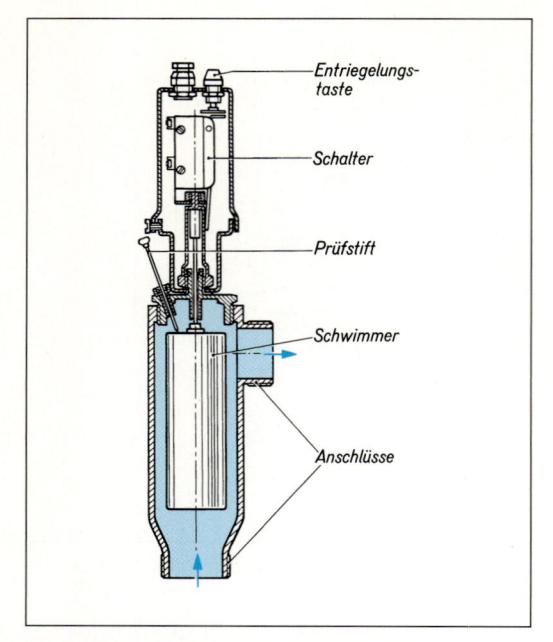

2. Wassermangelsicherung für geschlossene Wasserheizungen

1. Manometer für geschlossene Warmwasserheizungen.

Wassermangelsicherung. Heizkessel sind zum Schutz gegen Wassermangel zu sichern, damit im Bedarfsfall die Feuerung abgeschaltet und verriegelt wird. Die Wassermangelsicherung ist nahe am Wärmeerzeuger in der Vorlaufleitung einzubauen. Bei Heizkesseln bis zu einer Nennwärmeleistung von 300 kW kann auf sie verzichtet werden, wenn sichergestellt ist, dass keine unzulässige Aufheizung bei Wassermangel auftreten kann, z.B. durch Einbau eines Mindest-Druckbegrenzers. Bei Dachheizzentralen benötigt jeder Wärmeerzeuger eine Wassermangelsicherung oder eine andere geeignete Einrichtung.

Füll- und Entleerungseinrichtungen. Wasserheizungen benötigen eine Fülleinrichtung mit Rückflussverhinderer oder Systemtrenner, an die ein Verbindungsschlauch zum Trinkwassernetz angeschlossen werden kann, sowie Entleerungseinrichtungen. Hierbei sind die Vorschriften der DIN 1988-4 bzw. DIN EN 1717 zu beachten. Vgl. Bd. 07487 Kap. 1.6.6.

1.5.2 Sicherheitseinrichtungen bei Umlaufwasserheizern und Wandheizkesseln

Umlaufwasserheizer und Wandheizkessel sind werkseitig mit folgenden Sicherheitseinrichtungen ausgestattet:
- Temperaturregler,
- Sicherheits-Temperaturbegrenzer oder Wasser-Strömungswächter mit Temperaturbegrenzer,
- Thermometer,
- Sicherheitsventil DN 15/20,

Sicherheitstechnische Einrichtungen bei Wärmeerzeugern

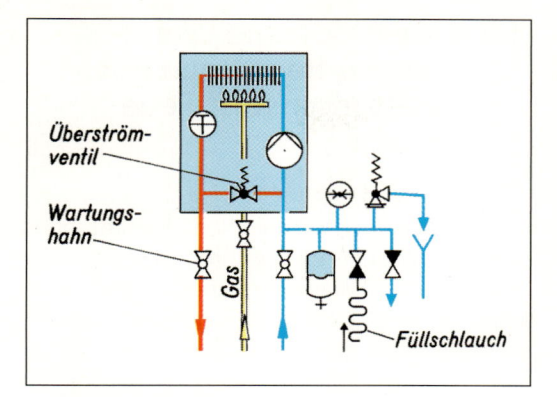

1. Sicherheitstechnische Ausrüstung eines Umlaufwasserheizers.

- Manometer,
- Füll- und Entleerungseinrichtungen,
- Membran-Ausdehnungsgefäß.

Die Membran-Ausdehnungsgefäße sind so gestaltet, dass sie an der Rückwand oder seitlich im Gerät Platz finden. Die Wartungshähne dürfen nur mit einem Werkzeug zu betätigen sein. Da die Heizungspumpe im Rücklauf zwischen Wärmeerzeuger und Sicherheitsventil eingebaut ist, muss bei der Bauartzulassung das einwandfreie Funktionieren des Geräts durch den Hersteller nachgewiesen werden.

1.5.3 Sicherheitseinrichtungen für offene Warmwasserheizungen

Offene Warmwasserheizungen sind durch Sicherheitsleitungen mit hochliegenden Ausdehnungsgefäßen verbunden, die mit der Atmosphäre in Verbindung stehen. Die Vorlauftemperaturen können deshalb nur maximal 100 °C erreichen. Die sicherheitstechnischen Einrichtungen sind in DIN EN 12828 festgelegt. Offene Warmwasserheizungen können mit Öl- oder Gasfeuerungen oder mit Festbrennstoffen beheizt werden. Die Anlagen lassen sich als Pumpen- oder Schwerkraftheizungen betreiben. Die Wärmeleistung des Heizkessels ist nicht begrenzt.

Bei offenen Anlagen sind folgende Sicherheitseinrichtungen vorgeschrieben:
- Offenes Ausdehnungsgefäß mit Luftleitung und Überlaufleitung (Ü),
- Sicherheitsvorlaufleitung (SV),
- Sicherheitsrücklaufleitung (SR),
- Thermometer,
- Höhenstandsanzeiger (Hydrometer) mit einer Marke für den niedrigsten Wasserstand,
- Füll- und Entleerungseinrichtungen.

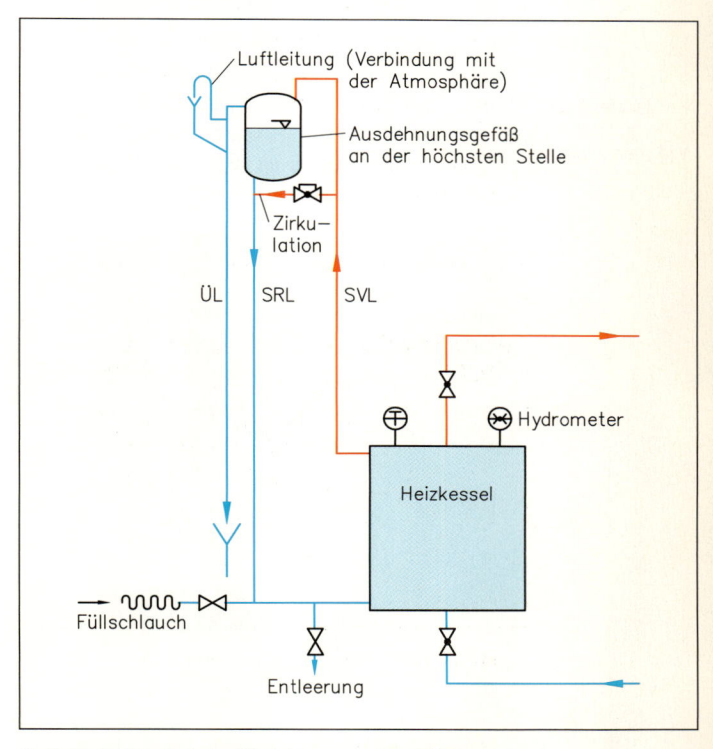

2. Sicherheitstechnische Einrichtungen einer offenen Warmwasserheizung.

Das Ausdehnungsgefäß soll möglichst senkrecht über dem Heizkessel angeordnet werden. Es muss gegen Einfrieren durch eine Wärmedämmung und Zirkulationsleitung mit Drosseleinrichtung geschützt sein. Die Sicherheitsleitungen sind mit Steigung zum Ausdehnungsgefäß zu verlegen, sie müssen einen Innendurchmesser von mindestens 19 mm haben und unabsperrbar sein. Die Überlaufleitung muss in den Aufstellraum geführt werden, wo das Überlaufwasser sichtbar abzu-

Wärmeerzeuger

leiten ist. Die Durchmesser von Luftleitung und Überlauf sind in der Nennweite des Sicherheitsvorlaufs zu verlegen.

Die Nennweiten der Sicherheitsleitungen werden nach DIN EN 12828 mit folgenden Formeln* berechnet.

***Formeln.** Dabei sollte ohne Einheiten gerechnet werden.

$$d_{SV} = 15 + 1{,}4 \cdot \sqrt[1]{\dot{Q}_N}$$

$$d_{SR} = 15 + 1{,}0 \cdot \sqrt[1]{\dot{Q}_N}$$

*Nur bei elektrisch geregeltem Wärmeerzeuger.

d_{SV} Mindest-Innendurchmesser Vorlauf   in mm
d_{SR} Mindest-Innendurchmesser Rücklauf in mm
$\dot{Q}_N$ Nennwärmeleistung des Wärmeerzeugers in kW

Beispiel:

Welche Nennweiten müssen die Sicherheitsleitungen einer offenen Warmwasserheizung mit einer Nennwärmeleistung des Wärmeerzeugers von 200 kW haben?

Lösung:

$d_{SV} = 15 + 1{,}4 \cdot \sqrt[1]{\dot{Q}_N}$

$d_{SV} = 15 + 1{,}4 \cdot \sqrt[1]{200} = 35$ mm

$d_{SR} = 15 + 1{,}0 \cdot \sqrt[1]{\dot{Q}_N}$

$d_{SR} = 15 + 1{,}0 \cdot \sqrt[1]{200} = 29$ mm

Offene Warmwasserheizungen werden heute nur noch sehr selten gebaut, da über das Ausdehnungsgefäß ständig Luftsauerstoff in die Anlage gelangen kann. Außerdem sind die langen Sicherheitsleitungen teuer und verursachen Wärmeverluste. Die Wasserverdunstung am Ausdehnungsgefäß muss durch Nachfüllen ersetzt werden. Altanlagen werden wegen dieser Nachteile meistens als geschlossene Anlagen umgerüstet.

1.5.4 Geschlossene Warmwasserheizungen mit Festbrennstoff-Feuerungen

Die sicherheitstechnischen Einrichtungen von Heizkesseln für Festbrennstoffe in geschlossenen Warmwasserheizungen sind ebenfalls in DIN EN 12828 geregelt. Danach müssen Heizkessel für Festbrennstoffe bis zu einer Wärmeleistung von 300 kW mit folgenden Sicherheitseinrichtungen ausgestattet sein:
- Kesseltemperaturregler* oder mechanischer Feuerungsregler,
- Sicherheits-Temperaturbegrenzer* oder thermische Ablaufsicherung,
- nicht absperrbarer Heizkreis zur Abführung von Übertemperatur,
- Thermometer,
- Sicherheitsventil,
- Manometer,
- Füll- und Entleerungseinrichtungen,
- Membran-Ausdehnungsgefäß.

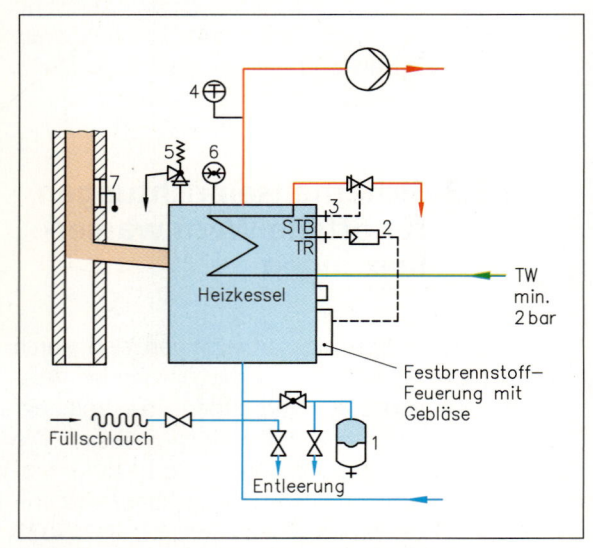

1. Schematische Darstellung der sicherheitstechnischen Einrichtung einer geschlossenen Warmwasserheizung mit Festbrennstoff-Feuerung bei einer Nennwärmeleistung bis zu 300 kW.
1 Membran-Ausdehnungsgefäß, 2 Verbrennungsluftregler, 3 thermische Ablaufsicherung, 4 Thermometer, 5 Sicherheitsventil, 6 Manometer, 7 Nebenluftvorrichtung.

Sicherheitstechnische Einrichtungen bei Wärmeerzeugern

Temperaturregler. Sie öffnen oder schließen als mechanische Feuerungsregler die Verbrennungsluftklappe in Abhängigkeit von der Kesseltemperatur. Vgl. 1.3.7, S. 46. Bei elektrischer Regelung kann der Temperaturregler ein Verbrennungsluft-Gebläse steuern, über das die Vorlauftemperatur geregelt wird.

Nebenluftvorrichtung. Sie wird im Abgasweg eingebaut, um eine Überschreitung des Zugbedarfs am Ende des Heizkessels zu verhindern. Vgl. 1.7.3, S. 101. Besonders bei Scheitholzfeuerung und mechanischem Feuerungsregler ist diese Maßnahme notwendig.

Thermische Ablaufsicherung. Sie erfüllt die Aufgabe des Sicherheits-Temperaturbegrenzers, wenn die Kesseltemperatur nicht elektrisch geregelt wird. Dazu muss im Heizkessel eine ausreichend große Heizschlange eingebaut sein, die an die Trinkwasser-Installation angeschlossen wird. Der Fühler der thermischen Ablaufsicherung muss die Kesselvorlauftemperatur erfassen können. Bei einer Temperatur von ca. 93 °C öffnet das Ventil der thermischen Ablaufsicherung, wodurch heißes Trinkwasser abfließen und kaltes nachströmen kann. Dem Heizkessel wird so die überschüssige Wärme entzogen. Das Ventil kann im Eingang oder Ausgang der Heizschlange eingebaut werden.

1.5.5 Ausdehnungsgefäße

Da sich Wasser beim Erwärmen ausdehnt und praktisch nicht komprimierbar* ist, müssen Ausdehnungsgefäße in Warmwasserheizungen eingebaut werden. Bei geschlossenen Anlagen nach DIN EN 12828 wird die Wasserausdehnung überwiegend durch Membran*-Ausdehnungsgefäße (MAG) aufgefangen. Außerdem muss das Gefäß nach dem Füllen der Anlage eine Wasservorlage enthalten, damit Leckverluste ausgeglichen werden und ein Mindestdruck im System bestehen bleibt. Der Gasraum wird werkseitig mit Stickstoff gefüllt, dabei entspricht der Vordruck der Wasserhöhe über dem Gefäß.

Die Größe des MAG richtet sich nach dem Wasservolumen der Anlage, der maximalen

komprimieren, zusammendrücken, verdichten.

Membran, eingespannte bewegliche Scheibe aus Kunststoff.

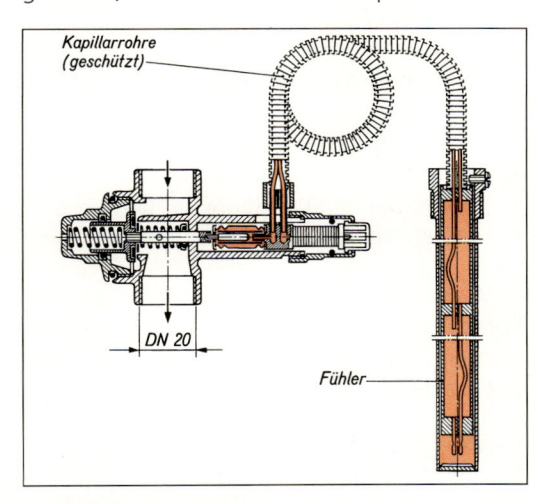

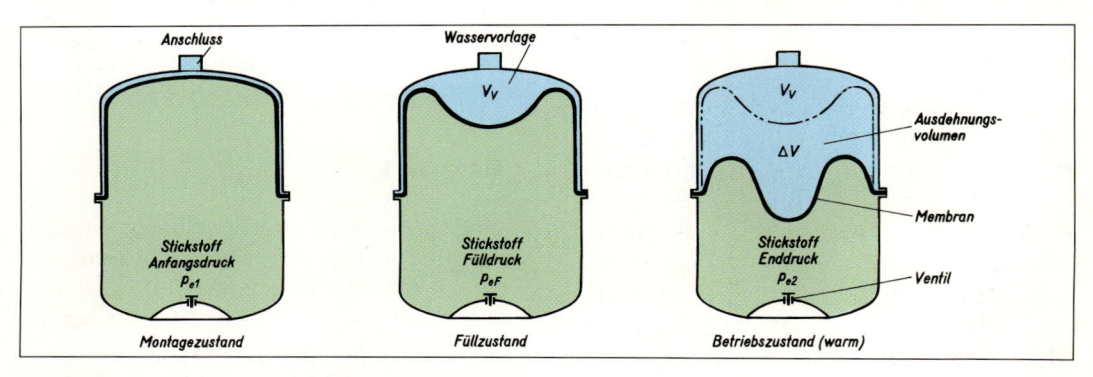

1. Thermische Ablaufsicherung.

2. Membran-Ausdehnungsgefäß für Warmwasserheizungen.

Vorlauftemperatur, dem Vordruck und dem Öffnungsdruck des Sicherheitsventils.

Die Ausdehnungsleitung wird bis zu einer Nennwärmeleistung von 300 kW in DN 20 hergestellt und normalerweise an den Heizungsrücklauf angeschlossen. Sie ist so zu verlegen, dass sich das Gefäß nicht erwärmen kann, da sonst die Membran geschädigt wird. Damit das Gefäß oder die Membran ohne Entleerung der Anlage austauschbar ist, soll in der Ausdehnungsleitung eine Absperrung eingebaut werden, die gegen unbeabsichtigtes Schließen zu sichern ist, z.B. durch ein Kappenventil. Die Nennweiten der Ausdehnungsleitungen bei Wärmeleistungen von mehr als 300 kW müssen besonders bestimmt werden. Jeder Heizkessel muss durch eine Ausdehnungsleitung mit mindestens einem Ausdehnungsgefäß frostgeschüzt verbunden sein. Mehrere Wärmeerzeuger können gemeinsame Ausdehnungsgefäße haben.

Bei großen Warmwasserheizungen werden Ausdehnungsgefäße eingesetzt, die durch einen Kompressor bei Bedarf Luft in den Gasraum pressen und bei starker Wasserausdehnung Luft automatisch ablassen. Da bei diesen Gefäßen der Gasraum dem jeweiligen Bedarf angepasst werden kann, sind diese Geräte erheblich kleiner als übliche Membran-Ausdehnungsgefäße.

1.5.6 Berechnung von Membran-Ausdehnungsgefäßen

Der Berechnung von Membran-Ausdehnungsgefäßen liegt die allgemeine Gasgleichung bei weitgehend konstanter Temperatur zugrunde. Vgl. 1.1.5, S. 10.

Wasservolumen der Anlage. Es setzt sich zusammen aus:
- Wasservolumen der Heizkörper und Heizflächen,
- Wasservolumen der Rohrleitungen,
- Wasservolumen der Wärmeerzeuger.

Wenn das Wasservolumen nicht genau zu berechnen ist, kann es mit angenäherter Genauigkeit mit Hilfe der Tabelle 1.19 ermittelt werden.

Tabelle 1.19: Wasservolumen V_A von Warmwasserheizungen

Heizkörper/Heizfläche	V_A in l/kW
Radiatoren	14
Plattenheizkörper	10
Konvektoren	6
Fußbodenheizungen	20

Beispiel 1:

Wie groß ist das Wasservolumen einer Heizungsanlage bei einer Wärmeleistung von 60 kW, wenn 60 % der Heizflächen aus Fußbodenheizung und 40 % aus Plattenheizkörpern bestehen?

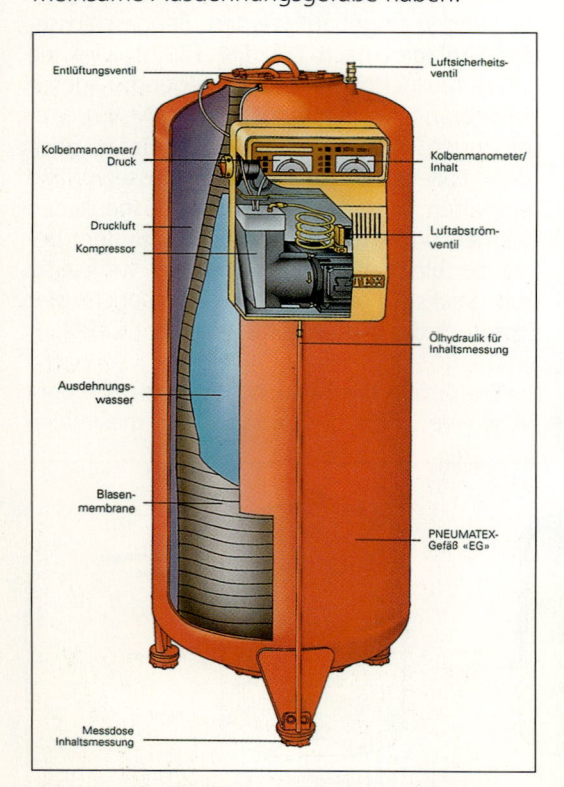

1. Kompressorgesteuertes Ausdehnungsgefäß mit austauschbarer Blasen-Membran.

Sicherheitstechnische Einrichtungen bei Wärmeerzeugern

Beispiel 1 (Fortsetzung):

Lösung nach Tab. 1.19:
Wasservolumen Fußbodenheizung:
$V_F = 0{,}6 \cdot 60\ \text{kW} \cdot 20\ \text{l/kW} = 720\ \text{l}$

Wasservolumen Plattenheizkörper:
$V_H = 0{,}4 \cdot 60\ \text{kW} \cdot 10\ \text{l/kW} = 240\ \text{l}$

Wasservolumen der Anlage:
$V_A = 720\ \text{l} + 240\ \text{l} = 960\ \text{l}$

Beispiel 2:

Wie groß sind das Ausdehnungsvolumen und die Wasservorlage einer Heizungsanlage mit einem Wasservolumen von 960 l, wenn die Anlage von 10 °C auf 70 °C aufgeheizt wird?

Lösung:
Ausdehnungsvolumen nach Tab. 1.20:
$\Delta V = n \cdot V_A = 0{,}0222 \cdot 960\ \text{l} = 21{,}3\ \text{l}$
Wasservorlage:
$V_V = 0{,}005 \cdot V_A = 0{,}005 \cdot 960\ \text{l} = 4{,}8\ \text{l} > 3\ \text{l}$

Ausdehnungsvolumen. Es richtet sich nach der maximalen Vorlauftemperatur und kann durch einen Ausdehnungsfaktor berechnet werden.

$$\Delta V = n \cdot V_A$$

ΔV	Ausdehnungsvolumen	in l
n	Ausdehnungsfaktor	
V_A	Wasservolumen der Anlage	in l

Tabelle 1.20: Ausdehnungsfaktoren n für Wasser bei 10 °C Fülltemperatur und max. Vorlauftemperatur ϑ_V*

ϑ_V in °C	n
40	0,0093
50	0,0129
60	0,0171
70	0,0222
80	0,0281
90	0,0347
100	0,0421
110	0,0503
120	0,0593

Vordruck im MAG. Das MAG wird werkseitig mit Stickstoff gefüllt. Der erforderliche Vordruck richtet sich nach der statischen Wasserhöhe über dem Gefäß:

- bis 5 m Wasserhöhe: $p_{st} = 0{,}5$ bar,
- 5 m bis 10 m Wasserhöhe: $p_{st} = 1{,}0$ bar,
- 10 m bis 15 m Wasserhöhe: $p_{st} = 1{,}5$ bar.

Enddruck im MAG. Durch die Wasserausdehnung wird das Stickstoffvolumen im Gefäß verkleinert, der Druck steigt dabei an. Die maximale Wasseraufnahme ist erreicht, wenn der Öffnungsdruck des Sicherheitsventils erreicht ist.

Beachten Sie: Damit das MAG ausreichend groß bemessen wird und das Sicherheitsventil nicht öffnet, soll der Enddruck p_{e2} um 0,5 bar unter dem Öffnungsdruck des Sicherheitsventils liegen.

*Tabelle 1.20, Werte nach DIN EN 12828.

$$p_{e2} = p_{SV} - 0{,}5\ \text{bar}$$

p_{e2}	Enddruck im MAG	in bar
p_{SV}	Öffnungsdruck des SV	in bar

Wasservorlage. Membran-Ausdehnungsgefäße müssen mindestens 0,5 % des Wasservolumens der Anlage, mindestens jedoch 3 l als Wasservorlage aufnehmen.

$$V_V = 0{,}005 \cdot V_A \geq 3\ \text{l}$$

V_V	Wasservorlage	in l
V_A	Wasservolumen der Anlage	in l

Beispiel 3:

Bei einer geschlossenen Warmwasserheizung liegt die Wasserhöhe 8 m über dem MAG. Wie groß müssen der

Beispiel 3 (Fortsetzung):

Vordruck p_{e1} und der Enddruck p_{e2} im MAG sein, wenn das Sicherheitsventil bei 3 bar öffnet?

Lösung:
$p_{e1} = 1$ bar
$p_{e2} = p_{SV} - 0{,}5$ bar $= 3$ bar $- 0{,}5$ bar
$p_{e2} = 2{,}5$ bar

Nennvolumen des MAG. Das Mindest-Nennvolumen V_n kann nach folgender Formel berechnet werden:

$$V_n = (\Delta V + V_v) \cdot \frac{p_{e2} + 1 \text{ bar}}{p_{e2} - p_{e1}}$$

V_n	Mindest-Nennvolumen des MAG	in l
ΔV	Ausdehnungsvolumen	in l
V_v	Wasservorlage	in l
p_{e1}	Vordruck (Überdruck)	in bar
p_{e2}	Enddruck (Überdruck)	in bar

Wenn das Mindest-Nennvolumen berechnet ist, muss nach Herstellerunterlagen das nächstgrößere MAG gewählt werden.

Tabelle 1.21: Handelsübliche MAG

Nennvolumen in l				
8	12	18	25	35
50	80	110	140	200
280	400	600	800	1000
1500	2000	2500	3000	3500

Beispiel 4:

In einer Warmwasserheizung dehnt sich das Wasser um 21,3 l aus, Wasservorlage 4,8 l, Vordruck 1 bar, Enddruck 2,5 bar (vgl. Beispiele 1 bis 3). Wie groß muss das Nennvolumen des MAG sein?

Lösung:
$V_n = (\Delta V + V_v) \cdot \dfrac{p_{e2} + 1 \text{ bar}}{p_{e2} - p_{e1}}$

$V_n = (21{,}3 \text{ l} + 4{,}8 \text{ l}) \cdot \dfrac{2{,}5 \text{ bar} + 1 \text{ bar}}{2{,}5 \text{ bar} - 1 \text{ bar}}$

$V_n = 26{,}1 \text{ l} \cdot 2{,}33 = 60{,}8 \text{ l}$
Nach Tabelle 1.21: $V_n = 80$ l

Fülldruck. Da man beim Füllen einer Heizungsanlage die Wasservorlage nicht messen kann, muss der Fülldruck bekannt sein. Er errechnet sich nach folgender Formel:

$$p_{eF} = \frac{(p_{e1} + 1 \text{ bar}) \cdot V_n}{V_n - V_V} - 1 \text{ bar}$$

p_{eF}	Fülldruck (Überdruck)	in bar
p_{e1}	Vordruck (Überdruck)	in bar
V_n	Nennvolumen des MAG	in l
V_v	Wasservorlage	in l

Beispiel 5:

Für eine Warmwasserheizung mit Plattenheizkörpern sind bei folgenden Angaben das MAG und der notwendige Fülldruck zu berechnen: Wärmeleistung 150 kW, maximale Vorlauftemperatur 60 °C, Wasserhöhe über dem MAG 14 m, Öffnungsdruck des Sicherheitsventils 3 bar.

Lösung:
Nennvolumen des MAG:
$V_A = 150 \text{ kW} \cdot 10 \text{ l/kW} = 1500 \text{ l}$
$\Delta V = n \cdot V_A = 0{,}0171 \cdot 1500 \text{ l} = 25{,}7 \text{ l}$
$V_V = 0{,}005 \cdot V_A = 0{,}005 \cdot 1500 \text{ l} = 7{,}5 \text{ l}$
$p_{e1} = 1{,}5$ bar, $p_{e2} = 2{,}5$ bar

$V_n = (\Delta V + V_V) \cdot \dfrac{p_{e2} + 1 \text{ bar}}{p_{e2} - p_{e1}}$

$V_n = (25{,}7 \text{ l} + 7{,}5 \text{ l}) \cdot \dfrac{2{,}5 \text{ bar} + 1 \text{ bar}}{2{,}5 \text{ bar} - 1{,}5 \text{ bar}}$

$V_n = 116{,}2$ l, handelsübliches Gefäß:
$V_n = 140$ l

Fülldruck des MAG:
$p_{eF} = \dfrac{(p_{e1} + 1 \text{ bar}) \cdot V_n}{V_n - V_V} - 1 \text{ bar}$

$p_{eF} = \dfrac{(1{,}5 \text{ bar} + 1 \text{ bar}) \cdot 140 \text{ l}}{140 \text{ l} - 7{,}5 \text{ l}} - 1 \text{ bar}$

$p_{eF} = 1{,}64$ bar

Sicherheitstechnische Einrichtungen bei Wärmeerzeugern

Zur Wiederholung

1. Welche sicherheitstechnischen Einrichtungen benötigt ein Gas-Heizkessel bei geschlossener Anlage, einer Nennwärmeleistung von 35 kW und einer Vorlauftemperatur von 75 °C? Fertigen Sie eine Schaltskizze an.
2. Ein Öl-Heizkessel, Nennwärmeleistung 800 kW, Betriebsdruck 5 bar, Vorlauftemperatur 100°C soll sicherheitstechnische Einrichtungen nach DIN EN 12828 erhalten. Zeigen Sie die erforderlichen Einrichtungen anhand einer Schaltskizze.
3. Wie groß muss bei Warmwasser der Vordruck in einem Membran-Ausdehnungsgefäß sein, wenn die Wasserhöhe 5 m, 10 m, 15 m oder 20 m beträgt?
4. Wie arbeitet ein Temperaturregler und wie ein Sicherheits-Temperaturbegrenzer bei einem Heizkessel für Öl- oder Gasfeuerung?
5. Wo muss das Sicherheitsventil in einer geschlossenen Wasserheizung eingebaut werden?
6. Welche Aufgabe hat ein Entspannungstopf, wann und wo muss er eingebaut werden?
7. Wann sind in Warmwasserheizungen Druckbegrenzer einzubauen?
8. Ein Heizkessel für Scheitholz mit einer Nennwärmeleistung von 40 kW wird in eine geschlossene Warmwasserheizung eingebaut. Welche sicherheitstechnischen Einrichtungen sind vorzusehen? Fertigen Sie eine Schaltskizze an.
9. Wann muss eine thermische Ablaufsicherung eingebaut werden, wie arbeitet sie und welchen Zweck erfüllt sie?
10. Ein Heizkessel für Holz-Pellets und automatischer Regelung mit einer Nennwärmeleistung von 25 kW soll nach DIN EN 12828 abgesichert werden. Zeigen Sie an einer Schaltskizze den Einbau aller erforderlichen Sicherheitseinrichtungen.
11. Welche sicherheitstechnischen Einrichtungen benötigt ein Gas-Umlaufwasserheizer mit einer Nennwärmeleistung von 18 kW?
12. Wie muss ein MAG an einen Heizkessel mit 25 kW Wärmeleistung angeschlossen werden?
13. Welche Vorteile hat ein kompressorgesteuertes Ausdehnungsgefäß im Vergleich zu einem MAG? Wann wird es verwendet?

Zur Vertiefung

1. Ein Heizkessel hat eine Nennwärmeleistung von 150 kW. Wie groß müssen die Nennweiten der Anschlussleitung an das Membran-Ausdehnungsgefäß sowie die Nennweiten des Sicherheitsventils und der Abblaseleitung sein?
2. Bestimmen Sie Sicherheitsventil, Abblaseleitung und Entspannungstopf einer geschlossenen Warmwasserheizung bei einer Wärmeleistung des Heizkessels von 800 kW.
3. Warum ist bei geschlossenen Warmwasserheizungen eine Wassermangelsicherung vorgeschrieben? Wann muss sie und wann kann sie eingebaut werden?
4. Welche Aufgabe erfüllt der Entspannungstopf in der Abblaseleitung des Sicherheitsventils?
5. Warum ist bei einem Festbrennstoffkessel für Scheitholz im Abgasweg eine Nebenluftvorrichtung empfehlenswert?

Zur Berechnung

Sicherheitsleitungen, offene Anlagen

1. Berechnen Sie die Mindest-Innendurchmesser der Sicherheitsleitungen bei folgenden Nennwärmeleistungen des Wärmeerzeugers:
   a) 25 kW, b) 50 kW, c) 75 kW, d) 100 kW, e) 150 kW, f) 500 kW.

MAG in geschlossenen Warmwasserheizungen

2. Eine Etagenheizung hat eine Wärmeleistung von 13 kW, der Vordruck (Überdruck) im MAG beträgt 0,5 bar, das Sicherheitsventil öffnet bei 2,5 bar. Das Wasser wird auf 70 °C aufgeheizt. Bestimmen Sie das Nennvolumen des MAG und den Fülldruck, wenn Plattenheizkörper eingebaut werden.

3. Eine Warmwasserheizung hat eine Wärmeleistung von 50 kW. Das Sicherheitsventil öffnet bei einem Überdruck von 3 bar. Die statische Wasserhöhe beträgt 10 m, das Wasser wird auf 70 °C aufgeheizt. Bestimmen Sie die Nennvolumen der erforderlichen MAG, wenn folgende Heizkörper eingebaut werden:
   a) Radiatoren,
   b) Konvektoren,
   c) Plattenheizköper,
   d) 50 % Radiatoren und 50 % Fußbodenheizung.

4. Eine Warmwasserheizung mit einer Wärmeleistung von 150 kW hat eine Vorlauftemperatur von 70 °C. Das Sicherheitsventil öffnet bei einem Überdruck von 3 bar. Die Anlage ist mit Radiatoren ausgestattet.
   Berechnen Sie die Nennvolumen der MAG bei folgenden Wasserhöhen über dem Gefäß:
   a) 5 m, b) 10 m, c) 15 m.

5. Die Warmwasserheizung in einem Mehrfamilienhaus hat eine Wärmeleistung von 30 kW. Die Anlage besteht zu 60 % aus Fußbodenheizung und zu 40 % aus Plattenheizkörpern. Die Anlage hat eine statische Höhe von 10 m, das Sicherheitsventil öffnet bei 3 bar.
   Berechnen Sie das Nennvolumen des MAG und den Fülldruck, wenn das Wasser auf 60 °C aufgeheizt wird.

6. Eine Wasserheizung hat eine Wärmeleistung von 80 kW. Die statische Höhe beträgt 15 m, das Sicherheitsventil öffnet bei 3 bar Überdruck.
   Berechnen Sie die Nennvolumen der MAG bei folgenden Angaben:
   a) Radiatoren, Vorlauftemperatur 70 °C,
   b) Plattenheizkörper, Vorlauftemperatur 60 °C,
   c) Fußbodenheizung, Vorlauftemperatur 50 °C.

7. Berechnen Sie die Membran-Ausdehnungsgefäße und den jeweiligen Fülldruck für folgende Warmwasserheizungen bei Plattenheizkörpern, wenn sich das Sicherheitsventil bei 3 bar öffnet:

Auf-gabe	$\dot{Q}_{NB}$ in kW	h in m	ϑ_V in °C
a)	200	10	70
b)	300	15	70
c)	80	10	60
d)	25	10	40
e)	13	5	50

8. Eine Wasserheizung mit Radiatoren hat eine Wärmeleistung von 300 kW. Sie wird mit einer Vorlauftemperatur von 100 °C betrieben.
   Wie groß müssen das Nennvolumen des MAG und der Fülldruck bei einer statischen Wasserhöhe über dem Gefäß von 15 m und einem Öffnungsdruck des Sicherheitsventils von 3 bar sein?

9. Eine größere Wasserheizung mit einer Nennwärmeleistung von 500 kW wird zu 50 % mit Radiatoren, zu 30 % mit Plattenheizkörpern und zu 20 % mit

> Konvektoren beheizt. Die maximale Vorlauftemperatur beträgt 80 °C, die statische Wasserhöhe über dem MAG 20 m, der Öffnungsdruck des Sicherheitsventils 5 bar. Wie groß müssen das Nennvolumen des MAG und der Fülldruck sein?

■ Arbeitsauftrag

Lassen Sie sich auf der Baustelle die sicherheitstechnischen Einrichtungen der Wärmeerzeuger erklären. Stellen Sie fest, ob sie mit den beschriebenen Ausrüstungen übereinstimmen und erkundigen Sie sich bei Abweichungen nach den Ursachen.

1.6 Aufstellung von Wärmeerzeugern

1.6.1 Allgemeine Anforderungen an Aufstellräume

Zum Betrieb von Feuerstätten wird Sauerstoff benötigt, der mit der Luft zum Brenner strömt. Bei Luftmangel kommt es zu einer unvollständigen Verbrennung und zur Bildung von giftigem CO-Gas, das zu einer tödlichen Gefahr werden kann. Vgl. 1.1.6, S. 14. Diese Gefahr besteht in erster Linie bei raumluftabhängigen Feuerstätten, die die erforderliche Verbrennungsluft dem Aufstellraum entnehmen.

Um Unfälle zu vermeiden, haben die Bundesländer in Deutschland in ihren Feuerungsverordnungen* Vorschriften für die Aufstellung von Feuerstätten erlassen. Diese können in den einzelnen Bundesländern etwas unterschiedlich sein. Damit diese Abweichungen möglichst gering sind, wurde eine Muster-Feuerungsverordnung erarbeitet, die als Grundlage dient. Die jeweils geltende FeuVO muss bei der Aufstellung von Feuerstätten neben den Vorschriften der TRGI bei Gas-Feuerstätten sorgfältig beachtet werden.

Feuerstätten dürfen nur in Räumen aufgestellt werden, bei denen keine Gefahren beim Betrieb der Wärmeerzeuger entstehen. Die Aufstellräume müssen so bemessen sein, dass die Geräte ordnungsgemäß installiert, betrieben und gewartet werden können. Bei Brennwertgeräten ist die Ableitung des Kondensatwassers nach den örtlichen Bestimmungen zu beachten.

Unzulässige Räume für die Aufstellung von Feuerstätten sind:
- Treppenräume in Gebäuden mit mehr als zwei Wohnungen,
- allgemein zugängliche Flure, die als Rettungsweg dienen,
- Garagen*,
- Räume, in denen sich leicht entzündliche oder explosive Stoffe befinden,
- Räume mit offenen Kaminen*.

Heizgeräte dürfen brennbare Baustoffe und Möbel nicht zu stark erwärmen. Als maximale Erwärmungstemperatur kann 85 °C angenommen werden. Die notwendigen Abstände sind den Einbauanleitungen der Geräte zu entnehmen. Wenn keine An-

*Für Garagen und bei Räumen mit offenen Kaminen sind Ausnahmen bei Gasgeräten der Art C möglich.

*Feuerungsverordnung, Abkürzung FeuVO.

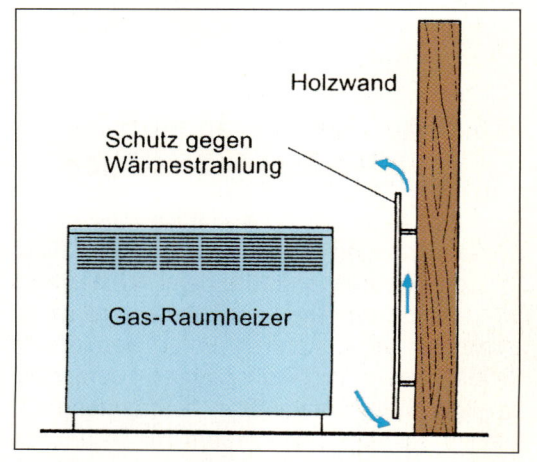

1. Belüfteter Schutz gegen Wärmestrahlung bei einem Gas-Raumheizer.

Wärmeerzeuger

leitungen vorliegen, ist ein Mindestabstand von 40 cm einzuhalten. Durch eine belüftete, nicht brennbare Schutzwand kann dieser Abstand verringert werden.

Die Aufstellung von Gasgeräten Art C oder anderer raumluftunabhängiger Feuerstätten ist bei Beachtung der vorstehenden Anforderungen unproblematisch. Deshalb wird in den folgenden Kapiteln nur die Aufstellung raumluftabhängiger Feuerstätten behandelt.

1.6.2 Aufstellung von Gasgeräten Art A

Gasgeräte Art A ohne Abgasanlage, z.B. Gasherde und Gasbacköfen, können im Küchenbereich aufgestellt werden, wenn die Abgase durch einen sicheren Luftwechsel im Aufstellraum ohne Gefährdung und unzumutbare Belästigung ins Freie geführt werden.

Gas-Haushalts-Kochgeräte mit Flammenüberwachung und einer Nennwärmebelastung von maximal 11 kW dürfen im Küchenbereich aufgestellt werden. Der Aufstellraum muss ein Volumen* von mehr als 20 m³ haben und mindestens eine Tür ins Freie oder ein Fenster, das geöffnet werden kann.

*__Raumvolumen__, sie sind nach den lichten Raummaßen bei fertigen Oberflächen zu berechnen.

1.6.3 Aufstellung raumluftabhängiger Feuerstätten

Gasgeräte Art B und andere Feuerstätten, die die Verbrennungsluft dem Aufstellraum entnehmen und an eine Abgasanlage angeschlossen sind, können unter bestimmten Bedingungen in Wohnräumen aufgestellt werden. Die notwendige Verbrennungsluft strömt aus dem Aufstellraum zur Feuerstätte und über die Abgasanlage ins Freie, wodurch sich im Raum ein geringer Unterdruck bildet.

Eine ausreichende Verbrennungsluft-Versorgung ist gegeben, wenn je 1 kW installierter Nennwärmeleistung 1,6 m³/h Verbrennungsluft zuströmen. Dabei darf im Aufstellraum ein Unterdruck von höchstens 4 Pa entstehen. Wenn nicht genügend Verbrennungsluft nachströmen kann, wird der Unterdruck im Aufstellraum unzulässig hoch, so dass es zum Rückstrom der Abgase kommen kann. Dieser physikalische Vorgang in Verbindung mit der Bildung von giftigem CO-Gas kann bei Feuerstätten mit offener Verbrennungskammer Ursache tödlicher Unfälle sein.

Eine besondere Gefahr besteht in Wohnungen, wenn Ventilatoren, z.B. Dunstabzugshauben am Küchenherd oder Wäschetrockner, die angesaugte Luft ins Freie befördern. Dabei kann ein größerer Unterdruck als 4 Pa entstehen. Deshalb dürfen Feuerstätten mit offener Verbrennungskammer in diesen Räumen nur aufgestellt werden, wenn Sicherheitseinrichtungen dafür sorgen, dass der gleichzeitige Betrieb von Feuerstätte und Ventilator nicht möglich ist.

Die Gesamt-Nennwärmeleistung der in einem Wohnraum aufgestellten Feuerstätten ist auf 35 kW begrenzt. Bei Anlagen über 35 kW bis 50 kW und bei Feuerstätten über 50 kW sind besondere Auflagen zu erfüllen.

Eine ausreichende Luftversorgung kann auf natürliche Weise erfolgen:
- über Außenfugen des Aufstellraums,
- über Außenfugen im Verbrennungsluft-Verbund,
- über Öffnungen ins Freie.

1.6.4 Luftversorgung über Außenfugen

In diesen Fällen strömt die erforderliche Verbrennungsluft über die Fugen von Außentüren oder Fenstern in den Aufstellraum.

Aufstellung von Wärmeerzeugern

Raumluftabhängige Feuerstätten dürfen in Wohnräumen aufgestellt werden, die mindestens eine Tür ins Freie besitzen oder ein Fenster, das geöffnet werden kann. Der Raum muss mindestens ein Volumen 4 m³ je 1 kW Gesamt-Nennwärmeleistung haben. Die Gesamt-Nennwärmeleistung ist auf 35 kW begrenzt.

$$V_R = \Sigma \dot{Q}_{NL} \cdot 4 \text{ m}^3/\text{kW}$$

V_R	Mindestraumvolumen	in m³
$\Sigma \dot{Q}_{NL}$	Gesamt-Nennwärmeleistung	in kW

Beispiel 1:

In einer Küche mit einem Raumvolumen von 30 m³ und einem Fenster, das geöffnet werden kann, soll ein Öl-Wandheizkessel mit einer Nennwärmeleistung von 18 kW aufgestellt werden. Ist die Luftversorgung über Außenfugen gesichert?

Lösung:
$V_R = \Sigma \dot{Q}_{NL} \cdot 4 \text{ m}^3/\text{kW}$
$V_R = 18 \text{ kW} \cdot 4 \text{ m}^3/\text{kW} = 72 \text{ m}^3 > 30 \text{ m}^3$
Ohne besondere Maßnahmen ist die Luftversorgung für den Wandheizkessel nicht gesichert.

Verbrennungsluft-Verbund. Aufstellräume mit zu geringem Verbrennungsluft-Volumen müssen mit Räumen derselben Wohnung lufttechnisch so verbunden sein, dass eine ausreichende Versorgung mit Verbrennungsluft gesichert ist. Der Verbrennungsluft-Verbund zwischen Aufstellraum und den anderen Räumen wird vorzugsweise durch zwei Öffnungen in der Tür hergestellt. Diese Öffnungen von je 150 cm² freiem Querschnitt werden in der Tür zum Aufstellraum unten und oben angebracht und durch Gitter abgedeckt. Die Öffnungen dürfen nicht verschließbar sein oder zugestellt werden.

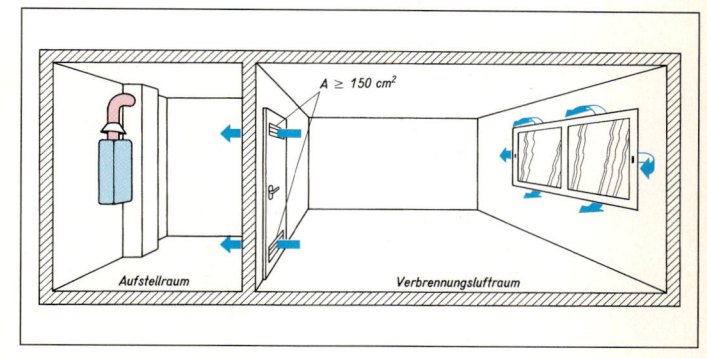

2. Unmittelbarer Verbrennungsluft-Verbund.

Man spricht von unmittelbarem Verbrennungsluft-Verbund, wenn der Aufstellraum direkt mit einem benachbarten Verbrennungsluft-Raum verbunden ist. Bei einem mittelbaren Verbrennungsluft-Ver-

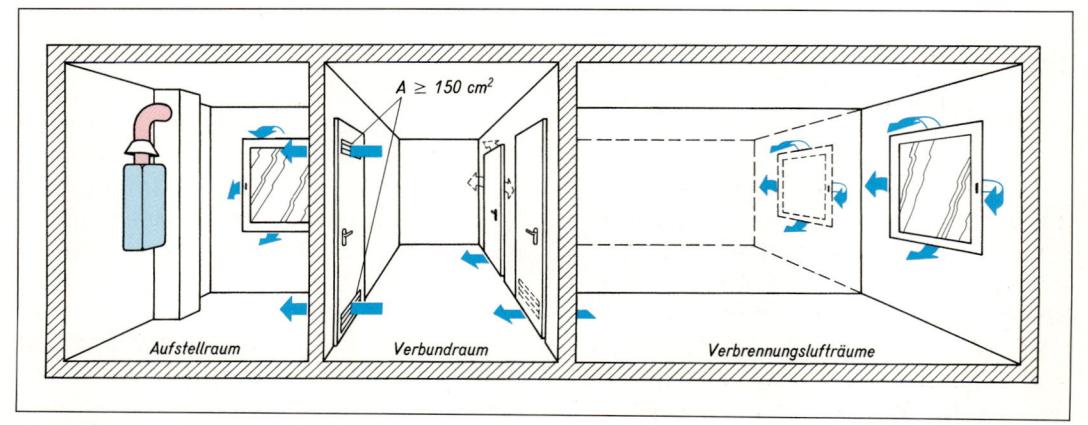

1. Mittelbarer Verbrennungsluft-Verbund.

Wärmeerzeuger

bund ist der Aufstellraum mit einem oder mehreren Räumen über einen Verbundraum, z.B. einen Flur, verbunden.

Der Verbrennungsluft-Verbund muss so berechnet werden, dass die anrechenbaren Wärmeleistungen der Verbrennungsluft-Räume mindestens so groß sind wie die Gesamt-Nennwärmeleistung aller installierten Feuerstätten. Verbrennungsluft-Räume sowie der Aufstellraum dürfen nur dann in die Berechnung einbezogen werden, wenn sie eine Tür ins Freie oder ein Fenster haben, das geöffnet werden kann.

$$\Sigma \dot{Q}_{L,anr.} \geq \Sigma \dot{Q}_{NL}$$

$\Sigma \dot{Q}_{L,anr.}$ = anrechenbare Wärmeleistung der Verbrennungsluft-Räume

$\Sigma \dot{Q}_{NL}$ = Summe der installierten Nennwärmeleistungen

Die Verbrennungsluft strömt normalerweise durch die Innentüren der Verbrennungsluft-Räume unmittelbar oder mittelbar in den Aufstellraum. Je nach Gestaltung der Türen unterscheidet man:

- Innentür mit einer Verbrennungsluft-Öffnung von mindestens 150 cm²,
- Innentür mit dreiseitig umlaufender Dichtung,
- Innentür ohne umlaufende Dichtung,
- Innentür mit gekürztem Türblatt.

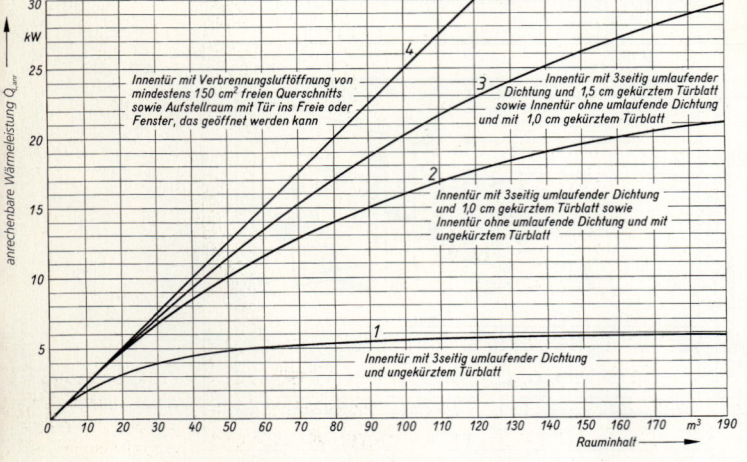

Da die Luftdurchlässigkeit der verschieden gestalteten Türen unterschiedlich ist, enthält die TRGI ein Diagramm, mit dem die anrechenbaren Wärmeleistungen der Verbrennungsluft-Räume zu bestimmen sind.

Beispiel 2:

In einer Küche mit einem Raumvolumen von 40 m³ und einem zu öffnenden Fenster soll ein raumluftabhängiger Gas-Wandheizkessel mit einer Nennwärmeleistung von 25 kW aufgestellt werden. Es wird ein mittelbarer Verbrennungsluft-Verbund zu einem Wohnzimmer, V_R = 60 m³, und zu einem Schlafzimmer, V_R = 40 m³, hergestellt. Die Türen zu den Verbrennungsluft-Räumen haben eine dreiseitig umlaufende Dichtung und ein um 1 cm gekürztes Türblatt. Ist der Verbrennungsluft-Verbund ausreichend?

Lösung nach Diagramm, Abb. 1:

Raum	V_R in m³	$\dot{Q}_{L,anr.}$ in kW	Diagramm-Kurve
Küche	40	10,0	4
Wohnz.	60	11,5	2
Schlafz.	40	8,5	2
$\Sigma \dot{Q}_{L,anr.}$		30,0	

Der Verbrennungsluft-Verbund ist ausreichend, da 30 kW > 25 kW.

<mark>Mindestraumvolumen.</mark> Bei Gasgeräten Art B mit Strömungssicherung muss der Aufstellraum ein Volumen von mindestens 1 m³ je 1 kW Gesamt-Nennwärmeleistung haben*. Es ist auch zulässig, einen zusammenhängenden Luftraum dieser Größe durch zwei Öffnungen von je 150 cm² freiem Querschnitt zu einem unmittelbar benachbarten Raum herzustellen. Diese Vorschrift berücksichtigt, dass über die Strömungssicherung kurzzeitig Abgas in den Aufstellraum gelangen kann.

*Im vorstehenden Beispiel 2 wird diese Forderung erfüllt, da 40 m³ > 25 m³.

1. Diagramm für den Verbrennungsluft-Verbund.

Abgasüberwachung. Gasgeräte Art B mit Strömungssicherung, die in Wohnräumen aufgestellt und über Außenfugen mit Verbrennungsluft versorgt werden, müssen bei einer Nennwärmeleistung von mehr als 7 kW mit einer Abgas-Überwachungseinrichtung ausgerüstet sein. Das Gasgerät muss bei einer Rückstromdauer von längstens zwei Minuten abschalten. Vgl. 1.2.4, S. 28.

1.6.5 Luftversorgung über Öffnungen ins Freie

Feuerstätten mit offener Verbrennungskammer dürfen in Räumen aufgestellt werden, die eine ins Freie führende Verbrennungsluft-Öffnung von mindestens 150 cm² haben. Es sind auch zwei Öffnungen von je 75 cm² freiem Querschnitt zulässig. Eine Außentür oder ein zu öffnendes Fenster ist dann nicht vorgeschrieben. Die Verbrennungsluft-Öffnungen können verschließbar sein, wenn Sicherheitseinrichtungen dafür sorgen, dass sie geöffnet sind, wenn der Brenner in Betrieb geht.

Feuerstätten mit einer Gesamt-Nennwärmeleistung von mehr als 35 kW bis 50 kW dürfen nur dann in Wohnräumen aufgestellt werden, wenn entsprechende Öffnungen von mindestens 150 cm² ins Freie vorhanden sind.

1.6.6 Eigene Aufstellräume für Feuerstätten

Raumluftabhängige Feuerstätten mit Gas- oder Ölbrennern und einer Gesamt-Nennwärmeleistung von mehr als 50 kW dürfen nur in Räumen aufgestellt werden, die nicht anderweitig genutzt werden*.

Bei eigenen Aufstellräumen muss eine ins Freie führende Verbrennungsluft-Öffnung mit einem Mindestquerschnitt von 150 cm² vorhanden sein. Für jede Steigerung der Nennwärmeleistung über 50 kW ist je 1 kW die Öffnung um 2 cm² zu vergrößern.

$$A_{min} = 150\ cm^2 + (\Sigma\dot{Q}_{NL} - 50\ kW) \cdot 2\ cm^2/kW$$

A_{min} Mindestquerschnitt der Zuluftöffnung   in cm²
$\Sigma\dot{Q}_{NL}$ Gesamt-Nennwärmeleistung   in kW

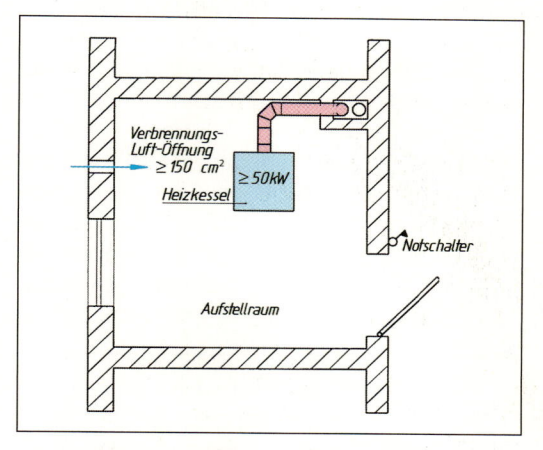

1. Aufstellraum bei mehr als 50 kW Gesamt-Nennwärmeleistung.

Beispiel:

In einem Aufstellraum wird ein Gas-Heizkessel mit einer Nennwärmeleistung von 80 kW installiert. Wie groß muss mindestens der freie Querschnitt der Verbrennungsluft-Öffnung sein?

Lösung:
$A_{min} = 150\ cm^2 + (\Sigma\dot{Q}_{NL} - 50\ kW) \cdot 2\ cm^2/kW$
$A_{min} = 150\ cm^2 + (80\ kW - 50\ kW) \cdot 2\ cm^2/kW$
$A_{min} = 210\ cm^2$

Der Aufstellraum soll bei Gasgeräten Art B mit Strömungssicherung ein Mindestvolumen von 1 m³ je 1 kW Nennwärmeleistung haben. Es ist auch ein kleineres Raumvolumen zulässig, wenn die Verbrennungsluft-

*Früher mussten diese Feuerstätten in Heizräumen aufgestellt werden.

Wärmeerzeuger

Öffnung auf zwei ins Freie führende Öffnungen aufgeteilt wird. Dabei soll eine Öffnung möglichst unter der Decke und die andere in Fußbodennähe in derselben Außenwand angebracht sein.

Notschalter. Um die Feuerung jederzeit abschalten zu können, muss vor dem Aufstellraum ein Schalter angebracht sein. Es ist ein gut sichtbares Schild mit der Aufschrift „Notschalter – Feuerung" anzubringen.

Aufstellräume im Dachgeschoss. Bei vielen Gebäuden kann es zweckmäßig sein, die Aufstellräume für die Wärmeerzeuger ins Dachgeschoss zu verlegen. Heizkessel für Gebläsebrenner benötigen dann eine Überdruckfeuerung. Vgl. 1.3.2, S. 38. In Abgasleitungen und an Brennern sind wegen der lauten Geräusche Schalldämpfer erforderlich. Es sind auch Heizkessel mit atmosphärischen Gasbrennern geeignet, wenn der Schornsteinzug ausreichend ist. Festbrennstoffe sind in Dach-Heizzentralen nicht zulässig.

Öl-Heizkessel müssen in einer öldichten Wanne aufgestellt und die Ölleitungen in einem Schutzrohr verlegt werden. Das Heizöl wird durch eine Pumpe im Ein- oder Zweistrangsystem nach oben gefördert, wo der Brenner das Öl entnehmen kann.

Aufstellräume im Dachgeschoss haben folgende Vorteile:
- Hohe Kesselwirkungsgrade, da durch den kurzen Abgasweg mit sehr niedrigen Abgastemperaturen von unter 100 °C gefahren werden kann.
- Kellerräume können für andere Zwecke genutzt werden.
- Die Abgasanlage ist erheblich billiger als eine Anlage, die durch das gesamte Gebäude geführt werden muss.

1.6.7 Heizräume

Feuerstätten für feste Brennstoffe mit einer Gesamt-Nennwärmeleistung von mehr als 50 kW dürfen nur in Heizräumen aufgestellt werden. Neben den vorgenannten Anforderungen ist in diesen Räumen besonders der Brandschutz zu beachten. Wände, tragende Stützen und Decken müssen feuerbeständig, Innentüren feuerhemmend sein und in Fluchtrichtung aufschlagen. Ein Ausgang muss ins Freie führen oder in einen Flur, von dem aus eine Flucht möglich ist. Das Raumvolumen muss mindestens 8 m³, die lichte Raumhöhe mindestens 2 m betragen.

Heizräume müssen zur Raumlüftung eine obere und eine untere Öffnung ins Freie haben. Jede Öffnung benötigt einen freien Querschnitt von mindestens 150 cm². Der erforderliche Querschnitt wird nach der Ge-

1. Aufstellraum im Dachgeschoss mit einem Öl-Heizkessel.

samt-Nennwärmeleistung unter Anrechnung der Mindestöffnungen berechnet.

> **Beispiel:**
>
> In einem Heizraum werden zwei Heizkessel für Festbrennstoffe mit je 200 kW aufgestellt. Wie groß müssen mindestens die untere und obere Lüftungsöffnung sein?
>
> Lösung:
> A_{min} = 150 cm² + ($\Sigma \dot{Q}_{NL}$ – 50 kW) · 2 cm²/kW
> A_{min} = 150 cm² + (400 kW – 50 kW) · 2 cm²/kW
> A_{min} = 850 cm²
> obere und untere Öffnung je 425 cm²

Zur Wiederholung

1. Welche allgemeinen Vorschriften sind bei der Aufstellung von Feuerstätten zu beachten?
2. Wie groß muss eine Küche sein, in der ein Gasherd mit einer Gesamt-Nennwärmeleistung von 10 kW aufgestellt ist? Welche Bedingung muss der Raum außerdem erfüllen?
3. Worauf ist zu achten, wenn in einer Küche ein Gasgerät Art B aufgestellt werden soll und ein Dunstabzug die Luft ins Freie befördert?
4. Wie groß muss das Verbrennungsluft-Volumen sein, wenn ein Gasgerät Art B mit Strömungssicherung, $\dot{Q}_{NL}$ = 18 kW, aufgestellt ist und die Verbrennungsluft über Außenfugen einströmt? Welche Bedingungen muss der Raum außerdem erfüllen?
5. Wann spricht man von einem mittelbaren und wann von einem unmittelbaren Verbrennungsluft-Verbund?
6. Wie kann ein Verbrennungsluft-Verbund hergestellt werden?
7. Welche Vorschriften bestehen bei der Aufstellung von Gasgeräten Art B, wenn der Aufstellraum Öffnungen ins Freie besitzt?
8. Unter welchen Bedingungen kann ein Gas-Wandheizkessel (Gasgerät Art B) mit einer Nennwärmeleistung von 40 kW in einem Wohnraum aufgestellt werden?
9. Wie muss ein Aufstellraum beschaffen sein, in dem ein Öl-Heizkessel mit einer Nennwärmeleistung von 60 kW aufgestellt wird?
10. Welche Feuerungen sind bei Aufstellräumen im Dachgeschoss zulässig und welche Vorteile haben sie im Vergleich zu Aufstellräumen im Kellergeschoss?
11. Wann sind Heizräume erforderlich und welche besonderen Vorschriften bestehen für diese Räume?

Zur Vertiefung

1. In einem Altbau werden aus Gründen der Energieeinsparung die Fensterfugen abgedichtet. Welche Gefahren können entstehen, wenn raumluftabhängige Feuerstätten in diesen Räumen aufgestellt sind?
2. Warum gelten bei der Aufstellung von raumluftunabhängigen Feuerstätten wesentlich andere Vorschriften als bei raumluftabhängigen?
3. Warum darf in einem Aufstellraum für eine raumluftabhängige Feuerstätte nur ein Unterdruck von höchstens 4 Pa entstehen?
4. Erklären Sie einem Kunden, warum vor dem Aufstellraum für einen größeren Heizkessel ein Notschalter angebracht sein muss.
5. Warum muss bei einer Dachzentrale der Öl-Heizkessel in einer öldichten Wanne stehen?
6. Warum dürfen die Zuluftöffnungen für Feuerungen nicht verschließbar sein?

Wärmeerzeuger

Zur Berechnung

1. In einem Aufstellraum mit einem zu öffnenden Fenster und 30 m³ Raumvolumen soll ein Gasgerät Art B mit Strömungssicherung, $\dot{Q}_{NL}$ = 20 kW, aufgestellt werden. Ermitteln Sie das erforderliche Volumen des mittelbaren Verbrennungsluft-Verbunds mit anderen Räumen der Wohnung, wenn die Innentüren mit dreiseitig umlaufenden Dichtungen und um 1 cm gekürzten Türblättern ausgestattet sind.

2. In einem Heizraum wird ein Heizkessel für Festbrennstoffe mit einer Nennwärmeleistung von 200 kW aufgestellt. Wie groß müssen die Verbrennungsluft-Öffnungen sein?

3. In einem Flur ohne Verbindung ins Freie, Länge 5,50 m, Breite 1,75 m, Höhe 2,50 m, wird ein Gas-Kombiwasserheizer, $\dot{Q}_{NL}$ = 18 kW, aufgestellt.
Wie groß muss mindestens das Volumen eines angrenzenden Verbrennungsluft-Raumes sein?

4. Eine Küche mit einem zu öffnenden Außenfenster hat eine Länge von 3,50 m, eine Breite von 3,25 m und eine Höhe von 2,50 m. Es wird ein Gas-Umlaufwasserheizer mit einer Nennwärmeleistung von 10,5 kW aufgestellt. Außerdem befindet sich in dem Raum ein Gas-Durchlaufwasserheizer mit einer Nennwärmeleistung von 17,4 kW. Wie groß müssen das gesamte und das zusätzliche Verbrennungsluft-Volumen sein?

5. In einem Kellerraum wird ein Öl-Heizkessel mit $\dot{Q}_{NL}$ = 60 kW aufgestellt.
   a) Wie groß muss mindestens der freie Querschnitt der Zuluftöffnung sein?
   b) Wie groß muss mindestens eine Seite einer quadratischen Öffnung sein, wenn durch ein Gitter der Querschnitt um 20 % verengt wird?

6. In einem Aufstellraum werden ein Heizkessel für Festbrennstoffe mit $\dot{Q}_{NL}$ = 18 kW und ein Gas-Heizkessel mit $\dot{Q}_{NL}$ = 25 kW aufgestellt. Bestimmen Sie den freien Querschnitt der Zuluftöffnung.

7. In einer größeren Heizzentrale werden zwei Gas-Heizkessel mit einer Nennwärmeleistung von je 200 kW und ein Gas-Heizkessel mit einer Nennwärmeleistung von 120 kW aufgestellt.
   a) Wie groß muss der Mindestquerschnitt der Zuluftöffnung sein?
   b) Wie groß ist die Höhe einer rechteckigen Öffnung, wenn ein Zuschlag für das Gitter von 20 % und eine Gitterbreite von 50 cm angenommen werden?

1.7 Abgasanlagen

Abgasanlagen haben die Aufgabe, die bei der Verbrennung entstehenden Abgase sicher ins Freie zu führen. Für die Ausführung und Bemessung müssen besonders beachtet werden:
- FeuVO der Bundesländer,
- DIN 4705*,
- DIN 18160*,
- TRGI bei Gasgeräten.

Beachten Sie: Da der zuständige Bezirks-Schornsteinfeger jede Schornstein- und Abgasanlage nach der Fertigstellung genehmigen muss, sollte er rechtzeitig in die Planung mit einbezogen werden.

1.7.1 Schornsteine und Abgasleitungen

Die Abgase von Feuerstätten für feste Brennstoffe müssen in Schornsteinen*, die Abgase flüssiger und gasförmiger Brenn-

DIN 4705, Berechnung von Schornsteinabmessungen.

DIN 18160, Hausschornsteine.

Schornsteine, sie werden in Süddeutschland auch als Kamine bezeichnet.

stoffe können in Schornsteinen, aber auch in Abgasleitungen eingeleitet werden. Schornsteine müssen gegen Rußbrände beständig sein und bestehen deshalb aus feuerbeständigem Stein oder Schamotte, Abgasleitungen häufig aus nicht rostendem Stahl oder temperaturbeständigem Kunststoff. Sie können frei oder in Schächten verlegt werden.

Schornsteinzug. Die Abgase in Schornsteinen und Abgasleitungen haben bei Feuerungen ohne Brennwertnutzung eine Temperatur von 80 °C bis 200 °C und deshalb eine geringere Dichte* als die Außenluft. Der dadurch entstehende Unterdruck wird Schornsteinzug genannt. Er bewirkt die Strömung der Abgase und beträgt bei Hausschornsteinen 10 Pa bis 30 Pa.

Der Schornsteinzug ist abhängig von
- der Differenz zwischen mittlerer Dichte von Abgas und Außenluft,
- der wirksamen Schornsteinhöhe,
- der Dichtheit des Schornsteins gegen Lufteintritt,
- dem Schornsteinquerschnitt und dem Abgasstrom.

Je größer die Temperaturdifferenz zwischen Abgas und Außenluft, desto größer ist die Dichtedifferenz und somit der Schornsteinzug. Deshalb zieht ein Schornstein im Winter besser als im Sommer. Wenn kalte Luft* in den Schornstein einströmt, nehmen die mittlere Schornsteintemperatur und der Schornsteinzug ab. Durch einen Zugbegrenzer kann so der Unterdruck im Schornstein reduziert werden. Die wirksame Schornsteinhöhe ist die Höhendifferenz zwischen der Abgaseinführung in den Schornstein und der Schornsteinmündung. Bei großer Höhe vergrößert sich auch der Schornsteinzug. Die wirksame Schornsteinhöhe muss normalerweise mindestens 4 m betragen.

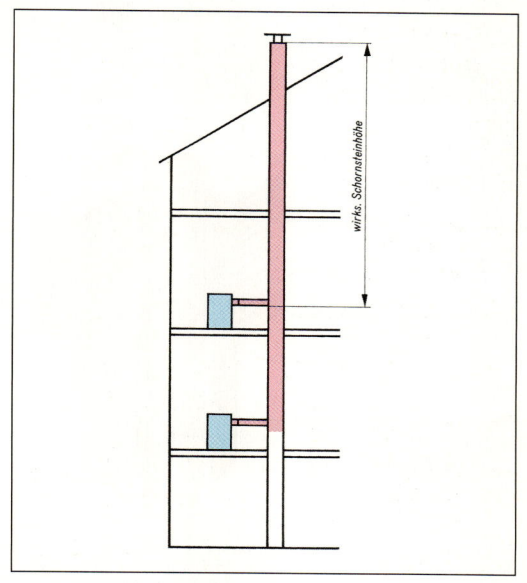

*Kalte Luft, die unkontrolliert durch undichte Schornsteine oder offene Schornsteinanschlüsse einströmt, wird auch Falschluft genannt.

*Dichte der Abgase, sie hängt davon ab, welche Temperatur und welche Zusammensetzung die Abgase haben. Ein hoher CO_2-Gehalt und eine niedrige Abgastemperatur erhöhen die Dichte.

2. Wirksame Schornsteinhöhe.

Der Unterdruck im Schornstein bei nicht strömendem Abgas* kann mit folgender Formel berechnet werden:

$$\Delta p = h_w \cdot g \cdot (p_L - p_A)$$

Δp	Unterdruck im Schornstein	in N/m² (Pa)
h_w	wirksame Schornsteinhöhe	in m
g	Gravitationswert	in N/kg
p_L	Dichte der Luft	in kg/m³
p_A	Dichte des Abgases	in kg/m³

*Abgas, bei strömendem Abgas reduziert sich der Schornsteinzug durch Druckverluste und durch den dynamischen Druck.

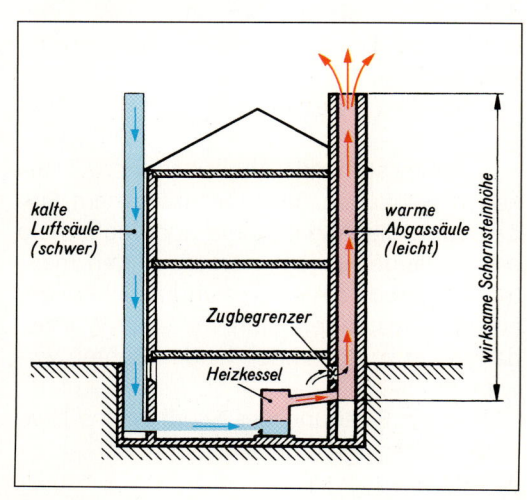

1. Prinzip einer Schornsteinanlage bei einem Heizkessel für Festbrennstoffe.

Wärmeerzeuger

Beispiel 1:

Ein Schornstein hat eine wirksame Höhe von 8 m. Die Dichte der Außenluft beträgt im Sommer 1,20 kg/m³, im Winter 1,30 kg/m³, die Dichte des Abgases beträgt 0,90 kg/m³. Wie groß ist der Unterdruck im Schornstein bei nicht strömendem Abgas?
a) im Sommer, b) im Winter.

Lösung:
a) $\Delta p = h_W \cdot g \cdot (\rho_L - \rho_A)$
   $\Delta p = 8\ m \cdot 9{,}81\ N/kg \cdot (1{,}20\ kg/m^3 - 0{,}90\ kg/m^3)$
   $\Delta p = 23{,}5\ N/m^2 \approx 24\ Pa$
b) $\Delta p = 8\ m \cdot 9{,}81\ N/kg \cdot (1{,}30\ kg/m^3 - 0{,}90\ kg/m^3)$
   $\Delta p = 31{,}4\ N/m^2 \approx 31\ Pa$

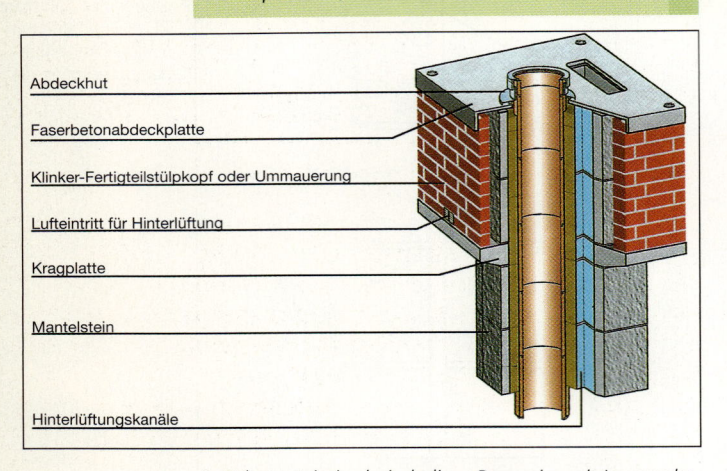

Mehrschalige Schornsteine. Um die Wärmeverluste eines Schornsteins zu begrenzen, werden bei Neubauten nur noch dreischalige Schornsteine mit Wärmedämmung gebaut. Dadurch wird eine zu große Abkühlung der Abgase im Schornstein vermieden. Einschalige Schornsteine bestehen nur aus Mauerwerk und sind noch in Altbauten zu finden. Sie müssen bei Kondenswasserbildung und schlechtem Schornsteinzug saniert werden, indem ein Innenrohr eingebaut wird. Dafür verwendet man Rohre aus nicht rostendem Stahl, feuerfestem Schamotte oder bei Brennwertgeräten aus temperaturbeständigen Kunststoffen.

Schornsteinmündung. Schornsteine und Abgasleitungen sind soweit über Dach zu führen, dass die Abgase mit dem Windstrom weggeblasen werden. Hierbei ist die Lage des Gebäudes zur Hauptwindrichtung und zu anderen Gebäuden zu beachten, damit der Schornstein nicht durch Windstau beeinträchtigt wird. Bei Gebäuden mit nicht brennbarer Bedachung müssen die Schornsteine den Dachfirst um mindestens 40 cm überragen oder 1 m von der Dachfläche entfernt sein. Bei brennbarer Bedachung muss der Schornstein am First austreten und diesen um mindestens 80 cm überragen. An jedem Schornstein müssen oben und unten Reinigungs- bzw. Kontrollöffnungen vorgesehen sein.

Abdeckhut
Faserbetonabdeckplatte
Klinker-Fertigteilstülpkopf oder Ummauerung
Lufteintritt für Hinterlüftung
Kragplatte
Mantelstein
Hinterlüftungskanäle

1. Schornstein in dreischaliger Bauweise mit Innenrohr aus Schamotte.

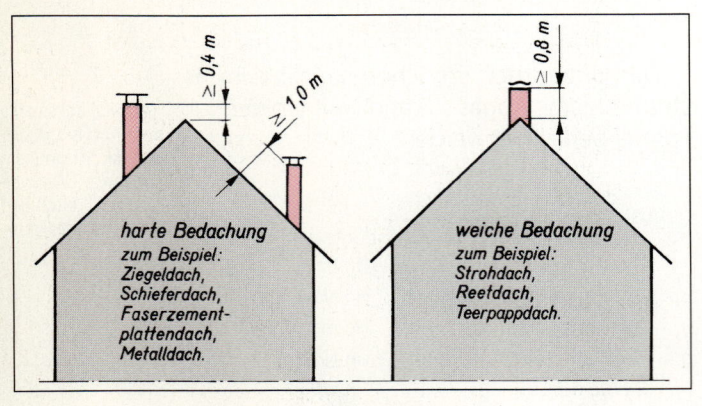

harte Bedachung zum Beispiel: Ziegeldach, Schieferdach, Faserzementplattendach, Metalldach.

weiche Bedachung zum Beispiel: Strohdach, Reetdach, Teerpappdach.

2. Schornsteinmündungen.

Außen stehende Abgasleitungen. Bei neuen Gebäuden oder nachträglichem Einbau kann die Abgasanlage auch außerhalb des Gebäudes verlegt werden. In den meisten Fällen wird ein inneres und äußeres Rohr aus nicht rostendem Stahl mit einer Wärmedämmung zwischen den beiden Rohren verwendet.

Je nach Belegung des Schornsteins bzw. der Abgasanlage unterscheidet man:
- eigene Abgasanlage,
- gemeinsame Abgasanlage,
- gemischt belegte Abgasanlage.

Abgasanlagen

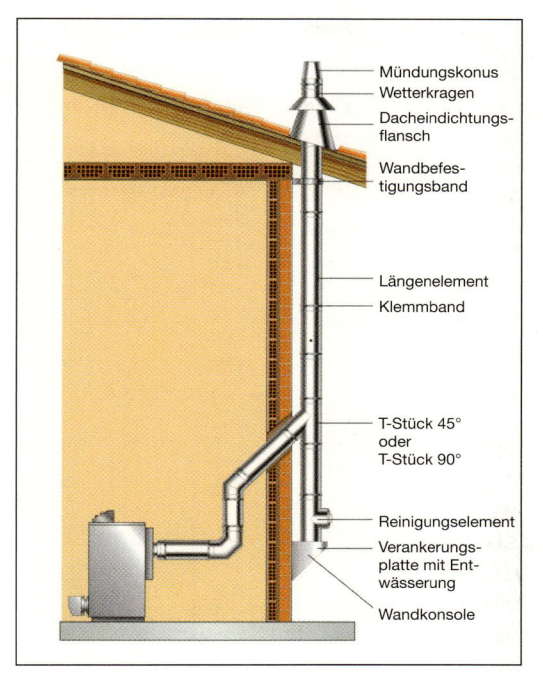

1. Außen stehende Abgasanlage.

Eigene Abgasanlage. An eine eigene Abgasanlage müssen nach TRGI angeschlossen sein:
- Gasgeräte Art B in Aufstellräumen mit ständig offener Verbrennungsluft-Öffnung ins Freie, Vgl. 1.6.5, S. 91.
- Gasgeräte Art B, die über dem fünften Vollgeschoss aufgestellt werden.

Heizkessel werden grundsätzlich an eine eigene Abgasanlage angeschlossen. In Ausnahmefällen dürfen sie auch an gemeinsame Abgasanlagen angeschlossen werden, wenn die einwandfreie Ableitung der Abgase ins Freie sichergestellt ist.

Gemeinsame Abgasanlage. Mehrere Feuerstätten dürfen nur dann an eine gemeinsame Abgasanlage angeschlossen werden, wenn Folgendes beachtet wird:
- Die Bemessung der Abgasrohre muss die Ableitung der Abgase für jeden Betriebszustand sicherstellen.
- Bei Ableitung der Abgase unter Überdruck muss die Übertragung von Abgasen ausgeschlossen sein.
- Eine Brandübertragung zwischen den Geschossen muss sicher verhindert werden.
- Bei Gasgeräten der Art B dürfen nach TRGI nur Geräte gleicher Art mit einem eigenen Verbindungsstück an einen gemeinsamen Schornstein bzw. an eine Abgasleitung angeschlossen werden. Die Verbindungsstücke dürfen nicht in gleicher Höhe in den Schornstein eingeführt werden.

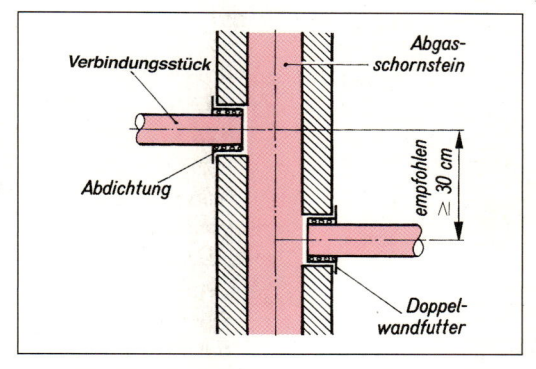

2. Einführung von zwei Verbindungsstücken bei gemeinsamer Abgasanlage.

Gemischt belegte Abgasanlagen. An geeignete Schornsteine dürfen nach TRGI Gasgeräte der Art B mit Strömungssicherung und Feuerstätten ohne Gebläse für feste oder flüssige Brennstoffe angeschlossen werden. Die Verbindungsstücke der Feuerstätten für feste und flüssige Brennstoffe müssen eine

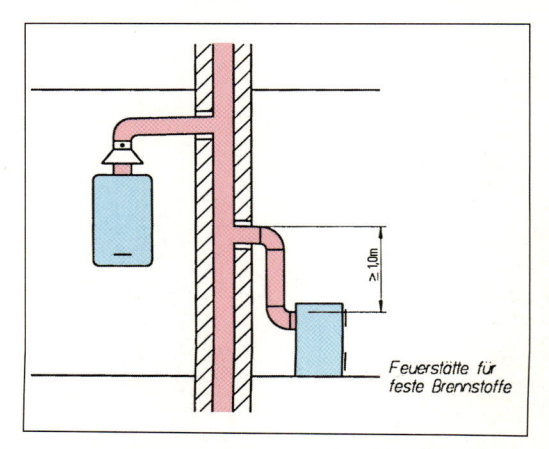

3. Anschluss der Verbindungsstücke bei gemischter Belegung.

Wärmeerzeuger

*Diagramme 1 bis 4 nach Werksangaben. Schornsteindurchmesser in cm.

senkrechte Anlaufstrecke von mindestens 1 m hinter dem Abgasstutzen haben.

Bemessung von Schornsteinen. Heizkessel benötigen normalerweise einen eigenen Schornstein. Die Berechnung der Schornstein-

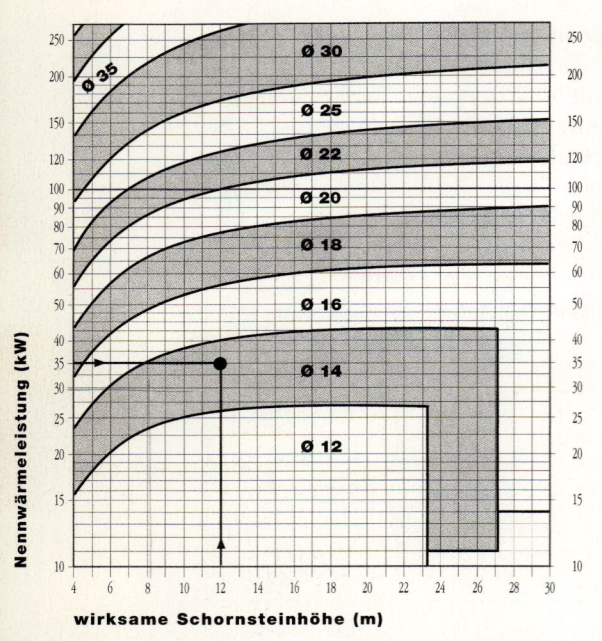

Diagramm* 1 für Schornsteindurchmesser bei atmosphärischem Gasbrenner für Erdgas, Abgastemperatur nach der Strömungssicherung 120 °C bis 140 °C.

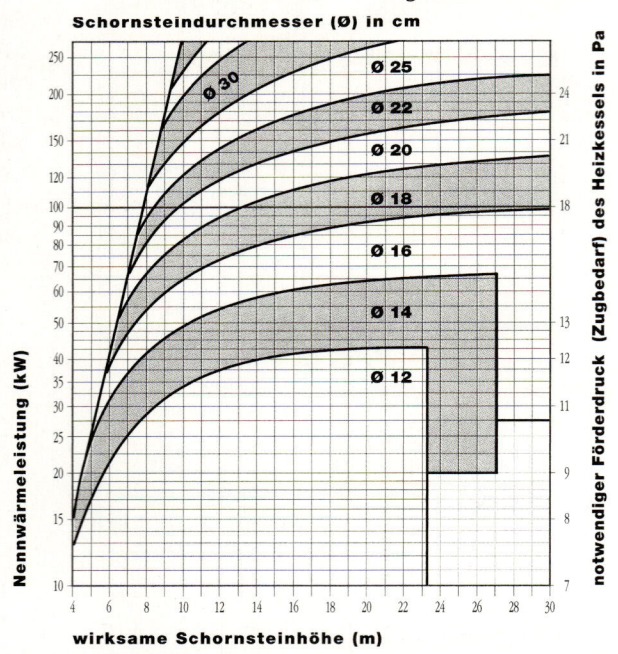

Diagramm 2 für Schornsteindurchmesser bei Gebläsebrenner für Erdgas, Abgastemperatur 140 °C bis 180 °C.

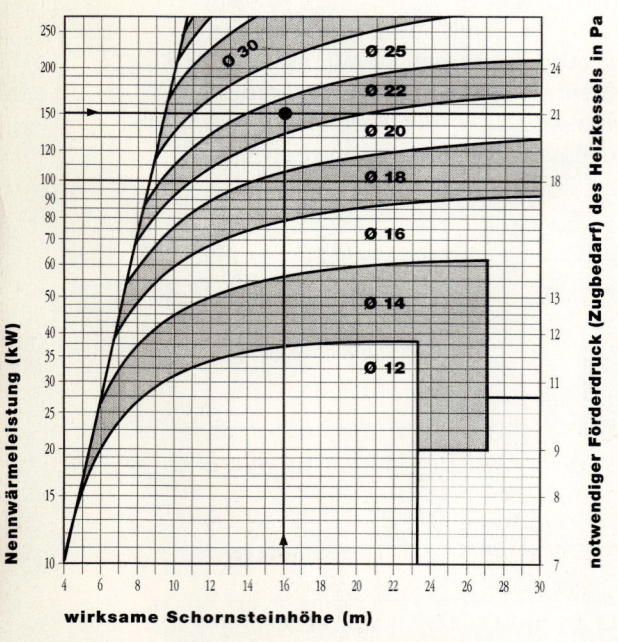

Diagramm 3 für Schornsteindurchmesser bei Gebläsebrenner für Heizöl EL, Abgastemperatur 140 °C bis 180 °C.

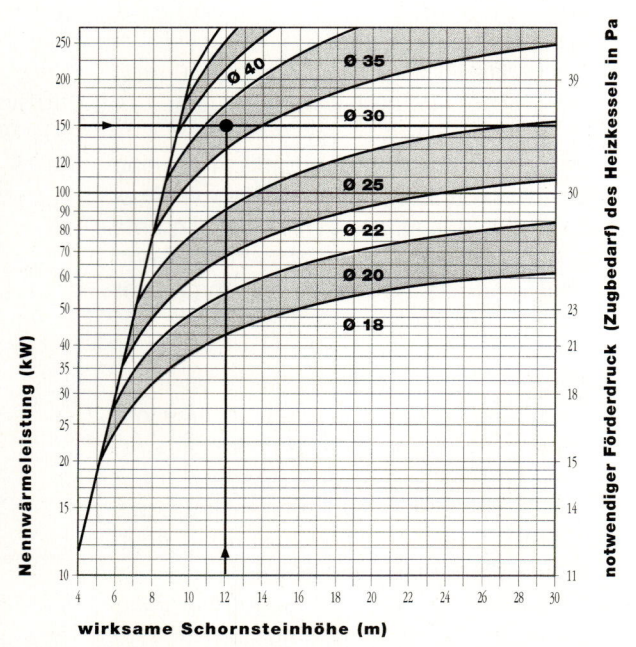

Diagramm 4 für Schornsteindurchmesser bei Feststoffkessel für Holz, Abgastemperatur ≥ 240 °C.

abmessungen nach DIN 4705 ist sehr kompliziert, deshalb werden in der Praxis Schornsteine und Abgasleitungen meistens nach Hersteller-Diagrammen festgelegt.

Die Diagramme 1 bis 4 für Schornsteindurchmesser gelten für Heizkessel mit Zugbedarf. Alle Diagramme setzen dreischalige Schornsteine mit einem runden Innenrohr aus Schamotte, einer Wärmedämmung und einem äußeren Formstein voraus. Außerdem müssen bei der Bestimmung des Schornsteindurchmessers die Feuerungsart, Abgastemperatur, Nennwärmeleistung und wirksame Schornsteinhöhe zwischen Anschluss des Verbindungsstücks und Schornsteinmündung berücksichtigt werden.

1.7.2 Verbindungsstücke

Verbindungsstücke* werden zwischen Feuerstätte und Schornstein oder Abgasleitung eingebaut. Jede Feuerstätte soll ein eigenes Verbindungsstück haben. Gemeinsame Verbindungsstücke für Gasgeräte Art B sind zulässig, wenn eine Einheit aus zwei Feuerstätten besteht. Diese müssen im selben Raum aufgestellt und an eine eigene Abgasanlage angeschlossen werden. Gemeinsame Verbindungsstücke sollen einen Querschnitt haben, der 0,8mal so groß ist wie die Summe der lichten Einzelquerschnitte.

***Verbindungsstücke**, sie werden auch als Abgasrohre bezeichnet.

> **Beispiel 2:**
>
> Verschiedene Heizkessel mit einer Nennwärmeleistung von 120 kW sollen an Schornsteinen nach den Diagrammen 1 bis 4 angeschlossen werden. Die wirksame Schornsteinhöhe beträgt jeweils 16 m. Welche Schornstein-Durchmesser sind zu wählen und welcher maximale Zugbedarf ist einzuhalten, wenn die Heizkessel folgende Feuerungen besitzen:
>
> a) atmosphärischer
> Gasbrenner für Erdgas, ϑ_A = 130 °C,
> b) Gebläsebrenner
> für Erdgas, ϑ_A = 150 °C,
> c) Gebläsebrenner
> für Heizöl EL, ϑ_A = 160 °C,
> d) Holzfeuerung, ϑ_A = 250 °C?
>
> Lösung:
> a) Nach Diagramm 1:
> d = 22 cm, ohne Zugbedarf,
> b) nach Diagramm 2:
> d = 20 cm, max. Zugbedarf 19 Pa,
> c) nach Diagramm 3:
> d = 20 cm, max. Zugbedarf 19 Pa,
> e) nach Diagramm 4:
> d = 30 cm, max. Zugbedarf 32 Pa.

> **Beispiel:**
>
> Es sollen zwei Gasgeräte Art B mit Strömungssicherung durch ein gemeinsames Verbindungsstück an einen Schornstein angeschlossen werden. Jede Gasfeuerstätte hat einen Abgasanschluss mit einem Durchmesser von 110 mm. Welchen Durchmesser soll das gemeinsame Verbindungsstück haben? (Abb. 1, S. 100).
>
> Lösung:
> $A_1 = d^2 \cdot 0{,}785$
> $A_1 = (11 \text{ cm})^2 \cdot 0{,}785 = 95 \text{ cm}^2$
> $A_1 + A_1 = 95 \text{ cm}^2 + 95 \text{ cm}^2 = 190 \text{ cm}^2$
> $A_2 = 0{,}8 \cdot (A_1 + A_1)$
> $A_2 = 0{,}8 \cdot 190 \text{ cm}^2 = 152 \text{ cm}^2$
> $d_2 = \sqrt{\dfrac{A_2}{0{,}785}} = \sqrt{\dfrac{152 \text{ cm}^2}{0{,}785}}$
>
> $d_2 = 13{,}9 \text{ cm} \approx 140 \text{ mm}$

==Werkstoffe.== Verbindungsstücke müssen aus nicht brennbaren Werkstoffen bestehen. Bei Heizkesseln werden sie überwiegend aus schwarzem Stahlblech oder nicht rostendem Stahl hergestellt. Die Rohre werden ineinander gesteckt oder geschweißt. Verbindungsstücke für Gasgeräte sind gegen Korrosion geschützt.

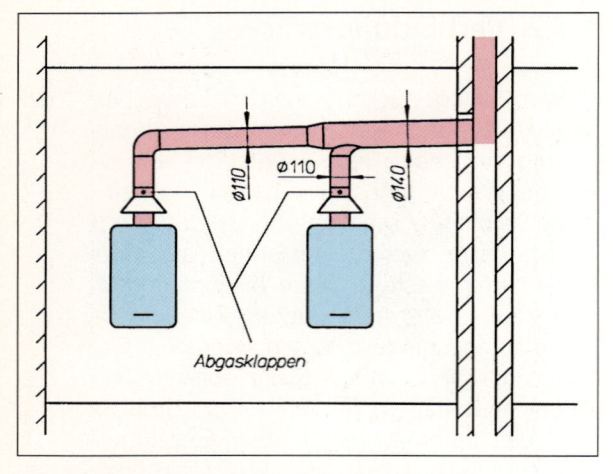

Wärmeerzeuger

1. Zwei Gasgeräte mit einem Verbindungsstück.

Beachten Sie: Verbindungsstücke dürfen nicht in andere Geschosse oder durch andere Wohnungen geführt werden. Es ist verboten, sie in Decken, Wänden, Schächten oder sonstigen unzugänglichen Hohlräumen zu verlegen.

Verbindungsstücke müssen von brennbaren Stoffen mindestens einen Abstand von 40 cm haben. Wenn sie mit 2 cm dicken nicht brennbaren Dämmstoffen umgeben sind, dürfen die Abstände bis auf 10 cm verringert werden.

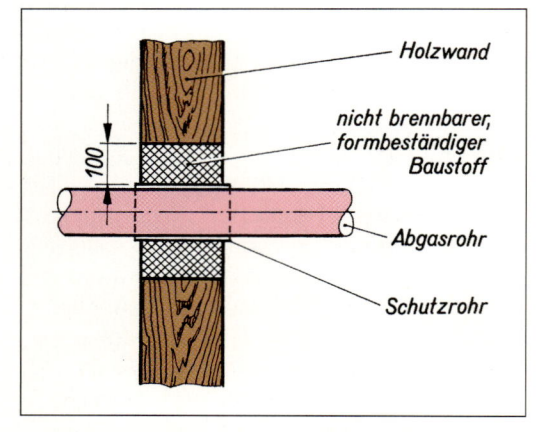

==Verlegung.== Die Verbindungsstücke müssen das Abgas mit möglichst geringen Druckverlusten und Wärmeverlusten in den Schornstein leiten. Sie sollen steigend zum Schornstein geführt werden. Senkrechte Anlaufstrecken begünstigen die Abgasabführung. Für Gasgeräte werden sie ineinander gesteckt. Die Rohre und Formstücke sind deshalb etwas konisch oder besitzen eine angeformte Muffe. Sie werden so zusammengefügt, dass kein Kondenswasser an den Verbindungsstellen austreten kann.

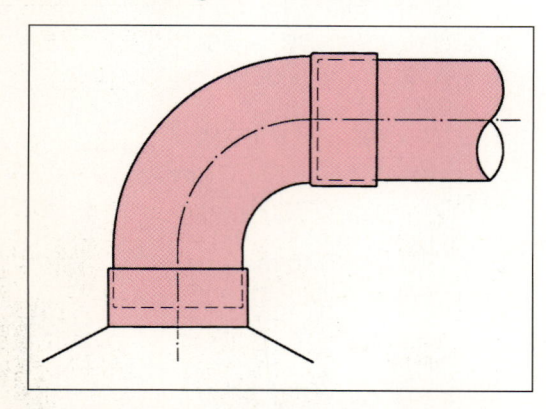

3. Verbindungsstück durch eine Holzwand.

1.7.3 Abgasklappen und Nebenluft-Vorrichtungen

Die Strömungssicherung bei Gasgeräten der Art B stellt eine offene Verbindung zwischen Aufstellraum und Schornstein bzw. Abgasleitung her. Durch den Schornsteinzug wird Raumluft aus dem Aufstellraum angesaugt und ins Freie befördert. Dadurch entstehen in kalten Jahreszeiten erhebliche Wärmeverluste. Bei gemeinsamen Abgasanlagen wird außerdem über nicht betriebene Feuerstätten Luft angesaugt, die den Schornsteinzug herabsetzt. Häufig kann dadurch der Schornstein nicht mehr störungsfrei arbeiten. Durch den Einbau von Abgasklappen, die nur bei Betrieb der

2. Gestecktes Verbindungsstück für ein Gasgerät.

Die Verbindungsstücke müssen gegenüber dem Schornsteinzug weitgehend dicht sein. Damit sie leicht und sicher gereinigt werden können, sind bei Richtungsänderungen Reinigungsöffnungen vorzusehen.

Gasfeuerstätte geöffnet sind, können Wärmeverluste und Probleme durch zu geringen Schornsteinzug behoben werden.

Thermisch gesteuerte Abgasklappen werden unmittelbar oberhalb der Strömungssicherung eines Gasgeräts Art B eingebaut. Sie haben mehrere Absperrscheiben aus korrosionsbeständigem Stahlblech, die durch Bimetallfedern bewegt werden. Bei Erwärmung durch die Abgase öffnen sie sich.

Thermisch gesteuerte Abgasklappen müssen den geltenden Normen entsprechen, ein DVGW-Prüfzeichen tragen und für die jeweilige Gasfeuerstätte geeignet sein. Die Klappe ist bis 50 °C geschlossen und zwischen 50 °C und 80 °C geöffnet. Sie darf nicht dicht schließen, damit eine geringe Strömung auch während der Stillstandszeiten möglich ist. So können z.B. die Abgase einer Zündflamme trotz geschlossener Abgasklappe gefahrlos abgeführt werden.

Motorgesteuerte Abgasklappen. Sie werden überwiegend bei Gas-Heizkesseln mit atmosphärischen Gasbrennern eingebaut. Die Abgasklappe wird durch einen Stellmotor vor der Zündung des Brenners geöffnet und nach Abschalten der Feuerung wieder geschlossen.

Bei einem Gas-Heizkessel kann die motorgesteuerte Abgasklappe vor der Strömungssicherung eingebaut werden. Sie verhindert bei dieser Einbauart, dass die Raumluft des Aufstellraums durch den Gas-Heizkessel strömt und so erhebliche Wärmeverluste entstehen. Wird die Abgasklappe nach der Strömungssicherung eingebaut, hat sie die gleiche Wirkung wie eine thermisch gesteuerte.

Nebenluft-Vorrichtung. Sie wird bei Heizkesseln verwendet, die in besonderen Aufstellräumen stehen und dient der Begrenzung eines zu großen Schornsteinzugs und zur Durchlüftung des Schornsteins. Die Durchlüftung ist bei niedrigen Abgastemperaturen notwendig, damit Kondenswasser

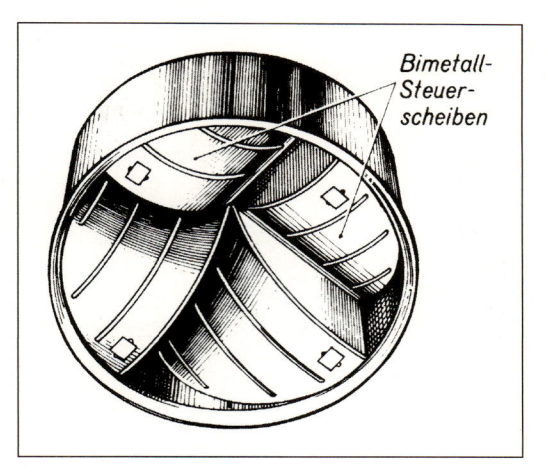

1. Thermisch gesteuerte Abgasklappe.

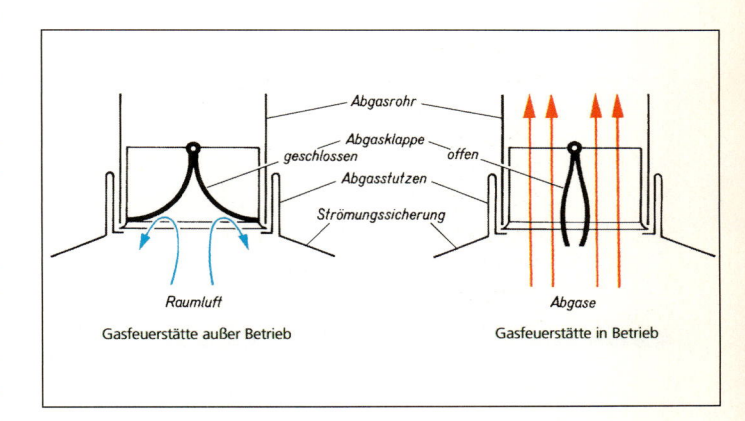

2. Funktion einer thermisch gesteuerten Abgasklappe.

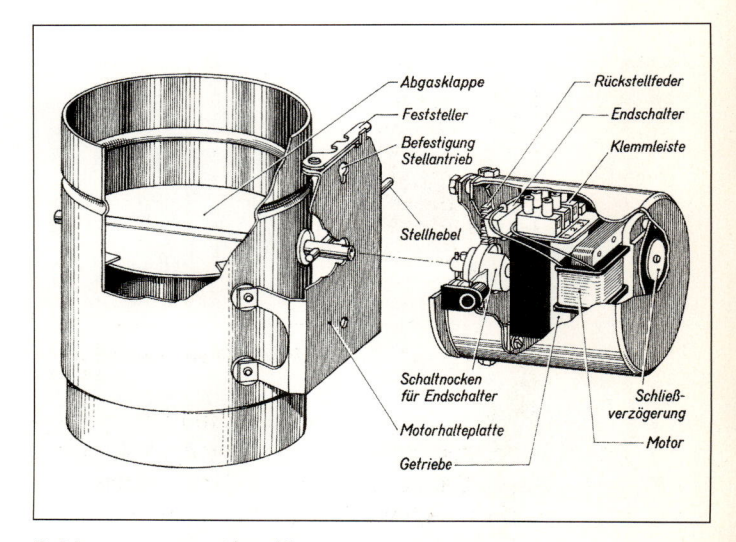

3. Motorgesteuerte Abgasklappe.

Wärmeerzeuger

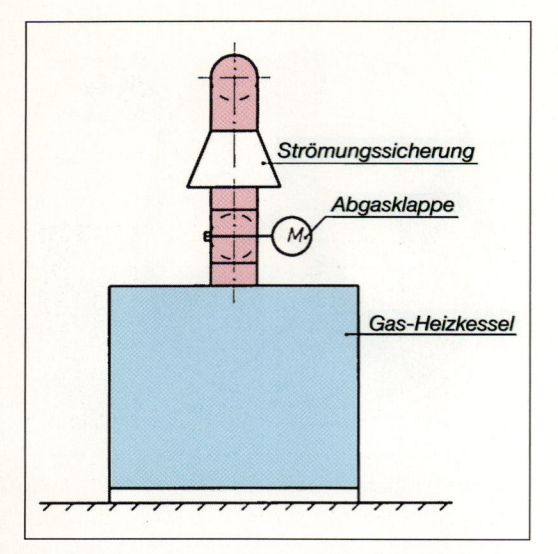

Luft-Abgas-Systeme, Abkürzung LAS. Diese Abkürzung wird auch für Luft-Abgas-Schornsteine verwendet.

1. Einbau einer motorgesteuerten Abgasklappe vor der Strömungssicherung.

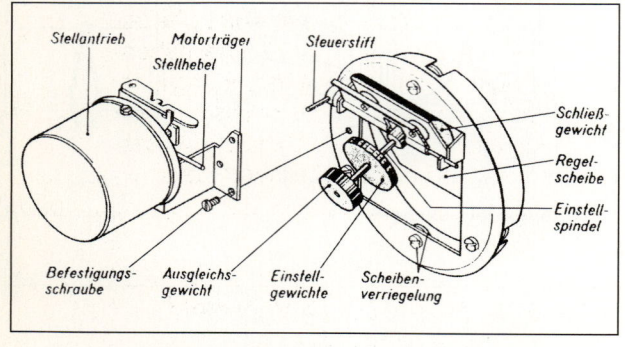

2. Nebenluft-Vorrichtung.

3. Nebenluft-Vorrichtung im Verbindungsstück eines Heizkessels.

trocknen kann. Nebenluft-Vorrichtungen können im Verbindungsstück oder am Schornstein angebracht werden. Sie müssen aber stets im Aufstellraum der Feuerstätte angeordnet sein. Es gibt Nebenluft-Vorrichtungen durch Ausgleichgewichte. Sie arbeiten in Abhängigkeit vom Schornsteinzug und lassen mehr oder weniger kalte Nebenluft in den Schornstein einströmen.

Andere Nebenluft-Vorrichtungen arbeiten mit einem Stellantrieb. Sie sind während der Stillstandszeiten des Brenners geöffnet und lassen Nebenluft aus dem Aufstellraum in den Schornstein einströmen. Kombinierte Nebenluft-Vorrichtungen dienen bei Betrieb der Feuerung als Zugbegrenzer und bei abgeschaltetem Brenner zum Trocknen des Schornsteins.

1.7.4 Abgasabführung bei raumluftunabhängigen Feuerstätten

Raumluftunabhängige Feuerstätten benötigen besondere Abgasanlagen, die für diese Geräte geeignet sein müssen.

Luft-Abgas-Systeme* bestehen aus zwei ineinander geschobenen oder nebeneinander liegenden Schächten, aus denen die Gasgeräte die Verbrennungsluft entnehmen und die Abgase über Dach ins Freie führen. Die Gasgeräte müssen so nahe wie möglich am LAS aufgestellt werden.

Bei Mehrfamilienhäusern wird das Luft-Abgas-System sehr häufig verwendet, da bis zu 10 Feuerstätten mit je 30 kW, z.B. Gas-Kombiwasserheizer, angeschlossen werden können. Die Aufstellung der Gasgeräte ist durch die geschlossene Verbrennungskammer unproblematisch.

Da die Gebäude heute immer luftdichter gebaut werden und deshalb die Aufstellung

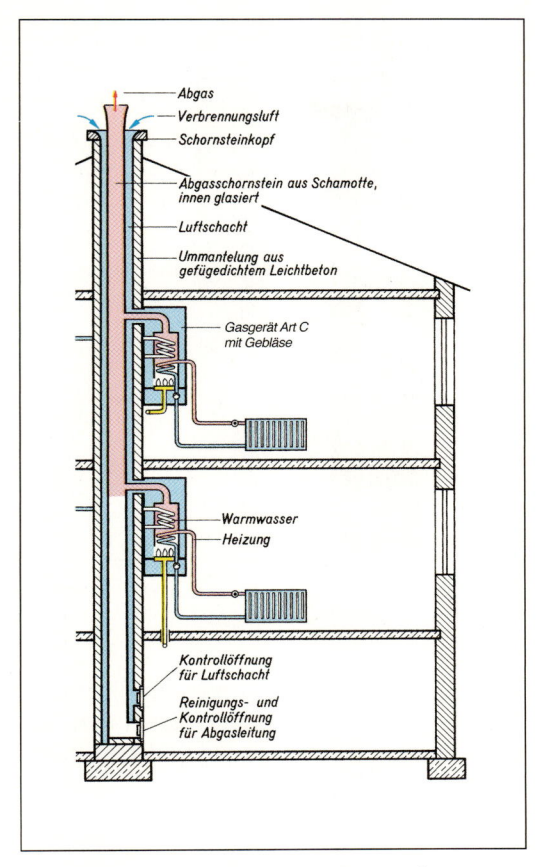

Abgasanlagen

1. Luft-Abgas-System für Gas-Kombiwasserheizer.

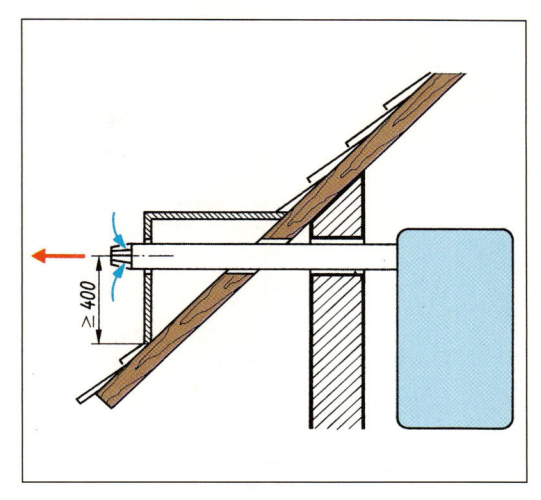

2. Gasgeräte Art C im Dachgeschoss.

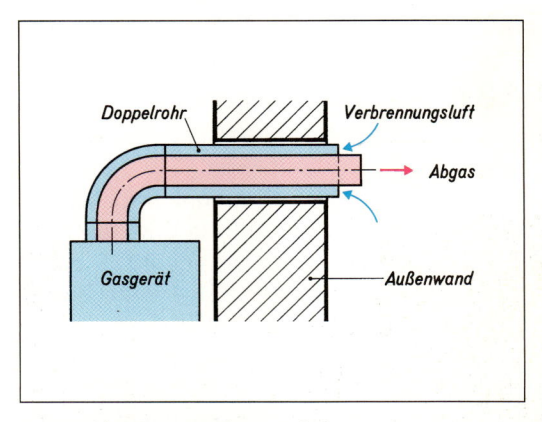

3. Anschluss eines Außenwand-Gasgeräts.

raumluftabhängiger Feuerstätten problematisch sein kann, werden auch geeignete Luft-Abgas-Systeme für feste und flüssige Brennstoffe hergestellt.

Aufstellung im Dachgeschoss. Es ist möglich, Gas-Umlaufwasserheizer, Gas-Kombiwasserheizer oder Öl- und Gas-Wandheizkessel in einer Dachwohnung zu betreiben. Das wandhängende Heizgerät der Art C mit Gebläse kann die Verbrennungsluft über ein Doppelrohr ansaugen und die Abgase ins Freie ausblasen. Dabei genügt ein Abstand zwischen Mündung und Dachfläche von 40 cm. Es sind verschiedene Anschlussmöglichkeiten erlaubt. Das Doppelrohr muss Bestandteil des Heizgeräts sein.

Außenwand-Gasgeräte. Sie dürfen nur aufgestellt werden, wenn eine Ableitung der Abgase über Dach nicht oder nur mit großem Aufwand möglich ist. Außenwand-Heizgeräte dürfen nur eine Nennwärmeleistung bis 11 kW, Außenwand-Wasserheizer für Trinkwassererwärmung bis 28 kW haben. Die Leitungen für die Verbrennungsluft-Zuführung und Abgas-Abführung müssen aus Originalteilen der Gerätehersteller bestehen und Bestandteile des Gasgeräts sein.

Bei Außenwand-Gasgeräten sind Mindestabstände für die Mündungen der Abgasabführung und Verbrennungsluft-Ansaugung vorgeschrieben. Außerdem sind die vielfältigen Vorschriften der TRGI über Aufstellung und Abstände der Geräte untereinander, von brennbaren Stoffen und von Fensteröffnungen zu beachten.

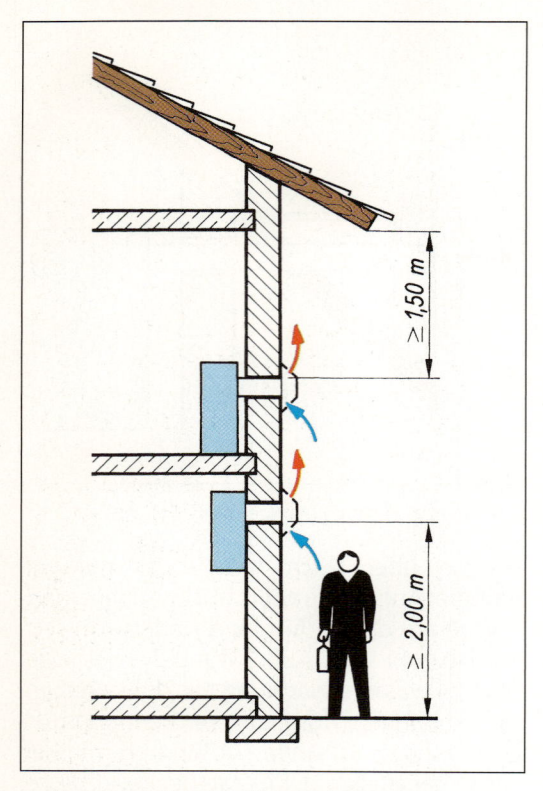

Wärmeerzeuger

1. Abstandsmaße bei Außenwand-Gasgeräten.

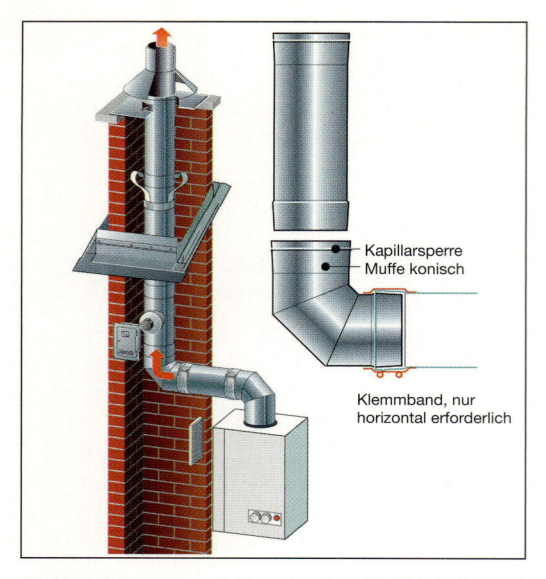

2. Abgasleitung aus nicht rostendem Stahl bei einem wandhängenden Brennwertgerät.

1.7.5 Abgasleitungen für Brennwertgeräte

Wenn Gas- oder Öl-Brennwertgeräte im Taupunktbereich der Abgase arbeiten, entstehen Abgastemperaturen von 40 °C bis 50 °C. Diese sind zu gering, um einen ausreichenden Zug in der Abgasleitung zu erzeugen. Deshalb sind Gebläse erforderlich, die den Transport der Abgase übernehmen. Der Wasserdampf in den Abgasen kondensiert nicht nur im Brennwertgerät, sondern auch im Verbindungsstück und in der Abgasleitung. Deshalb dürfen nur folgende Werkstoffe verwendet werden, die unempfindlich gegen Feuchtigkeit und ausreichend korrosionsbeständig sind:
- nicht rostende Stahlrohre,
- temperaturbeständige Glasrohre,
- temperaturbeständige Kunststoffrohre.

Die Rohrverbindungen müssen dicht sein, damit die unter Überdruck stehenden Abgase und das Kondenswasser nicht austreten können. Das Kondensat ist zu entwässern. Aus Gründen des Brandschutzes dürfen Abgasleitungen im Gebäude nur in Schächten mit einer Feuerwiderstandsdauer von 90 Minuten (F 90) eingebaut werden. Die Schächte müssen eine untere und obere Lüftungsöffnung haben.

1.7.6 Inbetriebnahme und Übergabe der Wärmeerzeugungsanlage

Inbetriebnahme. Wärmeerzeugungsanlagen dürfen nur durch Fachunternehmen erstellt werden. Die erste Inbetriebnahme und Überprüfung der sicherheitstechnischen Einrichtungen, der Verbrennungsluft-Versorgung und der Abgasabführung muss durch sachverständige Personen vorgenommen werden. Als Sachverständiger darf sich betätigen, wer in einer entsprechenden Fachrichtung eine Diplomprüfung an einer

Technischen Hochschule oder Fachhochschule, eine staatliche Technikerprüfung oder eine Meisterprüfung als Installateur und Heizungsbauer bestanden hat.

Betriebs- und Wartungsanleitung. Über die Heizungsanlage ist eine Betriebs- und Wartungsanleitung zu erstellen, die alle notwendigen technischen Angaben enthält und dem Betreiber der Anlage zu übergeben ist. Sie muss im Aufstellraum des Wärmeerzeugers aufbewahrt werden.

Übergabe. Nach Fertigstellung und Inbetriebnahme der Wärmeerzeugungsanlage ist der Kunde über die Bedienung zu informieren und die Notwendigkeit einer regelmäßigen Wartung der Feuerstätten besonders zu betonen. Außerdem ist der Betreiber über die Art der Luftversorgung und Abgasabführung zu unterrichten und darauf hinzuweisen, dass diese nicht nachteilig verändert werden dürfen.

Zur Wiederholung

1. Wie unterscheiden sich Schornsteine und Abgasleitungen?
2. Wie kommt der Schornsteinzug zustande und wie groß soll er bei Hausschornsteinen sein?
3. Was sind mehrschalige Schornsteine und welche Vorteile haben sie im Vergleich zu einschaligen?
4. Was versteht man unter der wirksamen Schornsteinhöhe und wie groß soll sie mindestens sein?
5. Wann spricht man von einer einfach, mehrfach oder gemischt belegten Abgasanlage?
6. Wie müssen Verbindungsstücke verlegt und an den Schornstein angeschlossen werden?
7. Unter welchen Bedingungen können zwei Gasgeräte mit einem gemeinsamen Verbindungsstück an eine Abgasleitung angeschlossen werden?
8. Erklären Sie Einsatz, Funktion und Wirkung einer thermisch gesteuerten Abgasklappe.
9. Wann und wo werden motorgesteuerte Abgasklappen eingebaut?
10. Welchen Zweck erfüllt eine Nebenluftvorrichtung? Welche Arten kennen Sie?
11. Nennen Sie Möglichkeiten der Verbrennungsluft-Zuführung und der Abgasabführung bei Gasgeräten Art C.
12. Wie ist eine LAS-Anlage aufgebaut und welche Feuerungen können angeschlossen werden?
13. Nennen Sie einige Vorschriften, die bei der Aufstellung von Außenwand-Gasgeräten zu beachten sind.
14. Welche Besonderheiten sind bei Abgasleitungen von Brennwertgeräten zu beachten? Welche Werkstoffe werden verwendet?
15. Auf welche wichtigen Punkte ist der Betreiber einer Wärmeerzeugungsanlage bei der Übergabe hinzuweisen?

Zur Vertiefung

1. Warum zieht ein Schornstein im Winter besser als im Sommer?
2. Berechnen Sie den Unterdruck in einem Schornstein bei nicht strömenden Abgasen und folgenden Angaben: wirksame Höhe 7 m, Dichte der Außenluft 1,15 kg/m^3, Dichte der Abgase 0,85 kg/m^3.
3. Feuerstätten für Festbrennstoffe müssen an einen Schornstein, Gas- und Ölfeuerungen können auch an eine Abgasleitung angeschlossen werden. Begründen Sie diese Vorschrift.
4. Warum wird bei einem Heizkessel mit atmosphärischem Gasbrenner die motorgesteuerte Abgasklappe häufig vor der Strömungssicherung eingebaut?
5. Welche Gründe haben dazu geführt, dass heute nur noch selten Außenwand-Gasgeräte installiert werden?

Zur Berechnung

1. Welchen Durchmesser muss ein gemeinsames Verbindungsstück für zwei Gasgeräte haben, wenn jedes Verbindungsstück einen Durchmesser von 100 mm hat?

2. Eine vorhandene Schornsteinanlage mit 20 cm Innendurchmesser hat eine wirksame Schornsteinhöhe von 12 m. Bestimmen Sie die Bereiche der Nennwärmeleistungen, in denen Heizkessel mit Zugbedarf und verschiedenen Feuerungen angeschlossen werden können:
   a) Gas-Gebläsebrenner für Erdgas, ϑ_A = 140 °C bis 180 °C,
   b) Öl-Gebläsebrenner, ϑ_A = 140 °C bis 180 °C,
   c) Gasbrenner für Erdgas ohne Gebläse, ϑ_A = 120 °C bis 140 °C.

3. Bestimmen Sie für die Heizkessel den lichten Schornsteindurchmesser und den maximalen Zugbedarf:

ϑ_A in °C	$\dot{Q}_{NL}$ in kW	wirksame Schornsteinhöhe in m
a) 150	35	10
b) 150	150	24
c) 120	100	6
d) 120	25	8

   Feuerungsart
   a) Ölbrenner mit Gebläse
   b) Gasbrenner mit Gebläse
   c) Gasbrenner ohne Gebläse
   d) Gasbrenner ohne Gebläse

4. Bestimmen Sie den erforderlichen Durchmesser eines Schornsteins und den maximalen Zugbedarf für einen Holz-Heizkessel mit einer Nennwärmeleistung von 25 kW und einer wirksamen Schornsteinhöhe von 10 m.

Abgasanlagen

1. Lernsituation:

Aufstellraum für einen Gas-Heizkessel

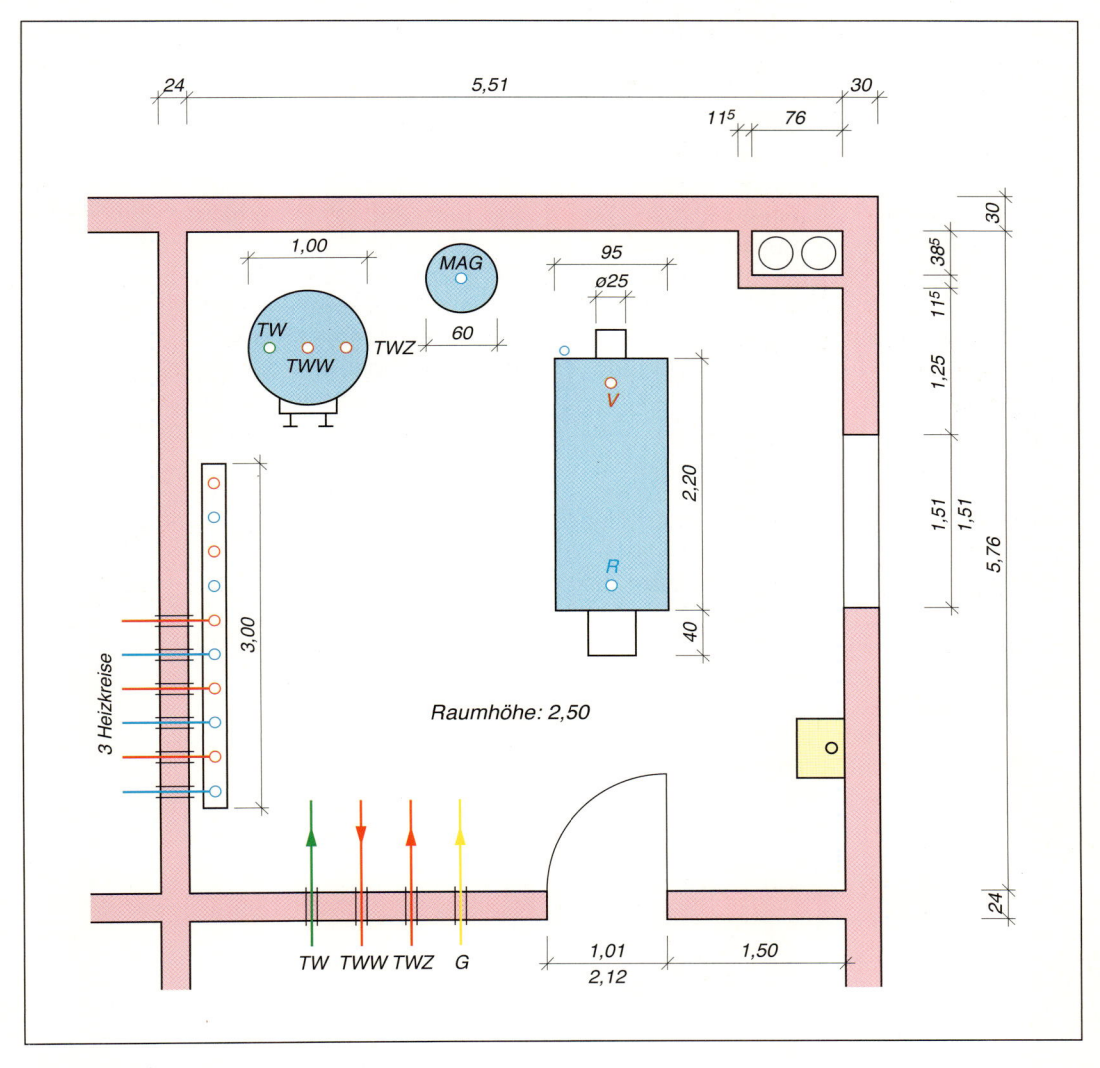

1. Grundriss Aufstellraum.

In den Aufstellraum eines Wohn- und Geschäftsgebäudes ist ein Heizkessel mit Gas-Gebläsebrenner und einem Nennwärme-Leistungsbereich von 150 kW bis 250 kW, ein Standspeicher für die Trinkwassererwärmung mit einem Inhalt von 550 l und eine Verteilerstation einzuplanen. Die Anlage soll als Niedertemperaturheizung mit einer maximalen Vorlauftemperatur von 70 °C arbeiten. Der höchste Heizkörper ist 13 m über dem Heizkessel angeordnet. Die Abmessungen der Bauteile und des Aufstellraums sind der Abbildung 1 zu entnehmen.

Wärmeerzeuger

Aufgaben:

1. Zeichnen Sie den Grundriss ohne Angabe der Gebäudemaße im Maßstab 1:50, A 4, Hochformat.
2. Planen Sie alle Bauteile mit den erforderlichen Anschlüssen maßstäblich ohne Armaturen in den Grundriss ein und geben Sie die wesentlichen Maße der Bauteile und ihre Abstände in cm an:
   a) Heizkessel mit Anschluss an den Schornstein, Kesselvor- und Kesselrücklauf mit Anschluss an die Verteilerstation, Gasanschluss,
   b) Speicher-Wassererwärmer mit Anschlüssen für Heizung und Trinkwasser,
   c) Membran-Ausdehnungsgefäß mit Verbindung zum Heizkessel,
   d) Verteilerstation.
3. Berechnen Sie die Abmessungen einer quadratischen Zuluftöffnung.
4. Bestimmen Sie den Durchmesser des Schornsteins bei einer wirksamen Schornsteinhöhe von 16 m.
5. Erstellen Sie eine schematische Zeichnung der Einkesselanlage mit Speicher-Wassererwärmer und Verteilerstation. Darin sollen enthalten sein:
   a) alle erforderlichen Sicherheitseinrichtungen nach DIN EN 12828,
   b) alle notwendigen Armaturen im Gasanschluss des Gasbrenners,
   c) die Verbindung des Heizkessels an die Verteilerstation ohne Kesselkreispumpe, jedoch mit Rücklauf-Temperaturanhebung,
   d) die heizungsseitigen Anschlüsse des Speicher-Wassererwärmers,
   e) die notwendigen Armaturen im Kaltwasseranschluss des Speicher-Wassererwärmers bei einem Wasserdruck von 4 bar. Vgl. 3.1.3, S. 152.
6. Berechnen Sie den Gasanschluss- und Gaseinstellwert bei niedrigster und bei höchster Nennwärmeleistung, einem Betriebsheizwert von 9,6 kWh/m³ und einem Kesselwirkungsgrad von 93 %.
7. Bei der Abgasmessung werden folgende Werte gemessen: O_2-Gehalt 4 %, Abgastemperatur 180 °C, Verbrennungslufttemperatur 15 °C. Berechnen Sie die Abgasverluste und stellen Sie fest, ob die Verluste zulässig sind.
8. Berechnen Sie die Größe des Membran-Ausdehnungsgefäßes, wenn ausschließlich Plattenheizkörper eingebaut sind und das Sicherheitsventil bei 3 bar öffnet.
9. Berechnen Sie den Mindest-Fülldruck, auf den die Anlage am Manometer eingestellt werden muss.
10. Beschreiben Sie die Funktion des Gas-Gebläsebrenners, wenn er im Leistungsbereich des Heizkessels modulierend arbeiten kann.

2

Regelung von Heizungsanlagen

2.1	**Grundlagen der Steuerungs- und Regelungstechnik**	110	**2.4**	**Einzelraumregelungen und Gebäudeleittechnik** 130
2.1.1	Steuerungstechnik	110	2.4.1	Einzelraum-Temperaturregelung 130
2.1.2	Grundlagen der Regelungstechnik	112	2.4.2	Zentrale Gebäudeleittechnik 131
			2.4.3	BUS-Systeme in der Haustechnik 132
2.2	**Temperaturregler und Temperaturbegrenzer**	115	**2.5**	**Elektrische Komponenten der Heizungsregelung** 134
2.2.1	Heizkessel-Temperaturregler	115	2.5.1	Stromnetz 134
2.2.2	Temperaturwächter und Temperaturbegrenzer	116	2.5.2	Schaltpläne 135
2.2.3	Temperaturregler ohne Hilfsenergie	116	2.5.3	Verdrahtung und Gerätesicherungen 137
2.2.4	Raum-Temperaturregler	117	2.5.4	Elektromotoren 138
2.2.5	Temperaturregelung des Speicher-Wassererwärmers	118	2.5.5	Messen elektrischer Größen 140
2.3	**Witterungsgeführte Heizungsregelungen**	120		
2.3.1	Heizkennlinien	120		
2.3.2	Temperaturfühler	122		
2.3.3	Gleitende Kessel-Temperaturregelung	123		
2.3.4	Beimischregelung	123		
2.3.5	Erweiterte Funktionen elektronischer Heizungsregler	125		
2.3.6	Schaltkästen und Schaltschränke	128		

2.1 Grundlagen der Steuerungs- und Regelungstechnik

In der Haustechnik müssen viele Vorgänge ohne Zutun des Menschen selbsttätig ablaufen. Diese automatischen Abläufe sparen Energie und erhöhen den Komfort sowie die Sicherheit der Anlagen. Dabei werden Steuerungs- und Regelungsvorgänge unterschieden.

2.1.1 Steuerungstechnik

Die Steuerung ist ein Vorgang, bei dem physikalische Größen, z.B. ein Volumenstrom, durch andere Größen beeinflusst werden. Einen typischen Steuerungsvorgang findet man bei Wasserarmaturen im Sanitärbereich, die sich bei Annäherung eines Menschen automatisch öffnen und beim Entfernen wieder schließen.

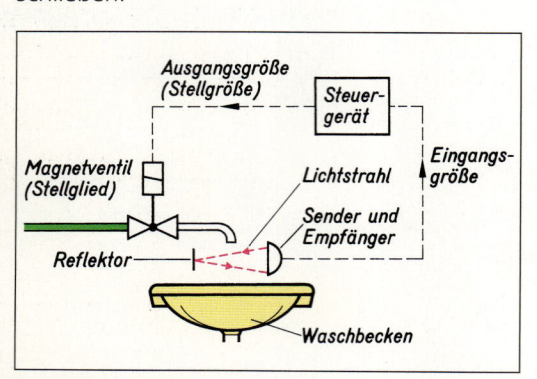

1. Lichtstrahl-Steuerung bei einem Waschbecken.

Im Folgenden werden am Beispiel einer Lichtstrahl-Steuerung* bei Wasserarmaturen wichtige Grundbegriffe der Steuerungstechnik erklärt.

Eingangsgrößen. Die Größe, die auf das System einwirkt, z.B. die Reflexion des Lichtstrahls, wird Eingangsgröße genannt. Sie wird als Auslösesignal an eine Steuereinrichtung weitergegeben. Die Steuereinrichtung wird Steuergerät genannt.

Steuergerät. Die Eingangsgröße muss häufig verändert, z.B. verstärkt oder in eine elektrische Spannung umgewandelt werden. Das Steuergerät kann auch eine Funktion enthalten, wonach nur zu bestimmten Zeiten eine Ausgangsgröße zum Stellglied gesendet wird.

Stellglied. Es ist Empfänger der Ausgangsgröße, die auch Stellgröße genannt wird. Stellglieder in der Haustechnik können motor- und magnetbetätigte Absperrventile oder der Motor einer Pumpe sein. Dabei ist dann die Stellgröße der elektrische Strom, mit dem ein Ventil geöffnet und geschlossen oder eine Pumpe ein- und ausgeschaltet wird.

Steuerstrecke. Man versteht darunter den durch die Steuerung zu beeinflussenden Bereich einer Anlage, z.B. die Strecke zwischen dem Magnetventil als Stellglied und einem nachfolgenden Waschbecken.

Steuerkette. Die Vorgänge einer Steuerung können durch Zusammenschalten der einzelnen Glieder in einer Steuerkette zeichnerisch dargestellt werden. Wenn ein Steuerungsvorgang ausgelöst wird, läuft die Steuerung automatisch ab. Die Auswirkungen des Steuerungsvorgangs werden durch das Steuergerät nicht überprüft. Deshalb spricht man von einem offenen Wirkungsweg.

Nach Art der Übersetzung und Übertragung der Signale in der Steuerkette unterscheidet man:
- mechanische Steuerung,
- pneumatische Steuerung,
- hydraulische Steuerung,

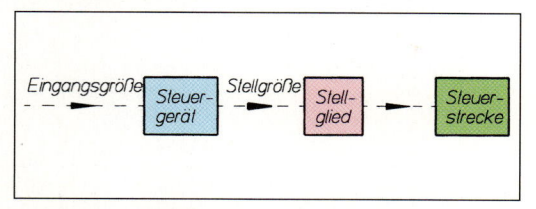

2. Schematische Darstellung einer Steuerkette.

*__Lichtstrahl-Steuerung,__ dabei verwendet man kein sichtbares Licht, sondern Infrarotlicht oder Radarstrahlen.

Grundlagen der Steuerungs- und Regelungstechnik

- elektrische Steuerung,
- elektronische Steuerung.

Die mechanische Steuerung wird meistens durch einen Hebel ausgeführt, der die Kraft in einem bestimmten Verhältnis übersetzt und zum Stellglied überträgt, z.B. bei einem Schwimmerventil. Von pneumatischer* Steuerung spricht man, wenn eine Kraft mittels Druckluft übersetzt und weitergegeben wird. Bei der hydraulischen* Steuerung werden Kräfte durch Flüssigkeiten übertragen und bei der elektrischen Steuerung Signale durch den elektrischen Strom übersetzt und weitergeleitet.

Wenn das Steuergerät elektronische Bauteile enthält, die den Steuerungsvorgang beeinflussen, spricht man von elektronischer Steuerung. Lichtstrahl-Steuerungen bei Sanitärarmaturen sind stets mit einer Elektronik ausgestattet. Auch Steuergeräte bei Öl- und Gasbrennern enthalten elektronische Bauteile, die die Eingangsgrößen aufnehmen und nach einem vorgegebenen Programm die Ausgangsgrößen steuern.

Steuerungen nach Zeitplänen benötigen Schaltuhren oder Programmspeicher. Diese Steuerung findet man z.B. bei der automatischen Schaltung einer Zirkulationspumpe im Warmwassernetz einer zentralen Trinkwasser-Erwärmungsanlage. Die Pumpe wird nur dann eingeschaltet, wenn Warmwasser benötigt wird, z.B. morgens, mittags und abends. Vgl. 3.5.2, S. 192.

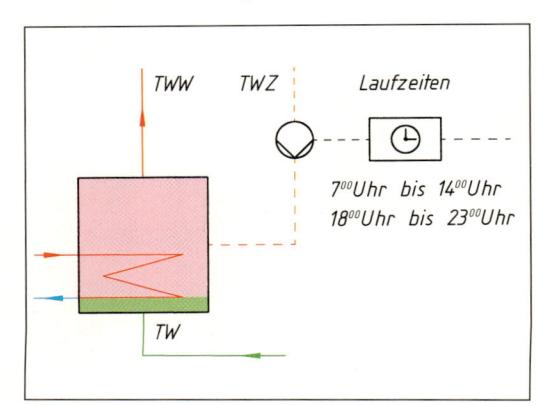

Ablaufsteuerung. Die einzelnen Schritte einer Steuerung laufen in Abhängigkeit von erreichten Zuständen automatisch ab. In vielen Haushaltsgeräten sind Steuergeräte eingebaut, die den Ablauf des eingestellten Programms steuern, z.B. bei Wasch- oder Spülmaschinen. In Abbildung 2 ist für den Betrieb eines Gas-Gebläsebrenners die Ablaufsteuerung vereinfacht dargestellt. Vgl. 1.4.4, S. 68. Die Zeitabläufe bedeuten:
- Auslösesignal, Brenner ein,
- t_1 = Vorspülzeit, z.B. 15 s,
- t_2 = Vorzündzeit, z.B. 4 s,
- Zündung,
- t_3 = Nachzündzeit, z.B. 2 s,
- t_4 = Sicherheitszeit, z.B. 2 s,
- Auslösesignal, Brenner aus,
- t_5 = Nachspülzeit, z.B. 15 s.

***Pneumatik,** Lehre vom Verhalten der Gase.

***Hydraulik,** Lehre vom Verhalten der Flüssigkeiten.

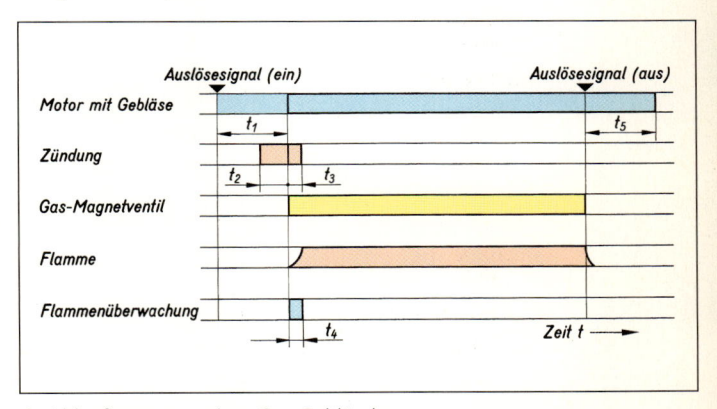

1. Steuerung einer Zirkulationspumpe nach einem Zeitplan.

2. Ablaufsteuerung eines Gas-Gebläsebrenners.

Durch den Temperaturregler wird der Stromkreis geschlossen und das Auslösesignal betätigt. Während der Vor- und Nachspülzeit wird der Feuerraum durch das Gebläse mit Luft durchgespült, um Verpuffungen auszuschließen. Innerhalb der Vor- und Nachzündzeit ist die elektrische Zündung eingeschaltet. Die Sicherheitszeit dient der Flammenüberwachung; in dieser Zeit muss sich die Flamme gebildet haben, sonst erfolgt eine Störabschaltung. Wenn das Magnetventil öffnet, muss unmittelbar danach die Zündung erfolgen.

Regelung von Heizungsanlagen

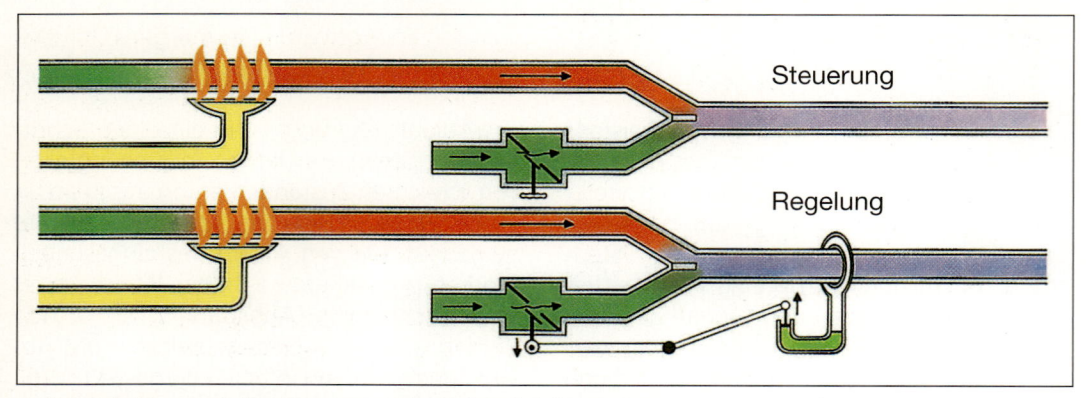

1. Unterscheidung zwischen Steuerung und Regelung bei der Wassererwärmung mit Kaltwasserbeimischung.

2.1.2 Grundlagen der Regelungstechnik

Die Regelung ist ein Vorgang, bei dem physikalische Größen, z.B. Temperaturen, Drücke, Volumenströme oder Wasserstände, fortlaufend erfasst und mit vorgegebenen Größen verglichen werden. Bei Abweichungen müssen Regeleinrichtungen dafür sorgen, dass es zur gewünschten Angleichung kommt. Der Unterschied zu einer Steuerung besteht darin, dass bei einer Regelung die Auswirkung der Stellgröße ständig überprüft wird. Dadurch ergibt sich ein geschlossener Wirkungsweg, der auch Regelkreis genannt wird.

Viele Begriffe der Regelungs- und Steuerungstechnik sind gleich. Auch in einer Regelung werden viele Vorgänge durch Steuerungen beeinflusst. Die wichtigsten Begriffe der Regelungstechnik sollen an Beispielen der Temperaturregelung in einer Heizungsanlage erläutert werden.

Sollwert. Es ist der Wert, den die zu regelnde Größe haben soll. Bei der Temperaturregelung ist es die vorgegebene Vorlauf- oder Raumtemperatur, die am Regler durch einen Sollwerteinsteller verändert werden kann.

Istwert. Es ist der Wert, den die zu regelnde Größe im betrachteten Zeitpunkt tatsächlich hat. So wird der Istwert einer Raumtemperatur meistens etwas vom Sollwert abweichen. Die Größe der Sollwertabweichung hängt von der Qualität der Regelung ab.

Führungsgröße. Es ist die Größe, die dem Regler von außen zugeführt und die benötigt wird, um den Istwert dem Sollwert anzugleichen. Bei mechanischen Thermostatventilen wird die Führungsgröße als Sollwert am Handrad eingestellt. Bei zentralen Heizungsreglern wird meistens die Außentemperatur als Führungsgröße durch einen Außenfühler dem Regler mitgeteilt, durch die er die Vorlauftemperatur der Witterung anpassen kann.

Störgrößen. Man bezeichnet damit alle von außen einwirkenden Größen, die Soll-

2. Schematische Darstellung einer witterungsgeführten Beimischregelung in einer Heizungsanlage.

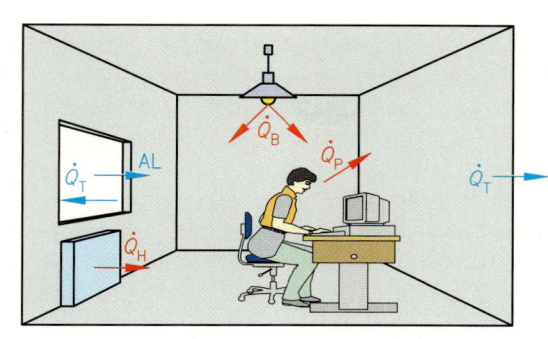

Grundlagen der Steuerungs- und Regelungstechnik

1. Wärmeströme in einem Raum mit Heizkörper und Thermostatventil. Als Störgrößen können auftreten: Transmissions-Wärmeverluste $\dot{Q}_T$, einströmende Außenluft AL, Wärmeabgabe der Personen $\dot{Q}_P$, Wärmeabgabe der Beleuchtung $\dot{Q}_B$. Die Regelung der Wärmeabgabe des Heizkörpers $\dot{Q}_H$ muss sich diesen Wärmeströmen anpassen.

wertabweichungen verursachen können. Bei der zentralen Temperaturregelung einer Heizungsanlage kann das eine plötzliche Wetteränderung sein, bei der Raumtemperatur-Regelung durch ein Thermostatventil ein geöffnetes Fenster.

Messort der Regelgröße. Dies ist die Stelle im Regelkreis, an der der Istwert durch einen Fühler gemessen und an den Regler gemeldet wird. Bei der zentralen Heizungsregelung ist das die Einbaustelle des Vorlauffühlers, bei der Raumtemperatur-Regelung die Lage des Fühlers am Thermostatventil.

Regelgröße. Man bezeichnet damit die zu regelnde Größe, z.B. die Temperatur bei der Temperaturregelung oder den Druck bei einer Druckregelung.

Regler. Er vergleicht den Istwert mit dem Sollwert. Regler enthalten häufig Signalverstärker, Messumformer, Sollwerteinsteller und Schaltuhren. Zentrale Temperaturregler in Heizungsanlagen enthalten elektronische Bauelemente, die die Eingangsgrößen auswerten und verarbeiten. Sie lassen sich auf gewünschte Werte in Abhängigkeit von Zeitabläufen programmieren.

Stellgröße. Wenn vom Regler eine Sollwertabweichung festgestellt wird, muss er eine der Abweichung angemessene Stellgröße an das Stellglied senden, damit sich der Istwert wieder dem Sollwert nähert. Die Stellgröße ist bei Reglern ohne Hilfsenergie, z.B. einem Thermostatventil, eine Bewegung, die durch den Fühler ausgelöst wird und das Ventil öffnet oder schließt. Bei Reglern mit elektrischer Hilfsenergie ist die Stellgröße eine bestimmte elektrische Spannung. Die Stellgröße kann eine unterschiedlich lange Zeit auf das Stellglied, z.B. ein Mischventil, einwirken.

Stellglied. Es ist wie bei der Steuerung der Empfänger der Stellgröße. In der Heizungstechnik kann es z.B. ein Ventil, ein Mischer, eine Pumpe oder ein Brenner sein. Durch die Stellgröße wird das Stellglied so verändert, dass sich der Istwert wieder dem Sollwert nähert. Ist z.B. die Vorlauftemperatur bei einer witterungsgeführten Regelung zu hoch, wird der Mischer durch den Motor so verstellt, dass mehr Rücklaufwasser und weniger Kesselwasser zum Vorlauf fließen. Dieser Vorgang wird schrittweise so oft wiederholt, bis die Vorlauftemperatur mit der Solltemperatur übereinstimmt.

Regelstrecke. Man versteht darunter den Weg vom Stellglied bis zum Messort der Regelgröße, z.B. den Weg vom Mischer bis zum Temperaturfühler im Vorlauf. Auf die Regelstrecke wirken Störgrößen ein, die zu Sollwertabweichungen führen können.

Regelkreis. Er wird durch alle Glieder der Regelung gebildet. In einer schematischen Darstellung zeigt sich ein geschlossener Wirkungsweg.

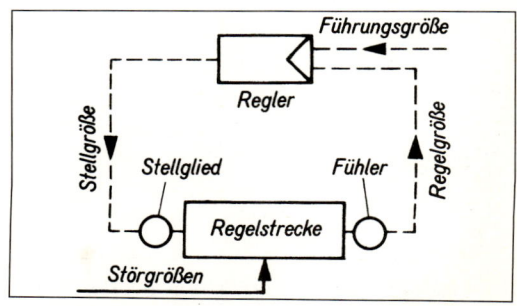

1. Geschlossener Regelkreis.

113

Zur Wiederholung

1. Welcher Unterschied besteht zwischen einem Steuerungs- und einem Regelungsvorgang?
2. Erklären Sie am Beispiel einer Lichtstrahl-Steuerung bei einem Waschbecken die Begriffe Eingangsgröße, Ausgangsgröße, Steuergerät, Stellglied und Steuerstrecke.
3. Was ist eine Steuerung nach einem Zeitplan? Nennen Sie Beispiele aus der Haustechnik.
4. Erklären Sie einem Kunden am Beispiel eines Ölbrenners, was eine Ablaufsteuerung ist.
5. Ein Heizkörper-Thermostatventil ist auf eine Raumtemperatur von 20 °C eingestellt. Zeigen Sie an diesem Beispiel, was ein Sollwert, ein Istwert, eine Führungsgröße und eine Störgröße ist.
6. Ein Heizkörper-Thermostatventil stellt eine um 3 K niedrigere Raumtemperatur als die eingestellte Temperatur fest. Wie muss der Regler reagieren und welche Bedeutung haben dabei die Stellgröße, das Stellglied und die Regelstrecke?
7. Zeigen Sie an einer Skizze das Schema eines Regelkreises.

Zur Vertiefung

1. Warum spricht man bei der Steuerung von einem offenen, dagegen bei einer Regelung von einem geschlossenen Wirkungsweg?
2. Ein Spülkasten an einem WC besitzt ein Schwimmerventil, das durch den Druck einer Taste von Hand betätigt wird. Handelt es sich dabei um eine Regelung oder um eine Steuerung? Begründen Sie Ihre Antwort.
3. Ein einstufiger Ölbrenner soll auf Wunsch des Kunden für einen zentralen Warmluftofen einer Kachelofenheizung verwendet werden. Für diesen Zweck ist jedoch eine verlängerte Vorspülzeit erforderlich. Welche Möglichkeit besteht, den Brenner umzurüsten?
4. Ein Heizkörper in einer tiefen Nische mit Heizkörperverkleidung ist mit einem üblichen Thermostatventil ausgerüstet. Der Kunde beklagt sich, dass der Raum unzureichend erwärmt wird. Erklären Sie ihm die Ursache der schlechten Regelung und machen Sie ihm einen Verbesserungsvorschlag.

2.2 Temperaturregler und Temperaturbegrenzer

2.2.1 Heizkessel-Temperaturregler

Unabhängig von der Regelung einer Heizungsanlage nach der Außentemperatur oder einer Raumtemperatur sind für den Wärmeerzeuger nach DIN EN 12828 ein Temperaturregler und ein Temperaturbegrenzer vorgeschrieben. Vgl. 1.5.1, S. 76. Der Temperaturregler ist eine automatische Einrichtung, die ein Abschalten der Wärmezufuhr bewirkt, wenn die eingestellte Betriebstemperatur überschritten wird. Die Wärmezufuhr wird automatisch wieder eingeschaltet, wenn die Betriebstemperatur unter den Sollwert abgesunken ist.

Bei Temperaturreglern für Heizkessel wird die Temperaturausdehnung von Stoffen genutzt. Es werden überwiegend Fühler verwendet, die mit einer Ausdehnungsflüssigkeit gefüllt sind. Diese strömt in eine Membrankapsel, die einen kleinen Hub ausübt und dadurch elektrische Schaltkontakte betätigen kann. Die Regler können mit längeren Kapillarrohren ausgestattet sein, so dass der Fühler an einem entfernten Messort angebracht werden kann. Das Flüssigkeitsvolumen im Kapillarrohr und in der Membrankapsel muss möglichst gering sein, da-

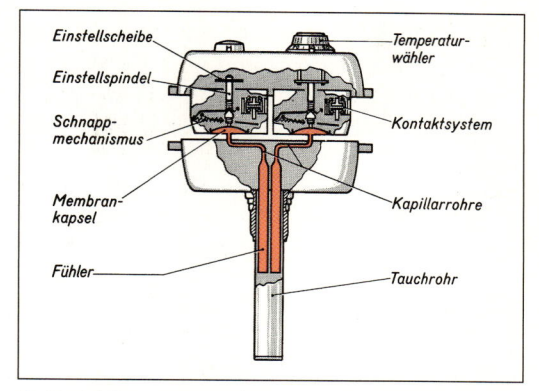

2. Kessel-Temperaturregler mit Ausdehnungsflüssigkeit, kombiniert mit einem Temperaturbegrenzer.

mit der Regler nicht zu träge reagiert und keine größeren Messfehler durch die Umgebungstemperatur entstehen können.

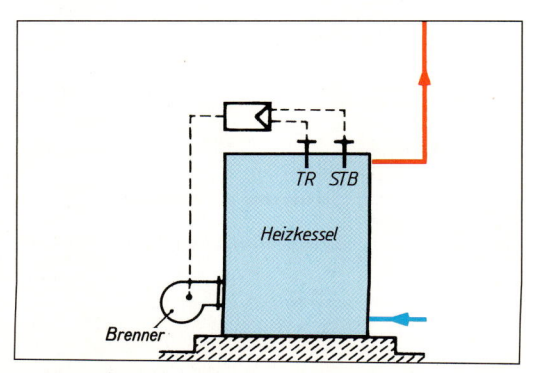

Bei anderen Reglern besteht die äußere Tauchhülse aus einem Werkstoff mit großem und einem inneren Invarstab* mit sehr kleinem Ausdehnungs-Koeffizienten. Durch die unterschiedliche Ausdehnung kann der Stromkreis über einen Schalter geschlossen oder geöffnet werden. Mit dem Temperaturwähler ist der Sollwert veränderbar.

*__Invarstab,__ Invar = besondere Legierung aus Nickel, Eisen und Kohlenstoff.

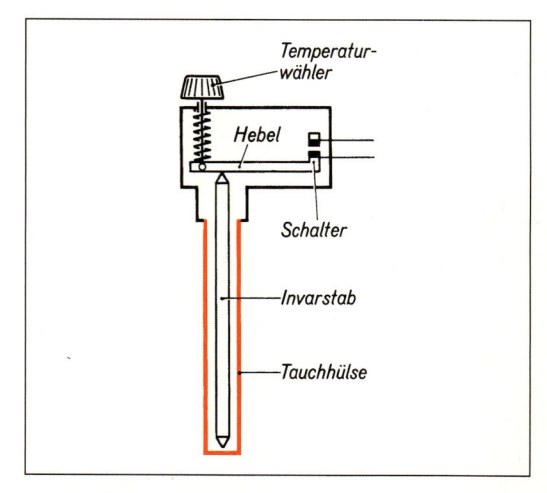

1. Heizkessel mit Temperaturregler TR und Sicherheits-Temperaturbegrenzer STB.

3. Kessel-Temperaturregler mit Invarstab.

__Zweipunktregler.__ Temperaturregler, die werkseitig in Heizkesseln eingebaut werden, sind elektrische Regler, deren Sollwerteinstellung bei Niedertemperatur-Heizungen

Regelung von Heizungsanlagen

häufig auf 75 °C begrenzt ist. Wenn sie die Wärmezufuhr nur ein- und ausschalten können, spricht man von Zweipunktreglern, die auch als unstetige Regler bezeichnet werden.

*Schaltdifferenz.
Sie wird in der Regelungstechnik auch als Hysterese (Empfindlichkeit) bezeichnet.

Schaltdifferenz*. Es ist die Differenz zwischen Ein- und Ausschalttemperatur.

Beispiel:

Wie groß ist die Schaltdifferenz eines Zweipunktreglers in einem Heizkessel, der auf einen Sollwert von 70 °C eingestellt ist und die Energiezufuhr bei 67 °C ein- und bei 73 °C ausschaltet?

Lösung:
Schaltdifferenz: 73 °C − 67 °C = 6 K.

2.2.2 Temperaturwächter und Temperaturbegrenzer

Die Temperatur der Wärmeerzeuger in Heizungsanlagen muss automatisch begrenzt werden. Man unterscheidet nach DIN 3440* verschiedene Geräte.

*DIN 3440, Temperaturregel- und Begrenzungs-Einrichtungen für Wärmeerzeugungsanlagen.

Temperaturwächter (TW). Sie benötigen einen eigenen Fühler und arbeiten wie Heizkessel-Temperaturregler. Temperaturwächter besitzen jedoch einen fest eingestellten Sollwert, der nur mit Hilfe eines Werkzeugs verstellt werden kann. Sie können bei offenen Warmwasserheizungen oder als zusätzliche Sicherheitsarmatur verwendet werden. Sie schalten bei Überschreiten der eingestellten Temperatur die Energiezufuhr ab und schalten sie selbsttätig wieder ein, wenn die Temperatur abgesunken ist.

Temperaturbegrenzer (TB). Sie sind ähnlich wie TW aufgebaut, verriegeln jedoch beim Abschalten die Energiezufuhr und müssen von Hand wieder eingeschaltet werden. Dadurch besitzen sie eine höhere Sicherheitsstufe als ein TW.

Sicherheits-Temperaturbegrenzer (STB). Sie sind ähnlich wie TB aufgebaut, jedoch muss die Verriegelung der Energiezufuhr nach dem Abschalten mit einem Werkzeug durch eine fachkundige Person aufgehoben werden. Ein STB ist bei geschlossenen Wasserheizungen erforderlich. Vgl. 1.5.1, S. 76. Bei Niedertemperaturheizungen ist der STB werkseitig häufig auf 90 °C eingestellt.

2.2.3 Temperaturregler ohne Hilfsenergie

Temperaturregler ohne Hilfsenergie sind mechanische Regler, die meistens ein Proportional-Verhalten* haben. Regler, die das Stellglied im Verhältnis zur Sollwertabweichung proportional verändern, nennt man Proportional-Regler, P-Regler oder stetige Regler. Ein Fühler am Messort ist mit einer Ausdehnungsflüssigkeit gefüllt. Bei Temperaturanstieg wird die sich ausdehnende Flüssigkeit in eine Membrankammer oder in ein Wellrohrelement gedrückt. Dabei wird die Druckkraft der Ausdehnungsflüssigkeit hydraulisch verstärkt und ein Ventil geschlossen. Bei abnehmender Temperatur verläuft der Vorgang umgekehrt. Da alle Vorgänge mechanisch ablaufen, bezeichnet man sie als mechanische Regler.

*Proportional, verhältnismäßig.

Der Sollwerteinsteller besteht aus einer Feder, deren Kraft der Druckkraft der

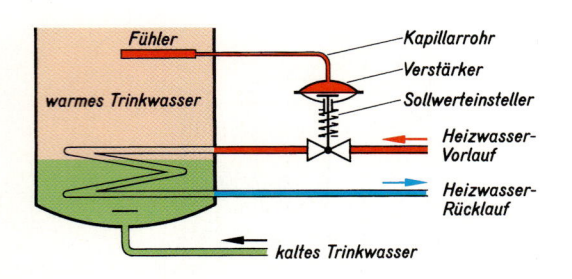

1. Temperaturregelung eines Trinkwassererwärmers mit einem mechanischen P-Regler.

Ausdehnungsflüssigkeit entgegenwirkt. Bei Veränderung der Federkraft wird das Ventil weiter geöffnet oder geschlossen. Mechanische Temperaturregler arbeiten sehr zuverlässig und werden in vielen Bereichen eingesetzt, z.B. bei Heizkörper-Thermostatventilen, Feuerungsreglern bei Festbrennstoffen oder bei der Temperaturregelung von Gasherden. Vgl. 1.2.6, S. 32 und 1.3.7, S. 46.

2.2.4 Raum-Temperaturregler

Raum-Temperaturregler werden auch als Raum-Thermostate bezeichnet. Sie werden normalerweise im Wohnraum an einer Innenwand in einer Höhe von ca. 1,50 m angebracht.

Zweipunktregler. Mit diesen preiswerten Reglern lassen sich einfache elektrische Heizgeräte oder Gas-Raumheizer regeln. Vgl. 1.2.7, S. 34. Beim Unterschreiten der eingestellten Raumtemperatur schließt der Regler den Stromkreis und schaltet dadurch das Heizgerät ein, bis die gewünschte Raumtemperatur erreicht ist.

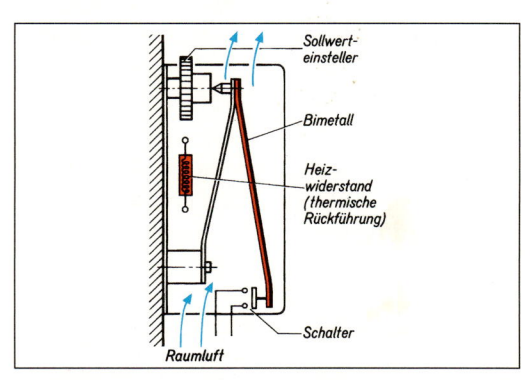

1. Raumtemperatur-Zweipunktregler mit Bimetall und thermischer Rückführung.

Thermische Rückführung. Da die Regelstrecke zwischen Temperaturfühler und Heizgerät meistens sehr lang ist, arbeiten Raumtemperatur-Zweipunktregler sehr träge. Dies macht sich durch große Temperaturschwankungen im Raum innerhalb einer Schaltperiode bemerkbar. Um die Abweichungen vom Sollwert zu verringern, werden diese Regler mit einer thermischen Rückführung ausgestattet. Dabei wird ein kleiner elektrischer Heizwiderstand eingeschaltet, wenn der Temperaturregler den Stromkreis schließt. Durch die zusätzliche Erwärmung wird dem Regler ein schnelles Aufheizen des Raums vorgetäuscht, so dass er früher abschaltet. Die Schaltperioden verkürzen sich dadurch und die Temperaturschwankungen des Raums werden erheblich verkleinert.

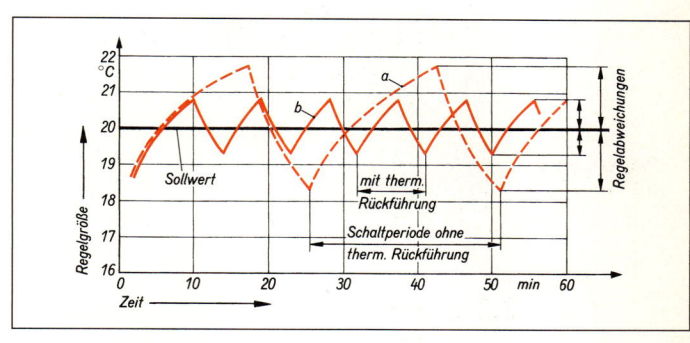

2. Temperaturschwankungen in einem Raum bei einem Zweipunktregler a) ohne und b) mit thermischer Rückführung.

Dreipunktregler. Er kann als Stellgröße drei Signale senden: kleine Leistung, große Leistung und Aus. Das Stellglied, z.B. der Brenner, muss diese Stellgrößen verwerten können. Dreipunktregler zählen wie Zweipunktregler zu den unstetigen Reglern.

3. Elektronischer Raum-Temperaturregler mit analoger Schaltuhr, Sollwert-Einsteller und Sollwert-Umschaltung.

Regelung von Heizungsanlagen

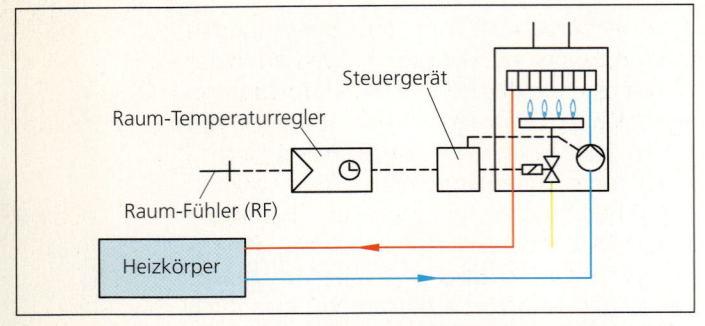

1. Raumtemperaturgeführte Regelung eines wandhängenden Heizgeräts in einer Etagenheizung.

*__Display,__ optische Datenanzeige.

2. Bedienung eines elektronischen Raum-Temperaturreglers.

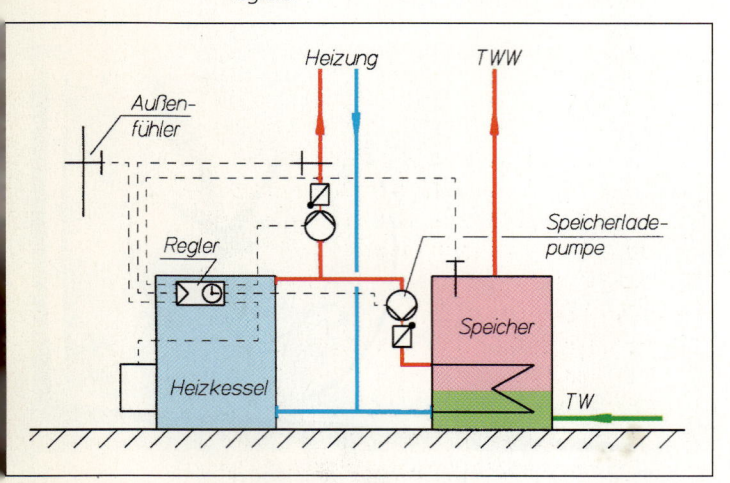

1. Kombikessel mit Speicher-Vorrangschaltung.

Elektronische Regler. Sie können zwei- oder dreistufige sowie modulierende Heizgeräte, z.B. Wandheizkessel oder Gas-Umlaufwasserheizer, raumtemperaturabhängig regeln. Elektronische Raum-Temperaturregler sind preiswerter als witterungsgeführte Regler und werden deshalb häufig bei Etagenheizungen eingesetzt. Sie besitzen mehrere Steuerungs- und Regelungsfunktionen sowie energiesparende Zeitfunktionen für ein Tages- und Wochenprogramm. Raumtemperatur, Uhrzeit, Datum und Betriebszustände können über ein Display* angezeigt und durch den Betreiber bei Bedarf verändert werden. Die übrigen Räume einer Etagenwohnung werden durch Heizkörper-Thermostatventile geregelt.

Zeitschaltuhren. Mit einer im Regler eingebauten analogen oder digitalen Schaltuhr kann die Raumtemperatur nachts, am Wochenende oder im Urlaub abgesenkt und so Heizenergie eingespart werden. Die Uhren sind programmierbar und lassen sich auf Nacht-, Tag- oder Uhrenbetrieb umschalten.

2.2.5 Temperaturregelung des Speicher-Wassererwärmers

Das kalte Trinkwasser wird häufig in einem Speicher-Wassererwärmer durch die Heizungsanlage bis auf 60 °C aufgeheizt. Vgl. 3.1.2, S. 145. Diese Temperaturregelung ist Bestandteil der raum- oder außentemperaturgeführten Heizungsregelung.

Speicher-Vorrangschaltung. Die Speicheraufheizung geschieht durch eine Zweipunktregelung. Dabei bildet die Speicherladepumpe das Stellglied und wird bei Absinken der Speichertemperatur ein- und bei Erreichen der Solltemperatur wieder ausgeschaltet. Bei gleitender Kesseltemperatur-Regelung oder zu geringer Wärmeleistung des Heizkessels ist es notwendig, während der Speicheraufheizung den Heizungsbetrieb durch Abschalten der Heizungspumpen zu unterbrechen und den Heizkessel bis auf 75 °C aufzuheizen. Durch die Speicher-Vorrangschaltung ergeben sich kurze Aufheizzeiten, da die gesamte Kesselleistung mit ausreichend hoher Temperatur für die Aufheizung des Trinkwassers zur Verfügung steht.

==Thermische Desinfektion.== Wenn zu befürchten ist, dass das warme Trinkwasser durch Bakterien, z.B. Legionellen, stark belastet ist, kann in einer begrenzten Zeit, z.B. einmal wöchentlich während der Nacht, die Speicheraufheizung bis auf 70 °C angehoben werden. Durch diese thermische Desinfektion werden die Keime abgetötet. Vgl. 3.5.5, S. 195. Die Zirkulationspumpe im warmen Trinkwassernetz muss während dieser Zeit in Betrieb sein, damit auch das Rohrnetz desinfiziert wird. Bei dieser erhöhten Trinkwasser-Aufheizung ist jedoch die Gefahr einer Verbrühung und die Steinbildung bei hartem Wasser zu beachten. Das Verfahren der thermischen Desinfektion kann bei besonders gefährdeten Gebäuden, z.B. Krankenhäusern, Altersheimen oder Hotels, angewendet werden.

==Steuerung der Zirkulationspumpe.== Um Zirkulations-Wärmeverluste zu mindern, können die Laufzeiten der Zirkulationspumpe im warmen Trinkwassernetz begrenzt werden. Durch ein einstellbares Zeitprogramm lassen sich die Pumpen nachts aus- und auch am Tag nur dann einschalten, wenn warmes Wasser benötigt wird. Vgl. 2.1.1, S. 111 und 3.5.2, S. 192.

Zur Wiederholung

1. Wie arbeitet ein Kessel-Temperaturregler, auf welche Sollwerte kann er bei Niedertemperatur eingestellt werden und zu welcher Art von Reglern gehört er?
2. Wie unterscheiden sich Zweipunktregler, Dreipunktregler und stetige Regler?
3. Was versteht man bei einem Zweipunktregler unter der Schaltdifferenz?
4. Erklären Sie, wie Temperaturregler ohne Hilfsenergie funktionieren, bei welchen Anlagen sie eingesetzt und wie sie genannt werden?
5. Wie unterscheiden sich ein Temperaturwächter, ein Temperaturbegrenzer und ein Sicherheits-Temperaturbegrenzer?
6. Wie kann bei einem Zweipunktregler als Raum-Temperaturregler eine zu große Schaltdifferenz verringert werden?
7. Welche Aufgaben erfüllt eine Schaltuhr in einem Temperaturregler?
8. Ein Gas-Wandheizkessel für eine Etagenheizung arbeitet in zwei Stufen. Welcher Regler kann verwendet werden, wenn die Wohnraumtemperatur als Führungsgröße dienen soll?
9. Erklären Sie einer Kundin, wie die Speicher-Vorrangschaltung in der Etagenheizung ihrer Wohnung funktioniert.
10. In einem Krankenhaus besitzt die Regelung eine Funktion zur thermischen Desinfektion des warmen Trinkwassernetzes. Erklären Sie, welchen Zweck diese Funktion erfüllt, wie sie arbeitet und auf welche Gefahren dabei zu achten ist.

Zur Vertiefung

1. Bei einem Kunden wird die Etagenheizung über die Wohnraumtemperatur geregelt. Er beklagt sich, dass bei niedrigen Außentemperaturen seine Wohnung unzureichend warm ist. Welche Gründe können vorliegen?
2. Warum muss ein Sicherheits-Temperaturbegrenzer mit einem Werkzeug von einer fachkundigen Person wieder eingeschaltet werden, wenn der STB den Heizkessel abgeschaltet hat?

3. Warum muss bei einem Heizkessel in einer geschlossenen Heizungsanlage ein STB eingebaut sein?
4. Erklären Sie einem Kunden den Unterschied zwischen einem stetigen und einem unstetigen Regler.
5. Wie lang dauert es, bis ein Speicher-Wassererwärmer mit einem Inhalt von 120 l bei einer Kesselleistung von 20 kW und Speicher-Vorrangschaltung von 40 °C auf 60 °C aufgeheizt ist?
6. Ein Magnetventil in einem Gas-Umlaufwasserheizer für eine Etagenheizung soll in zwei Stufen mit großer und kleiner Leistung öffnen. Welcher Regler ist erforderlich?

2.3 Witterungsgeführte Heizungsregelungen

Nach der Energie-Einsparverordnung müssen Heizungsanlagen mit zentralen Einrichtungen zur Verringerung und Abschaltung der Wärmezufuhr sowie zur Ein- und Ausschaltung elektrischer Antriebe in Abhängigkeit der Außentemperatur oder einer anderen geeigneten Führungsgröße und der Zeit ausgestattet werden. Außerdem müssen die Anlagen selbsttätig wirkende Einrichtungen zur raumweisen Regelung der Raumtemperatur enthalten.

Da bei einer zentralen raumtemperaturgeführten Regelung der Testraum die Temperaturen aller anderen beheizten Räume beeinflusst, sind witterungsgeführte Heizungsregelungen stets vorteilhafter und deshalb für Mehrfamilienhäuser, Bürohäuser, Schulen usw. vorgeschrieben.

2.3.1 Heizkennlinien

Die Außentemperatur wird über einen Außenfühler als Führungsgröße, die Vorlauftemperatur über einen Vorlauffühler als Regelgröße dem Regler mitgeteilt. Der Regler besitzt veränderbare Heizkennlinien, die die Höhe der Vorlauftemperatur in Abhängigkeit von der Außentemperatur festlegen. Sie lassen sich je nach Klimazone, Gebäudeart,

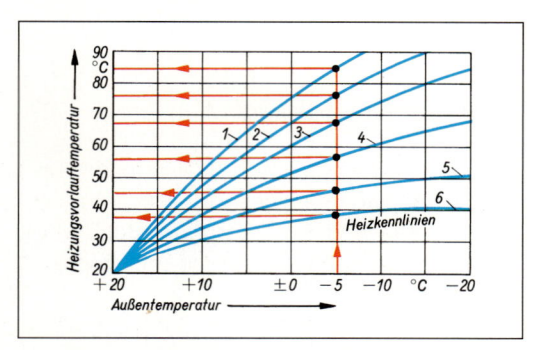

1. Heizkennlinien einer witterungsgeführten Heizungsregelung.

Witterungsgeführte Heizungsregelungen

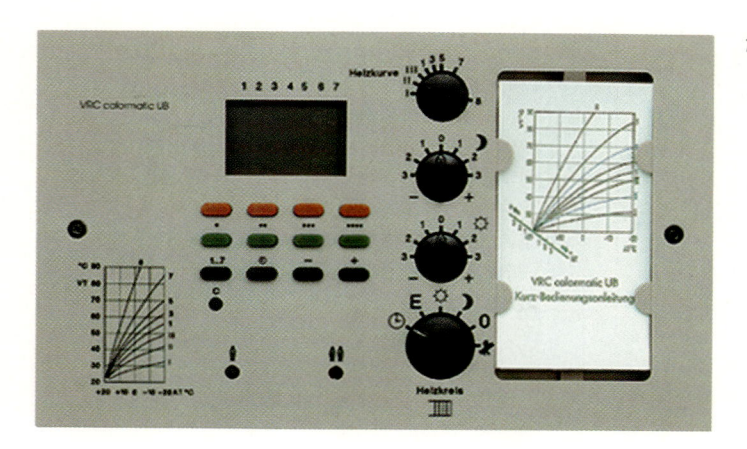

1. Witterungsgeführter Heizungsregler.

Heizungssystem und den Bedürfnissen der Bewohner am Regler einstellen. Heizkennlinien können steiler angelegt oder parallel verschoben werden, so dass jede Zwischenstellung erreichbar ist.

Beispiel:

Welche Heizkennlinien sind am Regler nach Abb. 1, S. 120 einzustellen, wenn bei einer Außentemperatur von −5 °C Vorlauftemperaturen von ca. 46 °C, 57 °C oder 68 °C erreicht werden sollen?

Lösung nach Abb. 1:
Vorlauftemperatur ca. 46 °C,
Heizkennlinie 5
Vorlauftemperatur ca. 57 °C,
Heizkennlinie 4
Vorlauftemperatur ca. 68 °C,
Heizkennlinie 3

Wahl der Heizkennlinie. Sie hängt ab von der Wärmedämmung des Gebäudes und der Art der Heizflächen. Als Faustregel gilt:
- gute Wärmedämmung und Fußbodenheizung:
  flache Kennlinien,
- gute Wärmedämmung und Heizkörper:
  mittlere Kennlinien,
- schlechte Wärmedämmung und Heizkörper:
  steile Kennlinien.

Anpassung der Heizkennlinie. Wenn eine bestehende Heizungsregelung unbefriedigende Ergebnisse zeigt, kann eine Anpassung der Kennlinie folgendermaßen vorgenommen werden:
- die Raumtemperatur ist generell zu niedrig:
  Kennlinie parallel nach oben verschieben,
- die Raumtemperatur ist nur an kalten Tagen zu niedrig:
  Neigung der Kennlinie erhöhen,
- die Raumtemperatur ist nur an milden Tagen zu niedrig:
  Neigung der Kennlinie senken,
- die Raumtemperatur ist nur an milden Tagen zu hoch:
  Kennlinie parallel nach unten verschieben und die Neigung erhöhen.

Da oft viel Zeit benötigt wird, die richtige Kennlinie zu finden, gibt es Regler, die sich

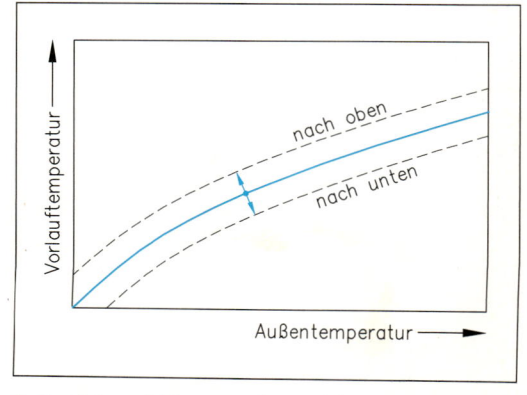

2. Parallelverschiebungen einer Heizkennlinie.

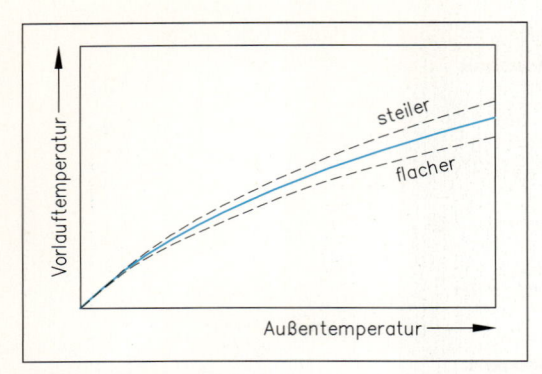

Regelung von Heizungsanlagen

1. Änderung der Neigungen einer Heizkennlinie.

die optimale Heizkennlinie selbst einstellen. Dazu müssen dem Regler die Auslegungstemperaturen und das System der Heizungsanlage eingegeben werden. Die vorhandene Raumtemperatur wird in einem Testraum durch einen Raumfühler gemessen und dem Regler mitgeteilt. Dieses System wird auch als Fuzzylogik* bezeichnet.

*Fuzzylogik, sprich fazilogik, Methode der künstlichen Intelligenz.

*PTC, engl. **p**ositive **t**emperature **c**oeffizient.

*NTC, engl. **n**egative **t**emperature **c**oeffizient.

2.3.2 Temperaturfühler

Außenfühler. Sie sind an der Fassade des Gebäudes so anzubringen, dass sie die gewünschte Himmelsrichtung und die tatsächliche Witterung erfassen können. Die Außenfühler sollen mindestens 2,5 m über dem Erdboden, bei Gebäuden mit mehr als drei Geschossen zwischen dem zweiten und dritten Stockwerk angebracht sein. Sie dürfen nicht durch Schornsteine, Luftschächte oder Kamine beeinflusst werden. Falls am Gebäude nur ein Außenfühler angebracht wird, ist er an der kälteren Nordseite zu installieren. Wenn er auf der Ostseite angebracht werden muss, ist er gegen den Einfluss der Morgensonne durch Beschattung zu schützen, da sonst die Aufheizung zu Beginn des Tags negativ beeinflusst wird.

Vorlauffühler. Sie werden hinter der Heizungspumpe als Anlegefühler oder als Tauchfühler in den Vorlauf des jeweiligen Heizkreises eingebaut. Tauchfühler benötigen eine Rohrleitung mit ausreichendem Durchmesser, damit der Rohrquerschnitt nicht zu stark verengt wird. Sie sollten in einem Tauchschaft installiert sein, damit sie ohne Entleerung der Anlage ausgetauscht werden können. Bei Heizungsanlagen mit nur einem Heizkreis, der gleitend geregelt wird, befindet sich der Vorlauffühler im Heizgerät.

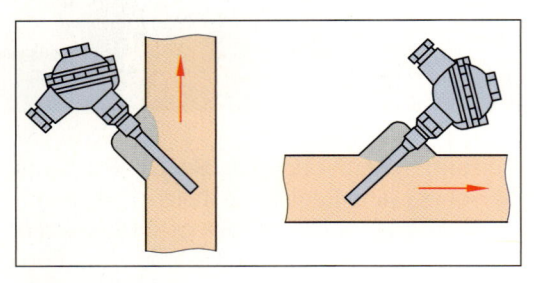

2. Richtiger Einbau eines Vorlauffühlers mit Tauchhülse.

Thermistoren sind Bauelemente, deren elektrischer Widerstand sich in Abhängigkeit der Temperatur ändert. Entsprechend dem Verhalten bei Temperaturerhöhung unterscheidet man NTC*- und PTC*-Widerstände. NTC-Widerstände bestehen überwiegend

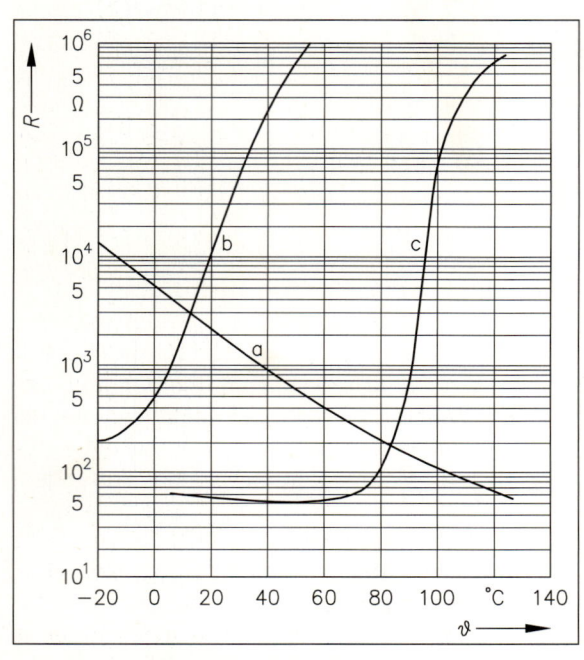

3. Temperaturabhängigkeit von Thermistoren:
a) NTC-Widerstände, b) und c) PTC-Widerstände.

aus Halbleitern, z.B. Silizium, und werden bei Temperaturfühlern in Heizungsanlagen verwendet. PTC-Widerstände eignen sich wegen des steilen Anstiegs bei Temperaturerhöhungen weniger zur Temperaturmessung, sondern mehr zur Temperaturbegrenzung.

> **Beispiel:**
>
> Wie ändert sich der elektrische Widerstand eines NTC-Thermistors, wenn die Temperatur von 0°C auf 80°C ansteigt?
>
> Lösung nach Abbildung 3, S. 122:
> Widerstand bei 0°C: 5000 Ω
> Widerstand bei 80°C: 200 Ω

2.3.3 Gleitende Kessel-Temperaturregelung

Wenn der Wärmeerzeuger mit Niedertemperatur oder Brennwertnutzung betrieben werden kann, wird er nach der Außentemperatur gleitend geregelt. Der Regler besitzt bei einstufigen Brennern einen Zweipunktausgang, bei zweistufigen oder modulierenden Brennern einen Dreipunktausgang bzw. eine der Modulation angepasste Stellgröße. Eine gleitende Kessel-Temperaturregelung ist energiesparend, da der Wärmeerzeuger nur so weit wie notwendig aufgeheizt wird. Kleine Heizungsanlagen in Etagenwohnungen oder Einfamilienhäusern mit nur einem Heizkreis werden meistens ohne Mischer betrieben. Die Vorlauftemperatur für die Heizungsanlage entspricht dann der Vorlauftemperatur des Heizkessels, die sich nach der eingestellten Heizkennlinie ergibt.

Die Vorlauftemperatur wird bei 90°C bis 100°C durch den STB und bei maximal 75°C durch den TR des Heizkessels begrenzt. Der Kessel-Temperaturregler hat dabei die Wirkung eines Temperaturwächters, der je nach Sollwerteinstellung den Brenner aus- und bei sinkender Vorlauftemperatur wieder einschaltet. Damit bei niedrigen Außentemperaturen die witterungsgeführte Regelung zufriedenstellend arbeiten kann, muss der Kessel-Temperaturregler auf eine hohe Temperatur, z.B. 75°C, eingestellt sein.

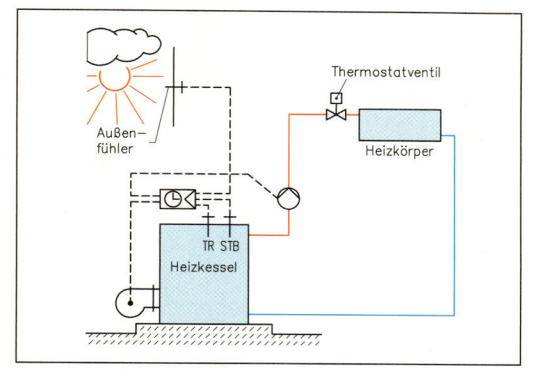

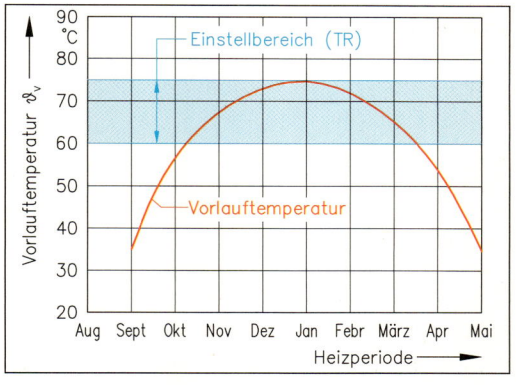

1. Gleitende Kessel-Temperaturregelung nach der Außentemperatur.

2. Vereinfachte Darstellung des Temperaturverlaufs eines Heizkessels bei einer gleitenden, witterungsgeführten Regelung während einer Heizperiode.

2.3.4 Beimischregelung

Häufig muss eine Heizungsanlage in mehrere Heizkreise aufgeteilt werden. Bei größeren Anlagen erfolgt die Aufteilung nach Himmelsrichtungen (Nordseite – Südseite), nach Art der Benutzung (Wohnbereich – Arbeitsbereich) oder nach Art der Wärmeverbraucher (Heizkörper – Fußbodenheizung – Lufterwärmer). Jeder Heizkreis benötigt eine Heizungspumpe und einen eigenen Regelkreis.

Regelung von Heizungsanlagen

Der Heizkreis mit der höchsten Vorlauftemperatur kann ohne Beimischung, die anderen müssen mit Beimischeinrichtungen geregelt werden. Dabei mischt sich das Rücklaufwasser des Heizkreises mit dem Vorlaufwasser des Wärmeerzeugers. Die sich ergebende Mischtemperatur kann je nach Stellung des Mischers zwischen der Kesselvorlauftemperatur und der Rücklauftemperatur des Heizkreises liegen.

Der Außenfühler meldet die Außentemperatur als Führungsgröße, der Vorlauffühler die Vorlauftemperatur als Regelgröße an den Regler. Dieser vergleicht beide Temperaturen mit der eingestellten Heizkennlinie und lässt bei Sollwertabweichungen den Mischer so lange auf- oder zufahren, bis die Vorlauftemperatur im richtigen Verhältnis zur Außentemperatur steht.

Man unterscheidet bei den Mischeinrichtungen zwischen Mischhähnen und Mischventilen.

Mischhähne. Sie besitzen ein Drehteil, mit dem die Mischerstellung bei einer

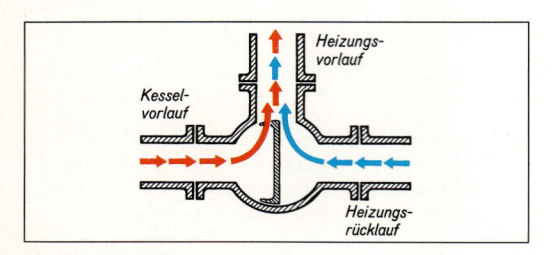

1. Dreiwege-Mischhahn.

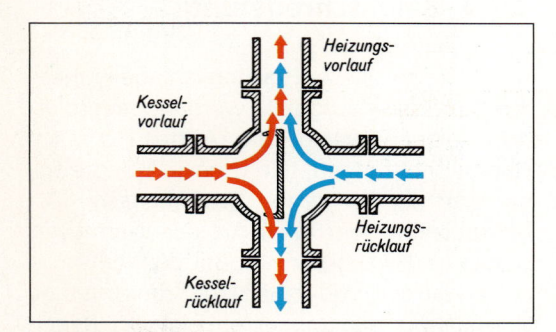

2. Vierwege-Mischhahn.

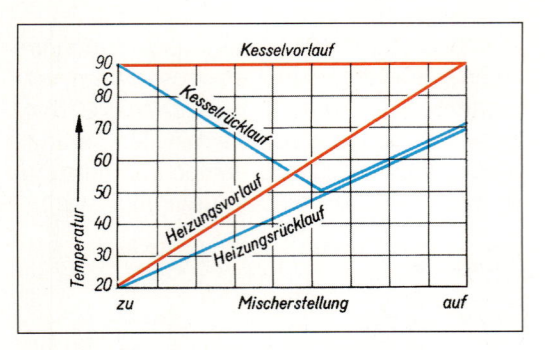

3. Wassertemperaturen in Abhängigkeit von der Stellung eines Vierwege-Mischers.

Drehung von maximal 90° eingestellt wird. Es gibt Drei- und Vierwege-Mischhähne.

Wenn ein Heizkessel nicht oder nur bedingt für den Niedertemperaturbetrieb geeignet ist, werden zur Vermeidung von Taupunktkorrosion Vierwege-Mischhähne bevorzugt. Bei ihnen fließt ein Teil des Kesselvorlaufwassers direkt zum Kesselrücklauf, so dass diese Temperatur angehoben und eine Taupunktunterschreitung der Abgase vermieden wird.

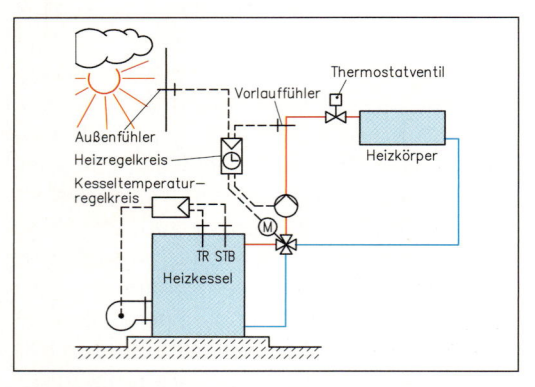

4. Witterungsgeführte Beimischregelung mit einem Vierwege-Mischer.

Beachten Sie: Vierwege-Mischer dürfen nicht bei Brennwertnutzung eingebaut werden, da sie die Rücklauftemperatur anheben und dadurch die Kondensation des Wasserdampfs in den Abgasen verhindern.

Mischventile. Bei größeren Heizungsanlagen werden Dreiwege-Mischventile bevorzugt. Die Verstellung erfolgt über eine motorisch angetriebene Spindel. Sie arbeiten genauer als Mischhähne, sind jedoch teurer und bewirken größere Druckverluste im Rohrnetz.

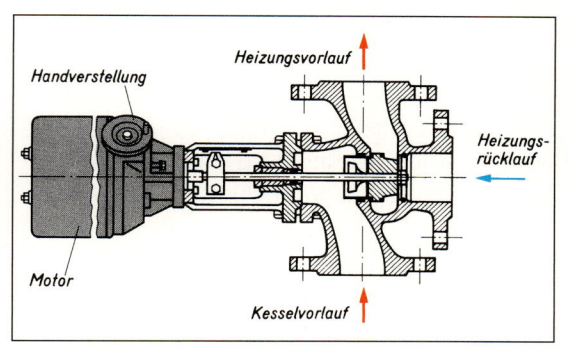

1. Dreiwege-Mischventil.

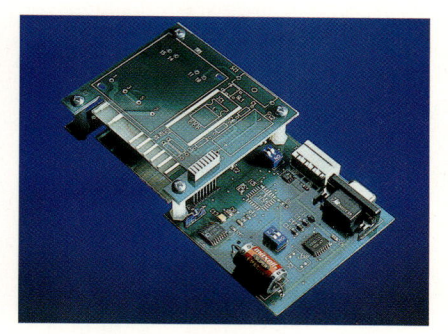

3. Elektronische Bauteile eines Heizungsreglers.

2.3.5 Erweiterte Funktionen elektronischer Heizungsregler

Elektronische Bauteile. Witterungsgeführte Heizungsregler besitzen elektronische Bauteile und Schaltkreise, mit denen viele Regelungs- und Steuerungsvorgänge verwirklicht werden können. Sie sind häufig mit Mikroprozessoren* ausgestattet, die mit Digitaltechnik arbeiten. Analoge Messwerte müssen digital umgeformt werden.

Digital arbeitende Regler sind erheblich leistungsfähiger als analoge Regler. Sie können mit vielfältigen Programmen ausgestattet und in der Lage sein, neben der Ansteuerung des Brenners, der Mischer und der Speicher-Ladepumpe weitere Steuerungs- und Regelungsaufgaben zu übernehmen. In einem Display werden die verschiedenen Funktionen und Messwerte des Reglers angezeigt, die sich durch eine Bedieneinheit nach Bedarf verändern lassen.

*__Mikroprozessoren,__ kleine elektronische Schaltkreise für die Datenverarbeitung.

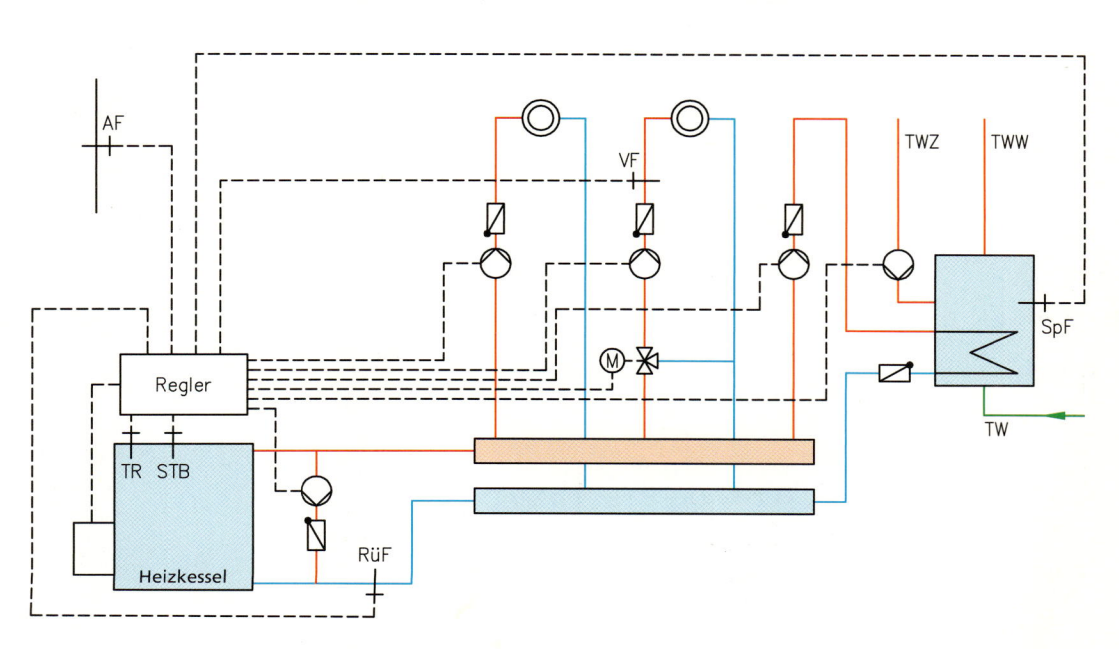

2. Schematische Darstellung einer witterungsgeführten Heizungsanlage mit Regelung von zwei Heizkreisen, eines Speicher-Wassererwärmers und einer Rücklauf-Temperaturanhebung.

Regelung von Heizungsanlagen

1. Mobile Bedieneinheit für einen Heizungsregler.

Regelung von Mehrkesselanlagen. Bei größeren Heizungsanlagen kann die Wärmeleistung auf mehrere Wärmeerzeuger aufgeteilt sein. Bei geringem Wärmebedarf ist nur ein Heizkessel in Betrieb; bei sinkenden Außentemperaturen werden die anderen Heizkessel nach und nach hinzugeschaltet. Bei modulierenden oder zweistufigen Brennern ist so eine sehr genaue Anpassung an die witterungsabhängige Heizlast des Gebäudes möglich. Diese so genannte Kaskadenregelung* wird noch verbessert, wenn die Reihenfolge wechselt und so die Wärmeerzeuger gleichmäßig belastet werden. Heizkessel, die nicht in Betrieb sind, werden automatisch durch Absperrung von der Zirkulation getrennt, damit sie keine unnötigen Wärmeverluste verursachen.

Speicher-Wassererwärmer. Durch Speicher-Vorrangschaltung wird das Trinkwasser mit der gesamten Wärmeleistung des Wärmeerzeugers in kurzer Zeit aufgeheizt, während der Heizbetrieb unterbrochen ist. Vgl. 2.2.5, S. 118.

Regelung einer Solaranlage. Auch die Regelung einer Solaranlage kann der digitale Heizungsregler bei entsprechender Ausrüstung übernehmen. Vgl. 3.4.7, S. 184.

Schornsteinfeger-Funktion. Damit der Schornsteinfeger und der Kundendienst die erforderlichen Messungen durchführen können, wird die Regelung unterbrochen und

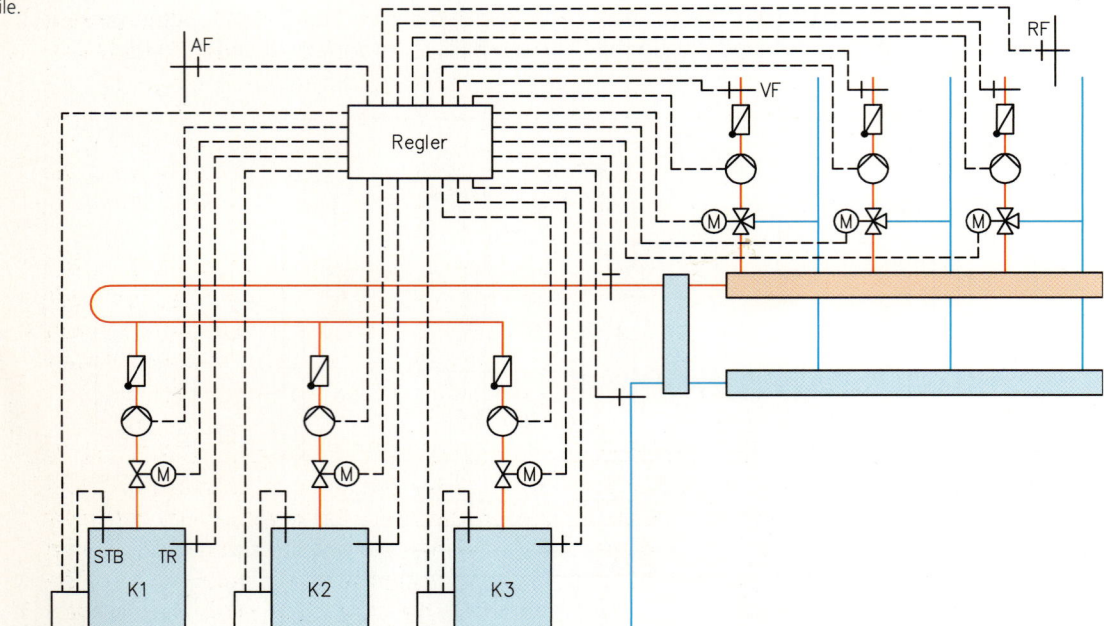

*****Kaskade,** Reihenschaltung gleichartiger Teile.

2. Schematische Darstellung der Regelung einer Mehrkesselanlage mit Kaskadenschaltung, hydraulischer Weiche sowie witterungs- und raumtemperaturgeführter Regelung.

der Heizkessel hochgeheizt. Die Rückstellung auf normalen Regelbetrieb kann von Hand oder nach einiger Zeit automatisch erfolgen.

Betriebsstundenzähler. Für die Beurteilung der Kesselauslastung ist die Betriebszeit des Brenners während eines Jahres von Bedeutung. Außerdem können Wartungs- und Inspektions-Intervalle* besser erfasst werden.

Zeitschaltuhr. Es sind Digitaluhren mit einstellbaren Heiz- und Warmwasser-Programmen für den Tag, die Woche oder für das ganze Jahr. Funkuhren können Signale zur aktuellen Zeit empfangen und gehen immer genau. In Wohnhäusern kann die Nachtabsenkung zwischen 22 Uhr und 6 Uhr, in Bürohäusern zwischen 17 Uhr und 6 Uhr eingestellt werden. Dabei sind individuelle Bedürfnisse der Bewohner zu berücksichtigen. Je nach Speichermasse des Gebäudes kann die Absenkung 30 Minuten bis 2 Stunden vorher beginnen und entsprechend vorher enden. Für massive Gebäude gelten längere, für leichte Bauarten kürzere Zeitverschiebungen. Die Trinkwassererwärmung morgens sollte abgeschlossen sein, wenn die Wiederaufheizung beginnt, damit die gesamte Kesselleistung dafür zur Verfügung steht.

Estrich-Trocknungsprogramm. Damit bei neu verlegtem Heizestrich einer Warmwasser-Fußbodenheizung die vorgeschriebenen Aufheizzeiten und Heiztemperaturen eingehalten werden, kann der Regler ein entsprechendes Programm enthalten.

Pumpensteuerung. Um bei korrosionsgefährdeten Heizkesseln den Temperaturbereich der Kondenswasserbildung im Abgas möglichst schnell zu durchfahren, bleiben die Heizungspumpen bei laufendem Brenner unterhalb bestimmter Kesseltemperaturen ausgeschaltet. So wird dem Heizkessel keine Wärme entzogen und Taupunktkorrosion weitgehend verhindert.

Rücklauf-Temperaturanhebung. Bei Regelkreisen mit Dreiwegemischern ist die Rücklauftemperatur zum Heizkessel bei bestimmten Betriebszuständen sehr niedrig. Je nach Bauart des Heizkessels kann es dann notwendig sein, die Rücklauftemperatur anzuheben, um Abgaskondensation und Säurekorrosion im Heizkessel zu verhindern. Das kann durch einen eigenen Regelkreis mit einer Beimischpumpe oder bei einer hydraulischen Weiche durch Erhöhung des Vorlauf-Volumenstroms durch die Kesselkreispumpen und der Kessel-Vorlauftemperatur geschehen.

Frostschutzsicherung. Bei ausgeschalteter Heizungsanlage wird die Anlage automatisch in Betrieb genommen, wenn die Temperaturen im Heizkessel oder im Speicher-Wassererwärmer 5 °C unterschreiten.

Temperaturbegrenzer. Einige Regelkreise, z.B. Warmwasser-Fußbodenheizungen, benötigen eine Temperaturbegrenzung, damit zu hohe Vorlauftemperaturen, z.B. über 50 °C, verhindert werden.

Blockierschutz. Falls die Umwälzpumpen im Sommer längere Zeit außer Betrieb waren, werden sie automatisch einige Sekunden in Betrieb gesetzt, damit sie nicht blockieren können. Aus dem gleichen Grund werden die Mischer in einstellbaren Zeitabständen etwas bewegt.

Winter- und Sommerumschaltung. Bei einer einstellbaren Außentemperatur stellt der Regler automatisch die Anlage von Sommer- auf Winterbetrieb und von Winter- auf Sommerbetrieb um.

Variable Schaltdifferenzen. Die Schaltdifferenzen für den Brenner können in Abhängigkeit der Außentemperatur verändert werden. Bei niedrigen Temperaturen verkleinern und bei höheren Temperaturen vergrößern sie sich. Auf diese Weise werden die Brennerstarts, der dadurch entstehende Verschleiß und die Umweltbelastungen verringert.

Kommunikation. Die Regler können Anschlüsse, so genannte Schnittstellen, für

***Intervalle,** Zeitabstände.

Regelung von Heizungsanlagen

*Diagnose, Krankheits- und Fehlererkennung.

Diagnosegeräte*, Telefon-, Fax- und Fernbedienungsgeräte sowie für Computer enthalten. So kann man von außen auf die Anlage einwirken und Betriebsdaten abrufen. Außerdem lässt sich die gesamte Heizungsanlage in eine zentrale Gebäudeleittechnik einbinden. Vgl. 2.4.2, S. 131.

2.3.6 Schaltkästen und Schaltschränke

*Modul, anpassungsfähiges Bauelement.

Die Schalt-, Steuerungs- und Regeleinrichtungen größerer Heizungsanlagen werden durch Einzelmodule* im Baukastenprinzip zusammengestellt. Dabei können die Module in einem Schaltkasten am Heizkessel oder in einem größeren Schaltschrank in der Heizzentrale untergebracht sein. Der Schaltkasten eines Heizkessels kann z.B. aus folgenden Modulen bestehen:

- Schalter für Betrieb Ein/Aus sowie Hand- und Automatikbetrieb,
- Kesselkreisregelung für konstante oder gleitende Kesseltemperatur mit Sicherheits-Temperaturbegrenzer,
- programmierbare Schaltuhr,
- Speicheraufheizung mit oder ohne Speicher-Vorrangschaltung,
- Regelkreis für Rücklauf-Temperaturanhebung,
- mehrere witterungsgeführte Heizkreisregelungen,
- Temperaturanzeige für Kesselvorlauf, Kesselrücklauf und Abgas,
- Betriebsstundenzähler.

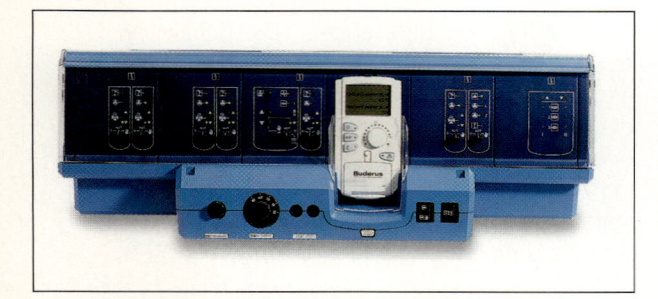

1. Schaltkasten eines Heizkessels mit mehreren Modulen und mobiler Bedieneinheit.

2. Schaltschrank in einer Heizzentrale.

Zur Wiederholung

1. Welche Nachteile hat eine zentrale Heizungsregelung nach einer Wohnraumtemperatur im Vergleich zu einer Regelung nach der Außentemperatur?
2. Welche Bedeutung haben Heizkennlinien bei einer witterungsgeführten Heizungsregelung?
3. Bei welchen Heizungsanlagen sind flache, mittlere oder steile Heizkennlinien einzustellen?
4. Was versteht man in einer Heizungsregelung unter Nachtabsenkung, wann soll sie in einem Wohnhaus beginnen und wann enden?
5. Wo ist der Außenfühler für ein Einfamilienhaus mit einem Heizkreis anzubringen?
6. Wie muss ein Vorlauffühler mit Tauchschaft eingebaut werden?
7. Was ist ein NTC- und was ein PTC-Thermistor?
8. Wann kann bei einer witterungsgeführten Vorlauf-Temperaturregelung

auf einen Mischer verzichtet werden und wann nicht?
9. Erklären Sie einem Kunden eine gleitende Kessel-Temperaturregelung.
10. Welche Unterschiede bestehen zwischen einem Mischhahn und einem Mischventil?
11. Wann soll ein Vierwege-Mischhahn eingebaut werden und wann nicht?
12. Eine Heizungsanlage für ein Einfamilienhaus besteht aus einem Wandheizkessel, einem Heizkreis für Plattenheizkörper, einem Heizkreis für Fußbodenheizung und einem Speicher-Wassererwärmer. Wie kann diese Anlage geregelt werden?
13. Was versteht man unter einer Speicher-Vorrangschaltung und unter einer thermischen Desinfektion bei der zentralen Trinkwassererwärmung?
14. Erklären Sie, wie eine Mehrkesselanlage geregelt werden kann.
15. Was versteht man bei der Regelung einer Heizungsanlage unter Schornsteinfeger-Funktion, Betriebsstundenzähler, Temperaturbegrenzer und Blockierschutz?

Regelung mit festem Sollwert, z.B. 75 °C.
5. Warum sollen Vierwege-Mischhähne nicht bei Heizungsanlagen mit Brennwertnutzung eingesetzt werden?
6. Für eine Heizungsanlage in einem größeren Wohnhaus mit einer gesamten Heizlast von 120 kW werden vier Gas-Wandheizkessel in einer Dachzentrale aufgestellt. Wie kann diese Anlage besonders wirtschaftlich betrieben werden?
7. Warum ist bei einigen Heizkesselanlagen eine Anhebung der Rücklauftemperatur erforderlich?
8. Warum ist eine Heizungsanlage mit einer variablen Temperaturdifferenz, mit der der Brenner am Heizkessel ein- und ausgeschaltet wird, umweltschonender als bei konstanter Temperaturdifferenz?
9. Wann kann bei einer Heizungsanlage auf eine Speicher-Vorrangschaltung für die Trinkwassererwärmung verzichtet werden?
10. Warum muss die Vorlauftemperatur bei einer Warmwasser-Fußbodenheizung durch den Heizungsregler begrenzt werden?

Zur Vertiefung

1. In einem Wohnhaus sind die Raumtemperaturen an kalten Tagen in allen Räumen zu niedrig. Was würden Sie an der witterungsgeführten Heizungsregelung ändern?
2. Was würden Sie verändern, wenn in der gleichen Anlage wie bei Frage 1 nur in der Übergangszeit die Raumtemperaturen zu niedrig sind?
3. Ein NTC-Thermistor ist in einem Außenfühler eingebaut. Welchen Widerstand hat der Thermistor bei −10 °C und bei 22 °C?
4. Erklären Sie einem Kunden, warum eine gleitende Kesseltemperatur-Regelung energiesparender ist als eine

2.4 Einzelraumregelungen und Gebäudeleittechnik

2.4.1 Einzelraum-Temperaturregelungen

Heizungsanlagen müssen neben einer zentralen Vorlauf-Temperaturregelung Einrichtungen zur raumweisen Temperaturregelung besitzen. Durch die Einzelraumregelung wird die unterschiedliche Heizlast erfasst, die durch zusätzliche Wärmeverluste über unbeheizte Nebenräume oder Fremdwärme durch Menschen und elektrische Geräte entstehen kann.

Thermostatventile. Eine gute und preiswerte Einzelraumregelung lässt sich durch Heizkörper-Thermostatventile erzielen. Es gibt auch programmierbare Thermostatventile, die zu bestimmten Zeiten die Raumtemperatur automatisch absenken. Die Stromversorgung übernimmt eine eingebaute Batterie.

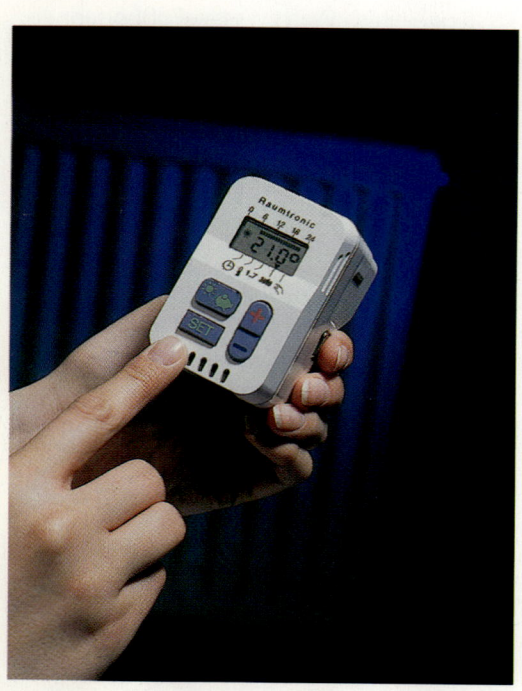

1. Programmierbares Heizkörper-Thermostatventil.

Elektrische Stellantriebe. Eine genauere Einzelraumregelung wird durch elektrische Stellantriebe erreicht. Ein Temperaturfühler im Raum meldet den Istwert an einen Regler, der über ein Heizkörperventil mit elektrischem Stellantrieb oder bei einer Heizkörpergruppe über ein Zonenventil in den Heizwasserstrom eingreift. Schaltuhren können ein Zeitprogramm für den Tag, die Woche oder das Jahr enthalten.

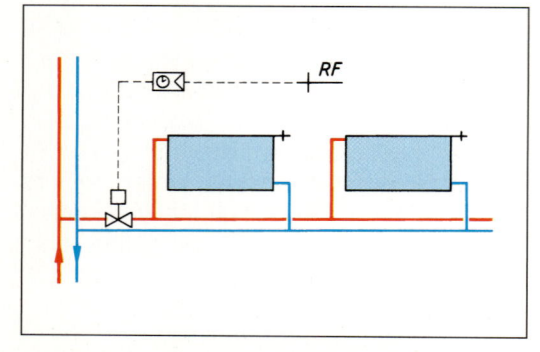

2. Einzelraumregelung einer Heizkörpergruppe durch ein Zonenventil mit elektrischem Stellantrieb.

Warmwasser-Fußbodenheizungen benötigen stets elektrische Stellantriebe, da mechanische Thermostatventile für diese Heizungsart zu träge sind. Bei Räumen mit Fußbodenheizung und zusätzlichen Heizkörpern, z.B. in einem Bad, können die Thermostatventile der Heizkörper die Einzelraumregelung übernehmen, während die witterungsgeführte Fußbodenheizung die Grundheizlast des Raums ausgleicht.

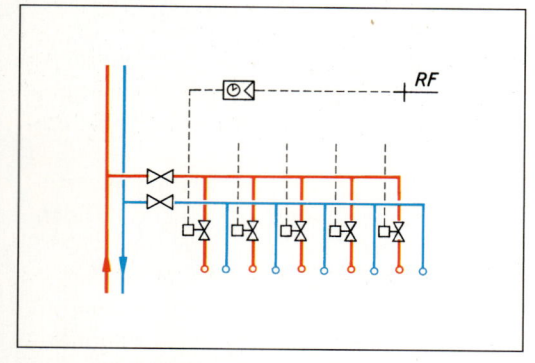

3. Einzelraumregelung einer Warmwasser-Fußbodenheizung mit elektrischen Stellantrieben.

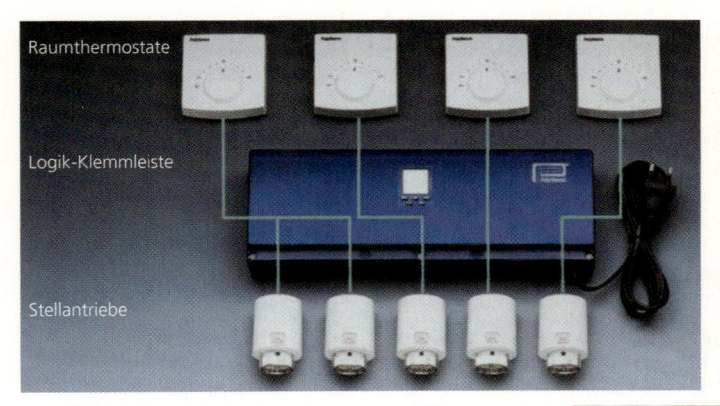

Einzelraumregelungen und Gebäudeleittechnik

1. Stellantriebe mit Raumthermostaten und Klemmleiste für eine Warmwasser-Fußbodenheizung.

wirtschaftlich, die Bedienung und Überwachung zentral zu betreiben. Auch entfernt liegende Gebäude können über das öffentliche Telefonnetz mit der Leitstation verbunden sein. Durch diese sehr aufwändigen und teuren Systeme kann Personal und erheblich Energie eingespart werden.

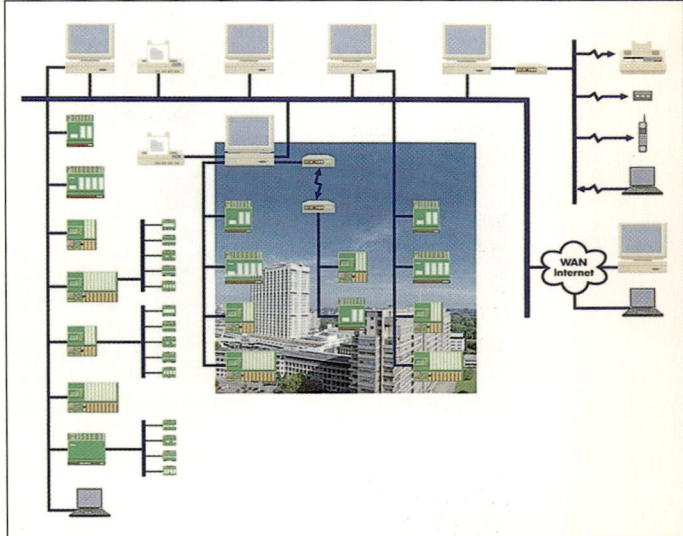

Der nachträgliche Einbau von Einzelraumregelungen in Altbauten kann durch funkgesteuerte Anlagen erleichtert werden, da die aufwändige Verdrahtung zwischen Raum-Temperaturregler und Stellantrieben entfällt.

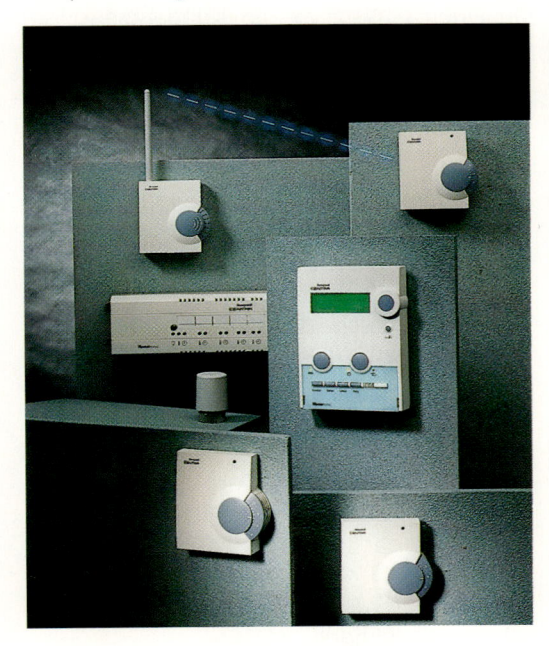

2. Raum-Temperaturregler mit Funksteuerung.

3. Schema einer zentralen Leittechnik für mehrere Gebäude.

2.4.2 Zentrale Gebäudeleittechnik

Bei der Regelung und Steuerung haustechnischer Anlagen in großen Gebäuden wie Schulen, Krankenhäusern etc. ist es sehr

Die zentrale Gebäudeleittechnik kann folgende Anlagen erfassen:
- Heizzentralen,
- Einzelraum-Temperaturregelungen,
- Lüftungs- und Klimazentralen,
- Einzelraum-Klimatisierungen,
- Trinkwasserversorgungen,
- Abwasserentsorgungen (Hebeanlagen),
- Gasversorgungen.

Außerdem lassen sich auch andere haustechnische Einrichtungen wie elektrische Versorgungssysteme, Aufzugsanlagen oder Steuerung der Fenster-Jalousien mit der zentralen Gebäudeleittechnik verbinden.

Regelung von Heizungsanlagen

*Trend,
Grundrichtung einer Entwicklung.
*optimieren, das bestmögliche Ergebnis anstreben, ein vorhandenes Ergebnis verbessern.

*DDC = Direkt Digital Control.

Bedienungsebene. Sie besteht aus einem Computer mit entsprechender Software, Bildschirm und Drucker. Es können die Istwerte der Anlagen sowie der einzelnen Räume zentral überwacht, gesammelt und ausgedruckt werden.

1. Bedienungsebene mit Computer für eine zentrale Gebäudeleittechnik.

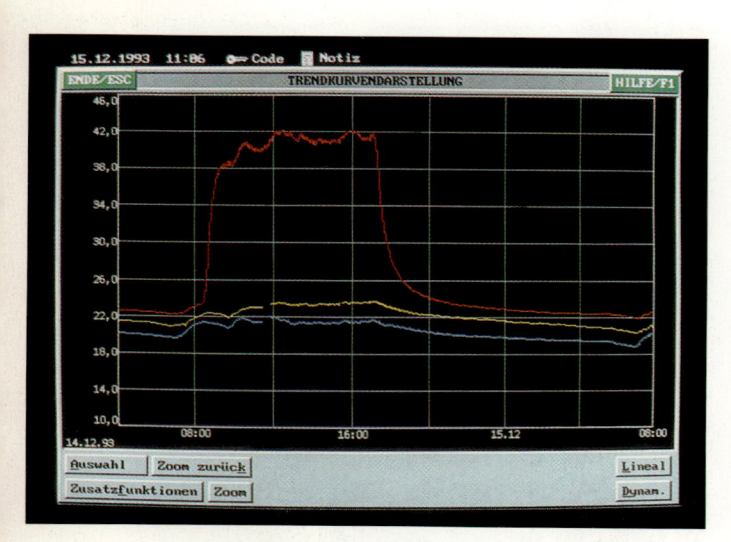

2. Darstellung von Trendkurven am Bildschirm des Computers.

Optimierung. Die gespeicherten Werte, z.B. die Temperaturen über einen bestimmten Zeitraum, können auf dem Bildschirm dargestellt und ausgedruckt werden. So lassen sich Trends* der Anlage besser erkennen und unbefriedigende Ergebnisse optimieren*.

Digitale Prozessrechner in haustechnischen Anlagen können durch Austausch oder Änderung der Software die Regelung an neue Erfordernisse anpassen. Sie geben die Stellsignale direkt an die Stellglieder weiter, man bezeichnet sie deshalb als DDC*-Regler.

Anlagenüberwachung. Durch eine zentrale Gebäudeleittechnik lassen sich die erfassten Bauteile in ihrer Funktion von der Leitstelle aus überwachen. Störungen können automatisch über Telefon oder Faxgerät an einen einsatzbereiten Kundendienst gemeldet werden. So wird z.B. die Blockierung einer Heizungspumpe oder eine Brennerstörung sofort automatisch weitergeleitet.

Zentral gesteuerte Einzelraumregelung.
In jedem Raum, z.B. in einem Hotel, wird ein Temperaturregler installiert, der durch die Benutzer eingestellt werden kann, aber auch zentral zu bedienen ist. Durch einen Anwesenheitsschalter ist feststellbar, ob der Raum genutzt wird oder nicht. Offene Fenster werden durch einen Kontakt gemeldet und die Heizkörper abgestellt. Elektrische Stellantriebe an den Heizkörperventilen erhalten bei Bedarf Verstellimpulse. Die Raumebene ist mit der Regelebene und diese- mit der zentralen Bedienungsebene verbunden. Diese Anlagen werden in größeren Schulen, Hotels oder Verwaltungsgebäuden verwendet.

2.4.3 BUS-Systeme in der Haustechnik

Die in einer zentralen Gebäudeleittechnik einbezogenen Geräte müssen kommunika-

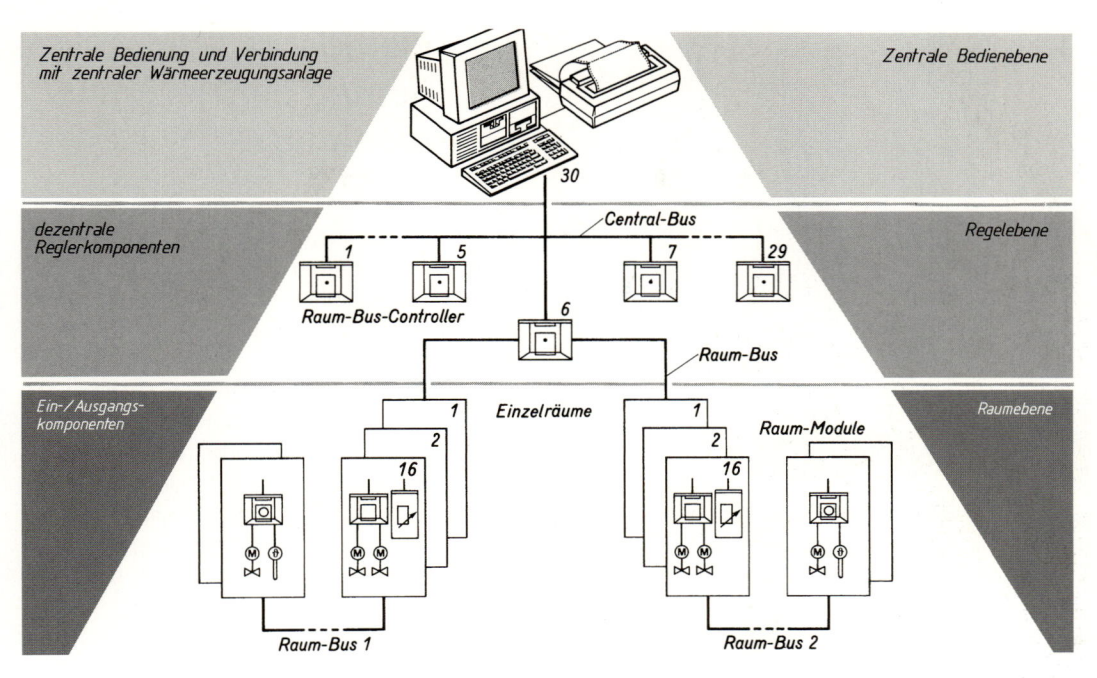

Einzelraumregelungen und Gebäudeleittechnik

1. Schema einer zentralen Gebäudeleittechnik für die Einzelraum-Temperaturregelung.

tionsfähig sein. Die Kommunikation* mit der Leitebene erfolgt über BUS*-Systeme, die kabelgebunden oder funkgesteuert sein kann.

Europäischer Installations-BUS*. Dieses System wird europaweit meistens für Gebäudemanagements in privaten Wohn- und Geschäftshäusern verwendet und ist spezialisiert auf Gebäude-Installationen. Es kann eine sehr große Anzahl Teilnehmer bei Leitungslängen von mehr als 1 km angeschlossen werden. Zur Lösung der Gebäudeautomation lassen sich gleichartige Aufgaben in Gruppen zusammenfassen, z.B. das gleichzeitige Schließen aller Fenster-Jalousien bei Sturm. Beim EIB werden Daten und Energie auf denselben Leitungen übertragen; es sind grundsätzlich nur zwei Leitungen notwendig. Trotzdem werden EIB-Kabel mit 2 x 2 Adernpaaren verwendet, wobei ein Adernpaar als Reserve dient.

LON*-BUS. Dieses System wird überwiegend im Industrie- und Gewerbebereich für die Aufgaben Messen, Steuern, Regeln verwendet.

M*-BUS. Dieses System ist spezialisiert auf die Übernahme von Energieverbrauchsdaten, z.B. von Wärme- und Wasserzählern oder Heizkostenverteilern. Es wird hauptsächlich von Energieversorgern oder Firmen, die Messdienste durchführen, eingesetzt.

Zur Wiederholung

1. Welche Einzelraumregelungen werden bei Heizkörpern und welche bei Warmwasser-Fußbodenheizungen vorwiegend verwendet?
2. Erklären Sie einem Kunden, was eine Heizkörpergruppe und ein Zonenventil ist.
3. Wie kann beim nachträglichen Einbau einer Raum-Temperaturregelung in eine Warmwasser-Fußbodenheizung auf die Verkabelung verzichtet werden?

***Kommunikation,** Verständigung untereinander.

***BUS,** mehradrige Sammelleitung zur Datenübertragung.

***E**uropäischer **I**nstallations-**B**us*, Abk. EIB.

***LON,** engl. **L**ocal **O**perating **N**etwork.

***M,** Abkürzung für **M**etering = Messen.

4. Nennen Sie Anlagen, die mit einer zentralen Gebäudeleittechnik überwacht werden können.
5. Woraus besteht die Bedienungsebene einer Gebäudeleittechnik?
6. Was sind DDC-Regler?
7. Was ist ein europäischer Installations-Bus und welche Abkürzung wird dafür verwendet?
8. Bei welchen Aufgaben werden LON-BUS- und M-BUS-Systeme eingesetzt?

Zur Vertiefung

1. Warum hat der Gesetzgeber außer der zentralen Vorlauf-Temperaturregelung zusätzliche Einzelraumregelungen vorgeschrieben?
2. Warum werden für die Regelung der Heizkreise einer Warmwasser-Fußbodenheizung elektrische Stellantriebe verwendet und keine einfachen Thermostatventile?
3. Welche Verbesserungen (Optimierungen) lassen sich beim Betrieb großer Heizungsanlagen durch eine zentrale Gebäudeleittechnik erreichen?
4. Welche Vorteile ergeben sich für den Kundendienst, wenn er eine zentrale Gebäudeleittechnik nutzen kann?

2.5 Elektrische Komponenten der Heizungsregelung

Um die Arbeitsweise elektrischer Geräte und Maschinen zu erkennen, die in haustechnischen Anlagen häufig die Stellglieder der Regelungsanlagen bilden, sind elektrische Schalt- und Anschlusspläne notwendig, die die Verbindung und schematische Anordnung der Einrichtungen zeigen. Bei der Inbetriebnahme von Heizungsanlagen oder bei Störungen muss der Anlagenmechaniker diese Pläne lesen und die notwendigen Schlüsse ziehen können. Die elektrische Installation ist nur im Rahmen seiner Ausübungsberechtigung und nach Auftragslage seine Aufgabe.

2.5.1 Stromnetz

Im Stromversorgungsnetz der Gebäude wird Wechselspannung mit einer Frequenz von 50 Hz in einem Fünfleiternetz verwendet. Dieses Netz besteht aus drei spannungsführenden Außenleitern L1, L2 und L3, einem Neutralleiter N und einem Schutzleiter PE. Vgl. Bd. 07487, Kap. 3.5. Die elektrische Spannung zwischen einem Außenleiter und dem Neutralleiter beträgt 230 V, zwischen den Außenleitern 400 V. Bei diesem Netz besteht

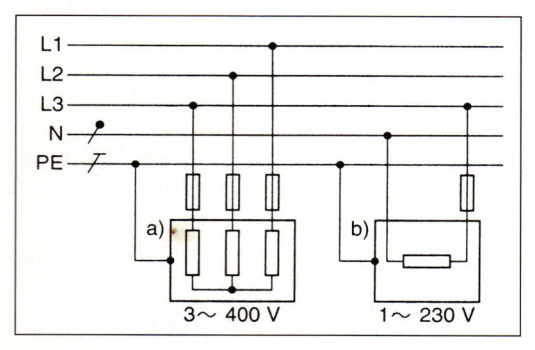

1. Anschlüsse an ein Fünfleiternetz: a) Drehstrom-Anschluss 400 V an L1, L2 und L3 mit Sicherungen und Schutzleiter PE. b) Wechselstrom-Anschluss 230 V an L, N und PE.

Elektrische Komponenten der Heizungsregelung

die Möglichkeit, elektrische Geräte mit geringer Leistung mit 230 V Wechselspannung (Wechselstrom) und Geräte mit größerer Leistung mit Dreiphasen-Wechselspannung 400 V (Drehstrom) zu betreiben. Um elektrische Leitungen und Geräte vor Überströmen zu schützen, werden Schmelzsicherungen und Leitungsschutzschalter eingebaut. Als Schutz gegen gefährliche Körperströme dient der geerdete PE-Leiter, der mit dem metallischen Gehäuse des Geräts verbunden wird.

2.5.2 Schaltpläne

Um den Stromverlauf und die Anschlüsse elektrischer Geräte übersichtlich und eindeutig zu veranschaulichen, werden elektrische Schaltpläne gezeichnet. Elektrische Begriffe, Leitungen und Geräte sind durch Schaltzeichen dargestellt.

Beachten Sie: Die Betriebsmittel in elektrischen Schaltplänen werden im stromlosen Zustand in der Grundstellung dargestellt.

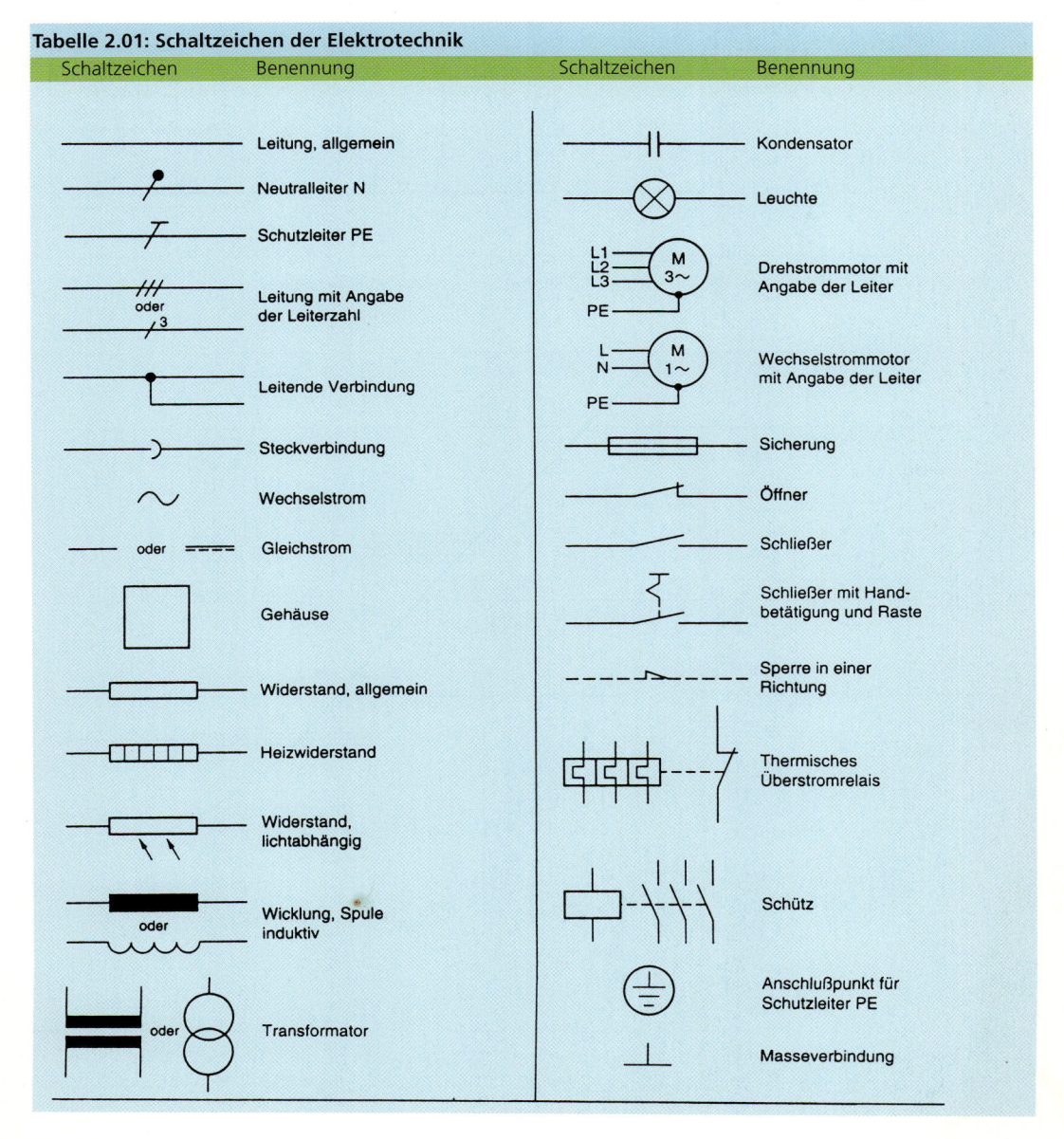

Tabelle 2.01: Schaltzeichen der Elektrotechnik

Schaltzeichen	Benennung	Schaltzeichen	Benennung
	Leitung, allgemein		Kondensator
	Neutralleiter N		Leuchte
	Schutzleiter PE		Drehstrommotor mit Angabe der Leiter
	Leitung mit Angabe der Leiterzahl		Wechselstrommotor mit Angabe der Leiter
	Leitende Verbindung		Sicherung
	Steckverbindung		Öffner
	Wechselstrom		Schließer
	Gleichstrom		Schließer mit Handbetätigung und Raste
	Gehäuse		Sperre in einer Richtung
	Widerstand, allgemein		Thermisches Überstromrelais
	Heizwiderstand		Schütz
	Widerstand, lichtabhängig		Anschlußpunkt für Schutzleiter PE
	Wicklung, Spule induktiv		Masseverbindung
	Transformator		

Regelung von Heizungsanlagen

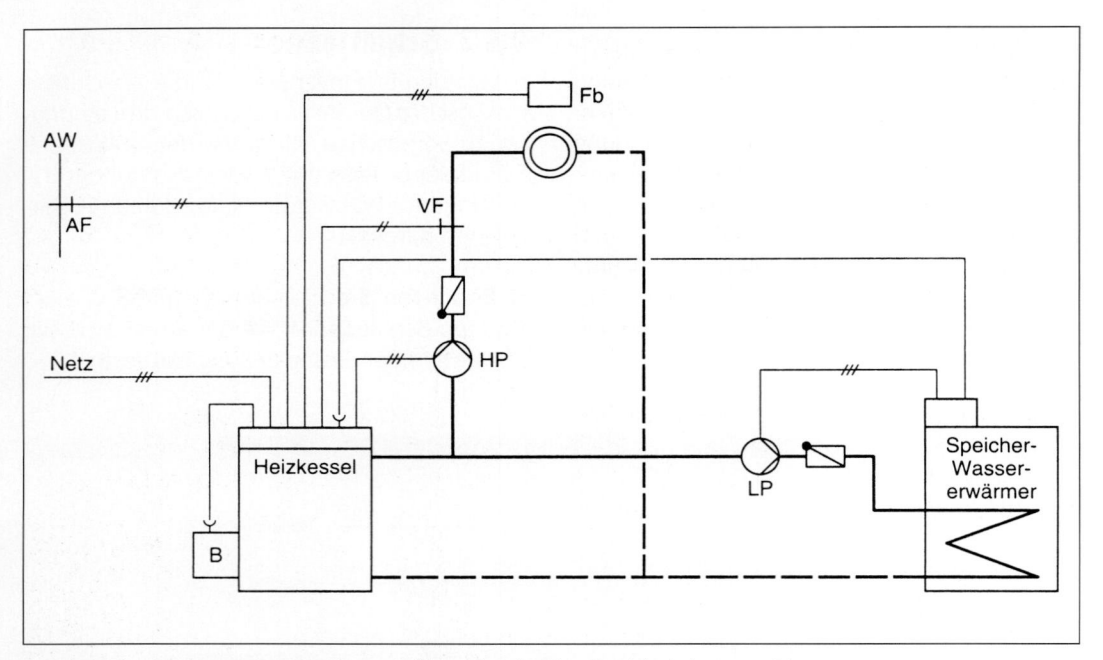

1. Schaltschema einer Heizungsanlage mit Übersichtsplan für die elektrischen Anschlüsse.

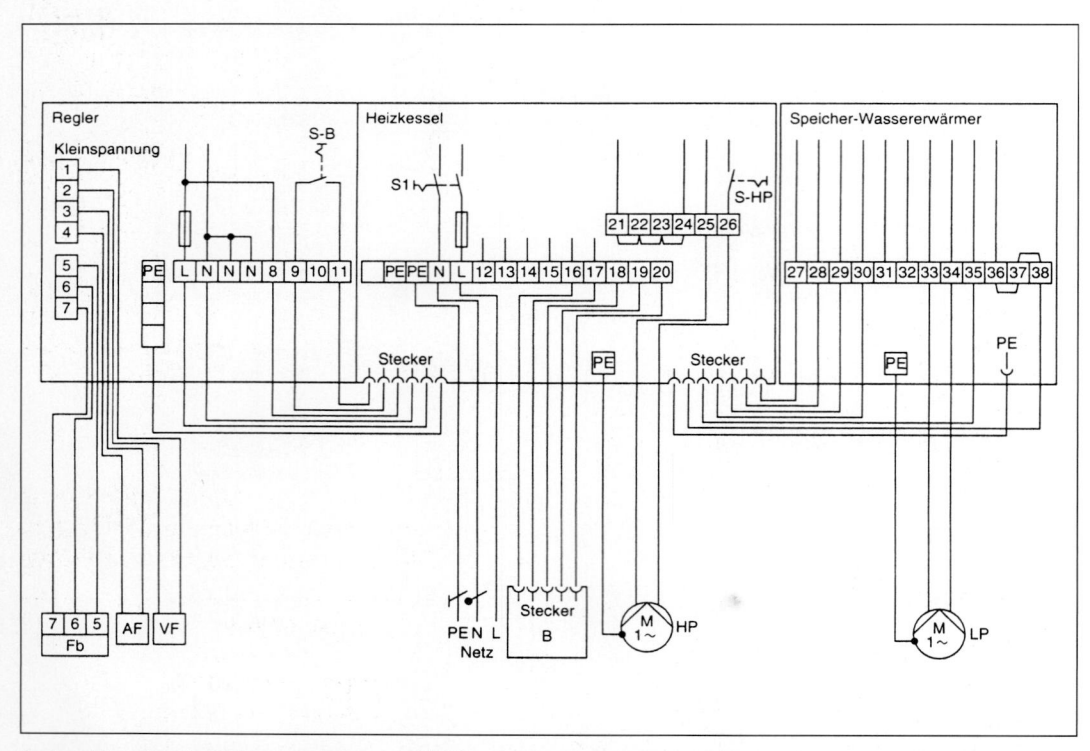

2. Anschlussplan der Heizungsanlage von Abbildung 1 für eine witterungsgeführte, gleitende Heizkessel-Temperaturregelung. Der Brenner kann über den Schalter S-B, die Heizungspumpe über S-HP und die gesamte Anlage über S1 von Hand geschaltet werden.

Schaltschemen. Die elektrischen Anschlüsse einer Heizkesselanlage können in einem Schaltschema als Übersicht angegeben sein. In der Abbildung 1, S. 136 sind der Vorlauffühler VF, der Außenfühler AF, die Fernbedienung Fb, die Anschlüsse an das Stromnetz sowie die Heizungspumpe HP und Speicherladepumpe LP bauseitig anzuschließen. Der Brenner B und die Verbindung zum Speicher-Wassererwärmer werden durch Steckverbindungen angeschlossen. Die Stecker sind so gestaltet (kodiert*), dass Verwechslungen nicht möglich sind.

Anschlusspläne. Der Anschlussplan liefert genaue Anweisungen, wie die Verdrahtung vorzunehmen ist. Die Kesselhersteller fertigen elektrische Anschlusspläne für den Heizkessel, Brenner, Speicher-Wassererwärmer und die Regelungsanlage an. Dabei werden die Anschlüsse weitgehend werkseitig vorgefertigt. Wo Teile getrennt geliefert werden, sind sie durch kodierte Steckverbindungen so vorbereitet, dass die bauseitigen Anschlüsse auf ein Minimum begrenzt sind. Dadurch spart man Arbeitszeit und vermeidet Anschlussfehler. Die Anschlussklemmen sind mit Zahlen oder Buchstaben gekennzeichnet.

2.5.3 Verdrahtung und Gerätesicherungen

Verdrahtung. Die Verdrahtung elektrischer Bauteile erfolgt durch isolierte Kupferleitungen. Die Leitungsquerschnitte richten sich nach der Stromstärke. In den meisten Fällen beträgt der Leitungsquerschnitt bis zu einer Stromstärke von 16 A 1,5 mm². Die Leitungen sind durch unterschiedliche Farben der Isolierung gekennzeichnet:
- Schutzleiter PE: grün-gelb,
- Neutralleiter N: hellblau,
- Außenleiter L: schwarz oder braun.

*Kodieren, verschlüsseln.

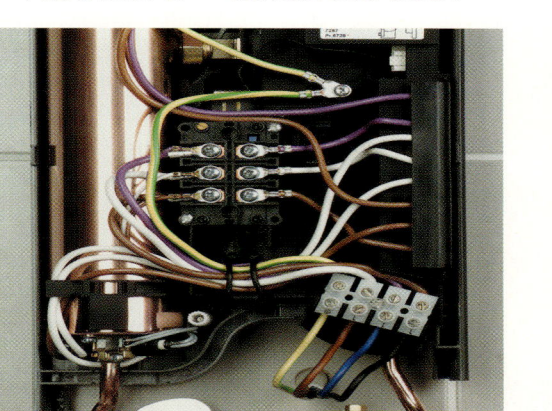

2. Anschluss eines Elektro-Durchfluss-Wassererwärmers mit Schutzleiter PE (grün-gelb), Neutralleiter N (hellblau) und Außenleiter L1 und L2 (braun und schwarz).

Geräte-Schutzsicherungen. Sie werden zum Schutz gegen elektrische Überlastungen und Kurzschlüsse in die meisten Geräte

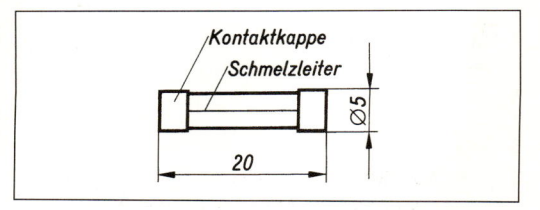

1. Elektrische Verbindung eines Gasbrenners durch einen kodierten Stecker.

3. Geräte-Schutzsicherung.

eingebaut. Es sind Schmelzsicherungen aus einem röhrenförmigen Glas- oder Keramikkörper mit Kontaktkappen an beiden Enden.

Geräte-Schutzsicherungen haben meistens einen Durchmesser von 5 mm und eine Länge von 20 mm. Es gibt u.a. flink reagierende (F), mittelträge (M) und träge (T) Sicherungen.

Beachten Sie: Arbeiten an elektrischen Anlagen dürfen nur von Firmen durchgeführt werden, die durch das EVU zugelassen sind. Für festgelegte elektrotechnische Tätigkeiten im Bereich der Sanitär-, Heizungs- und Klimatechnik muss die Qualifikation einer Elektrofachkraft nachgewiesen werden. Die Sicherheitsregeln sind bei den Arbeiten unbedingt einzuhalten. Vgl. Bd. 07487, Kap. 3.5.

*__Kondensator,__ Verdichter und Speicher elektrischer Ladungen.

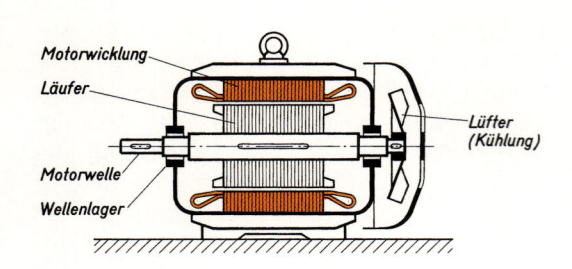

2. Aufbau eines Elektromotors.

2.5.4 Elektromotoren

Elektromotoren wandeln elektrische Energie in mechanische Energie um. Sie werden zum Antrieb von Gebläsebrennern, Ventilatoren, Pumpen und Stellantrieben benötigt. Bei einer Frequenz im Stromnetz von 50 Hz haben die Motoren häufig Drehzahlen von ca. 1400 1/min oder 2800 1/min.

Wechselstrom-Motoren. Motoren kleinerer Leistung bis maximal 1,4 kW werden meistens an Einphasen-Wechselspannung angeschlossen. Zum Betrieb ist häufig ein Kondensator* als Anlaufhilfe erforderlich, der in ein zylinderförmiges Gehäuse aus Aluminium eingebaut ist. Ein Kondensator kann elektrische Ladungen speichern. Er verhilft dem Motor zu einem Drehfeld, durch das der Läufer in Rotation versetzt wird.

Drehstrom-Motoren. Sie werden bei hohen Motorleistungen verwendet. Wenn Drehstrom durch die Wicklungen des Motors fließt, wird ein Drehfeld erzeugt, das den Läufer antreibt. Kondensatoren als Hilfseinrichtungen sind deshalb nicht erforderlich. Drehstrom-Motoren können in Sternschaltung oder Dreieckschaltung betrieben werden. Bis 3 kW Motorleistung wird Sternschaltung bevorzugt. Motoren über 3 kW

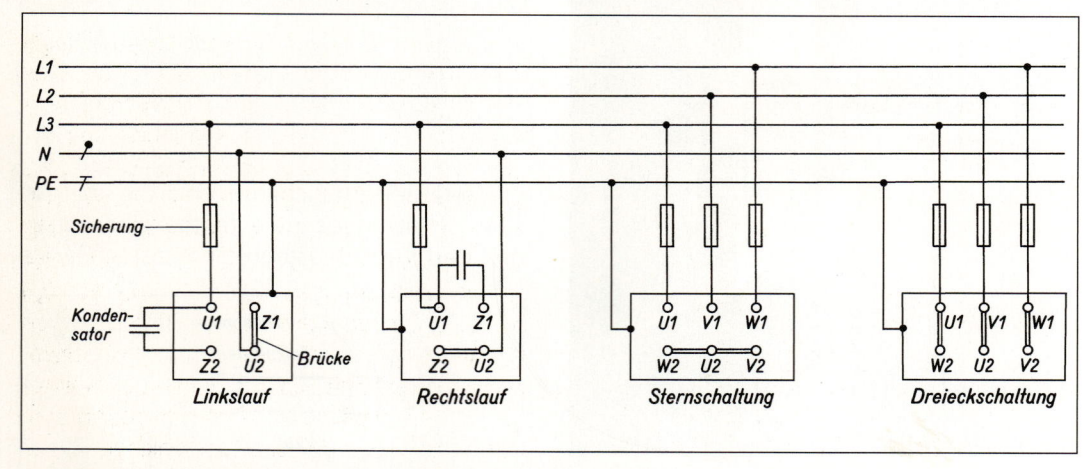

1. Anschlüsse von Wechselstrom- und Drehstrom-Motoren an ein Fünfleiternetz. Die Wicklungen im Motor werden mit U, V, W oder Z bezeichnet.

Elektrische Komponenten der Heizungsregelung

Leistung laufen häufig in Sternschaltung mit kleinem Einschaltstrom an und erreichen dann in Dreieckschaltung die volle Leistung, die dreimal so groß ist wie bei Sternschaltung.

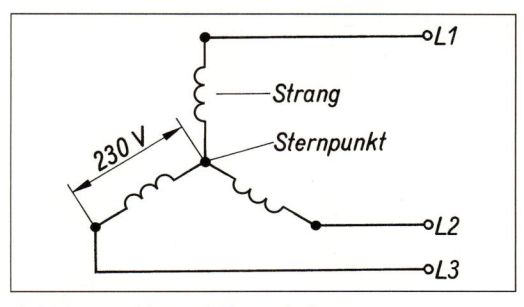

1. Motoranschluss mit Sternschaltung.

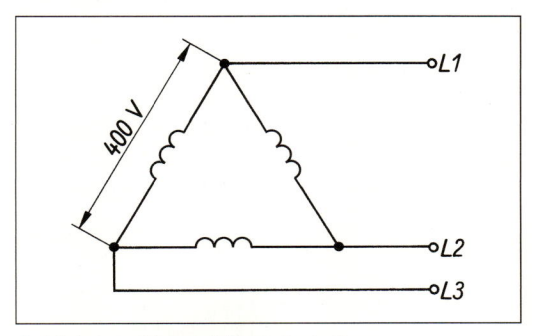

2. Motoranschluss mit Dreieckschaltung.

Motor-Schutzschalter. Es sind mehrpolige Schalter, die den Motor vor Überlastung und dadurch vor einer Zerstörung schützen. Das Überwachungselement kann ein stromdurchflossenes Bimetall sein, das sich bei zu hoher Stromstärke durch Erwärmung so verformt, dass eine allpolige Abschaltung erfolgt. Nach Abkühlung des Bimetalls können Motor-Schutzschalter wieder von Hand eingeschaltet werden.

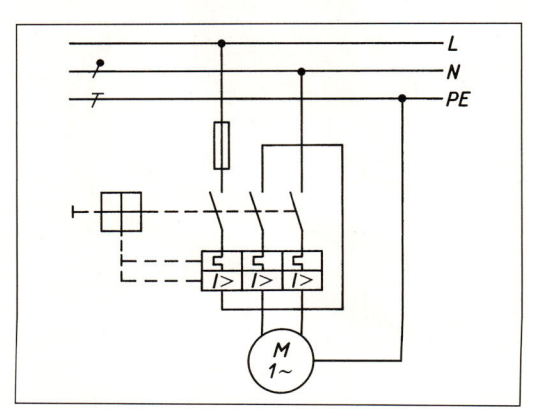

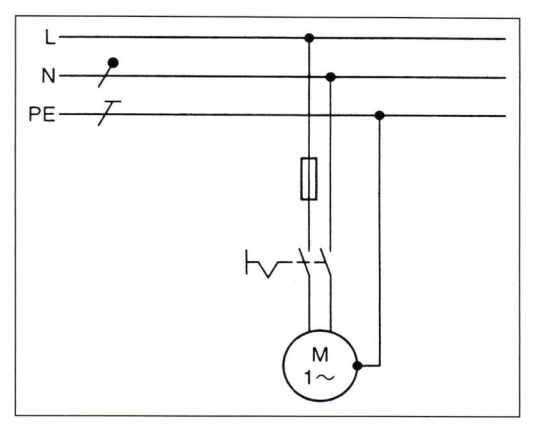

3. Dreipoliger Schutzschalter für einen Wechselstrom-Motor.

4. Ausschlussplan eines Wechselstrom-Motors mit Schmelzsicherung und zweipoligem Schalter.

Motorschütz. Das Ein- und Ausschalten erfolgt bei Drehstrommotoren wegen der höheren Stromstärken meistens über ein magnetbetätigtes Motorschütz. Dieses kann von Hand oder automatisch durch ein Steuergerät betätigt werden. Neben der Schmelzsicherung als Leitungsschutz kann ein Motor-Schutzschalter im Hauptstromkreis eingebaut sein.

Leistung bei Elektromotoren. In Gleichstrom- und Wechselstromkreisen, die nur ohmsche Widerstände enthalten, ist die elektrische Leistung P von der Spannung und der Stromstärke abhängig. Vgl. 3.2.5, S. 165. Bei Wechselstrom- und Drehstrom-Motoren entstehen durch induktive Widerstände Leistungsverluste, die durch den Leistungsfaktor $\cos \varphi$* berücksichtigt werden. Er beträgt 0,5 bis 0,9. Die verminderte Leistung wird als Wirkleistung bezeichnet. Bei Drehstrom-Motoren berücksichtigt der Verkettungsfaktor $\sqrt{3} = 1{,}73$ zusätzlich die Verschiebung und Überschneidung der drei Außenleiter L1, L2 und L3. Verlustleistungen des Motors werden durch den Wirkungsgrad η erfasst.

*cos, Cosinus = Winkelfunktion.

Abgegebene Leistung bei Wechselstrom-Motoren:

$$P_{ab} = U \cdot I \cdot \cos \varphi \cdot \eta$$

Abgegebene Leistung bei Drehstrom-Motoren:

$$P_{ab} = 1{,}73 \cdot U \cdot I \cdot \cos \varphi \cdot \eta$$

P_{ab} abgegebene elektrische Leistung in W
U elektrische Spannung in V
I elektrische Stromstärke in A
$\cos \varphi$ Leistungsfaktor
1,73 Verkettungsfaktor bei Drehstrom
η Wirkungsgrad

Beachten Sie: Leistungsangaben auf dem Typenschild betreffen bei Elektromotoren stets die abgegebene Leistung (Nennleistung).

Beispiel 1:

Welche Stromstärke stellt sich bei einem Wechselstrom-Motor für einen Gas-Gebläsebrenner ein, wenn die Spannung 230 V, die Nennleistung 420 W, $\cos \varphi = 0{,}80$ und $\eta = 0{,}85$ betragen?

Lösung:
$P_{ab} = U \cdot I \cdot \cos \varphi \cdot \eta$

$$I = \frac{P_{ab}}{U \cdot \cos \varphi \cdot \eta}$$

$$I = \frac{420 \text{ W}}{230 \text{ V} \cdot 0{,}80 \cdot 0{,}85} = 2{,}7 \text{ A}$$

Beispiel 2:

Welche Nennleistung hat ein Drehstrom-Motor für eine größere Heizungspumpe bei einer Spannung von 400 V, einer Stromstärke von 4 A, $\cos \varphi = 0{,}87$ und $\eta = 0{,}83$?

Beispiel 2 (Fortsetzung):

Lösung:
$P_{ab} = 1{,}73 \cdot U \cdot I \cdot \cos \varphi \cdot \eta$

$P_{ab} = 1{,}73 \cdot 400 \text{ V} \cdot 4 \text{ A} \cdot 0{,}87 \cdot 0{,}83$

$P_{ab} = 1999 \text{ W} = 2 \text{ kW}$

2.5.5 Messen elektrischer Größen

Der Anlagenmechaniker für Sanitär-, Heizungs- und Klimatechnik muss in der Lage sein, wichtige Größen im elektrischen Teil der Anlage zu messen. Dabei sind die Sicherheitsbestimmungen beim Umgang mit elektrischem Strom unbedingt zu beachten.

Für die Messung der wichtigsten elektrischen Größen dienen Mehrfach-Messgeräte, mit denen die Stromstärke, die Spannung

1. Mehrfach-Messgerät zum Messen elektrischer Größen.

und der elektrische Widerstand gemessen werden können.

Messung der Stromstärke. Durch die elektrisch betriebenen Geräte fließt der elektrische Strom. Das Messgerät besitzt einen geringen Innenwiderstand R_i, der in Reihe zum Verbraucher geschaltet ist, so dass der Strom das Messgerät passieren muss. Vgl. 3.2.5, S. 166. Strommessgeräte werden auch als Amperemeter bezeichnet, sie geben die Stromstärke in A oder mA an.

Bei der Messung nicht bekannter Ströme wird zuerst die Einstellung des größten Messbereichs gewählt, damit das Messgerät nicht beschädigt wird. Bei sehr geringem Ausschlag wird nach und nach auf kleinere Messbereiche umgeschaltet.

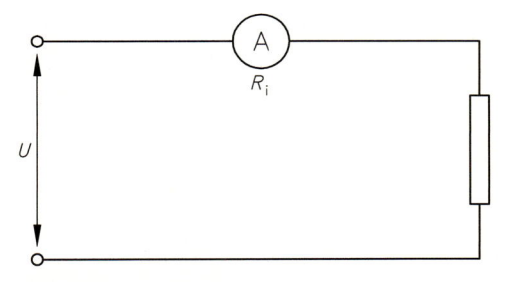

1. Schaltung eines Strommessers.

Spannungsmessung. Spannungsmesser, auch Voltmeter genannt, besitzen einen hohen Innenwiderstand. Sie werden parallel zur Spannungsquelle bzw. zum Verbraucher geschaltet.

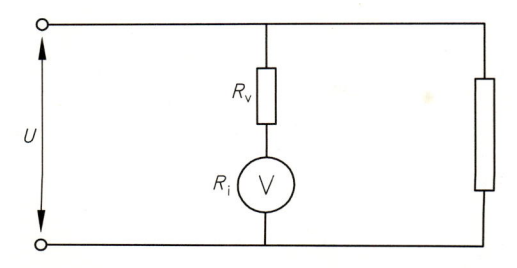

2. Schaltung eines Spannungsmessers mit Vorwiderstand RV

Widerstandsmessung. Die Messung elektrischer Widerstände ist für die Inbetriebnahme und Überprüfung elektrischer Anlagen, besonders bei Temperaturfühlern, wichtig. Um den Widerstand R nach dem Ohmschen Gesetz zu ermitteln, sind eine Strom- und eine Spannungsmessung erforderlich. Vgl. 3.2.5, S. 166. Mit der Strommessung wird der durch den unbekannten Widerstand fließende Strom ermittelt, durch die Spannungsmessung der Spannungsabfall am Widerstand festgestellt. Die Widerstandsmessung ist in Mehrfach-Messgeräten integriert und kann direkt in Ω abgelesen werden. Widerstandsmessgeräte bezeichnet man auch als Ohmmeter.

Zur Wiederholung

1. Aus welchen Leitern besteht das Stromversorgungsnetz in Gebäuden, an das die Geräte der Sanitär-, Heizungs- und Klimatechnik angeschlossen werden? Erklären Sie die einzelnen Leiter.
2. Skizzieren Sie folgende Schaltzeichen der Elektrotechnik: Leitung mit drei Leitern, Symbole für Wechselstrom und Gleichstrom, Widerstand, Sicherung, Transformator, Wechselstrom-Motor mit Angabe der Leiter, Schließer mit Raste, Schütz, Masseverbindung.
3. Mit welchen Leitungen werden Verdrahtungen vorgenommen und welche Farben haben die Isolierungen?
4. Welche Aufgaben haben Geräte-Schutzsicherungen und Motor-Schutzschalter?
5. Was ist ein Motorschütz und wann wird es verwendet?
6. Wie unterscheiden sich Wechselstrom- und Drehstrom-Motoren? Wann werden die unterschiedlichen Motoren verwendet?
7. Skizzieren Sie den Anschluss bei Drehstrom in Stern- und in Dreieckschaltung.

8. Wozu dienen in der Elektrotechnik Mehrfach-Messgeräte?
9. Wie werden die elektrische Stromstärke, die Spannung und wie ein Ohmscher Widerstand gemessen?

Zur Vertiefung

1. Beim Berühren des Schaltkastens eines alten Heizkessels spüren Sie ein leichtes Kribbeln, das darauf schließen lässt, dass das Gehäuse unter Spannung steht. Welche Ursache liegt wahrscheinlich vor und welche Maßnahmen werden Sie ergreifen?
2. Warum werden Heizungsregler durch Geräte-Schutzsicherungen und Motoren durch Motor-Schutzschalter gesichert?
3. Warum sollen Schaltschemen und Anschlusspläne sowie sonstige Unterlagen einer Heizkesselanlage sorgfältig im Aufstellraum aufbewahrt werden?
4. Beantworten Sie zu den Abbildungen 1 und 2, S. 136, folgende Fragen:
   a) In welche Heizkreise ist die Anlage unterteilt?
   b) Welche Anlagenteile müssen bauseitig elektrisch angeschlossen werden? Geben Sie die Anzahl der Leiter in den Leitungen an.
   c) Welche Bauteile werden an Kleinspannung angeschlossen?
   d) An welchen Klemmen ist die Fernbedienung und an welchen der Vorlauffühler angeschlossen?
   e) Aus welchen Leitern besteht der Netzanschluss, wo werden sie angeschlossen?
   f) Wo sind der Hauptschalter und die Sicherungen eingebaut?
   g) Warum muss der Mischermotor an vier Adern angeschlossen werden und mit welchen Klemmen sind sie verbunden?
   h) Welche werkseitig vorgefertigten Steckverbindungen sind vorgesehen?
   i) An welche Klemmen sind die zwei Pumpen angeschlossen?
5. Skizzieren Sie für den Anschluss eines Wechselstrom- und eines Drehstrom-Motors den Stromlaufplan. Beide Motoren besitzen ein thermisches Überstromrelais und ein Motorschütz. Im Stromkreis ist ein Schließer mit Handbetätigung und Raste einzuplanen.

Zur Berechnung

Elektromotoren

1. Wie groß ist der Wirkungsgrad eines Wechselstrom-Motors bei $I = 8$ A, $\cos\varphi = 0,85$, $U = 230$ V und einer mechanischen Leistung an der Motorwelle $P_{ab} = 1,4$ kW?
2. Welche Nennleistung hat ein Wechselstrom-Motor für einen Öl-Gebläsebrenner bei 230 V, Stromstärke 0,8 A, $\cos\varphi = 0,70$ und $\eta = 0,85$?
3. Berechnen Sie die Stromstärke eines Wechselstrom-Motors für eine Heizungspumpe bei folgenden Werten: $U = 230$ V, Nennleistung 80 W, $\cos\varphi = 0,79$, $\eta = 0,82$.
4. Bei einem Drehstrom-Motor für einen Gas-Gebläsebrenner wird eine Stromaufnahme (Stromstärke) von 1,15 A bei $U = 400$ V, $\eta = 0,82$ und $\cos\varphi = 0,77$ gemessen. Berechnen Sie die Nennleistung des Motors.
5. Berechnen Sie den Wirkungsgrad eines Wechselstrom-Motors bei folgenden Werten: $U = 230$ V, $P_{ab} = 60$ W, $I = 0,4$ A, $\cos\varphi = 0,78$.

3

Anlagen zur Trinkwassererwärmung

3.1	**Trinkwassererwärmer**	144		**3.3**	**Gasgeräte für die Trinkwassererwärmung**	171
3.1.1	Betriebsarten	144		3.3.1	Gas-Durchfluss-Wassererwärmer	171
3.1.2	Systeme der Trinkwassererwärmer	145		3.3.2	Gas-Speicher-Wassererwärmer	174
3.1.3	Kaltwasseranschluss für Speicher-Wassererwärmer	148		**3.4**	**Trinkwassererwärmung durch Sonnenenergie**	176
3.1.4	Membran-Ausdehnungsgefäße MAG-W	149		3.4.1	Solarstrahlung	176
3.1.5	Speicher-Wassererwärmer für größere Anlagen	151		3.4.2	Sonnenkollektoren	177
3.1.6	Mischwasser	153		3.4.3	Kollektormontage	179
3.1.7	Warmwasserkosten	154		3.4.4	Solarflüssigkeit	180
				3.4.5	Wärmespeicher bei Solaranlagen	181
3.2	**Elektrische Trinkwassererwärmer**	158		3.4.6	Rohrnetz	183
3.2.1	Offene Elektro-Speicher-Wassererwärmer	158		3.4.7	Sicherheitstechnische Ausrüstungen	183
3.2.2	Geschlossene Elektro-Speicher-Wassererwärmer	159		3.4.8	Größenbestimmung bei Solaranlagen	185
3.2.3	Elektro-Durchfluss-Wassererwärmer	162		**3.5**	**Leitungsnetze bei Trinkwasser-Erwärmungsanlagen**	191
3.2.4	Wärmepumpen als Trinkwassererwärmer	163		3.5.1	Warmwasserleitungen	191
3.2.5	Berechnungen zur elektrischen Trinkwassererwärmung	165		3.5.2	Zirkulationsleitungen	192
				3.5.3	Elektrische Begleitheizung	194
				3.5.4	Wasserzähler und Stockwerksverteiler	195
				3.5.5	Krankheitserreger in Trinkwasser-Erwärmungsanlagen	195

Anlagen zur Trinkwassererwärmung

3.1 Trinkwassererwärmer

*Energiebedarf, Durchschnittswerte nach DIN 4708-2. **DIN 4708**, Zentrale Wasser-Erwärmungsanlagen.

Wohnungen und gewerblich genutzte Gebäude benötigen neben der Installation für kaltes Trinkwasser eine ausreichend bemessene und zweckmäßige Installation für warmes Trinkwasser. Vgl. Bd. 07487, Kap. 1. Die Temperaturen für Warmwasser betragen beim Baden, Duschen und Waschen 37 °C bis 40 °C und zum Spülen in der Küche 45 °C bis 55 °C.

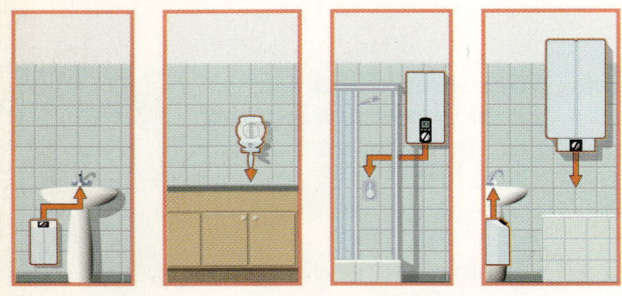

Tabelle 3.01: Warmwasser- und Energiebedarf verschiedener Entnahmestellen

Entnahmestelle	Warmwasserbedarf für eine Entnahme in l	Energiebedarf* in kWh
Badewanne (normal)	160	6,5
Dusche (normal)	90	3,7
Dusche (Luxus)	180	7,3
Waschtisch	17	0,7
Bidet	20	0,8
Handwaschbecken	9	0,4
Küchenspüle	30	1,2

1. Einzelversorgung für warmes Trinkwasser.

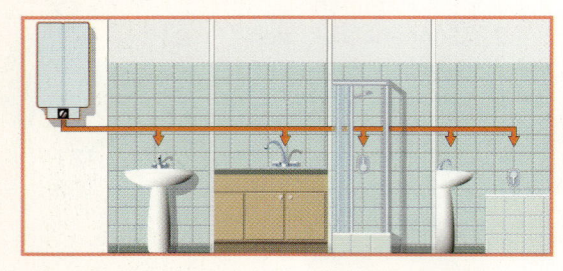

2. Gruppenversorgung für warmes Trinkwasser.

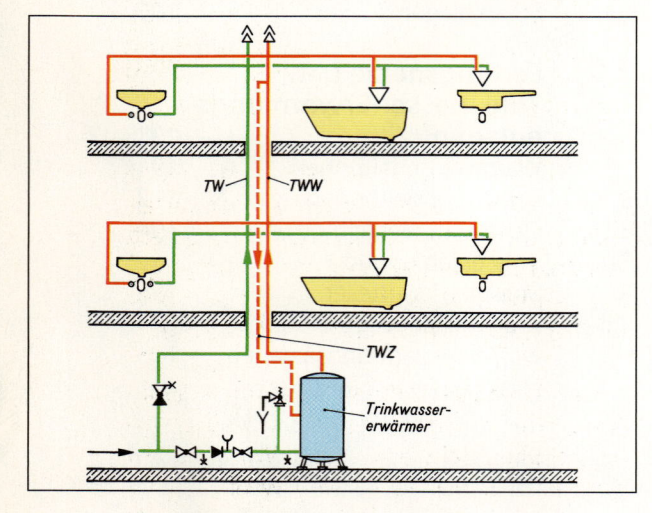

3. Zentrale Warmwasserversorgung.

3.1.1 Betriebsarten

Trinkwasser-Erwärmungsanlagen können eine einzelne oder mehrere Entnahmestellen, eine ganze Wohnung oder ein ganzes Gebäude mit Warmwasser versorgen. Entsprechend werden die verschiedenen Betriebsarten unterschieden in
- Einzelversorgung,
- Gruppenversorgung,
- zentrale Versorgung.

Einzelversorgung. Jede Entnahmestelle ist mit einem eigenen Trinkwassererwärmer ausgestattet. Diese Betriebsart wird bevorzugt, wenn nur wenige Entnahmestellen, die weit auseinander liegen, mit Warmwasser versorgt werden müssen. Dabei ist kein aufwändiges Rohrnetz für Warmwasser erforderlich.

Gruppenversorgung. Bei dieser Betriebsart werden nahe beieinander liegende Entnahmestellen, z.B. in einer Wohnung, von einem Trinkwassererwärmer versorgt. Weit entfernt liegende Entnahmestellen können eine Einzelversorgung erhalten.

Zentrale Versorgung. Wenn alle Entnahmestellen in einem Gebäude über ein gemeinsames Leitungsnetz mit Warmwasser versorgt werden, spricht man von zentraler Versorgung. Das kalte Trinkwasser wird an einer Stelle – häufig in Verbindung mit der Heizungsanlage – erwärmt. Vgl. 1.3.5, S. 43. Bei langen Warmwasserleitungen müssen

Zirkulationsleitungen oder elektrische Begleitheizungen eingebaut werden, damit weit entfernte Entnahmestellen kurz nach dem Öffnen Warmwasser erhalten. Vgl. 3.5.2, S. 192.

Die zentrale Versorgung hat gegenüber der Einzel- oder Gruppenversorgung folgende Vorteile:
- An den Entnahmestellen sind keine einzelnen Trinkwassererwärmer erforderlich.
- Es steht eine große Wärmeleistung für die Trinkwassererwärmung zur Verfügung.
- Es können preiswerte und umweltschonende Erwärmungssysteme wie Solaranlagen und Wärmepumpen zentral eingesetzt werden.

Diesen Vorteilen stehen aber auch Nachteile gegenüber:
- Für die Warmwasserverteilung ist ein eigenes Leitungsnetz erforderlich.
- Es entstehen Wärmeverluste in den Warmwasser- und Zirkulationsleitungen.
- Die Abrechnung der Energiekosten für die Trinkwassererwärmung ist aufwändiger als bei den anderen Betriebsarten.

3.1.2 Systeme der Trinkwassererwärmer

Nach Funktion und Beheizung werden folgende Trinkwassererwärmer unterschieden:
- Durchfluss-Wassererwärmer,
- Speicher-Wassererwärmer,
- offene Wassererwärmer,
- geschlossene Wassererwärmer,
- unmittelbar beheizte Wassererwärmer,
- mittelbar beheizte Wassererwärmer,
- Speicher-Ladesysteme.

Durchfluss-Wassererwärmer. In ihnen wird das Trinkwasser während der Entnahme erwärmt. Da Durchfluss-Wassererwärmer ein sehr geringes Wasservolumen haben, muss die Wärme während der Zeit der Warmwasserentnahme ausgetauscht werden. Falls die dazu erforderliche Wärmeleistung nicht zur Verfügung steht, wird die gewünschte Temperatur nicht erreicht. In Gebieten mit harten Wässern besteht außerdem die Gefahr, dass sich das Rohrsystem durch Steinbildung zusetzen kann.

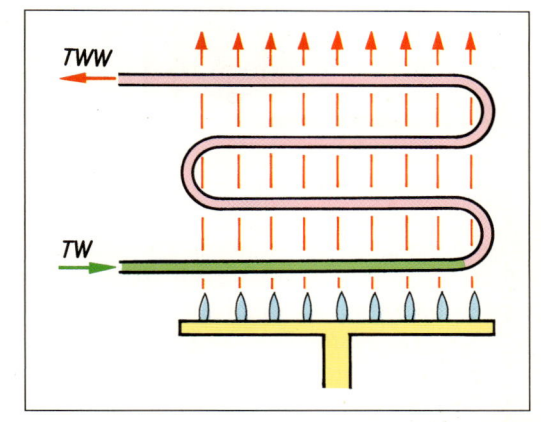

1. Durchfluss-Wassererwärmer, unmittelbar beheizt.

Beispiel 1:

In einem Durchfluss-Wassererwärmer werden je Minute 16 l (16 kg) Kaltwasser von 15 °C auf 40 °C erwärmt. Wie groß ist die erforderliche Wärmeleistung?

Lösung:
$\dot{m}$ = 16 kg/min · 60 min/h = 960 kg/h
$\dot{Q} = \dot{m} \cdot c \cdot \Delta\vartheta$
$\dot{Q}$ = 960 kg/h · 1,163 Wh/(kg·K) · 25 K
$\dot{Q}$ = 27 912 W ≈ 28 kW

Speicher-Wassererwärmer. In ihnen wird das Trinkwasser vor der Entnahme erwärmt und für den Verbrauch gespeichert. Das Warmwasser steht erst nach einer längeren Aufheizzeit mit ausreichend hoher Temperatur zur Verfügung. Vgl. Beispiel 2.

Der Warmwasserbedarf für eine Wohnung oder ein größeres Wohnhaus unterliegt starken Schwankungen. Während der längsten Zeit des Tages wird wenig Warmwasser benötigt. Kurzfristig, wenn z.B. beim

Anlagen zur Trinkwassererwärmung

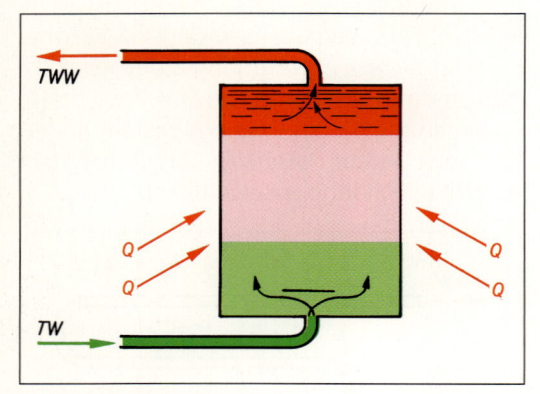

1. Speicher-Wassererwärmer.

Füllen einer Badewanne gleichzeitig eine Dusche benutzt wird, kann eine hohe Spitzenbelastung auftreten. Ein Speicher ist eher als ein Durchfluss-Wassererwärmer in der Lage, derartige Spitzen aufzufangen. Begünstigt wird die Bevorratung an Warmwasser in einem Speicher dadurch, dass sich durch Temperaturschichtungen das wärmere und dadurch leichtere Wasser oben und das kältere Wasser unten lagert.

> **Beispiel 2:**
>
> Ein elektrischer Speicher-Wassererwärmer mit einem Volumen von 120 l hat eine Wärmeleistung von 6 kW. Das Wasser soll von 10 °C auf 60 °C erwärmt werden. Welche Aufheizzeit wird dazu benötigt?
>
> Lösung:
> $Q = m \cdot c \cdot \Delta\vartheta$
> $Q = 120 \text{ kg} \cdot 1{,}163 \text{ Wh/(kg·K)} \cdot 50 \text{ K}$
> $Q = 6978 \text{ Wh} \approx 7{,}0 \text{ kWh}$
>
> $t = \dfrac{Q}{\dot{Q}} = \dfrac{7{,}0 \text{ KWh}}{6{,}0 \text{ KW}}$
>
> $t = 1{,}17 \text{ h} = 1 \text{ h } 10 \text{ min}$

Bei Speicher-Wassererwärmern werden offene und geschlossene Geräte unterschieden.

Offene Wassererwärmer. Sie stehen mit der Atmosphäre ständig in Verbindung und unterliegen nicht dem Überdruck im Trinkwassernetz. Das Warmwasser fließt über eine nicht absperrbare offene Entnahmeleitung aus, wenn kaltes Trinkwasser in den Erwärmer einströmt. Vgl. Abb. 1, S. 148.

Geschlossene Wassererwärmer. Sie werden durch den Überdruck im Leitungsnetz und durch den Druck, der sich durch die Wasserausdehnung beim Aufheizen ergibt, belastet. Vgl. Abb. 1, S. 150.

Trinkwassererwärmer können unmittelbar oder mittelbar beheizt werden.

Unmittelbare Beheizung. Dabei wird der Wassererwärmer durch den elektrischen Strom oder durch eine Feuerung direkt beheizt. Die Wärme geht unmittelbar in das zu erwärmende Trinkwasser über, z.B. bei einem Gas-Durchfluss- oder Gas-Speicher-Wassererwärmer.

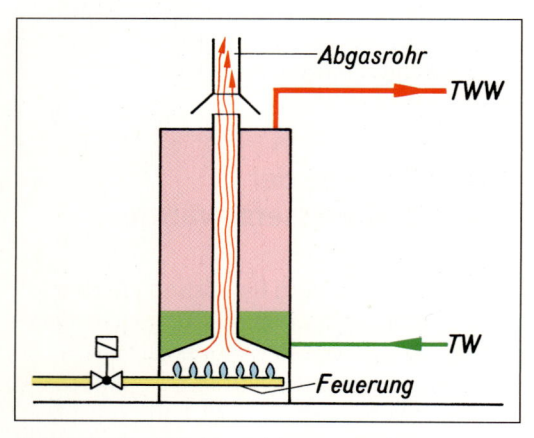

2. Unmittelbar beheizter Trinkwassererwärmer.

Mittelbare Beheizung. Diese Speicher-Wassererwärmer werden durch Heizungswasser über einen Wärmeaustauscher innerhalb oder außerhalb des Speichers aufgeheizt. Eine Speicherladepumpe übernimmt als Stellglied die Temperaturregelung. Vgl. 2.2.5, S. 118. Etwa in der Mitte des Speichers befindet sich ein Temperaturfühler, nach dem die Ladepumpe geschaltet wird. Die meisten mit-

Trinkwassererwärmer

telbar beheizten Speicher besitzen eine im unteren Teil eingebaute Heizschlange. Speicher und Heizschlange werden aus nicht rostendem oder emailliertem Stahl hergestellt. Bei emaillierten Stahlbehältern ist eine Magnesiumanode als Korrosionsschutz erforderlich.

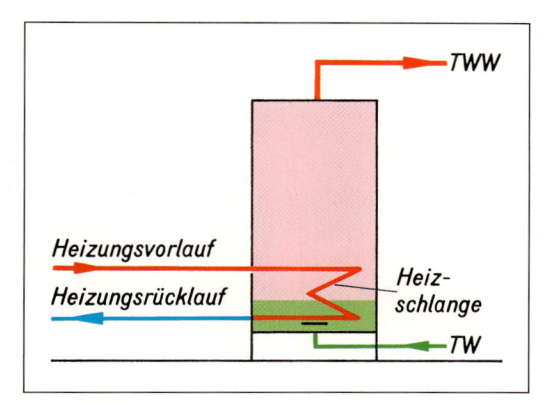

1. Mittelbar beheizter Speicher-Wassererwärmer.

2. Heizschlange aus emailliertem Stahlrohr.

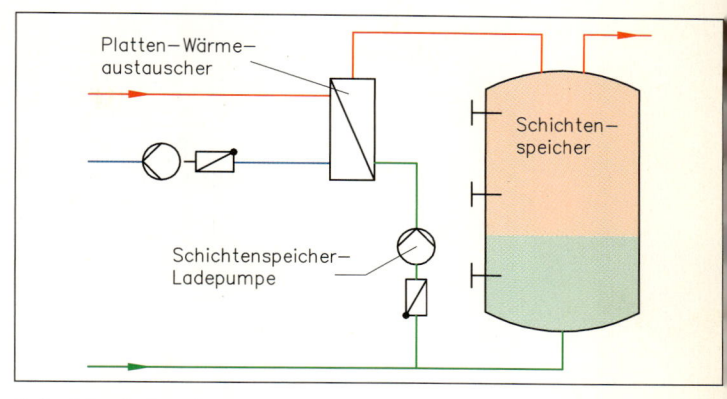

3. Speicher-Ladesystem.

4. Speicher-Wassererwärmer mit außen angeordnetem Platten-Wärmeaustauscher.

Speicher-Ladesystem. Das Trinkwasser wird außerhalb des Speichers durch einen Platten-Wärmeaustauscher aufgeheizt und von oben in den Speicher eingeleitet. Da sich bei diesem System das warme Wasser stets im oberen Teil des Speichers befindet, wird es nicht mit kälterem Wasser vermischt. Deshalb kann ein Ladesystem mit Schichtenspeicher bei gleicher Leistung kleiner als ein Speicher mit Heizschlange sein. Es sind allerdings eine zusätzliche Schichtenspeicher-Ladepumpe und zur Regelung mehrere Temperaturfühler erforderlich, die in verschiedenen Höhenlagen des Speichers angebracht sind.

Beispiel 3:

Ein Speicher-Wassererwärmer mit Ladesystem hat einen Inhalt von 700 l. Das Wasser wird in einer Stunde von 30 °C auf 60 °C erwärmt. Wie viel kg/h Heizungswasser 75/65 °C müssen durch den Platten-Wärmeaustauscher fließen?

Anlagen zur Trinkwassererwärmung

> **Beispiel 3 (Fortsetzung):**
>
> Lösung:
>
> $\dot{Q} = \dot{m}_{TWW} \cdot c \cdot \Delta\vartheta$
> $\dot{Q} = 700 \text{ kg/h} \cdot 1{,}163 \text{ Wh/(kg} \cdot \text{K)} \cdot 30 \text{ K}$
> $\dot{Q} = 24\,423 \text{ W} = 24{,}4 \text{ kW}$
>
> $\dot{m}_H = \dfrac{\dot{Q}}{c \cdot \Delta\vartheta} = \dfrac{24\,423 \text{ W}}{1{,}163 \text{ Wh/(kg} \cdot \text{K)} \cdot 10 \text{ K}}$
>
> $\dot{m}_H = 2100 \text{ kg/h}$

3.1.3 Kaltwasseranschluss für Speicher-Wassererwärmer

Geschlossene Speicher-Wassererwärmer mit mehr als 10 l Nenninhalt benötigen nach DIN 1988*-2 im Kaltwasseranschluss in Fließrichtung folgende Armaturen:
- Absperrventil,
- Druckminderer bei zu hohem Anschlussdruck,
- Rückflussverhinderer mit Prüfeinrichtung,
- Manometer-Anschluss-Stutzen; über 1000 l Nenninhalt ist ein fest installiertes Manometer erforderlich,
- Absperrventil bei mehr als 150 l Nenninhalt,
- federbelastetes Membran-Sicherheitsventil mit Abblaseleitung,

*DIN 1988, Technische Regeln für Trinkwasser-Installationen (TRWI).

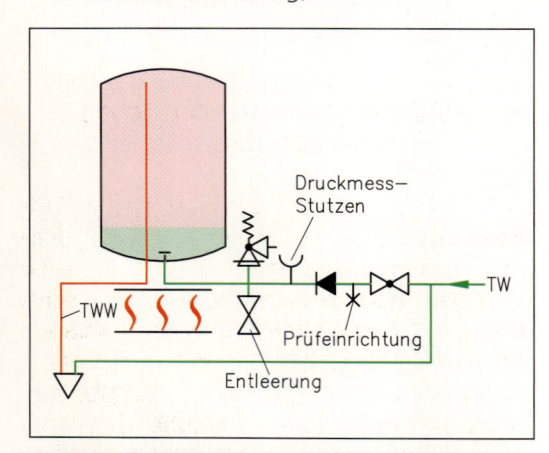

1. Anschluss eines geschlossenen Trinkwassererwärmers, unmittelbar beheizt, Nenninhalt 10 l bis 150 l.

- Speicherentleerung bei mehr als 15 l Nenninhalt.

Rückflussverhinderer. Erwärmtes Trinkwasser darf nicht in das Kaltwassernetz zurückfließen. Deshalb müssen bei allen Trinkwassererwärmern mit mehr als 10 l Nenninhalt im Kaltwasseranschluss Rückflussverhinderer mit Prüfeinrichtung eingebaut werden.

Sicherheitsventil. Das beim Aufheizen des Trinkwassers anfallende Ausdehnungswasser muss über ein federbelastetes Membran-Sicherheitsventil abfließen können. Vgl. 1.5.1, S. 76. Zwischen dem Trinkwassererwärmer und dem Sicherheitsventil darf keine Absperrung oder Verengung eingebaut sein. Die Größe des Sicherheitsventils wird nach Tabelle 3.02 bestimmt. Bei größeren Anlagen sollte es oberhalb des Wassererwärmers eingebaut sein, damit es ohne Entleerung des Speichers ausgetauscht werden kann. Längere Anschlussleitungen sind jedoch zu vermeiden, da das Wasser in diesen Leitungen stagniert und so eine Vermehrung von Bakterien begünstigt wird.

Sicherheitsventile für Speicher-Wassererwärmer sind vom Hersteller fest eingestellt. Sie werden normalerweise für einen Betriebsdruck von 6 bar, 8 bar oder 10 bar geliefert. Der eingestellte Öffnungsdruck darf nicht verändert werden. Sicherheitsventile sind deshalb mit einer verplombten Kappe versehen. Wenn der Überdruck im Speicher-Wassererwärmer den eingestellten Betriebsdruck überschreitet, wird die Federkraft überwunden. Das Ausdehnungswasser kann über einen Ablauftrichter abfließen. Wenn der Druck sinkt, schließt das Ventil wieder.

Abblaseleitung. Sie muss mindestens die Nennweite des Sicherheitsventils am Ventilaustritt besitzen, darf nicht länger als 2 m sein und nicht mehr als 2 Bögen aufweisen. Auch wenn die Abblaseleitung eine Nennweite größer ausgeführt wird, sind

Trinkwassererwärmer

Tabelle 3.02: Nennweiten der Sicherheitsventile für geschlossene Trinkwassererwärmer*

Nennvolumen in l	Ventilgröße Ventileintritt	Ventilaustritt	max. Heizleistung in kW
bis 200	DN 15 (Rp 1/2)	DN 20 (Rp 3/4)	75
über 200 bis 1000	DN 20 (Rp 3/4)	DN 25 (Rp 1)	150
über 1000 bis 5000	DN 25 (Rp 1)	DN 32 (Rp 1 1/4)	250

*__Tabelle 3.02__ nach DIN 1988-2.

höchstens 3 Bögen sowie 4 m Länge zulässig. Das Ende der Abblaseleitung muss 20 mm bis 40 mm über einer Entwässerungsstelle münden und sichtbar angeordnet sein. In der Nähe des Sicherheitsventils muss ein Schild mit folgender Aufschrift angebracht sein:

„Während der Beheizung kann aus Sicherheitsgründen Wasser an der Abblaseleitung austreten. Nicht verschließen!"

__Druckminderer.__ Wenn der Druck in der Kaltwasserleitung mehr als 80 % des Ansprechdrucks vom Sicherheitsventil beträgt, ist vor dem Wassererwärmer ein Druckminderer einzubauen. Wenn z.B. das Sicherheitsventil bei 6 bar öffnet, darf der Druck in der Anschlussleitung maximal 0,8 · 6 bar = 4,8 bar betragen.

__Entleerungsvorrichtung.__ Wassererwärmer mit einem Nenninhalt von mehr als 15 l benötigen eine Vorrichtung, mit der sie entleert werden können.

__Sicherheitsgruppe.__ Um Montagezeit und Platz zu sparen, werden bei Anschlüssen bis DN 20 kompakte Sicherheitsgruppen eingebaut, in denen alle erforderlichen Armaturen vereinigt sind. Sie werden mit und ohne Druckminderer geliefert.

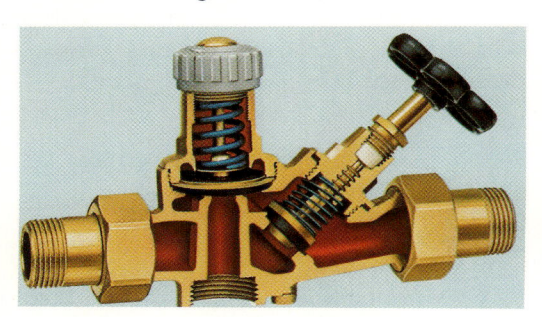

1. Sicherheitsgruppe bis 150 l Speicherinhalt.

__Anschluss offener Trinkwassererwärmer.__ Offene Trinkwassererwärmer müssen in der Nähe der Warmwasser-Entnahmestellen installiert werden. In die Kaltwasserleitung muss ein Rückflussverhinderer eingebaut sein, wenn der Wasserinhalt mehr als 10 l beträgt. Offene Trinkwassererwärmer bis zu 10 l Inhalt benötigen in der Kaltwasser-Anschlussleitung keine sicherheitstechnische Ausrüstung. Damit bei zu hohem Anschlussdruck kein unzulässiger Staudruck im Speicher entsteht, wird ein Drosselventil in die Kaltwasserleitung eingebaut, das nach Herstellerangaben einzustellen ist.

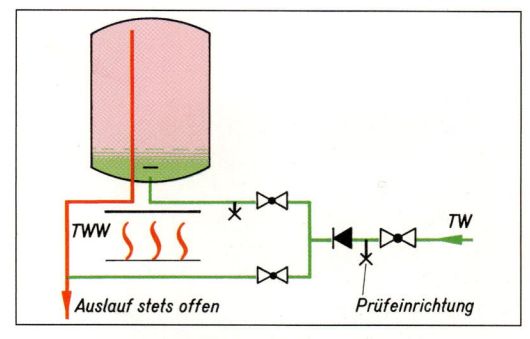

2. Anschluss eines offenen Trinkwassererwärmers, Nenninhalt über 10 l.

3.1.4 Membran-Ausdehnungsgefäße MAG-W

Damit das Ausdehnungswasser beim Aufheizen geschlossener Speicher-Wassererwärmer nicht verloren geht und das Sicherheitsventil nicht bei jeder Aufheizung anspricht, ist es besonders bei größeren Anlagen notwendig, Membran-Ausdehnungsgefäße (MAG-W) nach DIN 4807-5* einzubauen. Damit sich die Gefäße gegenüber den MAG in Heizungsanlagen deutlich unterscheiden, sind sie außen mit grüner Farbe beschichtet.

*__DIN 4807-5,__ geschlossene Ausdehnungsgefäße mit Membran für Trinkwasser-Installationen.

Anlagen zur Trinkwassererwärmung

Vgl. 1.5.5, S. 81. MAG-W werden auch in Druckerhöhungsanlagen für Trinkwasser zur Druckstoß-Dämpfung und in Regenwasser-Nutzungsanlagen eingesetzt.

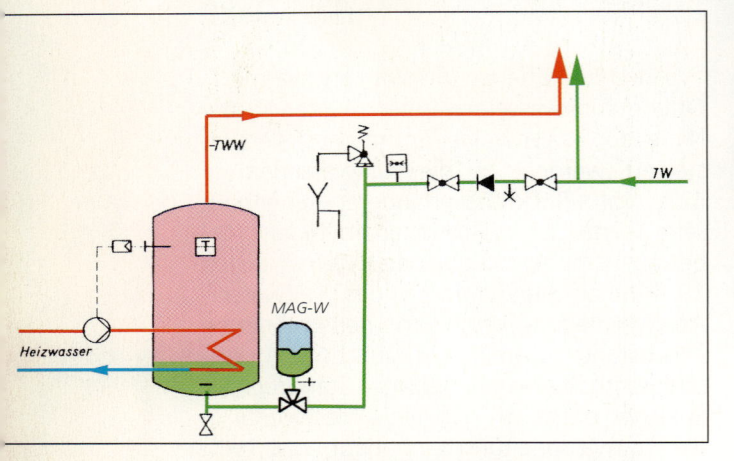

1. Anschlüsse eines Speicher-Wassererwärmers von mehr als 1000 l Inhalt mit MAG-W.

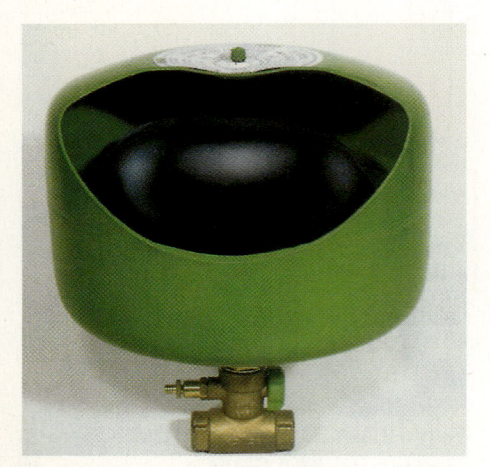

2. MAG-W für geschlossene Trinkwassererwärmer

Eine Membran teilt das Gefäß in einen Trinkwasserraum und einen Gasraum, der mit Stickstoff gefüllt ist. Der Trinkwasserraum muss korrosionsgeschützt sein und besteht aus beschichtetem oder nicht rostendem Stahl. Um Stagnation im Gefäß zu vermeiden, werden Anschlussarmaturen verwendet, die ein Durchströmen des Trinkwassers garantieren.

3. Anschlussarmatur für ein MAG-W mit Absperrung, Entleerung und Entlüftung.

Berechnung. MAG-W werden nach den gleichen Gesetzmäßigkeiten wie bei Heizungsanlagen berechnet. Vgl. 1.5.6, S. 82.

Ausdehnungsvolumen. Bei Trinkwasseranlagen wird eine Aufheizung des Wassers von 10 °C auf 60 °C angenommen. Der Ausdehnungsfaktor beträgt dabei einheitlich 0,0167.

$$\Delta V = 0{,}0167 \cdot V_{Sp}$$

ΔV Ausdehnungsvolumen   in l
0,0167   Ausdehnungsfaktor bei 10/60 °C
V_{Sp} Volumen des Warmwasserspeichers   in l

Vordruck im MAG-W. Das MAG-W wird werkseitig mit Stickstoff gefüllt. Der einzustellende Vordruck p_o soll 0,2 bar unter dem Wasserdruck am Ausgang des Druckminderers betragen.

$$p_o = p_a - 0{,}2 \text{ bar}$$

p_o Vordruck im MAG-W   in bar
p_a Ruhedruck hinter Druckminderer   in bar

Enddruck im MAG-W. Durch die Wasserausdehnung wird das Stickstoffvolumen im

Gefäß verkleinert, der Druck steigt dabei an. Die maximale Wasseraufnahme ist beim Öffnungsdruck des Sicherheitsventils erreicht. Damit das MAG-W ausreichend groß bemessen wird und das Sicherheitsventil nicht öffnet, soll der Enddruck p_e 20 % unter dem Öffnungsdruck des Sicherheitsventils liegen.

$$p_e = 0{,}8 \cdot p_{sv}$$

p_e Enddruck im MAG-W in bar
p_{sv} Abblasedruck des SV in bar

Das Nennvolumen eines MAG-W kann unter Beachtung der vorgenannten Bedingungen nach folgender Formel berechnet werden:

$$V_n = \frac{\Delta V}{\left(\dfrac{p_e - p_o}{p_e + 1} - 1 + \dfrac{p_o + 1}{p_a + 1}\right)}$$

V_n Nennvolumen des MAG-W in l
ΔV Ausdehnungsvolumen in l
p_e Enddruck im MAG-W in bar
p_o Vordruck im MAG-W in bar
p_a Ruhedruck hinter Druckminderer in bar

Wenn das Mindest-Nennvolumen berechnet ist, muss nach Herstellerunterlagen das nächstgrößere MAG-W gewählt werden.

Tabelle 3.03: Handelsübliche MAG-W

Nennvolumen V_n in l					
8	12	18	25	35	50

Beispiel:

Ein Speicher-Wassererwärmer hat einen Inhalt von 300 l. Der Ausgangsdruck am Druckminderer beträgt p_a = 4 bar, der Abblasedruck des Sicherheitsventils p_{sv} = 10 bar. Wie groß muss ein MAG-W sein?

Beispiel (Fortsetzung):

Lösung:
Ausdehnungsvolumen:
$\Delta V = V_{Sp} \cdot 0{,}0167 = 300\ l \cdot 0{,}0167 = 5\ l$
Vordruck im MAG-W:
$p_o = p_a - 0{,}2\ bar = 4\ bar - 0{,}2\ bar$
$p_o = 3{,}8\ bar$
Enddruck im MAG-W:
$p_e = 0{,}8 \cdot p_{sv} = 0{,}8 \cdot 10\ bar = 8\ bar$
Nennvolumen des MAG-W:

$$V_n = \frac{\Delta V}{\left(\dfrac{p_e - p_o}{p_e + 1} - 1 + \dfrac{p_o + 1}{p_a + 1}\right)}$$

$$V_n = \frac{5\ l}{\left(\dfrac{8\ bar - 3{,}8\ bar}{8\ bar + 1\ bar} - 1\ bar + \dfrac{3{,}8\ bar + 1\ bar}{4\ bar + 1\ bar}\right)}$$

$V_n = 11{,}7\ l$

Nach Tabelle 3.03: $V_n = 12\ l$

3.1.5 Speicher-Wassererwärmer für größere Anlagen

Bei großem Warmwasserbedarf in Mehrfamilienhäusern, Krankenhäusern, Badeanstalten oder Industrieanlagen werden die Speicher-Wassererwärmer getrennt vom Heizkessel aufgestellt. Es sind zylindrische Behälter in liegender oder stehender Anordnung mit einem Speicherinhalt bis zu 5 000 l. Um das erforderliche Speichervolumen zu erreichen, können auch mehrere kleinere Behälter zu einer Speicherbatterie zusammengeschaltet sein.

==Berechnung der Speichergröße.== Bei Ein- und Zweifamilienhäusern werden, je nach Komfortanspruch, Speicher-Wassererwärmer mit 100 l bis 200 l eingebaut. Größere Anlagen für Mehrfamilienhäuser und gewerbliche Anlagen müssen nach DIN 4708-2 berechnet werden.

Anlagen zur Trinkwassererwärmung

Bedarfskennzahl. Die DIN 4708-2 unterscheidet Wohnungen mit Normalausstattung der Sanitärräume und Wohnungen mit Komfortausstattung. Im Folgenden werden nur Einheitswohnungen mit Normalausstattung berücksichtigt.

*Tabelle 3.04, Auszug aus DIN 4708-2.

Tabelle 3.04: Wohnung mit Normalausstattung der Sanitärräume*

Ausstattung	Wärmebedarf w_V
Bad	
1 Badewanne (normal)	5,82 kWh
oder	oder
1 Brausekabine (normal)	3,66 kWh
1 Waschtisch	bleibt unberücksichtigt
Küche	
1 Küchenspüle	bleibt unberücksichtigt

Einheitswohnung. Die Summe des Wärmebedarfs für die Warmwasserbereitung aller Wohnungen wird in Einheitswohnungen umgerechnet. Diese wird mit folgenden Werten angenommen:

- Anzahl der Räume $r = 4$
- Anzahl der Personen $p = 3,5$ (3 bis 4)
- Wärmebedarf $w_V = 5,82$ kWh

*Tabelle 3.05 nach Werksangaben.

Die Bedarfskennzahl für ein Gebäude mit Wohnungen bei Normalausstattung wird nach folgender Formel berechnet:

$$N = \frac{\Sigma(n \cdot p \cdot w_V)}{3,5 \cdot 5,82 \cdot \text{kWh}}$$

- N Bedarfskennzahl
- n Anzahl der Wohnungen
- p Anzahl der Personen
- w_V Wärmebedarf der Einheitswohnung in kWh

Beispiel 1:

In einem Mehrfamilienhaus sind folgende Wohnungen mit Normalausstattung geplant:
6 Wohnungen 4 Personen Normalwanne,
4 Wohnungen 3 Personen Normalwanne,
5 Wohnungen 2 Personen Dusche.
Wie groß ist die Bedarfskennzahl N für die zentrale Trinkwassererwärmung?

Beispiel 1 (Fortsetzung):

Lösung:
$\Sigma(n \cdot p \cdot w_V)$
$6 \cdot 4 \cdot 5,82$ kWh = 139,68 kWh
$4 \cdot 3 \cdot 5,82$ kWh = 69,84 kWh
$5 \cdot 2 \cdot 3,66$ kWh = 36,60 kWh
$\Sigma(n \cdot p \cdot w_V)$ = 246,12 kWh

$$N = \frac{\Sigma(n \cdot p \cdot w_V)}{3,5 \cdot 5,82 \text{ kWh}}$$

$$N = \frac{246,12 \text{ kWh}}{3,5 \cdot 5,82 \text{ kWh}} = 12,1$$

Leistungskennzahl. Die Leistungskennzahl N_L des auszuwählenden Speicher-Wassererwärmers wird durch den Hersteller ermittelt und muss mindestens der errechneten Bedarfskennzahl N entsprechen. Dabei wird nicht nur die Speichergröße, sondern auch die Aufheizleistung des Speichersystems berücksichtigt.

Tabelle 3.05: Leistungskennzahlen N_L von Speicher-Wassererwärmern bei 60 °C Speichertemperatur*

Speicherinhalt in l	160	200	350	500
Heizwasser-Temp.	Leistungskennzahlen N_L			
90 °C	2,6	6,8	13,0	21,5
80 °C	2,6	6,0	12,5	21,5
70 °C	1,9	3,1	11,0	18,0

Beispiel 2:

Welcher Speicher-Wassererwärmer ist nach Tabelle 3.05 bei einer Heizwassertemperatur von 70 °C und einer Bedarfskennzahl von $N = 12,1$ zu wählen?

Lösung:
$N_L \geq N$
Nach Tabelle 3.05: Speicherinhalt 500 l mit $N_L = 18,0$. Der 350-l-Speicher würde die erforderliche Leistung nur geringfügig unterschreiten und könnte dann gewählt werden, wenn die Heizwassertemperatur auf 80 °C erhöht würde.

Bei Speichertemperaturen unter 60 °C nimmt die Leistungskennzahl N_L ab. Als Richtwerte können angenommen werden:
- Speichertemperatur 60 °C $1{,}00 \cdot N_{L,60}$
- Speichertemperatur 55 °C $0{,}75 \cdot N_{L,60}$
- Speichertemperatur 50 °C $0{,}55 \cdot N_{L,60}$

Beispiel 3:

Auf welchen Wert verringert sich die Leistungskennzahl bei einem 500-l-Speicher, wenn bei Heizwassertemperaturen von 70 °C die Speichertemperatur auf 55 °C eingestellt wird?

Lösung:
$N_{L,55} = 0{,}75 \cdot N_{L,60} = 0{,}75 \cdot 18{,}0 = 13{,}5$

3.1.6 Mischwasser

In Trinkwasser-Erwärmungsanlagen wird das Wasser bis auf 60 °C aufgeheizt. Zum Baden, Duschen und Waschen wird aber nur eine Wassertemperatur von 38 °C bis 40 °C benötigt. Sie wird erreicht, indem kaltes und warmes Wasser gemischt werden. Beim Mischen von zwei Wassermassen mit unterschiedlichen Wärmeinhalten gleichen sich die Temperaturen aus; das Mischwasser nimmt eine einheitliche Mischtemperatur an. Der Wärmeinhalt des Mischwassers ist gleich der Summe der Wärmeinhalte der beiden Wassermengen:

$$m_M \cdot \vartheta_M = m_1 \cdot \vartheta_1 + m_2 \cdot \vartheta_2 \text{*}$$

Aus dieser Gleichung lassen sich folgende Formeln ableiten:

$$\vartheta_M = \frac{m_1 \cdot \vartheta_1 + m_2 \cdot \vartheta_2}{m_M}$$

$$\vartheta_1 = \frac{m_M \cdot \vartheta_M - m_2 \cdot \vartheta_2}{m_1}$$

$$\vartheta_2 = \frac{m_M \cdot \vartheta_M - m_1 \cdot \vartheta_1}{m_2}$$

$$m_1 = m_2 \cdot \frac{\vartheta_2 - \vartheta_M}{\vartheta_M - \vartheta_1} = m_M \cdot \frac{\vartheta_2 - \vartheta_M}{\vartheta_2 - \vartheta_1}$$

$$m_2 = m_1 \cdot \frac{\vartheta_M - \vartheta_1}{\vartheta_2 - \vartheta_M} = m_M \cdot \frac{\vartheta_M - \vartheta_1}{\vartheta_2 - \vartheta_1}$$

$$m_M = m_2 \cdot \frac{\vartheta_2 - \vartheta_1}{\vartheta_M - \vartheta_1} = m_1 \cdot \frac{\vartheta_2 - \vartheta_1}{\vartheta_2 - \vartheta_M}$$

m_1 Masse Kaltwasser   in kg
m_2 Masse Warmwasser   in kg
m_M Masse Mischwasser   in kg
ϑ_1 Temperatur kalt   in °C
ϑ_2 Temperatur warm   in °C
ϑ_M Mischtemperatur   in °C

Beispiel 1:

In einer Mischbatterie mischen sich 20 l Kaltwasser von 15 °C mit 35 l Warmwasser von 55 °C. Wie hoch ist die Mischtemperatur?

Lösung: Wasservolumen in l können bei diesen Berechnungen mit Wassermassen in kg gleichgesetzt werden.

$$\vartheta_M = \frac{m_1 \cdot \vartheta_1 + m_2 \cdot \vartheta_2}{m_M}$$

$$\vartheta_M = \frac{20 \text{ kg} \cdot 15 \text{ °C} + 35 \text{ kg} \cdot 55 \text{ °C}}{55 \text{ kg}}$$

$\vartheta_M = 40{,}5$ °C

Beispiel 2:

Bei einer größeren Reihenwaschanlage hat der Speicher-Wassererwärmer einen nutzbaren Inhalt von 1500 l bei 60 °C. Wie viel l Mischwasser von 40 °C stehen zur Verfügung, wenn das Kaltwasser eine Temperatur von 15 °C hat und während der Entnahme nicht nachgeheizt wird?

*Die spezifische Wärmekapazität c ist konstant und kann gekürzt werden.

Anlagen zur Trinkwassererwärmung

Beispiel 2 (Fortsetzung):

Lösung:

$$m_M = m_2 \cdot \frac{\vartheta_2 - \vartheta_1}{\vartheta_M - \vartheta_1}$$

$$m_M = 1500 \text{ kg} \cdot \frac{60\,°C - 15\,°C}{40\,°C - 15\,°C}$$

$$m_M = 2700 \text{ kg}$$

3.1.7 Warmwasserkosten

Für eine Wohnung mit drei Personen kann mit einem jährlichen Verbrauch von 40 m³ bis 80 m³ Warmwasser von 50 °C gerechnet werden. Der Verbrauch ist stark von den Komfortansprüchen der Bewohner abhängig. Der Energiebedarf für die Trinkwassererwärmung lässt sich nach folgender Formel überschläglich berechnen:

$$Q_a = V_a \cdot c \cdot \Delta\vartheta$$

Q_a Jahresenergiebedarf   in kWh/a
V_a jährlicher Warmwasserverbrauch in m³/a
c spez. Wärmekapazität des Wassers in kWh/(m³·K)
$\Delta\vartheta$ Temperaturdifferenz zwischen Kalt- und Warmwasser in K

Der Gesamtwirkungsgrad für eine zentrale Trinkwassererwärmung ist niedriger als bei der Heizungsanlage, da die Bereitschaftsverluste in den Sommermonaten sehr hoch sind. Vgl. 1.3.9, S. 50. Für Öl- und Gasfeuerungen können der Gesamtwirkungsgrad mit 50 % bis 80 % und die Temperatur des kalten Trinkwassers mit 10 °C angenommen werden.

Der Jahresbrennstoffbedarf für die Trinkwassererwärmung ergibt sich überschläglich nach folgender Formel:

$$B_a = \frac{Q_a}{H_i \cdot \eta_{ges}}$$

B_a Jahresbrennstoffbedarf   in m³/a   kg/a   l/a
Q_a Jahresenergiebedarf   in kWh/a kWh/a kWh/a
H_i Heizwert des Brennstoffs in kWh/m³ kWh/kg kWh/l
η_{ges} Gesamtwirkungsgrad

Beispiel 1:

In einem Vierfamilienhaus mit zentraler Trinkwassererwärmung wird mit einem Warmwasserverbrauch von 60 m³ je Familie im Jahr bei einer Warmwassertemperatur von 50 °C gerechnet. Wie groß ist bei Ölfeuerung voraussichtlich der Jahresbrennstoffbedarf bei η_{ges} = 55 %?

Lösung:
$Q_a = V_a \cdot c \cdot \Delta\vartheta$
$Q_a = 4 \cdot 60 \text{ m}^3/\text{a} \cdot 1{,}163 \text{ kWh/(m}^3\text{·K)} \cdot 40 \text{ K}$
$Q_a = 11\,165 \text{ kWh/a}$

$$B_a = \frac{Q_a}{H_i \cdot \eta_{ges}}$$

$$B_a = \frac{11\,165 \text{ kWh/a}}{10 \text{ kWh/l} \cdot 0{,}55} = 2030 \text{ l/a}$$

Kosten. Da die Wasser-, Abwasser-, Brennstoff- und Energiepreise großen Schwankungen unterliegen, sollten die folgenden Beispiele und Aufgaben mit den jeweils aktuellen Preisen gerechnet werden.

Beispiel 2:

Wie hoch sind die Kosten für ein Wannenbad von 180 l, wenn das Wasser bei Gruppenversorgung mit Erdgas im Durchfluss-System von 10 °C auf 40 °C aufgeheizt wird? $H_{i,B}$ = 9,8 kWh/m³, η_{ges} = 0,88, Gaspreis 0,45 EUR/m³, Wasser- und Abwasserpreis 2,20 EUR/m³

Lösung:
$Q = m \cdot c \cdot \Delta\vartheta$
$Q = 180 \text{ kg} \cdot 1{,}163 \text{ Wh/(kg·K)} \cdot 30 \text{ K}$
$Q = 6\,280 \text{ Wh} = 6{,}28 \text{ kWh}$

Beispiel 2 (Fortsetzung):

$$B = \frac{Q_a}{H_{i,B} \cdot \eta_{ges}}$$

$$B = \frac{6{,}28 \text{ kWh}}{9{,}8 \text{ kWh/m}^3 \cdot 0{,}88} = 0{,}728 \text{ m}^3$$

$K_B = 0{,}728 \text{ m}^3 \cdot 0{,}45 \text{ EUR/m}^3 = 0{,}33 \text{ EUR}$
$K_{TW} = 0{,}18 \text{ m}^3 \cdot 2{,}20 \text{ EUR/m}^3 = 0{,}40 \text{ EUR}$
$K = K_B + K_{TW} = 0{,}33 \text{ EUR} + 0{,}40 \text{ EUR}$
$K = 0{,}73 \text{ EUR}$

Zur Wiederholung

1. Wann spricht man bei der Trinkwassererwärmung von Einzel-, Gruppen- oder Zentralversorgung?
2. Wie unterscheidet sich ein Durchfluss-Wassererwärmer von einem Speicher-Wassererwärmer? Nennen Sie Vor- und Nachteile.
3. Was ist ein unmittelbar und was ein mittelbar beheizter Wassererwärmer?
4. Erklären sie Arbeitsweise, Anwendung und Vorteile eines Speicher-Ladesystems.
5. Welche Armaturen müssen nach DIN 1988-2 in Fließrichtung in den Kaltwasseranschluss eines geschlossenen Speicher-Wassererwärmers mit einem Inhalt von 120 l eingebaut werden? Fertigen Sie eine Skizze an.
6. Wo und wie müssen das Sicherheitsventil und die Abblaseleitung eingebaut und verlegt werden?
7. Mit welchen Abblasedrücken werden Sicherheitsventile am Speicher-Wassererwärmer eingebaut?
8. Welche Armaturen müssen im Kaltwasseranschluss eines offenen Speicher-Wassererwärmers mit einem Inhalt von 80 l eingebaut werden?
9. Wie arbeitet ein MAG-W im Anschluss eines 500-l-Speicher-Wassererwärmers und wie unterscheidet es sich von einem MAG in einer Heizungsanlage? Fertigen Sie eine Skizze an, aus der die Anordnung der Armaturen zu ersehen ist.
10. Was bedeuten bei einer Speicherauslegung die Bedarfskennzahl N und die Leistungskennzahl N_L?

Zur Vertiefung

1. Ein elektrischer Speicher-Wassererwärmer mit einem Inhalt von 150 l soll auf 60 °C bei einer Heizleistung von 4 kW aufgeheizt werden. Die Kaltwassertemperatur beträgt 10 °C. Nach welcher Zeit ist die Aufheizung beendet?
2. Wie groß muss die Wärmeleistung eines Durchfluss-Wassererwärmers sein, wenn in 10 Minuten 150 l Warmwasser von 40 °C bei einer Kaltwassertemperatur von 10 °C entnommen werden?
3. Im Kaltwasseranschluss eines geschlossenen Speicher-Wassererwärmers wurde das Sicherheitsventil vergessen. Welche Folgen sind bei Inbetriebnahme des Trinkwassererwärmers zu erwarten? Geben Sie eine Begründung an.
4. Bestimmen Sie die Sicherheitsventile im Kaltwasseranschluss folgender Speicher-Wassererwärmer, wenn die maximale Heizleistung nicht überschritten wird:
a) Inhalt 130 l, b) Inhalt 350 l, c) Inhalt 500 l, d) Inhalt 1000 l.
5. Wie müssen die Abblaseleitungen aus Aufgabe 4 bemessen sein, wenn die Leitungen 3,5 m lang sind und 3 Bögen enthalten?
6. Warum sind längere Anschlussleitungen an das Sicherheitsventil zu vermeiden?

Anlagen zur Trinkwassererwärmung

Zur Berechnung

MAG-W

1. Berechnen Sie die Größe eines MAG-W bei folgenden Angaben: Speicherinhalt 150 l, Einstelldruck des Druckminderers $p_a = 4{,}5$ bar, Abblasedruck Sicherheitsventil $p_{SV} = 8$ bar.

2. Berechnen Sie die MAG-W für folgende Speicher-Wassererwärmer:

Aufgabe	Speicherinhalt in l	p_{SV} in bar	p_a in bar
a)	120	6	4
b)	150	8	4
c)	200	8	4
d)	300	10	5
e)	500	10	5

3. Wie groß muss das MAG-W für einen Speicher-Wassererwärmer mit einem Inhalt von 150 l sein, bei einem Öffnungsdruck des Sicherheitsventils von 6 bar und einem Druck im Trinkwassernetz von 3,5 bar?

4. Ein Speicher-Wassererwärmer mit einem Inhalt von 300 l, $p_{SV} = 8$ bar, soll mit einem MAG-W ausgestattet werden. Wie groß ist das MAG-W zu wählen, wenn der Druckminderer im Trinkwassernetz auf 4 bar eingestellt ist?

5. In einem großen Wohnhaus ist ein Speicher-Wassererwärmer mit einem Inhalt von 750 l mit einem Sicherheitsventil abgesichert, das bei 10 bar öffnet. Wie groß muss ein MAG-W sein, wenn der Druckminderer im Kaltwasseranschluss auf 6 bar eingestellt ist?

Speichergröße

6. In einem Mehrfamilienhaus sind folgende Wohnungen mit Normalausstattung der sanitären Einrichtungen geplant:
   - 3 Wohnungen   4 Personen   Normalwanne,
   - 2 Wohnungen   3 Personen   Dusche,
   - 2 Wohnungen   2 Personen   Dusche,
   - 2 Wohnungen   1 Person   Dusche.

   a) Wie groß ist die Bedarfskennzahl für die zentrale Trinkwassererwärmung?
   b) Welche Speichergröße ist nach Tabelle 3.05 zu wählen bei einer Heizwassertemperatur von 70 °C?

7. In einem Wohnhaus sind folgende Wohnungen mit Normalausstattung der sanitären Einrichtungen geplant:
   - 5 Wohnungen   4 Personen   Normalwanne,
   - 4 Wohnungen   3 Personen   Normalwanne,
   - 3 Wohnungen   2 Personen   Dusche,
   - 4 Wohnungen   1 Person   Dusche.

   a) Wie groß ist die Bedarfskennzahl für die zentrale Trinkwassererwärmung?
   b) Welche Speichergröße ist nach Tabelle 3.05 zu wählen bei einer Heizwassertemperatur von 70 °C?

8. In einem Zweifamilienhaus sind zwei Bäder mit je einer Whirlwanne geplant, die mit 400 l Warmwasser von 40 °C gefüllt werden können. Die Kaltwassertemperatur kann mit 10 °C und die Personenzahl je Wohnung mit 3 angenommen werden.

   a) Wie groß ist die Bedarfskennzahl?
   b) Welche Speichergröße ist nach Tabelle 3.05 zu wählen bei einer Heizwassertemperatur von 70 °C und einer Speichertemperatur von 55 °C?

Mischwasser

9. In einer zentralen Mischbatterie mischen sich 400 l Warmwasser von 60 °C mit 200 l Kaltwasser von 10 °C. Wie hoch ist die Mischtemperatur?

10. In einer Badewanne befinden sich 70 l Wasser von 35 °C. Es werden 25 l von 60 °C hinzugegossen. Welche Temperatur hat anschließend das Wasser?

11. Ein Speicher-Wassererwärmer enthält 150 l Wasser von 60 °C. Es werden 65 l entnommen. Das nachströmende Kaltwasser hat eine Temperatur von 10 °C. Welche durchschnittliche Mischtemperatur stellt sich ein, wenn während der Wasserentnahme keine Aufheizung erfolgt?

12. In einer zentralen Mischbatterie mischen sich 200 l Speicherwasser von 60 °C mit Kaltwasser zu 320 l Mischwasser von 42 °C. Welche Temperatur hat das Kaltwasser?

13. In einer zentralen Mischbatterie mischen sich je Minute 60 l Kaltwasser von 15 °C mit Speicherwasser von 60 °C zu einer Mischtemperatur von 40 °C. Wie viel l/min Speicherwasser werden beigemischt?

14. Es mischt sich Speicherwasser von 60 °C mit Kaltwasser von 12 °C zu 500 l Mischwasser von 42 °C. Berechnen Sie die Wassermengen des Speicherwassers und des Kaltwassers.

15. Eine Waschanlage in einem Schwimmbad benötigt je Stunde 1100 l Warmwasser von 40 °C. Es stehen Kaltwasser von 10 °C und Warmwasser von 65 °C zur Verfügung. Wie viel l Kaltwasser und wie viel l Warmwasser werden je Stunde benötigt?

16. In einem Krankenhaus werden je Stunde 2500 kg Warmwasser von 40 °C benötigt. Das Kaltwasser hat eine Temperatur von 12 °C, das Speicherwasser 60 °C. Wie viel l/h Kaltwasser und Speicherwasser werden benötigt?

Warmwasserkosten

17. Bei einem 12-Familienhaus kann für die zentrale Trinkwassererwärmung mit einem jährlichen Verbrauch von 50 m³ je Familie gerechnet werden (Aufheizung von 10 °C auf 50 °C). Es sind zu berechnen:
    a) der Jahresbrennstoffbedarf für die Trinkwassererwämung bei η_{ges} = 70 %,
    b) die Jahresbrennstoffkosten bei einem Ölpreis von 0,39 EUR/l.

18. Berechnen Sie die Kosten für ein Wannenbad, wenn 150 l Kaltwasser von 10 °C auf 40 °C aufgeheizt werden. Der Wasser-/Abwasserpreis beträgt 2,80 EUR/m³. Es stehen folgende Energieträger zu den angegebenen Preisen zur Verfügung:
    a) Heizöl EL, η_{ges} = 0,70, Energiepreis 0,38 EUR/l,
    b) Erdgas, $H_{i,B}$ = 9,8 kWh/m³, η_{ges} = 0,70, Energiepreis 0,42 EUR/m³,
    c) elektrischer Strom, η_{ges} = 0,95, Energiepreis 0,14 EUR/kWh.

19. Ein Duschbad benötigt 13 l/min Warmwasser von 38 °C bei einer Kaltwassertemperatur von 10 °C. Das Wasser wird mit einem Gas-Durchfluss-Wassererwärmer für Flüssiggas aufgeheizt, Gaspreis 0,44 EUR/l, η_{ges} = 0,87, H_i = 6,6 kWh/l. Wie hoch sind die Energiekosten und die Gesamtkosten für ein Duschbad, das 10 Minuten lang dauert, wenn der Wasserpreis 2,25 EUR/m³ beträgt?

20. In einem Einfamilienhaus werden 80 m³/a Warmwasser von 50 °C verbraucht. Berechnen Sie die dafür entstehenden Energiepreise bei folgenden Energieträgern:
    a) Heizöl EL, η_{ges} = 0,60, Energiepreis 0,37 EUR/l,
    b) Erdgas, $H_{i,B}$ = 9,6 kWh, η_{ges} = 1,05 (Brennwertnutzung), Energiepreis 0,43 EUR/m³,
    c) Niedertarifstrom, η_{ges} = 0,95, Energiepreis 0,08 EUR/kWh,
    d) elektr. Wärmepumpe, ε = 2,0, Energiepreis 0,08 EUR/kWh.

Anlagen zur Trinkwassererwärmung

3.2 Elektrische Trinkwassererwärmer

Die Trinkwassererwärmung mit elektrischer Energie wird häufig bei Einzel- oder Gruppenversorgung eingesetzt.

3.2.1 Offene Elektro-Speicher-Wassererwärmer

Sie besitzen einen dünnwandigen, wärmegedämmten Innenbehälter, der nicht für den Überdruck im Leitungsnetz geeignet ist. Durch den stets offenen Überlauf ist das Gerät ständig mit der Atmosphäre verbunden. Offene Elektro-Speicher-Wassererwärmer können deshalb nur für die Einzelversorgung einer Entnahmestelle verwendet werden. Das beim Aufheizen anfallende Ausdehnungswasser tropft durch die Überlaufbatterie aus. Beim Öffnen des Warmwasserventils fließt kaltes Trinkwasser unten in den Speicher ein und drängt das warme Wasser nach oben über den offenen Überlauf hinaus.

*Boiler, engl. to boil, kochen, sieden.

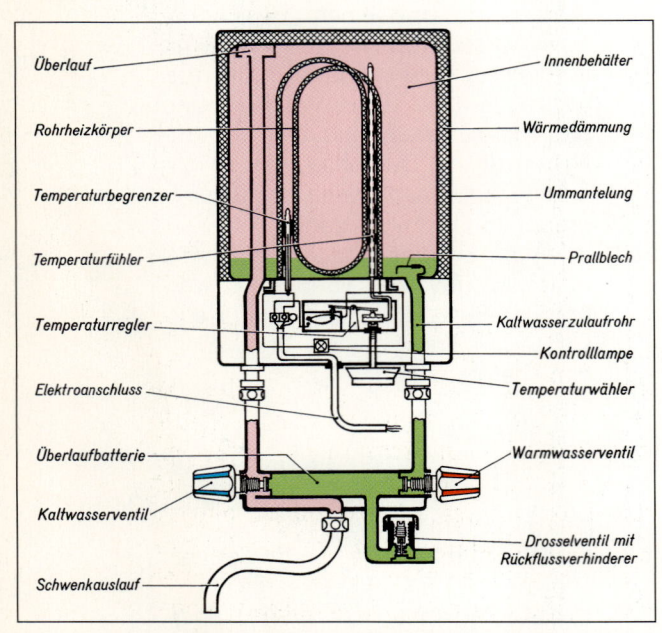

1. Offener Elektro-Speicher-Wassererwärmer mit Rohrheizkörper.

Beachten Sie: Bei offenen Wassererwärmern dürfen nur geeignete Mischbatterien verwendet werden; sonst wird das Gerät durch den Wasserdruck zerstört.

Heizwiderstände haben die Aufgabe, elektrische Energie in Wärme umzuwandeln. Sie werden durch Legierungen aus Eisen, Chrom, Nickel und Aluminium hergestellt und stab- oder wendelförmig als Rohrheizkörper in elektrische Trinkwassererwärmer eingesetzt.

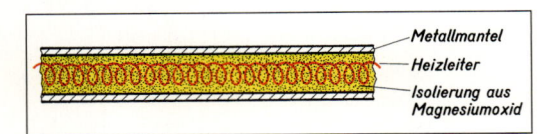

2. Elektrischer Heizwiderstand als Rohrheizkörper.

Temperaturregelung. Ein einstellbarer Temperaturregler als Zweipunktregler schaltet den Strom ein und aus, wenn die Solltemperatur unter- bzw. überschritten wird. Vgl. 2.2.1, S. 115. Der Regelbereich liegt meistens zwischen 35 °C und 85 °C. In unbeheizten Räumen sinkt durch eine Frostschutzeinrichtung die Wassertemperatur auch bei ausgeschaltetem Gerät nicht unter 7 °C ab. Falls der Temperaturregler defekt ist und den Stromkreis nicht mehr unterbrechen kann, schaltet ein Sicherheits-Temperaturbegrenzer (STB) bei ca. 95 °C den Strom ab. Das Gerät kann erst wieder eingeschaltet werden, wenn der Schaden am Temperaturregler durch eine fachkundige Person behoben ist.

Über- und Untertischmontage. Offene Elektro-Speicher-Wassererwärmer werden mit Volumen von 5 l bis 80 l hergestellt. Dabei können kleinere Geräte bis 10 l für Über- oder für Untertischmontage geliefert werden.

Kochendwassergeräte. Es sind drucklose, offene Elektro-Boiler* ohne Wärmedämmung mit einem Behältervolumen von meist 5 l und einer Heizleistung von 2 kW. Sie eignen sich zur Bereitung von heißem oder ko-

Elektrische Trinkwassererwärmer

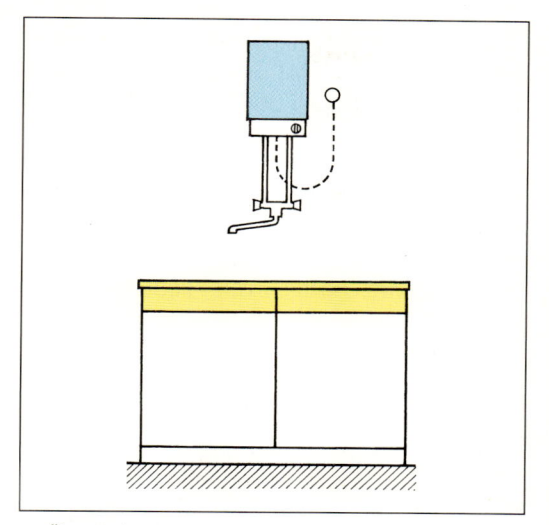

1. Übertischmontage.

2. Waschtisch mit elektrischem Wassererwärmer bei Untertischmontage.

3. Kochendwassergerät in einer Küche.

chendem Wasser für Küchen, Büros usw. Der Wasserbehälter besteht aus temperaturbeständigem Glas oder Kunststoff mit einer Literskale. Kochendwassergeräte sind mit speziellen Füll- und Entnahmearmaturen ausgerüstet. Das benötigte Wasservolumen muss über das Füllventil in den Behälter eingelassen werden. Die Signallampe leuchet während der Aufheizung und zeigt durch ihr Verlöschen an, dass das Wasser die vorgewählte Temperatur erreicht hat. Die Heizung schaltet nicht mehr ein. Bei der Kochstellung wird jedoch bei den meisten Geräten die Wassertemperatur automatisch auf Siedetemperatur gehalten. Bei hartem Wasser neigen diese Geräte zu Kalkablagerungen, die rechtzeitig, z.B. mit Essigsäure, beseitigt werden müssen.

3.2.2 Geschlossene Elektro-Speicher-Wassererwärmer

Bei geschlossenen Elektro-Speicher-Wassererwärmern muss das beim Aufheizen anfallende Ausdehnungswasser über ein Sicherheitsventil abfließen können. Im Kaltwasseranschluss ist deshalb eine Sicherheitsgruppe einzubauen. Diese Geräte lassen sich für Einzelversorgung, Gruppenversorgung und bei ausreichender Größe auch für eine zentrale Versorgung verwenden. Es können alle handelsüblichen Mischbatterien eingebaut werden. Die Wassererwärmung erfolgt wie bei offenen Speichern.

Anlagen zur Trinkwassererwärmung

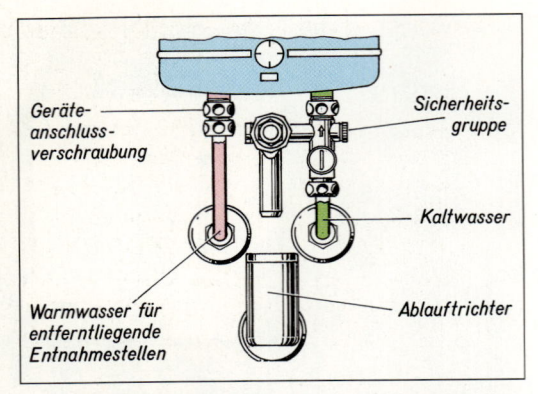

1. Anschlussarmatur für geschlossene Elektro-Speicher-Wassererwärmer.

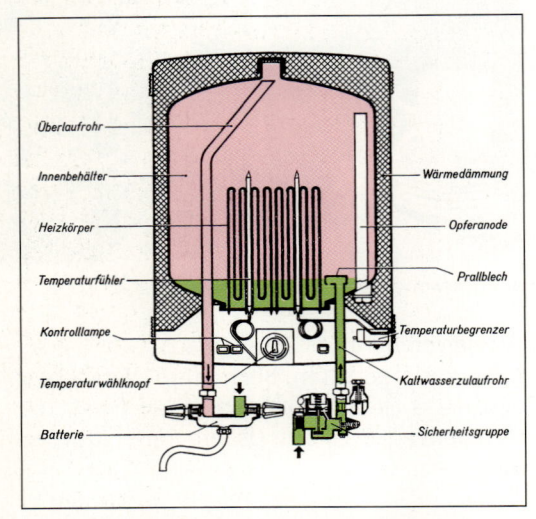

2. Geschlossener Elektro-Speicher-Wassererwärmer

Elektro-Speicher-Wassererwärmer können im Einkreisbetrieb mit einer Heizleistung oder im Zweikreisbetrieb mit zwei verschieden großen Heizleistungen arbeiten.

Zweikreisbetrieb. Dabei hat der Benutzer die Möglichkeit, den Speicher mit kleiner Leistung, z.B. 2 kW, oder mit zuschaltbarer großer Leistung, z.B. 6 kW, aufzuheizen. Die große Leistung wird nach Erreichen der Speichertemperatur automatisch durch die kleine Stufe ersetzt. Elektro-Speicher-Wassererwärmer mit zwei Leistungsstufen lassen sich sehr wirtschaftlich mit Niedertarifstrom betreiben. Da während einiger Stunden – besonders nachts – der elektrische Energieverbrauch gering ist, wird dieser Strom zu günstigen Preisen angeboten. Geräte mit Niedertarifstrom müssen an einen Stromzähler angeschlossen sein, der den Stromverbrauch für Niedertarif (NT) und für Hochtarif (HT) getrennt ermittelt.

Die Gerätegrößen bei geschlossenen Elektro-Speicher-Wassererwärmern bis 80 l entsprechen den offenen Speichern. Für größere Gruppenversorgung oder zentrale Versorgung werden Geräte bis zu 1000 l hergestellt. Speicher bis zu 150 l werden an der Wand befestigt, größere Geräte als Standspeicher auf den Boden gestellt. Küchen-Warmwasserspeicher können bis zu 100 l Inhalt in Küchenmöbel eingebaut werden.

Elektrische Anschlüsse. Je nach Leistung der Elektro-Speicher-Wassererwärmer müssen sie an Wechselstrom oder an Drehstrom angeschlossen werden. Der Anschlussplan wird vom Hersteller geliefert.

Zusätzlich werden Stromlaufpläne geliefert, aus denen die Schaltfunktionen zu erkennen sind.

*230 V Wechselstromanschluss.

*400 V Drehstromanschluss.

Tabelle 3.06: Elektro-Speicher-Wassererwärmer

Speichervolumen in l	Heizleistung in kW	elektrischer Anschluss	Verwendung
5	2	230 V*	Handwaschbecken
10	2	230 V	Waschbecken, Spüle
15	1 bis 3,5	230 V	Waschbecken, Spüle
30	1 bis 6	230/400 V*	Spüle, Dusche
50	1 bis 6	230/400 V	Spüle, Dusche
80	1 bis 6	230/400 V	Dusche, Badewanne
100	1 bis 6	230/400 V	Gruppenversorgung
150 bis 400	2 bis 6	230/400 V	Zentralversorgung

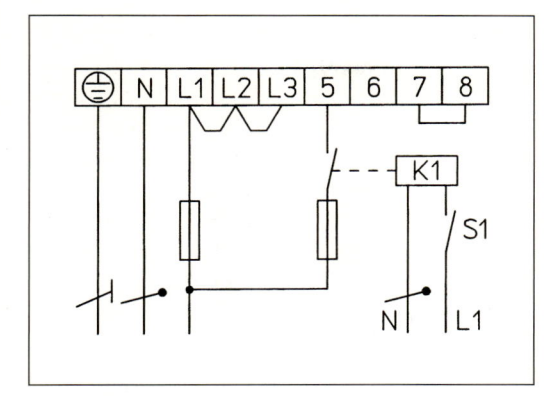

Elektrische Trinkwassererwärmer

1. Anschlussplan eines Zweikreis-Speicher-Wassererwärmers für Wechselstrom 230 V mit Schütz K1 und Handschalter S1.

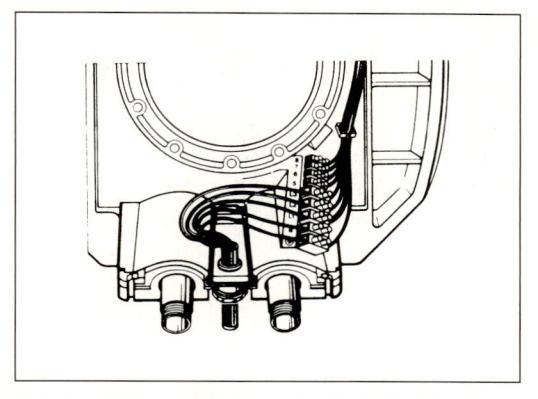

3. Kabeleinführung an einem Zweikreis-Speicher-Wassererwärmer.

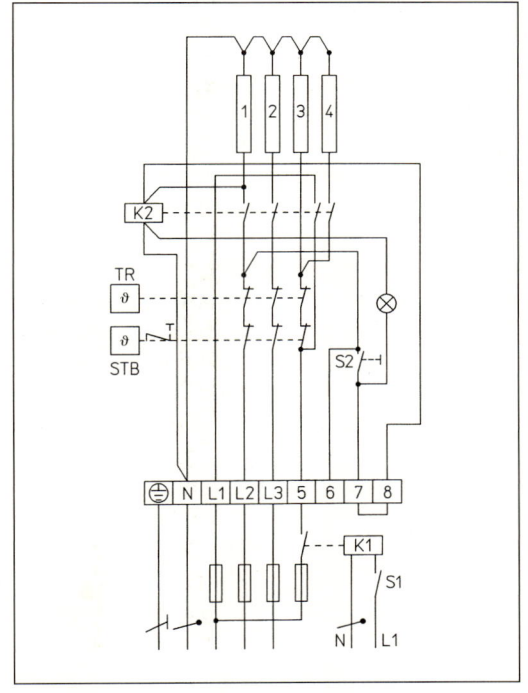

2. Stromlaufplan bei einem Zweikreis-Speicher 80 l für Drehstrom 400/230 V und einer Heizleistung von 1/6 kW.

Tabelle 3.07: Heizkörper in elektrischen Speicher-Wassererwärmern

Gerätegröße in l	Nr. und Leistung der Heizkörper in W			
	1	2	3	4
30 und 50	1500	1500	500	500
80 und 100	2000	2000	1000	1000
120 und 150	1500	1500	1500	1500

Funktionsbeschreibung. Vgl. Abbildung 2. Der elektrische Speicher-Wassererwärmer mit einem Inhalt von 80 l arbeitet im Zweikreissystem mit einer Heizleistung von 1 kW bei Normalheizung und einer Heizleistung von 6 kW bei Schnellaufheizung. Bei Normalheizung wird der Schalter S1 durch das EVU automatisch während der Niedertarifzeit geschlossen. Der Schütz K1 schließt den Stromkreis zum Heizkörper 3 mit einer Leistung von 1 kW. Die anderen Heizkörper sind nicht in Betrieb. Die Meldeleuchte zeigt das Aufheizen optisch an. Nach Erreichen der am Temperaturregler TR eingestellten Temperatur wird die Heizung abgeschaltet. Bei Überhitzung öffnet der STB den Stromkreis, der am Gerät nur mit einem Werkzeug wieder eingeschaltet werden kann.

Die Schnellaufheizung wird durch den Schalter S2 von Hand durch kurzes Eindrücken betätigt. S2 wird durch eine Feder nach dem Loslassen sofort wieder geöffnet. Der Schütz K2 erhält kurzzeitig Spannung und schaltet alle Heizkörper mit einer Gesamtleistung von 6 kW ein. Über den Anschluss an Heizkörper 1 bleibt die Spannung an K2 während des Aufheizens erhalten. Nach Erreichen der eingestellten Wassertemperatur schaltet der Temperaturregler TR alle Heizkörper ab. Da die Heizkörper an einen Außenleiter L und an den Neutralleiter N angeschlossen sind, beträgt die Spannung 230 V (Sternschaltung).

Anlagen zur Trinkwassererwärmung

3.2.3 Elektro-Durchfluss-Wassererwärmer

***mS/m**, Milli-Siemens je Meter, Einheit des elektrischen Leitwerts: 1 S = 1 A/V.
Siemens, Werner von, deutscher Erfinder und Mitbegründer der Elektrotechnik.

Sie haben kein Speichervolumen und deshalb kleine Abmessungen und Heizeinsätze mit Leistungen von 12 kW bis 27 kW. Bedingt durch die hohe Anschlussleistung müssen Elektro-Durchfluss-Wassererwärmer stets an Drehstrom angeschlossen werden. Sie sind für Einzel- oder Gruppenversorgung geeignet.

Bei Elektro-Durchfluss-Wassererwärmern können Rohrheizkörper oder Blankdraht-Heizkörper eingesetzt werden.

Blankdraht-Heizkörper. Dabei kommt das Wasser direkt mit den Heizdrähten in Berührung. Sie können nur eingesetzt werden, wenn die Wässer bei 15 °C je nach Gerätetyp mindestens eine elektrische Leitfähigkeit von 83 mS/m bis 110 mS/m* und höchstens einen elektrischen Widerstand von 900 Ωcm bis 1100 Ωcm besitzen. Blankdraht-Heizkörper neigen weniger zu Kalkablagerungen als Rohrheizkörper.

Die Wassertemperatur kann auf verschiedene Weise gesteuert bzw. geregelt werden. Es gibt Geräte mit hydraulischer Steuerung und mit elektronischer oder thermischer Regelung.

Hydraulische Steuerung. Wenn Warmwasser entnommen wird, strömt Kaltwasser über den Wassermengenregler zum Strömungsschalter. Durch eine Venturidüse entsteht je nach Volumenstrom ein mehr oder weniger großer Differenzdruck zwischen den

1. Elektro-Durchfluss-Wassererwärmer für Gruppenversorgung in einem Bad.

Tabelle 3.08: Volumenströme bei Durchfluss-Wassererwärmern

Heiz-leistung in kW	maximaler Wasservolumenstrom in l/min bei einer Temperaturerhöhung um			
	25 K	30 K	35 K	40 K
12	6,8	5,7	4,9	4,2
18	10,3	8,6	7,4	6,5
21	12,0	10,1	8,6	7,5
24	13,8	11,5	9,8	8,6
27	15,5	12,9	11,1	9,7

Für Wasch- oder Spülbecken sind Geräte mit Heizleistungen von 12 kW oder 18 kW geeignet. Duschen oder Badewannen benötigen Geräte mit 18 kW bis 27 kW. Da die EVU diese hohen Anschlussleistungen nicht immer zur Verfügung stellen können, sind dem Einsatz dieser Geräte Grenzen gesetzt. In Gebieten mit harten Wässern ist wegen der starken Steinbildung die Installierung von

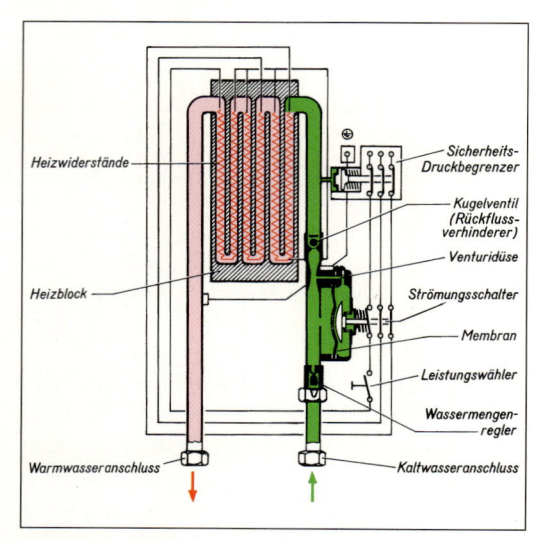

2. Elektro-Durchfluss-Wassererwärmer mit hydraulischer Steuerung und Blankdraht-Heizkörpern.

Elektrische Trinkwassererwärmer

beiden Membrankammern. Die Heizleistung kann so in mehreren Stufen geschaltet werden. Falls eine Störung am Strömungsschalter auftritt, erhöht sich der Druck im Gerät, da durch den Rückflussverhinderer das Wasser nicht ins Kaltwassernetz zurückfließen kann. Diese Druckerhöhung wirkt auf die Membran eines Sicherheits-Druckbegrenzers, der den Stromkreis unterbricht und verriegelt.

Elektronische Regelung. Diese Geräte sind mit einer Elektronik ausgestattet. Die Warmwassertemperatur kann zwischen 30 °C und 60 °C stufenlos eingestellt werden. Die Anpassung der Heizleistung erfolgt in Abhängigkeit der eingestellten Temperatur und dem Wasservolumenstrom. Diese Geräte können mit einer Funk-Fernbedienung und einem EIB-Adapter* ausgestattet sein.

1. Schematische Darstellung eines Elektro-Durchfluss-Wassererwärmers mit elektronischer Steuerung, Durchflussmengen-Sensor und automatischer Leistungsanpassung.

Thermische Regelung. Diese Geräte besitzen einen wärmegedämmten Wasserbehälter bis zu 100 l Volumen und Heizeinsätze mit Leistungen bis zu 24 kW. Sie sind wie geschlossene Elektro-Speicher-Wassererwärmer aufgebaut und benötigen im Kaltwasseranschluss eine Sicherheitsgruppe. Der Unterschied liegt in der hohen Heizleistung, die nur bei großer Entnahme einschaltet. Sonst wird das Gerät mit kleiner Leistung, z.B. 3,5 kW, betrieben. Man spricht bei diesen Geräten auch von Durchlaufspeichern.

3.2.4 Wärmepumpen als Trinkwassererwärmer

Trinkwassererwärmer mit Wärmepumpe eignen sich besonders für die zentrale Versorgung von Ein- und Zweifamilenhäusern. Sie werden als Speicher-Wassererwärmer mit einem Volumen von meistens 300 l hergestellt. Diese Größe ist notwendig, damit bei verhältnismäßig kleiner Aufheizleistung ausreichend Warmwasser zur Verfügung steht. Trinkwassererwärmer mit Wärmepumpe sind elektrisch betriebene Geräte, bei denen die elektrische Energie so günstig genutzt wird,

*Adapter, Verbindungsstück zum Anschluss von Zusatzgeräten.

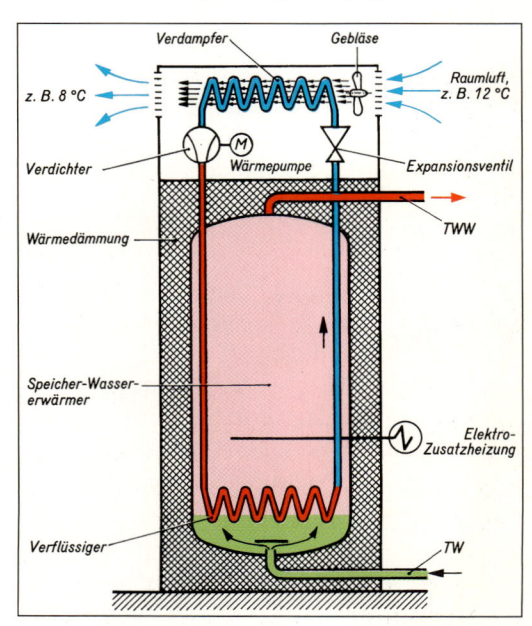

2. Trinkwassererwärmer mit Wärmepumpe.

Anlagen zur Trinkwassererwärmung

dass nur die Hälfte bis ein Drittel der sonst erforderlichen Energie benötigt wird. Vgl. 6.1.3, S. 303. Die restliche Wärme entzieht die Wärmepumpe dem Aufstellraum.

Wärmepumpen arbeiten wie Kühlschränke. Sie besitzen einen geschlossenen Kältemittelkreislauf, der im Wesentlichen aus einem Verdampfer, Verdichter (Kompressor), Verflüssiger (Kondensator) und Expansionsventil (Druckminderer) besteht. Diese Elemente sind durch Rohrleitungen miteinander verbunden. Die Wärmepumpe kann über dem Speicher, vor dem Speicher oder getrennt vom Speicher installiert sein.

Kältemittel sind Flüssigkeiten, die bei niedrigen Temperaturen verdampfen. Die Verdampfungstemperatur ist abhängig vom Druck, dem das Kältemittel ausgesetzt ist. Vgl. Tabelle 6.02, S. 304.

Verdampfer. Im Verdampfer hat das Kältemittel einen Überdruck von 2 bar bis 3 bar, wobei es bei Temperaturen von 2 °C bis 8 °C verdampfen kann. Aus dem Aufstellraum wird mit einem Gebläse Luft angesaugt und an die Verdampferoberfläche geblasen. Dabei wird der Luft die zur Verdampfung des Kältemittels erforderliche Wärme entzogen; die Lufttemperatur sinkt. Da sich bei Abkühlung der Luft Kondenswasser bilden kann, muss unter dem Verdampfer eine Auffangwanne mit Abfluss angebracht sein.

*ε, griech. Buchstabe, sprich Epsilon.

> **Beispiel 1:**
>
> Eine Wärmepumpe saugt 800 m³/h Luft aus dem Aufstellraum an. Am Verdampfer wird die Luft von 12 °C auf 8 °C abgekühlt. Welcher Wärmestrom wird dabei der Luft entzogen bei einer spezifischen Wärmekapazität der Luft von $c_p = 0{,}34$ Wh/(m³·K)?
>
> Lösung:
> $\dot{Q} = \dot{V} \cdot c_p \cdot \Delta\vartheta$
> $\dot{Q} = 800$ m³/h · $0{,}34$ Wh/(m³·K) · 4 K
> $\dot{Q} = 1088$ W

Verdichter. Der Verdichter saugt den Kältemitteldampf aus dem Verdampfer an und verdichtet ihn bis auf einen Überdruck von ca. 18 bar. Dabei erhöht sich die Temperatur des Kältemitteldampfs auf 65 °C bis 70 °C. Der Verdichter wird durch einen Elektromotor angetrieben, der bei den meisten Geräten eine Leistungsaufnahme von 500 W bis 600 W hat.

Verflüssiger. Im Verflüssiger kondensiert der Kältemitteldampf. Dabei wird die im Verdampfer aus der Luft aufgenommene Wärme und die zur Verdichtung aufgewendete Energie bei einer Temperatur von 60 °C bis 70 °C an das Trinkwasser abgegeben. Der Verflüssiger kann direkt im unteren Teil des Speichers eingebaut oder außen um den Speicher gelegt sein.

Expansionsventil. Es reduziert den hohen Überdruck des flüssigen Kältemittels in Abhängigkeit von der Temperatur im Verdampfer. Dadurch kann das Kältemittel wieder bei geringem Druck verdampfen und den Kältemittelkreislauf schließen.

Leistungszahl. Die Wirtschaftlichkeit einer Wärmepumpe ist an ihrer Leistungszahl ε* erkennbar. Sie ergibt sich aus dem Verhältnis der für die Wassererwärmung nutzbar gemachten Energie zur Antriebsenergie des Verdichters.

$$\varepsilon = \frac{\dot{Q}}{P_{zu}}$$

ε Leistungszahl
$\dot{Q}$ Wärmeleistung   in W
P_{zu} zugeführte elektrische Leistung   in W

Die Leistungszahl von Luft-Wasser-Wärmepumpen für die Trinkwassererwärmung liegt zwischen 2,0 und 3,5.

Elektrische Trinkwassererwärmer

Beispiel 1:

Am Heizwiderstand eines elektrischen Trinkwassererwärmers wird bei einer Spannung von 230 V ein Widerstand von 26,44 Ω gemessen. Wie groß ist die elektrische Stromstärke?

Lösung:

$$I = \frac{U}{R} = \frac{230\ V}{26{,}44\ \Omega} = 8{,}7\ A$$

Beispiel 2:

Eine Wärmepumpe hat die Leistungszahl 3. Wie groß ist die Wärmeleistung, wenn die Leistungsaufnahme des Verdichtermotors 500 W beträgt?

Lösung:
$\dot{Q} = P_{zu} \cdot \varepsilon$
$\dot{Q} = 500\ W \cdot 3 = 1500\ W = 1{,}5\ kW$

Aufstellraum. Wärmepumpen als Trinkwassererwärmer müssen in ausreichend großen Räumen aufgestellt werden. Besonders geeignet sind Kellerräume, Vorratsräume und Heizräume mit Raumtemperaturen zwischen 10 °C und 20 °C. Die Grenztemperaturen liegen zwischen 8 °C und 35 °C. Günstig wirken sich wärmeabgebende Geräte aus, z.B. Kühlschränke oder Heizgeräte, die verhindern, dass die Raumluft zu kalt wird. Es ist zu beachten, dass bei Betrieb einer Wärmepumpe dem Raum ein Wärmestrom von ca. 1000 W entzogen wird. Vgl. Beispiel 1. Dieser Wärmestrom muss durch die Umgebungswände oder durch wärmeabgebende Geräte ausgeglichen werden.

Leiterwiderstand. Der Leiterwiderstand R hängt vom spezifischen elektrischen Widerstand des Leiterwerkstoffs, von der Leiterlänge und vom Leiterquerschnitt ab. Der spezifische elektrische Widerstand ist gleich dem Widerstand eines Leiters von 1 m Länge und 1 mm² Querschnitt.

$$R = \frac{\rho \cdot l}{A}$$

R	Leiterwiderstand	in Ω
ρ	spez. Widerstand	in Ω mm²/m
l	Leiterlänge	in m
A	Leiterquerschnitt	in mm²

Der Leiterwiderstand ist temperaturabhängig und nimmt bei den meisten Metallen mit steigender Temperatur zu. Deshalb haben Heizwiderstände beim Einschalten (kalt) einen erheblich kleineren Widerstand als im Betriebszustand (heiß). Der spezifische elektrische Widerstand eines Leiterwerkstoffs bei einer Temperatur von 20 °C wird als ρ_{20} bezeichnet.

3.2.5 Berechnungen zur elektrischen Trinkwassererwärmung

Ohmsches Gesetz. Heizwiderstände in elektrischen Trinkwassererwärmern sind so genannte ohmsche Widerstände. Dabei gilt das Ohmschen Gesetz in folgender Form:

$$I = \frac{U}{R}$$

I	elektrische Stromstärke	in A
U	elektrische Spannung	in V
R	elektrischer Widerstand	in Ω

Tabelle 3.09: Spezifische elektrische Widerstände

Leiterwerkstoff	ρ_{20} in Ω mm²/m
Kupfer	0,018
Aluminium	0,030
Eisen	0,100
Nickel	0,110
Quecksilber	0,960

Anlagen zur Trinkwassererwärmung

Beispiel 2:

Wie groß ist bei 20 °C der elektrische Widerstand eines 200 m langen Kupferdrahts mit einem Querschnitt von 2 mm²?

Lösung:

$$R = \frac{\rho \cdot l}{A}$$

$$R = \frac{0{,}018\ \Omega\ mm^2/m \cdot 200\ m}{2\ mm^2} = 1{,}8\ \Omega$$

Beispiel 3:

In einem Stromkreis sind die Widerstände $R_1 = 10\ \Omega$, $R_2 = 15\ \Omega$ und $R_3 = 25\ \Omega$ in Reihe geschaltet. Die Gesamtspannung beträgt 230 V.
a) Wie groß ist der Ersatzwiderstand (Gesamtwiderstand)?
b) Wie groß ist die Stromstärke?
c) Wie groß sind die Teilspannungen?

Lösung:
a) $R = R_1 + R_2 + R_3$
   $R = 10\ \Omega + 15\ \Omega + 25\ \Omega = 50\ \Omega$
b) $I = \dfrac{U}{R} = \dfrac{230\ V}{50\ \Omega} = 4{,}6\ A$
c) $U = I \cdot R$
   $U_1 = 4{,}6\ A \cdot 10\ \Omega = 46\ V$
   $U_2 = 4{,}6\ A \cdot 15\ \Omega = 69\ V$
   $U_3 = 4{,}6\ A \cdot 25\ \Omega = 115\ V$

Reihenschaltung von Widerständen. Wenn elektrische Widerstände hintereinander geschaltet sind, spricht man von Reihenschaltung. Dabei herrscht überall die gleiche Stromstärke I. Die Gesamtspannung ist die Summe der Teilspannungen:

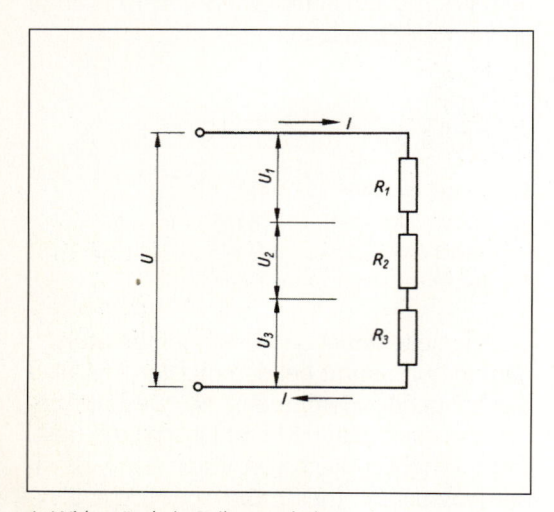

Parallelschaltung von Widerständen. Bei Parallelschaltung liegt an allen Widerständen die gleiche Spannung an.

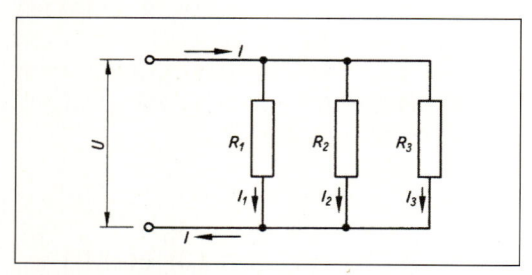

2. Parallel geschaltete Widerstände.

Die gesamte Stromstärke I ist die Summe der Teilströme:

$$I = I_1 + I_2 + I_3 + \ldots$$

1. Widerstände in Reihe geschaltet.

$$U = U_1 + U_2 + U_3 + \ldots$$

Der Gesamtwiderstand R wird Ersatzwiderstand genannt. Er berechnet sich aus der Summe der Einzelwiderstände:

$$R = R_1 + R_2 + R_3 + \ldots$$

Der Kehrwert des Gesamtwiderstands ist die Summe der Kehrwerte der Einzelwiderstände:

$$\frac{1}{R} = \frac{1}{R_1} + \frac{1}{R_2} + \frac{1}{R_3} + \ldots \quad R = \frac{1}{1/R}$$

$\dfrac{1}{R}$ Kehrwert des Gesamtwiderstands in $\dfrac{1}{\Omega}$

Beispiel 4:

Im Stromkreis eines elektrischen Trinkwassererwärmers sind die Widerstände $R_1 = 53{,}0\ \Omega$, $R_2 = 26{,}5\ \Omega$ und $R_3 = 17{,}6\ \Omega$ parallel geschaltet, s. Abb. 1. Die Gesamtspannung beträgt 230 V.
a) Wie groß sind die Teilströme?
b) Wie groß ist die gesamte Stromstärke?
c) Wie groß ist der Ersatzwiderstand?

Lösung:

a) $I = \dfrac{U}{R}$

$I_1 = \dfrac{230\ \text{V}}{53{,}0\ \Omega} = 4{,}34\ \text{A}$

$I_2 = \dfrac{230\ \text{V}}{26{,}5\ \Omega} = 8{,}68\ \text{A}$

$I_3 = \dfrac{230\ \text{V}}{17{,}6\ \Omega} = 13{,}07\ \text{A}$

b) $I = I_1 + I_2 + I_3$
$I = 4{,}34\ \text{A} + 8{,}68\ \text{A} + 13{,}07\ \text{A}$
$I = 26{,}09\ \text{A}$

c) $\dfrac{1}{R} = \dfrac{1}{R_1} + \dfrac{1}{R_2} + \dfrac{1}{R_3}$

$\dfrac{1}{R} = \dfrac{1}{53{,}0\ \Omega} + \dfrac{1}{26{,}5\ \Omega} + \dfrac{1}{17{,}6\ \Omega}$

$\dfrac{1}{R} = 0{,}1134\ \dfrac{1}{\Omega}$

$R = \dfrac{1}{1/R} = \dfrac{1}{0{,}1134\ 1/\Omega} = 8{,}82\ \Omega$

$P = U \cdot I$

P	elektrische Leistung	in W
U	elektrische Spannung	in V
I	elektrische Stromstärke	in A

Beispiel 5:

Welche Leistung hat ein elektrischer Trinkwassererwärmer bei einer Spannung von 230 V und einer Stromstärke von 8,70 A?

Lösung:
$P = U \cdot I$
$P = 230\ \text{V} \cdot 8{,}70\ \text{A} = 2001\ \text{W} = 2\ \text{kW}$

Elektrische Arbeit. Die elektrische Arbeit (elektrische Energie) ist das Produkt aus der elektrischen Leistung und der Zeit, während der die Leistung wirksam ist.

$W = P \cdot t$

W	elektrische Arbeit	in Wh
P	elektrische Leistung	in W
t	Zeit	in h

Beispiel 6:

Wie groß ist die elektrische Arbeit, d.h. die verbrauchte elektrische Energie, eines Elektro-Speicher-Wassererwärmers mit einer Leistung von 6 kW, wenn er 8 Stunden lang in Betrieb ist?

Lösung:
$W = P \cdot t = 6\ \text{kW} \cdot 8\ \text{h} = 48\ \text{kWh}$

Elektrische Leistung. In Wechselstromkreisen, die nur Ohmsche Widerstände enthalten, berechnet sich die elektrische Leistung aus der elektrischen Spannung und der Stromstärke.

Anlagen zur Trinkwassererwärmung

Zur Wiederholung

1. Wie arbeiten offene Elektro-Speicher-Wassererwärmer und wann können sie eingesetzt werden?
2. Was sind Kochendwassergeräte und wie funktionieren sie?
3. Welche elektrischen Speicher-Wassererwärmer können als Untertisch- oder als Übertischgerät verwendet werden?
4. Nennen Sie elektrische Trinkwassererwärmer, die besonders für Gruppenversorgung geeignet sind.
5. Wann kann ein Elektro-Speicher-Wassererwärmer mit Niedertarifstrom betrieben werden?
6. Wie wird bei geschlossenen Elektro-Speicher-Wassererwärmern die Wassertemperatur geregelt und gegen Temperaturüberschreitung abgesichert?
7. Wie arbeitet ein Elektro-Durchfluss-Wassererwärmer mit hydraulischer Steuerung?
8. Welche Bedingungen müssen erfüllt sein, wenn elektrische Durchfluss-Wassererwärmer mit Blankdraht-Heizkörpern betrieben werden und welche Vorteile haben dann diese Geräte?
9. Wie arbeiten Elektro-Durchfluss-Wassererwärmer, die elektronisch geregelt werden?
10. Erklären Sie Aufbau und Funktion eines Trinkwassererwärmers, der durch eine Wärmepumpe beheizt wird.

Zur Vertiefung

1. Wie groß muss die Heizleistung eines Elektro-Durchfluss-Wassererwärmers sein, wenn in 10 Minuten 150 l Warmwasser von 40 °C bei einer Kaltwassertemperatur von 10 °C entnommen werden?
2. Warum werden Elektro-Durchfluss-Wassererwärmer nicht in allen Fällen vom EVU genehmigt?
3. Durch eine in einem Kellerraum aufgestellte Wärmepumpe sollen der Raumluft 1000 W Wärme entzogen werden. Wie groß muss der Luftvolumenstrom bei einer Luftabkühlung von 15 °C auf 10 °C sein?
4. Erstellen Sie eine Funktionsbeschreibung eines elektrischen Zweikreis-Speicher-Wassererwärmers mit einem Inhalt von 30 l und einem Wechselstrom-Anschluss wie in Abb. 2, S. 161 bei Normalbetrieb (NT) und bei Schnellaufheizung.
5. Der Stromlaufplan eines Elektro-Speicher-Wassererwärmers ist in aufgelöster Darstellung gezeichnet.

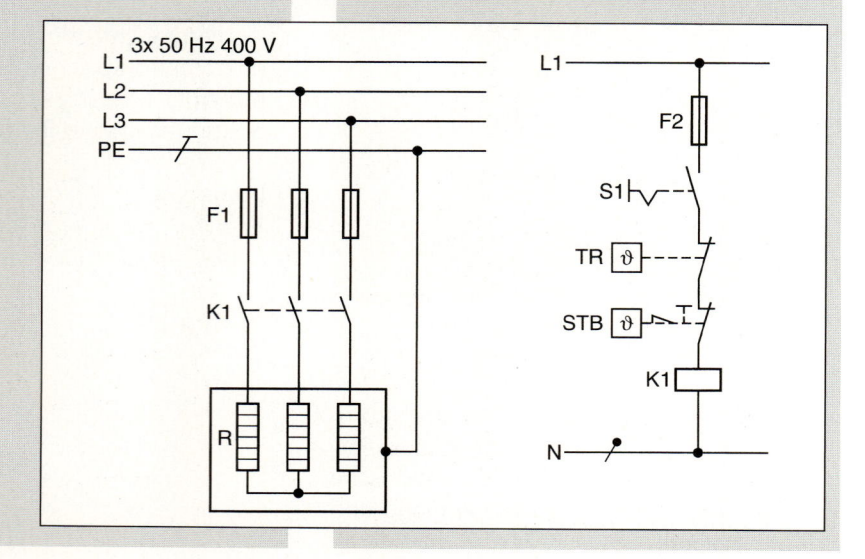

Elektrische Trinkwassererwärmer

a) An welche Leiter sind der Hauptstromkreis und der Steuerstromkreis angeschlossen und welche Betriebsmittel sind eingebaut?
b) Mit welcher Stromart wird das Gerät betrieben?
c) Erklären Sie den Funktionsablauf, wenn der Schalter S1 von Hand eingeschaltet wird.
d) Wie arbeitet die Anlage, wenn die eingestellte Temperatur am Temperaturregler erreicht ist?
e) Was geschieht, wenn der Temperaturregler durch einen Defekt nicht öffnet?

Zur Berechnung

1. Berechnen Sie mit dem Ohmschen Gesetz die fehlenden Werte.

Aufg.	Stromstärke I	Spannung U	Widerstand R
a)	11 A	230 V	? Ω
b)	10 mA	6 V	? Ω
c)	2 A	? V	110 Ω
d)	0,55 A	? V	200 Ω
e)	? A	1 kV	10 Ω
f)	? A	30 V	0,3 Ω

2. Bei einem Heizwiderstand in einem elektrischen Trinkwasserspeicher wird bei einer Spannung von 230 V eine Stromstärke von 4,35 A gemessen. Wie groß sind der elektrische Widerstand und die Leistung des Heizkörpers?

3. Bei einem elektrischen Heizwiderstand stellt sich bei einer Spannung von 230 V eine Stromstärke von 8 A ein. Wie groß sind der elektrische Widerstand und die Leistung?

4. Wie groß ist bei 20 °C der Leiterwiderstand eines 20 m langen Kupferkabels mit einem Querschnitt von 4 mm²?

5. Wie lang kann ein Aluminiumkabel mit einem Querschnitt von 2,5 mm² sein, wenn der Leiterwiderstand bei 20 °C maximal 2,8 Ω betragen darf?

6. Wie groß ist der spezifische Widerstand eines 2 cm langen Werkstoffs, wenn sich bei einem Querschnitt von 4 mm² ein Widerstand von 10 Ω einstellt?

7. In einem Stromkreis für einen Trinkwassererwärmer sind bei einer Spannung von 230 V die Widerstände R_1 = 50 Ω und R_2 = 30 Ω in Reihe geschaltet. Wie groß sind der Ersatzwiderstand R, die im Stromkreis fließende Stromstärke I und die Teilspannungen U_1 und U_2?

8. In einem Elektro-Speicher-Wassererwärmer sind bei einer Spannung von 230 V 4 Heizkörper mit den Widerständen R_1 = 53 Ω, R_2 = 35 Ω, R_3 = 35 Ω und R_4 = 26 Ω parallel geschaltet. Berechnen Sie:
   a) die Teilstromstärken I_1 bis I_4,
   b) die gesamte Stromstärke I,
   c) den Ersatzwiderstand R,
   d) die Leistungen der 4 Heizwiderstände.

9. Ein Elektro-Durchfluss-Wassererwärmer hat drei gleiche Heizwiderstände mit einer Leistung von je 6 kW bei einer Spannung von 230 V. Berechnen Sie:
   a) die Stromstärken I_1, I_2, I_3 und I,
   b) die Widerstände R_1, R_2 und R_3,
   c) den Ersatzwiderstand R.

10. In einem Elektro-Durchfluss-Wassererwärmer sind zwei Heizwiderstände eingebaut. Berechnen Sie:
    a) die Stromstärken I_1, I_2 und I,
    b) die Teilleistungen P_1, P_2 und die Gesamtleistung P,
    c) den Ersatzwiderstand R.

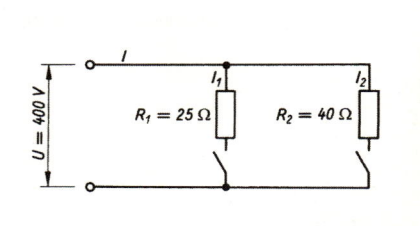

Schaltbild: U = 400 V, R_1 = 25 Ω, R_2 = 40 Ω (parallel geschaltet)

Anlagen zur Trinkwassererwärmung

11. An einem elektrischen Trinkwassererwärmer wird bei einer Spannung von 230 V eine Stromstärke von 17,4 A gemessen.
Wie groß sind die Leistung und der Stromverbrauch, wenn das Gerät nachts mit Niedertarifstrom 6 Stunden lang aufheizt?

12. Prüfen Sie durch Rechnung, ob an einen Stromkreis von 230 V, der mit 16 A abgesichert ist, ein elektrischer Trinkwasser-Erwärmer mit 4 kW Leistung angeschlossen werden kann. Wie muss dieser Stromkreis mindestens abgesichert sein, wenn Sicherungen mit 16 A, 20 A und 25 A zur Verfügung stehen?

13. Der Heizwiderstand bei einem Kochendwassergerät hat bei einer Spannung von 230 V eine Leistung von 2200 W. Wie groß sind die Stromstärke und der elektrische Widerstand?

14. Ein Zweikreis-Elektro-Speicher-Wassererwärmer heizt nachts von 22.00 Uhr abends bis 4.00 Uhr morgens den Speicher mit einer Leistung von 2 kW auf. Wie groß sind der Energieverbrauch und die Stromkosten beim einmaligen Aufheizen bei einem Strompreis von 0,08 EUR/kWh?

15. Eine Wärmepumpe für Trinkwassererwärmung hat eine Leistungszahl von 2,5. Die Stromaufnahme des Motors beträgt 500 W. Wie viel Zeit benötigt das Gerät, um das Trinkwasservolumen von 300 l um durchschnittlich 30 K aufzuheizen, wenn die Wärmeverluste während der Aufheizzeit vernachlässigt werden?

16. Eine Wärmepumpe für Trinkwassererwärmung saugt 800 m³/h Luft aus dem Aufstellraum an, die von 12 °C auf 8 °C abgekühlt wird. Die zugeführte elektrische Antriebsleistung beträgt 600 W, die zu 80 % für die Trinkwassererwärmung genutzt wird.
a) Wie groß ist die Wärmeleistung der Wärmepumpe?
b) Wie groß ist die Leistungszahl?
c) Wie lang dauert die Aufheizung, wenn 300 l Trinkwasser um 25 K erwärmt werden?

2. Lernsituation:

Trinkwassererwärmer mit Wärmepumpe

Ein Zweifamilenhaus soll eine Wärmepumpe für die zentrale Trinkwasserversorgung erhalten. Dabei ist mit folgenden Daten zu rechnen:
Speicherinhalt 350 l,
elektrische Antriebsleistung 600 W,
Leistungszahl 2,8,
elektrische Zusatzheizung 2 kW,
Abkühlung der Raumluft von 12 °C auf 6 °C.

Es sind folgende Werte zu berechnen:
1. Die Wärmeleistung des Speicher-Wassererwärmers bei Wärmepumpenbetrieb,
2. die Aufheizzeit bei einer Kaltwassertemperatur von 25 °C und einer durchschnittlichen Warmwassertemperatur von 55 °C,
   a) bei Wärmepumpenbetrieb,
   b) bei Betrieb der elektrischen Zusatzheizung,
   c) bei Betrieb der Wärmepumpe und der Zusatzheizung,
3. der erforderliche Raumluftvolumenstrom bei Wärmepumpenbetrieb, wenn 80 % der Antriebsenergie der Wärmepumpe für die Aufheizung des Trinkwassers genutzt werden.
4. der Wärmestrom, der dem Raum zufließen muss, damit die Raumtemperatur bei 12 °C verbleibt.

Weitere Aufgaben:
5. Zeichnen Sie die Wärmepumpe schematisch mit dem Speicher-Wassererwärmer und allen erforderlichen Armaturen am Kaltwasseranschluss.
6. Beschreiben Sie die Funktion der Wärmepumpe und der elektrischen Zusatzheizung.
7. Stellen Sie die Vor- und Nachteile dieser Anlage im Vergleich einer Warmwasserbereitung mit Brennstoffen gegenüber.

3.3 Gasgeräte für die Trinkwassererwärmung

Bei den Gasgeräten für die Trinkwassererwärmung unterscheidet man Gas-Durchfluss-Wassererwärmer und Gas-Speicher-Wassererwärmer.

3.3.1 Gas-Durchfluss-Wassererwärmer

Gas-Durchfluss-Wassererwärmer* besitzen einen Wärmeaustauscher, in dem das Wasser während des Entnahmevorgangs durch die heißen Abgase des Gasbrenners im Durchfluss-System erwärmt wird. Der Betrieb ist sehr wirtschaftlich, da während der Stillstandszeiten keine nennenswerten Wärmeverluste entstehen. Warmwasser kann durch Direktentnahme am Gerät (Einzelversorgung), durch Fernentnahme oder durch Direkt- und Fernentnahme entnommen werden. Vgl. 3.1.1, S. 144. Je nach Verwendungszweck gibt es Geräte mit unterschiedlichen Wärmeleistungen und einem Modulationsbereich zwischen 40 % und 100 %.

Gas-Durchfluss-Wassererwärmer mit offener Verbrennungskammer werden in der Nähe eines Schornsteins installiert und durch ein Verbindungsstück mit dem Schornstein verbunden.

Wenn ein Luft-Abgas-Schornstein vorhanden ist, können raumluftunabhängige Geräte (Art C) installiert werden, die mit einem Gebläse die notwendige Verbrennungsluft ansaugen und die Abgase in den LAS einleiten. Vgl. 1.7.4, S. 102.

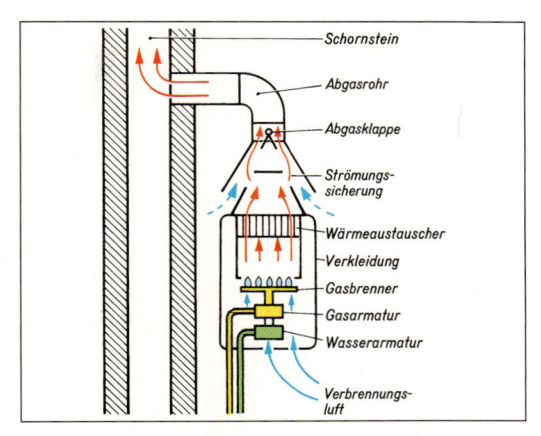

Steht kein Schornstein zur Verfügung, so können nach Rücksprache mit dem zuständigen Bezirks-Schornsteinfeger auch Geräte mit geschlossener Verbrennungskammer und Außenwandanschluss verwendet werden. Vgl. 1.7.4, S. 103.

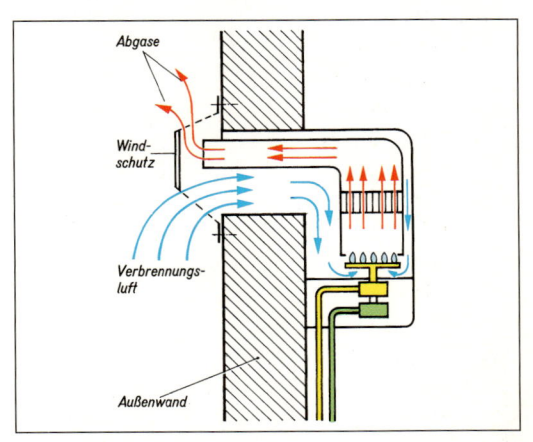

1. Schema eines Gas-Durchfluss-Wassererwärmers, Gasgerät Art B, für Schornsteinanschluss.

2. Schema eines Gas-Durchfluss-Wassererwärmers, Gasgerät Art C, für Außenwandanschluss.

*Gas-Durchfluss-Wassererwärmer werden nach TRGI als Gas-Durchlaufwasserheizer bezeichnet.

*Tabelle 3.10 nach Werksangaben.

Tabelle 3.10: Gas-Durchfluss-Wassererwärmer*

Nennwärme-leistung max. in kW	Nennwärme-belastung max. in kW	Modulations-bereich in %	max. Wasservolumenstrom in l/min bei einer Temperaturerhöhung um			
			25 K	35 K	45 K	50 K
8,7	10,5	–	5	3,6	2,8	2,5
19,2	22,1	40 … 100	11	7,9	6,1	5,5
24,4	28,1	40 … 100	14	10,0	7,8	7,0
27,9	32,1	40 … 100	16	11,4	8,9	8,0

Anlagen zur Trinkwassererwärmung

Ein Gas-Durchfluss-Wassererwärmer besteht im Wesentlichen aus der Wasserarmatur, der Gasarmatur, dem Gasbrenner, dem Wärmeaustauscher, der Strömungssicherung* und der Verkleidung.

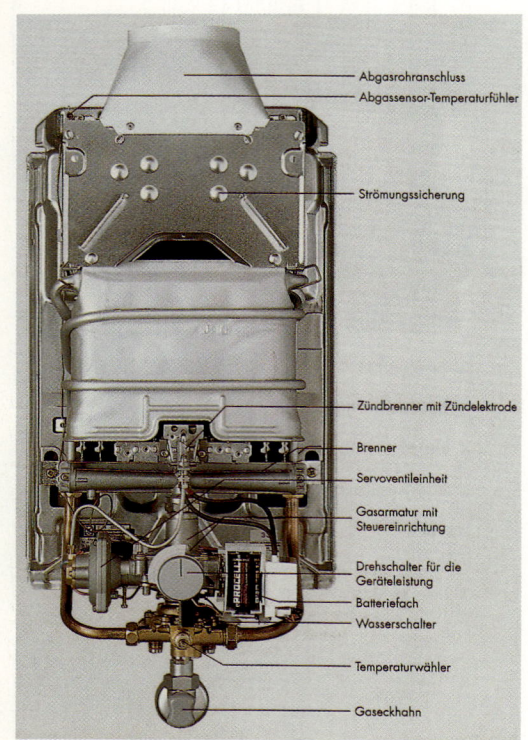

*Strömungssicherung, sie ist nur bei offener Verbrennungskammer erforderlich.

1. Gas-Durchfluss-Wassererwärmer (Art B) mit abgenommener Verkleidung.

Bildbeschriftungen: Abgasrohranschluss, Abgassensor-Temperaturfühler, Strömungssicherung, Zündbrenner mit Zündelektrode, Brenner, Servoventileinheit, Gasarmatur mit Steuereinrichtung, Drehschalter für die Geräteleistung, Batteriefach, Wasserschalter, Temperaturwähler, Gaseckhahn.

Wasserschalter. Er besteht aus einem Membrangehäuse mit einer Gummimembran, die mit der Gasarmatur verbunden ist. Bei nicht strömendem Wasser herrschen in der unteren und in der oberen Membrankammer gleicher Druck. Das Wassermangelventil in der Gasarmatur ist geschlossen. Bei fließendem Wasser baut sich durch die Venturidüse in der unteren Kammer ein größerer Druck als in der oberen Kammer auf. Durch den Differenzdruck wird das Wassermangelventil geöffnet und durch einen Mikroschalter der Batterie-Stromkreis geschlossen, das Zündgasventil geöffnet und das Zündgas durch eine Elektrode gezündet.

Die Ionisations-Überwachungselektrode meldet die Zündung an die Elektronik, die dann das Hauptgasventil öffnet. Wird der Mindestvolumenstrom unterschritten, schließt das Wassermangelventil die Gaszufuhr. Der Wassermengenregler hält die Wassermenge unabhängig vom Wasserdruck konstant. Die Einstellung des Geräts auf einen bestimmten Druck ist deshalb nicht erforderlich.

Temperaturwähler. Durch den Temperaturwähler kann eine Umgehungsleitung in der Wasserarmatur geöffnet oder geschlossen werden. Wird der Temperaturwähler auf die Stellung „warm" gedreht, ist die Umgehungsleitung geöffnet. Teilweise kann das Wasser über diesen Weg, teilweise über die Venturidüse zum Wärmeaustauscher strömen. Das Gerät erreicht dabei den maximalen Wasservolumenstrom bei einer Temperaturerhöhung um ca. 25 K. Bei Drehung auf „heiß" wird die Umgehungsleitung geschlossen und der Wasservolumenstrom auf ca. 50 % verkleinert. Die Temperaturerhöhung des Wassers beträgt dann ca. 50 K. Vgl. Tabelle 3.10, S. 171.

Gasarmatur. Sie besteht im Wesentlichen aus der Wassermangelsicherung, die durch den Wasserschalter betätigt wird, dem Hauptgasventil und dem Zündgasventil.

Modulation. Wenn sich der Wasservolumenstrom ändert, bewegt der Wasserschalter durch den Steuerschieber das Wassermangelventil, so dass mehr oder weniger Gas zum Brenner strömt. So kann eine konstante Auslauftemperatur erreicht werden. Durch diese automatische Leistungsanpassung ist der Einsatz von Thermostat-Batterien und Eingriff-Batterien ohne Einschränkung möglich.

Hauptbrenner. Die Mischrohre des Gasbrenners bestehen aus nicht rostendem Stahl. Durch auswechselbare Gasdüsen sind die meisten Gas-Durchfluss-Wassererwärmer für Erdgas und für Flüssiggas geeignet. Vgl. 1.2.3, S. 26.

Gasgeräte für die Trinkwassererwärmung

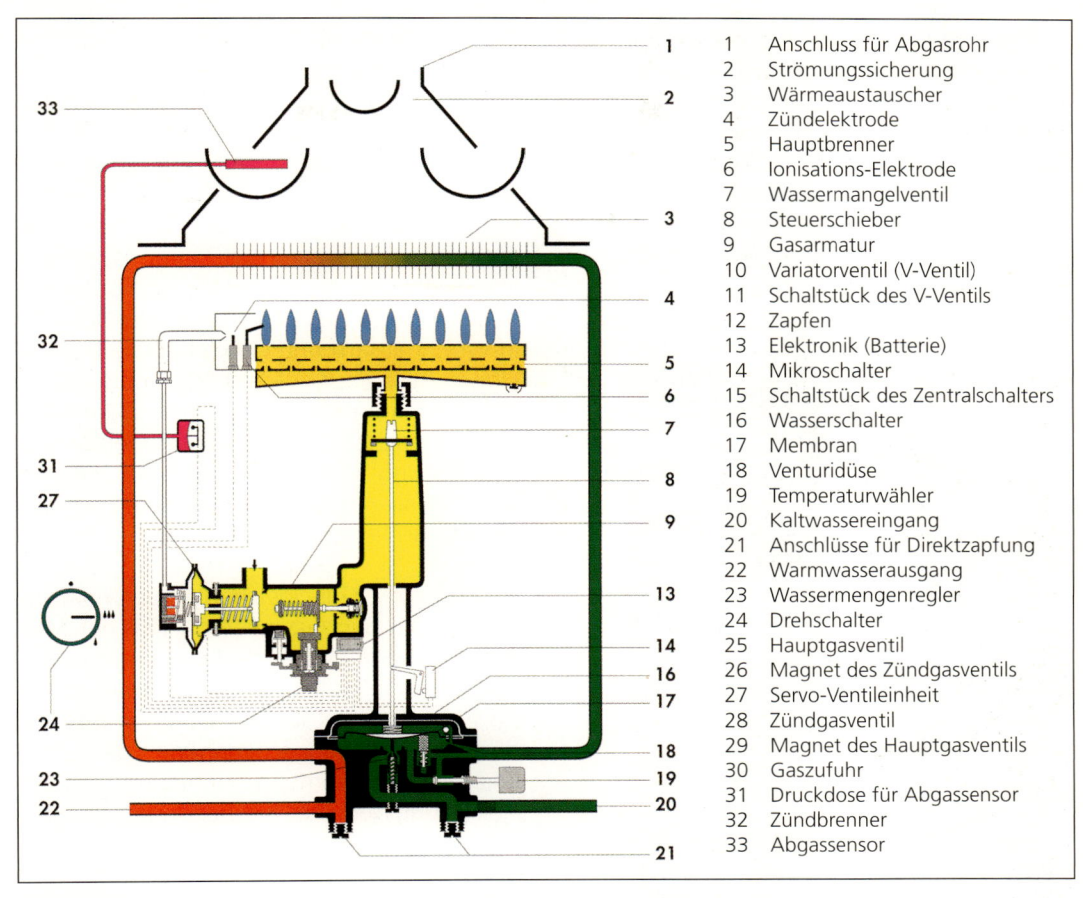

1	Anschluss für Abgasrohr
2	Strömungssicherung
3	Wärmeaustauscher
4	Zündelektrode
5	Hauptbrenner
6	Ionisations-Elektrode
7	Wassermangelventil
8	Steuerschieber
9	Gasarmatur
10	Variatorventil (V-Ventil)
11	Schaltstück des V-Ventils
12	Zapfen
13	Elektronik (Batterie)
14	Mikroschalter
15	Schaltstück des Zentralschalters
16	Wasserschalter
17	Membran
18	Venturidüse
19	Temperaturwähler
20	Kaltwassereingang
21	Anschlüsse für Direktzapfung
22	Warmwasserausgang
23	Wassermengenregler
24	Drehschalter
25	Hauptgasventil
26	Magnet des Zündgasventils
27	Servo-Ventileinheit
28	Zündgasventil
29	Magnet des Hauptgasventils
30	Gaszufuhr
31	Druckdose für Abgassensor
32	Zündbrenner
33	Abgassensor

1. Gas- und Wasserarmaturen in einem Gas-Durchfluss-Wassererwärmer, Gasgerät Art B.

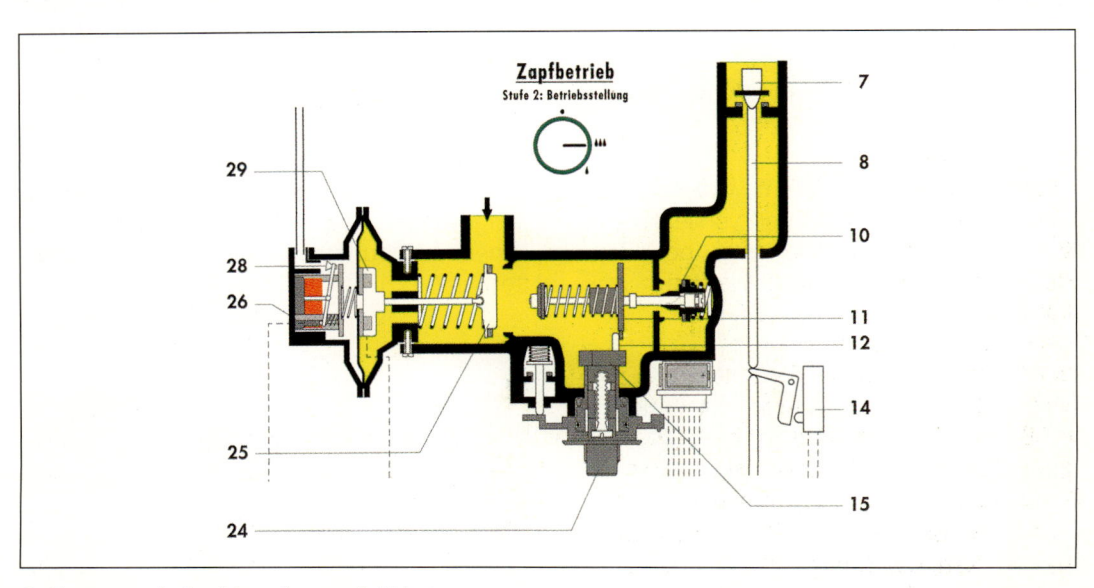

2. Gasarmatur in Betriebsstellung, vgl. Abb. 1.

Anlagen zur Trinkwassererwärmung

Wärmeaustauscher. Hier erfolgt die Wärmeübertragung von heißen Abgasen zum Wasser. Im oberen Teil des Heizkörperschachts befindet sich ein Lamellenblock, in dem sich überwiegend die Wärmeübertragung vollzieht. Der Wärmeaustauscher aus Kupfer ist außen beschichtet, damit bei Taupunktunterschreitung keine Außenkorrosion entsteht.

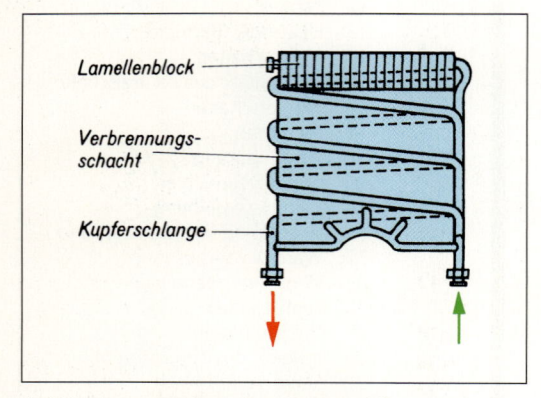

*Gas-Speicher-Wassererwärmer werden nach TRGI als Gas-Vorratswasserheizer bezeichnet.

1. Wärmeaustauscher eines Gas-Durchfluss-Wassererwärmers.

Abgas-Überwachungseinrichtung. Bei Gasgeräten Art B mit Strömungssicherung muss durch einen Sensor die Abgasführung in den Schornstein überwacht werden. Bei Rückströmung der Abgase reagiert der Sensor durch eine Meldung an die Elektronik. Dadurch werden das Haupt- und Zündgasventil geschlossen. Vgl. 1.2.4, S. 28.

Verkleidung. Das Gerät wird mit einem beschichteten Blechmantel verkleidet. Die Verkleidung kann bei Wartungs- oder Reparaturarbeiten leicht entfernt werden.

3.3.2 Gas-Speicher-Wassererwärmer

Gas-Speicher-Wassererwärmer* arbeiten nach dem Speichersystem. Bei einer Aufheizung des Wassers auf ca. 60 °C steht kurzfristig ein verhältnismäßig großes Warmwasservolumen zur Verfügung. Gas-Speicher-Wassererwärmer sind deshalb besonders für die zentrale Warmwasserversorgung in Wohnhäusern und Gewerbebetrieben geeignet. Bei harten Wässern besteht durch die hohen Temperaturen an den Wärmeaustauscherflächen eine erhöhte Gefahr der Steinbildung. Diese Geräte sind deshalb nicht in allen Versorgungsgebieten sinnvoll einsetzbar.

Aufbau. Gas-Speicher-Wassererwärmer gehören zu den Gasgeräten Art B mit Strömungssicherung. Sie besitzen einen druckfesten Stahlbehälter und sind gegen Korrosion durch eine innere Emaillierung und durch eine Magnesiumanode geschützt. Eine Wärmedämmung verhindert größere Abkühlungsverluste. Sie benötigen im Kaltwasseranschluss eine Sicherheitsgruppe. Vgl. 3.1.3, S. 148.

Das Kaltwasser wird durch ein Tauchrohr nach unten geführt. Das Warmwasser fließt aus dem oberen Teil des Speichers zu den Entnahmestellen. Liegen diese weit vom Speicher entfernt, kann eine Zirkulationsleitung angeschlossen werden. Der Gasbrenner aus nicht rostendem Stahl arbeitet ohne Gebläse und wird in Abhängigkeit von der eingestellten Warmwassertemperatur mit einem Zweipunktregler ein- und ausgeschaltet.

*Tabelle 3.11 nach Werksangaben.

Tabelle 3.11: Gas-Speicher-Wassererwärmer*

Nennwärmeleistung in kW	Nennwärmebelastung in kW	Abgasanschluss d in mm	Wasservolumen in l	Aufheizzeit von 10 °C bis 60 °C in min	Warmwasser-Volumenstrom bei 45 °C Auslauftemperatur in l/h
6,13	6,80	90	130	72	151
7,25	8,00	90	160	74	178
8,20	9,00	90	190	77	202
8,50	9,50	90	220	86	210

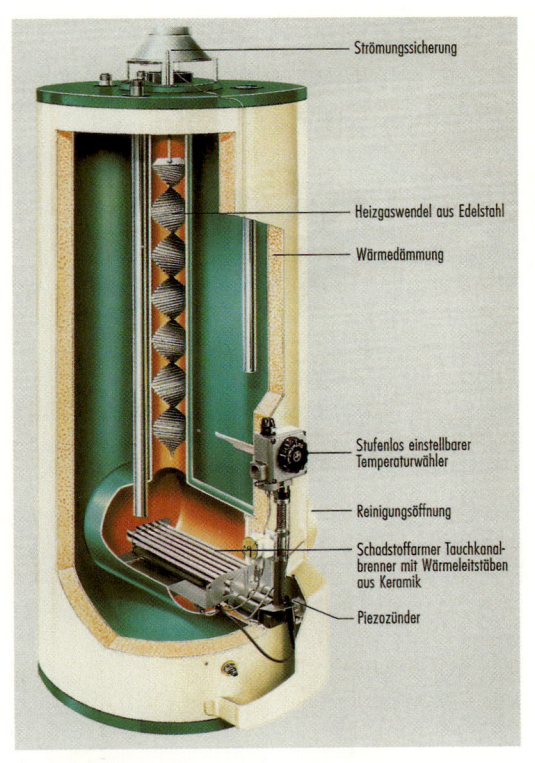

Gasgeräte für die Trinkwassererwärmung

1. Gas-Speicher-Wassererwärmer.

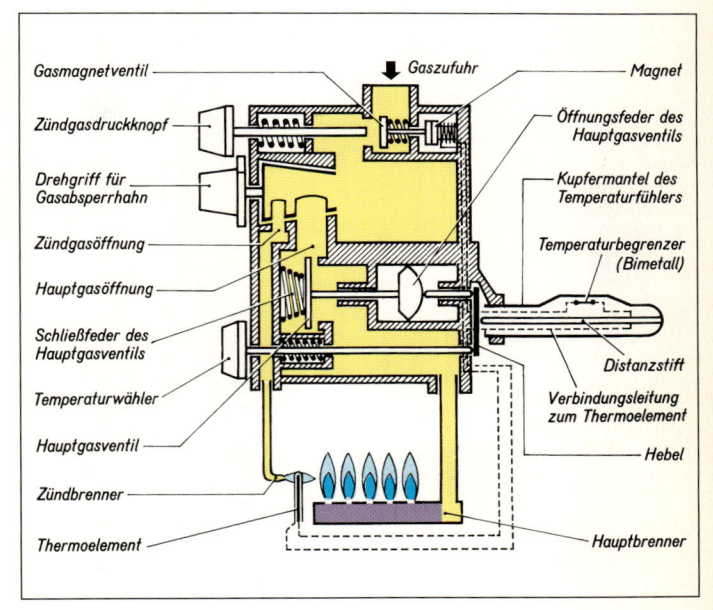

2. Regelblock für Gas-Speicher-Wassererwärmer.

Gas-Regelblock. Er enthält eine thermoelektrische Zündsicherung, einen Gasabsperrhahn, einen Gasdruckregler, das Hauptgasventil, einen Temperaturwähler und den Temperaturregler mit Temperaturfühler. Der Drehgriff des Absperrhahns ist so konstruiert, dass sich der Zündgas-Druckknopf nur dann eindrücken lässt, wenn das Hauptgas geschlossen und das Zündgas geöffnet ist. Einige Sekunden nach Entzünden der Zündflamme, wenn sich ein genügend großer Thermostrom gebildet hat, kann man den Zündgas-Druckknopf loslassen und den Hauptgasweg öffnen. Am Temperaturwähler lässt sich eine Wassertemperatur zwischen 40 °C und 80 °C einstellen.

Der Thermostromkreis wird durch den Temperaturfühler geleitet. Bei Ausfall des Reglers unterbricht ein Bimetallschalter bei ca. 90 °C den Thermostromkreis. Das Magnetventil wird dadurch geschlossen und der Gasweg zum Zünd- und Hauptbrenner unterbrochen.

Abgasführung. Die heißen Abgase des Gasbrenners werden durch ein Innenrohr nach oben zur Strömungssicherung geleitet. Um den Wärmeübergang an das Wasser zu verbessern, ist in das Innenrohr eine Abgaswendel eingebaut. Gas-Speicher-Wassererwärmer werden an einen geeigneten Schornstein oder eine Abgasleitung angeschlossen.

Zur Wiederholung

1. Aus welchen wesentlichen Bauteilen besteht ein Gas-Durchfluss-Wassererwärmer?
2. Wie wird durch den Wasserschalter das Wassermangelventil geöffnet oder geschlossen?
3. Wie werden bei Wasserentnahme das Zünd- und das Hauptgasventil geöffnet?
4. Wie kann durch den Temperaturwähler am Gas-Durchfluss-Wassererwärmer die Warmwassertemperatur beeinflusst werden?

Anlagen zur Trinkwassererwärmung

5. Wie werden das Gas gezündet und die Flamme überwacht?
6. Woraus bestehen der Gasbrenner und der Wärmeaustauscher bei einem Gas-Durchfluss-Wassererwärmer?
7. Wie ist die Abgas-Überwachungseinrichtung aufgebaut?
8. Zu welcher Art der Gasgeräte gehört ein Gas-Speicher-Wassererwärmer?
9. Nennen Sie die wesentlichen Bauteile eines Gas-Speicher-Wassererwärmers.
10. Wie arbeitet der Gas-Regelblock bei einem Gas-Speicher-Wassererwärmer?

Zur Vertiefung

1. Früher wurden Gas-Durchfluss-Wassererwärmer häufiger in Wohnungen eingebaut. Bitte erklären Sie, warum diese Geräte heute seltener verwendet werden.
2. Ein Gas-Speicher-Wassererwärmer hat eine angegebene Nennwärmebelastung von 9 kW. Wie groß ist der Einstellwert des Geräts bei Erdgas E mit $H_{i,B}$ = 9,8 kWh/m³?
3. Berechnen Sie den Anschlusswert und den Einstellwert bei einem Gas-Durchfluss-Wassererwärmer mit einer angegebenen maximalen Nennwärmebelastung von 28 kW und Erdgas LL mit $H_{i,B}$ = 8,6 kWh/m³.
4. Ein Gas-Durchfluss-Wassererwärmer hat eine maximale Nennwärmeleistung von 22 kW. Wie viel Zeit benötigt das Gerät, um eine Badewanne mit einem Inhalt von 160 l mit Warmwasser von 40 °C zu füllen, wenn das Kaltwasser eine Temperatur von 10 °C hat?
5. Bei einem Gas-Durchfluss-Wassererwärmer springt der Brenner nicht an. Welche Teile des Gasgeräts würden Sie überprüfen?
6. Warum sind dem Einsatz von Gas-Speicher-Wassererwärmern in Gebieten mit hartem Trinkwasser Grenzen gesetzt?

*Sonnenenergie, sie wird auch als Solarenergie bezeichnet, sol, lat. Sonne.

*Einstein, Albert, Physiker, 1879 bis 1955,
$E = m \cdot c^2$,
E = Energie in J,
m = Masse in kg,
c = Lichtgeschwindigkeit in m/s.

3.4 Trinkwassererwärmung durch Sonnenenergie

Die abnehmenden fossilen Brennstoffvorräte und die Umweltbelastungen durch Feuerungen zwingen dazu, neben den herkömmlichen Brennstoffenergien auch die Sonnenenergie* für die Trinkwassererwärmung einzusetzen. In den Sommermonaten kann der Warmwasserbedarf durch eine richtig bemessene Solaranlage bis zu 100 % und für das gesamte Jahr bis zu 60 % abgedeckt werden.

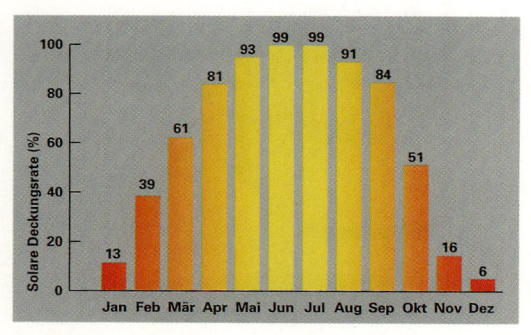

1. Mögliche solare Deckungsrate für Warmwasser.

3.4.1 Solarstrahlung

Die Sonne ist ein riesiger Gasball mit einem Durchmesser von ca. 1,4 Millionen km in 150 Millionen km Entfernung von der Erde und einer Temperatur an der Sonnenoberfläche von 5700 °C. Die Hauptenergiequelle ist die Verschmelzung von schweren Wasserstoffkernen zu Heliumkernen im Inneren der Sonne bei ca. 150 Millionen °C. Bei dieser Kernverschmelzung wird nach der Einsteinschen* Gleichung Masse in Energie verwandelt. Das Alter der Sonne beträgt ca. 4,5 Milliarden Jahre; sie wird mindestens noch einmal so lange Strahlung aussenden, bis der Kernbrennstoff verbraucht ist.

Strahlungsdichte. Die Strahlungsdichte der Sonne beträgt oberhalb der Erdatmosphäre 1367 W/m², die auch als Solarkonstante bezeichnet wird. Von dieser Strahlung werden etwa 370 W/m² durch die Atmosphäre aufgenommen oder reflektiert, so dass an der Erdoberfläche* noch ca. 1000 W/m² bei optimalen Witterungsbedingungen und senkrechter Sonneneinstrahlung in Äquatornähe ankommen. Die bei Solaranlagen in Deutschland anzunehmende maximale Strahlungsdichte ist durch die Lage auf der nördlichen Erdhalbkugel geringer und wird allgemein mit 800 W/m² angenommen. Je nach geographischer Breite nimmt die Globalstrahlung in südlicher Richtung zu und in nördlicher Richtung ab. Bei Wolkenbildung wird diese Wärmestrahlung stark reduziert, so dass es deutliche Unterschiede bei der regionalen Sonnenscheindauer gibt. Durch den im Winter niedrigen Sonnenstand und die kurze tägliche Sonnenscheindauer ist in Deutschland und den anderen europäischen Ländern die nutzbare Sonnenenergie erheblich geringer als im Sommer.

Die Globalstrahlung besteht aus zwei Anteilen: der direkten Strahlung bei wolkenfreiem und der diffusen* Strahlung bei bewölktem Himmel, die durch Reflektion und Streuung in der Erdatmosphäre entsteht.

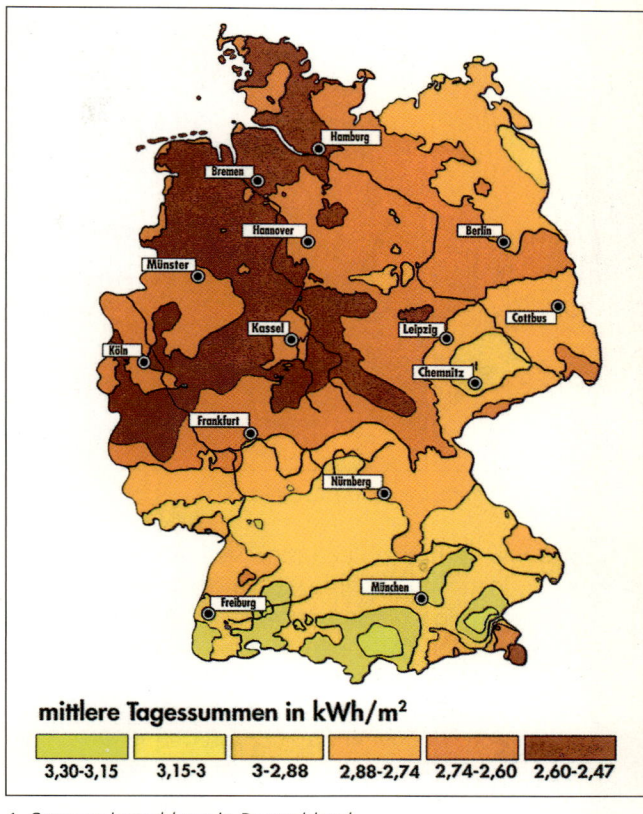

1. Sonneneinstrahlung in Deutschland.

3.4.2 Sonnenkollektoren

Sonnenkollektoren bestehen aus einem mattschwarz getönten Heizkörper, dem Absorber, auf dessen Oberfläche die einfallenden Sonnenstrahlen absorbiert, in fühlbare Wärme umgewandelt und an einen durch den Kollektor* zirkulierenden Wärmeträger abgegeben werden. Die Absorber können auch eine bläulich schimmernde Titanoxid-Beschichtung besitzen, die nach Herstellerangaben die Leistung der Kollektoren erhöhen soll.

Flachkollektoren. Sie werden aus Kostengründen am häufigsten verwendet. In ihnen ist ein plattenförmiger Absorber in einem Rahmen eingebaut und durch eine stabile Kunststoff- oder Glasscheibe dicht abgedeckt. Die Sonnenstrahlen durchdringen diese Scheibe und wandeln sich an der Oberfläche des schwarz oder mit Titanoxid beschichteten Heizkörpers in fühlbare Wärme um. Da die Wärme dann im Kollektor eingefangen und zum größten Teil gehindert ist zu entweichen, nennt man diesen Vorgang Treibhauseffekt*. Gegen Wärmeverluste muss der Kollektor gut gedämmt sein. Die Hersteller haben vor allem die Wärmeausdehnung, die hohen Stillstands-Temperaturen und -Drücke sowie das Korrosionsverhalten der verwendeten Werkstoffe zu beachten. Die Abdeckungen dürfen nicht verschmutzen oder auf der Innenseite mit Kondenswasser beschlagen, da sonst die Wärmeleistung erheblich gemindert wird. Flachkollektoren können überwiegend nur die direkte Sonnenstrahlung nutzen.

*Erdoberfläche, diese Solarstrahlung wird auch als Globalstrahlung bezeichnet.

*diffus, zerstreut.

*Treibhauseffekt, in Gärtnereien bei Treibhäusern angewendetes Verfahren, mit der Sonne Pflanzenkulturen zu beheizen.

*Kollektor, lat. collectio, Sammlung.

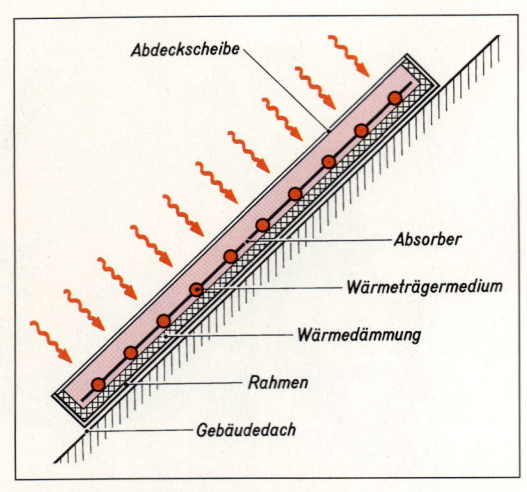

Anlagen zur Trinkwassererwärmung

1. Aufbau eines Flachkollektors.

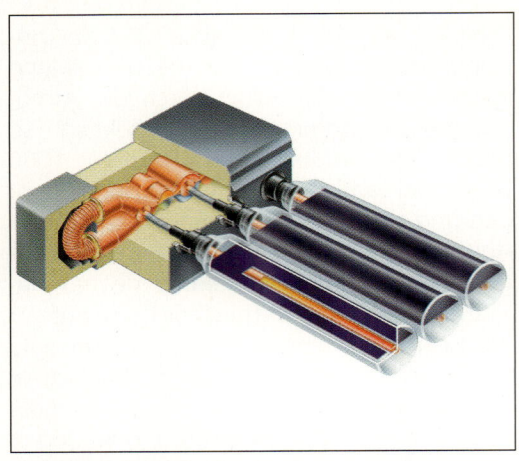

3. Anschluss von Röhrenkollektoren mit Wärmerohr an den Wärmeaustauscher.

Röhrenkollektoren. Sie bestehen aus luftleeren Glasröhren, in denen sich ein streifenförmiger Absorber befindet. Mehrere Rohre werden zu einem Kollektor zusammengebaut. Durch das Vakuum in den Röhren wird die aufgenommene Wärme gehindert, sich durch Konvektion auszubreiten. Eine zusätzliche Wärmedämmung am Kollektor ist deshalb nicht erforderlich. Der Absorber eines Röhrenkollektors kann direkt vom Wärmeträger durchflossen werden. Andere Bauarten sind mit einem Wärmerohr* ausgestattet, in dem sich eine geringe Menge Alkohol befindet, der durch Sonnenwärme verdampft und dann diese Wärme in einem Wärmeaustauscher an den Wärmeträger abgibt.

*Wärmerohr, englisch wird es als *heatpipe* bezeichnet.

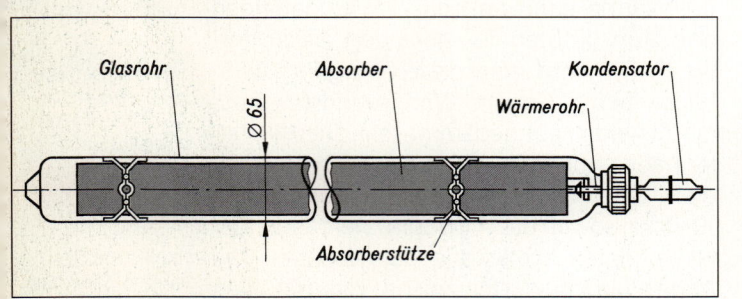

merohr können sie auch waagrecht an der Fassade eines Gebäudes aufstellt werden. Die Absorberstreifen lassen sich in jeder Röhre drehen, damit sie eine optimale Ausrichtung zur Sonne haben.

2. Röhrenkollektor mit Wärmerohr.

3. Röhrenkollektoren an einer Hausfassade.

Röhrenkollektoren mit Wärmerohr sind in schräger Lage mit einem Neigungswinkel von mindestens 20° aufzustellen. Ohne Wär-

Röhrenkollektoren sind teurer als Flachkollektoren. Sie haben jedoch bessere Wirkungsgrade, da sie teilweise auch diffuse Sonnenstrahlung nutzen können.

Neigungswinkel. Um eine gute Energieaufnahme bei Flachkollektoren zu erzielen, ist eine Ausrichtung nach Süden in einem Neigungswinkel von etwa 45° erforderlich, damit die Sonnenstrahlen möglichst senkrecht in den Kollektor einfallen. Der Neigungswinkel α ist der Winkel zwischen der Horizontalen und dem Kollektor. Man wählt,

Trinkwassererwärmung durch Sonnenenergie

je nach Dachneigung, einen Winkel zwischen 30° und 60°. Flache Neigungswinkel, z.B. 30°, sind beim Sonnenstand im Sommer, steile Winkel im Winter günstiger.

Azimutwinkel. Er beschreibt die Abweichung der Kollektorebene von der Südrichtung. Bei einer Ausrichtung genau nach Süden beträgt der Azimutwinkel* 0°. Bei dieser Ausrichtung kann der Kollektor seine größte Wärmeleistung während der Mittagsstunden erreichen. Da aber die Aufstellung der Kollektoren genau nach Süden durch die Lage des Gebäudes nicht immer möglich ist, sind Abweichungen zur Südrichtung bis zu 45°, d.h. Ausrichtungen zwischen Südwesten (+45°) bis Südosten (−45°), möglich.

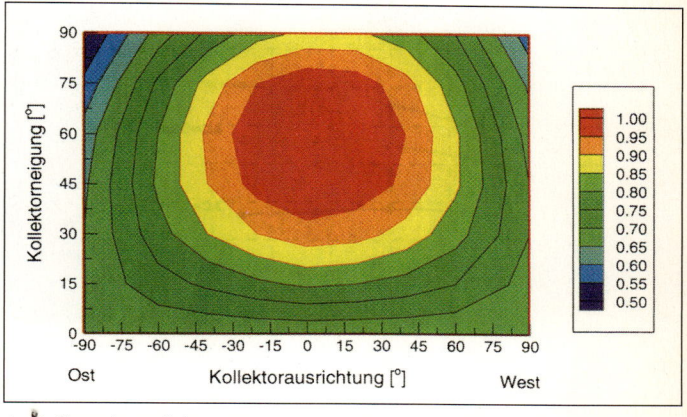

1. Einfluss der Kollektorausrichtung in Abhängigkeit des Neigungs- und des Azimutwinkels.

*__Azimut__, arab. Richtungswinkel am Horizont.

> **Beispiel:**
>
> Ein Flachkollektor ist nach Südosten unter einem Neigungswinkel von 30° aufgestellt. Um wie viel % ist dadurch die Leistung gemindert?
>
> Lösung:
> Nach Abb. 1 liegt der Schnittpunkt der Ausrichtung im gelben Bereich. Die Leistung beträgt 85 % bis 90 % im Vergleich zur optimalen Ausrichtung, die 100 % entspricht. Die Minderung beträgt deshalb 10 % bis 15 %.

Bei der Indach-Montage muss im Bereich der Kollektoren ein Eindeckrahmen ins geöffnete Dach eingebaut werden. Das Kollektorfeld bildet dann einen Teil der Dachfläche und muss an den Begrenzungsseiten sorgfältig abgedichtet sein. Die Indach-Montage bietet optisch ein besseres Bild als die Aufdach-Montage. Sie ist jedoch teurer und wird deshalb seltener angewendet. Röhrenkollektoren können auf dem Dach nur als Aufdach-Montage verwendet werden.

3.4.3 Kollektormontage

Sonnenkollektoren werden meistens auf dem geneigten Gebäudedach angebracht. Dabei unterscheidet man bei Flachkollektoren die Aufdach- und die Indach-Montage. Bei der Aufdach-Montage werden an der Dachkonstruktion Stützen befestigt, damit die Kollektoren einen Abstand zur Dachfläche erhalten und das Regenwasser abfließen kann.

2. Flachkollektoren bei Aufdach-Montage.

Anlagen zur Trinkwassererwärmung

1. Flachkollektoren als Indach-Montage.

Bei Flachdächern müssen die Kollektoren auf Gestellen befestigt werden, damit sie einen Neigungswinkel von ca. 45 ° erhalten. Bei hintereinander angeordneten Kollektoren ist der Schattenwurf der vorderen Reihen zu beachten.

2. Kollektoren auf einem Flachdach bei Montage auf einem Gestell.

Bei den Montagearbeiten auf dem Dach, vor allem bei der Indach-Montage, sind folgende Regelwerke der VOB* zu beachten:
- DIN 18338, Dachdeckungs- und Dachabdichtungsarbeiten,
- DIN 18339, Klempnerarbeiten,
- DIN 18380, Heizanlagen und zentrale Wassererwärmungsanlagen,
- DIN 18451, Gerüstarbeiten.

*VOB, **V**erdingungs**o**rdnung für **B**auleistungen.

Potenzialausgleich. Wenn das Gebäude eine Blitzschutzanlage besitzt, sollten die Kollektoren darin einbezogen sein. Wenn keine Blitzschutzanlage vorhanden ist, müssen die Kollektoren vorschriftsmäßig an den Potenzialausgleich des Gebäudes angeschlossen sein.

Unfallverhütung. Die Kollektormontage auf dem Dach kann zu folgenschweren Unfällen durch Abstürze führen. Vgl. Bd. 07487, Kap. 2.5.7. Gefährliche Arbeiten auf dem Dach sind deshalb nur von zuverlässigen und geeigneten Personen auszuführen. Jugendliche sind bei diesen Arbeiten nur dann zu beschäftigen, wenn sie von einer fachkundigen, erwachsenen Person beaufsichtigt und angeleitet werden.

Bei Absturzhöhen ab 3 m sind auf geneigten Dächern von mehr als 20 ° bis 60 ° vorschriftsmäßige Absturzsicherungen erforderlich. Dazu dienen Dachfanggerüste oder Dachschutzwände. Wenn diese Absturzsicherungen nicht möglich sind, müssen die am Dach arbeitenden Personen durch ein Sicherheitsgeschirr an tragfähigen Bauteilen während der Arbeiten angegurtet sein.

3. Absturzsicherungen bei einer Kollektormontage.

3.4.4 Solarflüssigkeit

Die Temperatur eines Kollektors kann im Winter unter –20 °C sinken und im Sommer bei mangelnder Wärmeabnahme auf über 200 °C ansteigen. Deshalb muss eine Solar-

anlage, die im Winter nicht entleert wird, einen Wärmeträger enthalten, der folgende Voraussetzungen erfüllt:
- Er darf bei niedrigen Temperaturen nicht gefrieren oder dickflüssig werden.
- Er muss sich gegenüber den verwendeten Werkstoffen neutral verhalten und keine Korrosion verursachen.

Als Solarflüssigkeiten werden Wasser-Glykol*-Gemische verwendet, die die oben genannten Bedingungen am besten erfüllen. Sie bestehen z.B. aus 50 % Wasser und 50 % Propylen-Glykol mit einer Frostsicherheit von etwa –35 °C. Bei 40 % Glykolgehalt liegt die Frostsicherheit bei –21 °C.

Die Solarflüssigkeit wird mit einer Pumpe in die Anlage eingefüllt. Dabei kann die Luft oberhalb der Kollektoren über einen Entlüfter entweichen. Durch den Glykolgehalt darf die Flüssigkeit bei einer notwendigen Entleerung nicht in die Entwässerungsanlage eingeleitet werden, sondern ist in einem Behälter aufzufangen, wieder zu verwenden oder zu entsorgen. Es wird empfohlen, alle zwei Jahre die Flüssigkeit zu kontrollieren, damit die Frostsicherheit gewährleistet ist.

Wärmekapazität. Durch den Glykolgehalt nimmt die spezifische Wärmekapazität im Vergleich zu Wasser ab. Sie beträgt bei einem Wasser-Glykol-Gemisch von 50 % ca. 1,0 Wh/(kg · K).

> Wärmekapazität bei 50 % Wasser-Glykol-Gemisch:
> $c = 1,0$ Wh/(kg · K)

Viskosität. Die Viskosität des Wassers nimmt durch den Glykolanteil zu. Dieser Anstieg muss ebenfalls bei der Auslegung der Umwälzpumpe berücksichtigt werden. Vgl. 3.4.8, S. 187.

*Glykol ist eine nicht trinkbare Alkoholart, die auch in Kraftfahrzeugen als Frostschutzmittel verwendet wird.

3.4.5 Wärmespeicher bei Solaranlagen

Die im Kollektor eingesammelte Wärme muss an einen Wärmespeicher abgegeben werden. Als Wärmeaustauscher verwendet man Heizschlangen, die in einem Speicher-Wassererwärmer eingebaut sind. Der Speicher muss ausreichend bemessen und gut gegen Wärmeverluste gedämmt sein, da warmes Trinkwasser auch dann zur Verfügung stehen muss, wenn keine Sonne scheint. Speicher-Wassererwärmer für Solaranlagen in Ein- oder Zweifamilienhäusern haben deshalb ein Volumen von 300 l bis 400 l. Die Speicher werden aus nicht rostenden oder emaillierten Stählen hergestellt. Während einer Schlechtwetterperiode oder bei sehr großem Warmwasserverbrauch muss das Trinkwasser mit herkömmlichen Energien aufgeheizt werden. Deshalb ist im oberen Teil des Speichers ein zweiter Wärmeaustauscher eingebaut, über den das Wasser durch die Heizungsanlage aufgeheizt werden kann.

Bei Solaranlagen für die Trinkwassererwärmung werden verschiedene Speicherarten verwendet.

Bivalente Speicher. Es sind stehende Speicher mit einer unteren Heizschlange als Wärmeaustauscher für die Solaranlage und einer oberen Heizschlange für die Nachhei-

> **Beispiel:**
>
> Durch eine Solaranlage mit einer Wärmeleistung von 3 kW zirkuliert ein Gemisch aus 50 % Wasser und 50 % Glykol. Wie viel kg/h Solarflüssigkeit müssen durch die Kollektoren bei 60 °C Rücklauf- und 70 °C Vorlauftemperatur zirkulieren?
>
> Lösung:
>
> $$\dot{m} = \frac{\dot{Q}}{c \cdot \Delta\vartheta}$$
>
> $$\dot{m} = \frac{3000 \text{ W}}{1,0 \text{ Wh/(kg · K)} \cdot 10 \text{ K}} = 300 \text{ kg/h}$$

Anlagen zur Trinkwassererwärmung

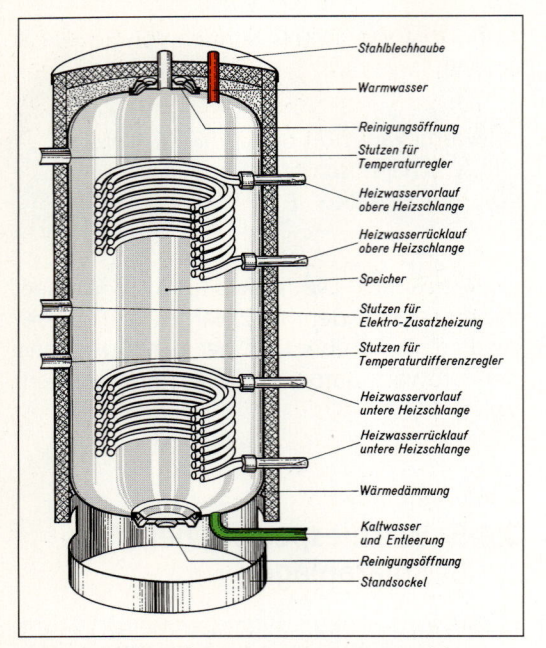

1. Bivalenter Speicher-Wassererwärmer aus nicht rostendem Stahl mit zwei Heizschlangen für Heizungswasser (oben) und Solarwärme (unten).

zung mit Heizungswasser. Bei Solarbetrieb wird im unteren Teil des Speichers das Trinkwasser erwärmt, so dass es leichter wird und in den oberen Speicherbereich aufsteigt.

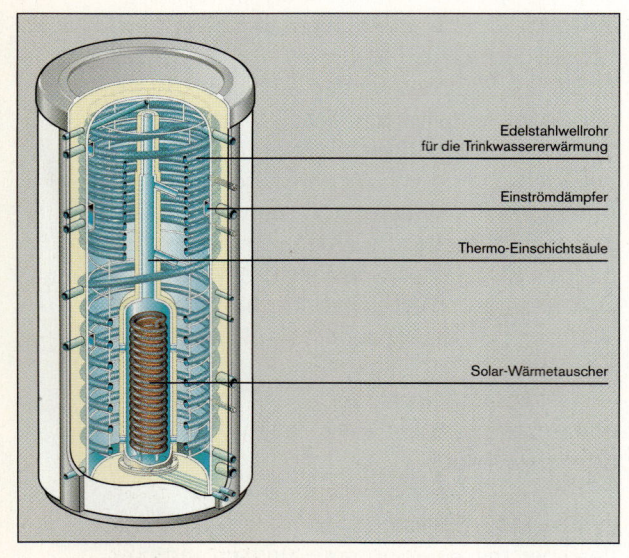

2. Pufferspeicher mit einem Solar-Wärmeaustauscher in einem Thermosiphon und Heizschlange für die Trinkwassererwärmung.

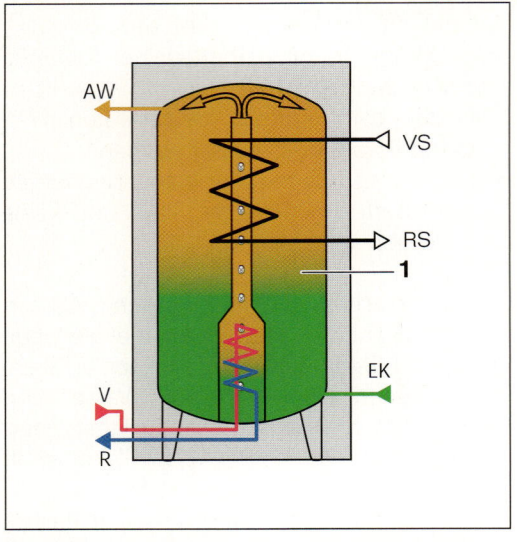

3. Thermosiphon-Speicher mit unterer Heizschlange in einem Wärmeleitrohr und oberer Heizschlange für die Heizungsanlage.

Thermosiphon-Speicher. Bei diesem Speichertyp befindet sich der Wärmeaustauscher für die Solaranlage in einem Wärmeleitrohr, das das warme Trinkwasser in den oberen Teil des Speichers leitet, ohne dass es sich mit kaltem Wasser vermischt. So steht auch bei geringer Solarwärme meistens ausreichend heißes Wasser zur Verfügung. Die Nachheizung durch den Heizkessel ist dadurch seltener notwendig als bei einem bivalenten Speicher.

Pufferspeicher. In diesem Wärmespeicher wird kein Trinkwasser, sondern Heizungswasser gespeichert. Die Heizschlange der Solaranlage ist wie beim Thermosiphon-Speicher angeordnet und heizt bei Solarbetrieb das Heizungswasser von oben nach unten auf. Bei zu geringer Solarwärme kann der Speicher mit heißem Wasser der Heizungsanlage beladen werden. Die Trinkwassererwärmung erfolgt in einer Heizschlange nach dem Durchflussprinzip oder durch einen im Pufferspeicher eingebauten Speicher-Wassererwärmer. Beim Pufferspeicher kann die Solarwärme auch zur Heizungsunterstützung verwendet werden. Vgl. 6.1.1, S. 302.

3.4.6 Rohrnetz

Kollektoren und Solarspeicher werden meistens mit Kupferrohren nach DIN EN 1057 verbunden. Wegen der hohen Temperaturen, die auftreten können, sind die Rohrverbindungen durch Hartlöten oder durch temperaturbeständige Pressverbindungen herzustellen.

Be- und Entlüfter. Er ist oberhalb der Kollektoren im Vorlauf anzubringen, damit die Anlage vollständig gefüllt und entleert werden kann. Der Be- und Entlüfter muss wegen der hohen Temperaturen vollständig aus Metall, z.B. Messing, bestehen.

Wärmedämmung. Die Rohrleitungen sind wie Heizungsleitungen gegen Wärmeverluste zu dämmen. Bei außen liegenden Leitungen muss die Dämmung wasserdicht und stabil gegen Sonnenlicht sein. Wegen der hohen Temperaturen, die auftreten können, dürfen nur Dämmstoffe verwendet werden, die bis zu 180 °C beständig sind, z.B. Mineralwolle.

Reihen- und Parallelschaltung. Je nach Kollektorgröße und Druckverlust können mehrere Kollektoren in Reihe geschaltet sein. Sie sind werkseitig häufig so gestaltet, dass sie sich mit Kupplungsstücken zu einem Kollektorfeld verbinden lassen. Auf der Dachfläche sind dann nur der Vor- und Rücklaufanschluss sichtbar.

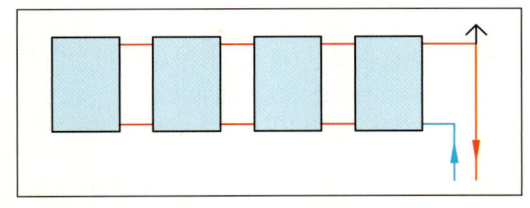

1. In Reihe geschaltete Kollektoren.

Bei Parallelschaltung werden die Kollektoren häufig nach dem Tichelmannsystem angeschlossen, damit sich gleiche Druckverluste für jeden Kollektor oder für jedes Kollektorfeld ergeben. Damit die Rohre nicht im Außenbereich des Dachs liegen, werden sie unter dem Dach verlegt oder durch eine Schürze am Kollektor verdeckt. Die Anschlussleitungen lassen sich durch Lüftungsziegel nach innen führen.

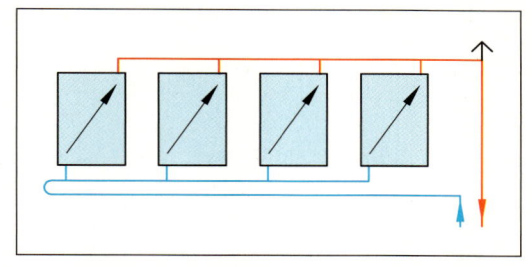

2. Rohrverlegung im Tichelmannsystem bei parallel geschalteten Kollektoren.

3.4.7 Sicherheitstechnische Ausrüstungen

Man unterscheidet offene und geschlossene Solaranlagen*.

Sicherheitsventil. Überwiegend werden geschlossene Anlagen mit einem baumustergeprüften Sicherheitsventil gegen Drucküberschreitung gebaut. Der Abblasedruck beträgt meistens 6 bar. Die Abblaseleitungen müssen bei Verwendung frostgeschützter Solarflüssigkeiten in einen Auffangbehälter münden, der das gesamte Volumen der Anlage aufnehmen kann.

Membran-Ausdehnungsgefäß. Die Volumenänderungen des Wärmeträgers werden in einem Membran-Ausdehnungsgefäß aufgefangen. Vgl. 1.5.5, S. 81. Das MAG muss neben einer Flüssigkeitsvorlage und dem Ausdehnungsvolumen auch die Solarflüssigkeit in den Kollektoren aufnehmen können. Bei hohen Stillstands-Temperaturen drückt der sich bildende Dampfdruck die Solarflüssigkeit in das MAG. Dadurch wird die Solaranlage so lange unterbrochen, bis der Druck in der Anlage nachlässt und sich die Kollektoren wieder füllen.

***Solaranlagen** sind nach DIN 4757 genormt.

Anlagen zur Trinkwassererwärmung

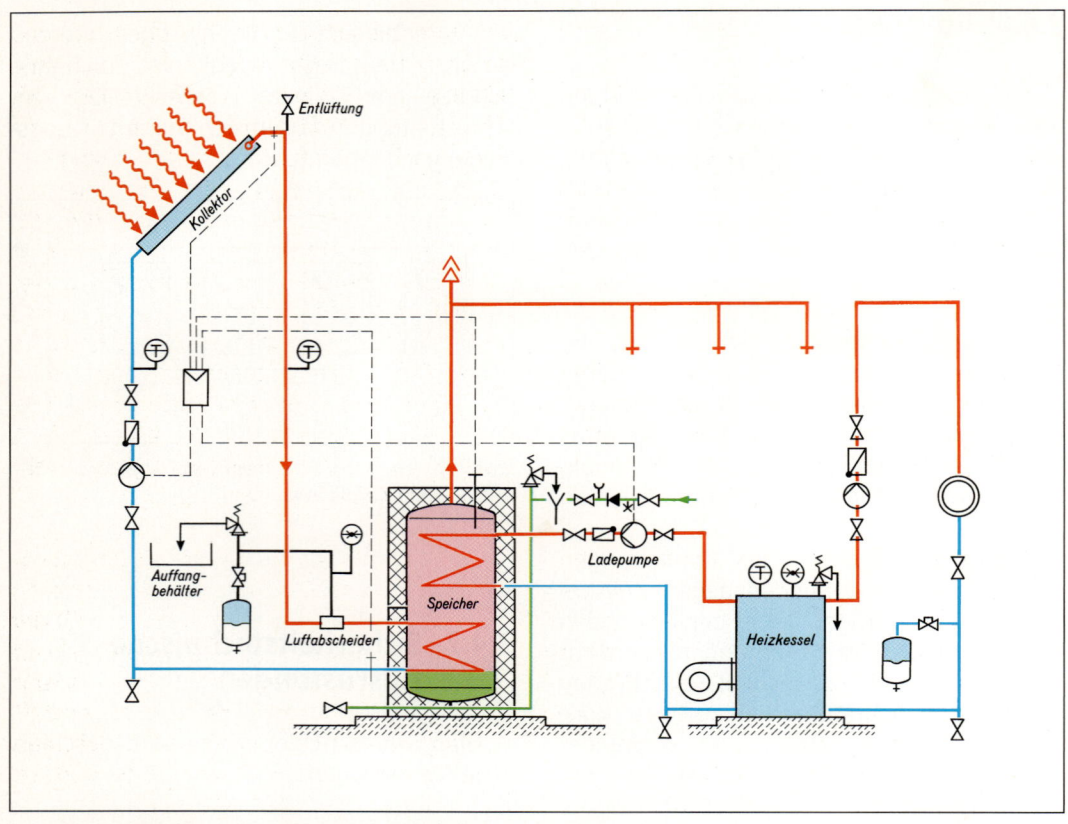

1. Solaranlage für Trinkwassererwärmung mit bivalentem Speicher.

Regelung. Solaranlagen werden über die Umwälzpumpe im Solarkreislauf, die das Stellglied bildet, geregelt. Temperaturfühler erfassen die Temperaturen am Kollektor und am Rücklauf des Wärmeaustauschers. Ein Temperatur-Differenzregler vergleicht diese Temperaturen und schaltet die Pumpe ein, wenn die Kollektortemperatur um mindestens 8 K bis 12 K höher als die Rücklauftemperatur ist. Die Pumpe wird ausgeschaltet, wenn die Temperaturdifferenz zu gering ist oder negative Werte erreicht. Ein Temperaturwächter schaltet die Pumpe ebenfalls aus, wenn die maximale Speichertemperatur erreicht ist. Dem Kollektor wird dann keine Wärme mehr entzogen, so dass hohe Stillstands-Temperaturen auftreten können. Ein Fühler im oberen Teil des Speichers schaltet bei zu geringer Temperatur die Speicherladepumpe der Heizungsanlage ein.

Komplettstation. Die Hersteller von Solaranlagen bieten fertig installierte Bauteile an, in denen alle notwendigen Einrichtungen für die Sicherheit und den Betrieb einer Solaranlage enthalten sind:
- Vorlaufthermometer,
- Temperatur-Differenzregelung,
- Sicherheitsventil,
- Manometer,
- Membran-Ausdehnungsgefäß,
- Abblaseschlauch für das Sicherheitsventil,
- mehrstufige Umwälzpumpe,
- Rückschlagklappe als Schwerkraftbremse,
- Betriebsstundenzähler,
- Durchflussmengen-Begrenzer,
- Anschluss-Kugelhähne.

Um Montagezeit einzusparen, werden meistens komplette Solarstationen verwendet. Sie können zusätzlich mit einem Wär-

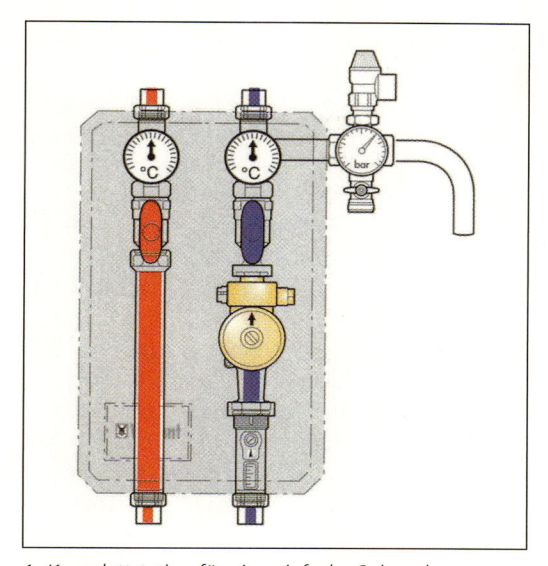

Trinkwassererwärmung durch Sonnenenergie

1. Komplettstation für eine einfache Solaranlage.

Sommer bei wolkenlosem Wetter maximal 8 Stunden bis 10 Stunden von der Sonne beschienen sein. In jeder Stunde bewegt sich die Sonne durch die Erddrehung um 15° von Osten nach Westen und erreicht mittags den höchsten Stand. Der Kollektor wird dann mit einer Strahlungsdichte von ca. 800 W/m² beschienen. Während der Vormittags- und Nachmittagsstunden verringert sich dieser Wert durch die Azimutabweichungen bis auf 0 W/m². Die durchnittliche Strahlungsdichte an einem Tag kann deshalb nur mit etwa 400 W/m² bis 600 W/m² während 6 Stunden bis 8 Stunden angenommen werden. Hinzu kommt, dass nur an wenigen Tagen im Jahr der Himmel völlig wolkenfrei ist.

Wirkungsgrad. Der Kollektor kann nicht die gesamte Strahlungswärme der Sonne an das Trinkwasser weitergeben. Ein Teil der Wärme wird reflektiert, ein Teil geht durch Strahlung und Konvektion verloren, wenn der Kollektor wärmer als die Umgebungsluft ist. Die Wirkungsgrade von Flachkollektoren und von Vakuum-Röhrenkollektoren können der Abb. 2 entnommen werden.

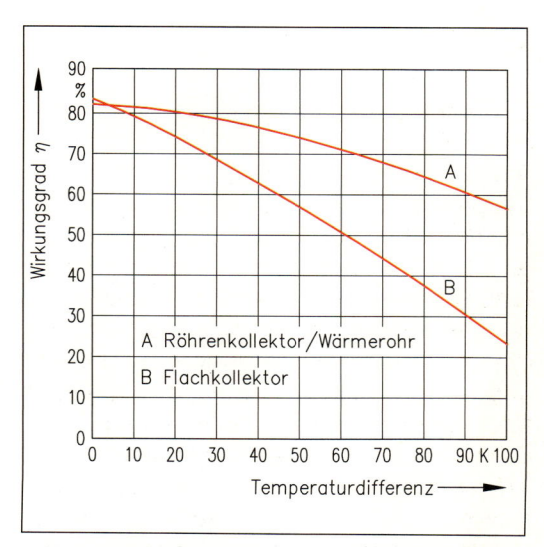

mezähler ausgestattet sein, mit dem sich die während eines Jahres gewonnene Wärme durch die Solaranlage messen lässt.

Mischventil. Wenn damit zu rechnen ist, dass das Trinkwasser im Solarspeicher über 60 °C erwärmt wird, sollte ein thermostatisches Mischventil in die Warmwasserleitung eingebaut werden. Durch Beimischung von kaltem Trinkwasser lässt sich dann die Temperatur im Warmwassernetz auf 60 °C begrenzen.

3.4.8 Größenbestimmung bei Solaranlagen

Eine genaue Berechnung einer Solaranlage ist wegen der schwankenden Klima- und Witterungsbedingungen schlecht möglich. Man geht meistens von Erfahrungswerten aus, mit denen die Anlagen so bemessen werden, dass sie ausreichend Warmwasser liefern und bei der Anschaffung nicht zu teuer sind.

Wärmeleistung und Wärmemenge. Ein nach Süden ausgerichteter Kollektor kann im

2. Kollektorwirkungsgrade bei 800 W/m² Strahlungsdichte in Abhängigkeit der Differenz zwischen Kollektor- und Umgebungstemperatur.

Beispiel 1:

Wie groß ist der Wirkungsgrad eines Flachkollektors bei einer Außentemperatur von 30 °C und einer mittleren Kollektortemperatur von 75 °C?

Lösung:

$\Delta\vartheta = \vartheta_{Kol} - \vartheta_a = 75\ °C - 30\ °C = 45\ K$

nach Abb. 2: $\eta = 60\ \%$

Beispiel 2:

Eine Solaranlage für ein Einfamilienhaus besteht aus 6 m² Flachkollektoren. Die durchschnittliche Wärmestromdichte kann mit 500 W/m², die maximale mit 800 W/m² und der Kollektorwirkungsgrad mit 60 % angenommen werden.

a) Wie groß ist die maximale Wärmeleistung?
b) Wie groß ist die gewonnene Wärmemenge an einem Tag, wenn 6 Stunden lang durchschnittliche Sonneneinstrahlung angenommen wird?
c) Wie groß ist die jährlich gewonnene Solarwärme, wenn mit insgesamt 170 Sonnentagen gerechnet wird?

Lösung:
a) $\dot{Q} = A \cdot \dot{q}_{s,max} \cdot \eta$
   $\dot{Q} = 6\ m^2 \cdot 800\ W/m^2 \cdot 0{,}60$
   $\dot{Q} = 2880\ W = 2{,}88\ kW$
b) $Q = A \cdot \dot{q}_s \cdot t \cdot \eta$
   $Q = 6\ m^2 \cdot 500\ W/m^2 \cdot 6\ h/d \cdot 0{,}60$
   $Q = 10.800\ Wh/d = 10{,}8\ kWh/d$
c) $Q = 10{,}8\ kWh/d \cdot 170\ d/a$
   $Q = 1836\ kWh/a$
   Das entspricht ca. 180 l/a Heizöl EL oder 180 m³/a Erdgas E.

Die in Solaranlagen nutzbar gemachte Wärmeleistung und Wärmemenge lässt sich überschläglich nach folgenden Formeln berechnen:

$$\dot{Q} = A \cdot \dot{q}_{s,max} \cdot \eta$$

$$Q = A \cdot \dot{q}_s \cdot t \cdot \eta$$

$\dot{Q}$	maximale Wärmeleistung	in W
Q	Wärmemenge	in Wh
A	Kollektorfläche	in m²
$\dot{q}_{s,max}$	maximale Strahlungsdichte	in W/m²
$\dot{q}_s$	durchschnittliche Strahlungsdichte	in W/m²
t	Einstrahlungsdauer	in h
η	Kollektorwirkungsgrad	

Größe der Kollektorfläche. Sie richtet sich nach der Verwendung der Solaranlage. Zu groß bemessene Anlagen sind in der Herstellung zu teuer. Außerdem entstehen bei mangelnder Wärmeabnahme hohe Stillstands-Temperaturen, die die Anlage unnötig belasten. Bei zu klein bemessenen Anlagen muss zu häufig nachgeheizt werden. Richtwerte für die sinnvolle Bemessung einer Solaranlage können Tabelle 3.12 entnommen werden.

Speichergröße. Der Speicher soll bei Flachkollektoren mindestens einen Inhalt von 30 l bis 40 l je m² Kollektorfläche haben. Bei Ein- und Zweifamilienhäusern wird eine Speichergröße von 300 l bis 400 l gewählt.

Tabelle 3.12: Richtwerte für die Bemessung von Solaranlagen für Trinkwassererwärmung mit Flachkollektoren

	Kollektorfläche
Ein- und Zweifamilienhäuser	1,50 m² je Person
Mehrfamilienhäuser	1,10 m² je Person
Speichergröße	30 l/m² bis 40 l/m² Kollektorfläche

Beispiel 3:

Ein Mehrfamilienhaus mit insgesamt 20 Bewohnern soll eine Solaranlage mit Flachkollektoren erhalten. Wie groß müssen die Kollektorfläche und der Speicher-Wassererwärmer sein?

Trinkwassererwärmung durch Sonnenenergie

Beispiel 3 (Fortsetzung):

Lösung:
$A = 20 \cdot 1{,}10 \text{ m}^2 = 22 \text{ m}^2$
$V_{Sp,min} = 30 \text{ l/m}^2 \cdot 22 \text{ m}^2 = 660 \text{ l}$
$V_{Sp,max} = 40 \text{ l/m}^2 \cdot 22 \text{ m}^2 = 880 \text{ l}$
Speichergröße: 700 l bis 900 l

Rohrnetzberechnung. Die Fließgeschwindigkeiten im Rohrnetz sollen nicht mehr als 0,5 m/s bis 1,0 m/s und die Temperaturdifferenzen zwischen Vor- und Rücklauf 10 K bis 20 K betragen. Das Rohrnetz ist bei maximaler Wärmeleistung zu berechnen. Da die Anlage normalerweise mit einem Wasser-Glykol-Gemisch gefüllt ist, können Zuschläge bei der Auslegung der Umwälzpumpe erforderlich sein.

Die Druckverluste im Rohrnetz werden nach folgender Formel berechnet:

$$\Delta p = l \cdot R + Z + \Delta p_{Kol} + \Delta p_{Sp}$$

Δp	Druckverluste	in mbar
$l \cdot R$	Druckverluste der geraden Rohrstrecke	in mbar
Z	Druckverluste durch Einzelwiderstände	in mbar
Δp_{Kol}	Druckverluste der Kollektoren	in mbar
Δp_{Sp}	Druckverluste im Speicher	in mbar

Die Druckverluste der Kollektoren und des Speichers müssen den Unterlagen des Herstellers entnommen werden. Beim Anschluss der Kollektoren ist zu beachten, ob sie in Reihe oder parallel geschaltet sind. Bei Reihenschaltung addieren sich die Druckverluste der einzelnen Kollektoren.

Beispiel 4:

Für die Anlage nach Beispiel 2 ist bei folgenden Angaben das Rohrnetz aus Kupferrohren zu berechnen: Temperaturdifferenz zwischen Vor- und Rücklauf 10 K, Fließgeschwindigkeit ≤ 0,7 m/s, Rohrlänge 18 m, Solarflüssigkeit c = 1,0 Wh/(kg · K), Einzelwiderstände: Δp_{Kol} = 20 mbar, Δp_{Sp} = 25 mbar, die übrigen Druckverluste durch Einzelwiderstände in den Rohrleitungen sind mit 50 % von $l \cdot R$ anzunehmen. Berechnen Sie den erforderlichen Pumpendruck, wenn durch die Erhöhung der Viskosität in der Solarflüssigkeit mit einem Zuschlag von 20 % gerechnet wird.

Lösung, s. Bd. 07487, Tab. 4.29, S. 330:

	Aus dem Rohrplan								Nachrechnung			
1	2	3	4	5	6	7	8	9	10	11	12	13
TS	$\dot{Q}$	$\dot{m}$	l	d_1	v	R	$l \cdot R$	$\Sigma \zeta$	Z	Δp_{Kol}	Δp_{Sp}	Δp
	kW	kg/h	m	mm	m/s	mbar/m	mbar		mbar	mbar	mbar	mbar
V/R	2,88	288	18	15	0,61	3,60	64,8		32,4	20,0	25,0	142,2

Pumpendruck:
$\Delta p = 1{,}20 \cdot 142{,}2 \text{ mbar} = 171 \text{ mbar}$

Zur Wiederholung

1. Wie groß sind die Strahlungsdichten der Sonne oberhalb der Erdatmosphäre sowie die maximale Globalstrahlung (Wärmestromdichte) im Äquatorbereich und in Deutschland?
2. Mit welchen Neigungswinkeln und Azimutwinkeln sind die ertragreichsten Ergebnisse bei Sonnenkollektoren zu erreichen?
3. Wie unterscheiden sich im Aufbau Flachkollektoren von Vakuum-Röhrenkollektoren?

4. Welche Kollektoren können mit einem Wärmerohr ausgestattet sein und wie arbeitet ein Wärmerohr?
5. Was versteht man bei der Kollektormontage unter Aufdach-, Indach- und Flachdach-Montage?
6. Welche Unfallverhütungsvorschriften sind bei der Kollektormontage auf einem Gebäudedach zu beachten?
7. Welche Eigenschaften müssen Flüssigkeiten in Solaranlagen haben und welche Solarflüssigkeiten werden heute überwiegend verwendet?
8. Wie müssen Rohrleitungen in Solaranlagen verbunden werden?
9. Was versteht man bei einer Solaranlage unter einer Komplettstation und welche Bauteile kann sie enthalten?
10. Welche Volumen der Solarflüssigkeit muss ein MAG aufnehmen können?
11. Wie sind bei einer Solaranlage im Wesentlichen ein bivalenter Speicher, ein Thermosiphon-Speicher und ein Pufferspeicher aufgebaut?
12. Welche Sicherheitsventile werden für Solaranlagen verwendet und welche Besonderheit ist bei der Abblaseleitung zu beachten?
13. Erklären Sie einem Kunden, wie die Solaranlage in seinem Einfamilienhaus geregelt wird.

Zur Vertiefung

1. Berechnen Sie nach der Einsteinschen Gleichung die Energiemenge, die in der Sonne entsteht, wenn 1 g Masse bei einer Lichtgeschwindigkeit von 300.000 km/s vollständig verstrahlt wird.
2. Warum werden Sonnenkollektoren am Absorber mit dunklen, speziellen Farben beschichtet?
3. Ein Kunde beklagt sich, dass bei seiner Solaranlage die Abdeckscheiben innen mit Wasserdampf beschlagen. Können Sie ihm die Ursache erklären?
4. Ein anderer Kunde möchte die Kollektoren seiner Solaranlage aufgrund baulicher Gegebenheiten nach Westen ausrichten. Würden Sie das für sinnvoll halten?
5. Erklären Sie einem Kunden die Vor- und Nachteile von Flach- und Röhrenkollektoren.
6. Bestimmen Sie nach Abb. 2, S. 185 die Gesamtwirkungsgrade eines Flach- und eines Röhrenkollektors bei einer Außentemperatur von 30 °C und einer mittleren Kollektortemperatur von 80 °C.
7. Ihr Chef gibt Ihnen den Auftrag, mit einem Auszubildenden auf einem Dach mit einer Neigung von 45 ° drei Flachkollektoren in Aufdach-Montage anzubringen. Welche Maßnahmen zur Unfallverhütung würden Sie ergreifen?
8. Warum darf eine mit Glykol gemischte Solarflüssigkeit nicht in die Entwässerungsanlage eingeleitet werden?
9. Ein Kunde möchte in seinem Altbau eine Solaranlage auf dem Gebäudedach errichten lassen. Machen Sie ihm Vorschläge, wie die Rohrleitungen vom Dach ins Kellergeschoß verlegt werden können.
10. Erklären Sie dem Kunden die Vorteile eines Thermosiphon-Speichers im Vergleich zu einem bivalenten Speicher.
11. Warum sollen Solaranlagen für die Trinkwassererwärmung nicht zu groß ausgelegt werden?

Zur Berechnung

1. Auf einem Gebäudedach werden 3 Flachkollektoren mit je 2,5 m² Fläche in Südrichtung aufgestellt. Die mittlere Wärmestromdichte beträgt zwischen 10 Uhr und 16 Uhr 400 W/m²,

der Kollektorwirkungsgrad kann mit 50 % angenommen werden.
 a) Wie viel kWh Wärme können in dieser Zeit gewonnen werden?
 b) Auf welche Temperatur werden 300 l Speicherwasser aufgeheizt, wenn die Anfangstemperatur im Speicher durchschnittlich 25 °C beträgt?

2. An einem klaren Sommertag beträgt die Wärmestromdichte der Sonnenstrahlung in der Mittagszeit 800 W/m². Eine Solaranlage enthält 4 Kollektoren mit je 2 m² Fläche. Der Kollektorwirkungsgrad beträgt 60 %. Berechnen Sie den Temperaturanstieg in einem 350-l-Speicher in zwei Stunden.

3. Die mittlere Sonnenscheindauer während eines Jahres beträgt in Hamburg ca. 1560 h bei einer mittleren Wärmestromdichte von 590 W/m².
 a) Wie viel kWh Wärme lassen sich theoretisch in einem Jahr mit 10 m² Kollektorfläche bei einem Wirkungsgrad von 50 % gewinnen?
 b) Wie viel l Heizöl können dabei eingespart werden?

4. Ein Zweifamilienhaus wird von sechs Personen bewohnt. Die mittlere Wärmestromdichte während einer Einstrahlungszeit von 8 Stunden beträgt 400 W/m², der durchschnittliche Kollektorwirkungsgrad 50 %.
 a) Wie viel Kollektoren mit je 3 m² sind für die solare Trinkwassererwärmung erforderlich?
 b) Wie groß ist die maximale Wärmeleistung der Anlage in den Mittagsstunden?
 c) Wie viel kWh Wärme können an einem Sonnentag durch die Solaranlage gewonnen werden?
 d) Wie viel kWh Wärme werden in einem Jahr gewonnen, wenn mit 165 Sonnentagen gerechnet wird?
 e) Wie viel m³/a Erdgas E können eingespart werden?

5. Für ein Einfamilienhaus ist eine Solaranlage für die Trinkwassererwärmung zu berechnen. Der Haushalt besteht aus vier Personen. Bei der Berechnung ist von folgenden Werten auszugehen:
Maximale Wärmestromdichte $\dot{q}_{s,max}$ = 800 W/m², durchschnittliche Wärmestromdichte $\dot{q}_s$ = 500 W/m², Kollektorwirkungsgrad 45 %, Einstrahlungsdauer der Sonne an einem Sonnentag t = 7 h/d, Sonnentage im Jahr t = 170 d/a, Speicher-Wassererwärmer V = 300 l.
Es sind zu berechnen:
 a) die Anzahl der erforderlichen Kollektoren mit je 2 m² Fläche,
 b) die maximale Wärmeleistung der Kollektoren,
 c) der Wärmegewinn an einem Sonnentag bei durchschnittlicher Wärmestromdichte,
 d) die durchschnittliche Temperaturerhöhung im Speicher-Wassererwärmer an einem Sonnentag durch die Solaranlage,
 e) der Wärmegewinn während eines Jahres,
 f) der prozentuale Anteil der Solarwärme für die Trinkwassererwärmung, wenn die Familie 65 m³/a Warmwasser von 50 °C bei einer Kaltwassertemperatur von 10 °C benötigt,
 g) die jährliche Einsparung an Erdgas E,
 h) der zirkulierende Heizwasserstrom im Kollektor-Heizkreis bei maximaler Wärmeleistung und einer Temperaturdifferenz zwischen Vor- und Rücklauf von 20 K und c = 1,0 Wh/(kg · K)
 i) Die Nennweite der Kupferleitung zwischen Kollektor und Speicher bei v ≤ 0,6 m/s.

Anlagen zur Trinkwassererwärmung

3. Lernsituation: Solaranlage für Trinkwassererwärmung

Für ein Zweifamilienhaus ist eine Solaranlage mit Flachkollektoren für die Trinkwassererwärmung zu entwerfen und zu berechnen. Die beiden Haushalte besteht aus je vier Personen.

1. Schematische Darstellung der Solaranlage in einem Zweifamilienhaus.

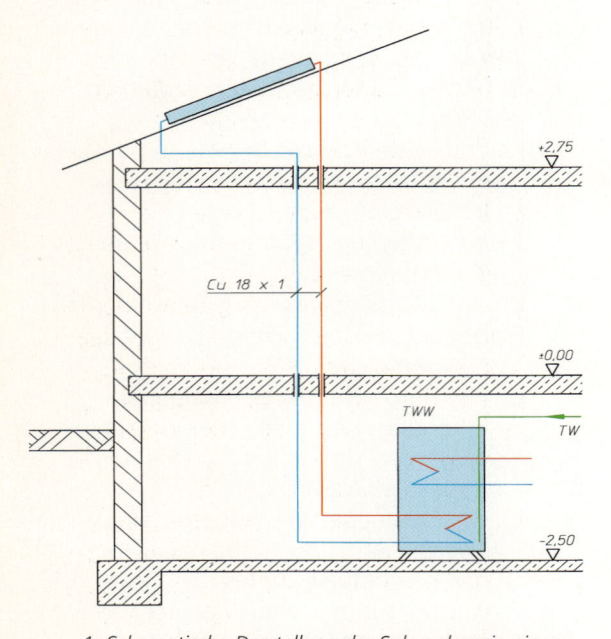

***Photovoltaik-Anlage**, sie kann Sonnenstrahlung direkt in elektrische Energie umwandeln.

Bei der Berechnung der Solaranlage ist von folgenden Werten auszugehen:
- maximale Wärmestromdichte $\dot{q}_{s,max}$ = 800 W/m²,
- durchschnittliche Wärmestromdichte $\dot{q}_s$ = 500 W/m²,
- Kollektorwirkungsgrad 55 %,
- Einstrahlungsdauer der Sonne an einem Sonnentag t = 6,5 h/d,
- Sonnentage im Jahr t = 170 d/a,
- bivalenter Speicher-Wassererwärmer V = 400 l.

Es sind zu berechnen:
1. die Anzahl der erforderlichen Kollektoren mit je 2 m² Fläche,
2. die maximale Wärmeleistung der Kollektoren $\dot{Q}_{max}$,
3. der Wärmegewinn Q_d an einem Sonnentag bei durchschnittlicher Wärmestromdichte,
4. die durchschnittliche Temperaturerhöhung im Speicher-Wassererwärmer an einem Sonnentag durch die Solaranlage,
5. der Wärmegewinn Q_a während eines Jahres,
6. der prozentuale Anteil der Solarwärme für die Trinkwassererwärmung, wenn jede Familie 60 m³/a Warmwasser von 50 °C bei einer Kaltwassertemperatur von 10 °C benötigt,
7. die jährliche Einsparung an Heizöl EL,
8. der zirkulierende Heizwasserstrom im Kollektor-Heizkreis bei maximaler Wärmeleistung und einer Temperaturdifferenz zwischen Vor- und Rücklauf von 10 K und c = 1,0 Wh/(kg · K),
9. die Druckverluste im Kollektor-Heizkreis bei 20 m Kupferrohr 18 x 1 und 50 % von $l \cdot R$ für Druckverluste der Einzelwiderstände. Die Druckverluste in den Kollektoren betragen insgesamt 20 mbar und in der Heizschlange des Speicher-Wassererwärmers 15 mbar.
10. Bestimmen Sie die Umwälzpumpe für den Kollektor-Heizkreis nach folgendem Diagramm, wenn die Pumpe mit Gleichstrom über eine Photovoltaik-Anlage* betrieben wird.

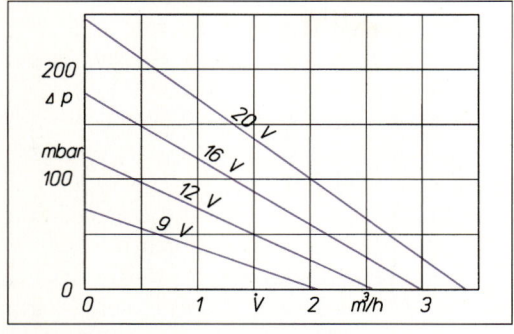

2. Diagramm für Gleichstrompumpen.

11. Bestimmen Sie die Nennweiten des Sicherheitsventils für den Kaltwasseranschluss.

12. Erstellen Sie eine schematische Zeichnung im Höhenmaßstab 1:50 mit allen Einrichtungen und Regelungen, die für den Kollektor-Heizkreis erforderlich sind. Bei fehlender Solarwärme wird über die Warmwasserheizung nachgeheizt. Zeichnen Sie im Kalt- und Warmwasseranschluss alle erforderlichen Armaturen nach DIN 1988 ein.
13. Beschreiben Sie die Funktion der Anlage und erklären Sie dem Kunden die Wirtschaftlichkeit der Solaranlage und die Bedeutung für den Umweltschutz und die Energieversorgung.

3.5 Leitungsnetze bei Trinkwasser-Erwärmungsanlagen

3.5.1 Warmwasserleitungen

Bei der Installation einer zentralen Warmwasserversorgung lassen sich längere Warmwasserleitungen nicht immer vermeiden. Sie müssen wie Kaltwasserleitungen nach den technischen Regeln für Trinkwasser-Installationen DIN 1988 verlegt und nach der Energie-Einsparverordnung gegen Wärmeverluste gedämmt werden. Außerdem ist die thermische Längenausdehnung zu beachten. Vgl. Bd. 07487, Kap. 1 und Kap. 4.

Da das erwärmte Trinkwasser trotz der Wärmedämmung in den Leitungen abkühlt, steht bei einer Entnahme nicht sofort warmes Wasser zur Verfügung. Wenn mehr als 3 l kaltes Wasser auslaufen, bevor warmes Wasser kommt, muss eine Zirkulationsleitung oder eine elektrische Begleitheizung installiert werden.

Beachten Sie: Bei der Planung einer zentralen Warmwasserversorgung ist darauf zu achten, dass sich möglichst kurze Leitungswege ergeben. Wenn nicht mehr als 3 l Wasser ausfließen, ehe warmes Wasser aus der Entnahmeleitung strömt, kann auf Zirkulationsleitungen oder Begleitheizungen verzichtet werden.

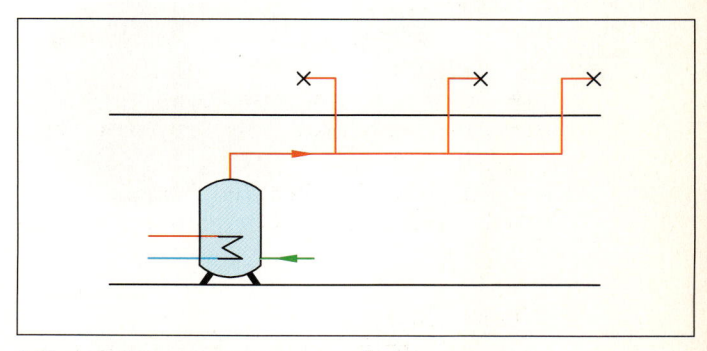

1. Zentrale Warmwasserversorgung mit Warmwasserleitungen bis zu 3 l Inhalt.

Anlagen zur Trinkwassererwärmung

Tabelle 3.13: Rohrinhalt und Rohrlängen bei Warmwasserleitungen

Rohrinnen-durchmesser	Rohrinhalt je m Länge	Rohrlänge bei 3 l Wasserinhalt
8,0 mm	0,0502 l/m	60 m
10,0 mm	0,0785 l/m	38 m
13,0 mm	0,1327 l/m	23 m
16,0 mm	0,2010 l/m	15 m
20,0 mm	0,3140 l/m	10 m

Beispiel:

Wie groß ist der Wasserinhalt in den Warmwasserleitungen bis zur entferntesten Entnahmestelle bei folgenden Rohren aus nicht rostendem Stahl: 3,5 m 22 x 1; 5 m 18 x 1 und 3 m 15 x 1?

Lösung nach Tab. 3.13:
V_1 = 3,5 m · 0,3140 l/m = 1,099 l
V_2 = 5,0 m · 0,2010 l/m = 1,005 l
V_3 = 3,0 m · 0,1327 l/m = 0,398 l
insgesamt: 2,502 l
Diese Anlage benötigt noch keine Zirkulationsleitung oder Begleitheizung, da der Wasserinhalt der Warmwasserleitungen kleiner als 3 l ist.

3.5.2 Zirkulationsleitungen

Bei Warmwasserleitungen mit einem Inhalt bis zur Entnahmestelle von mehr als 3 l wird meistens eine Zirkulationsleitung in kleinerer Nennweite parallel zur Warmwasserleitung verlegt. Die Wasserzirkulation wird mit geeigneten Zirkulationspumpen, bei älteren Anlagen auch durch Schwerkraftwirkung erreicht.

Zirkulationspumpen. Es sind besonders konstruierte Kreiselpumpen für den Einsatz in Trinkwasserleitungen. Die mit dem Trinkwasser in Berührung kommenden Bauteile sind korrosionsbeständig und bestehen im Wesentlichen aus Kupferlegierungen, nicht rostendem Stahl und Kunststoff. Zirkulationspumpen sind wegen der kleineren Nennweite in der Nähe des Trinkwassererwärmers in die Zirkulationsleitung einzubauen und mit einer Zeitschaltuhr auszurüsten, damit die Zirkulation zeitweise, z.B.

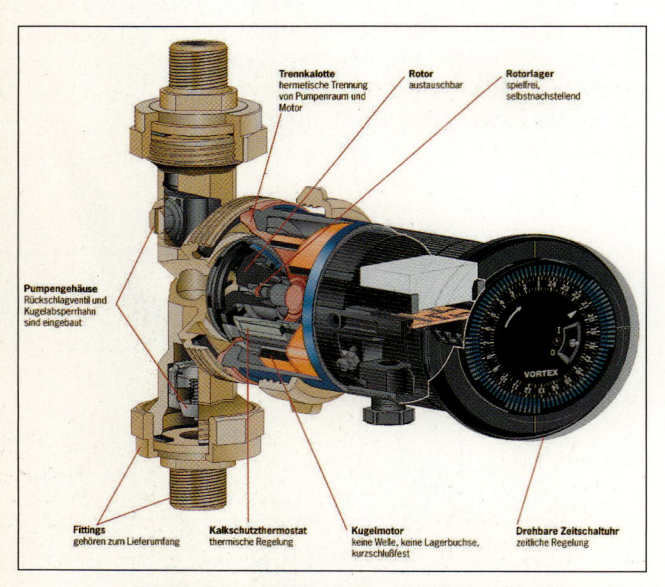

1. Zirkulationspumpe mit magnetischer Kupplung und Zeitschaltuhr.

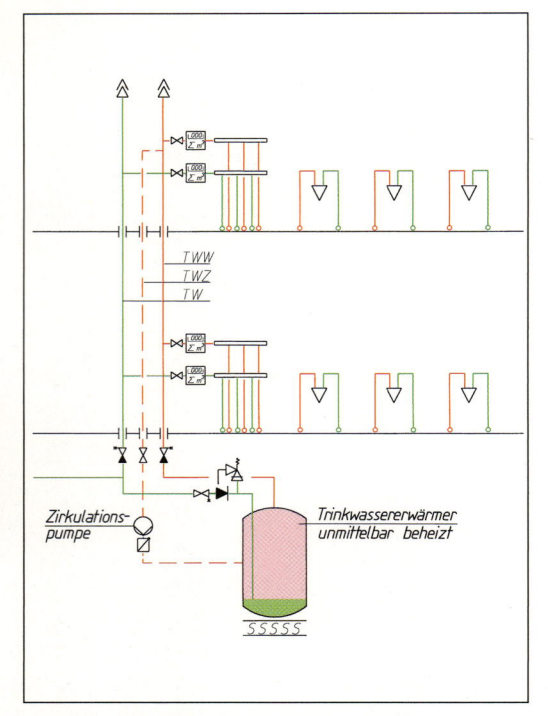

2. Zentrale Warmwasserversorgung mit Zirkulationspumpe und Stockwerksverteilern.

Leitungsnetze bei Trinkwasser-Erwärmungsanlagen

nachts, unterbrochen werden kann. Damit sich keine Schwerkraftzirkulation bei nicht laufender Pumpe einstellt, wird ein Rückflussverhinderer eingebaut.

Schwerkraftzirkulation. Hierbei wird die Dichtedifferenz zwischen dem etwas leichteren Wasser in der Warmwasserleitung und dem etwas schwereren in der Zirkulationsleitung ausgenutzt. Dabei müssen die Warmwasser- und Zirkulationsleitungen höher als der Trinkwassererwärmer verlegt sein und die Anlage darf keine zu große horizontale Ausdehnung haben. Schwerkraftzirkulation ist nur noch selten in kleineren Wohnhäusern bei älteren Anlagen zu finden.

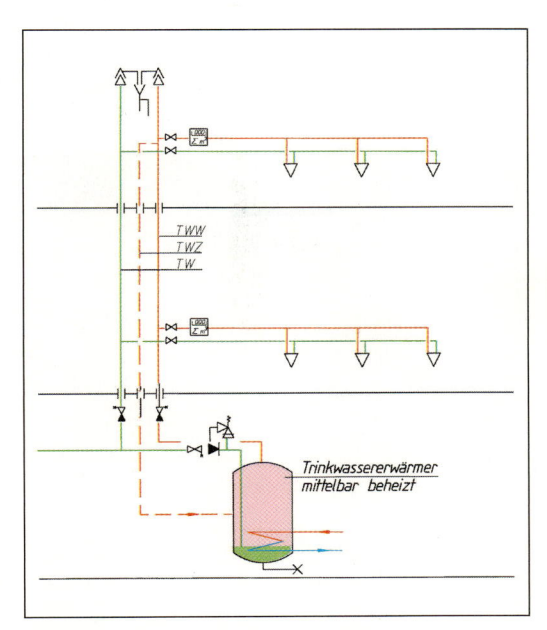

1. Zentrale Warmwasserversorgung mit Schwerkraftzirkulation.

Nennweitenbestimmung. Das Verfahren zur Bestimmung der Nennweiten von Zirkulationsleitungen nach DIN 1988-3 wird nicht mehr als Stand der Technik angesehen. Es sollen heute die Berechnungsverfahren nach dem Arbeitsblatt W 553* des DVGW angewendet werden. Danach unterscheidet man drei Verfahren:

- Kurzverfahren,
- vereinfachtes Verfahren,
- differenziertes Verfahren.

Im Folgenden wird nur das Kurzverfahren behandelt, das bei kleineren Gebäuden angewendet werden kann. Dabei müssen folgende Voraussetzungen erfüllt sein:
- Die Entnahmestellen müssen einzeln abgesichert sein.
- Die Zirkulationspumpen werden in DN 15 bei einem Volumenstrom von 220 l/h und einem Pumpendruck von 100 mbar ausgewählt.
- Bei Einbau eines Rückflussverhinderers als Schwerkraftbremse darf dessen Druckverlust 30 mbar bei 220 l/h nicht überschreiten.
- Die Rohrnennweiten und die zulässigen Leitungslängen müssen Tabelle 3.14 entsprechen.

Tabelle 3.14: Rohrweiten und Leitungslängen bei Zirkulationsleitungen nach dem Kurzverfahren*

Mindest-Innendurchmesser der Zirkulationsleitung	Längensumme der Warmwasserleitung	max. Fließweg der Zirkulationsleitung
10 mm	30 m	20 m
13 mm	50 m	30 m

*Tabelle 3.14 nach Arbeitsblatt W 553 des DVGW.

Die Längensumme ist die Länge aller zirkulierenden Warmwasserleitungen. Der Fließweg der Zirkulationsleitung ist die Länge vom Abzweig der Warmwasserleitung bis zur Einmündung in den Warmwasserbereiter.

Beispiel:

Bei einem Gebäude mit 8 Wohnungen ist nach dem Strangschema, Abb. 1, S. 194, eine Zirkulationsleitung in der zentralen Warmwasserversorgung zu bestimmen.
a) Kann das Kurzverfahren angewendet werden?
b) Welche Nennweiten müssen die Zirkulationsleitungen erhalten?

*W 553, Bemessung von Zirkulationsleitungen in Trinkwasser-Installationen.

Anlagen zur Trinkwassererwärmung

Beispiel (Fortsetzung):

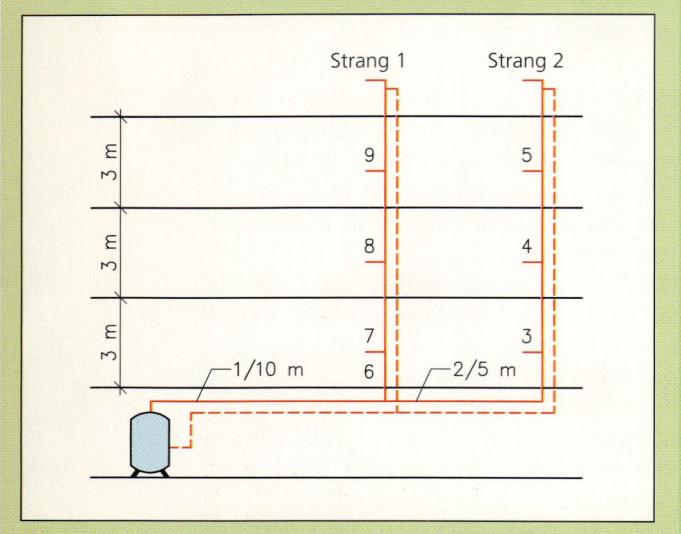

1. Strangschema mit Zirkulationsleitungen (s. Beispiel.)

Lösung:
Längensumme der Warmwasserleitungen:

TS 1:	10 m
TS 2:	5 m
TS 3 bis 5: 3 · 3 m	9 m
TS 6 bis 9: 4 · 3 m	12 m
	36 m < 50 m

Fließwege der Zirkulationsleitungen:
Strang 1:			22 m < 30 m
Strang 2:			24 m < 30 m

a) Die Zirkulationsleitungen können nach dem Kurzverfahren festgelegt werden (s. Tab. 3.14).
b) Bei nicht rostenden Stahlrohren oder Kupferrohren muss die Zirkulationsleitung in den Abmessungen 15 × 1 (d_i = 13 mm) verlegt werden.

Größere Anlagen sind nach dem vereinfachten oder differenzierten Verfahren des Arbeitsblatts W 553 zu berechnen. Zirkulationsleitungen und -pumpen sind dabei so zu bemessen, dass die Temperaturdifferenz von 5 K im Zirkulationskreislauf nicht unterschritten wird. Bei einer Temperatur am Speicheraustritt von 60 °C beträgt dann die Temperatur am Zirkulationsanschluss mindestens 55 °C. Für den hydraulischen Abgleich der Anlage sind an den einzelnen Strängen der Zirkulationsleitung Drosselventile einzubauen, mit denen überschüssige Pumpendrücke abgebaut werden können.

3.5.3 Elektrische Begleitheizung

Eine andere Möglichkeit, die Abkühlung in den Warmwasserleitungen zu verhindern, bietet eine Begleitheizung durch ein elektrisches Heizband. Es wird an den Rohrleitungen mit Klebeband befestigt und gemeinsam mit der Warmwasserleitung gegen Wärmeverluste gedämmt. Eine Zirkulationsleitung ist dann nicht erforderlich.

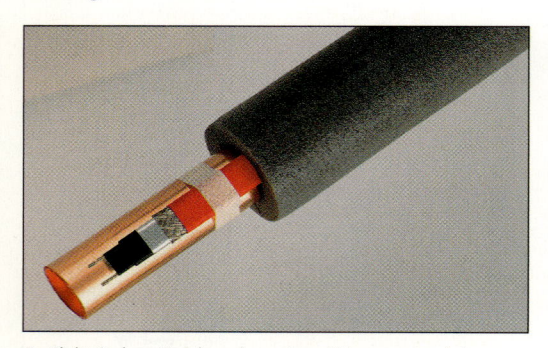

2. Elektrisches Heizband an einer Warmwasserleitung.

Die elektrische Begleitheizung hält die Temperatur des Warmwassers in den Leitungen auf mindestens 55 °C bis 60 °C. Bei zunehmender Temperatur erhöht sich der elektrische Widerstand im Heizband. Damit sinken die Heizleistung und der Stromverbrauch. Durch diesen so genannten Selbstregeleffekt wird Energie eingespart und die Wassertemperatur begrenzt. Zusätzlich muss die elektrische Begleitheizung mit einer Schaltuhr ausgestattet sein, damit die Anlage zeitweise ausgeschaltet werden kann. Da die elektrische Energie erheblich teurer als andere Energien ist, sind dem Einsatz der Heizbänder Grenzen gesetzt.

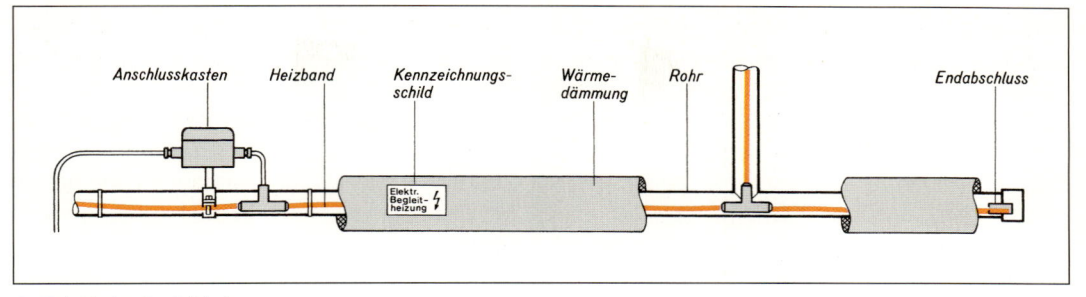

1. Elektrische Begleitheizung.

3.5.4 Wasserzähler und Stockwerksverteiler

Wohnungs-Wasserzähler. In der Verordnung über die verbrauchsabhängige Abrechnung der Heiz- und Warmwasserkosten ist vorgeschrieben, dass bei der zentralen Warmwasserversorgung in Mehrfamilienhäusern der Verbrauch an Warmwasser gemessen wird, damit eine Abrechnungsgrundlage gegeben ist. Dazu werden geeignete Wohnungs-Wasserzähler für jede Wohnung installiert. Kaltwasserzähler sind nicht vorgeschrieben. Sie erleichtern jedoch die Wasserabrechnung zwischen Mieter und Vermieter und werden deshalb bei Neubauten oder Sanierung von Wohnhäusern in der Regel eingebaut.

Stockwerksverteiler. Innerhalb der einzelnen Wohnungen wird häufig ein Warm- und Kaltwasserverteiler eingebaut, in dem auch die Wasserzähler installiert sein können. Jede Entnahmestelle wird durch eine Kalt- und Warmwasserleitung vom Verteiler aus versorgt. Die Rohrleitungen werden auf dem Rohfußboden verlegt und in den Fußbodenaufbau integriert. Für dieses Installationssystem haben sich besonders temperaturbeständige Kunststoffrohre mit äußerem Schutzrohr (Rohr-im-Rohr-System) durchgesetzt. Der Wasserinhalt der Rohre ist gering, so dass auf Zirkulationsleitungen oder Heizbänder ab Verteiler verzichtet werden kann. Diese Rohre benötigen auch keine zusätzliche Wärmedämmung.

2. Stockwerksverteiler für warmes und kaltes Trinkwasser.

3.5.5 Krankheitserreger in Trinkwasser-Erwärmungsanlagen

Legionellen*. Es sind stäbchenförmige Bakterien, die fast überall im Süßwasser vorkommen. Bei Wassertemperaturen zwischen 30 °C und 45 °C können sie sich explosionsartig vermehren. Das Vermehrungsoptimum wurde bei 36 °C und einem pH-Wert von 6,8 bis 7,2 festgestellt. Besonders in Warmwassernetzen, in denen sich ein schleimiger Biofilm gebildet hat, finden Legionellen einen für sie günstigen Nährboden. In kaltem Wasser stellen sie normalerweise für den Menschen kein Infektionsrisiko dar. Erst bei günstigen Bedingungen können sie zu einer Gesundheitsgefahr werden. Diese ist beson-

***Legionellen,** lat. Legionella pneumophila. Bakterien, die 1976 in den USA bei einem Treffen ehemaliger Kriegslegionäre in einem Hotel 29 tödliche Lungenentzündungen auslösten

Anlagen zur Trinkwassererwärmung

ders groß bei Warmwasser unter 50 °C, wenn es über längere Zeit stagniert. Legionellen, die durch Wassernebel beim Duschen, im Whirlpool oder durch Sprühbefeuchter in Klimaanlagen eingeatmet werden, können eine lebensgefährliche Lungenentzündung auslösen. Gefährdet sind vor allem ältere und kranke Menschen, deren Immunsystem* geschwächt ist. Deshalb sind Krankenhäuser, Altersheime aber auch Hotels besonders gefährdet, wenn ungünstige Betriebsbedingungen bei der zentralen Trinkwasser-Erwärmungsanlage vorliegen.

*Immun, unempfänglich für Krankheiten.

DVGW-Arbeitsblatt W 551. Um die Gefahren, die durch Legionellen entstehen können, zu begrenzen, wurde das Arbeitsblatt W 551* als technische Regel vom DVGW für den Bau neuer Trinkwasser-Erwärmungsanlagen sowie für den Betrieb und die Sanierung herausgegeben. Das Arbeitsblatt W 552 wurde im Jahre 2004 mit W 551 vereinigt. Nach dem neuen Arbeitsblatt W 551 werden Kleinanlagen und Großanlagen unterschieden.

*W 551: Trinkwassererwärmungs- und Trinkwasser-Leitungsanlagen; technische Maßnahmen zur Verminderung des Legionellenwachstums; Planung, Einrichtung, Betrieb und Sanierung von Trinkwasser-Installationen.

Als Kleinanlagen gelten alle Anlagen in Ein- und Zweifamilienhäusern unabhängig vom Inhalt des Trinkwassererwärmers und der Warmwasserleitungen. Hier werden die Maßnahmen zur Minderung des Legionellenwachstums, die bei Großanlagen verbindlich sind, empfohlen. Die Betriebstemperatur des Warmwassers soll 60 °C, mindestens aber 50 °C betragen. Der Betreiber der Anlage ist über das eventuelle Gesundheitsrisiko zu informieren.

Als Großanlage gilt, wenn der Trinkwassererwärmer in größeren Gebäuden einen Inhalt von mehr als 400 l hat und der Inhalt der Rohrleitungen zwischen Abgang am Trinkwassererwärmer und der Entnahmestelle mehr als 3 l beträgt, wobei Zirkulationsleitungen unberücksichtigt bleiben. Wenn in einem größeren Gebäude die Warmwasserleitungen bis zu den einzelnen Entnahmestellen jeweils weniger als 3 l Inhalt haben und der Trinkwassererwärmer weniger als 400 l Inhalt hat, so gilt diese Anlage als Kleinanlage.

Planung und Bau von Großanlagen. Für größere Wohngebäude, Altenheime, Krankenhäuser, Hotels, Sportanlagen usw. gelten im Wesentlichen nach W 551 folgende Vorschriften:

- Am Warmwasseraustritt des Trinkwassererwärmers muss eine Temperatur von 60 °C eingehalten werden.
- In Zirkulationsleitungen oder bei Begleitheizungen darf sich das Wasser nicht unter 55 °C abkühlen.
- 3 l Wasservolumen für Leitungsabschnitte ohne Zirkulation gilt als Obergrenze.
- Der Speicher-Wassererwärmer muss das Wasser an allen Stellen gleichmäßig erwärmen.
- Es sollen Entnahmearmaturen mit Einzelsicherungen und vorgeschalteten Thermostatarmaturen verwendet werden.
- Zirkulationsleitungen und Begleitheizungen sind bis unmittelbar vor die Mischarmaturen zu führen.
- Zwischen Mischarmatur und Entnahmestelle ist das Wasservolumen in den Rohrleitungen auf ≤ 3 l zu begrenzen.

Betrieb von Großanlagen. Im Arbeitsblatt W 551 ist im Wesentlichen Folgendes festgelegt:

- Durch die Schaltdifferenz des Temperaturreglers kann die Speicher-Austrittstemperatur von 60 °C kurzzeitig unterschritten werden. Systematische Unterschreitungen sind jedoch nicht erlaubt.
- Anlagen mit Vorwärmstufen, auch bivalente Speicher-Wassererwärmer bei Solaranlagen, müssen einmal am Tag das Trinkwasser auf mindestens 60 °C erwärmen. Kleinanlagen in Ein- und Zweifamilienhäusern sind davon nicht betroffen.
- Zirkulationssysteme, Pumpen und selbstregelnde Begleitheizungen sind nach dem Arbeitsblatt W 553 so zu bemessen, dass die Warmwassertemperatur um nicht mehr als 5 K unter die Austrittstemperatur am Trinkwassererwärmer abfällt.

Leitungsnetze bei Trinkwasser-Erwärmungsanlagen

- Nicht benutzte Leitungsteile sind zu entleeren und abzutrennen, um Stagnation zu vermeiden.
- Bei hygienisch einwandfreien Anlagen können Zirkulationssysteme zur Energieeinsparung für maximal 8 Stunden je Tag abgeschaltet werden.

Sanierung. Das zuständige Gesundheitsamt ist nach der Trinkwasser-Verordnung verpflichtet, Wasserproben aus Installationen, soweit daraus Wasser für die Öffentlichkeit abgegeben wird, z.B. Krankenhäuser, Altenheime, Hotels, jährlich zu überprüfen. Sollte dabei in einer Anlage eine unzulässig hohe Konzentration an Legionellen festgestellt werden, müssen nach dem Arbeitsblatt W 551 Maßnahmen zur Sanierung der Anlage ergriffen werden. Hier gelten folgende Einstufungen der Legionellen-Kontamination*:

- weniger als 100 koloniebildende Einheiten* in 0,1 Liter Trinkwasser: es sind keine Sanierungsmaßnahmen notwendig; Nachuntersuchungen nach einem Jahr bis zu drei Jahren,
- mehr als 100 KBE/0,1 l; es sind mittelfristig Sanierungsmaßnahmen und Nachuntersuchungen notwendig,
- mehr als 1000 KBE/0,1 l, es sind kurzfristig Sanierungsmaßnahmen und Nachuntersuchungen notwendig,
- mehr als 10 000 KBE/0,1 l; es sind sofort Sanierungsmaßnahmen und Nutzungseinschränkungen, z.B. Duschverbot, und regelmäßige Nachuntersuchungen notwendig.

Damit eine Sanierung der Trinkwasseranlage erfolgreich durchgeführt werden kann, ist sie von fachkundigen Personen zu beurteilen. Folgende Sanierungsmaßnahmen können angewendet werden:

- Thermische Desinfektion* bei Wassertemperaturen im gesamten System von über 70 °C, an jeder Entnahmestelle mindestens 3 Minuten lang,
- chemische Desinfektion mit keimtötenden Mitteln, z.B. Chlorbleiche; sie muss im Einklang mit der Trinkwasser-Verordnung erfolgen,
- UV-Bestrahlung* durch eine UV-Diode in Verbindung mit regelmäßigen desinfizierenden Rohrnetzspülungen.

Wenn die Sanierungsmaßnahmen zu keinem befriedigenden Ergebnis führen, muss die warme Trinkwasser-Installation ganz oder teilweise erneuert werden.

*UV-Bestrahlung, untraviolettes Licht, kurzwellige und energiereiche elektromagnetische Strahlung, die Keime abtöten kann.

Zur Wiederholung

1. Welche Kriterien müssen bei einer zentralen Trinkwasser-Erwärmungsanlage erfüllt sein, damit auf Zirkulationsleitungen oder Begleitheizungen verzichtet werden kann?
2. Wie unterscheiden sich Umwälzpumpen in Warmwasser-Zirkulationsleitungen von Umwälzpumpen in Heizungsanlagen?
3. Erklären Sie einem Kunden, was man unter einer selbstregelnden Begleitheizung versteht.
4. Welche Vor- und Nachteile hat eine elektrische Begleitheizung im Vergleich zu einer Zirkulationsleitung?
5. In welcher Verordnung wird der Einbau von Wohnungs-Wasserzählern bei Warmwasser gefordert und wie wird die Forderung begründet?
6. Bei welchem Rohrverlegesystem wird das Rohr-im-Rohr-Verfahren angewendet?
7. Erklären Sie einer Kundin, was Legionellen sind und welche Gefahren von ihnen ausgehen können.
8. Bei welchen Bedingungen können sich Legionellen so stark und schnell vermehren, dass sie zu einer Gefahr für die menschliche Gesundheit werden?
9. Wie vollzieht sich eine Infektion mit Legionellen und welche Krankheit löst sie aus?

*Kontamination, Verseuchung.

*Koloniebildende Einheiten, Abkürzung KBE.

*Desinfektion, Entkeimung.

10. Wie unterscheidet das Arbeitsblatt W 551 zwischen Klein- und Großanlagen?
11. Nennen Sie Vorschriften, die nach dem Arbeitsblatt W 551 bei neuen Großanlagen bei der zentralen Trinkwassererwärmung zu beachten sind.
12. Worauf ist beim Betrieb von Großanlagen zu achten, damit es nicht zu einer gefährlichen Legionellen-Kontamination kommt?
13. Was versteht man unter einer „thermischen Desinfektion"?
14. Wie kann eine bestehende Trinkwasser-Erwärmungsanlage in einem größeren Hotel saniert werden, wenn das zuständige Gesundheitsamt eine Konzentration von 1200 KBE/0,1 l Legionellen festgestellt hat?

Zur Vertiefung

1. Warum sollten bei neuen Trinkwasser-Erwärmungsanlagen keine Zirkulationsleitungen verlegt werden, die mit Schwerkraft betrieben werden?
2. In einem Zweifamilienhaus ist die Summe der Warmwasserleitungen 20 m und die maximale Länge der Zirkulationsleitung 15 m lang. Nach welchem Verfahren können die Zirkulationsleitungen festgelegt werden und in welcher Abmessung sind sie zu verlegen?
3. Bestimmen Sie die Durchmesser der Zirkulationsleitung aus nicht rostenden Stahlrohren bei einer Längensumme der Warmwasserleitung von 40 m und einem maximalen Fließweg der Zirkulationsleitung von 25 m. Welche Leistungsdaten muss die Zirkulationspumpe dabei haben?
4. Eine Zirkulationspumpe hat einen Volumenstrom von 200 l/h. Das Wasser kühlt sich in den Leitungen von 60 °C auf 56 °C ab. Wie groß sind die Wärmeverluste im warmen Trinkwassernetz
    a) an einem Tag, wenn die Pumpe 16 Stunden in Betrieb ist,
    b) in einem Jahr bei 365 Betriebstagen?
    c) Wie viel Wärmeenergie wird in einem Jahr durch die Unterbrechung der Zirkulationspumpe eingespart?
5. Vor einiger Zeit wurde berichtet, dass in in einem Krankenhaus mehrere ältere Menschen durch eine Legionellen-Infektion gestorben seien. Als Ursache der Infektion wurden zu groß bemessene und schlecht wärmegedämmte kalte Trinkwasserleitungen ermittelt. Wie kann es durch diese Planungsfehler zu dem Unglück gekommen sein?
6. Wie lang können maximal folgende Kupferrohre sein, die einen Inhalt von 3 l besitzen und deshalb keine Zirkulation oder Begleitheizung benötigen: 22 x 1, 18 x 1, 15 x 1 oder 12 x 1?
7. Der längste Fließweg einer Warmwasserleitung besteht aus folgenden Kupferrohren: 8 m 22 x 1; 6 m 18 x 1; 4 m 15 x 1 und 2 m 12 x 1. Berechnen Sie den Wasserinhalt der Rohrleitungen. Benötigt diese Anlage eine Zirkulationsleitung oder eine Begleitheizung?

4 Brennstoff-Versorgungsanlagen

4.1	**Erdgasversorgung**	200
4.1.1	Erdgasverteilung und Gasspeicherung	200
4.1.2	DVGW-TRGI	201
4.1.3	Leitungsanlage	201
4.1.4	Gas-Hausanschluss	202
4.1.5	Anforderungen an Rohre und Rohrzubehör	203
4.1.6	Gaszähler	206
4.1.7	Maßnahmen gegen Manipulation	207
4.1.8	Verlegen von Gas-Innenleitungen	208
4.1.9	Prüfung der Niederdruck-Leitungsanlage	209
4.1.10	Inbetriebnahme der Gasanlage	210
4.1.11	Arbeiten an gasführenden Leitungen	211
4.1.12	Druckverluste in Niederdruck-Gasleitungen	212

4.2	**Flüssiggas-Anlagen**	222
4.2.1	Ortsfeste Flüssiggas-Behälter	222
4.2.2	Schutzmaßnahmen bei Aufstellung im Freien	223
4.2.3	Schutzmaßnahmen bei Aufstellung in Räumen	225
4.2.4	Ausrüstung der Flüssiggas-Behälter	225
4.2.5	Flüssiggas-Flaschen	226
4.2.6	Flüssiggas-Installationen	227
4.2.7	Rohrweitenbestimmung	229
4.2.8	Prüfungen und Inbetriebnahme	230

4.3	**Heizöllagerung**	233
4.3.1	Allgemeine Anforderungen	233
4.3.2	Unterirdische Heizöllagerung	233
4.3.3	Heizöllagerung im Gebäude	235
4.3.4	Ausrüstung der Heizölbehälter	236
4.3.5	Überprüfungen	238

4.4	**Lagerung von Holzbrennstoffen**	239
4.4.1	Lagerung von Scheitholz	239
4.4.2	Lagerung von Hackschnitzeln	239
4.4.3	Lagerung von Holz-Pellets	240

Brennstoff-Versorgungsanlagen

4.1 Erdgasversorgung

4.1.1 Erdgasverteilung und Gasspeicherung

Da Erdgase an weit entfernten Stellen in Europa, Afrika und Asien gefunden werden, sind beim Transport große Entfernungen zu überwinden. In Pipelines*, in denen das Erdgas über große Entfernungen transportiert wird, herrscht ein Betriebsdruck von bis zu 80 bar. So werden das Gasvolumen verringert und die Widerstände in den Rohrleitungen überwunden. Verdichterstationen gleichen die Druckverluste wieder aus. Beim Übergang von Hochdruckleitungen in Versorgungs- und Stadtleitungen wird der hohe Betriebsdruck in Übergabestationen auf 0,2 bar bis 4 bar reduziert. Durch ein weit verzweigtes europäisches Erdgasverbundnetz werden viele Länder mit Erdgas aus den verschiedenen Fundorten versorgt.

***Pipelines**, engl. Öl- und Gasfernleitungen, sprich: *Paiplains*.

Der Erdgastransport über Pipelines ist bei sehr großen Entfernungen und ungünstigen geologischen Verhältnissen nicht immer wirtschaftlich. Erdgas lässt sich bei einer Temperatur von ca. −162 °C verflüssigen. Es nimmt dann nur noch 1/600 des Volumens im gasförmigen Zustand bei normalem Druck ein. Das flüssige Erdgas wird mit Spezialschiffen über Meere transportiert und nach Rückführung in den gasförmigen Zustand in das Erdgasnetz eingespeist.

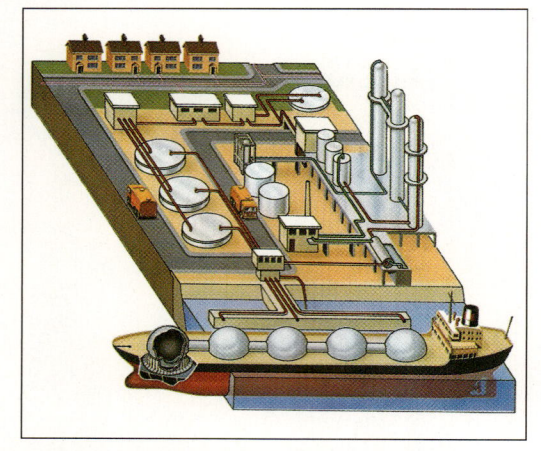

2. Spezialschiff für den Transport von flüssigem Erdgas.

Gasspeicherung. Der Gasverbrauch in einem Versorgungsgebiet unterliegt großen täglichen und jahreszeitlichen Schwankungen. Die Erdgasförderung kann aber dem jeweiligen Bedarf nicht beliebig angepasst werden. Um die Bereitstellung der erforderlichen

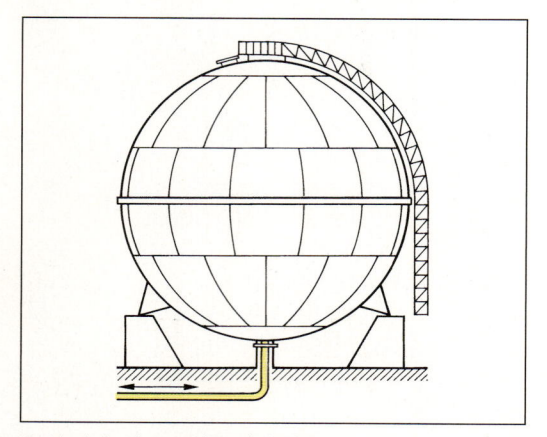

1. Pipelineverlegung auf See und dem Festland.

3. Hochdruck-Kugel-Gasbehälter.

Erdgasversorgung

Brenngase sicherzustellen, sind sie zu speichern. Dazu gibt es mehrere Möglichkeiten.

In den Rohrleitungen und Hochdruck-Gasbehältern können große Gasmengen bei hohen Betriebsdrücken gespeichert werden.

Bei unterirdischen Gasspeichern gibt es Porenspeicher und Hohlraumspeicher*, die bei der Salzgewinnung in großen Tiefen entstehen. Auch in unterirdischen Gasspeichern aus Stahlbeton für verflüssigtes Erdgas lassen sich große Gasmengen lagern.

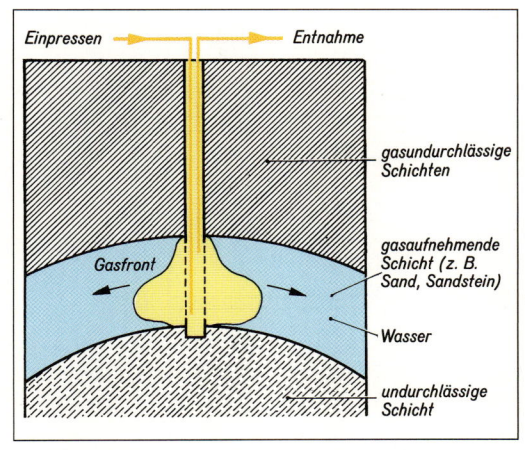

1. Schema eines unterirdischen Porenspeichers.

4.1.2 DVGW-TRGI

Die DVGW-TRGI enthält die wichtigsten technischen Regeln für Gasanlagen in Gebäuden und auf Grundstücken. Sie gilt für Gase der 1., 2. und 4. Gasfamilie mit Niederdruck bis 100 mbar oder Mitteldruck über 100 mbar bis 1 bar. Vgl. 1.1.4, S. 10. Zusätzlich zur TRGI gelten DVGW-Arbeitsblätter und Bestimmungen der jeweils zuständigen Gasversorgungsunternehmen*. Für Gase der 3. Gasfamilie gelten die „Technischen Regeln Flüssiggas". Vgl. 4.2, S. 222.

Für die Gasversorgung von Gebäuden nach TRGI wird heute fast ausschließlich Erdgas verwendet. Die Leitungsanlagen dürfen nur von Firmen verlegt werden, die eine Zulassung des zuständigen GVU besitzen. Diese Firmen werden als Vertrags-Installationsunternehmen* bezeichnet.

4.1.3 Leitungsanlage

Die Leitungsanlage ist der Oberbegriff für alle innerhalb oder außerhalb von Gebäuden verlegten Rohrleitungen nach der Hauptabsperreinrichtung*. Zur näheren Kennzeichnung einzelner Teile dienen die folgenden Bezeichnungen:

Hauptabsperreinrichtung. Es ist die Absperreinrichtung am Ende der Hausanschlussleitung, die dazu dient, die Gasversorgung eines oder mehrerer Gebäude abzusperren. Die HAE kann auch als Kombination mit einem Isolierstück ausgeführt werden.

Innenleitungen sind die im Gebäude verlegten Gasleitungen hinter der Hauptabsperreinrichtung.

2. Hauptabsperreinrichtung.

Außenleitungen sind die Leitungen hinter der HAE, die entweder außerhalb von Gebäuden im Freien oder im Erdreich verlegt sind.

Verteilungsleitungen sind die Leitungsteile für ungemessenes Gas zwischen HAE und den Zähleranschlüssen.

Verbrauchsleitungen sind die Leitungsteile für gemessenes Gas zwischen Zählerausgang und Abzweigleitung.

Steigleitungen sind die senkrecht von Geschoss zu Geschoss führenden Leitungsteile. Sie können je nach Aufstellort des Zäh-

*Hauptabsperreinrichtung, Abkürzung HAE.

*Hohlraumspeicher werden auch als Kavernenspeicher bezeichnet.

*Gasversorgungsunternehmen, Abk. GVU.

*Vertrags-Installationsunternehmen, Abk. VIU.

Brennstoff-Versorgungsanlagen

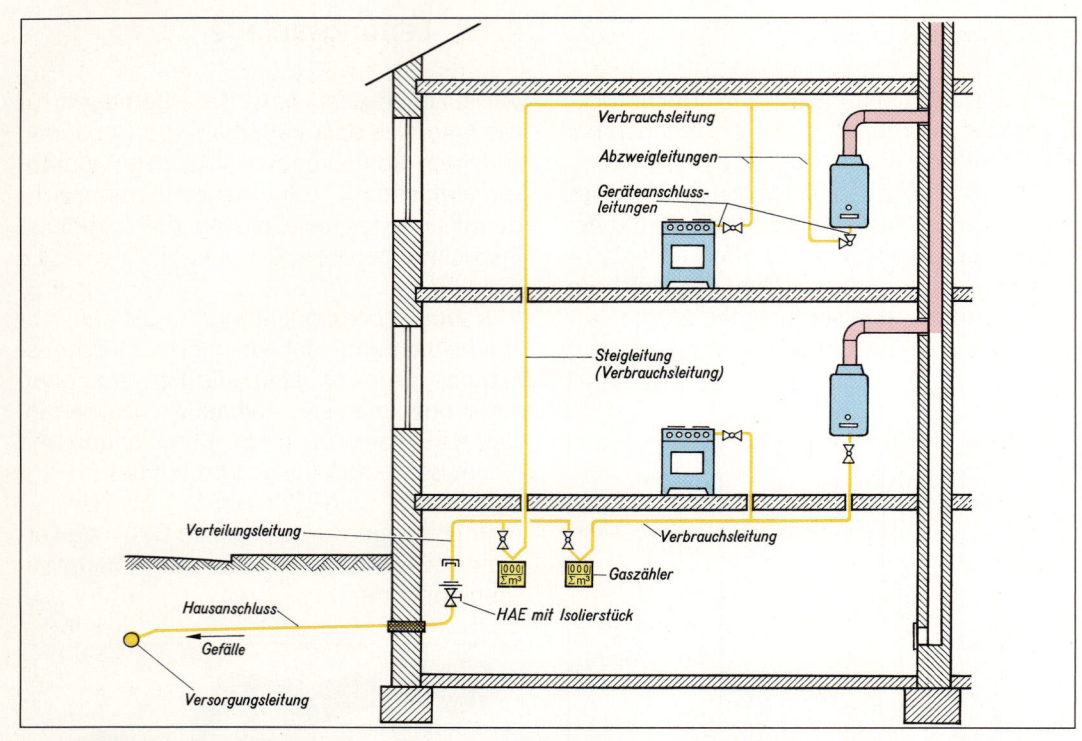

1. Gasanschluss- und Innenleitungen in einem Zweifamilienhaus. Die Gaszähler sind im Kellergeschoss installiert, deshalb zählen die Steigleitungen zu den Verbrauchsleitungen.

lers Verteilungsleitungen oder Verbrauchsleitungen sein.

Abzweigleitungen führen von einer Verbrauchsleitung zu den Geräteanschlüssen und dienen der Versorgung ausschließlich eines Gasgeräts.

Geräteanschlussleitungen sind Leitungsteile von der Geräteanschlussarmatur bis zum Anschluss am Gasgerät. Man unterscheidet dabei feste Anschlüsse, die nur mit Werkzeugen zu lösen sind, und lösbare Anschlüsse mit Sicherheits-Gasschlauch und Gassteckdose.

4.1.4 Gas-Hausanschluss

Den Gas-Hausanschluss erstellt das GVU oder ein beauftragtes Unternehmen nach dem DVGW-Arbeitsblatt G 459. Danach besteht der Anschluss aus einer im Erdreich verlegten Leitung, die das Gebäude mit der Versorgungsleitung verbindet, gegebenenfalls einer Außenabsperrung und einem Gas-Strömungswächter, einer Rohreinführung und einer erhöht thermisch belastbaren Hauptabsperreinrichtung. Die HAE kann bei nicht unterkellerten Gebäuden auch außerhalb in einem Schacht oder Schrank eingebaut werden; sie muss dann nicht höher thermisch belastbar sein.

Außenabsperrung. Bei neu zu errichtenden Hausanschlüssen muss die Gasversorgung bei Gefahr, z.B. bei Gasaustritt oder Brand im Gebäude, von außen unterbrochen werden können. Diese Forderung gilt nicht für Wohngebäude, deren oberster Wohnfußboden nicht höher als 7 m über der Geländefläche liegt. Die Lage der Absperreinrichtung im Erdreich der Anschlussleitung muss durch ein Hinweisschild dauerhaft gekennzeichnet sein.

Erdgasversorgung

1. Hinweisschilder für unterirdische Gasleitungen.

Gas-Strömungswächter. In die Anschlussleitung ist bei einem Gasanschlussdruck >25 mbar seit Dezember 2003 ein Gas-Strömungswächter* am Abzweig der Versorgungsleitung einzubauen. Durch diese zusätzliche Sicherung sollen größere Gasausströmungen, z.B. bei Beschädigungen der Anschlussleitung durch Baggerarbeiten, verhindert werden. Dieser Gas-Strömungswächter fällt in den Zuständigkeitsbereich des örtlichen GVU und ersetzt nicht den Strömungswächter, der zusätzlich nach der HAE einzubauen ist. Vgl. 4.1.7, S. 207.

Ausziehsicherung. Sie ist bei Anschlussleitungen aus Stahlrohren erforderlich und besteht aus einem Flansch innerhalb der Gebäudeaußenwand, der verhindert, dass bei Baggerarbeiten die Gasleitung im Gebäude abgerissen wird. Vor dem Gebäude kann für diesen Fall eine Sollbruchstelle in der Gasleitung eingebaut sein.

2. Wasser- und Gas-Hausanschluss mit HAE, Ausziehsicherung und Gas-Druckregelgerät.

Gas-Druckregelgerät. Versorgungsnetze für Erdgas werden meistens mit Mitteldruck von 0,1 bar bis 1 bar betrieben. Dann erhält die Hausanschlussleitung ein Druckregelgerät, das den Gasdruck auf 22,6 mbar reduziert. Wegen des hohen Leistungsvermögens werden meistens Ausführungen in DN 25 eingesetzt. Unabhängig davon ist die sich anschließende Leitungsanlage nach TRGI zu bemessen. Vgl. 4.1.12, S. 212.

Isolierstück. In durchgehend metallenen Gasleitungen ist im Gebäude nahe der Hauptabsperreinrichtung ein Isolierstück nach DIN 3389 einzubauen. Es muss für Gas geeignet sein und ist deshalb mit GT* gekennzeichnet. Ein Isolierstück ist ein Bauteil zur Unterbrechung der elektrischen Leitfähigkeit einer Rohrleitung. Es mindert die Gefahr einer elektrochemischen Korrosion, z.B. zwischen dem Gebäudefundament und einer erdverlegten Stahlrohrleitung.

*__GT,__ Gas, höher thermisch belastbar.

*__Gas-Strömungswächter__, Abkürzung GS, nach Beiblatt zum DVGW-Arbeitsblatt G 459-1-B, TRGI.

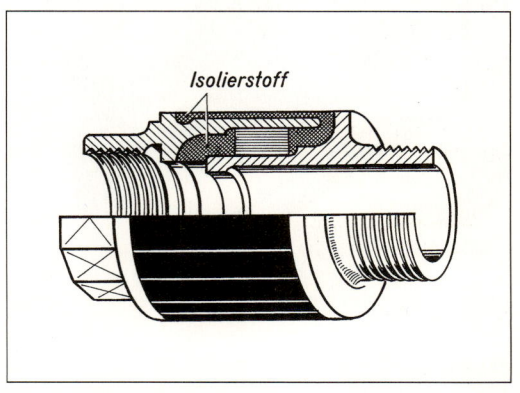

3. Isolierstück für Gasleitungen aus Metall.

4.1.5 Anforderungen an Rohre und Rohrzubehör

Bei der Gasinstallation unterscheidet man frei verlegte und erdverlegte Außenleitungen, Innenleitungen und Anschlussleitungen für Gasgeräte.

Frei verlegte Außenleitungen. Sie benötigen einen äußeren Korrosionsschutz. Es dür-

Brennstoff-Versorgungsanlagen

fen nach TRGI im Wesentlichen folgende Rohre verwendet werden: Vgl. Bd. 07487, Kap. 1.2 und 4.3.
- Gewinderohre nach DIN 2440 und DIN 2441,
- Stahlrohre nach DIN 2448 und DIN 2458; sie werden durch Schweißen verbunden,
- Kupferrohre nach DIN EN 1057.

Erdverlegte Außenleitungen. Es dürfen die gleichen Rohrarten wie für frei verlegte Außenleitungen eingesetzt werden, zusätzlich PE-HD-Rohre, die heute überwiegend bei kleineren Nennweiten verwendet und durch elektrisches Muffenschweißen verbunden werden. Alle im Erdreich verlegten Gasleitungen aus Metall müssen außen mit einer Bitumen- oder Kunststoffummantelung versehen werden. Korrosionsschäden treten immer dort auf, wo diese Umhüllungen beschädigt oder an den Verbindungsstellen unvollständig sind. Erdverlegte Gasleitungen müssen in Sand eingebettet und in einer Tiefe von mindestens 60 cm verlegt sein. Sie dürfen nicht durch Gebäude überbaut oder durch Bäume überpflanzt werden. Oberhalb der Leitungen ist im Rohrgraben ein gelbes Warnband mit der Aufschrift „Achtung – Gasleitung" zu verlegen. Die Leitungen sind zu vermessen und in Bestandsplänen zu dokumentieren.

Innenleitungen. Es gelten für die Rohre die gleichen Anforderungen wie für frei verlegte Außenleitungen. Zusätzlich dürfen Präzisionsstahlrohre mit Korrosionsschutz und nicht rostende Stahlrohre verwendet werden. Zurzeit wird geprüft, ob auch Mehrschicht-Verbundrohre für Innenleitungen zulässig sind, falls am Hausanschluss ein Gas-Strömungswächter eingebaut ist.

1. PE-HD-Rohre für erdverlegte Gasleitungen.

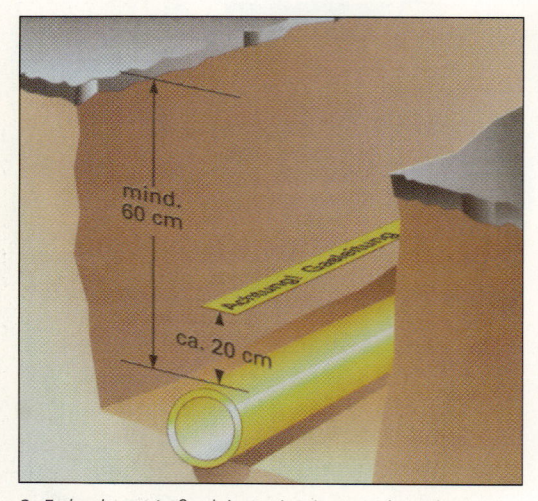

2. Erdverlegte Außenleitung in einem Rohrgraben mit Warnband.

3. Mehrschicht-Verbundrohre für Gas-Innenleitungen mit Pressfittings, in Deutschland z.Zt. noch nicht zugelassen.

Nicht korrosionssichere Stahlrohre, die unter Putz oder in feuchten Räumen verlegt werden, müssen stets einen äußeren Korrosionsschutz haben. Alle Gasleitungen, die unter Estrich verlegt werden, sind gegen Außenkorrosion wie erdverlegte Leitungen zu schützen.

Für Innenleitungen bis DN 50 werden heute überwiegend Kupferrohre oder verzinkte Gewinderohre nach DIN 2440 ver-

Erdgasversorgung

wendet. Kupferrohre für Gasinstallationen müssen durch Hartlöten oder mit besonderen Pressfittings verbunden werden, die durch eine gelbe Markierung gekennzeichnet sind. Auch nicht rostende Stahlrohre werden mit entsprechenden Pressfittings verbunden. Wie bei Trinkwasser-Installationen sind die Fittings so gestaltet, dass sie undicht sind, falls eine Verbindungsstelle nicht verpresst wurde. Größere Rohrnennweiten bestehen aus Stahlrohren, die durch Schweißen verbunden werden.

Anschlussleitungen für Gasgeräte. Starre Anschlussleitungen dürfen aus den gleichen Rohren hergestellt werden wie Innenleitungen. Für biegsame Leitungen sind Schlauchleitungen nach DIN 3384 aus nicht rostendem Stahl und Sicherheits-Gasschlauchleitungen nach DIN 3383 zugelassen.

Gassteckdosen. An Ihnen können kleinere Gasgeräte, z.B. Gasbacköfen und Gasherde, lösbar an die Gasleitung angeschlossen werden. Die Geräte lassen sich dann zum Reinigen von der Wand abrücken. Der Stecker kann nur entkuppelt werden, wenn die Gaszufuhr geschlossen ist. Durch ein Signalfenster ist die Betriebsstellung der Steckdose* erkennbar. Das Einkuppeln des Steckers im Steckdosengehäuse und das Öffnen der Gaszufuhr geschehen gleichzeitig mit einem Handgriff.

Brandschutzarmaturen. Im Brandfall kann ein Gasgerät zerstört werden und Brenngas ausströmen. Um diese zusätzliche Brand- und Explosionsgefahr zu verhindern, müssen unmittelbar vor einem Gasgerät thermisch auslösende Gas-Absperrarmaturen eingebaut werden. Vgl. 1.2.3, S. 25. Für die automatische Auslösung werden Schmelzlote oder Dehnstoffpatronen verwendet. Bei Temperaturen von mehr als 100 °C wird die Gaszufuhr automatisch abgesperrt. Die Armaturen sind bis 650 °C weitgehend dicht. Bei höheren Temperaturen ist die Zündtemperatur überschritten, so dass sich ausströmendes Gas entzündet.

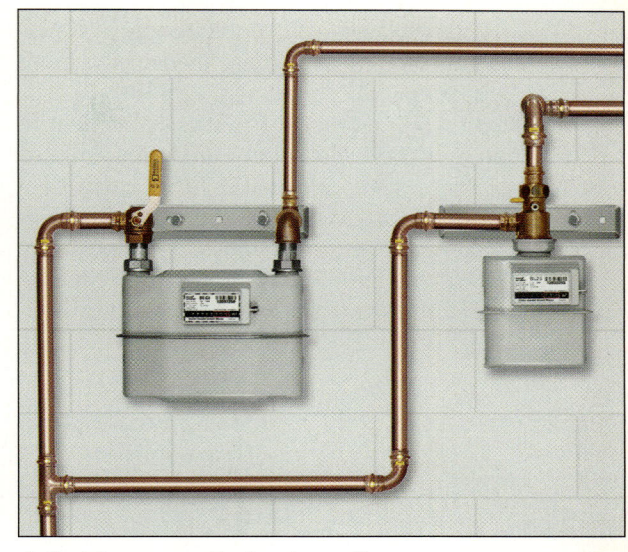

1. Gasleitungen aus Kupferrohren mit Pressverbindungen.

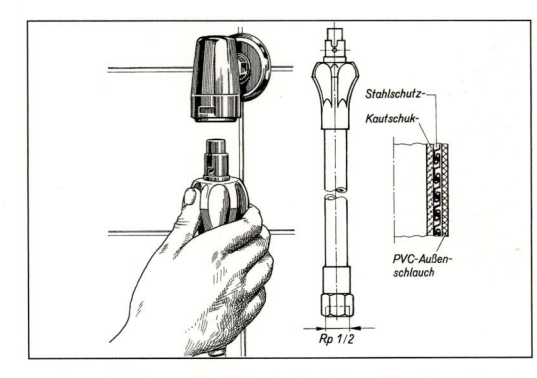

2. Gassteckdose mit Sicherheits-Gasschlauch.

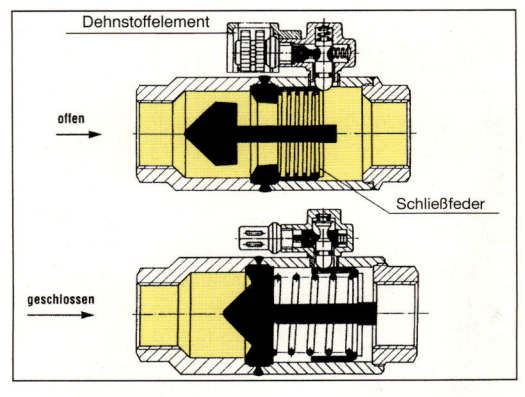

*Gassteckdose, rot = geschlossen, grün = offen.

3. Thermisch auslösende Absperrvorrichtung durch eine Dehnstoffpatrone.

Brennstoff-Versorgungsanlagen

Potenzialausgleich. Gasleitungen aus Metall müssen in den Potenzialausgleich eines Gebäudes einbezogen sein. Vgl. Bd. 07487, Kap. 3.5.5. Erdverlegte Grundstücksleitungen zwischen mehreren Gebäuden müssen vor dem Gebäudeaustritt und nach dem Eintritt in ein anderes Gebäude mit Isolierstücken ausgestattet sein. Die Innenleitungen von jedem Gebäude sind getrennt an den Potenzialausgleich anzuschließen.

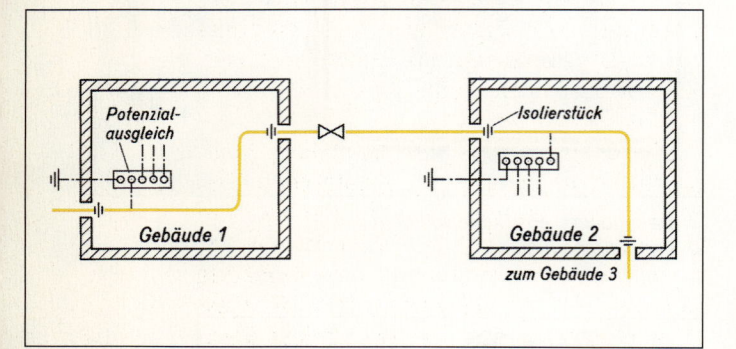

Tabelle 4.01: Balgen-Gaszähler

Zähler- größe	An- schluss DN	Gas-Volumenstrom $\dot{V}_{min}$ m³/h	$\dot{V}_{max}$ m³/h
G 4	25	0,04	6
G 6	25	0,06	10
G 10	40	0,10	16
G 16	40	0,16	25
G 25	50	0,25	40
G 40	80	0,40	65

1. Isolierstücke und Potenzialausgleich bei mehreren Gebäuden.

Man unterscheidet Einstutzen- und Zweistutzen-Gaszähler. Einstutzen-Gaszähler haben einen gemeinsamen Anschluss für Gaseingang und Gasausgang; sie hängen immer spannungsfrei. Bei Zweistutzen-Gaszählern liegt der Gaseingang links, der Gasausgang rechts. Beide Zählerarten können an einer Gaszähler-Platte, die an der Wand befestigt wird, angeschlossen werden.

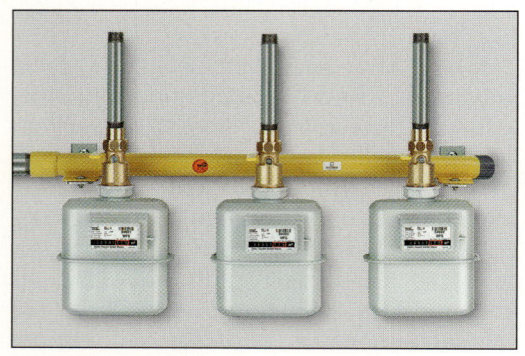

2. Anschluss von Einstutzen-Gaszählern.

3. Anschlussstück für Einstutzen-Gaszähler mit thermisch auslösender Absperreinrichtung.

4.1.6 Gaszähler

Art und Größe der Gaszähler sowie der Aufstellort werden vom GVU festgelegt. Auch die Lieferung, Aufstellung, Überwachung, Unterhaltung und Entfernung der Zähler ist Aufgabe des GVU.

Haushalts-Gaszähler. sind Balgenzähler, die aus zwei Messkammern mit verformbaren Trennwänden aus Leder oder Kunststoff bestehen. Sie müssen DIN 3374 entsprechen, thermisch erhöht belastbar und durch „t" gekennzeichnet sein. Bei nicht thermisch erhöht belastbaren Gaszählern muss ein Anschlussstück mit thermisch auslösender Absperreinrichtung vor dem Zähler eingebaut sein. Die Größe des Gaszählers richtet sich nach dem maximalen Gas-Volumenstrom, der sich aus den Wärmeleistungen der angeschlossenen Gasgeräte ergibt.

Der Aufstellort der Gaszähler soll gut erreichbar, trocken und nicht zu warm sein. Gaszähler sind so anzubringen, dass sie leicht ablesbar, auswechselbar und gegen mechanische Beschädigungen geschützt sind. Zählernischen mit Türen sowie Zähler-

Erdgasversorgung

1. Anschluss von Zweistutzen-Gaszählern.

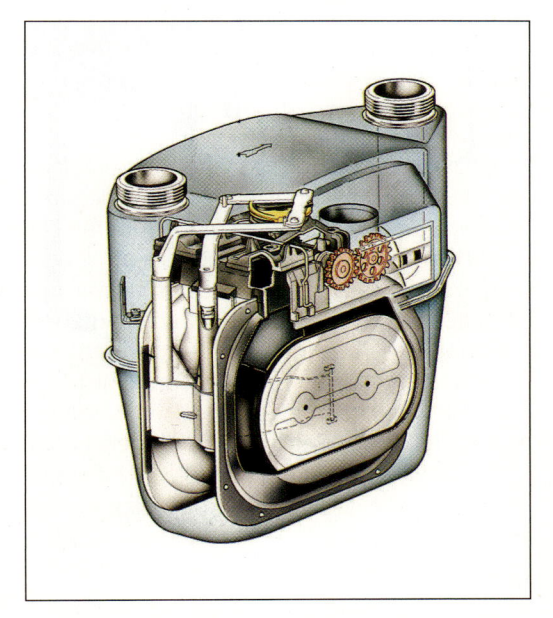

2. Haushalts-Gaszähler als Zweistutzen-Balgenzähler.

4.1.7 Maßnahmen gegen Manipulation

Es wurde in letzter Zeit häufiger davon berichtet, dass häusliche Gasanlagen unberechtigt durch Öffnen der Rohrleitungen manipuliert* und dadurch schwere Gasexplosionen mit hohen Personen- und Sachschäden ausgelöst wurden. Damit derartige Katastrophen möglichst verhindert werden, sind nach den Ergänzungen zur TRGI vom Dezember 2003 zusätzlich aktive und passive Schutzmaßnahmen bei Gasinstallationen in Gebäuden notwendig.

*manipulieren, handhaben, beeinflussen.

Gas-Strömungswächter. Eine aktive Maßnahme ist der Einbau eines zusätzlichen Gas-Strömungswächters GS hinter oder vor dem Druckregelgerät, der die Gaszufuhr bei ungewöhnlich hohem Gasaustritt im Gebäude unterbricht. Der GS kann mit dem Gas-Druckregelgerät oder Zähleranschluss kombiniert sein. Wenn sich der Gasdruck hinter dem Strömungswächter durch eine Undichtigkeit in der Gasleitung stark verringert, wird durch eine Feder ein Ventil geschlossen.

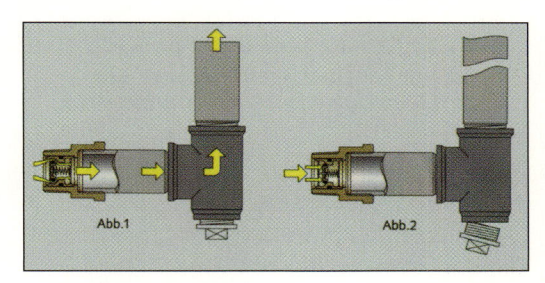

3. Wirkungsweise eines Gas-Strömungswächters im Hausanschluss als aktive zusätzliche Sicherheitsarmatur.

schränke müssen oben und unten Lüftungsöffnungen von mindestens 5 cm^2 haben. Vor jedem Gaszähler ist eine leicht zugängliche Absperreinrichtung, z.B. ein Absperrhahn, einzubauen. Falls nur ein Gaszähler angeschlossen ist und sich im selben Raum die Hauptabsperreinrichtung befindet, ist eine weitere Absperreinrichtung nicht erforderlich. Nach Gaszählern, die durch Einwurf von Münzen* zu betätigen sind, ist eine Gas-Mangelsicherung einzubauen.

Haushalts-Gaszähler müssen durch das GVU alle 8 Jahre ausgetauscht und neu geeicht oder beglaubigt werden.

Je nach Modell des Gas-Strömungswächters lässt die Armatur bei geschlossenem Ventil durch eine Überströmöffnung 3 l/h bis zu 30 l/h Gas in das nachgeschaltete Leitungsnetz einströmen. Dieser Volumenstrom ist ungefährlich und dient dazu, dass sich bei Beseitigung der Undichtigkeit das Leitungsnetz wieder mit Gas füllt und ein Druck aufgebaut wird. Bei ausreichendem Gegendruck öffnet sich der Gas-Strömungswächter

*Münzen, diese Gaszähler werden Münz-Gaszähler genannt.

Brennstoff-Versorgungsanlagen

wieder. Die Auswahl des geeigneten Strömungswächters hängt vom Einbauort und von der Summe der Anschlusswerte aller angeschlossenen Gasgeräte ohne Berücksichtigung der Gleichzeitigkeit ab. Damit der richtige Gas-Strömungswächter eingebaut wird, der auch bei gleichzeitigem Volllastbetrieb aller Gasgeräte nicht auslöst, sollte die Armatur in Verbindung mit dem zuständigen GVU ausgewählt werden. Bei Gas-Strömungswächtern, die hinter dem Druckregler eingebaut werden, ist der Druckverlust bei der Rohrnetzberechnung zu berücksichtigen.

an den Verschraubungen der Gaszähler, zu sichern. Unvermeidbare Leitungsenden sind durch Sicherheitsstopfen oder Sicherheitskappen zu verschließen, die nur mit Sonderwerkzeugen geöffnet werden können.

Auch mit den aktiven und passiven Maßnahmen kann keine hundertprozentige Absicherung gegen Manipulation an Gasleitungen erreicht werden. Das neue Konzept der TRGI macht Gasanlagen jedoch erheblich sicherer und schützt besser vor selbstmörderischen oder kriminellen Eingriffen.

4.1.8 Verlegen von Gas-Innenleitungen

Gasleitungen sind nach den allgemeinen Regeln der Installationstechnik zu verlegen:
- Gasleitungen dürfen nicht an anderen Leitungen befestigt werden oder als Träger anderer Leitungen oder Lasten dienen.
- Leitungen dürfen nicht durch Aufzugsschächte, Lüftungsschächte, Schornsteine und dergleichen geführt und nicht in Schornsteinwangen eingelassen werden.
- Bei Gebäudeteilen mit Trennfugen ist die Leitung so zu verlegen, dass bei Verschiebungen die Leitung nicht beschädigt wird.
- Gasleitungen müssen so verlegt werden, dass kein Kondenswasser von anderen Rohren, z.B. Trinkwasserleitungen, oder Wasser von Bauteilen auf sie herabtropfen kann.
- Bei lösbaren und unlösbaren Rohrverbindungen dürfen nur zugelassene Verbindungselemente und Dichtstoffe verwendet werden.
- Leitungen vor der Wand sind mit Abstandsschellen zu verlegen. Alle Rohrbefestigungen müssen brandsicher sein.
- Fertiggestellte, aber noch nicht angeschlossene oder außer Betrieb gesetzte Innenleitungen müssen an allen offenen Leitungsenden mit Stopfen, Kappen oder Blindflanschen aus Metall sicher verschlossen werden. Absperrungen sind keine sicheren Verschlüsse, da sie sich durch Unbefugte öffnen lassen.

1. Einbau von Gas-Strömungswächtern bei einem Gasanschlussdruck über 25 mbar und mehreren Gaszählern.

Passive Maßnahmen. Durch sie soll in Häusern mit mehr als zwei Wohnungen verhindert werden, dass unberechtigte Personen mit einfachen Werkzeugen, z.B. einer Rohrzange, Gasleitungen öffnen können. Zu den passiven Maßnahmen gehören:
- Anordnung der Gasanlage in nicht allgemein zugänglichen Räumen,
- Vermeiden von Leitungsenden, z.B. Reinigungs-T-Stücken,
- Verwendung von Sicherheitsverschlüssen bei lösbaren Verbindungen.

Flanschverbindungen und Verschraubungen sind in allgemein zugänglichen Räumen zu vermeiden oder gegen Zugriff fremder Personen durch besondere Verschlüsse, z.B.

Erdgasversorgung

- Führen Gasleitungen durch Schächte oder Kanäle, dann sind diese zu be- und entlüften. Die Lüftungsöffnungen müssen etwa 10 cm² groß sein und im Gebäude münden. Vgl. Abb. 1.
- Gasleitungen, die durch unbelüftete Hohlräume führen, müssen in korrosionsgeschützten und ausreichend großen Mantelrohren verlegt werden. Es muss an beiden Seiten offen bleiben, damit Undichtigkeiten bemerkt werden können und ausströmendes Gas entweichen kann. Vgl. Abb. 2.
- Leitungen mit Betriebsdrücken über 100 mbar dürfen nicht unter Putz verlegt werden.

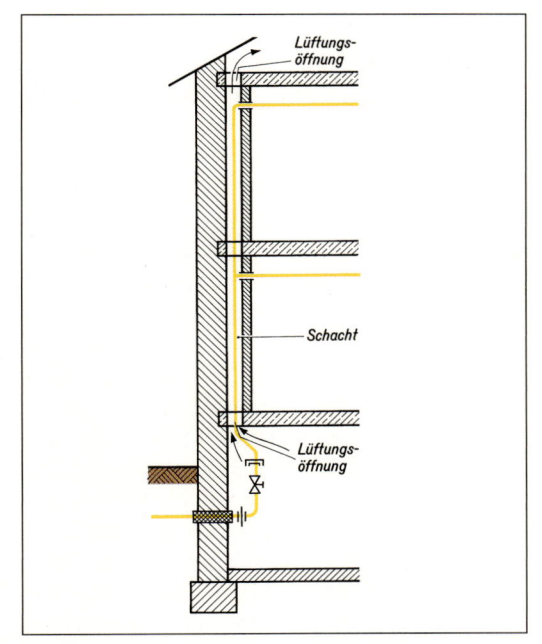

4.1.9 Prüfung der Niederdruck-Leitungsanlage

Gasleitungen bis zu 100 mbar Betriebsdruck müssen nach der Verlegung auf Dichtheit geprüft werden. Dazu sind eine Vorprüfung und eine Hauptprüfung erforderlich.

Vorprüfung. Sie ist eine Belastungsprobe und nur für neu verlegte Leitungen vorgeschrieben. Sie muss durchgeführt werden, bevor die Leitungen verputzt oder verdeckt und die Armaturen und Geräte installiert sind. Verschiedene Leitungsabschnitte müssen einzeln geprüft werden. Die Vorprüfung kann auch mit Armaturen durchgeführt werden, wenn der Nenndruck der Armaturen mindestens dem Prüfdruck entspricht, sonst sind die Leitungsöffnungen zu verschließen. Die Prüfung wird mit Luft oder einem inerten Gas bei einem Überdruck von 1 bar vorgenommen. Der Prüfdruck darf nach dem Temperaturausgleich der Leitungen während der Prüfdauer von 10 Minuten nicht absinken. Nach der Prüfung ist der Druck am größten Rohrquerschnitt abzulassen, damit

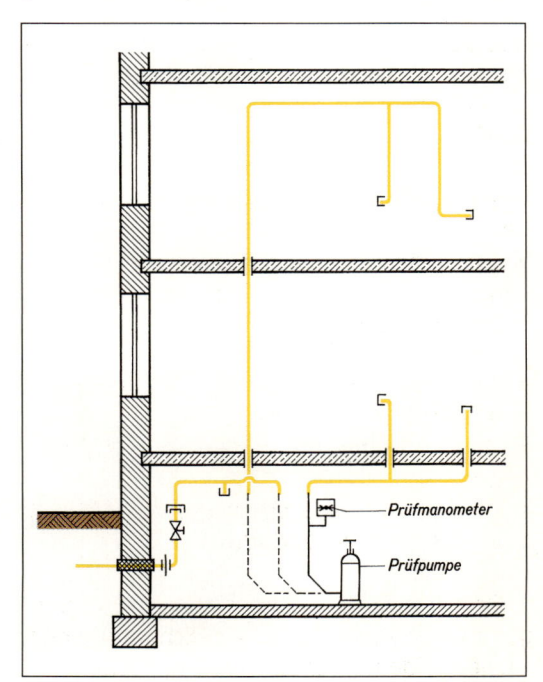

1. In einem Schacht verlegte Gas-Innenleitung.

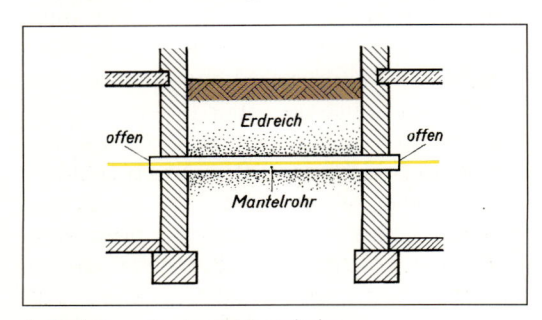

2. Gasleitung in einem Mantelrohr.

3. Vorprüfung einer Gasanlage.

Brennstoff-Versorgungsanlagen

etwa vorhandene Fremdkörper ausgeblasen werden.

Hauptprüfung. Sie ist eine Dichtheitsprüfung und ist vorgeschrieben für
- neu verlegte Leitungen,
- Leitungen, die nach einer Stilllegung wieder in Betrieb genommen werden,
- Anlagenerweiterungen und Veränderungen,
- Leitungen nach Reparaturarbeiten.

Die Hauptprüfung umfasst die gesamte Leitungsanlage einschließlich der Armaturen, jedoch ohne Gasgeräte und zugehörige Regel- und Sicherheitseinrichtungen. Der Gaszähler kann in die Hauptprüfung mit einbezogen sein. Die Prüfung ist mit Luft oder inertem Gas mit einem Prüfdruck von 110 mbar vorzunehmen. Nach dem Temperaturausgleich darf der Prüfdruck während einer Prüfdauer von mindestens 10 Minuten nicht fallen. Die Hauptprüfung muss mit einem Messgerät, z.B. einem U-Rohr-Manometer, ausgeführt werden, das einen Druckabfall von mindestens 0,1 mbar* erkennbar anzeigt.

*0,1 mbar entspricht 1 mm Wassersäule.

Für Anschlüsse und Verbindungsstellen an der Hauptabsperreinrichtung, an Gas-Druckregelgeräten, Verschlüssen von Prüföffnungen, Gaszählern und Gasgeräten sowie für kurze Abzweig- und Geräte-Anschlussleitungen genügt es, wenn sie nach dem Einlassen von Gas unter Betriebsdruck mit schaumbildenden Mitteln geprüft werden. Sie sind dicht, wenn keine Blasenbildung auftritt.

1. Prüfung einer Gasleitung mit schaumbildendem Mittel.

Beachten Sie: Undichte Gasleitungen können zu schweren Personen- und Sachschäden führen. Sie dürfen nicht in Betrieb genommen werden.

Mitteldruckleitungen, z.B. Hausanschlüsse, von über 100 mbar bis 1 bar Betriebsdruck müssen nach den Vorschriften der TRGI mit einem Druck von 3 bar geprüft werden.

4.1.10 Inbetriebnahme der Gasanlage

Eine Gasanlage darf nur von einem Beauftragten des GVU in Betrieb genommen werden. Vorher müssen die Vor- und die Hauptprüfung erfolgreich beendet worden sein. Alle Leitungsöffnungen sind mit metallischen Formstücken dicht zu verschließen. Dann ist nochmals eine Druckprüfung mit 110 mbar vorzunehmen. Erst nach diesen erfolgreichen Überprüfungen darf die Innenleitung durch Einbau des Gaszählers mit der Anschlussleitung verbunden werden.

Einlassen von Gas. Die Leitungsanlage wird sorgfältig mit Gas ausgeblasen, bis an der höchsten oder weitesten Stelle Luft oder inertes Gas aus der Leitung verdrängt ist. Das Gas ist mit einem Schlauch ins Freie abzuführen. Kleinere Gasmengen können auch durch geeignete Gasbrenner abgebrannt oder im Raum abgeführt werden. In beiden Fällen ist für eine ausreichende Durchlüftung des Raums zu sorgen. Während des Einlassens ist darauf zu achten, dass ausströmendes Gas sich nicht entzünden kann. Rauchen, das Schalten elektrischer Anlagen und der Betrieb sonstiger Feuerstätten sind verboten.

Die noch nicht geprüften Anschlüsse und Leitungsteile, z.B. am Gaszähler und an den Geräteanschlüssen, sind danach mit schaumbildenden Mitteln unter Betriebsdruck auf Dichtheit zu prüfen. Danach sind die Gasgeräte einzustellen und die Abgasanlagen auf einwandfreien Abzug zu überprüfen. Vgl. 1.2.4, S. 27.

4.1.11 Arbeiten an gasführenden Leitungen

Vor Beginn der Arbeiten an Gasleitungen, die bereits betrieben werden, ist die vorgeschaltete Absperreinrichtung zu schließen und gegen Öffnen durch Unbefugte zu sichern. Das kann z.B. durch Abnahme des Schlüssels oder des Handrads geschehen. Austretendes Gas ist durch Lüften oder durch einen Schlauch gefahrlos ins Freie abzuführen. Die Absperreinrichtung darf erst dann wieder geöffnet werden, wenn sämtliche Öffnungen der abgesperrten Leitung dicht verschlossen sind. Undichtigkeiten lassen sich durch Druckprüfung, Gasspürgeräte oder schaumbildende Mittel feststellen. Das Ableuchten von Gasleitungen mit einer Flamme ist verboten!

Gebrauchsfähigkeit. Bestehende Gas-Niederdruckleitungen sind nach dem Grad der Gebrauchsfähigkeit zu behandeln. Das Leckgasvolumen kann mithilfe eines Leckmengen-Messgeräts ermittelt werden.
- Bei dichten Leitungen wird kein Leckvolumen festgestellt.
- Unbeschränkte Gebrauchsfähigkeit ist auch gegeben, wenn das Leckvolumen weniger als 1 l/h beträgt. Die Leitungen können weiter betrieben werden.
- Verminderte Gebrauchsfähigkeit ist gegeben, wenn das Leckvolumen zwischen 1 l/h und 5 l/h liegt. Die Dichtheit ist innerhalb von vier Wochen wiederherzustellen.
- Keine Gebrauchsfähigkeit ist gegeben, wenn das Leckvolumen mehr als 5 l/h beträgt. Die Leitungsanlage muss unverzüglich außer Betrieb genommen werden. Für die Instandsetzung und Wiederinbetriebnahme gelten die Vorschriften wie bei neu verlegten Leitungen.

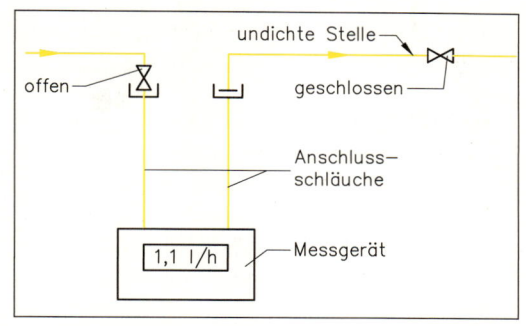

1. Leckvolumen-Ermittlung bei einer undichten Gasleitung.

Elektrische Schutzmaßnahmen. Bei Gasleitungen aus Metall ist vor dem Trennen als Schutz gegen elektrische Berührungsspannung und Funkenbildung eine elektrisch leitende Überbrückung der Trennstelle herzustellen. Als Überbrückungsleitung ist ein isoliertes Kupferseil von mindestens 16 mm² Querschnitt und höchstens 3 m Länge zu verwenden. Um eine elektrisch gut leitende Verbindung zu erreichen, müssen die Kontaktstellen am Rohr metallisch blank gemacht und passende Klemmschellen verwendet werden.

Sicherheitsmaßnahmen bei Gasgeruch. Erdgas ist aufgrund seiner chemischen Zusammensetzung geruchlos oder geruchsarm. Um Undichtigkeiten in der Gasanlage zu bemerken, wird dem Gas ein stark riechender Stoff* beigegeben. Schon bei einer geringen Gaskonzentration in der Luft, die sich weit unterhalb der Zündgrenze befindet, ist dann ein typischer Gasgeruch festzustellen.

Gas ist innerhalb seiner Zündgrenzen ein hoch explosiver Brennstoff. Vgl. 1.1.6, S. 13. Die Explosion von 1 m³ Erdgas, das sich mit ca. 10 m³ Luft vermischt hat, kann etwa die Wirkung von 1 kg herkömmlichen Sprengstoffs haben. Um Gasexplosionen zu vermeiden, müssen bei Gasgeruch sofort unfallverhütende Maßnahmen ergriffen werden. Tritt der Geruch aus fremden und verschlossenen Wohnungen aus, muss sofort die Polizei oder Feuerwehr benachrichtigt werden, die das Recht hat, sich Zutritt zu verschaffen.

*__Stark riechender Stoff.__ In der Gastechnik nennt man diesen Vorgang Odorierung.

Brennstoff-Versorgungsanlagen

Bei Gasgeruch in einem Gebäude sind sofort folgende Sicherheitsmaßnahmen zu beachten:
- Fenster und Türen weit öffnen, damit das ausgeströmte Gas entweichen kann!
- Offenes Feuer vermeiden, nicht rauchen, kein Feuerzeug anzünden!
- Keine elektrischen Schalter oder Stecker, keine Klingeln, keine Telefone oder Sprechanlagen im Haus benutzen; sie könnten Funken erzeugen und eine Explosion auslösen!
- Die Hauptabsperreinrichtung schließen und andere Hausbewohner warnen!
- Den Bereitschaftsdienst des zuständigen GVU von einem Telefon außerhalb des Hauses benachrichtigen!

Beachten Sie: Ergreifen Sie bei Gasgeruch sofort die notwendigen Sicherheitsmaßnahmen, um Gasexplosionen zu vermeiden!

4.1.12 Druckverluste in Niederdruck-Gasleitungen

Die Druckverluste in Erdgasleitungen werden nach den Regeln der Technik wie bei Trinkwasser- oder Heizungsleitungen unter Beachtung der besonderen physikalischen Eigenschaften der Gase berechnet. In diesem Kapitel beschränken sich die Berechnungen auf mittelschwere Gewinderohre im differenzierten Verfahren nach TRGI.

Spitzenvolumenstrom. Der Spitzenvolumenstrom $\dot{V}_S$ ergibt sich aus den Anschlusswerten $\dot{V}_A$ der einzelnen Gasgeräte und einem Gleichzeitigkeitsfaktor f, der je nach Gasgerät der Tabelle 4.02 zu entnehmen ist.

Beachten Sie: Die Anschlusswerte der Gasgeräte können einheitlich für Erdgas LL bei $H_{i,B}$ = 8,6 kWh/m³ berechnet werden. Vgl. 1.2.5, S. 29.

$$\dot{V}_S = \Sigma \dot{V}_A \cdot f$$

$\dot{V}_S$ Spitzenvolumenstrom   in m³/h
$\dot{V}_A$ Anschlusswert   in m³/h
f Gleichzeitigkeitsfaktor

Gerätearten. Wegen der großen Unterschiede bei gleichzeitiger Benutzung werden die Gasgeräte im Wohnbereich in fünf Gerätearten eingeteilt:
- H Gasherde, Gas-Backöfen,
- DWH Gas-Durchlaufwasserheizer (Gas-Durchfluss-Wassererwärmer),
- RH Gas-Raumheizer, Gas-Vorratswasserheizer (Gas-Speicher-Wassererwärmer),
- UWH Gas-Umlaufwasserheizer, Gas-Kombiwasserheizer und Gas-Heizkessel mit $\dot{Q}_{NL} \leq 30$ kW,
- GI Industrie-Gasgeräte und Gas-Heizkessel $\dot{Q}_{NL} \geq 30$ kW.

*Tabelle 4.02, Auszug aus TRGI.

Tabelle 4.02: Gleichzeitigkeitsfaktoren für Gasgeräte*

Anzahl der Gasgeräte	f_H	f_{DWH}	f_{RH}	f_{UWH}	f_{GI}*
1	0,621	1,000	1,000	1,000	1,000
2	0,448	0,607	0,800	0,883	1,000
3	0,371	0,456	0,703	0,822	1,000
4	0,325	0,373	0,641	0,782	1,000
5	0,294	0,320	0,597	0,752	1,000
6	0,271	0,283	0,564	0,729	1,000
7	0,253	0,255	0,537	0,710	1,000
8	0,239	0,234	0,515	0,694	1,000
9	0,227	0,217	0,496	0,680	1,000
10	0,217	0,202	0,480	0,668	1,000

* Der Gleichzeitigkeitsfaktor f_{GI} für gewerblich oder industriell genutzte Gasgeräte sowie für Gas-Heizkessel mit $\dot{Q}_{NL} \geq 30$ kW kann besonders ermittelt werden. In den folgenden Beispielen und Aufgaben wird er mit 1,000 angenommen.

Erdgasversorgung

Beispiel 1:

Wie groß ist der Spitzenvolumenstrom, wenn an einer Erdgasleitung 2 Gasherde mit je $\dot{Q}_{NB}$ = 10 kW und 1 Gas-Heizkessel mit $\dot{Q}_{NB}$ = 25 kW angeschlossen sind?

Lösung:

$\dot{V}_S = \Sigma \dot{V}_{A,H} \cdot f_H + \Sigma \dot{V}_{A,GI} \cdot f_{GI}$

$\dot{V}_A = \dfrac{\dot{Q}_{NB}}{H_{i,B}}$

$\dot{V}_{A,H} = \dfrac{10 \text{ kW}}{8{,}6 \text{ kWh/m}^3} = 1{,}16 \text{ m}^3/\text{h}$

$\dot{V}_{A,GI} = \dfrac{25 \text{ kW}}{8{,}6 \text{ kWh/m}^3} = 2{,}91 \text{ m}^3/\text{h}$

$\dot{V}_S = 2 \cdot 1{,}16 \text{ m}^3/\text{h} \cdot 0{,}448 + 2{,}91 \text{ m}^3/\text{h} \cdot 1{,}000 = 3{,}95 \text{ m}^3/\text{h}$

Tabelle 4.03: Druckgefälle und Fließgeschwindigkeiten für Erdgas bei Stahlrohren nach DIN 2440 in Abhängigkeit des Spitzenvolumenstroms*

*Tabelle 4.03, Auszug aus TRGI.

Fließgeschwindigkeit v in m/s — Druckgefälle R in Pa/m

$\dot{V}_S$ in m³/h	DN 15 v	DN 15 R	DN 20 v	DN 20 R	DN 25 v	DN 25 R	DN 32 v	DN 32 R	DN 40 v	DN 40 R	DN 50 v	DN 50 R
1,0	1,4	1,92										
1,5	2,1	7,32	1,1	0,87								
2,0	2,8	12,56	1,5	2,69								
2,5	3,5	19,16	1,9	4,05	1,2	1,26						
3,0	4,1	27,16	2,3	5,70	1,4	1,76						
3,5	4,8	36,51	2,7	7,62	1,7	2,34						
4,0	5,5	47,23	3,0	9,80	1,9	2,99	1,1	0,74				
4,5			3,4	12,25	2,2	3,73	1,2	0,91				
5,0			3,8	14,97	2,4	4,54	1,4	1,11	1,0	0,52		
5,5			4,2	18,00	2,6	5,43	1,5	1,32	1,1	0,61		
6,0			4,5	21,27	2,9	6,40	1,6	1,55	1,2	0,72		
6,5			4,9	24,81	3,1	7,45	1,8	1,80	1,3	0,83		
7,0			5,3	28,62	3,3	8,57	1,9	2,06	1,4	0,95		
7,5			5,7	32,70	3,6	9,78	2,1	2,35	1,5	1,08		
8,0					3,8	11,08	2,2	2,65	1,6	1,22	1,0	0,37
8,5					4,1	12,44	2,3	2,96	1,7	1,37	1,1	0,41
9,0					4,3	13,88	2,5	3,30	1,8	1,52	1,1	0,46
9,5					4,5	15,40	2,6	3,65	1,9	1,68	1,2	0,51
10,0					4,8	17,00	2,7	4,02	2,0	1,85	1,3	0,56
10,5					5,0	18,67	2,9	4,41	2,1	2,02	1,3	0,61
11,0					5,3	20,42	3,0	4,82	2,2	2,21	1,4	0,66
11,5					5,5	22,25	3,2	5,24	2,3	2,40	1,4	0,72
12,0					5,7	24,16	3,3	5,68	2,4	2,60	1,5	0,78
12,5					6,0	26,14	3,4	6,14	2,5	2,81	1,6	0,84
13,0							3,6	6,63	2,6	3,02	1,6	0,90
13,5							3,7	7,13	2,7	3,25	1,7	0,97
14,0							3,8	7,64	2,8	3,48	1,8	1,04
14,5							4,0	8,17	2,9	3,72	1,8	1,11
15,0							4,1	8,72	3,0	3,96	1,9	1,18
15,5							4,3	9,28	3,1	4,22	2,0	1,25
16,0							4,4	9,87	3,2	4,48	2,0	1,33
16,5							4,5	10,47	3,3	4,75	2,1	1,41
17,0							4,7	11,09	3,4	5,04	2,1	1,49
17,5							4,8	11,72	3,5	5,32	2,2	1,57
18,0							4,9	12,38	3,6	5,62	2,3	1,66
18,5							5,1	13,05	3,7	5,92	2,3	1,75
19,0							5,2	13,74	3,8	6,23	2,4	1,84
19,5							5,4	14,44	3,9	6,55	2,5	1,93
20,0							5,5	15,17	4,0	6,87	2,5	2,02

Brennstoff-Versorgungsanlagen

*Tabelle 4.04, Auszug aus TRGI.

Druckverluste. Die Druckverluste einer jeden Teilstrecke in Erdgasleitungen werden nach folgenden Formeln berechnet:

$$\Delta p_{TS} = l \cdot R + Z + \Delta p_h$$
$$\Delta p_h = \Delta h \cdot (-4) \text{ Pa/m}$$

Δp_{TS}	Druckverlust in einer Teilstrecke	in Pa	mbar
l	Länge der Teilstrecke	in m	m
R	Druckgefälle	in Pa/m	mbar/m
Z	Druckverlust durch Einzelwiderstände	in Pa	mbar
Δp_h	Druckverlust durch Höhendifferenzen	in Pa	mbar
Δh	Höhendifferenz	in m	m

Höhendifferenzen. Aufgrund des Dichteunterschieds zwischen Erdgas und Luft entsteht in steigenden Leitungen ein Druckgewinn und in fallenden Leitungen ein Druckverlust. Die Höhendifferenz wird bei fallenden Leitungen mit negativem Vorzeichen eingesetzt, so dass sich ein positiver Druckverlust* ergibt.

*Positiver Druckverlust, Minus mal Minus ergibt Plus.

Gerade Rohrstrecken. Die Druckverluste in geraden Rohrstrecken errechnen sich aus der Länge einer Teilstrecke und dem Druckgefälle R, das der Tabelle 4.03 zu entnehmen ist. Für andere Rohrarten müssen entsprechende Diagramme oder Tabellen verwendet werden. Mithilfe der Tabelle 4.03 können auch Rohrweiten bestimmt werden. Dabei sind als Richtwert Fließgeschwindigkeiten von 2 m/s bis 3 m/s anzunehmen.

Einzelwiderstände. Die ζ-Werte für Gasleitungen sind der Tabelle 4.04 zu entnehmen. Druckverluste für $\zeta = 1$ werden der Tabelle 4.05 entnommen und mit der $\Sigma\zeta$ multipliziert.

$$Z = \Sigma\zeta \cdot z$$

Z	Druckverlust durch Einzelwiderstände	in Pa	mbar
$\Sigma\zeta$	Summe der Widerstandsbeiwerte		
z	Druckverlust bei $\zeta = 1$	in Pa	mbar

Tabelle 4.04: ζ-Werte von Einzelwiderständen bei Gasleitungen*

Einzelwiderstand	Abkürzung	ζ-Wert
Reduzierstück	RST	0,4
Winkel, Bogen	Wi, Bo	0,7
T-Stück-Durchgang	T-D	0,3
T-Stück-Abzweig	T-A	1,3
T-Stück Gegenlauf	T-G	1,5
Anschluss-Stück Einstutzen-GZ DN 25	ESt-GZ	2,0
>DN 25		4,0
Kugel-Absperrhahn Durchgangsform	AH-D	0,5
Eckform	AH-E	1,3
Thermisch auslösende Absperreinrichtung	AE-T	2,0

Tabelle 4.05: Druckverluste z für $\zeta = 1$ bei Erdgas

v m/s	z Pa	v m/s	z Pa	v m/s	z Pa
1,0	0,4	2,4	2,3	3,8	5,7
1,1	0,5	2,5	2,5	3,9	6,0
1,2	0,6	2,6	2,7	4,0	6,4
1,3	0,7	2,7	2,9	4,1	6,7
1,4	0,8	2,8	3,1	4,2	7,0
1,5	0,9	2,9	3,3	4,3	7,3
1,6	1,0	3,0	3,6	4,4	7,7
1,7	1,2	3,1	3,8	4,5	8,0
1,8	1,3	3,2	4,1	4,6	8,4
1,9	1,4	3,3	4,3	4,7	8,8
2,0	1,6	3,4	4,6	4,8	9,2
2,1	1,8	3,5	4,9	4,9	9,5
2,2	1,9	3,6	5,2	5,0	9,9
2,3	2,1	3,7	5,4	5,1	10,3

Maximale Druckverluste. Der in einer Niederdruck-Gasleitung zulässige Gesamt-Druckverlust zwischen der HAE bzw. dem Haus-Druckregelgerät und dem Gasgeräte-Anschluss beträgt 260 Pa = 2,6 mbar. Diese Druckverluste ergeben sich aus folgenden zulässigen Einzel-Druckverlusten:

- Verteilungsleitung Vt-L 30 Pa
- Verbrauchsleitung Vb-L 80 Pa
- Abzweig- und Geräte-Anschlussleitung Ab-L 50 Pa
- Gaszähler Z <u>100 Pa</u>
- Gesamt-Druckverlust 260 Pa = 2,6 mbar

Beispiel 2:

Ein Einfamilienhaus erhält einen Erdgasanschluss für einen Wandheizkessel mit $\dot{Q}_{NB}$ = 29,3 kW. Der Heizkessel wird an einer Gasleitung aus verzinkten Gewinderohren DN 20 mit einer Länge von 12 m angeschlossen. In der Leitung befinden sich 8 Bögen/Winkel, 1 thermisch auslösende Absperreinrichtung, 1 Kugelabsperrhahn, Durchgangsform und 1 Anschlussstück für Einstutzen-Gaszähler DN 25. Der Anschluss des Wandheizkessels liegt 3 m über dem Druckregelgerät. Wie groß sind die gesamten Druckverluste vom Druckregelgerät bis zum Gasgerät?

Lösung:
Anschlusswert und Spitzenvolumenstrom:

$$\dot{V}_A = \frac{\dot{Q}_{NB}}{H_{i,B}} = \frac{29{,}3 \text{ kW}}{8{,}6 \text{ kWh/m}^3} = 3{,}4 \text{ m}^3/\text{h}$$

$\dot{V}_S = \dot{V}_A \cdot f_{UWH}$ = 3,4 m³/h · 1,0

$\dot{V}_S$ = 3,4 m³/h

Zusammenstellung der ζ-Werte:

TS	Widerstand	Anzahl	ζ-Wert	Σζ
	Wi	8	0,7	5,6
	AE-T	1	2,0	2,0
	AH-D	1	0,5	0,5
	ESt-GZ	1	2,0	2,0
				10,1

Druckverluste:
$\Delta p_{TS} = l \cdot R + Z + \Delta p_h$
$Z = \Sigma \zeta \cdot z$
$\Delta p_h = \Delta h \cdot (-4)$ Pa/m
Nach Tab. 4.03: R = 7,62 Pa/m,
   v = 2,7 m/s

$l \cdot R$	= 12 m · 7,62 Pa/m =	91,4 Pa
Z	= 10,1 · 2,9 Pa =	29,3 Pa
Δp_h	= 3 m · (–4) Pa/m =	–12,0 Pa
Δp_{TS}	=	108,7 Pa
Gaszähler	=	100,0 Pa
Gesamt-Druckverlust	=	208,7 Pa

Kontrolle: ca. 2,1 mbar < 2,6 mbar.

Der Druckverlust von 2,6 mbar darf nur dann überschritten werden, wenn mit dem GVU eine Sonderregelung getroffen wird und die Fließgeschwindigkeiten nicht mehr als 6 m/s betragen. Bei einem Anschlussdruck der Gasgeräte von 20 mbar und einem zulässigen Gesamtdruckverlust von 2,6 mbar ergibt sich der erforderliche Mindestfließdruck an der HAE bzw. am Ausgang des Gas-Druckregelgeräts in Höhe von 22,6 mbar.

Da beim Anschluss eines einzigen Gasgeräts nicht zwischen Verbrauchs-, Abzweig- und Geräte-Anschlussleitung zu unterscheiden ist, kann für die gesamte Leitung die Summe der erlaubten Druckverluste von 2,6 mbar angenommen werden.

Verzweigte Gasanlagen mit mehreren Gasgeräten verschiedener Art werden mithilfe von Formblättern berechnet. Dazu wird ein isometrisches Leitungsschema gezeichnet, in dem die Gasgeräte, die Armaturen und die Leitungslängen eingetragen werden. Beginn und Ende einer Teilstrecke werden in der Gastechnik üblicherweise durch Buchstaben gekennzeichnet.

Tabelle 4.06: Sinnbilder für Gasgeräte*
*Tabelle 4.06 nach TRGI.

Gasgerät	Abkürzung	Sinnbild
Gasherd, vierflammig	H	
Gas-Heizherd	HH	
Gas-Raumheizer	RH	
Gas-Durchlaufwasserheizer	DWH	
Gas-Vorratswasserheizer	VWH	
Gas-Umlaufwasserheizer	UWH	
Gas-Kombiwasserheizer	UWH-K	
Gas-Heizkessel	HK	

Beispiel 3:

Eine Leitungsanlage für Erdgas enthält die in dem isometrischen Leitungsschema dargestellten Gasgeräte. Wie müssen die Leitungen aus verzinkten

Brennstoff-Versorgungsanlagen

Beispiel 3 (Fortsetzung):

Gewinderohren nach DIN 2440 bemessen werden, damit die zulässigen Druckverluste der einzelnen Leitungsteile nicht überschritten werden?

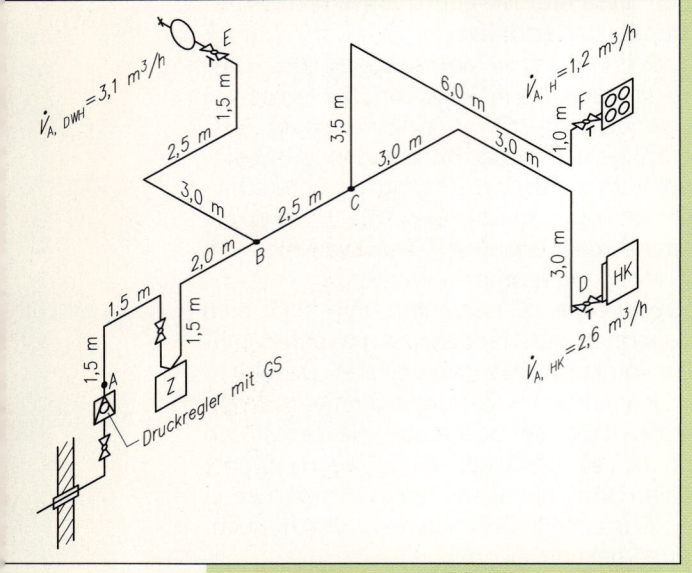

1. Isometrisches Leitungsschema zum Beispiel 3.

Lösung:
Spitzenvolumenströme:
$\dot{V}_S = \dot{V}_A \cdot f$
$\dot{V}_{S,DWH} = 3{,}1\ m^3/h \cdot 1{,}000 = 3{,}1\ m^3/h$
$\dot{V}_{S,H} = 1{,}2\ m^3/h \cdot 0{,}621 = 0{,}7\ m^3/h$
$\dot{V}_{S,HK} = 2{,}6\ m^3/h \cdot 1{,}000 = \underline{2{,}6\ m^3/h}$
$\dot{V}_S\ = 6{,}4\ m^3/h$

Zusammenstellung der ζ-Werte, Tab. 4.04:

TS	Widerstand	Anzahl	ζ-Wert	Σζ
AZ	Wi	2	0,7	1,4
	AH-D	1	0,5	0,5
	ESt-GZ	1	2,0	2,0
				3,9
ZB	Wi	1	0,7	0,7
BC	T-D	1	0,3	0,3
CD	T-D	1	0,3	0,3
	Wi	3	0,7	2,1
	AE-T	1	2,0	2,0
				4,4
BE	T-A	1	1,3	1,3
	Wi	2	0,7	1,4
	AE-T	1	2,0	2,0
				4,7
CF	T-A	1	1,3	1,3
	Wi	2	0,7	1,4
	AE-T	1	2,0	2,0
				4,7

Der größte Druckverlust entsteht zum DWH:

AZ	37,2 Pa
Z	100,0 Pa
ZB	22,8 Pa
BE	43,8 Pa
Δp	203,8 Pa < 260 Pa

Druckverlust zum HK:

AZ	37,2 Pa
Z	100,0 Pa
ZB	22,8 Pa
BC	6,3 Pa
CD	25,9 Pa
Δp	192,2 Pa < 260 Pa

In TS AZ wird der empfohlene maximale Druckverlust geringfügig überschritten.

Formblatt:

1	2	3	4	5	6	7	8	9	10	11	12	13
TS	$\dot{V}_S$	l	DN	v	R	$l \cdot R$	Σζ	Z	Δh	Δp_h	Δp_{TS}	Kontrolle
–	m³/h	m	–	m/s	Pa/m	Pa	–	Pa	m	Pa	Pa	Pa
AZ	6,4	3,0	25	3,1	7,45	22,4	3,9	14,8	–	–	37,2	> 30 Vt-L
ZB	6,4	3,5	25	3,1	7,45	26,1	0,7	2,7	1,5	–6,0	22,8	
BC	3,3	2,5	25	1,7	2,34	5,9	0,3	0,4	–	–	6,3	
											29,1	< 80 Vb-L
CD	2,6	9,0	25	1,2	1,26	11,3	4,4	2,6	–3,0	12,0	25,9	< 50 Ab-L
BE	3,1	7,0	20	2,3	5,70	39,9	4,7	9,9	1,5	–6,0	43,8	< 50 Ab-L
CF	0,7	10,5	15	1,4	1,92	20,2	4,7	3,8	4,5	–18,0	6,0	< 50 Ab-L

Erdgasversorgung

Zur Wiederholung

1. Was bedeuten die Abkürzungen DVGW, TRGI, GVU und VIU?
2. In welche Abschnitte wird die Leitungsanlage für Erdgas in einem Gebäude eingeteilt?
3. Wann ist eine Steigleitung eine Verteilungsleitung und wann eine Verbrauchsleitung?
4. Aus welchen Teilen besteht ein Gas-Hausanschluss?
5. Welche Aufgaben haben in der Hausanschlussleitung eine Außenabsperrung, ein Gas-Strömungswächter, eine Ausziehsicherung, ein Isolierstück und ein Gas-Druckregelgerät?
6. Welche Rohre dürfen für frei verlegte und welche für erdverlegte Gas-Außenleitungen verwendet werden?
7. Wie müssen frei verlegte und erdverlegte Gas-Außenleitungen gegen Korrosion geschützt werden?
8. Welche Rohrarten werden bei neuen Gasinstallationen für Innenleitungen verwendet und welcher Korrosionsschutz ist dabei gefordert?
9. Mit welchen Rohrarten können Gasgeräte an das Leitungsnetz angeschlossen werden?
10. Wie funktioniert eine Brandschutzarmatur, die vor einem Gasgerät eingebaut wird?
11. Was versteht man unter einem Potenzialausgleich und wie wird er bei Gasleitungen hergestellt?
12. Was sind Einstutzen-, Zweistutzen- und Balgen-Gaszähler?
13. Wie und wo sollen Gaszähler installiert werden?
14. Was versteht man unter „Manipulation an Gasleitungen" und welche Folgen können daraus entstehen?
15. Welche aktiven und welche passiven Maßnahmen gegen diese Manipulationen kennen Sie und bei welchen Gasanlagen müssen sie getroffen werden?
16. Nennen Sie wesentliche Regeln, die bei der Verlegung von Gasleitungen zu beachten sind.
17. Wie muss eine Niederdruck-Erdgas-Leitungsanlage vorschriftsmäßig geprüft werden?
18. Was muss beim Einlassen von Gas in die Leitungsanlage beachtet werden?
19. Wie ist eine Gasleitung bei Reparaturarbeiten vorschriftsmäßig außer Betrieb zu nehmen?
20. Wie ist eine Erdgas-Leitungsanlage nach der Gebrauchsfähigkeit einzuteilen und wie kann diese gemessen werden?
21. Welche Sicherheitsmaßnahmen müssen Sie ergreifen, wenn Sie in oder außerhalb einer Wohnung Gasgeruch feststellen?

Zur Vertiefung

1. Warum nimmt ein GVU nicht jede Firma in ihr Installationsverzeichnis auf, auch dann nicht, wenn der Betriebsinhaber eine Meisterprüfung als Installateur und Heizungsbauer bestanden hat?
2. Begründen sie, warum ein Gas-Druckregelgerät für Erdgas in den meisten Fällen in DN 25 eingebaut werden kann.
3. Aus welchem Grund werden für erdverlegte Gasleitungen Kunststoffrohre aus PE-HD bevorzugt?
4. Weshalb dürfen Gasleitungen nicht als Betriebs- oder Schutzerder benutzt werden?
5. Warum müssen Brandschutzarmaturen nur bis 650 °C weitgehend dicht sein, obwohl bei einem Brand erheblich höhere Temperaturen entstehen können?

Brennstoff-Versorgungsanlagen

6. Maßnahmen gegen Manipulation an Gasleitungen müssen erst für Gebäude mit mehr als zwei Wohnungen beachtet werden. Begründen Sie diese Einschränkung.
7. Warum dürfen Gasleitungen nicht durch Aufzugs- und Lüftungsschächte geführt werden?
8. Begründen Sie die Vorschrift, warum Gasleitungen brandsicher zu befestigen sind.
9. Bei Reparaturarbeiten an einer Erdgasleitung ist es zu einer folgenschweren Verpuffung im Gebäude gekommen. Welche Sicherheitsvorschriften wurden vermutlich bei den Arbeiten nicht beachtet?
10. Bei einem Kunden bemerken Sie in seiner Wohnung einen geringfügigen Gasgeruch. Wie können Sie feststellen, ob die Anlage weiter betrieben werden kann oder stillgelegt werden muss?
11. Warum werden dem Erdgas Geruchsstoffe beigegeben?

Zur Berechnung

Für alle folgenden Aufgaben sind die Rohrleitungen für Erdgas aus verzinkten Gewinderohren nach DIN 2440 anzunehmen.

1. In einem Gebäude sind 10 Gas-Raumheizer mit einer Nennwärmebelastung von je 5 kW installiert. Wie groß ist der Spitzenvolumenstrom $\dot{V}_S$ von einem und von den 10 Gas-Raumheizern?
2. In einem Mehrfamilienhaus sind 8 Gas-Durchfluss-Wassererwärmer mit je 33 kW und 8 Gasherde mit je 11 kW Nennwärmebelastung an die Erdgasanlage angeschlossen.
   a) Bestimmen Sie den Spitzenvolumenstrom für alle Gasgeräte und für jedes einzelne Gerät.
   b) Wie groß sind die Druckverluste in der gemeinsamen Verteilungsleitung DN 40, wenn die Leitung 6 m lang ist und folgende Einzelwiderstände in der Leitung enthalten sind: 1 Kugel-Absperrhahn, Eckform, 5 Bögen, 1 T-Stück-Abzweig, 1 Anschluss-Stück für Einstutzen-Gaszähler DN 25? Kontrollieren Sie, ob der Druckverlust zulässig ist.
3. Eine Verbrauchsleitung DN 32 in einer Erdgasanlage ist 25 m lang. Sie enthält 1 T-Stück-Durchgang, 1 Kugelhahn in Durchgangsform und 8 Winkel. Die Höhendifferenz beträgt −3 m. Die anzuschließenden Gasgeräte haben einen Spitzenvolumenstrom von insgesamt 10 m³/h. Berechnen Sie die Druckverluste dieser Leitung.
4. Berechnen Sie die Druckverluste Δp_{TS} der Erdgasleitungen:

Aufgabe	$\dot{V}_S$ m³/h	l m	DN	$\Sigma\zeta$	Δh m
a)	7,5	5	25	3,2	0
b)	3,5	7	20	1,9	3
c)	12,0	15	40	8,0	6
d)	18,0	12	50	10,5	−3
e)	20,0	8	50	8,5	−2

5. An einer Verbrauchsleitung für eine Wohnung im vierten Obergeschoss eines Hauses sind ein Gas-Kombiwasserheizer, $\dot{Q}_{NB} = 27$ kW, und ein Gasherd mit Backofen, $\dot{Q}_{NB} = 11$ kW, angeschlossen. Die Gasleitung DN 20 hat ab dem Gaszähler eine Länge von 25 m bei einem Höhenunterschied von $\Delta h = 13$ m. In der Leitung befinden sich als Einzelwiderstände 10 Bögen, 1 T-A und 1 thermisch auslösende Absperreinrichtung. Wie groß sind die Druckverluste in dieser Teilstrecke?
6. In einem Verwaltungsgebäude wird ein Gas-Heizkessel mit $\dot{Q}_{NB} = 150$ kW durch eine Niederdruck-Erdgasleitung angeschlossen. Die Leitung ist insgesamt 28 m lang und enthält folgende Einzelwiderstände: 12 Bögen, 1 An-

Erdgasversorgung

schlussstück für Einstutzen-Gaszähler DN 40, 1 Kugel-Absperrhahn in Eckform, 1 desgleichen in Durchgangsform und 1 thermisch auslösende Absperreinrichtung. Die Druckverluste einschließlich Gaszähler dürfen maximal 2,6 mbar, aber nicht beliebig weniger betragen. Berechnen Sie die Nennweite der Gasleitung und die Druckverluste.

7. Bestimmen sie nach dem Leitungsplan für ein Zweifamilienhaus die Rohrnennweiten und die Druckverluste der Gas-Raumheizer und der Gas-Durchfluss-Wassererwärmer. Alle Gas-Raumheizer haben eine Wärmeleistung von je 5 kW bei einem Wirkungsgrad von 90 %. Die Nennwärmeleistung der Gas-Durchfluss-Wassererwärmer (DWH) beträgt 27,9 kW bei einem Gerätewirkungsgrad von 87 %. Die Rohrverlegungen im Erd- und Obergeschoss sind gleich.

8. In einem Vierfamilienhaus erhält jede Wohnung einen Gas-Wandheizkessel mit einer Nennwärmebelastung von je 25 kW. Die gemeinsame Verteilungsleitung hat eine Nennweite DN 32. Berechnen Sie die Druckverluste in der Verteilungsleitung und die Nennweiten und Druckverluste in den Verbrauchs- bzw. Geräte-Anschlussleitungen, wenn insgesamt ein Druckverlust von 2,6 mbar nicht überschritten werden darf. Die Druckverluste der Gas-Strömunmgswächter sollen unberücksichtigt bleiben.

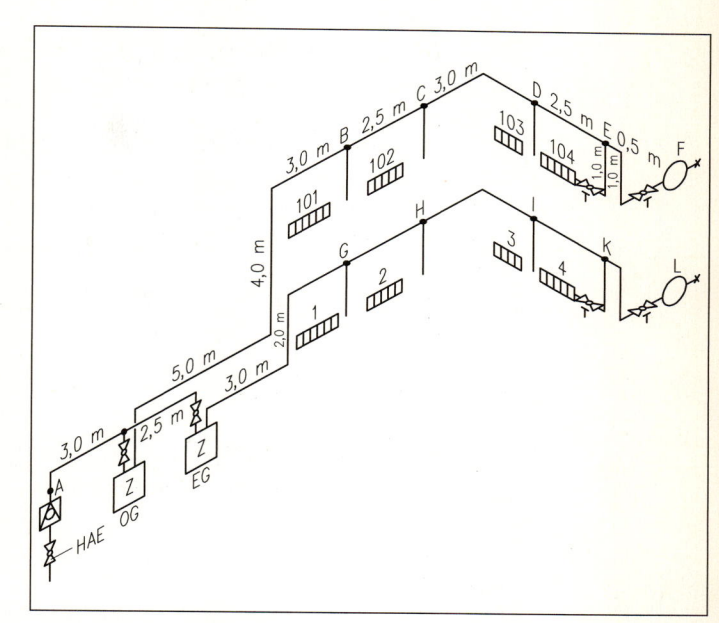

Isometrischer Leitungsplan zu Aufgabe 7.

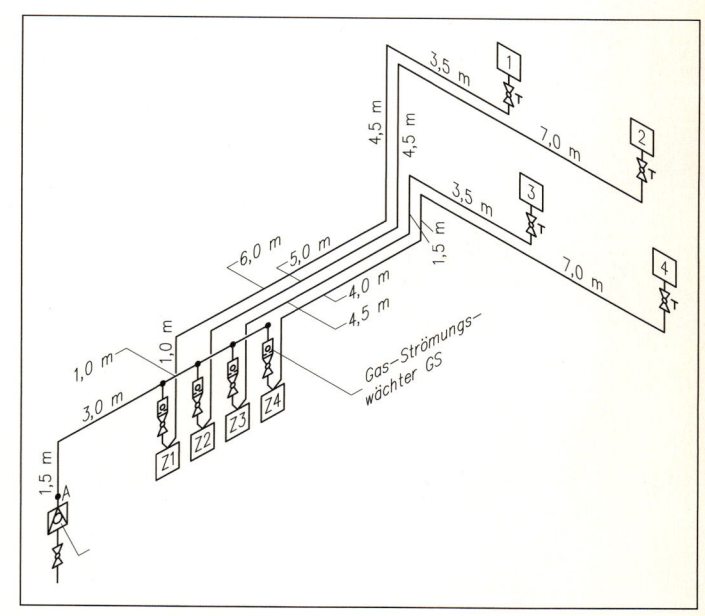

Isometrischer Leitungsplan zu Aufgabe 8.

4. Lernsituation: Erdgas-Installationen

Mithilfe der vorstehenden Kapitel soll folgende Aufgabe bearbeitet werden.

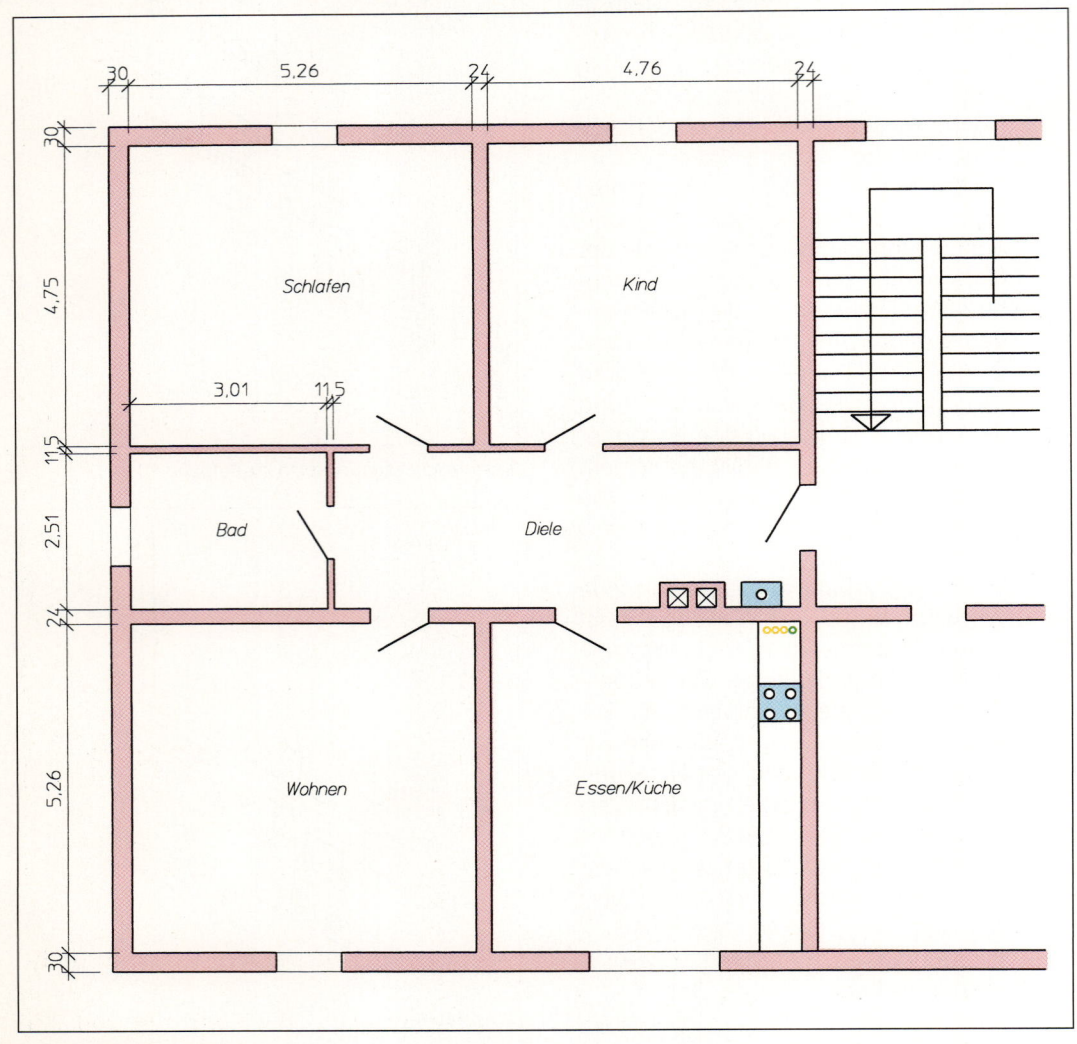

1. Erdgeschoss-Grundriss.

In einem Altbau eines Mehrfamilenhauses soll in der Wohnung des Erdgeschosses, des ersten und zweiten Obergeschosses je ein Kombiwasserheizer mit einem Wärmeleistungsbereich von 11 kW bis 24 kW für eine Etagenheizung und für die Trinkwassererwärmung aufgestellt werden. Der Wirkungsgrad der Gasgeräte beträgt 90 %. Aufgrund der baulichen Gegebenheiten kommen nur Gasgeräte der Art B ohne Brennwertnutzung infrage.

Außerdem soll in jeder Wohung ein Gasherd in der Küche aufgestellt werden, von denen jeder mit folgenden Brennstellen ausgestattet ist:
- 1 Starkbrenner, Wärmebelastung 2,5 kW,
- 2 Normalbrenner, Wärmebelastung je 1,5 kW,

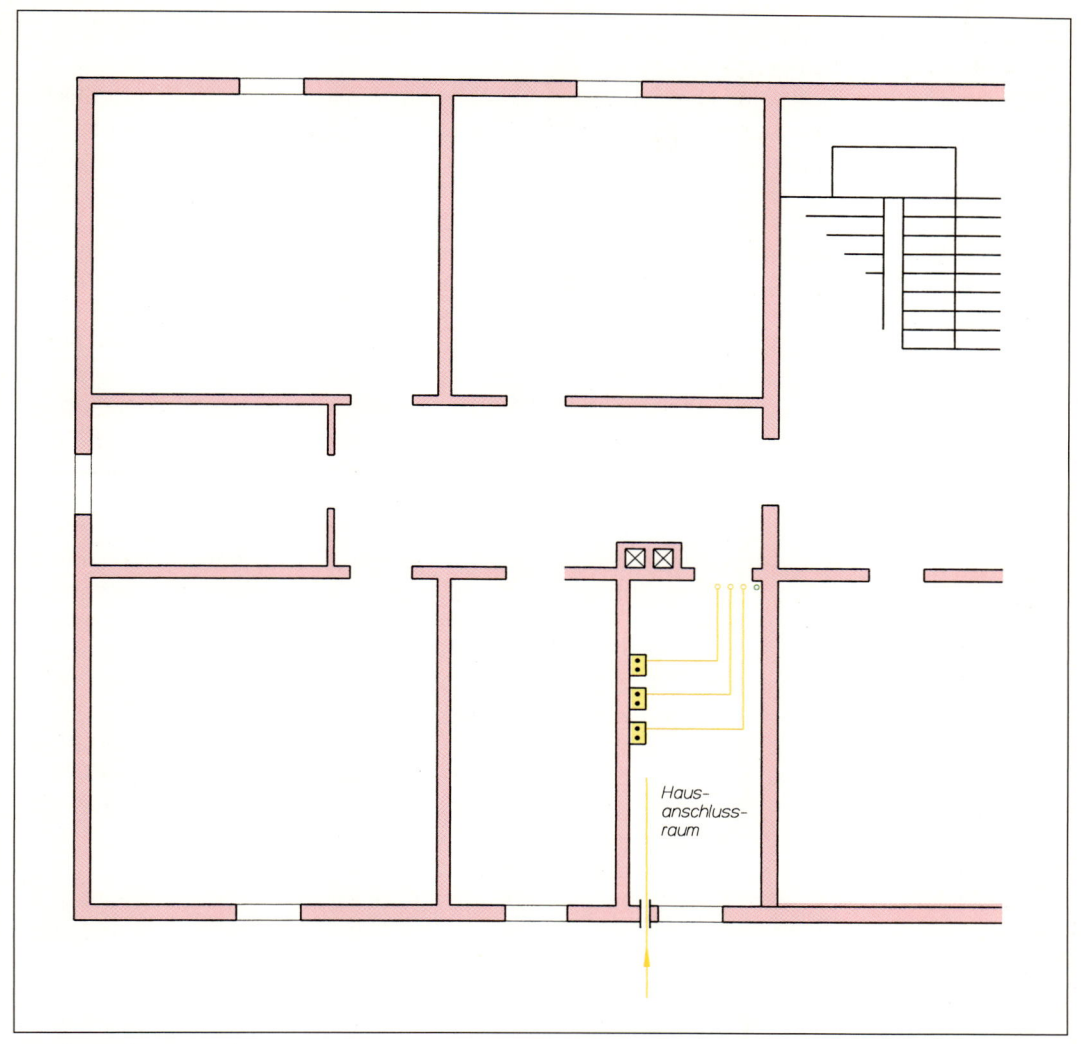

Erdgasversorgung

1. Kellergeschoss-Grundriss.

- 1 Garbrenner, Wärmebelastung 1,0 kW,
- 1 Backofen, Wärmebelastung 3,5 kW.

Alle drei Wohnungen haben den gleichen Grundriss, eine Geschosshöhe von 3,00 m und eine lichte Raumhöhe von 2,70 m. Das Kellergeschoss hat eine Geschosshöhe von 2,50 m. Es steht Erdgas LL mit einem Betriebsheizwert von 8,6 kWh/m³ zur Verfügung. Die Gas-Kombiwasserheizer sollen mit der geringsten Wärmeleistung für die Etagenheizung und mit der größten Wärmeleistung für die Trinkwasser-Erwärmung eingestellt werden.

Es sind folgende Berechnungen durchzuführen:
1. Anschlusswerte der Gasherde und der Gas-Kombiwasserheizer,
2. Einstellwerte der Gas-Kombiwasserheizer jeweils mit der größten und der kleinsten Wärmebelastung,
3. Einstellwerte der Brennstellen an den Gasherden,
4. maximaler Wasservolumenstrom an einer Dusche in l/min, wenn das Wasser von 15 °C auf 40 °C aufgeheizt wird,
5. Nennweiten der Gasleitungen bei verzinkten mittelschweren Gewinderohren,

Brennstoff-Versorgungsanlagen

wenn jede Wohnung im Hausanschlussraum einen eigenen Gaszähler erhält,

6. Verbrennungsluft-Verbund bei Luftversorgung über Außenfugen, wenn die Innentüren eine Luftöffnung von 150 cm² freien Querschnitt haben,
7. Gasverbrauch der Kombiwasserheizer einer Wohnung im Jahr, wenn die Heizungsanlage 1300 h/a voll in Betrieb ist und 70 m³/a Warmwasser von 40 °C bei Kaltwasser von 15 °C benötigt werden,
8. Abgasverluste, feuerungstechnischer Wirkungsgrad und Luftverhältniszahl bei einer Abgastemperatur von 140 °C, Lufttemperatur von 20 °C und CO_2-Gehalt von 9 %.

*Technische Regeln für Druckbehälter, Abk. **TRB**.

Zusätzlich sind folgende Aufgaben zu lösen:
9. Erstellen Sie ein Strangschema im Höhenmaßstab 1:50 für alle drei Wohnungen, in dem der Hausanschluss, die Gaszähler, die Steigleitungen, die Gasgeräte, die Geräteanschlüsse an die Gasleitung und Abgasanlage ersichtlich sind.
10. Machen Sie Vorschläge über erforderliche Baumaßnahmen, damit statt der Gasgeräte Art B raumluftunabhängige Gasgeräte Art C mit Brennwertnutzung verwendet werden können. Zählen Sie die Vorteile dieser Geräte auf.
11. Worauf muss bei der Aufstellung und dem Anschluss der Gasherde in den Küchen geachtet werden?
12. Ermitteln Sie die Rohrlängen, die ab den Gaszählern für jede Wohung und insgesamt erforderlich sind.
13. Welche besonderen Einrichtungen und Prüfungen benötigen die Gas-Kombiwasserheizer, wenn Geräte mit Strömungssicherung eingebaut werden?

***TRF**, **T**echnischen **R**egeln **F**lüssiggas.

4.2 Flüssiggas-Anlagen

Falls ein Gebäude nicht an ein öffentliches Gasnetz angeschlossen ist, kann die Gasversorgung durch Flüssiggase sichergestellt werden. Propan und Butan sind bei geringem Überdruck flüssig und so in geeigneten Behältern wirtschaftlich zu lagern. Bei normalem Luftdruck und normalen Temperaturen sind sie gasförmig. Vgl. 1.1.4, S. 9.

Flüssiggase können in ortsfesten Behältern oder in Flaschen gelagert werden. Flüssiggas-Behälter und -Flaschen bestehen aus Stahl. Sie unterliegen der Druckbehälterverordnung und den zugehörigen Technischen Regeln für Druckbehälter*.

Die Errichtung von Flüssiggas-Anlagen darf nur durch Fachbetriebe erfolgen, die die erforderliche Sachkunde und Erfahrung besitzen. Dabei sind vor allem die Vorschriften der TRF* zu beachten. Diese Regeln gelten für Anlagen mit Lagermengen bis zu 3000 kg.

Bei der Lagerung von Flüssiggasen ist besonders die Brand- und Explosionsgefahr zu beachten, die bei Austritt des Gases entsteht. Gas kann austreten:
- beim Befüllen der Behälter,
- beim Abblasen der Sicherheitsventile,
- bei undichten Behältern, Rohrleitungen oder Armaturen.

Eine besondere Gefahr geht von Flüssiggasen aus, weil sie schwerer als Luft sind. Sie können sich deshalb in Vertiefungen ablagern und dann zu einer gefährlichen Gefahrenquelle werden.

4.2.1 Ortsfeste Flüssiggas-Behälter

Flüssiggas-Behälter werden in den meisten Fällen durch die Gaslieferanten an die Betreiber der Anlagen vermietet. Ortsfeste Behälter können aufgestellt werden:
- im Freien oberirdisch,
- im Freien unterirdisch,

- im Freien halb oberirdisch,
- in besonderen Räumen.

Oberirdische Behälter im Freien. Die Behälter sind auf eine standsichere Grundplatte aus Beton zu stellen. Gegen unzulässige Erwärmung durch Sonnenstrahlung sind sie mit einem weißen, reflektierenden Anstrich versehen. Da oberirdische Behälteranlagen für Flüssiggase die preiswerteste Lösung bieten, werden diese Anlagen auch am häufigsten errichtet.

Erdbedeckte Behälter. Sie müssen mindestens mit 50 cm Erde bedeckt und 80 cm von unterirdischen Kabeln, fremden Leitungen und Gebäudeteilen entfernt sein. Die Erdbehälter werden allseitig in ein 20 cm dickes Sandbett eingelagert und sind außen durch eine wasserdichte Beschichtung gegen Korrosion geschützt. Die Einlagerung erfolgt unter Aufsicht eines Sachverständigen. Falls Grundwasser bis zum erdbedeckten Behälter ansteigen kann, sind Auftriebssicherungen anzubringen.

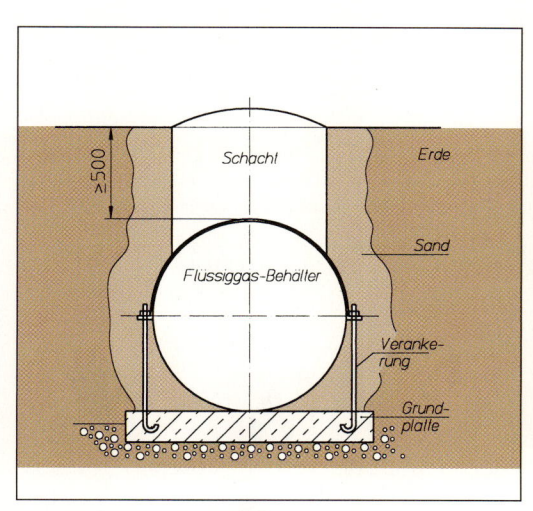

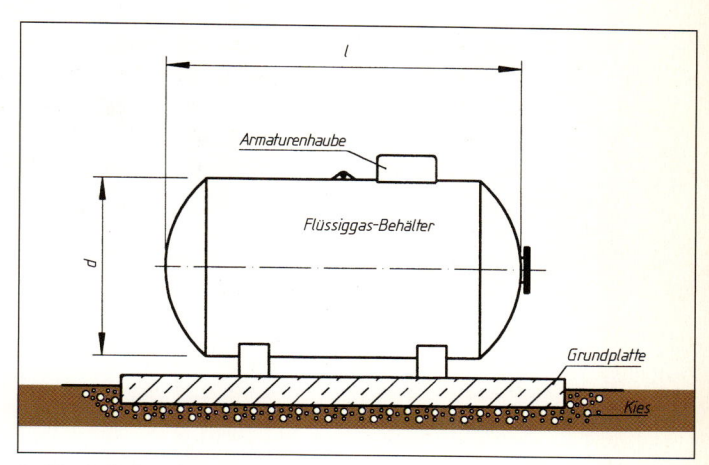

2. Oberirdischer Flüssiggas-Behälter.

Tabelle 4.06: Flüssiggas-Behälter* für oberirdische Aufstellung

Nenninhalt in l	Behälterlänge in mm	Behälterdurchmesser in mm	Grundplattenlänge in mm	Grundplattenbreite in mm
1775	2475	1000	3000	1400
2700	2460	1250	3000	1600
4850	4255	1250	4800	1600
6400	5800	1250	6400	1600

***Flüssiggas-Behälter**, sie sind nach DIN 4680 genormt.

1. Erdbedeckter Flüssiggas-Behälter mit Auftriebssicherung

Halb oberirdisch aufgestellte Behälter sind nur mit der unteren Hälfte in die Erde eingelagert.

3. Halb oberirdisch aufgestellter Flüssiggas-Behälter.

4.2.2 Schutzmaßnahmen bei Aufstellung im Freien

Aufstellort. Die Behälter für Flüssiggase müssen für die Wartung gut zugänglich sein,

Brennstoff-Versorgungsanlagen

Flucht- und Rettungswege sind freizuhalten. Flüssiggas-Behälter im Freien dürfen nicht in Durchgängen, Feuerwehrzufahrten, Notausgängen oder an Treppen aufgestellt werden. Es ist eine natürliche Lüftung an mindestens zwei Seiten zu gewährleisten.

Schutzbereiche. Um die Behälter sind explosionsgefährdete Bereiche A und B angeordnet.

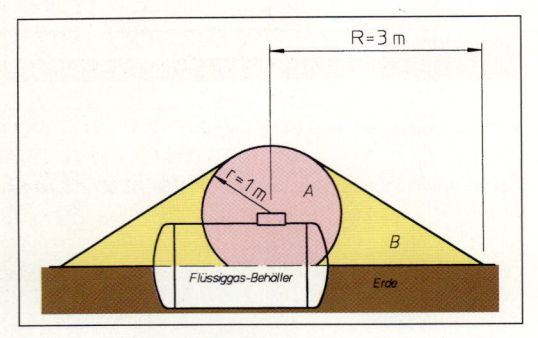

1. Explosionsgefährdete Bereiche im Freien.

Der kugelförmige Bereich A mit einem Radius von 1 m darf sich nicht auf Nachbargrundstücke oder öffentliche Verkehrsflächen erstrecken. In ihm darf sich dauernd keine Zündquelle befinden. Der Bereich B gilt nur für den Füllvorgang. Er legt sich mit einem Radius von 3 m kegelförmig um den Bereich A und darf während des Füllens nicht betreten oder durchfahren werden. Fenster, Türen, Kelleröffnungen, Luftschächte und offene Kanaleinläufe sind im explosionsgefährdeten Bereich nicht zulässig. Bei Gelände mit Gefälle ist darauf zu achten, dass sich unterhalb der Behälter keine Öffnungen befinden, in die ausströmendes Gas eindringen kann.

Der B-Bereich lässt sich durch gasdichte und öffnungslose Wände an maximal zwei Seiten verkleinern. Dabei ist ein Mindestabstand zwischen Wand und Behälter von 1 m einzuhalten. Auch Gebäudewände können als Schutzwände dienen, wenn sie im gefährdeten Bereich keine Öffnungen haben

2. Befüllen eines oberirdischen Flüssiggas-Behälters.

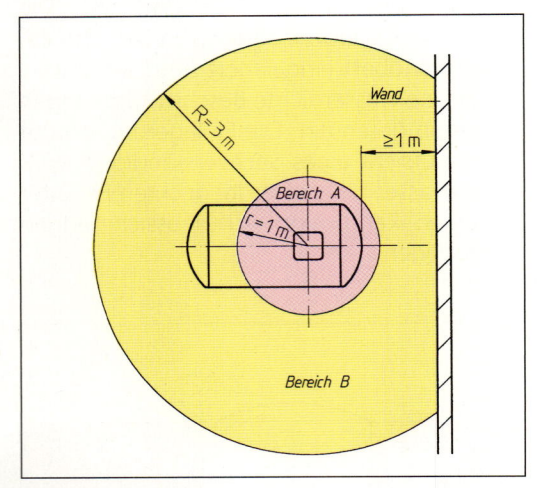

3. Eingeschränkter Bereich B durch Schutzwände.

4. Sicherheitskennzeichen für Flüssiggas-Anlagen.

und der erforderliche Feuerwiderstand eingehalten wird.

Die explosionsgefährdeten Bereiche müssen deutlich erkennbar und dauerhaft durch ein Schild gekennzeichnet sein.

4.2.3 Schutzmaßnahmen bei Aufstellung in Räumen

Flüssiggas-Behälter dürfen auch in besonderen Räumen aufgestellt werden, die nicht anderen Zwecken und nicht dem dauernden Aufenthalt von Menschen dienen.

Aufstellräume für Flüssiggas-Behälter müssen folgende Anforderungen erfüllen:
- Der Fußboden darf nicht allseitig tiefer als das angrenzende Gelände liegen.
- Die Aufstellräume sind durch Gefahrensymbole zu kennzeichnen.
- Die Räume müssen mindestens in feuerhemmender Bauweise ausgeführt sein. Trennwände zu bewohnten Räumen sind in F 90 auszuführen.
- Sie müssen Türen haben, die unmittelbar ins Freie führen und nach außen aufschlagen.
- Aufstellräume dürfen keine Öffnungen zu Nachbarräumen besitzen.
- Über dem Boden und unter der Decke sind Lüftungsöffnungen ins Freie in einer Größe von jeweils 1/100 der Bodenfläche anzubringen.
- Es dürfen keine offenen Schächte oder Abwasserleitungen sowie keine Zündquellen oder brennbaren Stoffe vorhanden sein.
- Die elektrischen Anlagen müssen explosionsgeschützt sein.

4.2.4 Ausrüstung der Flüssiggas-Behälter

Jeder ortsfeste Flüssiggas-Behälter muss mit folgenden Einrichtungen und Armaturen ausgestattet sein:

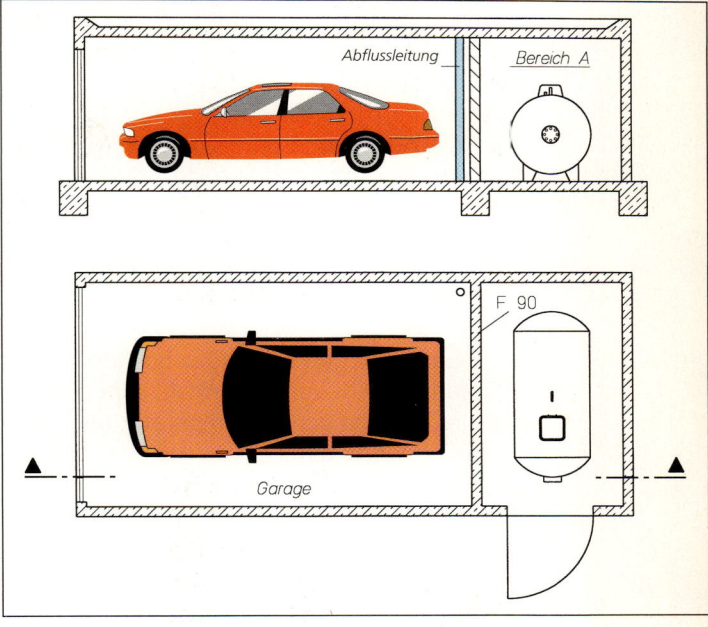

1. Oberirdischer Flüssiggas-Behälter in einem Aufstellraum.

- Sicherheitsventil DN 25, das von einem Sachverständigen einzustellen ist,
- Gasentnahme-Armatur als Baueinheit mit Gasentnahme-Ventil, Peilventil, Überfüllsicherung und Sicherheits-Manometer mit Prüfanschluss,
- Füllventil,

2. Anordnung der Armaturen eines oberirdischen Flüssiggas-Behälters.

Brennstoff-Versorgungsanlagen

- Flüssiggas-Entnahmeventil zur Behälterentleerung,
- Inhaltsanzeiger.

Alle Ausrüstungsteile sind für PN 25 ausgelegt. Peilventil und automatische Überfüllsicherung müssen eine zulässige Füllgrenze von 85 % des Behältervolumens garantieren. Die Ausrüstungsteile werden durch eine abschließbare Armaturenhaube geschützt.

Gasdruck. Im Flüssiggas Behälter ist der Gasdruck nicht vom Gasinhalt, sondern ausschließlich von der Gastemperatur abhängig. Die zur Verdampfung von Flüssiggasen benötigte Wärme wird dem Gas in der flüssigen Phase entzogen. Wenn von außen nicht genügend Wärme nachströmen kann, sinken die Gastemperatur und der Druck, bis keine Gasverdampfung mehr stattfindet. Bei Propan beträgt diese Temperatur −42 °C und bei Butan −0,5 °C. Flüssiggas kann deshalb nicht in beliebiger Menge Behältern oder Flaschen entnommen werden. Bei Anlagen mit sehr großen Entnahmemengen wird die erforderliche Verdampfungswärme von außen durch eine geregelte Heizeinrichtung zugeführt.

Abblaseleitungen der Sicherheitsventile müssen stets im Freien münden und gegen Regeneintritt geschützt sein. Das aus einem Sicherheitsventil ausströmende Gas muss gefahrlos abgeleitet werden. Die Ursache für das Ansprechen des Sicherheitsventils kann in einer unzulässigen Erwärmung oder Überfüllung des Behälters liegen.

Beachten Sie: Ausströmendes Füssiggas ist stets gefährlich und muss möglichst verhindert werden.

Flüssiggas-Behälteranlagen sind an gut zugänglicher Stelle mit einem betriebsbereiten Feuerlöscher auszurüsten. Er muss mit mindestens 6 kg Löschmaterial für die Brandklasse ABC* gefüllt sein.

4.2.5 Flüssiggas-Flaschen

Flüssiggas-Flaschen sind im vollen und im leeren Zustand immer stehend aufzubewahren. Die Ventile müssen mit einer Verschlussmutter und einer Schutzkappe versehen sein. Um bei Temperaturanstieg einen unzulässigen Flaschendruck zu vermeiden, sind

*ABC, Löschpulver, das aus verschiedenen Phosphaten und Sulfaten besteht.

1. Dampfdruck-Temperatur-Diagramm für Flüssiggase. Dem Diagramm ist zu entnehmen, dass gasförmiges Propan bei einer Temperatur von 40 °C unter einem Dampfdruck von ca. 13 bar steht. Bei 0 °C beträgt der Dampfdruck nur noch 4 bar. Bei Butan herrscht bei 0 °C kein Überdruck mehr.

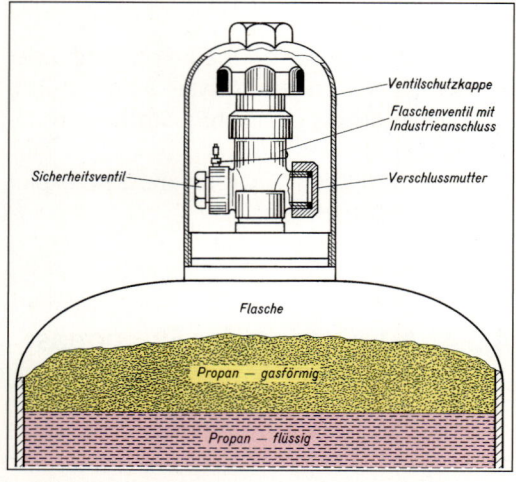

2. Flüssiggas-Flasche mit Ventil und Schutzkappe.

Flüssiggas-Flaschen mit einem werkseitig eingestellten Sicherheitsventil ausgerüstet. Es ist im Entnahmeventil der Flasche eingebaut.

Flüssiggas-Flaschen dürfen nicht aufgestellt werden in:
- Räumen unter Erdgleiche,
- Treppenhäusern,
- Fluren, Durchgängen und Notausgängen,
- Durchfahrten und Rettungswegen von Gebäuden.

Man unterscheidet Kleinflaschen mit einer Füllmasse von 5 kg und 11 kg und Großflaschen mit einer Füllmasse von 33 kg.

Tabelle 4.07: Kennwerte für Flüssiggas-Flaschen

Flaschendaten		Kleinflaschen		Großflaschen
Füllmasse	in kg	5	11	33
Flaschenvolumen	in l ca.	12	27	78
Außendurchmesser	in mm	230	300	320
Gesamthöhe	in mm	500	650	1300
Abblasedruck	in bar	30	30	30

Kleinflaschen-Anlagen sind besonders für die Gasversorgung einer Küche geeignet. In einer Wohnung dürfen maximal zwei Flüssiggas-Flaschen mit einem Füllgewicht von höchstens 11 kg aufgestellt werden, jedoch nur in getrennten Räumen. Das gilt für volle und für leere Flaschen. In Schlafräumen ist die Aufstellung von Flüssiggas-Flaschen verboten.

Großflaschen-Anlagen sind für einen größeren Gasverbrauch geeignet. Man unterscheidet Einzelflaschen-Anlagen und Flaschenbatterien. Die Anlagen werden meistens im Freien an einer Hauswand aufgestellt und durch abschließbare Flaschenschränke geschützt. Es muss wie bei ortsfesten Behältern ein explosionsgeschützter Bereich eingehalten werden.

Bei der Aufstellung in besonderen Räumen gelten im Wesentlichen die gleichen Vorschriften wie bei Flüssiggas-Behältern. Vgl. 4.2.3, S. 225.

1. Großflaschen-Anlage in einem Flaschenschrank.

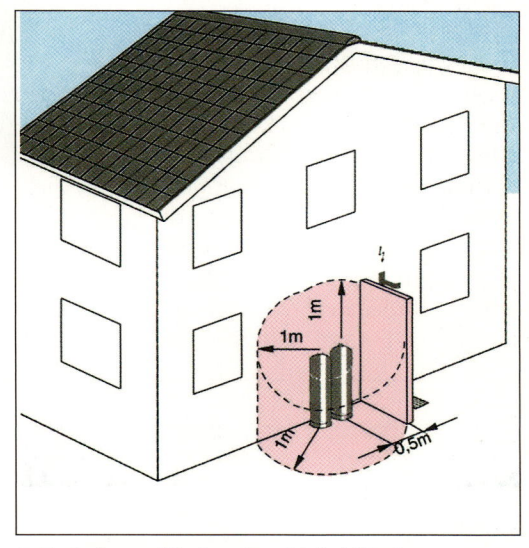

2. Explosionsgefährdeter Bereich bei Flüssiggas-Flaschen.

4.2.6 Flüssiggas-Installationen

Eine Flüssiggas-Anlage besteht nach TRF aus der Versorgungsanlage und der Verbrauchsanlage.

Versorgungsanlage. Sie umfasst alle Anlagenteile, die der Versorgung der Gasgeräte mit Flüssiggas dienen. Dazu zählen:

Brennstoff-Versorgungsanlagen

- Flüssiggas-Behälter oder Flüssiggas-Flaschen,
- Rohrleitungen und Armaturen bis zur Hauptabsperreinrichtung,
- die Hauptabsperreinrichtung.

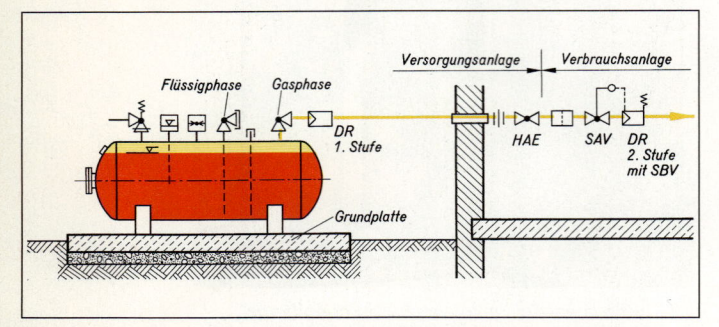

1. Versorgungs- und Verbrauchsanlage bei Flüssiggasen.

Verbrauchsanlage. Dazu gehören alle nach der Hauptabsperreinrichtung liegenden Verbrauchsleitungen, die zu den Geräteanschluss-Armaturen führenden Abzweigleitungen, die Anschlussleitungen und die Gasgeräte.

Hauptabsperreinrichtung. Sie trennt die Versorgungsanlage von der Verbrauchsanlage. Die HAE kann außerhalb oder innerhalb des Gebäudes installiert sein. Wird sie im Gebäude angebracht, ist davor eine thermische Absperreinrichtung erforderlich. Diese kann z.B. mit einer Schmelzsicherung ausgerüstet sein, die die Gaszufuhr bei Temperaturen über 100 °C unterbricht. Eine thermische Absperreinrichtung ist nicht erforderlich, wenn die Hauptabsperreinrichtung thermisch erhöht belastbar ist.

Leitungsteile. Die Bezeichnungen der Leitungsteile einer Verbrauchsanlage sind identisch mit den entsprechenden Bezeichnungen der TRGI. Vgl. 4.1.3, S. 201. Für Rohrleitungswerkstoffe, Rohrverbindungen und Leitungsführung entsprechen die Vorschriften der TRF ebenfalls im Wesentlichen den Regeln der TRGI. Für Flüssiggas-Installationen haben sich besonders Kupferrohre nach DIN EN 1057 bewährt.

Druckregelgeräte. Um die temperaturbedingten Druckschwankungen auszugleichen und den meist zu hohen Gasdruck zu begrenzen, sind Druckregelgeräte (DR) vorgeschrieben. Für Kleinflaschen mit 5 kg und 11 kg Füllgewicht werden Druckregelgeräte für einen maximalen Durchfluss von 1,5 kg/h verwendet. Sie sind auf einen Betriebsdruck von 50 mbar fest eingestellt und müssen direkt an der Flasche angeschlossen werden.

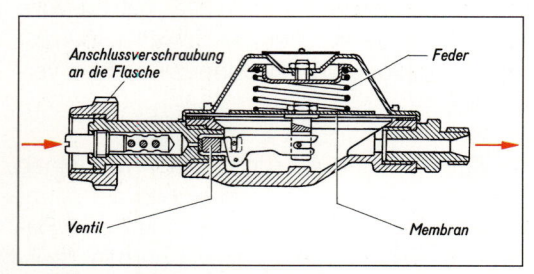

3. Druckregelgerät für Kleinflaschen.

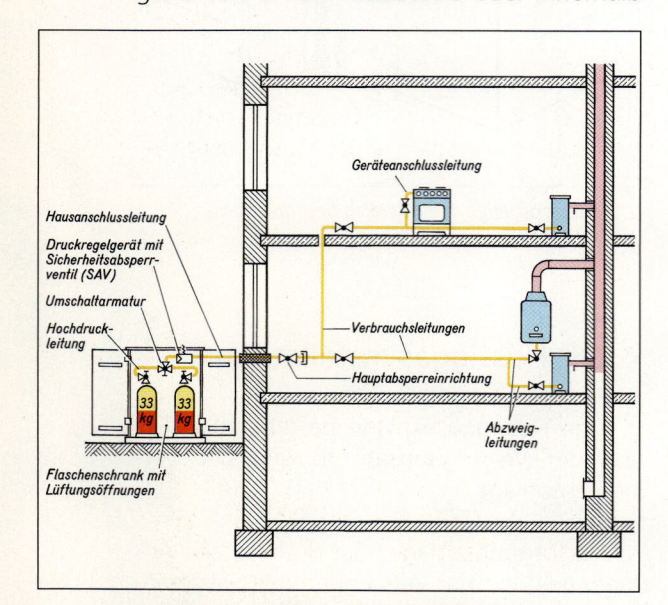

2. Flüssiggas-Anlage mit zwei Großflaschen.

Bei Großflaschen-Anlagen mit je 33 kg Füllgewicht werden Druckregelgeräte mit einem Nenndurchfluss von 2,5 kg/h oder 4 kg/h verwendet. Sie besitzen ein Sicherheits-Absperrventil (SAV) und ein Sicherheits-Abblaseventil (SBV). Das Sicherheits-Absperrventil unterbricht die Gaszufuhr, wenn auf der Niederdruckseite ein zu hoher Druck auftritt. Die Entriegelung des SAV muss durch eine Fachfirma von Hand vorgenommen werden. Falls trotz geschlossenem SAV der Gasdruck weiter ansteigt, z.B. weil sich Schmutz am Ventilsitz angesetzt hat, öffnet das Sicherheits-Abblaseventil. Nach der Druckentlastung schließt es wieder selbsttätig.

Tabelle 4.08: Druckregler für Flüssiggas-Flaschen

Daten	Kleinflaschen-Anlagen	Großflaschen-Anlagen
Nenndurchfluss	1,5 kg/h	2,5 kg/h oder 4 kg/h
Ansprechdruck SAV	–	100 mbar
Ansprechdruck SBV	–	135 mbar
Installierung	im Gebäude (t)	im Freien (f)
Gaseingang	Rändel-Überwurfmutter	Sechskant-Überwurfmutter
Gasausgang	R 1/4 Linksgewinde	R 1/2 Linksgewinde
Druckstufe	PN 16	PN 16
Ausgangsdruck	50 mbar	50 mbar

Zur Herabsetzung des Gasdrucks in ortsfesten Behältern benutzt man zwei hintereinander angeordnete Druckregler. Dabei können beide als Regler-Armaturen-Gruppe (RAG) am Flüssiggas-Behälter angebracht sein, oder der Druckregler der 1. Stufe befindet sich am Flüssiggas-Behälter, der der 2. Stufe am oder im Haus. Vgl. Abb. 1. Getrennte Druckregelgeräte werden bei großen Abständen vom Behälter zum Gebäude und bei großen Anschlusswerten über 50 kW verwendet. Geräte, die nach der Hauseinführung eingebaut sind, müssen thermisch erhöht belastbar sein, damit sie bei einem Brand nicht sofort zerstört werden.

Tabelle 4.09: Getrennte Druckregler für Flüssiggas-Behälter

Daten		Druckregelgerät
Nenndurchfluss		6 kg/h, 12 kg/h oder 24 kg/h
Druckstufe	1. Stufe	PN 25
	2. Stufe	PN 2,5
Ausgangsdruck	1. Stufe	0,7 bar
	2. Stufe	50 mbar
Ansprechdruck SAV	1. Stufe	2 bar
	2. Stufe	100 mbar
Ansprechdruck SBV	1. Stufe	2,5 bar
	2. Stufe	130 mbar

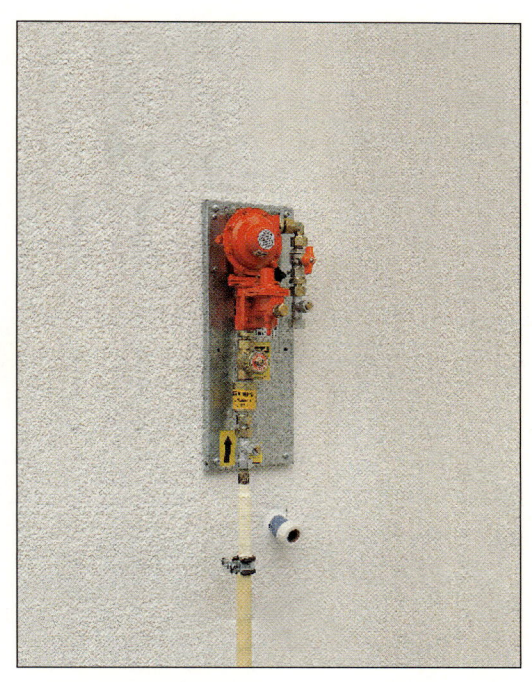

1. Anschluss einer Flüssiggas-Anlage mit HAE, DR 2. Stufe, SAV und SBV vor dem Haus.

4.2.7 Rohrweitenbestimmung

Die Rohrweiten für Niederdruckleitungen bei einem Betriebsdruck von 50 mbar können unter Berücksichtigung des Anschlusswerts der Gasgeräte und der Leitungslängen nach Abbildung 1, S. 230, bestimmt werden. Das Diagramm ist für einfache Rohrsysteme mit einer oder wenigen Verbrauchseinrichtungen geeignet.

Beispiel:

In einem Zweifamilienhaus wird ein Gas-Wandheizkessel mit einer Nennwärmebelastung von 25 kW mit Flüssiggas versorgt, H_i = 12,9 kWh/kg. Die Niederdruckleitung zwischen dem Flüssiggas-Behälter und dem Gasgerät besteht aus Kupferrohr und ist 20 m lang. Wie groß ist der Anschlusswert des Gasgeräts und in welcher Nennweite ist die Leitung zu verlegen?

Brennstoff-Versorgungsanlagen

> **Beispiel (Fortsetzung):**
>
> Lösung:
> Anschlusswert:
>
> $$\dot{V}_E = \frac{\dot{Q}_{NB}}{H_i} = \frac{25\ \text{kW}}{12{,}9\ \text{kWh/kg}} = 1{,}94\ \text{kg/h}$$
>
> Nennweite des Kupferrohrs nach Abb. 1: 15 × 1

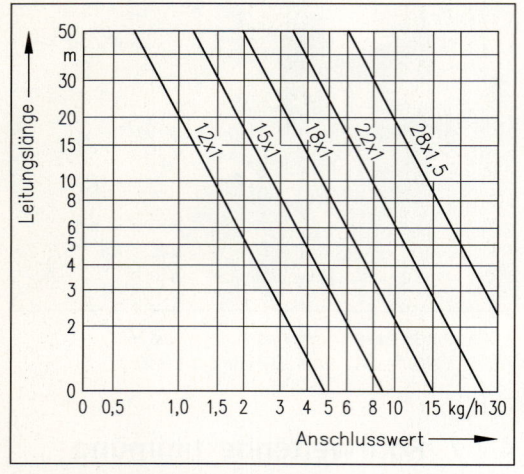

1. Diagramm zur Bestimmung der Abmessungen von Kupferrohren für Flüssiggase bei einem Betriebsdruck von 50 mbar.

4.2.8 Prüfungen und Inbetriebnahme

Überprüfungen ortsfester Behälter. Die ordnungsgemäße Aufstellung und Ausrüstung eines ortsfesten Flüssiggas-Behälters ist durch eine sachkundige Person zu prüfen und zu bescheinigen. Die Behälter müssen außerdem in regelmäßigen Zeitabständen geprüft werden:
- alle 2 Jahre durch eine äußere Prüfung,
- alle 10 Jahre durch eine innere Prüfung.

Die wiederkehrenden Prüfungen sind durch sachkundige Personen nach der Druckbehälterverordnung durchzuführen. Die Prüfungsergebnisse sind zu bescheinigen.

Mitteldruck-Rohrleitungen. Rohrleitungen zwischen einem Flüssiggas-Behälter mit einem Fassungsvermögen bis zu 3000 kg und dem Druckregler (1. und 2. Stufe) sind durch Sachkundige zu prüfen. Über die Abnahmeprüfung ist eine Bescheinigung auszustellen.

Niederdruck-Rohrleitungen. Sie unterliegen einem Betriebsdruck von 50 mbar und dürfen erst in Betrieb genommen werden, wenn der mit der Herstellung beauftragte Fachbetrieb die Ausführung der Rohrleitungen dokumentiert, sie einer Druckprüfung unterzogen und darüber eine entsprechende Bescheinigung ausgestellt hat. Nach Vorliegen dieser Bescheinigung hat ein TRF-Sachkundiger oder der mit der Herstellung beauftragte Fachbetrieb eine Abnahmeprüfung vorzunehmen.

Druckprüfung. Die Anforderungen an die Druckprüfung gelten für Mitteldruck- und für Niederdruck-Rohrleitungen. Dazu sind die Absperreinrichtung am Ende der zu prüfenden Rohrleitung und das Gas-Entnahmeventil am Flüssiggas-Behälter zu schließen. Die Rohrleitung am Druckregelgerät ist zu trennen und das Druckprüfgerät anzuschließen. Die Dichtheit ist dann mit Luft oder Stickstoff mit einem Überdruck von mindestens 1 bar zu prüfen. Die Leitungen gelten als dicht, wenn nach 10 Minuten Wartezeit für den Temperaturausgleich der Prüfdruck während der anschließenden Prüfzeit von 10 Minuten nicht abfällt. Der Fachbetrieb füllt eine Bestätigung über die erfolgreiche Druckprüfung aus.

Abnahmeprüfung. Sie besteht aus einer Ordnungsprüfung und einer Prüfung der Ausrüstung. Durch die Ordnungsprüfung stellt der Sachkundige fest, ob die Angaben über Rohrleitungsverlauf und Ausrüstung der Rohrleitung zutreffen und ob die erforderlichen Bescheinigungen vorhanden sind. Die Prüfung der Ausrüstung erstreckt sich im Wesentlichen auf die Prüfung der sicherheitstechnischen Teile. Gibt das Ergebnis der

Prüfung keinen Anlass zur Beanstandung, bescheinigt der Sachkundige, dass die Rohrleitungen den Anforderungen entsprechen.

Anschlüsse an Flüssiggas-Behältern oder Flüssiggas-Flaschen sowie die Anschlüsse der Druckregler sind vor Inbetriebnahme auf Dichtheit mit schaumbildenden Mitteln zu prüfen.

==Dichtheitsprüfung.== Unmittelbar vor Inbetriebnahme sind alle Rohrleitungen nochmals mit einem Überdruck von 100 mbar mit Luft auf Dichtheit zu prüfen. Die Rohrleitungen gelten als dicht, wenn nach dem Temperaturausgleich der Prüfdruck während der anschließenden Prüfdauer von 10 Minuten nicht fällt. Danach sind alle lösbaren Verbindungen mit schaumbildenden Mitteln auf Dichtheit zu prüfen.

1. Dichtheitsprüfung einer Mitteldruck-Rohrleitung mit Luft.

==Betriebsanweisung.== Der Betreiber ist über die richtige Bedienung der Anlage und die bei unsachgemäßem Betrieb entstehenden Gefahren zu unterrichten. Er muss eine Betriebsanweisung erhalten und ist über die vorgeschriebenen wiederkehrenden Prüfungen zu informieren, die er selbst rechtzeitig veranlassen muss.

Zur Wiederholung

1. Erklären Sie die Abkürzung TRF.
2. Welche besonderen Gefahren entstehen bei der Lagerung von Flüssiggasen?
3. Wo können ortsfeste Flüssiggas-Behälter aufgestellt werden?
4. Wie müssen erdbedeckte Behälter eingebaut werden?
5. Wie unterscheiden sich die explosionsgefährdeten Bereiche A und B und welche Vorschriften bestehen für diese Bereiche?
6. Wie kann ein explosionsgefährdeter Bereiche verkleinert werden?
7. Welche Vorschriften sind bei der Aufstellung von Flüssiggas-Behältern in besonderen Räumen zu beachten?
8. Mit welchen Armaturen sind Flüssiggas-Behälter auszurüsten?
9. Unter welchen Umständen kann es zum Abblasen des Sicherheitsventils kommen und wie kann es verhindert werden?
10. Welchen Dampfdruck haben bei 20 °C Propan, Butan und ein Gemisch beider Gase?
11. In welchen zeitlichen Abständen müssen Flüssiggas-Behälter überprüft werden?
12. In welchen Größen werden Flüssiggas-Flaschen ausgeliehen?
13. Wo ist die Aufstellung und Lagerung von Flüssiggas-Flaschen verboten?
14. Welche Teile umfasst eine Flüssiggas-Versorgungsanlage und aus welchen Teilen besteht eine Flüssiggas-Verbrauchsanlage?
15. Welche Druckregelgeräte werden für Kleinflaschen und welche für Großflaschen verwendet?
16. Was sind Sicherheits-Absperrventile (SAV), wo müssen sie eingebaut werden und welche Aufgabe haben Sicherheits-Abblaseventile (SBV)?
17. Wie muss die Druckprüfung und wie die Dichtheitsprüfung nach TRF durchgeführt werden?

18. Was muss bei der Abnahme einer Flüssiggas-Anlage überprüft werden und wer führt sie durch?
19. Welche wesentlichen Inhalte muss eine Betriebsanleitung für Flüssiggas-Anlagen enthalten?

Zur Vertiefung

1. Weshalb wurde für den Bau und Betrieb von Flüssiggas-Anlagen ein eigenes Regelwerk geschaffen und nicht das der TRGI übernommen?
2. Warum dürfen Flüssiggas-Behälter nur bis zu 85 % ihres Volumens gefüllt werden?
3. Begründen Sie die Vorschriften bei Aufstellung von Flüssiggas-Behältern in besonderen Räumen.
4. Warum dürfen in den explosionsgefährdeten Bereichen keine Schächte, Fenster und offenen Kanaleinläufe vorhanden sein?
5. Ein Flüssiggas-Behälter ist mit Propan gefüllt. Die Temperatur steigt durch intensive Sonneneinstrahlung auf 30 °C. Wie hoch ist dann der Überdruck?
6. Vor Jahren wurde ein Alpenhotel im Winter durch eine Explosion zerstört. Dabei kamen mehrere Menschen ums Leben. Der Flüssiggas-Behälter mit Beheizung war im Gelände oberhalb des Hotels aufgestellt. Wie kann es zu diesem Unglück gekommen sein?
7. Warum müssen die Ausrüstungsarmaturen bei Flüssiggas-Behältern für PN 25 ausgelegt sein?
8. Weshalb ist bei Flüssiggas-Anlagen stets ein Druckregelgerät erforderlich?
9. Welcher Zusammenhang besteht zwischen einem Sicherheits-Absperrventil (SAV) und einem Sicherheits-Abblaseventil (SBV)?
10. Wie groß sind die Ansprechdrücke bei einem SAV und bei einem SBV?
11. Wodurch unterscheiden sich die Vor- und Hauptprüfung nach TRGI von der Druck- und Dichtheitsprüfung nach TRF?
12. Warum unterliegt eine Flüssiggas-Anlage einer wiederkehrenden Prüfpflicht?
13. Bestimmen Sie die Abmessungen eines 20 m langen Kupferrohrs zwischen einem oberirdisch aufgestellten Flüssiggas-Behälter und einem Gasgerät, das eine Nennwärmebelastung von 52 kW hat (H_i = 12,9 kWh/kg).

4.3 Heizöllagerung

Im Gegensatz zu leitungsgebundenem Erdgas muss Heizöl EL wie Flüssiggas gelagert werden. Die dazu notwendigen Anlagen dürfen nur von zugelassenen Fachbetrieben errichtet werden.

4.3.1 Allgemeine Anforderungen

Bei der Lagerung von Heizöl müssen die Brandgefahr und die Verunreinigungsgefahr von Grund- und Oberflächenwasser beachtet werden. Deshalb wurden Gesetze, Verordnungen und technische Regeln erlassen, die beim Bau und Betrieb einer Heizöllagerung zu beachten sind. Dazu gehören:
- Wasserhaushaltsgesetz,
- Verordnung über Anlagen zum Umgang mit wassergefährdenden Stoffen,
- Verordnung über brennbare Flüssigkeiten,
- Technische Regeln für brennbare Flüssigkeiten,
- DIN 4755 „Ölfeuerungsanlagen",
- Feuerungsverordnungen der Bundesländer.

Zuständig für Gesetzgebung, Bau und Überwachung der Anlagen sind in Deutschland der Bund und die Bundesländer. Einige Vorschriften können deshalb in den einzelnen Bundesländern etwas unterschiedlich sein.

Behältergröße. Heizölbehälter sollen mindestens den Brennstoffbedarf für eine Heizperiode lagern können. Vgl. 1.1.8, S. 16. Der Preis des Heizöls kann während eines Jahres stark schwanken. Bei zu geringem Speichervolumen muss dann Heizöl zu einem hohen Preis eingekauft werden. Zu große Lagervolumen, die über zwei Heizperioden hinausgehen, sollten ebenfalls vermieden werden, da sich durch eine lange Lagerung die Heizölqualität verschlechtern kann. Bei Ein- und Zweifamilienhäusern ist bei guter Wärmedämmung ein Speichervolumen von weniger als 5000 l ausreichend, da sonst ein besonderer Lagerraum erforderlich ist.

Schutz gegen Hochwasser. Heizölbehälter, die in hochwassergefährdeten Gebieten aufgestellt werden, müssen so gesichert sein, dass sie durch den Auftrieb im Hoch- oder Grundwasser nicht aufschwimmen können. Die Auftriebskräfte sind sehr groß, so dass bei ungesicherten Behältern die Rohrleitungen abreißen, die Tanks umkippen und das Heizöl ausläuft, das dann große Umweltschäden verursacht.

4.3.2 Unterirdische Heizöllagerung

Bei der unterirdischen Heizöllagerung sind Stahlbehälter einer äußeren und inneren Korrosion ausgesetzt. Außenkorrosion kann auftreten, wenn die Bitumenisolierung beim Einbau beschädigt wurde. Durch Kondenswasserbildung im Behälter entsteht innere Korrosion. Damit bei Undichtigkeiten durch Korrosion keine größeren Schäden durch auslaufendes Heizöl entstehen können, sind nur geeignete Behälter mit Lecksicherungen zugelassen. In Wasserschutzgebieten ist die unterirdische Heizöllagerung in der Regel verboten.

Einwandige Stahlbehälter. Zylinderförmige Stahlbehälter nach DIN 6608 haben einen Inhalt von 1 m^3 bis 100 m^3. Einwandige Stahlbehälter können zugelassen werden, wenn sie eine geeignete und dem Behälter angepasste Kunststoffhülle mit Vakuumschutz besitzen. Die Luft zwischen Tankwandung und Kunststoffhülle wird durch eine Luftpumpe abgesaugt. Wenn sich ein Leck am Behälter oder an der Kunststoffhülle bildet, bricht das Vakuum zusammen und ein Warngerät gibt Alarm. Um die Luft besser absaugen zu können, wird der Behälter vor dem Einlegen der Kunststoffhülle mit Schaumstoff ausgekleidet. Einwandige

Brennstoff-Versorgungsanlagen

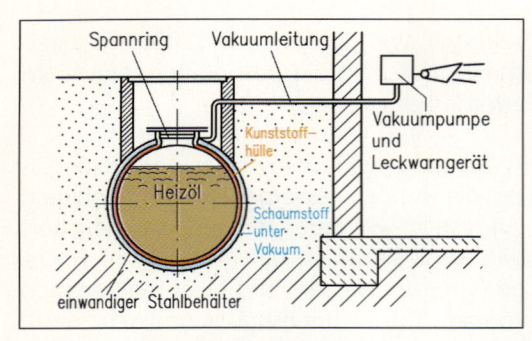

1. Einwandiger Stahlbehälter mit eingelegter Kunststoffhülle und Vakuumschutz.

Stahlbehälter mit Vakuumschutz findet man vor allem bei älteren Anlagen.

Doppelwandige Stahlbehälter. Zwischen der inneren und äußeren Wandung wird eine Kontrollflüssigkeit eingefüllt. Bei Undichtigkeit einer Wandung fällt der Flüssigkeitsstand in einem höher angeordneten Kontrollbehälter ab. Dadurch wird ein akustischer und optischer Alarm durch ein Leckwarngerät ausgelöst. Der Kontrollbehälter kann im Gebäude oder im Domschacht des Behälters angebracht sein. Diese zylinderförmigen Heizölbehälter nach DIN 6608-2 werden ebenfalls bis 100 m³ Inhalt hergestellt und bei Neuanlagen bevorzugt verwendet.

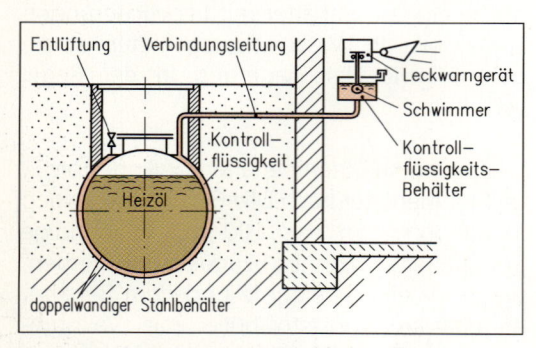

2. Doppelwandiger Stahlbehälter mit Kontrollflüssigkeit.

Behälter aus Stahlbeton. Sie sind kugelförmig und durch eine innere GFK*-Hülle abgedichtet. Eine zusätzliche Kontrolleinrichtung ist nicht vorgeschrieben. Kugelförmige Heizölbehälter werden bis zu 12 m³ Inhalt hergestellt.

***GFK,** **g**lasfaserverstärkter **K**unststoff.

3. Kugelförmiger Heizölbehälter beim Einlassen in die Baugrube.

Einbau. Die Grube für unterirdische Heizölbehälter ist so groß auszuschachten, dass der Behälter beim Einbau nicht beschädigt wird und mit steinfreiem Sand umgeben werden kann. Zylinderförmige Behälter sollen 1% bis 2% Gefälle zum Tankdom hin erhalten, damit sich das Kondenswasser an einer Stelle sammelt und leichter abgesaugt werden kann. Beim Einbau unterirdischer Heizölbehälter sind Mindestabstände einzuhalten:
- von Grundstücksgrenzen, Gebäuden und Versorgungsleitungen 1 m,
- von Behälter zu Behälter 0,4 m,
- Erdüberdeckung mindestens 0,8 m.

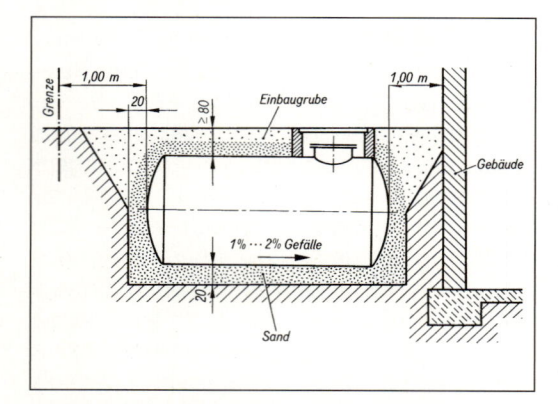

4. Einbau eines unterirdischen Heizölbehälters.

Heizöllagerung

Domschacht. Er darf keine Abflussöffnung enthalten und wird häufig fest verschweißt mit dem Behälter geliefert. Die lichte Weite muss mindestens 1 m betragen. Im Domschacht befindet sich eine Einstiegsöffnung mit den erforderlichen Anschlüssen. Er muss so eingefasst sein, dass von oben kein Regenwasser zulaufen kann. Die Entlüftung des Öltanks ist ins Freie zu führen und darf nicht im Domschacht münden.

1. Domschacht eines doppelwandigen Heizölbehälters mit den erforderlichen Anschlüssen. 1 Leckanzeige, 2 Grenzwertgeber, 3 Entlüftung, 4 Domdeckel, 5 Peilrohr, 6 Peilrohrverschluss, 7 Blindstopfen, 8 Füllrohr, 9 Füllrohrverschluss, 10 Entnahmearmatur mit Schnellschlussventil, 11 pneumatischer Inhaltsmesser, 12 Vorlaufleitung, 13 Dichtung, 14 Peilstab, 15 Prüfstutzen Kontrollflüssigkeit.

4.3.3 Heizöllagerung im Gebäude

In einem Aufstellraum für Feuerungen oder in einem anderen geeigneten Raum, z.B. einem Kellerraum, dürfen bis zu 5000 l Heizöl EL gelagert werden. Die Heizölbehälter müssen gegen Undichtigkeiten gesichert sein, indem sie z.B. in einer öldichten Wanne stehen. Sie müssen einen Mindestabstand von 1 m zu Feuerstätten haben.

Heizöllagerräume. Bei mehr als 5000 l Lagervolumen ist ein besonderer Heizöllagerraum erforderlich, der nicht für andere Zwecke verwendet werden darf. Die Begrenzungsflächen müssen feuerbeständig (F 90) und die Einstiegstür mindestens feuerhemmend (F 30) und selbstschließend sein. Damit auslaufendes Heizöl aufgefangen wird, ist die Einstiegstür so hoch anzuordnen, dass der gesamte Behälterinhalt in der so entstehenden Wanne Platz findet. Wände und Boden der Wanne sind durch Zementputz und besondere Anstriche ölundurchlässig zu machen. An der Einstiegstür ist eine Aufschrift „Heizöllagerung" anzubringen. Heizöllagerräume müssen gelüftet und von der Feuerwehr vom Freien aus beschäumt werden können. Vgl. Abb. 3, S. 236.

Batteriebehälter. Bei oberer Befüllung können bis zu 25 Einzelbehälter zu einer Tankbatterie zusammengebaut werden. Dabei dürfen nicht mehr als fünf Einzelbehälter in einer Reihe angeordnet sein. Das gesamte Lagervolumen darf 25 m^3 nicht überschreiten. Die Einzelbehälter haben ein Volumen von 700 l bis zu 5000 l. Der Abstand der Behälter bis zur Decke muss mindestens 25 cm, von zwei zusammenhängenden Wandseiten mindestens 40 cm betragen. Kunststoffbehälter aus GFK*, PA* oder PE* sind häufig nicht ausreichend dicht gegenüber Heizölmolekülen, die durch die Wandungen der Behälter diffundieren und zu Geruchsbelästigungen führen. Es werden deshalb auch doppelwandige Behälteranlagen errichtet, die dann keine Auffangwanne benötigen.

***GFK,** mit **G**las**f**asern verstärkter **K**unststoff.

***PA, P**oly**a**mid, Handelsbezeichnung: Nylon oder Perlon.

***PE, P**oly**e**thylen.

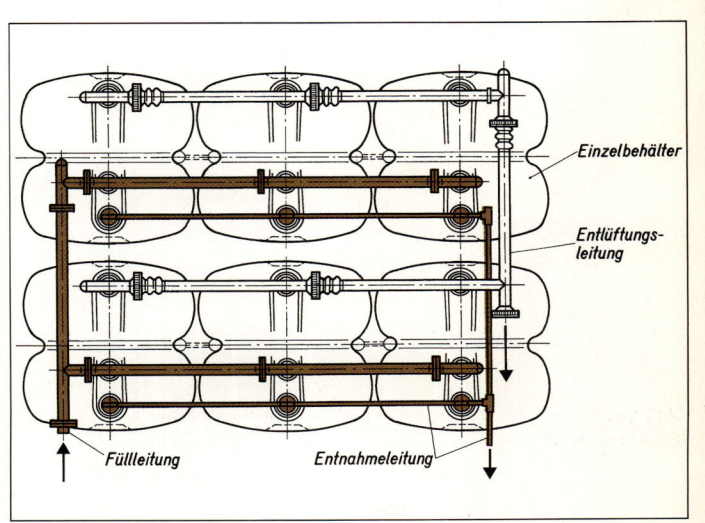

2. Kunststoff-Batteriebehälter-Anlage (Draufsicht).

Brennstoff-Versorgungsanlagen

1. Doppelwandige Batteriebehälter-Anlage. Der innere Behälter besteht aus Kunststoff, der äußere aus verzinktem Stahlblech.

Standortgefertigte Heizölbehälter. Sie bestehen aus profilierten Stahlblechen, die an Ort und Stelle durch E-Schweißen verbunden werden. Diese Heizölbehälter lassen sich in ihren Abmessungen dem Aufstellraum anpassen und sind bis zu einem Lagervolumen von 100 m³ zugelassen. Bei der Aufstellung standortgefertigter Behälter müssen Mindestabstände eingehalten werden:

- von zwei zusammenhängenden Wandseiten 40 cm,
- von zwei Wandseiten 25 cm,
- von der Decke bis zum Einstieg 60 cm,
- vom Fußboden 10 cm.

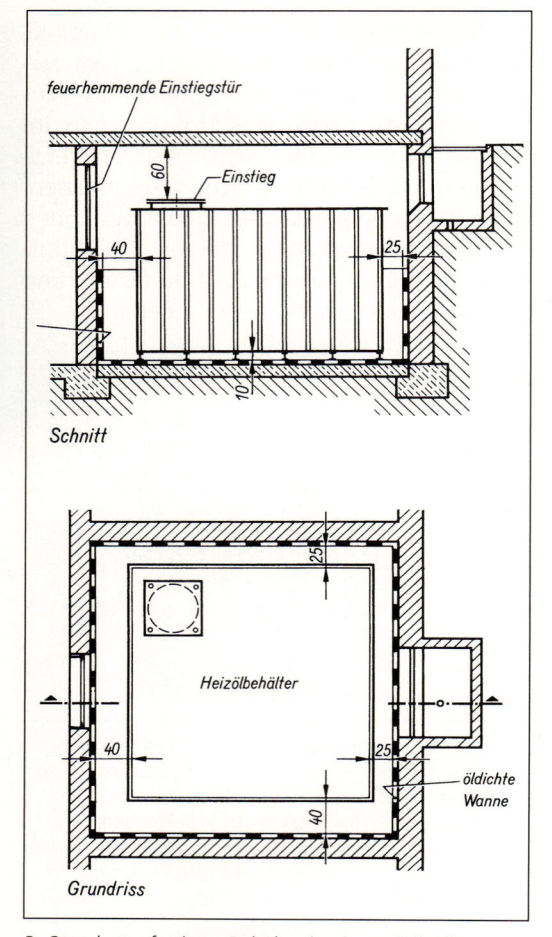

3. Standortgefertigter Behälter in einem Heizöllagerraum.

4.3.4 Ausrüstung der Heizölbehälter

Heizölbehälter mit einem Fassungsvermögen von über 1000 l müssen die folgenden Ausrüstungen besitzen.

Füllleitung. Sie wird in DN 50, bei großen Anlagen in DN 80, mit Steigung ist Freie geführt. Die Füllleitung wird außen mit einem genormten Füllstutzen versehen, der mit dem Füllschlauch des Tankwagens zusammenpasst. Der Füllstutzen muss gut zugänglich und von der Straße aus einsehbar sein.

2. Ausrüstung einer Batterie-Behälter-Anlage mit unterer Befüllung.

Bei Anlagen, die nur mit schwefelarmen Heizölen betrieben werden dürfen, wird der Füllstutzen mit einem grünen Verschlussdeckel und dem Schriftzug „schwefelarm" versehen. Vgl. 1.1.3, S. 8. Bei Geräten, die nach Herstellerangaben für beide Heizölsorten geeignet sind, erhalten die Verschlussdeckel einen zusätzlichen roten Anhänger mit dem Schriftzug „Auch für Heizöl EL Standard". Wenn die Geräte nur mit Heizöl EL Standard betrieben werden dürfen, erhalten die Verschlussdeckel keine besondere Kennzeichnung.

1. Verschlussdeckel für Geräte, die nur mit Heizöl EL schwefelarm betrieben werden dürfen.

2. Anhänger für den Füllrohrverschluss, wenn die Geräte mit Heizöl EL Standard als auch mit Heizöl EL schwefelarm betrieben werden können.

Grenzwertgeber. Um ein Überfüllen des Heizölbehälters zu verhindern, ist ein Grenzwertgeber am Ölbehälter anzubringen. Der Stecker des Grenzwertgebers wird neben dem Füllstutzen außen angebracht. Ein Elektrokabel verbindet den Grenzwertgeber mit dem Tankwagen. Wenn der Ölstand den Kaltleiter des Grenzwertgebers erreicht, wird die Pumpe am Tankwagen abgeschaltet und ein Magnetventil geschlossen. Ölbehälter dürfen nur bis zu 95 % ihres Volumens gefüllt werden. Bei einer unteren Füllleitung ist bei einer Batterieanlage der Grenzwertgeber im letzten Behälter, bei oberer Befüllung im ersten Behälter anzubringen.

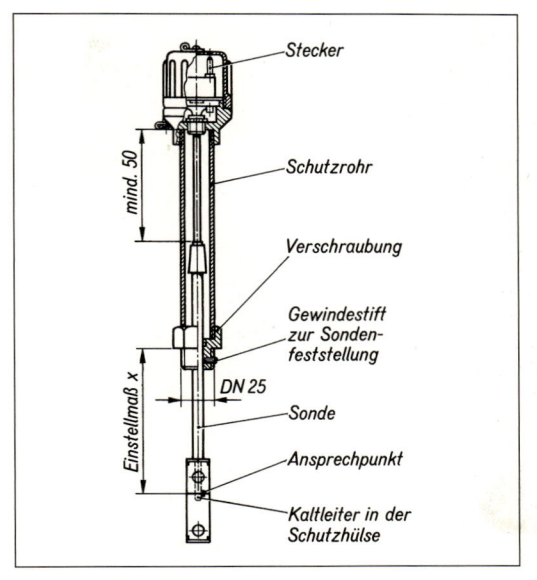

3. Grenzwertgeber für Heizölbehälter.

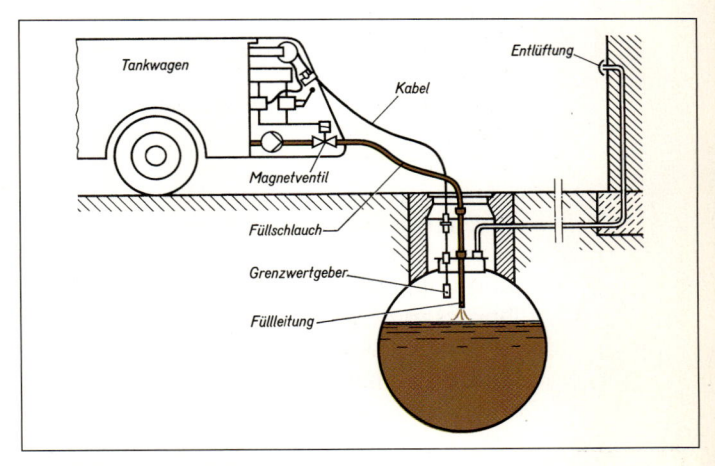

4. Befüllen eines Heizölbehälters.

Lüftungsleitungen sind mit Steigung ins Freie zu führen und münden mindestens 50 cm über dem Füllstutzen. Sie werden in DN 40 oder DN 50 ausgeführt und am Austritt durch eine luftdurchlässige Kappe geschützt.

Ölstandsanzeiger. Bei undurchsichtigen Behältern im Gebäude wird ein Ölstandsanzeiger mit Schwimmer verwendet; bei lichtdurchlässigen Kunststoff-Behältern ist kein Ölstandsanzeiger notwendig. Für erdverlegte Behälter werden pneumatische Anzeiger eingebaut. Mit einem zusätzlichen Peilstab ist der Ölstand im Heizölbehälter genau zu kontrollieren. Elektronische Ölstandsanzeiger können den Füllstand an eine Gebäudeleitzentrale oder an einen Ölhändler melden und bei zu geringem Lagervolumen Alarm auslösen.

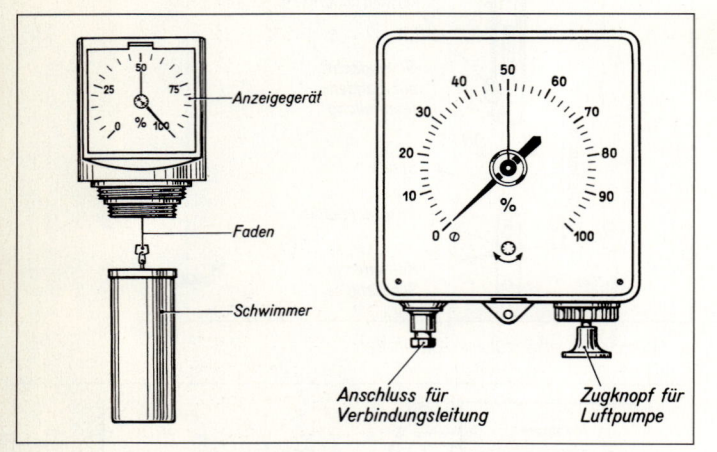

1. Ölstandsanzeiger mit Schwimmer für Behälter im Gebäude. Pneumatischer Ölstandsanzeiger für unterirdische Behälter.

Ölanschlussleitungen. Die Ölentnahmeleitung wird von oben in den Behälter geführt und mündet 5 cm bis 10 cm über dem Tankboden. Vgl. 1.4.1, S. 59. Am Heizölbehälter muss ein schnell schließendes Absperrventil eingebaut sein, damit bei einem Brand die Ölzufuhr sofort geschlossen werden kann. Ölleitungen aus Kupfer sind unlösbar durch Hartlöten oder lösbar durch Schneidringverschraubungen zu verbinden.

4.3.5 Überprüfungen

Alle Heizölbehälter müssen den geltenden Normen und Gütebestimmungen entsprechen. Nach Fertigstellung der Anlage muss eine Abnahmeprüfung von einem Sachverständigen durchgeführt und eine Abnahmebescheinigung ausgestellt werden. Alle unterirdischen Behälter müssen regelmäßig alle fünf Jahre, in Wasserschutzgebieten alle zweieinhalb Jahre, einer Prüfung unterzogen werden. Die Prüfbescheinigung ist der Überwachungsbehörde vorzulegen. Oberirdische Behälter in Gebäuden mit mehr als 10 m³ Inhalt sind ebenfalls alle fünf Jahre zu überprüfen, in Wasserschutzgebieten bereits ab einem Inhalt von 1 m³.

Zur Wiederholung

1. Welche Gefahren für die Umwelt können durch die Lagerung von Heizöl entstehen?
2. Wie groß soll etwa das Volumen eines Heizölbehälters sein?
3. Welche Heizölbehälter dürfen für die unterirdische Lagerung verwendet werden?
4. Wie arbeitet die Leckanzeige in einem doppelwandigen und wie in einem einwandigen Stahlbehälter?
5. Worauf ist beim Einbau eines Heizölbehälters ins Erdreich zu achten und welche Mindestabstände sind einzuhalten?
6. Welche Heizölbehälter werden für die Lagerung im Gebäude verwendet?
7. Ab welchem Lagervolumen ist ein besonderer Heizöllagerraum vorgeschrieben?
8. Wie muss ein Heizöllagerraum gestaltet sein?
9. Welche Mindestabstände sind bei Kunststoff-Batterie-Behältern und welche bei standortgefertigten Stahlbehältern in einem Lagerraum einzuhalten?
10. Wie und mit welchen Nennweiten müssen Füll- und Lüftungsleitungen verlegt werden?
11. Wie sind die Verschlussdeckel der Einfüllstutzen zu kennzeichnen, wenn unterschiedliche Heizölsorten verwendet werden?
12. Welche Aufgabe hat ein Grenzwertgeber und wie arbeitet er?
13. Wie kann der Heizölvorrat in den verschiedenen Behältern festgestellt werden?

14. Welchen einmaligen und regelmäßigen Prüfungen werden Heizölbehälter-Anlagen unterzogen?

Zur Vertiefung

1. Ein einzelner Heizölbehälter hat ein Volumen von 750 l. Wie viel Behälter sind erforderlich, wenn ein Bruttovolumen von 15 m³ gelagert werden soll? Wie würden Sie diese Behälter zu einer Batterie-Anlage zusammenschließen?
2. Ein Heizöllagerraum hat eine Grundfläche von 3,90 m x 3,15 m und eine Raumhöhe von 2,20 m. Welche maximalen Maße kann ein standortgefertigter Behälter haben und wie groß ist sein Volumen?
3. Zu wie viel Prozent kann ein rechteckiger Lagerbehälter mit einer Grundfläche von 2,50 m x 3,00 m und einer Höhe von 1,50 m ausgenutzt werden, wenn die Ansaugung des Fußventils 5 cm über dem Behälterboden steht und der Ansprechpunkt des Grenzwertgebers 11,7 cm in den Behälter hineinragt?
4. Warum müssen Lüftungs- und Füllleitungen der Heizölbehälter mit Steigung ins Freie verlegt werden?
5. Bei einem Kunden wird die Heizungsanlage mit einem Öl-Brennwertkessel betrieben, der Heizöl EL schwefelarm benötigt. Aus Unkenntnis wird Heizöl EL Standard angeliefert und in die Heizölbehälter eingefüllt. Welche Folgen kann diese falsche Lieferung haben und was würden Sie dem Kunden raten?
6. Ein Einfamilienhaus hat eine gesamte Heizlast von 9,5 kW. Bestimmen Sie die Größe eines Heizölbehälters, der den Brennstoff für eine Heizperiode einschließlich ca. 25 % Reserve lagern kann, wenn das Trinkwasser mit anderen Energieträgern erwärmt wird. Vgl. 1.1.8, S. 16. Wie und wo würden Sie das Heizöl lagern?

4.4 Lagerung von Holzbrennstoffen

Feste Brennstoffe müssen wie Heizöl und Flüssiggas gelagert werden. Ab 15 t Lagermenge sind nach der FeuVO besondere Lagerräume vorgeschrieben. Da Kohlebrennstoffe für Zentralheizungsanlagen keine Bedeutung mehr haben, wird im Folgenden nur die Lagerung von Holzbrennstoffen behandelt.

4.4.1 Lagerung von Scheitholz

Scheitholz muss so gelagert werden, dass es trocknen kann. Der Wassergehalt beim Einschlagen des Holzes kann bis zu 60 % betragen. Nach etwa 200 bis 300 Tagen richtiger Lagerung ist es lufttrocken mit einem Wassergehalt von 15 % bis 18 % und kann dann verfeuert werden.

Für Scheitholz ist eine luftige aber überdachte Stapelung im Freien am besten geeignet. Das Holz ist so zu stapeln, dass eine ungehinderte Luftzirkulation zwischen den Hölzern möglich ist. Eine vollständige Abdeckung mit Plastikplanen ist jedoch zu vermeiden, da dann der Luftaustausch verhindert wird. Eine Lagerung außerhalb des Heizraums ist ab 50 kW Gesamtwärmeleistung der Heizkessel vorgeschrieben. Vgl. 1.3.7, S. 46. Bei kleineren Anlagen dürfen Holzmengen bis zu 15 t auch im Aufstellraum gelagert werden. Bei Lagerung im Gebäude müssen mindestens zwei Öffnungen vom Lagerraum aus ins Freie führen.

4.4.3 Lagerung von Hackschnitzeln

Hackschnitzel sollen bei der Verfeuerung eine Feuchtigkeit von weniger als 30 % enthalten. Deshalb bietet eine überdachte Lagerung im Freien die beste Trocknungsmöglichkeit. Eine beschleunigte Trocknung der Hackschnitzel wird erreicht, wenn Luft mittels Ventilatoren durch den Holzbrennstoff geblasen wird.

Wenn Hackschnitzel im frischen Zustand eingelagert werden, kommt es durch Stoffwechsel im Holz zu einem Temperaturanstieg bis auf 80 °C, der die Trocknung begünstigt. Die Selbsterwärmung nimmt nach wenigen Tagen wieder ab. Eine Selbstentzündung der Hackschnitzel ist nicht möglich, da die Flammpunkttemperatur von Holz bei 225 °C liegt. Bei der Lagerung von frischen Hackschnitzeln in landwirtschaftlichen Betrieben ist jedoch darauf zu achten, dass kein Kontakt zu leicht entzündlichen Stoffen wie Heu, Stroh oder Düngemitteln besteht.

> **Beispiel:**
>
> Ein Zweifamilienhaus hat eine Heizlast von 18 kW. Wie groß sollte mindestens die Lagermenge einer Pelletsheizung bei 350 kg/kW sein?
>
> Lösung:
> $m = 18 \text{ kW} \cdot 350 \text{ kg/kW} = 6300 \text{ kg}$
> $m = 6,3 \text{ t}$

und der Lagerraum voll genutzt werden kann, müssen die Böden zur Schnecke hin mit einem Winkel von 35° bis 40° abgeschrägt sein.

4.4.3 Lagerung von Holz-Pellets

Holz-Pellets bestehen überwiegend aus gepressten Holzspänen mit einem Durchmesser von 6 mm bis 8 mm und einer Länge von 10 mm bis 30 mm. Dadurch lassen sie sich durch Tankwagen transportieren und über Rohrleitungen in Lagerräume oder Lagerbehälter einblasen. Bei kleineren Mengen können Pellets in Säcken geliefert werden.

Lagermenge. Wie bei der Heizöl- oder Flüssiggaslagerung sollte auch bei einer Pelletsheizung mindestens der Brennstoff für eine Heizperiode gelagert werden. Als Richtwert können 350 kg/kW bis 400 kg/kW Wärmeleistung des Pellets-Heizkessels angenommen werden.

Lagerräume. Sie müssen gegen Feuchtigkeit geschützt und staubdicht sein. Bei der Umstellung einer Ölfeuerung auf eine Pelletsheizung kann der Heizöllagerraum nach Abbau der Ölbehälter verwendet werden. Wenn der Lagerraum neben dem Aufstellraum des Heizkessels liegt, wird für den automatischen Transport der Pellets zum Heizkessel eine Förderschnecke bevorzugt. Damit alle Pellets zur Schnecke gelangen

Bei größeren Entfernungen zwischen Lagerraum und Heizkessel wird eine Saugaustragung der Pellets bevorzugt. Dabei wird der Brennstoff mit einem Sauggebläse über eine Rohrleitung zum Heizkessel transportiert.

Zum Einblasen der Pellets bei der Befüllung, zur Staubabsaugung und zum Druckausgleich werden im oberen Teil des Lagerraums zwei Rohranschlüsse in DN 80 oder DN 100 benötigt. Dabei sind Richtungsänderungen nur mit 45°-Bögen herzustellen. Die Rohranschlüsse sind für den Tankwagen gut zugänglich nach außen zu führen und durch Kappen zu verschließen. Wenn der Abstand zwischen Einblaseöffnung und der gegenüberliegenden Wand weniger als 4 m beträgt, sollte an der Wand eine Gummimatte angebracht werden, damit beim Einblasen ein Zerbröseln der Pellets vermieden wird.

Erdbehälter. Eine weitere Möglichkeit, Holz-Pellets zu lagern, bieten Erdbehälter, die in Kugel- oder Zylinderform in die Erde eingelassen sind. Für die Pelletsentnahme kommt bei diesen Anlagen nur eine Absaugung mittels Sauggebläse infrage. Bei entsprechender Umrüstung können auch ausgediente Heizölbehälter verwendet werden.

Lagerung von Holzbrennstoffen

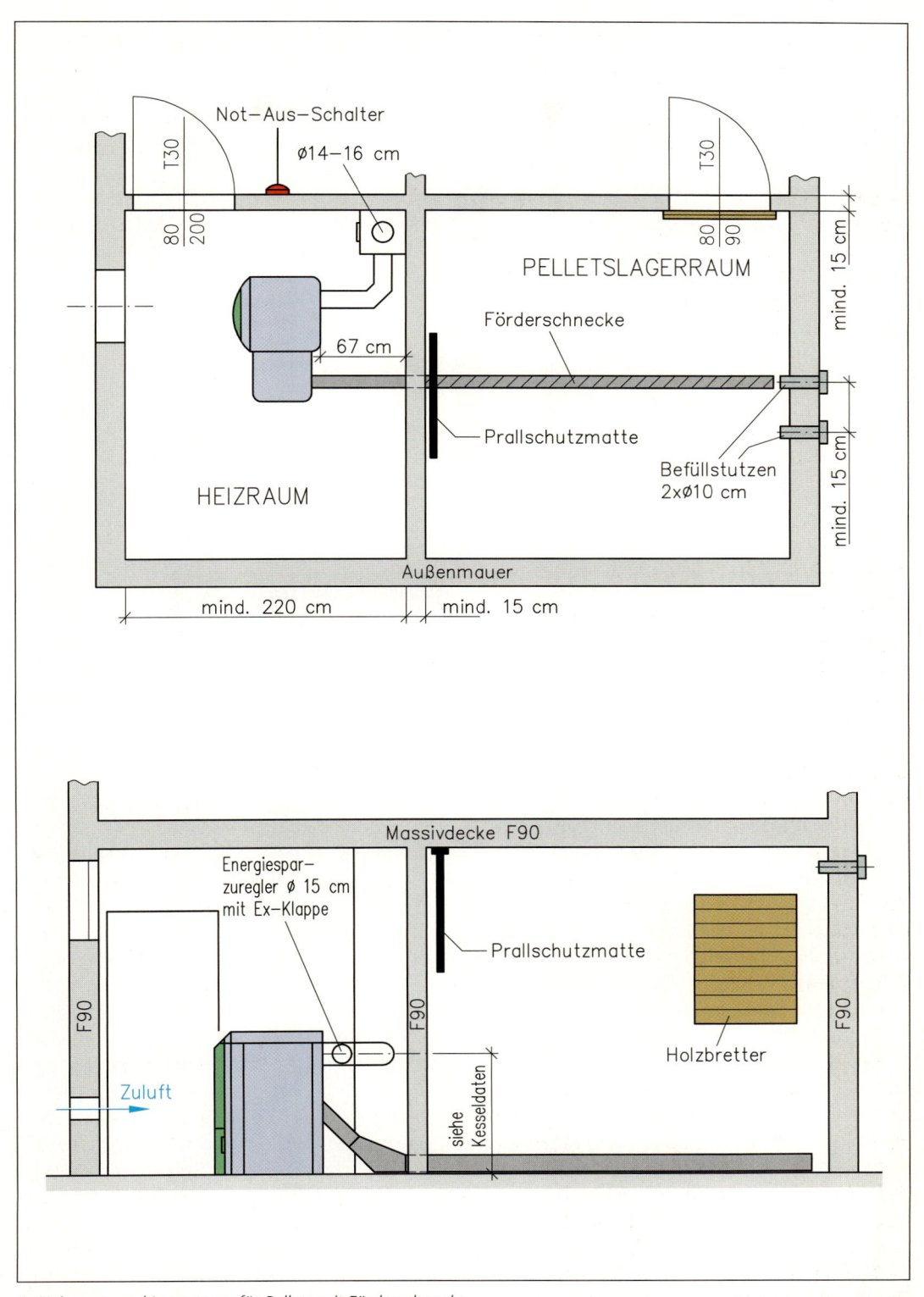

1. Heizraum und Lagerraum für Pellets mit Förderschnecke.

241

Brennstoff-Versorgungsanlagen

Gewebetanks. Alternativ zu einem Lagerraum können Pellets in einem Gewebetank gelagert werden, der innerhalb oder überdacht auch außerhalb des Gebäudes aufgestellt sein kann. Diese Silos bestehen aus einem reißfesten und luftdurchlässigen Gewebe, das an vorgefertigten Traggerüsten eingehängt wird. Für die Größe und Ausrüstung gelten die gleichen Bedingungen wie bei einem Lagerraum.

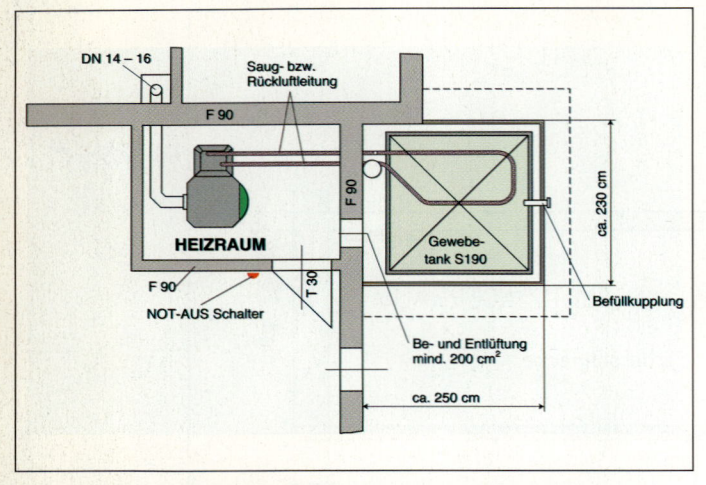

1. Gewebetank zur Lagerung von Holz-Pellets mit Vakuum-Saugsystem.

Zur Wiederholung

1. Wie muss Scheitholz gelagert werden?
2. Wie hoch soll die Feuchtigkeit bei Scheitholz und bei Hackschnitzeln sein?
3. Wie können Holz-Pellets geliefert und im Haus gelagert werden?
4. Wie muss ein Lagerraum für Holz-Pellets gestaltet sein, wenn zum Transport zum Heizkessel eine Förderschnecke eingebaut ist?
5. Wie müssen die Einblase- und Druckausgleichsleitung in einem Lagerraum für Holz-Pellets beschaffen sein?
6. Was versteht man bei der Lagerung von Pellets unter einem Sacksilo und welche Vorteile hat er?
7. Wie können Pellets unterirdisch gelagert werden?

Zur Vertiefung

1. Eine Pelletsheizung hat eine Heizlast von 12 kW auszugleichen. Wie groß sollte mindestens die zu lagernde Brennstoffmenge sein?
2. Wie viel m^3 Raum werden für die Lagerung der Pellets aus Aufgabe 1 benötigt, wenn die Schüttdichte 650 kg/m^3 beträgt?
3. Ein Kunde möchte seine Ölheizung auf Pelletsheizung umstellen. Machen Sie ihm Vorschläge, wie die Holz-Pellets gelagert werden können.
4. Warum lassen sich bei einem Erdbehälter die Pellets schlecht mit einer Förderschnecke zum Heizkessel transportieren?
5. Wie viel t Holz-Pellets benötigt ein Einfamilienhaus mit einer Norm-Heizlast von 10 kW in einem Jahr für die Heizung und wie teuer ist dieser Brennstoff, wenn eine Tonne 190,– EUR kostet? Vgl. 1.1.8, S. 16.

5

Raumlufttechnische Anlagen

5.1	**Grundlagen der Raumlufttechnik** 244	**5.4**	**Luftverteilung** 281
5.1.1	Luft als Wärmeträger 244	5.4.1	Luftkanäle 281
5.1.2	Luftfeuchte 245	5.4.2	Luftführung im Raum 283
5.1.3	Wärmehaushalt des Menschen 246	5.4.3	Zu- und Abluftgitter 284
5.1.4	Mollier-Diagramm für feuchte Luft 248	5.4.4	Wetterschutzgitter und Jalousieklappen 285
		5.4.5	Brandschutz in RLT-Anlagen 286
		5.4.6	Schallschutz in RLT-Anlagen 287
5.2	**Lüftungssysteme** 255	5.4.7	Druckverluste in RLT-Anlagen 288
5.2.1	Freie Lüftungssysteme 255	5.4.8	Inbetriebnahme von RLT-Anlagen 294
5.2.2	RLT-Anlagen 256		
5.2.3	Lüftungsanlagen 256		
5.2.4	Klimaanlagen 258		
5.2.5	Teilklimaanlagen 259		
5.2.6	Luft-Volumenströme und Zulufttemperaturen 260		
5.3	**Luftbehandlung** 265		
5.3.1	Luftfilter 265		
5.3.2	Lufterwärmer 267		
5.3.3	Luftkühlung 268		
5.3.4	Luftbefeuchter 269		
5.3.5	Ventilatoren 270		
5.3.6	Wärmerückgewinnung 272		
5.3.7	Lüftungs- und Klimageräte 274		
5.3.8	Steuerung und Regelung von RLT-Anlagen 276		

5.1 Grundlagen der Raumlufttechnik

Durch Heizungsanlagen kann nur die Temperatur der Räume im Winter und in den Übergangszeiten beeinflusst werden. Raumlufttechnische Anlagen, insbesondere Klimaanlagen, sind dagegen in der Lage, alle wesentlichen Faktoren eines Raumklimas während des ganzen Jahres den Wünschen und Bedürfnissen der Benutzer anzupassen. Außerdem benötigen viele technische Einrichtungen ein vorgeschriebenes Raumklima, z.B. Datenverarbeitungsanlagen, Operationsräume, Laboratorien usw. In solchen Fällen reichen Heizungsanlagen nicht aus.

Klimaanlagen sind in der Lage,
- die verbrauchte Luft der Räume zu erneuern,
- die Raumlufttemperatur zu regeln: im Winter heizen, im Sommer kühlen,
- die Raumluftfeuchte zu regeln: im Winter befeuchten, im Sommer entfeuchten,
- die Raumluft zu reinigen.

5.1.1 Luft als Wärmeträger

Luft ist ein Gemisch verschiedener Gase. Sie besteht aus ca. 21 % Sauerstoff, 78 % Stickstoff und 1 % Edelgasen und Kohlendioxid. Die Dichte beträgt im Normzustand 1,293 kg/m³.

Spezifische Wärmekapazität. Sie beträgt für 1 m³ Luft bei einem absoluten Druck von 1013 hPa und einer Temperatur von ca. 20 °C 0,34 Wh/(m³ · K). Da der Zustand der Luft von Temperatur und Druck abhängt, ist die spezifische Wärmekapazität c_p bezogen auf 1 m³ nicht konstant. Bei großen Temperaturdifferenzen ist es deshalb genauer, mit der spezifischen Wärmekapazität $c = 0{,}279$ Wh/(kg · K) zu rechnen, die sich auf 1 kg Luft bezieht, und diesen Wert mit der jeweiligen Dichte der Luft zu multiplizieren.

Die Wärmeleistungen, die für einen beliebigen Luftvolumenstrom bzw. Luftmassenstrom erforderlich sind, können nach folgenden Formeln berechnet werden:

$$\dot{Q} = \dot{V} \cdot c_p \cdot \Delta\vartheta$$

$$\dot{Q} = \dot{V} \cdot c \cdot \rho \cdot \Delta\vartheta$$

$\dot{Q}$	Wärmeleistung	in W
$\dot{V}$	Luftvolumenstrom	in m³/h
c_p	spezifische Wärmekapazität der Luft	in Wh/(m³ · K)
	bei ca. 20 °C: $c_p = 0{,}34$ Wh/(m³ · K)	
c	spezifische Wärmekapazität der Luft	in Wh/(kg · K)
	$c = 0{,}279$ Wh/(kg · K)	
ρ	Dichte der Luft	in kg/m³
$\Delta\vartheta$	Temperaturdifferenz	in K

Beispiel 1:

Welche Wärmeleistung ist notwendig, um 10.000 m³/h Luft von 15 °C auf 20 °C aufzuheizen?

Lösung:
$\dot{Q} = \dot{V} \cdot c_p \cdot \Delta\vartheta$
$\dot{Q} = 10.000$ m³/h $\cdot\ 0{,}34$ Wh/(m³·K) $\cdot\ 5$ K
$\dot{Q} = 17.000$ W $= 17$ kW

Beispiel 2:

10.000 m³/h Außenluft von −10 °C haben eine Dichte von 1,34 kg/m³ und sollen auf +20 °C aufgeheizt werden. Welche Wärmeleistung ist dazu erforderlich?

Lösung:
$\dot{Q} = \dot{V} \cdot c \cdot \rho \cdot \Delta\vartheta$
$\dot{Q} = 10.000$ m³/h $\cdot\ 0{,}279$ Wh/(kg·K) $\cdot$
$\quad\ 1{,}34$ kg/m³ $\cdot\ 30$ K
$\dot{Q} = 112.158$ W $= 112$ kW

5.1.2 Luftfeuchte

Relative Luftfeuchte. Luft kann Wasserdampf aufnehmen. Die Aufnahmefähigkeit steigt mit zunehmender Temperatur. So kann z.B. 1 kg Luft bei 15 °C maximal 10,78 g Wasserdampf aufnehmen, bei 25 °C aber bereits 20,34 g. Vgl. Tab. 5.01. Enthält 1 kg Luft bei 25 °C nur 10 g Wasserdampf, so kann sie noch weitere 10,34 g aufnehmen. Man sagt in diesem Fall, die Luft ist zu etwa 50 % gesättigt oder die relative* Luftfeuchte beträgt 50 %.

Die relative Luftfeuchte wird mit einem Hygrometer gemessen. Es besteht aus einem Faserbündel, das sich bei zunehmender Luftfeuchte verlängert. Diese Bewegung wird auf einen Zeiger übertragen und in Prozent angezeigt. Auch Feuchtefühler zum Regeln der relativen Luftfeuchte können mit einem Faserbündel ausgestattet sein. Vgl. 5.3.8, S. 278.

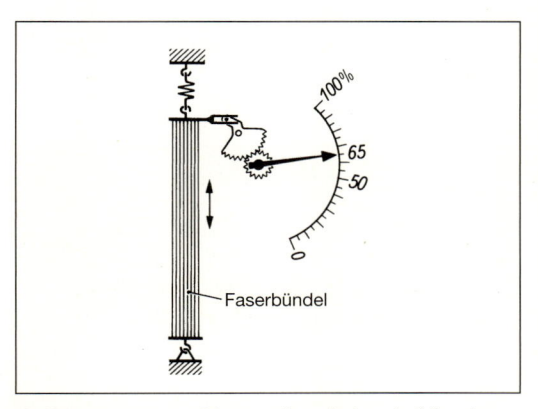

φ relative Luftfeuchte   in %
x absolute Luftfeuchte   in g/kg
x_s maximale Luftfeuchte   in g/kg

Tabelle 5.01: Maximale Luftfeuchte

Lufttemperatur ϑ in °C	max. Luftfeuchte x_s in g/kg
−20	0,64
−15	1,03
−10	1,62
−5	2,50
0	3,82
5	5,47
10	7,73
15	10,78
20	14,88
25	20,34
30	27,52
35	37,05
40	49,52
45	65,92

*relativ, verhältnismäßig, vergleichsweise.

Beispiel 1:

1 kg Luft von 25 °C enthält 8 g Wasserdampf. Wie groß ist die relative Luftfeuchte?

Lösung:
maximale Luftfeuchte nach Tab. 5.01:
$x_s = 20{,}34$ g/kg

$$\varphi = \frac{x}{x_s} \cdot 100\ \%$$

$$\varphi = \frac{8\ \text{g/kg}}{20{,}34\ \text{g/kg}} \cdot 100\ \% = 39\ \%$$

1. Hygrometer zum Messen der relativen Luftfeuchte.

Absolute Luftfeuchte. Sie gibt an, wie viel Gramm Wasserdampf in einem Kilogramm Luft enthalten sind. Die maximale Luftfeuchte x_s ist erreicht, wenn die Luft mit Wasserdampf gesättigt ist. Die relative Luftfeuchte beträgt dann 100 %.

Die relative Luftfeuchte φ* ergibt sich aus dem Verhältnis der absoluten zur maximalen Luftfeuchte:

$$\varphi = \frac{x}{x_s} \cdot 100\ \%$$

Beim Abkühlen der Luft erhöht sich die relative Feuchte, da die Wasserdampf-Aufnahmefähigkeit kleiner wird. Beträgt $\varphi = 100$ %, so hat die Luft die maximal mögliche Wasserdampfmasse aufgenommen. Sinkt die Lufttemperatur weiter, wird die Taupunkttemperatur unterschritten. Die Luft kann dann einen Teil der in ihr enthaltenen Wasserdampfmasse nicht mehr halten; es kommt zur Kondensation. Das sich bildende Wasser nennt man Kondenswasser*. Die absolute Luftfeuchte wird um die ausfallende Wassermasse herabgesetzt.

*φ, griech. Buchstabe, sprich: phi.

*Kondenswasser, in der Natur bezeichnet man kondensierten Wasserdampf als Tau oder Nebel.

Beispiel 2:

Bei einer Luft von 30 °C wird mit einem Hygrometer eine relative Luftfeuchte von $\varphi_1 = 60\ \%$ gemessen. Die Luft kühlt sich auf 25 °C ab. Wie groß ist die absolute Luftfeuchte und auf welchen Wert verändert sich die relative Luftfeuchte φ_2?

Lösung nach Tab. 5.01:
$x_s = 27{,}52$ g/kg bei 30 °C
$x_s = 20{,}34$ g/kg bei 25 °C

$$x = \frac{\varphi \cdot x_s}{100\ \%} = \frac{60\ \% \cdot 27{,}52\ \text{g/kg}}{100\ \%}$$

$x = 16{,}51$ g/kg

$$\varphi_2 = \frac{x}{x_s} \cdot 100\ \%$$

$$\varphi_2 = \frac{16{,}51\ \text{g/kg}}{20{,}34\ \text{g/kg}} \cdot 100\ \% = 81\ \%$$

Wird Luft erwärmt, nimmt die relative Luftfeuchte ab, da die Aufnahmefähigkeit zunimmt.

Beispiel 3:

Luft von 15 °C und einer relativen Luftfeuchte von 30 % wird auf 25 °C erwärmt. Wie ändert sich die relative Feuchte?

Lösung nach Tab. 5.01:
$x_s = 10{,}78$ g/kg bei 15 °C
$x_s = 20{,}34$ g/kg bei 25 °C

$$x = \frac{\varphi \cdot x_s}{100\ \%} = \frac{30\ \% \cdot 10{,}78\ \text{g/kg}}{100\ \%}$$

$x = 3{,}23$ g/kg

$$\varphi_2 = \frac{x}{x_s} \cdot 100\ \%$$

$$\varphi_2 = \frac{3{,}23\ \text{g/kg}}{20{,}34\ \text{g/kg}} \cdot 100\ \% = 16\ \%$$

5.1.3 Wärmehaushalt des Menschen

Der menschliche Körper hat eine Normaltemperatur von ca. 37 °C. Die bei körperlicher Betätigung frei werdende überschüssige Wärme kann auf verschiedene Weise abgeführt werden:
- durch Wärmestrahlung und Konvektion der Haut an die kältere Umgebung,
- durch Wasserabgabe der Haut; es findet eine Verdunstung statt, wobei die notwendige Verdampfungswärme zum Teil dem Körper entzogen wird,
- durch Wärmeabgabe über die warme und feuchte Atemluft.

Mit zunehmender Betätigung erhöht sich die Wärmeabgabe, da ca. zwei Drittel der in den Muskeln entwickelten Energie in Form von Wärme frei werden. Die Anteile der trockenen und feuchten Wärme an dem vom Körper insgesamt abgegebenen Wärmestrom verändern sich je nach Raumtemperatur.

Beispiel 1:

Wie groß sind die Wärmeströme und die Wasserdampfabgabe eines Menschen bei sitzender Tätigkeit und einer Raumtemperatur von 23 °C?

Lösung nach Tab. 5.02:
Wärmestrom trocken $\dot{Q}_{P,tr}$ 85 W
Wärmestrom feucht $\dot{Q}_{P,f}$ 35 W
Gesamtwärmestrom $\dot{Q}_P$ 120 W
Wasserdampfabgabe: 50 g/h

Hohe Luftfeuchte. Die relative Luftfeuchte hat auf das Wohlbefinden des Menschen großen Einfluss, da von ihr die Wärmeabgabe durch Verdunstung abhängt. Mit Wasserdampf weitgehend gesättigte Luft verdunstet den vom Körper abgegebenen Schweiß nicht mehr vollständig; ein Kühleffekt stellt

Grundlagen der Raumlufttechnik

Tabelle 5.02: Wärmeströme durch Personen (Durchschnittswerte)

Wärmeströme (Kühllasten)	Raumtemperaturen ϑ_i in °C									
	20	22	23	25	26	20	22	23	25	26
	Wärmeströme in W									
	bei sitzender Tätigkeit					bei mittelschwerer Arbeit				
$\dot{Q}_{P,tr}$ durch Strahlung und Konvektion	95	90	85	75	70	140	120	115	105	95
$\dot{Q}_{P,f}$ durch Verdunstung	25	30	35	40	45	130	150	155	165	175
$\dot{Q}_P = \dot{Q}_{P,tr} + \dot{Q}_{P,f}$	120	120	120	115	115	270	270	270	270	270
	Wasserdampfabgabe in g/kg									
	35	40	50	60	65	180	215	225	240	255

sich dadurch nicht oder nur unzureichend ein. Als besonders unangenehm wird es empfunden, wenn hohe Lufttemperaturen und hohe relative Luftfeuchten gleichzeitig auftreten. Man spricht dann von Schwüle, Tropen- oder Treibhausklima.

Niedrige Luftfeuchte. Ungesättigte Luft mit geringer relativer Feuchte kann verhältnismäßig viel Wasserdampf aufnehmen. Beim Menschen führt dies zum Austrocknen der Atemwege, wodurch Erkrankungen entstehen können. Der Körper verlangt zum Ausgleich mehr Flüssigkeit.

Beachten Sie: In klimatisierten Räumen soll die relative Luftfeuchte zwischen 30 % und 65 % liegen. Allgemein wird eine relative Luftfeuchte von ca. 50 % als angenehm empfunden.

Behaglichkeit. Der Mensch fühlt sich unbehaglich, wenn die Temperaturregelung des Körpers zu sehr beansprucht wird, z.B. durch starke Luftbewegung, zu niedrige oder zu hohe Luft- und Wandtemperaturen, zu niedrige oder zu hohe Luftfeuchte, zu leichte oder zu schwere Kleidung. Es kommt in diesen Fällen zu Wärmestauungen im Körper oder zu übermäßigen Wärmeverlusten. Behaglichkeit stellt sich ein, wenn Luftbewegung, Lufttemperatur, Luftfeuchte und Wandtemperaturen in einem ausgeglichenen Verhältnis zur Tätigkeit und Bekleidung eines Menschen stehen. Auch durch Sauberkeit der Luft und einen niedrigen Schallpegel im Raum werden Behaglichkeit und Wohlbefinden günstig beeinflusst.

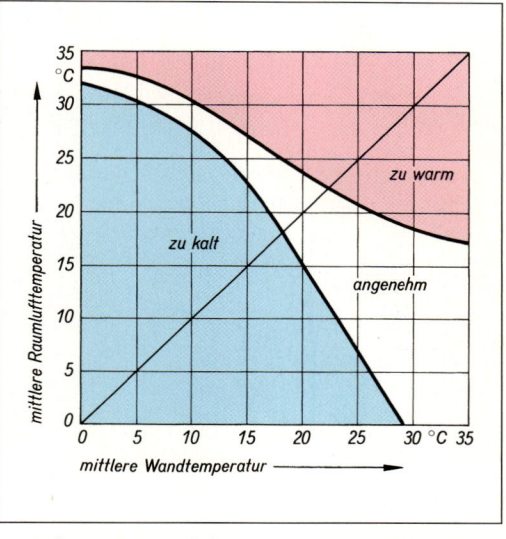

1. Einfluss von Raumluft- und Wandtemperaturen auf die Behaglichkeit in einem Raum

Beispiel 2:

Wie ist die Behaglichkeit eines Raums mit einer Lufttemperatur von 20 °C zu bewerten, wenn die mittleren Wandtemperaturen 15 °C, 20 °C und 30 °C betragen?

Lösung nach Abb. 1:
15 °C: der Raum ist zu kalt,
20 °C: der Raum ist angenehm,
30 °C: der Raum ist zu warm.

Störende Luftbewegungen, so genannte Zugerscheinungen, machen sich besonders bei niedrigen Lufttemperaturen bemerkbar.

Raumlufttechnische Anlagen

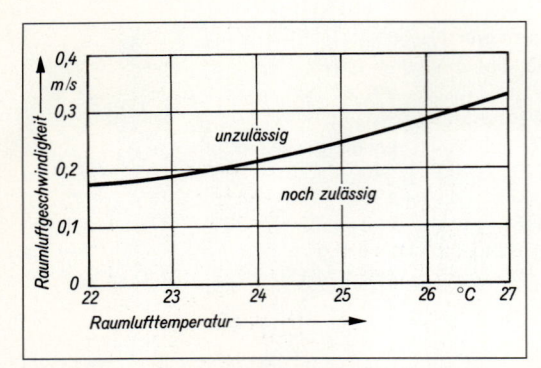

*Zu Abb. 1, Diagramm nach DIN 1946-2.

1. Zulässige Luftgeschwindigkeiten beim Anblasen sitzender Personen*.

Beispiel 3:

Wie hoch darf maximal die Luftgeschwindigkeit im Bereich sitzender Personen sein bei einer Raumlufttemperatur von 22 °C, 25 °C und 27 °C?

Lösung nach Abbildung 1:
bei 22 °C: v_{max} = 0,17 m/s
bei 25 °C: v_{max} = 0,25 m/s
bei 27 °C: v_{max} = 0,32 m/s

5.1.4 Mollier-Diagramm für feuchte Luft

*Mollier, Richard, deutscher Ingenieur, 1863 bis 1935.

Das Mollier*-Diagramm wird auch h-x-Diagramm genannt. Mehrere Größen, die den Zustand der Luft bestimmen, sind darin graphisch einander zugeordnet und können mit meist ausreichender Genauigkeit dem Diagramm entnommen werden:
- Lufttemperatur ϑ in °C: von links nach rechts leicht ansteigende Linien,
- Wärme-Inhalt h der Luft in kJ/kg: von links nach rechts stark abfallende Linien,
- Dichte ρ der Luft in kg/m³: von links nach rechts leicht abfallende Linien,
- absolute Luftfeuchte x in g/kg: senkrechte Linien,
- relative Luftfeuchte φ in %: gekrümmte Linien.

Taupunkttemperatur. Wenn Luft den Taupunkt erreicht oder unterschreitet, so wird Wasser in Form von Nebel oder Tau ausgeschieden. Im Mollier-Diagramm findet man die Taupunkttemperatur, indem man vom Luftzustand eine senkrechte Linie bis zur Sättigungslinie (φ = 100 %) zieht und dann die diesem Zustandspunkt entsprechende Temperatur abliest.

Beispiel 1:

Wie groß ist die Taupunkttemperatur der Luft bei 30 °C/60 %?

Lösung nach Diagramm: ϑ_T = 21,2 °C

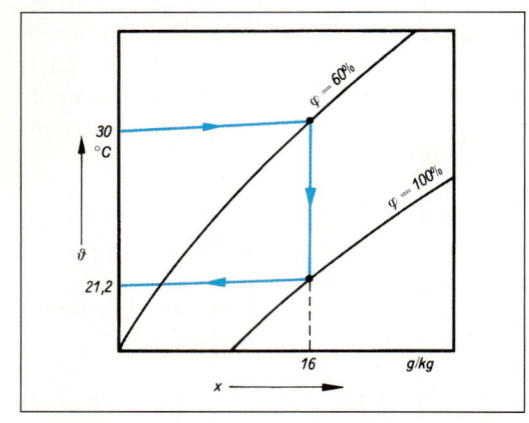

2. Taupunkt-Temperatur im Mollier-Diagramm.

Luft-Massenströme. Luft-Volumenströme in m³/h müssen bei Verwendung des Mollier-Diagramms in Luft-Massenströme in kg/h umgerechnet werden. Die Dichte der Luft findet man je nach Luftzustand im Mollier-Diagramm.

$$\dot{m} = \dot{V} \cdot \rho$$

$\dot{m}$	Luft-Massenstrom	in kg/h
$\dot{V}$	Luft-Volumenstrom	in m³/h
ρ	Dichte der Luft	in kg/m³

Grundlagen der Raumlufttechnik

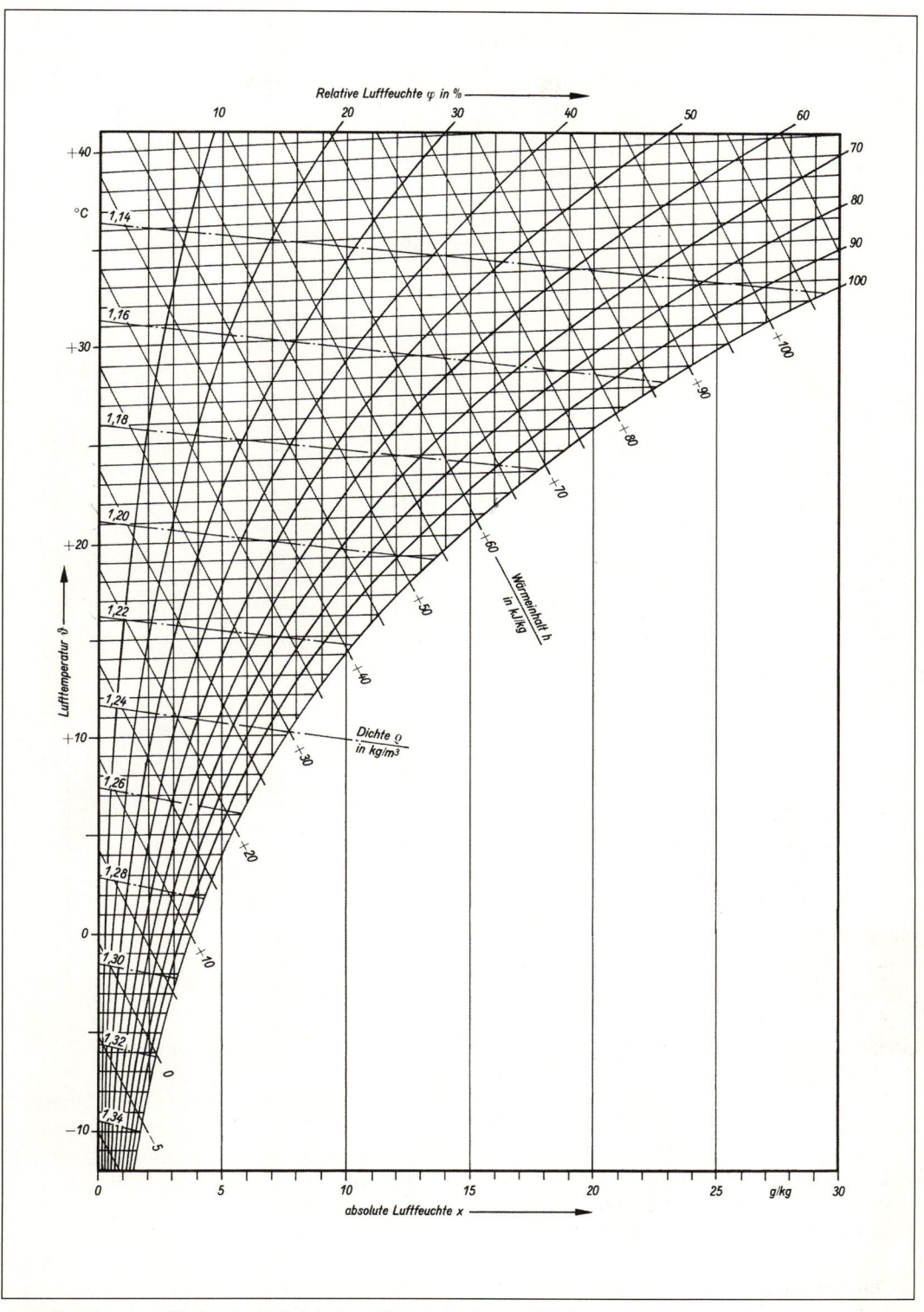

1. Mollier-Diagramm für feuchte Luft bei einem Gesamtdruck von 1013 hPa.

Raumlufttechnische Anlagen

Beispiel 2:

Wie groß ist der Luft-Massenstrom bei 8000 m³/h Zuluft, einer Lufttemperatur von 20 °C und einer relativen Luftfeuchte von 50 %?

Lösung nach Diagramm:
$\rho = 1{,}20 \text{ kg/m}^3$
$\dot{m} = \dot{V} \cdot \rho = 8000 \text{ m}^3/\text{h} \cdot 1{,}20 \text{ kg/m}^3$
$\dot{m} = 9600 \text{ kg/h}$

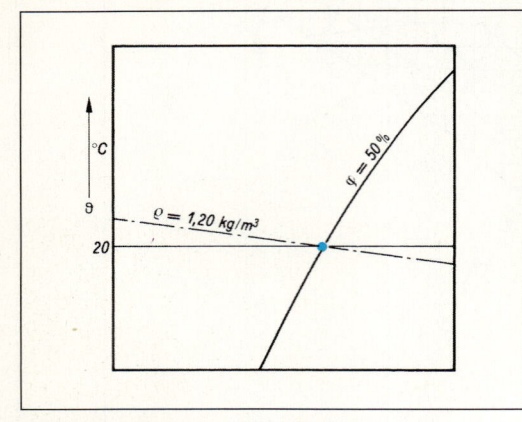

$\dot{m}_1$	Luft-Massenstrom 1	in kg/h
$\dot{m}_2$	Luft-Massenstrom 2	in kg/h
$\dot{V}_1$	Luft-Volumenstrom 1	in m³/kg
$\dot{V}_2$	Luft-Volumenstrom 2	in m³/kg
ϑ_1	Luft-Temperatur 1	in °C
ϑ_2	Luft-Temperatur 2	in °C
ϑ_M	Luft-Mischtemperatur	in °C

Beispiel 3:

In einem Klimagerät mischen sich 2000 kg/h Außenluft (5 °C/80 %) mit 3000 kg/h Umluft (20 °C/60 %). Wie groß sind die Temperatur und relative Feuchte der Mischluft?

Lösung nach Diagramm:

$$\vartheta_M = \frac{\dot{m}_1 \cdot \vartheta_1 + \dot{m}_2 \cdot \vartheta_2}{\dot{m}_1 + \dot{m}_2}$$

$$\vartheta_M = \frac{2000 \text{ kg/h} \cdot 5\text{ °C} + 3000 \text{ kg/h} \cdot 20\text{ °C}}{2000 \text{ kg/h} + 3000 \text{ kg/h}}$$

$\vartheta_M = 14 \text{ °C}, \varphi_M = 70 \text{ \%}$

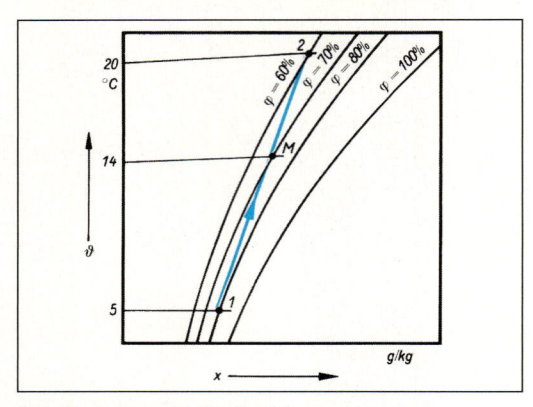

1. Dichte der Luft im Mollier-Diagramm.

Beachten Sie: Bei RLT-Anlagen liegt die Dichte der Raumluft etwa bei 1,2 kg/m³. Deshalb können vereinfacht mit diesem Wert die Volumenströme in Massenströme umgerechnet werden.

Luftmischung. Der Mischpunkt von zwei Luft-Massenströmen, die sich nach Masse, Temperatur und relativer Luftfeuchte unterscheiden (Luftzustände 1 und 2), liegt im Mollier-Diagramm auf der Verbindungsgeraden der Zustandspunkte 1 und 2. Die Mischtemperatur ϑ_M kann nach der Mischformel berechnet werden. Vgl. 3.1.6, S. 153.

$$\vartheta_M = \frac{\dot{m}_1 \cdot \vartheta_1 + \dot{m}_2 \cdot \vartheta_2}{\dot{m}_1 + \dot{m}_2} \approx$$

$$\vartheta_M = \frac{\dot{V}_1 \cdot \vartheta_1 + \dot{V}_2 \cdot \vartheta_2}{\dot{V}_1 + \dot{V}_2}$$

2. Luftmischung im Mollier-Diagramm.

Lufterwärmung. Da sich bei Aufheizung der Luft in einem Lufterwärmer die absolute Feuchte nicht ändert, verläuft die Zustandsänderung im Mollier-Diagramm auf einer senkrecht ansteigenden Linie bei x = konstant. Die Wärmeleistung des Lufterwärmers kann aus dem Luft-Massenstrom und der Differenz der Wärme-Inhalte h_1 und h_2 berechnet werden.

Grundlagen der Raumlufttechnik

$\dot{Q} = \dot{m} \cdot \Delta h$

$\dot{Q}$	Wärmeleistung	in W	kJ/h
$\dot{m}$	Luft-Massenstrom	in kg/h	kg/h
Δh	Differenz der Wärme-Inhalte	in Wh/kg	kJ/kg

Wenn der Wärme-Inhalt in kJ/kg angegeben ist, ergeben sich die Wärmeleistungen in kJ/h. Sie können in kW umgerechnet werden:

1 kW = 3600 kJ/h

Beispiel 4:

Ein Luft-Massenstrom von 5000 kg/h wird von 14 °C und 70 % auf 25 °C aufgeheizt.
a) Wie groß ist φ_2?
b) Wie groß ist $\dot{Q}$ in kW?
c) Wie groß ist $\dot{V}$ in m³/h nach der Aufheizung?

Lösung nach Diagramm:
a) $\varphi_2 = 37\ \%$
b) $\dot{Q} = \dot{m} \cdot \Delta h$
   $\dot{Q} = 5000\ \text{kg/h} \cdot 11\ \text{kJ/kg}$
   $\dot{Q} = 55.000\ \text{kJ/h}$
   $\dot{Q} = \dfrac{55.000\ \text{kJ/h}}{3600\ \text{kJ/kWh}} = 15{,}3\ \text{kW}$
c) $\dot{V} = \dfrac{5000\ \text{kg/h}}{1{,}2\ \text{kg/m}^3} = 4167\ \text{m}^3/\text{h}$

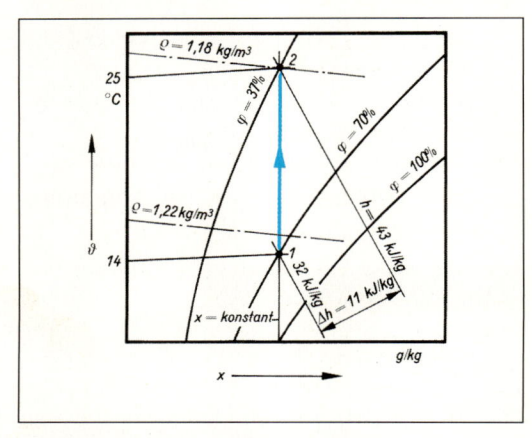

1. Lufterwärmung im Mollier-Diagramm.

Luftbefeuchtung. In einem Klimagerät mit Umlauf-Sprühbefeuchter verläuft die Zustandsänderung bei konstantem Wärme-Inhalt in Richtung zur Sättigungslinie von Zustand 1 nach Zustand 2 (vgl. Beispiel 5).

Bei Dampfbefeuchtung wird Sattdampf in die Luft eingesprüht. Die Zustandsänderung verläuft bei annähernd konstanter Temperatur von Zustand 1 nach Zustand 2 (vgl. Beispiel 6). Den von der Luft je Stunde aufgenommenen Wasserdampf $\dot{m}_D$ berechnet man aus dem Luft-Massenstrom und der Differenz der absoluten Luftfeuchten nach folgender Formel:

$\dot{m}_D = \dot{m} \cdot \Delta x$

$\dot{m}_D$	Wasserdampf-Massenstrom	in g/h
$\dot{m}$	Luft-Massenstrom	in kg/h
Δx	Differenz der absoluten Luftfeuchten	in g/kg

Beispiel 5:

Ein Luft-Massenstrom von 5000 kg/h (25 °C/37 %) wird in einem Umlauf-Sprühbefeuchter auf 90 % befeuchtet.
a) Welche Temperatur besitzt anschließend die Luft?
b) Wie groß ist die stündliche Aufnahme an Wasserdampf?

Lösung nach Diagramm (S. 252):
a) $\vartheta_2 = 16{,}8\ °C$
b) $\dot{m}_D = \dot{m} \cdot \Delta x$
   $\dot{m}_D = 5000\ \text{kg/h} \cdot 3{,}6\ \text{g/kg}$
   $\dot{m}_D = 18.000\ \text{g/h} = 18\ \text{kg/h}$

Beispiel 6:

Ein Luft-Massenstrom von 5000 kg/h (25 °C/37 %) wird mittels Sattdampf auf 55 % befeuchtet.
a) Wie groß ist ϑ_2?
b) Wie groß ist $\dot{m}_D$?

Lösung nach Diagramm (S. 252):
a) $\vartheta_2 =$ konstant $= 25\ °C$
b) wie Beispiel 5: $\dot{m}_D = 18\ \text{kg/h}$

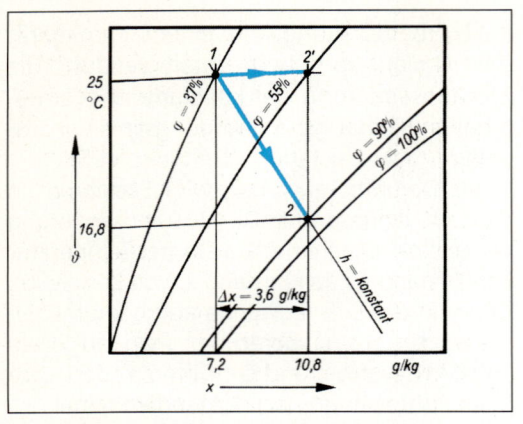

Raumlufttechnische Anlagen

1. Luftbefeuchtung im Mollier-Diagramm.

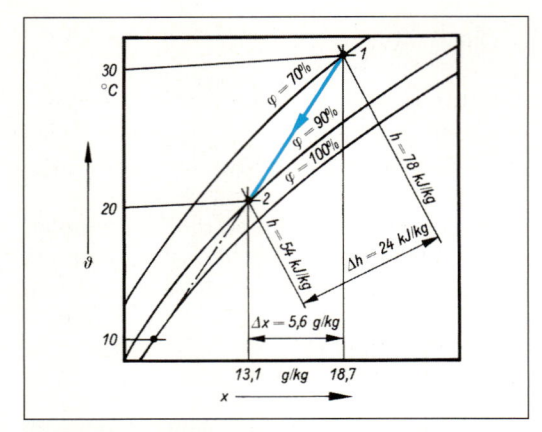

2. Luftkühlung im Mollier-Diagramm.

Luftkühlung. In den meisten Klimageräten haben die Luftkühler Oberflächen-Temperaturen von 4 °C bis 12 °C. Die Luft kühlt sich in Richtung der mittleren Kühleroberflächen-Temperatur bei $\varphi = 100\,\%$ von Punkt 1 nach Punkt 2 ab. An den Kühlerflächen wird bei Unterschreitung der Taupunkttemperatur Wasser ausgeschieden.

Beispiel 7:

Im Sommer wird ein Luft-Massenstrom von 5000 kg/h (30 °C/70%) in einem Kühler auf 20 °C abgekühlt. Die mittlere Kühleroberflächen-Temperatur beträgt 10 °C.
a) Wie groß ist die Leistung des Kühlers?
b) Wie viel kg Wasser werden je Stunde am Kühler ausgeschieden?

Lösung nach Diagramm:

a) $\dot{Q} = \dot{m} \cdot \Delta h$
$\dot{Q} = 5000 \text{ kg/h} \cdot 24 \text{ kJ/kg}$
$\dot{Q} = 120.000 \text{ kJ/h}$
$\dot{Q} = \dfrac{120.000 \text{ kJ/h}}{3600 \text{ kJ/kWh}} = 33 \text{ kW}$

b) $\dot{m}_D = \dot{m} \cdot \Delta x$
$\dot{m}_D = 5000 \text{ kg/h} \cdot 5{,}6 \text{ g/kg}$
$\dot{m}_D = 28.000 \text{ g/h} = 28 \text{ kg/h}$

Zur Wiederholung

1. Aus welchen Gasen besteht die Luft?
2. Was versteht man unter absoluter, maximaler und relativer Luftfeuchte?
3. Wie hoch kann die maximale Luftfeuchte in g/kg bei 10 °C, 20 °C und 30 °C sein?
4. Wie hoch ist die relative Luftfeuchte bei 10 °C, wenn 1 kg Luft 3,8 g Wasserdampf enthält?
5. Mit welchem Gerät kann die relative Luftfeuchte gemessen werden?
6. Wie gibt der menschliche Körper Wärme an die Umgebung ab?
7. Wie groß ist die Abgabe an Wärme und Wasserdampf eines Menschen bei 20 °C Raumtemperatur, wenn er mittelschwere Arbeit verrichtet?
8. Wie wirken sich zu feuchte und zu trockene Luft auf die Behaglichkeit eines Menschen aus?
9. Wie hoch soll die relative Luftfeuchte in klimatisierten Räumen sein?
10. Welche physikalischen Größen der Luft können dem Mollier-Diagramm entnommen werden?

Zur Vertiefung

1. Luft hat eine absolute Luftfeuchte von 2 g/kg. Wie groß ist die relative Luftfeuchte bei 0 °C und bei 25 °C?

Grundlagen der Raumlufttechnik

2. Erklären Sie die Naturerscheinungen Nebel und Tau.
3. Luft von 30 °C und einer relativen Luftfeuchte von 70 % kühlt sich auf 20 °C ab. Wie groß ist die absolute Luftfeuchte bei 30 °C und bei 20 °C? Wie viel Gramm Wasser je Kilogramm Luft werden ausgeschieden?
4. Warum klagt man im Winter in beheizten Räumen häufig über zu trockene Luft?
5. Luft von 0 °C und einer relativen Luftfeuchte von 70 % wird auf 20 °C aufgeheizt. Wie verändert sich dabei die relative Luftfeuchte?
6. In einem Raum mit einer Lufttemperatur von 25 °C halten sich im Sommer 100 Personen bei sitzender Tätigkeit auf. Wie groß ist die gesamte Wärme- und Wasserdampfabgabe der Personen?
7. Wie groß sind die Behaglichkeits-Grenzwerte der mittleren Wandtemperaturen in einem Raum mit einer Raumlufttemperatur von 20 °C, (Abb. 1, S. 247)?
8. Welche maximalen Luftgeschwindigkeiten sind bei Raumtemperaturen von 23 °C, 24 °C und 26 °C noch zulässig, wenn sitzende Personen angeblasen werden?

Zur Berechnung

Aufheizen und Abkühlen der Luft, $c_p = 0{,}34$ Wh/(m³ · K)

1. Welche Wärmeleistung ist erforderlich, um 6000 m³/h Luft von 5 °C auf 25 °C aufzuheizen?
2. Ein Luft-Volumenstrom von 6000 m³/h kühlt sich in einem Raum von 25 °C auf 20 °C ab. Berechnen Sie den Wärmestrom, den die Luft dabei abgibt.
3. Ein Luft-Volumenstrom von 12.000 m³/h muss von −10 °C auf 32 °C aufgeheizt werden. Wie groß ist die dazu benötigte Wärmeleistung?
4. In einer Lüftungsanlage werden durch Wärmerückgewinnung 8000 m³/h Luft von 20 °C auf 5 °C ohne Wasserausscheidung abgekühlt. Die so gewonnene Wärmeleistung wird zum Vorheizen von 8000 m³/h Außenluft von −10 °C verwendet. Auf welche Temperatur kann die Außenluft aufgeheizt werden?

Luftfeuchte nach Tabelle 5.01

5. Wie groß ist im Winter die relative Luftfeuchte bei −15 °C, wenn die Luft eine absolute Feuchte von 1,0 g/kg enthält?
6. Wie groß ist im Sommer bei einer Lufttemperatur von 30 °C die relative Luftfeucht, wenn 1 kg Luft 20 g Wasserdampf enthält?
7. Im Winter wird bei −10 °C eine relative Luftfeuchte von 90 % gemessen. Wie groß ist die absolute Feuchte?
8. An einem Sommertag wird bei 25 °C eine relative Luftfeuchte von 35 % gemessen. Wie groß ist die absolute Luftfeuchte?

Mollier-Diagramm für feuchte Luft

9. Bestimmen Sie mit dem Mollier-Diagramm die relative Luftfeuchte bei einer absoluten Feuchte von 5 g/kg und folgenden Lufttemperaturen:
   a) 5 °C   c) 15 °C   e) 25 °C
   b) 10 °C d) 20 °C   f) 30 °C
10. Bestimmen Sie die fehlenden Werte.

Auf-gabe	ϑ °C	φ %	x g/kg	ρ kg/m³	h kJ/kg
a)	20	70	?	?	?
b)	0	80	?	?	?
c)	30	?	19	?	?
d)	4	?	5	?	?
e)	?	40	10	?	?
f)	?	100	10	?	?
g)	?	50	?	?	60
h)	2	?	?	?	5
i)	30	?	?	?	70

Raumlufttechnische Anlagen

11. Bestimmen Sie die Taupunkttemperaturen folgender Luftzustände:
   a) 5 °C/70 %   c) 15 °C/73 %
   b) 15 °C/50 %   d) 28 °C/65 %

12. In einem Schwimmbad hat die Raumluft eine Temperatur von 28 °C und eine relative Feuchte von 65 %. Ab welcher Oberflächen-Temperatur der Umgebungswände bildet sich Kondenswasser?

13. Es mischen sich je Stunde 6000 kg Außenluft (0 °C/80 %) mit 3000 kg Umluft (20 °C/50 %). Berechnen Sie die Temperatur und die relative Feuchte der Mischluft.

14. Im Sommer mischen sich je Stunde 8000 m³ Umluft (26 °C/60 %) mit 2000 m³ Außenluft (32 °C/65 %). Welche Temperatur und relative Feuchte hat die Mischluft?

15. Zwei gleich große Luftmengen mit 5 °C/80 % und 22 °C/55 % sollen gemischt werden. Berechnen Sie die entsprechenden Zustandsgrößen der Mischluft.

16. Ein Luft-Massenstrom von 1000 kg/h (0 °C/80 %) wird auf 29 °C aufgeheizt. Berechnen Sie
   a) die Wärmeleistung des Lufterwärmers in kW,
   b) die relative Feuchte nach der Aufheizung.

17. In einer Lüftungsanlage werden je Stunde 5000 m³ Außenluft (2 °C/80 %) auf 25 °C aufgeheizt. Berechnen Sie
   a) den Luft-Massenstrom,
   b) die erforderliche Wärmeleistung des Lufterwärmers in kW,
   c) die relative Feuchte der aufgeheizten Luft.

18. In einer Lüftungsanlage mischen sich 3000 m³/h Umluft (20 °C/40 %) mit 2000 m³/h Außenluft (−10 °C/90 %). Berechnen Sie
   a) die Umluft- und Außenluft-Massenströme,
   b) den Mischluftzustand,
   c) die Wärmeleistung des Lufterwärmers, wenn die Mischluft auf 25 °C aufgeheizt wird.

19. Es werden 2500 kg/h Luft (24 °C/30 %) mit Sattdampf auf eine relative Feuchte von 40 % befeuchtet.
   a) Wie ändert sich die Lufttemperatur?
   b) Wie groß ist der Sattdampfverbrauch in kg/h?

20. In einem Klimagerät werden 6000 kg/h Luft (25 °C/20 %) in einem Umlauf-Sprühbefeuchter auf 90 % befeuchtet. Berechnen Sie
   a) die stündliche Wasseraufnahme der Luft,
   b) die Lufttemperatur am Ende des Befeuchters.

5.2 Lüftungssysteme

Lüftungs- und Klimaanlagen werden auch als raumlufttechnische Anlagen* bezeichnet. Sie sind nach DIN 1946* genormt und in den technischen Regelwerken des VDI* festgelegt.

Raumlufttechnische Anlagen können unterschiedlich ausgestattet sein.

Nach DIN 1946-1 wird die Raumlufttechnik nach verschiedenen Gesichtspunkten eingeteilt, s. Abb. 1.

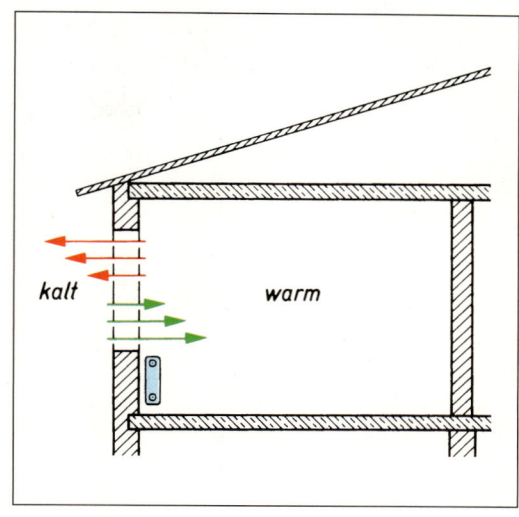

5.2.1 Freie Lüftungssysteme

Freie Lüftungssysteme arbeiten ohne Ventilatoren. Die Förderung der Luft erfolgt durch Druckdifferenzen, die durch Wind oder Temperaturdifferenzen zwischen innen und außen entstehen. Man unterscheidet:
- Fensterlüftung,
- Schachtlüftung,
- Dachaufsatzlüftung.

Freie Lüftungssysteme sind von der Witterung und Jahreszeit abhängig. Im Winter arbeiten sie besser als im Sommer. Wird die Außenluft wärmer als die Raumluft, erfolgt die Strömung in umgekehrter Richtung. Für normal bewohnte Räume kann ein freies Lüftungssystem völlig ausreichend sein.

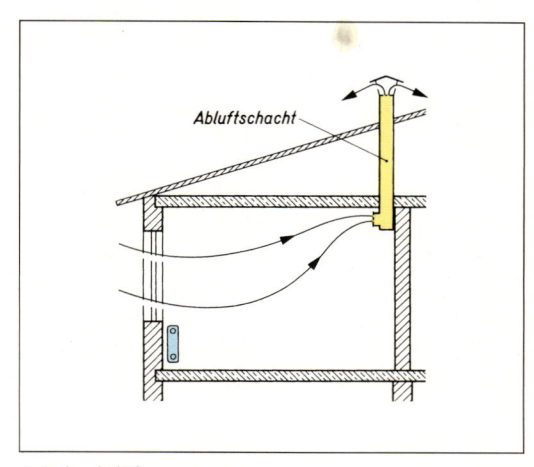

***Raumlufttechnische Anlagen,** Abkürzung RLT-Anlagen.

***DIN 1946,** Raumlufttechnik.

***VDI, V**erein **D**eutscher **I**ngenieure, die VDI-Lüftungsregeln sind mit DIN 1946 identisch.

2. Fensterlüftung.

3. Schachtlüftung.

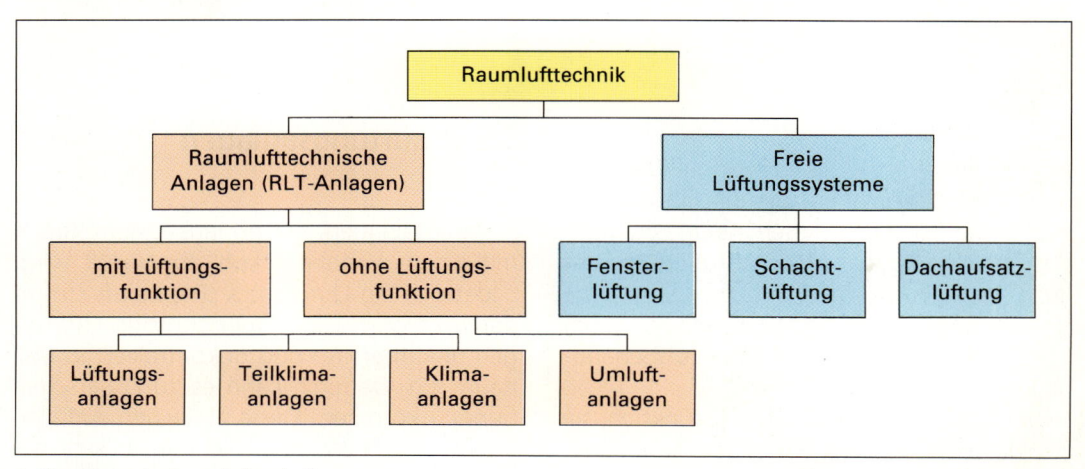

1. Einteilung der Raumlufttechnik.

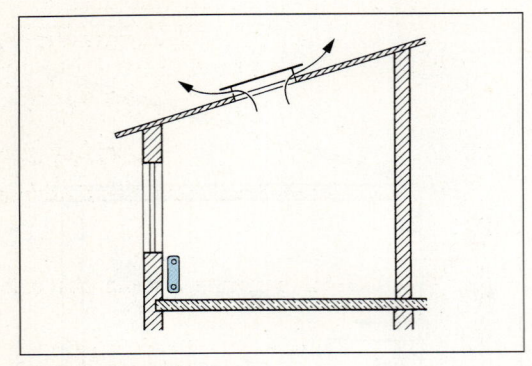

1. Dachaufsatzlüftung.

5.2.2 RLT-Anlagen

RLT-Anlagen sind Lüftungssysteme mit Ventilatoren. Luftvolumenströme, Luftzustände, Strömungsrichtungen und Luftgeschwindigkeiten können den Bedürfnissen besser angepasst werden als bei freien Lüftungssystemen.

Lüftungsfunktion. Je nachdem, ob die Raumluft durch RLT-Anlagen erneuert werden kann oder nicht, unterscheidet man Anlagen mit und ohne Lüftungsfunktion. Anlagen ohne Lüftungsfunktion werden als Umluftanlagen bezeichnet.

Luftbehandlung. Bei RLT-Anlagen unterscheidet man vier thermische Luftbehandlungsfunktionen:
- Heizen,
- Kühlen,
- Befeuchten,
- Entfeuchten.

Es gibt RLT-Anlagen, die alle, keine oder nur einen Teil der Luftbehandlungsfunktionen erfüllen können. Danach unterscheidet man:
- Lüftungsanlagen mit Lüftungsfunktion; sie haben keine oder eine Luftbehandlungsfunktion, z.B. Heizen.
- Teilklimaanlagen mit Lüftungsfunktion; sie haben häufig zwei Luftbehandlungsfunktionen, z.B. Heizen und Kühlen.
- Klimaanlagen mit Lüftungsfunktion; sie müssen alle vier Luftbehandlungsfunktionen erfüllen können.
- Umluftanlagen ohne Lüftungsfunktion; sie haben keine oder eine Luftbehandlungsfunktion, z.B. Heizen. Sie werden dann auch als Luftheizungen bezeichnet.

Luftarten. In RLT-Anlagen unterscheidet man folgende Luftarten:
- Außenluft ist die von außen angesaugte Luft;
- Zuluft ist die einem Raum zugeführte Luft;
- Abluft ist die aus einem Raum abströmende Luft;
- Fortluft ist der Abluftanteil, der ins Freie befördert wird;
- Umluft ist der Abluftanteil, der dem Raum wieder zugeführt wird;
- Mischluft besteht aus Außenluft und Umluft.

RLT-Anlagen können schematisch durch Bildzeichen dargestellt werden. Vgl. Tab. 5.03, S. 257.

Bei farblicher Kennzeichnung der Luftkanäle werden folgende Farben empfohlen:
- Außenluft   Grün
- Abluft   Gelb
- Fortluft   Gelb
- Umluft   Gelb
- Mischluft   Orange
- Zuluft*   Rot

5.2.3 Lüftungsanlagen

Abluftanlagen. Wenn aus einem Raum mit einem Ventilator Luft abgesaugt wird, bildet sich ein Unterdruck. Die Zuluft strömt durch Fenster, Türen oder sonstige Öffnungen unaufbereitet und unkontrolliert in den Raum ein. Dadurch kann es zu Zugerscheinungen kommen. Diese einfachen Anlagen ohne Luftaufbereitung sind nur bei sehr geringen Komfortansprüchen* zu verwenden.

*Zuluft, je nach Anzahl der thermischen Luftbehandlungsfunktionen kann die farbliche Kennzeichnung auch unterschiedlich sein.

*Komfort, Bequemlichkeit, Ausstattung mit einem gewissen Luxus.

Lüftungssysteme

Tabelle 5.03: Bildzeichen für RLT-Anlagen*

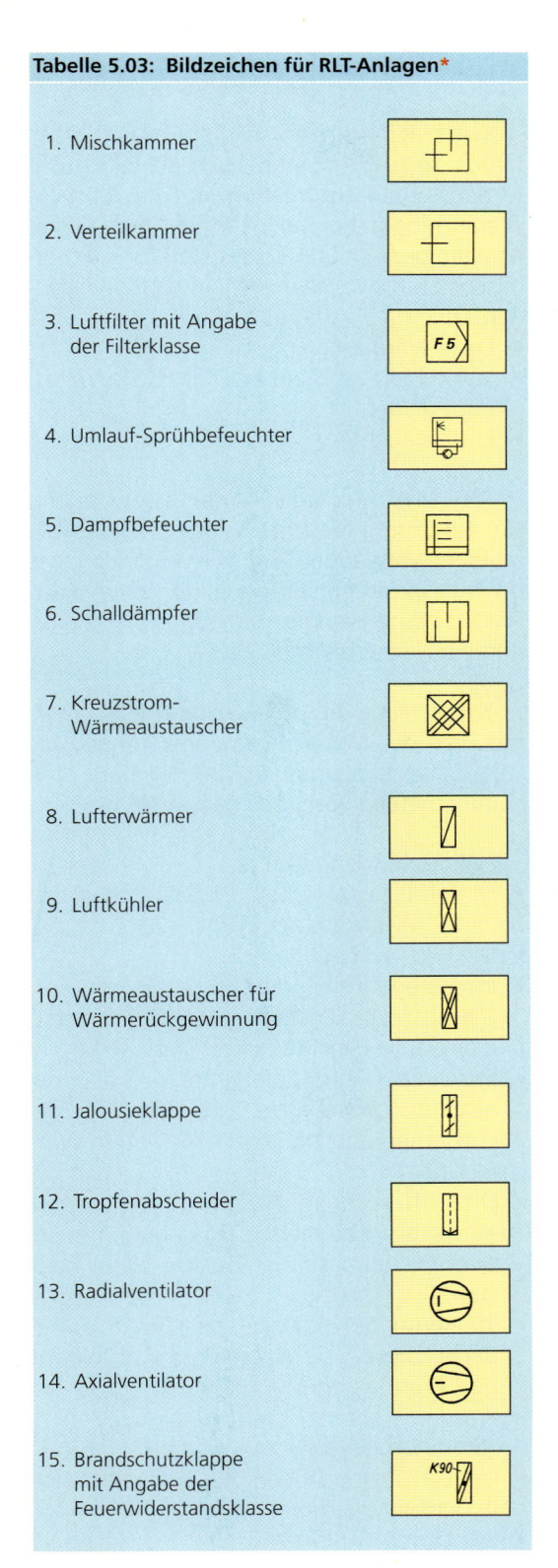

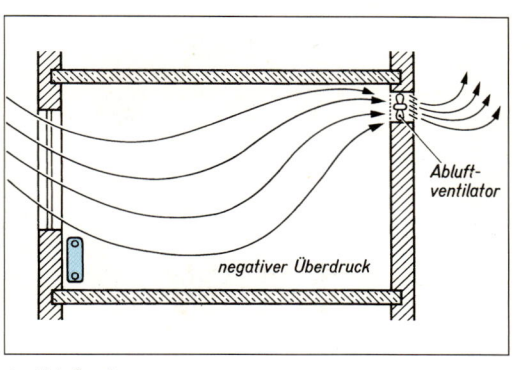

Nr.	Bezeichnung	Symbol
1.	Mischkammer	
2.	Verteilkammer	
3.	Luftfilter mit Angabe der Filterklasse	F 5
4.	Umlauf-Sprühbefeuchter	
5.	Dampfbefeuchter	
6.	Schalldämpfer	
7.	Kreuzstrom-Wärmeaustauscher	
8.	Lufterwärmer	
9.	Luftkühler	
10.	Wärmeaustauscher für Wärmerückgewinnung	
11.	Jalousieklappe	
12.	Tropfenabscheider	
13.	Radialventilator	
14.	Axialventilator	
15.	Brandschutzklappe mit Angabe der Feuerwiderstandsklasse	K90

*Tabelle 5.03 nach DIN 1946-1.

1. Abluftanlage.

Lüftungsanlagen. Bei Komfortanlagen sind Zuluft- und Abluftanlagen erforderlich. Ein Zuluftventilator saugt Außenluft an; sie kann mit Umluft gemischt werden. In einem Filter wird die Luft gereinigt und in einem Lufterwärmer auf die erforderliche Zulufttemperatur erwärmt. Ein Abluftventilator saugt Luft aus dem Raum ab und befördert sie als Fortluft ins Freie oder als Umluft zur Mischkammer. Durch Verstellen der Jalousieklappen können der Umluft- und Außenluftanteil verändert werden. Bei Umluftbetrieb wird keine Außenluft angesaugt; es findet nur Luftumwälzung zur Aufheizung des Raums statt. Die Anlage kann auf Außenluftbetrieb oder Mischluftbetrieb umgestellt werden. Durch Schalldämpfer werden die Ventilatorgeräusche gemindert.

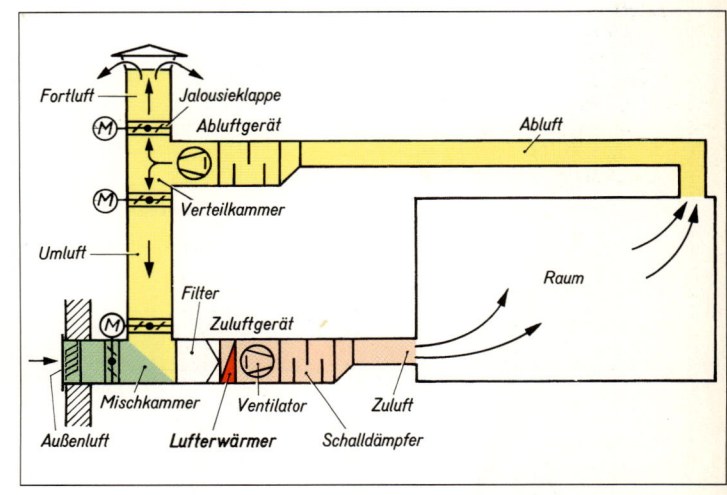

2. Lüftungsanlage bestehend aus Zuluft- und Abluftanlage.

257

Raumlufttechnische Anlagen

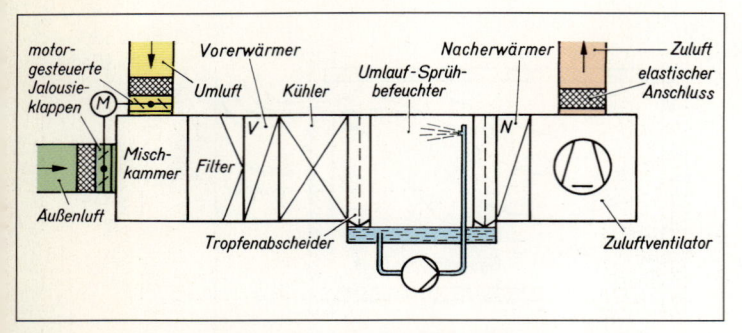

1. Klimagerät mit Umlauf-Sprühbefeuchter.

*Lufterwärmer, sie werden auch als Lufterhitzer bezeichnet.

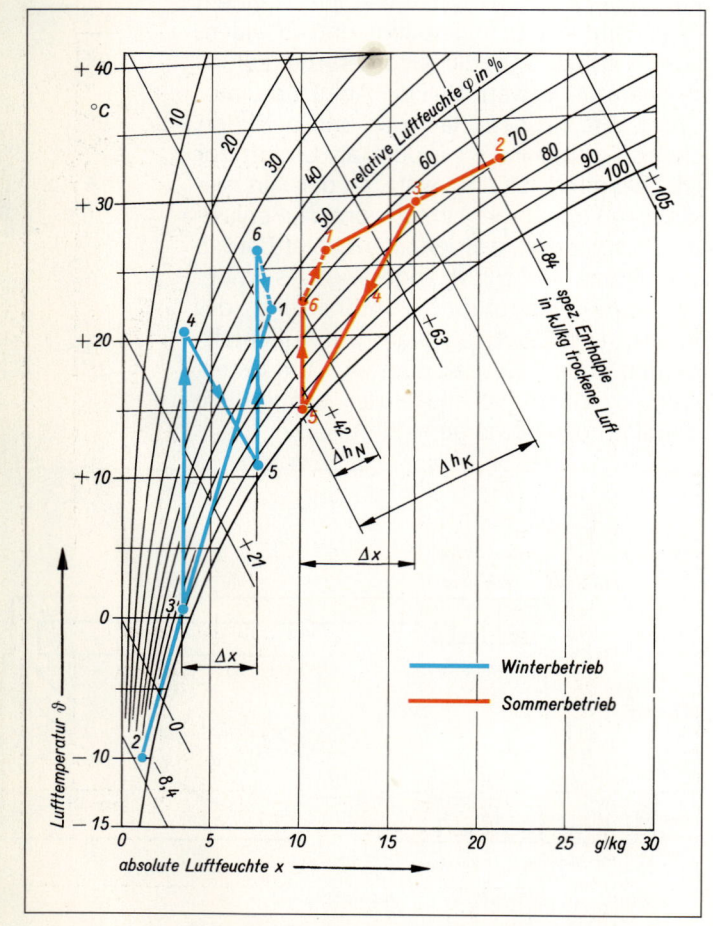

2. Mollier-Diagramm für feuchte Luft mit Zustandsänderungen einer Klimaanlage mit Umlauf-Sprühbefeuchter im Winter- und Sommerbetrieb.

5.2.4 Klimaanlagen

Wenn RLT-Anlagen während des ganzen Jahres die Lufttemperatur und die Luftfeuchte der Räume automatisch auf gewünschte Werte bringen können, werden sie als Klimaanlagen bezeichnet. Sie besitzen für die thermische Luftbehandlung folgende Einrichtungen:
- Lufterwärmer*,
- Luftkühler, er dient gleichzeitig als Luftentfeuchter,
- Luftbefeuchter.

Als Luftbefeuchter werden überwiegend Umlauf-Sprühbefeuchter oder Dampfbefeuchter verwendet. Bei Verwendung eines Umlauf-Sprühbefeuchters sind zwei Lufterwärmer notwendig, ein Vorerwärmer (V) und ein Nacherwärmer (N).

Klimaanlage mit Umlauf-Sprühbefeuchter. Mit Hilfe des Mollier-Diagramms können die Luft-Zustandsänderungen im Winter- und Sommerbetrieb graphisch dargestellt werden.

Winterbetrieb Abb. 2.
- Umluft (1) und Außenluft (2) mischen sich in der Mischkammer (3).
- Die Luft wird gefiltert.
- Im Vorerwärmer heizt sich die Luft auf. Die absolute Luftfeuchte bleibt konstant, die relative Feuchte nimmt stark ab (4).
- Im Umlauf-Sprühbefeuchter nehmen die absolute und relative Luftfeuchte zu, die Lufttemperatur sinkt bei konstantem Wärme-Inhalt (5).
- Die Luft wird im Nacherwärmer wieder aufgeheizt. Die relative Feuchte nimmt etwas ab, die absolute Feuchte bleibt konstant (6).
- Im Raum bewegt sich die Zuluft von 6 nach 1, wobei sie Wasserdampf aufnimmt und Wärme abgibt.

Sommerbetrieb
- Umluft (1) und Außenluft (2) mischen sich in der Mischkammer (3).
- Die Luft wird gefiltert.

- Im Kühler kühlt sich die Luft ab (4). Die relative Feuchte nimmt zu, die absolute Feuchte nimmt durch Wasserausscheidung ab (5).
- Der Umlauf-Sprühbefeuchter ist abgeschaltet oder wirkt nur als Wäscher zum Reinigen der Luft. Durch den hohen Sättigungsgrad nach dem Kühler kann die Luft praktisch kein Wasser mehr aufnehmen.
- Beim Aufheizen der Luft im Nacherwärmer sinkt die relative Feuchte wieder, die absolute Feuchte bleibt konstant (6).
- Im Raum bewegt sich die Zuluft von 6 nach 1, wobei sie Wasserdampf und Wärme aufnimmt.

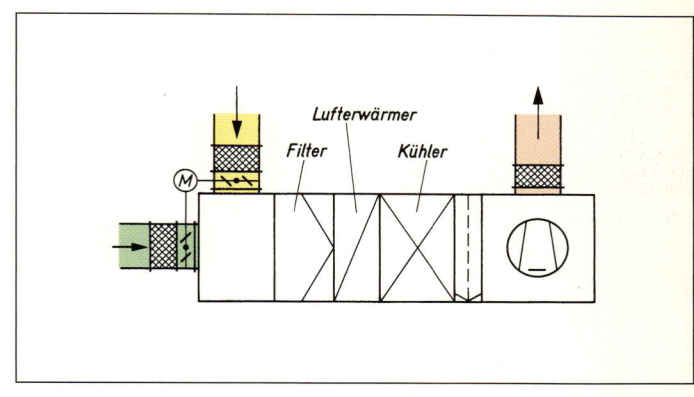

1. Teilklimagerät mit Lufterwärmer und Kühler.

5.2.5 Teilklimaanlagen

Für die thermische Luftbehandlung besitzen Teilklimaanlagen nicht alle vier Einrichtungen. Viele Anlagen werden nur mit einem Lufterwärmer und einem Luftkühler ausgestattet. Im Winterbetrieb können diese Anlagen die Feuchte der Luft nicht beeinflussen. Da die Zuluft beim Aufheizen relativ trocken wird, stellt sich im Raum eine zu niedrige Luftfeuchte ein. Im Sommerbetrieb wird die Luft im Kühler auf die erforderliche Zulufttemperatur, z.B. 20 °C, abgekühlt. Dabei wird Wasser ausgeschieden. Eine Regelung der relativen Luftfeuchte ist jedoch wegen des fehlenden Nacherwärmers nicht möglich. Vgl. Abb. 2, Sommerbetrieb.

Wenn im Sommer die Kühlung eines teilklimatisierten Raums nicht notwendig ist, im Winter jedoch die relative Luftfeuchte geregelt werden soll, können Teilklimaanlagen mit einem Lufterwärmer und einer Befeuchtungseinrichtung, z.B. einem Dampfbefeuchter, ausgestattet sein. Durch den Lufterwärmer wird die Luft im Winter auf Zulufttemperatur (4) erwärmt und anschließend mit Sattdampf befeuchtet (5). Ein Nacherwärmer ist nicht notwendig, da bei Dampfbefeuchtung die Zustandsänderung bei annähernd konstanter Temperatur verläuft. Vgl. Abb. 2, Winterbetrieb.

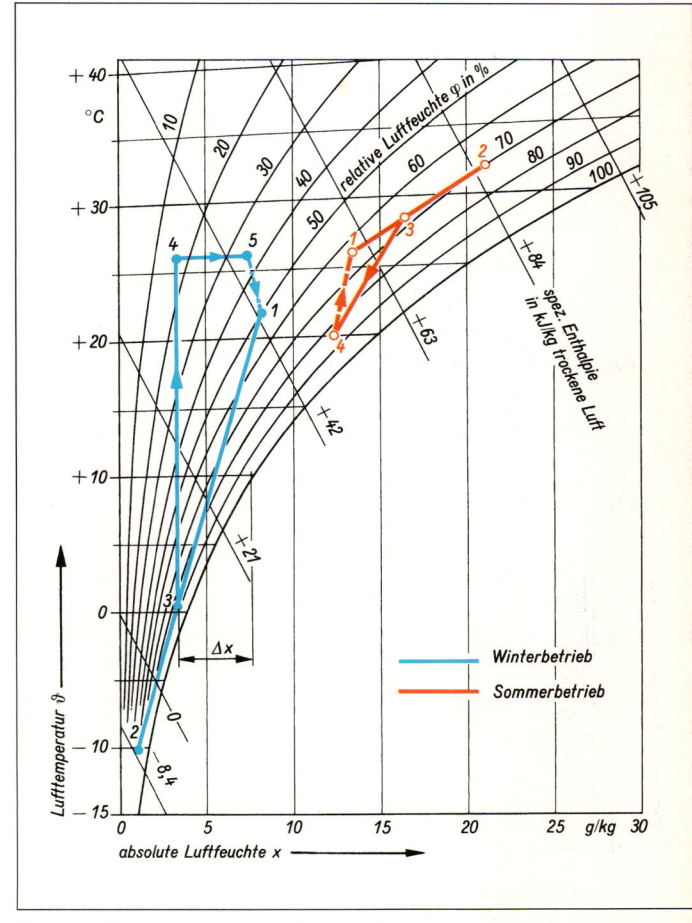

2. Zustandsänderungen von Teilklimaanlagen im Mollier-Diagramm: Winterbetrieb mit Lufterwärmer und Dampfbefeuchter, Sommerbetrieb mit Luftkühler.

Raumlufttechnische Anlagen

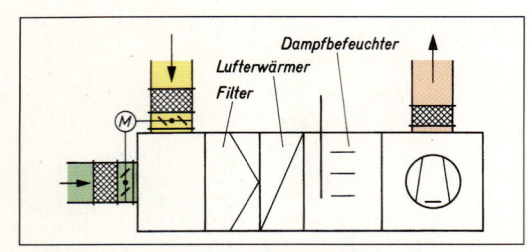

1. Teilklimagerät mit Lufterwärmer und Dampfbefeuchter.

5.2.6 Luft-Volumenströme und Zulufttemperaturen

Außenluft-Volumenstrom. In Räumen für den Aufenthalt von Personen wird der Außenluft-Volumenstrom nach der Anzahl der gleichzeitig anwesenden Personen und der Nutzung der Räume berechnet. Vgl. Tabelle 5.04.

*Tabelle 5.04, nach DIN 1946-2.

Tabelle 5.04: Mindest-Außenluftstrom*	
Raumart	$\dot{V}_{A,min}$ je Person in m³/h
Theater, Festsaal, Kino, Museum	20
Klassenraum, Hotelzimmer	30
Gaststätte	40
Großraumbüro	50
Bei Räumen mit zusätzlichen Geruchsquellen, z.B. Tabakrauch, soll $\dot{V}_{A,min}$ je Person um 20 m³/h erhöht werden.	

Beispiel 1:

In einem Großraumbüro arbeiten gleichzeitig 60 Personen bei Rauchverbot. Wie groß muss mindestens der Außenluft-Volumenstrom sein?

Lösung nach Tab. 5.04:
$\dot{V}_{A,min}$ = 50 m³/h je Person
$\dot{V}_A$ = 60 · 50 m³/h = 3000 m³/h

Zuluft- und Umluft-Volumenstrom. Der Zuluft-Volumenstrom, der einem Raum durch die RLT-Anlage zugeführt wird, ist meistens eine Mischung aus Außenluft und Umluft.

$$\dot{V}_Z = \dot{V}_A + \dot{V}_U$$

$\dot{V}_Z$ Zuluft-Volumenstrom in m³/h
$\dot{V}_A$ Außenluft-Volumenstrom in m³/h
$\dot{V}_U$ Umluft-Volumenstrom in m³/h

Zulufttemperatur im Winterbetrieb. RLT-Anlagen müssen im Winter einen Teil oder die gesamte Heizlast des zu belüftenden Raums ausgleichen. Die Zulufttemperatur muss dann über der Raumtemperatur liegen. Für Aufenthaltsräume soll sie 45 °C bis 50 °C nicht überschreiten. Sie wird nach folgender Formel berechnet:

$$\vartheta_Z = \frac{\dot{Q}_{HL}}{\dot{V}_Z \cdot c_p} + \vartheta_i$$

ϑ_Z Zulufttemperatur in °C
$\dot{Q}_{HL}$ Heizlast in W
$\dot{V}_Z$ Zuluft-Volumenstrom in m³/h
c_p spezifische Wärmekapazität (Luft) in Wh/(m³ · K)
ϑ_i Raumtemperatur in °C

Beispiel 2:

Die RLT-Anlage für ein Großraumbüro soll eine Heizlast von 30 kW bei einer Raumtemperatur von 20 °C übernehmen. Der Zuluft-Volumenstrom besteht aus 3000 m³/h Außenluft und 2000 m³/h Umluft.
Wie hoch muss die Zulufttemperatur sein?

Lösung:

$$\vartheta_Z = \frac{\dot{Q}_{HL}}{\dot{V}_Z \cdot c_p} + \vartheta_i$$

$$\vartheta_Z = \frac{30.000 \text{ W}}{5000 \text{ m}^3/\text{h} \cdot 0{,}34 \text{ Wh/(m}^3 \cdot \text{k)}} + 20 \text{ °C}$$

ϑ_Z = 17,6 K + 20 °C = 37,6 °C

Lüftungssysteme

Kühllast im Sommerbetrieb.

Klimatisierten Räumen wird bei zu hohen Innentemperaturen Wärme entzogen. Die Zulufttemperatur muss deshalb niedriger als die Raumtemperatur sein. Die Kühllast wird nach den VDI*-Kühllastregeln (VDI 2078) berechnet.

Die gesamte Kühllast eines Raums ist die Summe aus den äußeren und inneren Kühllasten.

$$\dot{Q}_{KL} = \dot{Q}_a + \dot{Q}_i$$

$\dot{Q}_{KL}$ gesamte trockene Kühllast in W
$\dot{Q}_a$ äußere trockene Kühllast in W
$\dot{Q}_i$ innere trockene Kühllast in W

Die äußeren Kühllasten setzen sich zusammen aus:
- Transmissionswärme, die über Fenster, Türen, Außenwände, Innenwände, Fußboden und Decke in den Raum eindringt,
- Wärmeeinstrahlung an Fensterflächen,
- einströmende warme Luft über Fenster und Türen.

Die Kühllastberechnung nach VDI 2078 für äußere Kühllasten ist kompliziert und wird mit Computer-Programmen durchgeführt. Die inneren Kühllasten setzen sich aus folgenden Einzellasten zusammen und können leichter berechnet werden.

$$\dot{Q}_i = \dot{Q}_{P,tr} + \dot{Q}_N + \dot{Q}_V + \dot{Q}_B$$

$\dot{Q}_i$ innere trockene Kühllast in W
$\dot{Q}_{P,tr}$ trockene Kühllast der Personen in W
$\dot{Q}_N$ Kühllast von Geräten und Maschinen in W
$\dot{Q}_V$ Kühllast der Ventilatoren in W
$\dot{Q}_B$ Kühllast der Innenbeleuchtung in W

Zuluft-Volumenstrom im Sommerbetrieb.

Um die trockene Kühllast dem Raum zu entziehen, muss die Zulufttemperatur bis zu 8 K unter der Raumtemperatur liegen. Bei größeren Temperaturdifferenzen können Zugerscheinungen entstehen. Die Außenluft wird mit Umluft gemischt, damit ein großer Zuluft-Volumenstrom entsteht, der nach folgender Formel berechnet wird:

Beispiel 3:

In einem Großraumbüro arbeiten im Sommer bei einer Raumtemperatur von 25 °C gleichzeitig 60 Personen bei sitzender Tätigkeit. Es sind 30 Computer mit je 120 W und 2 Ventilatoren mit je 2000 W Leistungsaufnahme gleichzeitig dauernd in Betrieb. Die Wärmeleistung der Innenbeleuchtung beträgt 6000 W. Durch Computer-Berechnung wurde eine äußere Kühllast von 7,5 kW ermittelt. Wie groß sind die innere und die gesamte trockene Kühllast in kW?

Lösung (Q_P nach Tab. 5.02):

$\dot{Q}_i \quad = \dot{Q}_{P,tr} + \dot{Q}_N + \dot{Q}_V + \dot{Q}_B$
$\dot{Q}_{P,tr} = 60 \cdot 75\ W = 4500\ W = 4{,}5\ kW$
$\dot{Q}_N \quad = 30 \cdot 120\ W = 3600\ W = 3{,}6\ kW$
$\dot{Q}_V \quad = 2 \cdot 2000\ W = 4000\ W = 4{,}0\ kW$
$\dot{Q}_B \qquad\qquad\quad = 6000\ W = \underline{6{,}0\ kW}$
$\dot{Q}_i \qquad\qquad\qquad\qquad\quad = 18{,}1\ kW$
$\dot{Q}_{KL} = \dot{Q}_i + \dot{Q}_a$
$\dot{Q}_{KL} = 18{,}1\ kW + 7{,}5\ kW = 25{,}6\ kW$

$$\dot{V}_Z = \frac{\dot{Q}_{KL}}{c_p \cdot (\vartheta_i - \vartheta_Z)}$$

$\dot{V}_Z$ Zuluft-Volumenstrom in m³/h
$\dot{Q}_{KL}$ trockene Kühllast in W
c_p spez. Wärmekapazität (Luft) in Wh/(m³·K)
ϑ_i Raumtemperatur in °C
ϑ_Z Zulufttemperatur in °C

Beispiel 4:

Wie viel m³/h Umluft müssen 3000 m³/h Außenluft beigemischt werden, wenn eine trockene Kühllast von 25,6 kW bei einer Raumtemperatur von 25 °C abzuführen ist und die Zulufttemperatur 18 °C betragen soll?

Lösung:

$$\dot{V}_Z = \frac{Q_{KL}}{c_p \cdot (\vartheta_i - \vartheta_z)}$$

*VDI = **V**erein **D**eutscher **I**ngenieure.

Raumlufttechnische Anlagen

Beispiel 4 (Fortsetzung):

$$\dot{V}_Z = \frac{25.600 \text{ W}}{0{,}34 \text{ Wh/(m}^3 \cdot \text{K)} \cdot (25\,°\text{C} - 18\,°\text{C})}$$

$\dot{V}_Z = 10.756 \text{ m}^3/\text{h}$
$\dot{V}_U = \dot{V}_Z - \dot{V}_A$
$\dot{V}_U = 10.756 \text{ m}^3/\text{h} - 3000 \text{ m}^3/\text{h}$
$\dot{V}_U = 7756 \text{ m}^3/\text{h}$

Luftwechsel. Unter einem Luftwechsel versteht man das Verhältnis von Außenluft-Volumenstrom zum Raumvolumen.

$$n = \frac{\dot{V}_A}{V_R}$$

n	Luftwechsel	in 1/h
$\dot{V}_A$	Außenluft-Volumenstrom	in m³/h
V_R	Raumvolumen	in m³

Wenn die Raumluft hauptsächlich wegen der Entwicklung von Schadstoffen erneuert werden muss, wird der Außenluftstrom nach den MAK-Werten* ermittelt. Die Schadstoffe müssen direkt in der Nähe der Entstehung bzw. Freisetzung abgesaugt werden. Die Berechnung kann mit dem stündlichen Luftwechsel vorgenommen werden.

*MAK-Werte, **M**aximale **A**rbeitsplatz-**K**onzentration.

*Tabelle 5.05, Erfahrungswerte, die stark voneinander abweichen können.

Tabelle 5.05: Luftwechsel verschiedener Räume*

Raumart	Luftwechsel n in 1/h
Aborte in Wohnungen	4 bis 5
Aborte in Bürogebäuden	5 bis 8
Baderäume	4 bis 6
Garagen	4 bis 5
Kaufhäuser	4 bis 6
Schwimmhallen	3 bis 4
Werkstätten ohne besondere Luftverschmutzung	3 bis 6
Küchen	20 bis 30
Operationsräume	15 bis 20

Die Zuluft- und Abluftanteile können verschieden groß sein. Dementsprechend bilden sich in den Räumen geringe Über- oder Unterdrücke. In Küchen oder Toilettenanlagen sollte stets Unterdruck herrschen, damit

Beispiel 5:

Eine Hotelküche mit einem Raumvolumen von 150 m³ soll einen 20-fachen stündlichen Luftwechsel bezogen auf die Abluft erhalten. Wie groß ist der Abluft-Volumenstrom?

Lösung:
$\dot{V}_{Ab} = n \cdot V_R = 20 \text{ 1/h} \cdot 150 \text{ m}^3$
$\dot{V}_{Ab} = 3000 \text{ m}^3/\text{h}$

die Gerüche nicht in umliegende Räume eindringen können.

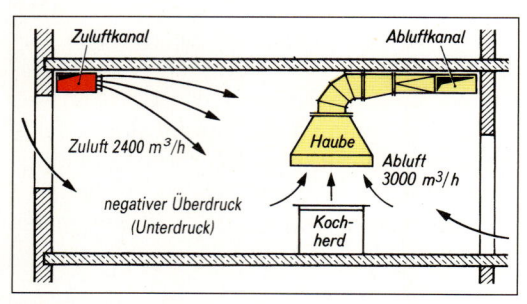

1. Lüftungsanlage mit Unterdruck in einer Hotelküche.

Zur Wiederholung

1. Was sind freie Lüftungssysteme und wie kommt dabei die Luftbewegung zustande?
2. Wann spricht man von RLT-Anlagen und wie unterscheiden sie sich im Wesentlichen von freien Lüftungssystemen?
3. Welche thermischen Luftbehandlungsfunktionen unterscheidet man in RLT- Anlagen?
4. Nennen Sie die verschiedenen Luftarten in RLT-Anlagen.
5. Wann spricht man von Abluftanlagen, Lüftungsanlagen, Teilklimaanlagen und Klimaanlagen?
6. Was sind Umluftanlagen?
7. Was versteht man unter Mindest-Außenluftstrom und unter Luftwechsel?

8. Mit welchen Einrichtungen zur thermischen Luftbehandlung kann eine Klimaanlage ausgestattet sein?
9. Geben Sie die thermischen Zustandsänderungen der Luft in einer Klimaanlage mit Umlauf-Sprühbefeuchter und Nacherwärmer an
   a) im Winterbetrieb,
   b) im Sommerbetrieb.
10. Welche thermischen Zustandsänderungen der Luft sind in einer Teilklimaanlage mit Lufterwärmer und Dampfbefeuchter möglich?
11. In welchen Räumen soll durch die RLT-Anlage ein geringer Unterdruck erzeugt werden und welche Vorteile entstehen dadurch?
12. Welche Wärmeströme bestimmen im Sommer die Kühllast eines Raums?

Zur Vertiefung

1. Warum werden bei den meisten RLT-Anlagen Zuluft- und Abluftventilatoren eingebaut?
2. Wie viel m³/h Außenluft müssen einem Festsaal für 800 Personen mindestens zugeführt werden a) bei Rauchverbot, b) bei Raucherlaubnis?
3. In einem Laboratorium mit einem Raumvolumen von 250 m³ soll ein 15-facher Luftwechsel eingehalten werden. Wie groß muss der Außenluftvolumenstrom sein?
4. Ein Kunde möchte sich für sein Wohnzimmer im Sommer eine Teilklimaanlage mit Luftkühlung einbauen lassen. Ein sehr großes Fenster ist nach Südwesten ausgerichtet. Machen Sie ihm Vorschläge, wie die äußere Kühllast dieses Fensters gemindert werden kann.

Zur Berechnung

Mollier-Diagramm für feuchte Luft

1. In einer Klimaanlage werden 5000 kg/h Luft (10 °C/50 %) auf 25 °C aufgeheizt und anschließend mittels Sattdampf auf 40 % befeuchtet. Berechnen Sie
   a) die Wärmeleistung des Lufterwärmers in kW,
   b) den Sattdampfverbrauch in kg/h.
2. In einem Umlauf-Sprühbefeuchter werden 4000 kg/h Zuluft (19 °C/4 g/kg) auf 90 % befeuchtet. Anschließend wird die Luft in einem Nacherwärmer auf 22 °C aufgeheizt. Es sind zu berechnen
   a) der stündliche Wasserverbrauch im Befeuchter,
   b) die Wärmeleistung des Nacherwärmers,
   c) die relative Feuchte der Zuluft.
3. Durch ein Klimagerät strömen 10.000 kg/h Luft (0 °C/70 %), die im Vorerwärmer auf 22,5 °C aufgeheizt, anschließend in einem Umlauf-Sprühbefeuchter auf 90 % befeuchtet und dann im Nacherwärmer auf 25 °C erwärmt werden. Berechnen Sie
   a) die Wärmeleistung des Vorerwärmers,
   b) den Wasserverbrauch im Befeuchter,
   c) die Wärmeleistung des Nacherwärmers,
   d) den Zuluft-Volumenstrom.
4. Im Luftkühler einer Klimaanlage werden je Stunde 6500 kg Mischluft (28 °C/65 %) auf 19 °C abgekühlt. Dabei steigt die relative Feuchte auf 90 %.
   a) Wie groß ist die Kühlerleistung in kW?
   b) Wie viel kg/h Kondenswasser werden ausgeschieden?
5. In einem Kühler werden stündlich 2000 kg Luft (30 °C/70 %) auf 18 °C abgekühlt. Der Kühler hat eine mittlere Oberflächen-Temperatur von 8 °C.
   a) Wie groß ist anschließend die relative Feuchte?
   b) Wie groß ist die Leistung des Kühlers in kW?

6. Es mischen sich 1000 kg/h Außenluft (32 °C/60 %) mit 3000 kg/h Umluft (26 °C/60 %). Anschließend wird die Mischluft in einem Kühler auf 19 °C abgekühlt; die relative Feuchte erhöht sich dabei auf 80 %. Berechnen Sie
   a) den Mischluftzustand,
   b) die Leistung des Kühlers,
   c) die Wasserausscheidung an den Kühlerflächen.

Luft-Volumenströme und Zulufttemperaturen

7. In einem Festsaal für 800 Personen ist Rauchen erlaubt. Wie groß muss nach DIN 1946 der Außenluft-Volumenstrom mindestens sein?
8. Der Umkleideraum eines Schul-Schwimmbads hat eine Länge von 25 m, eine Breite von 14 m und eine Höhe von 3 m. Wie viel m³/h Außenluft müssen bei einem 8-fachen Luftwechsel (n = 8 1/h) dem Raum zugeführt werden?
9. Der Wärmebedarf einer Kirche beträgt im Winter 100 kW bei einer Raumtemperatur von 15 °C. Wie hoch muss die Zulufttemperatur einer Luftheizung bei einem Zuluft-Volumenstrom von 10.000 m³/h sein?
10. Ein Versammlungsraum hat im Winter bei einer Raumtemperatur von 20 °C eine Heizlast von 25 kW, die zu 60 % von Heizkörpern abgedeckt wird; den Rest muss die RLT-Anlage ausgleichen. Berechnen Sie die Zulufttemperatur bei einem Zuluft-Volumenstrom von 2000 m³/h.
11. In einem klimatisierten Raum entsteht im Sommer eine trockene Kühllast von 5 kW. Wie groß muss der Zuluft-Volumenstrom bei einer Raumtemperatur von 25 °C und einer Zulufttemperatur von 20 °C sein?
12. In einem Großraumbüro arbeiten im Sommer bei einer Raumtemperatur von 26 °C gleichzeitig 40 Personen (sitzende Tätigkeit). Es sind Büromaschinen mit einer Leistungsaufnahme von insgesamt 6 kW, Ventilatoren mit einer Leistung von insgesamt 3,5 kW und Innenbeleuchtungen von insgesamt 4 kW gleichzeitig in Betrieb. Die äußere Kühllast beträgt 8,5 kW.
    a) Wie groß ist die gesamte trockene Kühllast des Raums?
    b) Wie groß muss der Zuluft-Volumenstrom bei einer Zulufttemperatur von 20 °C sein?
13. In einem Kino finden 500 Personen Platz. Der Filmprojektor hat eine Leistung von 5 kW; davon gelangen 20 % in den Zuschauerraum. Die äußere Kühllast beträgt im Sommer 10 kW.
    a) Wie groß ist die gesamte trockene Kühllast bei einer Raumtemperatur von 25 °C?
    b) Welcher Zuluft-Volumenstrom ist bei einer Zulufttemperatur von 19 °C erforderlich?
    c) Wie groß muss der Umluft-Volumenstrom bei einem Außenluftstrom von 20 m³/h je Person sein?
14. In einem Versammlungsraum muss die RLT-Anlage im Winter eine Heizlast von 17,5 kW übernehmen. Bei einer Raumtemperatur von 20 °C soll die Zulufttemperatur 35 °C betragen. Wie groß ist der Umluft-Volumenstrom bei einem Außenluft-Volumenstrom von 1500 m³/h?
15. Ein Festsaal für 400 Personen soll be- und entlüftet werden. Der Saal hat eine Länge von 25 m, eine Breite von 16 m und eine Höhe von 5,5 m. Im Winterbetrieb soll bei Raucherlaubnis der Außenluftstrom je Person 40 m³/h betragen. Die RLT-Anlage hat eine Heizlast von 42 kW auszugleichen. Berechnen Sie:
    a) das Raumvolumen,
    b) den Außenluft-Volumenstrom,
    c) den stündlichen Luftwechsel,
    d) die Zulufttemperatur bei einer Raumtemperatur von 20 °C (ohne Umluftbetrieb).

5.3 Luftbehandlung

5.3.1 Luftfilter

Außenluft und Umluft müssen gereinigt werden. Je nach Zweckbestimmung des Raums lassen sich unterschiedliche Luftfilter verwenden, die in verschiedene Klassen eingeteilt sind.

Faserfilter. Sie bestehen aus einem Filtervlies, das aus natürlichen oder künstlichen Fasern hergestellt wird. Die Filtermatten können senkrecht zur Luftströmung, v-förmig oder taschenförmig angeordnet sein.

Tabelle 5.06: Einteilung der Luftfilter

Filter-klasse*	mittlerer Abscheidegrad bei synthetischem Staub	mittlerer Wirkungsgrad bei atmosphärischem Staub	Bezeichnung und Verwendung
G 1	65%		Grobfilter als Vorfilter für sehr grobe Stäube
G 2	80%		Staubfilter für RLT-Anlagen und als Vorfilter bei mehreren Filterstufen
G 3	90%		
G 4	90%		
F 5		60%	Feinstaubfilter zur Abscheidung feiner Stäube in hochwertigen RLT-Anlagen, Filter für Reinlufttechnik
F 6		80%	
F 7		90%	
F 8		95%	
F 9		95%	

*__Filterklassen__ nach DIN 24185/EN 779, alte Filterklassen-Bezeichnungen: EU 1 bis EU 9.

1. Taschenförmige Filter aus Glasfasern für Filterklassen F 5 bis F 9.

2. Filtermatten aus Textilfasern und Tierhaaren für Filterklassen G 2 bis G 4.

Verschmutzte Filter müssen regelmäßig gereinigt oder ausgetauscht werden. Der Verschmutzungsgrad lässt sich durch ein U-Rohr- oder Schrägrohr-Manometer feststellen, da der Widerstand des Filters mit zunehmender Verschmutzung ansteigt.

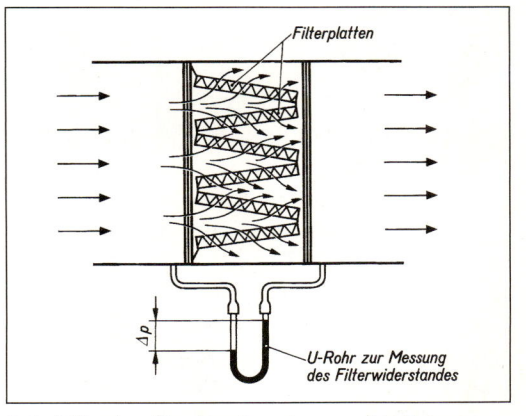

Rollbandfilter. Das Filterband wird automatisch bei einer bestimmten Verschmutzung weitertransportiert. Der Bandtransport ist durch einen Differenzdruck-Schalter gesteuert, der bei einer einstellbaren Druckdifferenz am Filter den Antriebsmotor einschaltet. Wenn das Filterband verbraucht ist,

3. Luftfilter in v-förmiger Anordnung mit U-Rohr-Manometer.

Raumlufttechnische Anlagen

zeigt ein optisches oder akustisches Signal den notwendigen Wechsel an.

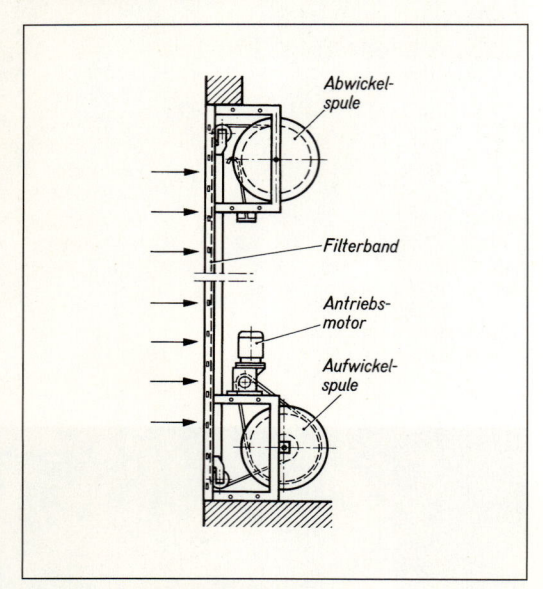

1. Automatisches Rollbandfilter.

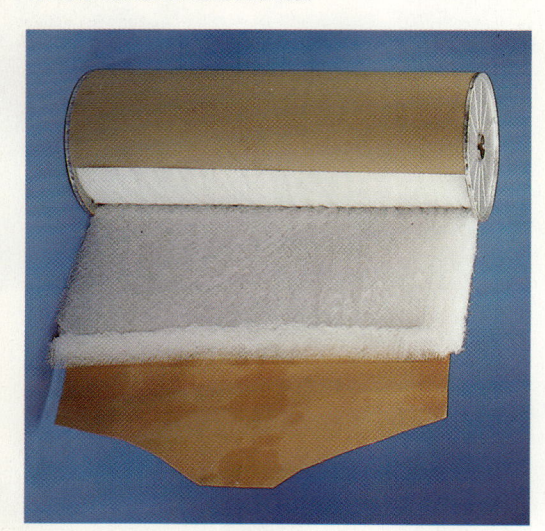

2. Filter für ein Rollbandfilter.

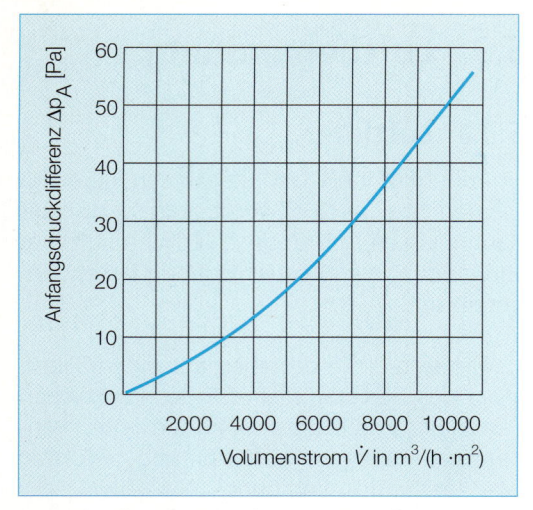

3. Druckverluste eines sauberen Rollbandfilters.

Beispiel:

Wie groß sind die Druckverluste eines Rollbandfilters mit einer Fläche von 2 m², wenn 16.000 m³/h Luft hindurchströmen?

Lösung nach Abbildung 3:
$\dot{V}$ = 16.000 m³/h : 2 m²
$\dot{V}$ = 8000 m³/(h · m²)
Δp = 36 Pa bei sauberem Filter

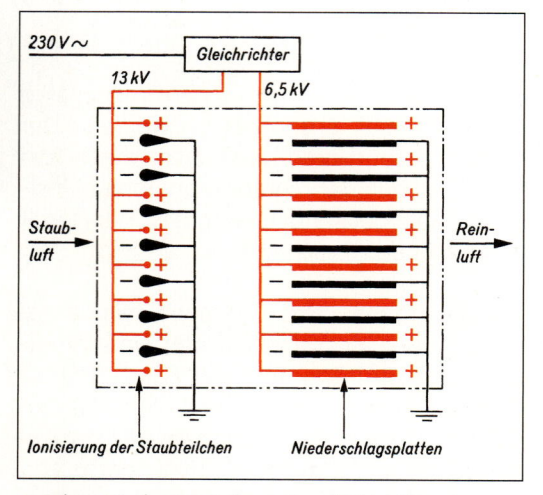

Elektrofilter. Hierbei werden die Staubpartikel in einer Ionisationszone elektrisch aufgeladen und in einer anschließenden Abscheidezone an entgegengesetzt aufgeladenen Platten abgeschieden. Zur Reinigung werden die Niederschlagsplatten elektrisch umgeschaltet, wobei der anhaftende Staub abgestoßen wird.

4. Schematische Darstellung eines Elektrofilters.

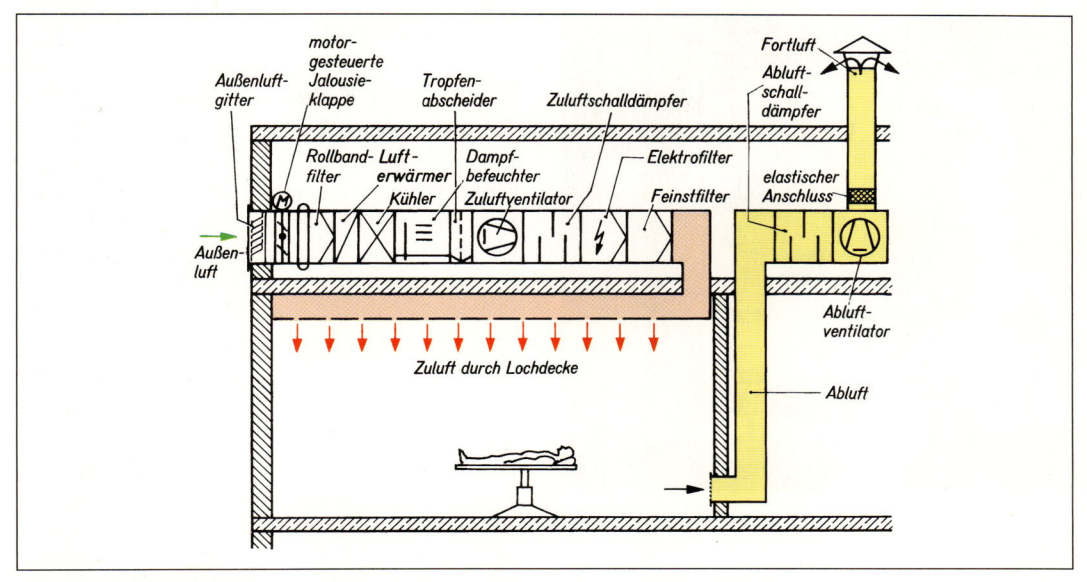

Luftbehandlung

1. Klimaanlage mit Dampfbefeuchtung und mehreren Filterstufen für einen Operationsraum.

Mehrstufige Filter. Bei hohen Anforderungen an die Reinheit der Luft müssen mehrere Filter hintereinandergeschaltet werden. Das erste Filter auf der Saugseite sorgt für Vorfilterung, z.B. Filterklasse G 3. Nachgeschaltete Feinfilter entfernen die noch in der Luft enthaltenen Schwebstoffe, je nach Filterart auch Bakterien oder radioaktive Stoffe. Bei Operationsräumen im Krankenhaus müssen nach DIN 1946 T4* Klimaanlagen mit zwei bis drei Filterstufen ausgerüstet sein. Ein Vorfilter wird auf der Saugseite, die Feinfilter werden auf der Druckseite des Ventilators eingebaut. RLT-Anlagen in Operationsräumen dürfen aus hygienischen* Gründen normalerweise nicht mit Umluft betrieben werden.

Lufterwärmer werden nach dem Filter eingebaut, der Wärmeaustausch erfolgt im Kreuzstromprinzip. Sie können mit Warmwasser, Heißwasser, Dampf oder elektrischer Energie beheizt werden. Wird zur Beheizung Wasser verwendet, besteht für das Heizregister bei niedrigen Außentemperaturen erhöhte Einfriergefahr. Deshalb sind Frostschutz-Einrichtungen erforderlich, welche die Außenluftjalousie bei Bedarf schließen und den Zuluftventilator abschalten.

__DIN 1946 T4__, RLT-Anlagen in Krankenhäusern.

__hygienisch__, gesundheitlich.

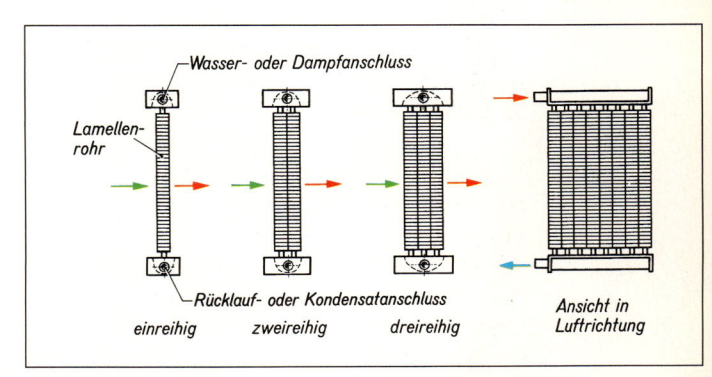

5.3.2 Lufterwärmer

Lufterwärmer bestehen aus senkrecht angeordneten Rohrregistern, die von Blechlamellen umgeben sind. Sie werden aus Kupferrohren mit Kupfer- oder Aluminium-Lamellen oder aus verzinktem Stahl hergestellt. Je nach Wärmeleistung lassen sich mehrere Rohrreihen hintereinanderschalten.

2. Lufterwärmer in ein- und mehrreihiger Ausführung.

5.3.3 Luftkühlung

Luftkühler. Sie sind wie Lufterwärmer aufgebaut, jedoch findet der Wärmeaustausch in umgekehrter Richtung statt. Die Wärme fließt von der warmen Luft zum Kühlmedium, wobei das anfallende Kondenswasser durch eine Wanne aufgefangen und abgeführt werden muss.

Kühlmaschinen. Sie arbeiten wie Wärmepumpen. Vgl. 6.1.3, S. 304. Dem Kältemittel bzw. Kühlwasser wird im Verdampfer der Kühlmaschine die Wärme entzogen, die es im Luftkühler aufnimmt. Am Kondensator muss neben dieser Wärme auch der größte Teil der Antriebsenergie der Kühlmaschine abgeführt werden.

Wenn der Verdampfer einer Kühlmaschine direkt in den zu kühlenden Luftstrom eingebaut wird, bezeichnet man ihn als Direktverdampfer. Dieses System wird bei einzelnen Klimaanlagen bevorzugt.

Bei großen Anlagen, die aus mehreren Klimageräten bestehen, wird Wasser durch den Verdampfer der Kühlmaschine geleitet. Mit diesem Kühlwasser können dann alle Luftkühler der Klimaanlagen versorgt werden.

Rückkühlung. Die am Kondensator einer Kühlmaschine frei werdende Wärme muss durch ein Rückkühlsystem abgeführt werden. Bei kleineren Anlagen wird Luftkühlung bevorzugt. Ein Ventilator bläst Außenluft durch

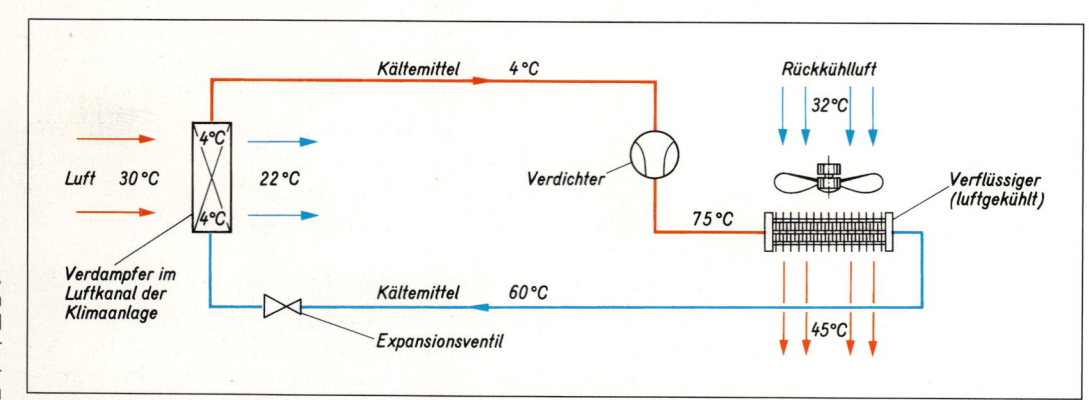

1. Kompressor-Kühlmaschine in einer Klimaanlage.

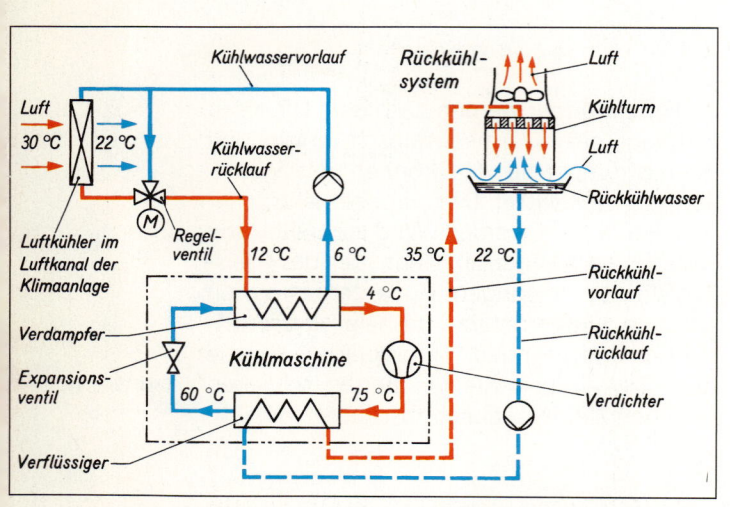

2. Kühlsystem einer Klimaanlage mit Wasserkühlung und Rückkühlung mittels Kühlturm*.

*Zu Abb. 2 und 3, die angegebenen Temperaturen sind als Beispiele für bestimmte Betriebszustände zu verstehen.

3. Kühlsystem einer Klimaanlage mit Direktverdampfer und Rückkühlung durch Außenluft.*

den Wärmeaustauscher des Kondensators, die sich dabei im Sommer von z.B. 32 °C auf 45 °C erwärmen kann. Vgl. Abb. 3, S. 268. Bei großen Anlagen wird Rückkühlwasser verwendet, das wegen der verhältnismäßig hohen Temperatur für die Beheizung des Nacherwärmers oder für andere Zwecke geeignet ist. Falls die Abwärme der Kühlmaschine nicht verwertbar ist, muss sie über ein Rückkühlwerk*, das im Freien aufgestellt ist, an die Außenluft abgegeben werden. Das Rückkühlwasser fällt im Kühlturm regenartig nach unten; die Luft bewegt sich im Gegenstrom nach oben. Dabei verdampft ein Teil des Wassers, was eine Abkühlung von z.B. 35 °C auf 22 °C bewirkt. Vgl. Abb. 2, S. 268.

5.3.4 Luftbefeuchter

Umlauf-Sprühbefeuchter. Sie werden nach dem Vorerwärmer in den Luftstrom eingebaut. Wasser wird durch Spritzdüsen fein zerstäubt, damit ein Teil des Wassernebels von der warmen und trockenen Luft aufgenommen werden kann. Der restliche Teil fällt in eine Wanne zurück. Durch aufbereitetes Zusatzwasser wird das verdunstete Wasser ersetzt. Tropfenabscheider am Anfang und Ende des Befeuchters verhindern, dass Wasser in die Luftkanäle gelangt. Sprühbefeuchter werden wegen der Korrosionsgefahr meistens aus Kunststoff oder nicht rostendem Stahl hergestellt.

In einem Sprühbefeuchter können die Spritzdüsen so angeordnet sein, dass sie gegen den Luftstrom, mit dem Luftstrom oder in beiden Richtungen zerstäuben. In den meisten Fällen wird das Wasser-Umlaufverfahren ohne Wassererwärmung oder Kühlung angewendet. Bei diesen Umlauf-Sprühbefeuchtern kann die relative Luftfeuchte auf 85 % bis 95 % angehoben werden. Da sich durch Wasserverdunstung die Luft abkühlt, muss sie im Nacherwärmer auf die erforderliche Zulufttemperatur aufgeheizt werden.

*Rückkühlwerk, es wird auch als Kühlturm bezeichnet.

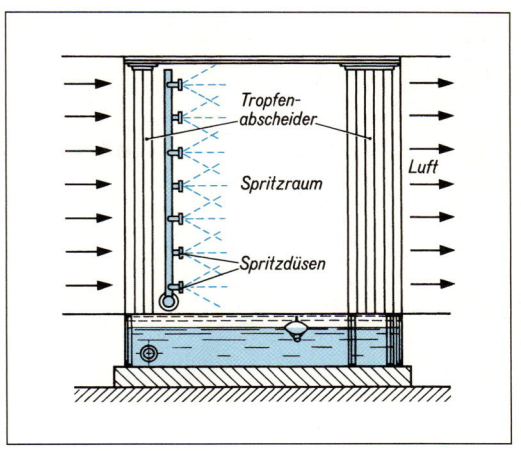

1. Umlauf-Sprühbefeuchter.

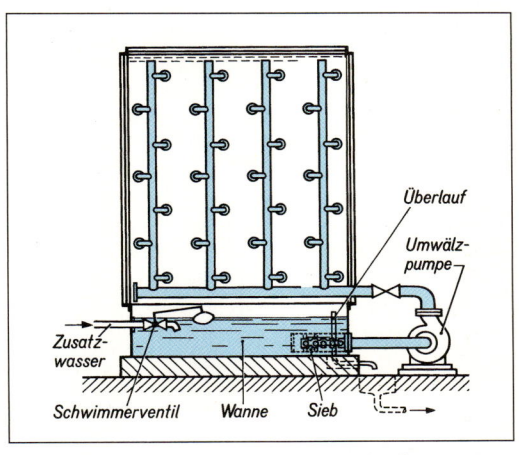

2. Anordnung der Düsen bei einem Umlauf-Sprühbefeuchter.

Sprühbefeuchter werden auch als Luftwäscher bezeichnet, weil sie zur Reinigung der Luft beitragen. Abgeschiedener Staub muss durch regelmäßige Reinigung beseitigt werden. Da sich in einem Sprühbefeuchter Krankheitskeime, z.B. Legionellen, festsetzen und vermehren können, werden dem Wasser keimtötende Substanzen beigemischt. Auch mit einer Lampe für UV-Licht* lassen sich Keime abtöten. Vgl. 7.4.1, S. 359.

*UV-Licht, Abkürzung für ultraviolettes Licht.

Dampfbefeuchter. Sie werden ebenfalls nach dem Lufterwärmer eingebaut. Der Wasserdampf wird bei kleinen Anlagen in elektrisch beheizten Geräten, bei großen Anlagen in einem Dampfkessel erzeugt.

Raumlufttechnische Anlagen

Sattdampf für die Luftbefeuchtung muss in Reindampf-Erzeugern hergestellt werden, bei denen der Dampfkessel und das Rohrnetz aus nicht rostendem Stahl bestehen. Das Wasser wird vorher aufbereitet, um Steinbildung zu verhindern.

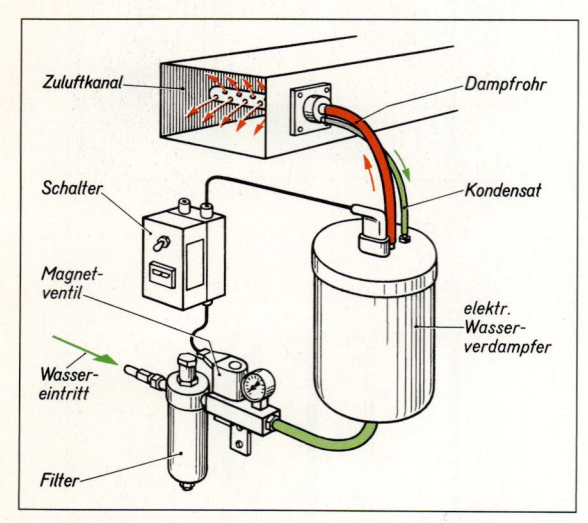

Geräten zu überwinden. Auf der Saugseite entsteht ein Unterdruck, z.B. 400 Pa, auf der Druckseite ein Überdruck, z.B. 100 Pa. Diese Drücke können an verschiedenen Stellen der Anlage durch den Anschluss von Schrägrohr-Manometern gemessen werden.

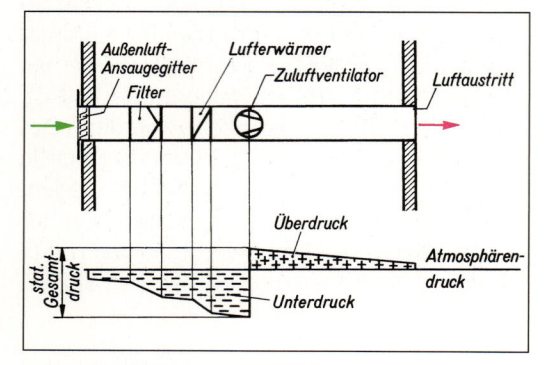

1. Elektrischer Dampfbefeuchter für kleinere Klimaanlagen.

2. Druckverteilung in einer RLT-Anlage.

Man unterscheidet in RLT-Anlagen im Wesentlichen Axialventilatoren, Radialventilatoren und Querstromventilatoren.

Axialventilatoren. Die Luft strömt in axialer* Richtung. Der Motor ist bei kleineren Anlagen in der Nabe mit den propellerartigen Schaufeln eingebaut. Große Axialventilatoren werden über Keilriemen angetrieben. Eine Richtungsänderung des Luftkanals ist bei Verwendung dieser Ventilatoren nicht erforderlich.

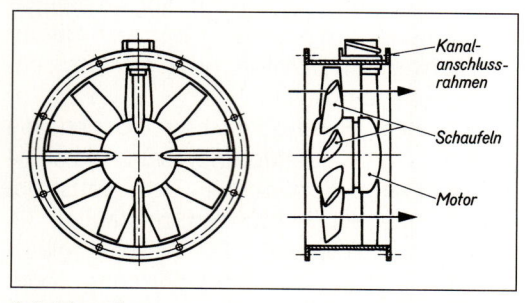

*axial, in Achsrichtung, längs der Achse verlaufend.

Der Sattdampf wird durch Düsen oder Sonden in die Zuluft geblasen und von der warmen und trockenen Luft aufgenommen. Die Dampfdüsen sind so gestaltet, dass Kondensat in den Verdampfer zurückfließt und nur trockener Dampf in den Luftstrom gelangt. Da sich durch die hohe Dampftemperatur keine Keime festsetzen können, sind Dampfbefeuchter hygienischer als Sprühbefeuchter und werden deshalb besonders in Krankenhäusern bevorzugt. Da die Lufttemperatur bei Dampfbefeuchtung weitgehend konstant bleibt, ist ein Nacherwärmer nicht erforderlich.

3 Axialventilator.

5.3.5 Ventilatoren

*radial, auf den Radius bezogen, strahlenförmig von einem Mittelpunkt ausgehend.

Ventilatoren sorgen für den erforderlichen Luft-Volumenstrom in einer RLT- Anlage und erzeugen die notwendige Druckdifferenz, um die Druckverluste in Luftkanälen und

Radialventilatoren. Die Luft wird in Richtung der Antriebswelle angesaugt und in radialer* Richtung um 90° versetzt am Druckstutzen ausgeblasen. Wenn die Saugseite eines Radialventilators direkt mit dem Luft-

Luftbehandlung

kanal verbunden werden soll, verwendet man einseitig saugende Ventilatoren. Kann dagegen die Luft frei aus einem Raum angesaugt werden, sind zweiseitig saugende Ausführungen günstiger.

1. Radialventilatoren, ein- und zweiseitig saugend.

Bei gleicher Leistung erzeugen Radialventilatoren weniger Geräusche als Axialventilatoren und werden deshalb vorzugsweise verwendet. Die Laufräder können mit vorwärts oder rückwärts gekrümmten Schaufeln ausgestattet sein. Ventilatoren mit vorwärts gekrümmten Schaufeln benötigen bei gleicher Leistung erheblich kleinere Drehzahlen als mit rückwärts gekrümmten und können deshalb preisgünstiger hergestellt werden. Radialventilatoren mit rückwärts gekrümmten Schaufeln sind dagegen stabiler gebaut und haben ein besseres Betriebsverhalten.

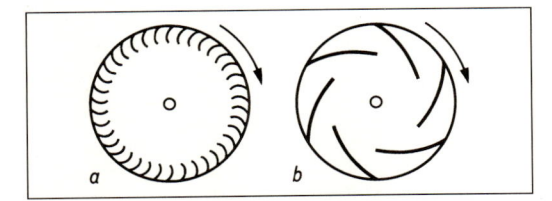

2. Schaufelformen bei Radialventilatoren
a) vorwärts gekrümmt, z.B. 40 Schaufeln,
b) rückwärts gekrümmt, z.B. 6 Schaufeln.

Querstromventilatoren. Sie werden überwiegend in Lüftungstruhen, Ventilator-Konvektoren und gebläseunterstützte Unterflur-Konvektoren eingebaut. Querstromventilatoren sind besonders geräuscharm und deshalb ohne zusätzliche Schalldämmung im Wohnbereich einsetzbar.

3. Querstromventilator mit Motor.

Drehzahlen. Die Antriebsmotoren können mehrere Drehzahlen haben, so dass die RLT-Anlagen mit Volllast oder Teillast betrieben werden können. Auch eine stufenlose Drehzahlregelung ist möglich. Durch Auswechseln der Keilriemenscheiben lassen sich die Drehzahlen und damit die Volumenströme den Bedürfnissen der Anlagen anpassen.

Kennlinien. Ventilatoren haben in Aufbau und Wirkungsweise viele Gemeinsamkeiten mit Kreiselpumpen. Vgl. Bd. 07487, Kap. 4.7.3. Sie besitzen von der Drehzahl abhän-

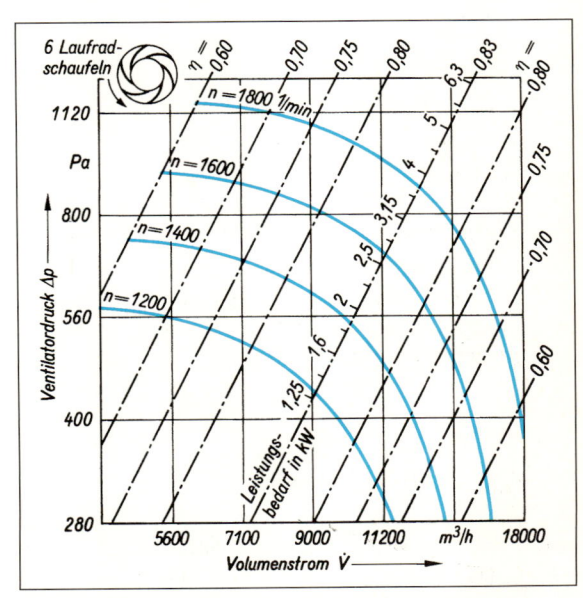

4. Kennlinien eines zweiseitig saugenden Radialventilators mit rückwärts gekrümmten Schaufeln.

gige Kennlinien, die den Zusammenhang zwischen Luftvolumenstrom und Ventilatordruck darstellen. Wo sich die Ventilatorkennlinie mit der Netzkennlinie des Luftkanals schneidet, liegt der Betriebspunkt der Anlage.

Beispiel 1:

Durch einen Radialventilator mit den Kennlinien nach Abb. 4, S. 271, sollen 11.200 m³/h Luft befördert werden. Die Drehzahl beträgt 1600 1/min. Wie groß sind der Ventilatordruck, der Ventilator-Wirkungsgrad und der Leistungsbedarf des Ventilators?

Lösung nach Abb. 4:
Ventilatordruck: ca. 700 Pa
Wirkungsgrad: ca. 83 %
Leistungsbedarf: ca. 2,6 kW

Ventilator- und Motorleistung. Die Leistung eines Ventilators hängt vom Gesamtdruck und vom Volumenstrom ab. Ventilatoren haben wie Heizungspumpen eine Verlustleistung, die durch den Wirkungsgrad erfasst wird. Der Motor sollte eine Leistungsreserve von 20 % bis 30 % haben. Die einem Ventilator durch den Elektromotor zuzuführende Antriebsleistung berechnet man nach folgender Formel:

$$P_{zu} = \frac{\dot{V}_h \cdot \Delta p_V}{3600 \cdot \eta_V}$$

P_{zu}	= zugeführte Leistung	in W (Nm/s)
$\dot{V}_h$	= Volumenstrom	in m³/h
Δp_V	= Ventilatordruck	in Pa (N/m²)
η_V	= Ventilator-Wirkungsgrad	
3600	= Umrechnungsfaktor	in s/h

Beispiel 2:

Ein Radialventilator erzeugt bei einem Volumenstrom von 9000 m³/h einen Gesamtdruck von 560 Pa. Der Ventilator-Wirkungsgrad beträgt 81 %.
a) Wie groß muss die zugeführte Leistung des Motors sein?
b) Welche Leistung hat der Motor, wenn mit einer Leistungsreserve von 30 % gerechnet wird?

Lösung:

a) $P_{zu} = \dfrac{\dot{V}_h \cdot p_V}{3600 \cdot \eta_V}$

$P_{zu} = \dfrac{9000 \text{ m}^3/\text{h} \cdot 560 \text{ N/m}^2}{3600 \text{ s/h} \cdot 0{,}81}$

$P_{zu} = 1728$ Nm/s
$P_{zu} = 1728$ W = 1,73 kW

b) $P_M = 1{,}30 \cdot P_{zu} = 1{,}30 \cdot 1{,}73$ kW
$P_M = 2{,}25$ kW

5.3.6 Wärmerückgewinnung

Die Fortluft von RLT-Anlagen enthält im Winter große Wärmemengen, die ohne Wärmerückgewinnung verloren gehen. Um Energie in erheblichem Maß einzusparen, ist es besonders bei größeren RLT-Anlagen notwendig, die in der Fortluft enthaltene Wärme teilweise wieder dem Gebäude zuzuführen.

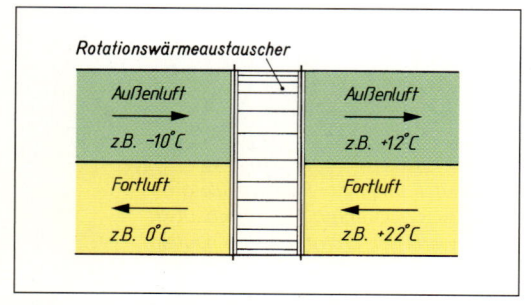

1. Wärmerückgewinnung durch einen Rotations-Wärmeaustauscher in einer RLT-Anlage.

Es werden überwiegend folgende Systeme der Wärmerückgewinnung verwendet:
• Rotations-Wärmeaustauscher,
• Kreuzstrom-Wärmeaustauscher,

Luftbehandlung

- Wasserumlaufsysteme,
- Wärmerückgewinnung durch Wärmepumpen.

Beispiel:

Durch die Wärmerückgewinnung in einer RLT-Anlage kann die Fortluft von 22 °C auf 0 °C abgekühlt und die Außenluft von –10 °C auf 12 °C vorgewärmt werden. Vgl. Abb. 1, S. 272. Wie viel Prozent beträgt die Energieeinsparung?

Lösung:
Gesamte Temperaturdifferenz:
$\Delta \vartheta_{ges} = 22\,°C - (-10\,°C) = 32\,K$

Temperaturdifferenz durch Wärmerückgewinnung:
$\Delta \vartheta_{Rü} = 22\,°C - 0\,°C = 22\,K$

Energieeinsparung in Prozent:
$$\frac{22\,K}{32\,K} \cdot 100\,\% = 69\,\%$$

Rotations-Wärmeaustauscher. Sie rotieren mit Drehzahlen von 5 1/min bis 15 1/min im Außenluft- und Fortluftkanal und nehmen dabei Wärme der Fortluft auf und geben sie an die Außenluft ab. Beide Kanäle müssen zusammengeführt werden, um den Wärmeaustauscher einbauen zu können. Dabei verhindert eine Schleuse, dass Fortluft in den Außenluftkanal gelangt. Die wabenartige Speichermasse kann auch Feuchtigkeit der Fortluft aufnehmen und an die Außenluft abgeben. Rotations-Wäreaustauscher haben einen sehr guten Wirkungsgrad von 70 % bis 90 %.

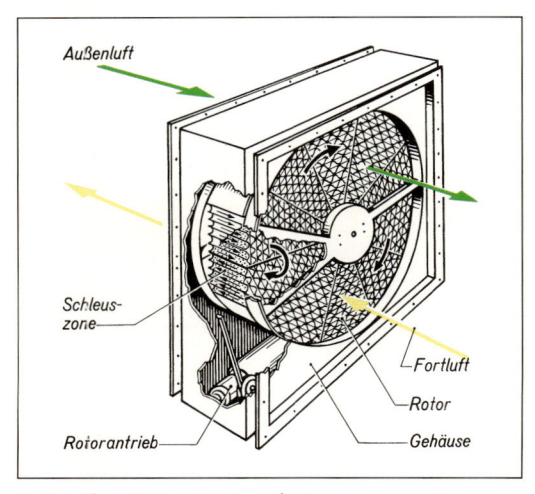

Kreuzstrom-Wärmeaustauscher. Auch bei diesem System müssen Fortluft- und Außenluftkanal zusammengeführt werden. Kreuzstrom-Wärmeaustauscher sind häufig in vorgefertigten Klimageräten eingebaut und bestehen aus parallel angeordneten Platten, durch die wechselweise Fortluft und Außenluft strömen. Da sich im Winter im Fortluftkanal Kondenswasser bilden kann, ist ein Tropfenabscheider mit Auffangwanne erforderlich. Damit die Platten nicht verschmutzen, werden Außenluft- und Abluftfilter eingebaut.

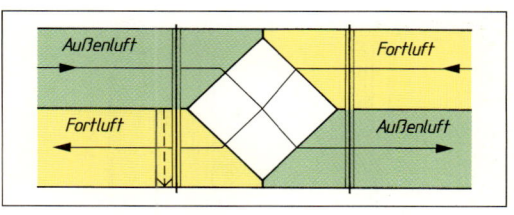

1. Rotations-Wärmeaustauscher.

2. Kreuzstrom-Wärmeaustauscher.

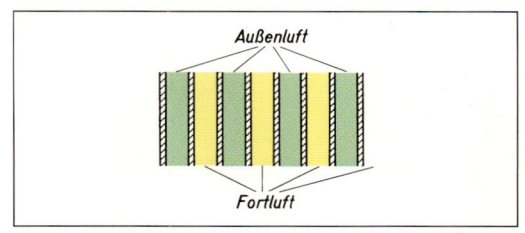

3. Anordnung der Platten bei einem Kreuzstrom-Wärmeaustauscher.

Wasserumlauf-Systeme. Im Fortluft- und Außenluftkanal sind Wärmeaustauscher eingebaut, durch die frostgeschütztes Wasser zirkuliert. Dieses System hat den Vorteil, dass die Luftkanäle nicht zusammengeführt werden müssen. Es lässt sich ohne große Veränderungen nachträglich in bestehende Anlagen einbauen.

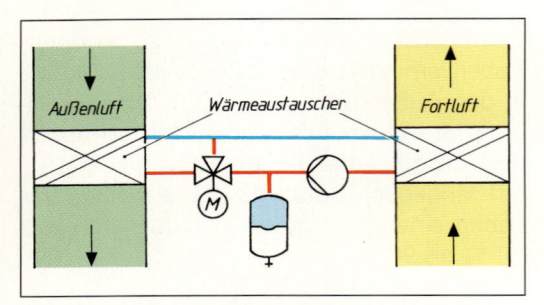

Raumlufttechnische Anlagen

1. Wärmerückgewinnung durch ein Wasserumlauf-System.

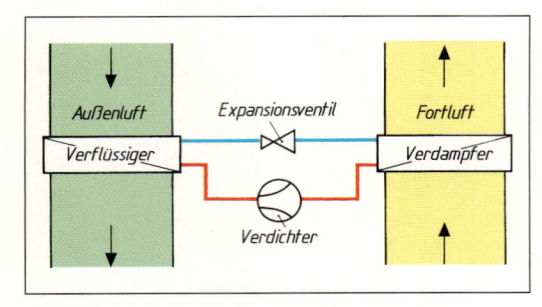

4. Wärmerückgewinnung durch eine Wärmepumpe.

Wärmepumpen. Im Winter wird die Fortluft durch den Verdampfer der Wärmepumpe geleitet, wo ihr die zur Verdampfung des Kältemittels erforderliche Wärme entzogen wird. Im Verflüssiger kondensiert das Kältemittel und gibt die im Verdampfer aufgenommene Fortluftwärme und den größten Teil der Antriebsenergie an die Außenluft ab. Vgl. 6.1.3, S. 304. Im Sommer kann die Anlage zur Luftkühlung in umgekehrter Richtung arbeiten; dann wird der Außenluft Wärme entzogen, die durch die Fortluft ins Freie abgeführt wird. Fortluft- und Außenluftkanal müssen nicht zusammengeführt werden.

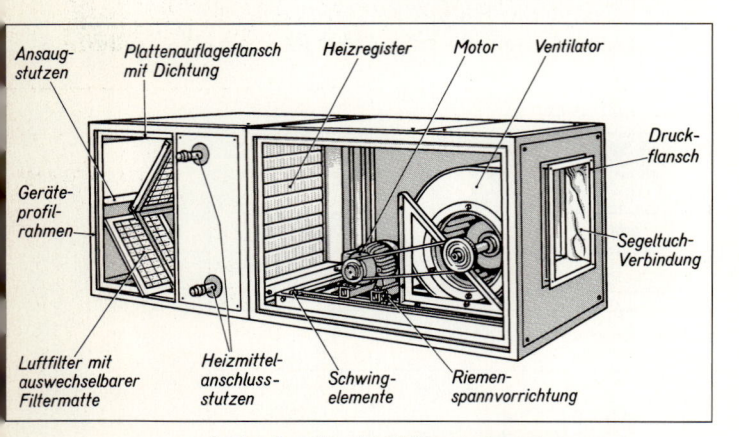

5.3.7 Lüftungs- und Klimageräte

Lüftungs- und Klimageräte mit Volumenströmen bis zu 100.000 m³/h werden in Baukastenweise hergestellt. Die einzelnen Geräte für Mischung, Filterung, thermische Luftbehandlungen und Lufttransport lassen sich nach Bedarf zusammenstellen.

Die einzelnen Bauelemente bestehen aus einer Rahmenkonstruktion mit innerer und äußerer Blechverkleidung. Die Zwischenräume sind mit Dämmstoffen ausgefüllt. Die Bauelemente besitzen verschließbare Türen, so dass sie gewartet und gereinigt werden können. Man unterscheidet je nach Aufstel-

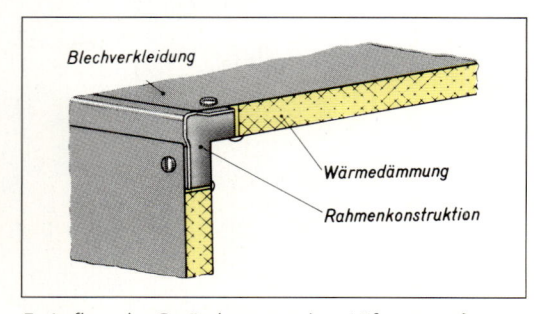

2. Zuluftgerät mit Luftfilter, Lufterwärmer und Radialventilator.

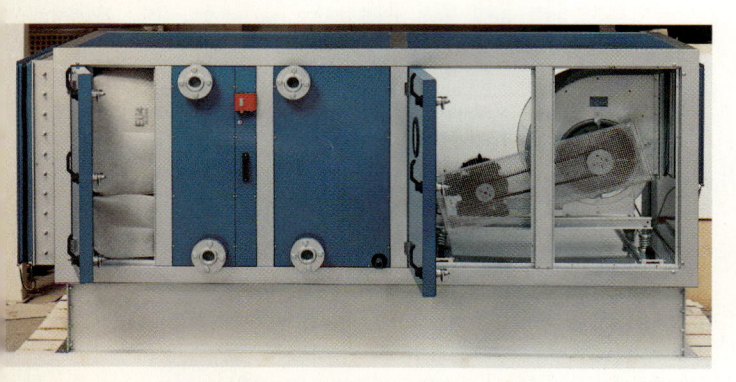

3. Teilklimagerät mit Luftfilter, Lufterwärmer, Luftkühler und Radialventilator.

5. Aufbau der Gerätekammer eines Lüftungs- oder Klimageräts zur Aufstellung in einem Raum.

Luftbehandlung

lung Raumgeräte und Außengeräte. Außengeräte müssen besonders wärmegedämmt und gegen Feuchtigkeit geschützt sein.

Zuluft- und Abluftgeräte sowie Bauelemente für die Wärmerückgewinnung lassen sich platzsparend miteinander kombinieren.

Bei Lüftungs und Klimazentralen für sehr große Gebäude werden die Abschnitte der Luftbehandlung durch gemauerte oder betonierte Kammern mit luftdichten Türen hergestellt. Die Geräte zur Luftbehandlung sind an den Zwischenwänden befestigt.

Raum-Klimageräte. Für die Kühlung einzelner Räume im Sommer lassen sich Teilklimageräte in Schrank- oder Truhenform aufstellen. Sie besitzen eingebaute Kühlmaschinen und können mit und ohne Außenluft arbeiten. Für die Rückkühlung ist ein Kaltwasseranschluss und für die Ableitung des Kondensats eine Abwasserleitung erforderlich. Bei eingebautem Heizregister können diese Geräte auch die Beheizung der Räume im Winter übernehmen.

Häufig werden so genannte Splittgeräte* verwendet, wobei der Verdampfer mit Gebläse im zu kühlenden Raum und der Kompressor und Kondensator mit Gebläse im Freien aufgestellt sind. Beide Geräteteile sind durch wärmegedämmte Kältemittelleitungen verbunden.

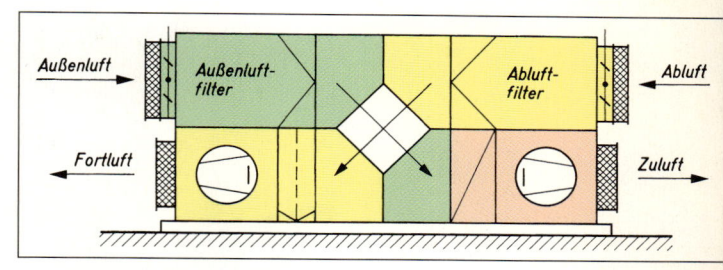

2. Zu und Abluftgerät mit Kreuzstrom-Wärmeaustauscher für Wärmerückgewinnung.

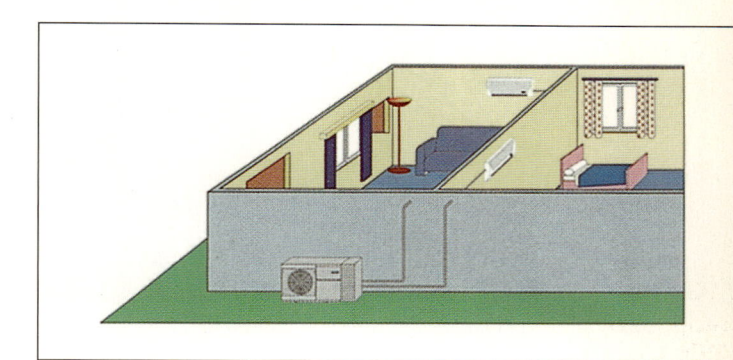

3. Raum-Klimagerät in Splittbauweise.

Kleine Raum-Klimageräte können in Fenstern oder Außenwänden so eingebaut werden, dass der Kältemittel-Verflüssiger außen und der Kältemittel-Verdampfer innen im Raum liegt. Kondenswasser am Luftkühler wird nach außen geleitet und dient gleichzeitig zur Kühlung des Verflüssigers.

***Splittgeräte,** engl. splitten = teilen.

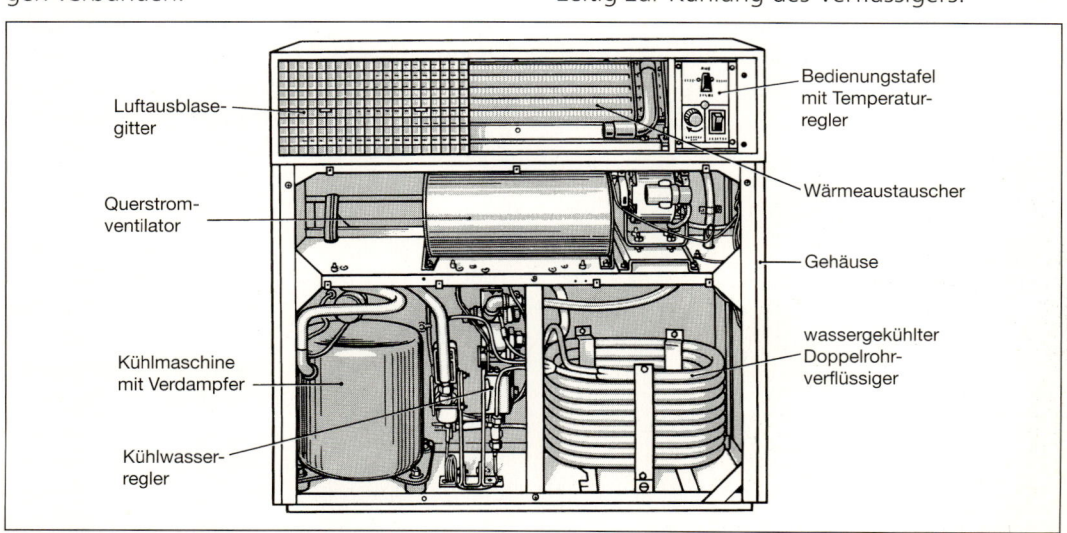

1. Klimatruhe mit Kühlmaschine und wassergekühltem Verflüssiger.

Raumlufttechnische Anlagen

1. Raum-Klimagerät für Wandeinbau.

5.3.8 Steuerung und Regelung von RLT-Anlagen

Bei raumlufttechnischen Anlagen müssen je nach Luftbehandlungsfunktionen die Raumtemperatur, die Raumfeuchte und das Mischungsverhältnis von Außenluft und Umluft geregelt werden. Neben verschiedenen Steuerungsvorgängen sind bei einfachen Anlagen Zweipunkt-, Dreipunkt- oder Proportionalregler erforderlich, die die gewünschten Sollwerte einhalten. Vgl. 2.1.2, S. 112. Kompliziertere RLT-Anlagen können in eine Gebäudeleittechnik eingebunden werden, wozu dann digitale Prozessrechner und DDC-Regler erforderlich sind.

Klappensteuerung. Bei einfachen RLT-Anlagen, z.B. bei einer Garagenlüftung, werden die Jalousieklappen im Außenluft- und Fortluftkanal durch einen Stellantrieb geöffnet oder geschlossen. Je nach Art der Steuerung werden sie vor oder beim Anlaufen der Ventilatoren betätigt. An den Klappen sind Endlagenschalter eingebaut, die den Steuerungsvorgang bei voll geöffneter oder geschlossener Klappe beenden. Bei nahe beieinander liegenden Jalousien kann ein Stellmotor auch beide Klappen betätigen. Vgl. 5.4.4, S. 285.

Mischluft-Temperaturregelung. Bei dieser Regelung erfasst ein Temperaturfühler die Mischlufttemperatur in der Mischkammer und gibt diesen Wert an einen Regler weiter, der die Jalousieklappen so betätigt, bis sich die gewünschte Temperatur einstellt. Die Klappen sind mechanisch oder elektrisch miteinander verbunden, so dass sich z.B. beim Öffnen der Außenluftklappe die Fortluftklappe im gleichen Verhältnis öffnet, während sich die Umluftklappe entsprechend schließt. Bei anderen RLT-Anlagen kann der Außenluftanteil in Abhängigkeit der Außentemperatur oder durch eine manuell einzustellende Vorgabe zwischen 0 % bis 100 % festgelegt werden.

Frostschutz. Wasserbeheizte Lufterwärmer können bei ungünstigen Bedingungen, z.B. nach längerem Stillstand oder nach Ausfall der Heizung, einfrieren. Als Frostschutz wird ein Temperaturfühler schlangenförmig am Ausgang des Lufterwärmers angebracht. Bei einer Zulufttemperatur, die der Gefriertemperatur nahe kommt, z.B. 5 °C, können die Ventilatoren ausgeschaltet, die Außen- und Fortluft-Jalousieklappe geschlossen und ein Alarmsignal ausgelöst werden. Vgl.

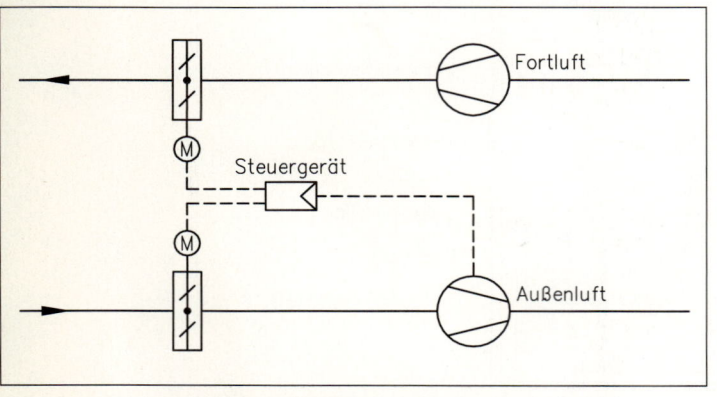

2. Klappensteuerung in einem Außenluft- und Fortluftkanal.

Luftbehandlung

Abb. 3, S. 277. Bei anderen Frostschutzmaßnahmen werden nur die Jalousieklappen geschlossen und die Beheizung des Lufterwärmers aktiviert. Wenn sich der frostgefährliche Zustand nicht ändert, werden die Ventilatoren abgeschaltet und Alarm ausgelöst.

==Volumenstromregelung.== Die Volumenströme müssen bei Inbetriebnahme der RLT-Anlagen sorgfältig abgeglichen werden. Bei einfachen Drosselklappen ist das sehr zeitaufwändig. Mit mechanischen, elektrischen oder pneumatischen Volumenstromreglern lassen sich diese Arbeiten erheblich schneller durchführen. Mechanische Volumenstromregler benötigen keine Hilfsenergie; sie arbeiten mit einer Regelklappe, die mit Hilfe einer einstellbaren Feder und der strömenden Luft betätigt wird. Elektrische und pneumatische Volumenstromregler besitzen Stellantriebe, die die Drosselklappe in Abhängigkeit des eingestellten Volumenstroms betätigen. Der Volumenstrom wird dabei durch Messungen des Staudrucks der strömenden Luft ermittelt. Vgl. 5.4.8, S. 294.

==Regelung einer Lüftungsanlage.== Die Wärmeleistung eines mit Wasser beheizten Lufterwärmers wird durch ein motorbetätigtes Dreiwegeventil geregelt. Das Ventil kann als Mischventil oder als Verteilventil arbeiten. Bei

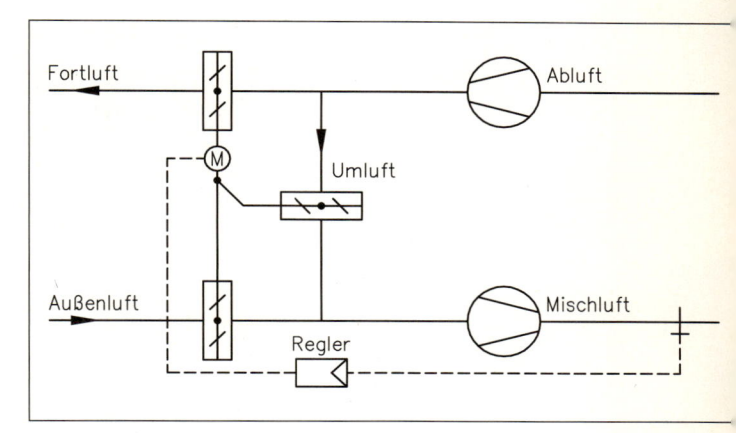

2. Mischluft-Temperaturregelung.

3. Volumenstromregler mit elektrischem Stellantrieb.

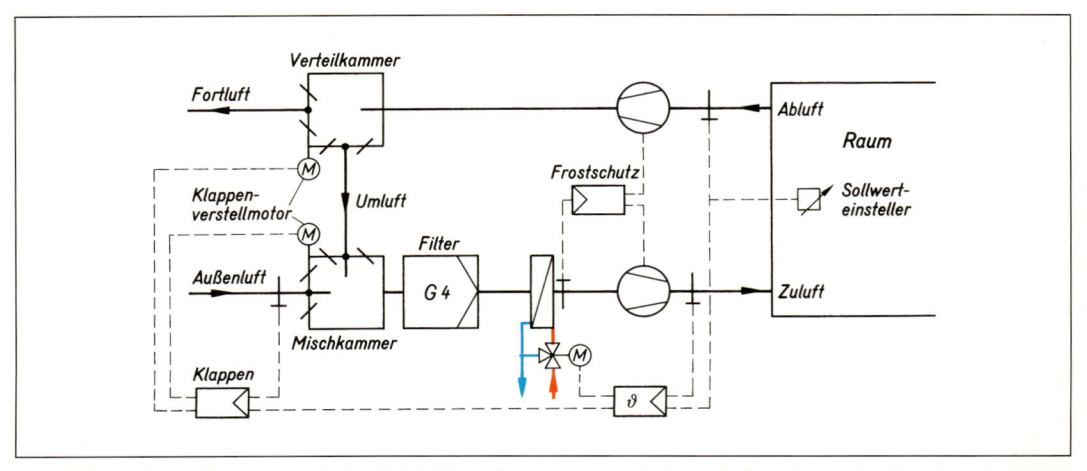

1. Regelung einer Lüftungsanlage mit Mischluftbetrieb und wasserbeheiztem Lufterwärmer. Das Regelventil arbeitet als Verteilventil.

Mischbetrieb ist eine zusätzliche Pumpe am Lufterwärmer erforderlich. Die Raumtemperatur kann durch einen Raumfühler mit Sollwerteinstellung oder durch einen Fühler im Abluftkanal erfasst und an den Regler gemeldet werden. Ein Fühler im Zuluftkanal dient als Minimalbegrenzer, damit nicht zu kalte Zuluft, z.B. <17 °C, in den Raum geblasen wird. Die Frostschutzeinrichtung reagiert, wenn der Fühler nach dem Lufterwärmer Temperaturen nahe dem Gefrierpunkt meldet.

Außenluft und Umluft werden in Abhängigkeit der Außentemperatur und des Mindest-Außenluftstroms eingestellt. Bei Außentemperaturen im Sommer bis ca. 26 °C kann die im Raum anfallende Kühllast durch die Außenluft ganz oder teilweise abgeführt werden. Bei höheren Außentemperaturen ist eine Kühlung durch die Außenluft nicht mehr möglich.

==Klimaanlage mit Dampfbefeuchtung.== Dabei kann ein Feuchtefühler im Raum oder im Abluftkanal angeordnet sein, der den Istwert an den Feuchteregler meldet. Bei Regelabweichungen wird ein Dampfventil geöffnet oder geschlossen.

Die Raumlufttemperatur wird im Winter durch den Lufterwärmer, im Sommer durch den Luftkühler geregelt. Auch im Kühlwasser-Kreislauf kann ein Verteilventil oder Mischventil als Stellglied verwendet werden.

Ohne Nacherwärmer ist eine Regelung der relativen Luftfeuchte im Sommer nicht möglich.

==Klimaanlage mit Umlauf-Sprühbefeuchter.== Bei Einbau eines Umlauf-Sprühbefeuchters muss ein Nacherwärmer eingebaut sein, der die Regelung der Raumtemperatur im Winter- und im Sommerbetrieb übernimmt. Die Regelung der relativen Raumfeuchte kann über einen Temperaturfühler erfolgen, der nach dem Kühler bzw. nach dem Sprühbefeuchter eingebaut ist und annähernd die Taupunkttemperatur* der Luft erfasst. Der Vorerwärmer heizt die Luft im Winterbetrieb so weit auf, damit sie im anschließenden Umlauf-Sprühbefeuchter der Taupunkttemperatur, z.B. 12 °C, nahe kommt und so eine bestimmte Wasserdampfmenge aufnimmt. Im Sommerbetrieb wird der Kühler so geregelt, dass sich die Luft ebenfalls der Taupunkttemperatur nähert. Neben der Kühlung wird die Luft durch Wasserausscheidung auch entfeuchtet. Im Nacherwärmer wird dann die Luft auf Zulufttemperatur erwärmt.

Wenn ein klimatisierter Versammlungsraum von einer unterschiedlichen Anzahl Personen benutzt wird, muss der Außenluftanteil von Hand eingestellt werden, da eine Regelungsanlage normalerweise diese Größe nicht erfassen kann.

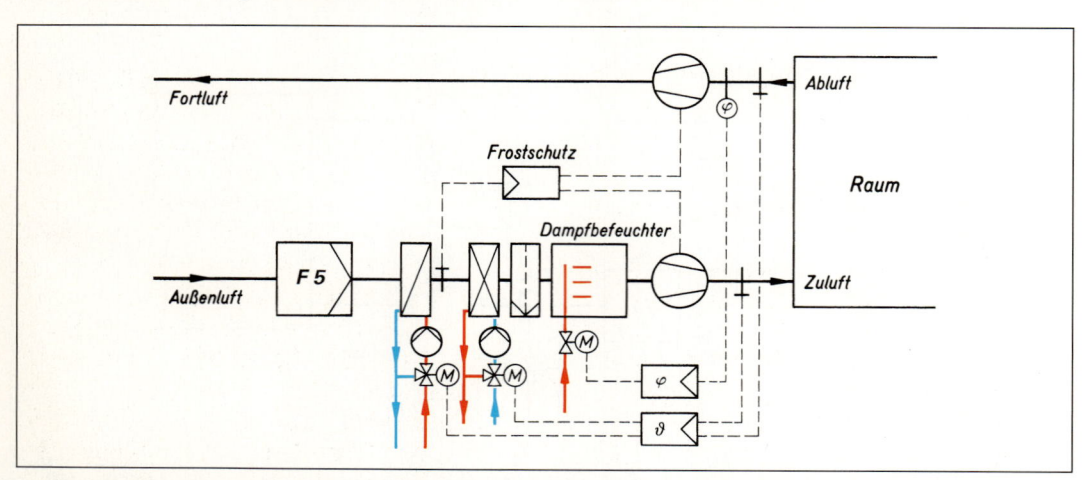

*__Taupunkttemperatur,__ diese Regelung wird auch als Taupunkttemperatur-Regelung bezeichnet.

1. Regelung einer Klimaanlage ohne Umluftbetrieb mit wasserbeheiztem Lufterwärmer, wassergekühltem Kühler und Dampfbefeuchter. Die Dreiwegeventile arbeiten als Mischventile.

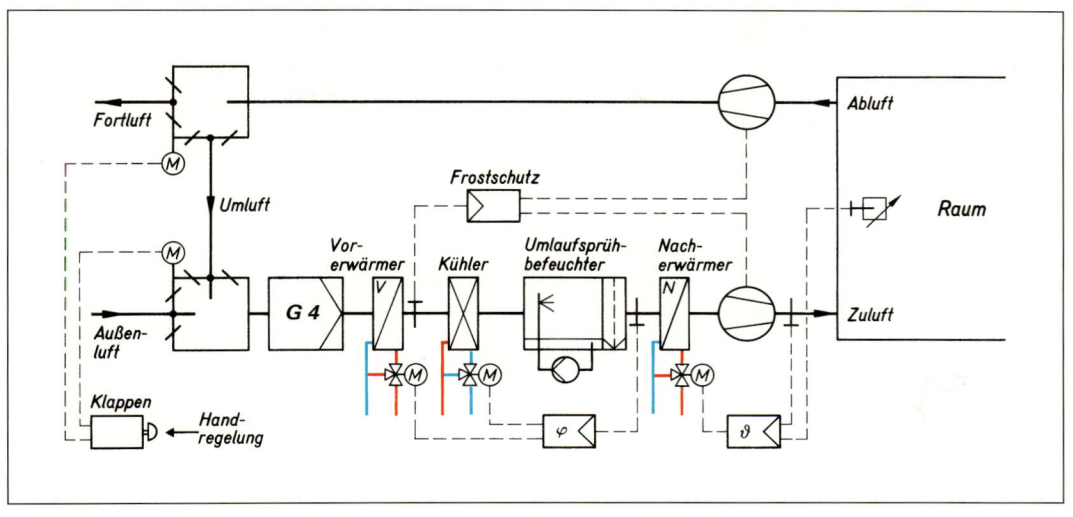

1. Regelung einer Klimaanlage mit Vorerwärmer, Kühler, Umlauf-Sprühbefeuchter und Nacherwärmer.

Zur Wiederholung

1. Nennen Sie verschiedene Arten von Luftfiltern.
2. Wie unterscheiden sich die Filterklassen G 3 und F 7?
3. Erklären Sie die Arbeitsweise eines Rollbandfilters.
4. Wie kann der Verschmutzungsgrad eines Luftfilters gemessen werden?
5. Wie sind Lufterwärmer und Luftkühler aufgebaut?
6. Wie arbeitet eine Kühlmaschine mit Direktverdampfer und Rückkühlluft?
7. Wie ist ein Kühlsystem mit Wasserkühlung und Kühlturm aufgebaut?
8. Erklären Sie die Arbeitsweise eines Umlauf-Sprühbefeuchters.
9. Welche Vorteile hat ein Dampfbefeuchter?
10. Wie unterscheiden sich Radial-, Axial- und Querstrom-Ventilatoren?
11. Wie unterscheiden sich vorwärts und rückwärts gekrümmte Schaufeln bei Radialventilatoren und welche Vor- und Nachteile haben sie?
12. Erklären Sie die Arbeitsweise folgender Einrichtungen zur Wärmerückgewinnung in RLT-Anlagen: a) Rotations-Wärmeaustauscher, b) Kreuzstrom-Wärmeaustauscher, c) Wasserumlaufsysteme.
13. Wie sind Lüftungs- und Klimageräte aufgebaut?
14. Was bezeichnet man als Klimatruhe?
15. Was versteht man bei Raum-Klimageräten unter einem Splittgerät?
16. Wie werden wasserbeheizte Lufterwärmer gegen Einfrieren geschützt?
17. Wie können Außenluft- und Fortluft-Jalousien in RLT-Anlagen gesteuert werden?
18. Eine RLT-Anlage arbeitet mit Mischluftbetrieb bei einer fest eingestellten Mischtemperatur. Wie kann diese Anlage geregelt werden?
19. Wie kann eine Klimaanlage mit Lufterwärmer, Luftkühler und Dampfbefeuchter geregelt werden?
20. Wie arbeitet eine Taupunkttemperatur-Regelung in einer Klimaanlage mit Umlauf-Sprühbefeuchter und Luftkühler?
21. Wie wird die Zulufttemperatur in einer Klimaanlage mit Nacherwärmer geregelt?

Zur Vertiefung

1. Warum müssen in Operationsräumen von Krankenhäusern mehrere Luftfilter eingebaut werden?
2. Wie groß ist die Wärmeleistung eines Lufterwärmers, wenn 10.000 m³/h Luft von 10 °C auf 25 °C aufgeheizt werden?
3. Warum wird die Luft in einer Klimaanlage vor und nicht nach der Befeuchtung aufgeheizt?
4. Am Verflüssiger einer Kühlmaschine muss eine Leistung von 30 kW abgeführt werden. Zur Rückkühlung wird Außenluft mit einer Temperatur von 30 °C verwendet, die sich bis auf 40 °C aufheizt. Wie viel m³/h Luft sind dazu erforderlich?
5. Wie viel m³/h Zuluft sind bei einer Raumtemperatur von 26 °C und einer Zulufttemperatur von 19 °C erforderlich, wenn eine Klimaanlage im Sommer eine trockene Kühllast von 10 kW abführen muss?
6. Ventilatoren lassen sich mit Kreiselpumpen vergleichen. Welche Gemeinsamkeiten haben sie?
7. Durch Wärmerückgewinnung kann die Außenluft von –12 °C auf 6 °C vorgewärmt werden. Die Fortluft wird dabei von 22 °C auf 4 °C abgekühlt. Wie viel Prozent der Wärme werden zurückgewonnen?
8. Warum wird die Lufttemperatur eines klimatisierten Raums mit einem Umlauf-Sprühbefeuchter über den Nacherwärmer und nicht über den Vorerwärmer geregelt?

Zur Berechnung

Ventilator- und Motorleistung

1. Wie groß ist die zuzuführende Leistung eines Ventilators bei einem Volumenstrom von 6000 m³/h, einem Ventilatordruck von 450 Pa und einem Ventilator-Wirkungsgrad von 80 %? Berechnen Sie die Nennleistung des Motors bei einer Leistungsreserve von 30 %.
2. Ein Ventilator erzeugt bei einem Volumenstrom von 15.000 m³/h einen Druck von 600 Pa, der Ventilator-Wirkungsgrad beträgt 85 %. Wie groß muss die Nennleistung des Motors bei 25 % Leistungsreserve sein?
3. Ein Elektromotor hat eine Nennleistung von 1,8 kW. Überprüfen Sie, ob er als Antriebsmotor für einen Ventilator mit einem Volumenstrom von 10.000 m³/h, einem Gesamtdruck von 400 Pa und einem Ventilator-Wirkungsgrad von 78 % geeignet ist.
4. Einem Ventilator wird eine Leistung von 3 kW zugeführt. Wie groß ist der Gesamtdruck bei einem Volumenstrom von 20.000 m³/h und einem Ventilator-Wirkungsgrad von 70 %?
5. Wie groß ist der Ventilator-Wirkungsgrad bei einem Volumenstrom von 14.000 m³/h, einem Gesamtdruck von 800 Pa und einer zugeführten Antriebsleistung von 4 kW?
6. Eine Klimaanlage benötigt bei einem Volumenstrom von 6000 m³/h einen Gesamtdruck von 750 Pa. Der Ventilator-Wirkungsgrad beträgt 70 %, der Motorwirkungsgrad 85 %. Wie hoch ist der Energieverbrauch, wenn die Anlage 24 Stunden in Betrieb ist?
7. Wie groß ist der Gesamtwirkungsgrad eines Axialventilators, wenn die zugeführte Wirkleistung des Motors 80 W, der Ventilatordruck 100 Pa und der Volumenstrom 1440 m³/h betragen?
8. Wie groß ist der Volumenstrom eines Axialventilators bei einem Gesamtdruck von 80 Pa, einer dem Motor zugeführten Wirkleistung von 25 W und einem Wirkungsgrad von 45 %?

5.4 Luftverteilung

5.4.1 Luftkanäle

Die Luft wird von außen zu den Lüftungs- und Klimageräten, von dort in die Räume und dann ins Freie transportiert. Die dazu notwendigen Luftkanäle* werden aus folgenden Baustoffen hergestellt:
- verzinkte Stahlbleche,
- Bleche aus nicht rostendem Stahl,
- Aluminiumbleche,
- Faserzementplatten,
- Kunststoffplatten,
- Mauerwerk und Beton.

Vorzugsweise werden verzinkte Stahlblechkanäle verwendet. In Laboratorien, in denen aggressive Dämpfe entstehen, sind Kunststoffe oder nicht rostender Stahl die am besten geeigneten Werkstoffe. Um Luftkanäle reinigen zu können, sind an geeigneten Stellen verschließbare Öffnungen vorzusehen. Bei sehr großen Volumenströmen werden Luftkanäle aus Mauerwerk oder Beton hergestellt.

Runde Blechkanäle werden durch ein Rohrwickelverfahren aus verzinkten Stahlblechstreifen maschinell angefertigt. Diese Wickelfalzrohre lassen sich in gestuften Abmessungen von 80 mm bis 2000 mm Durchmesser serienmäßig herstellen. Sie sind preiswert, durch den wendelförmigen Falz sehr formstabil und können mit den zahlreichen Formstücken zu ausgedehnten Luftleitungen zusammengebaut werden.

Rechteckige Blechkanäle werden beim Verlegen in Zwischendecken verwendet, da der Platz dann besser nutzbar ist. Weil sehr viele Kombinationen von Abmessungen möglich sind, lassen sich rechteckige Kanäle schlechter serienmäßig herstellen. Auch die Formstücke müssen häufig einzeln angefertigt werden. Rechteckige Blechkanäle sind deshalb teurer als runde.

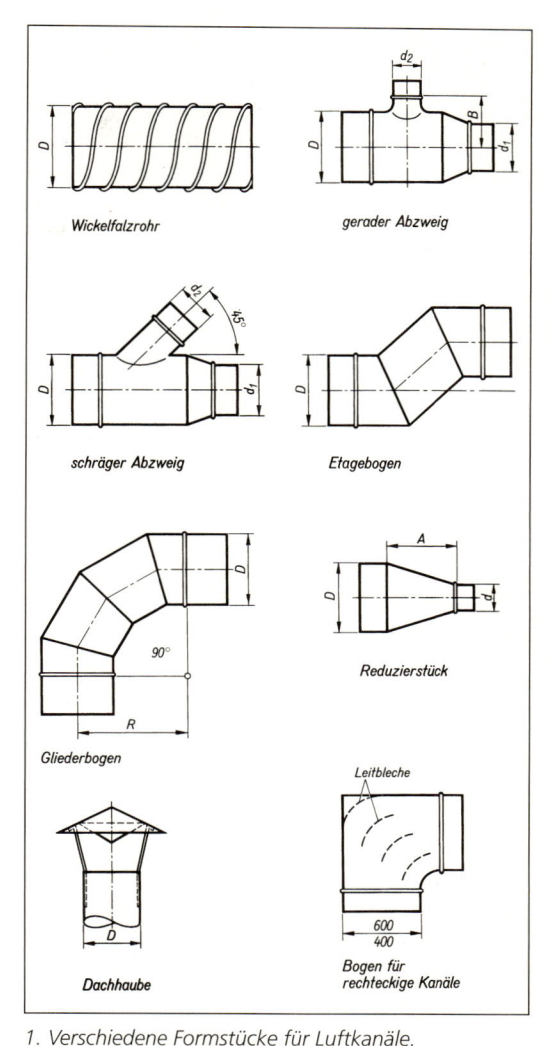

***Luftkanäle**, sie werden auch als Luftleitungen bezeichnet.

1. Verschiedene Formstücke für Luftkanäle.

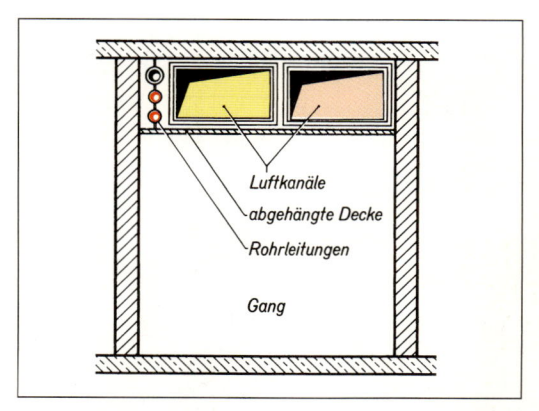

2. Rechteckige Luftkanäle und Rohrleitungen in einem Gebäudegang.

Raumlufttechnische Anlagen

Flexible Rohre werden maschinell aus schmalen Aluminium- oder Stahlbändern, Papier oder Kunststoff mit Durchmessern von 50 mm bis 500 mm hergestellt. Die leicht beweglichen Rohre können sich in Form und Länge den Bedürfnissen weitgehend anpassen und dienen häufig als Verbindungsleitungen zwischen Luftkanal und Luftein- und Luftauslässen innerhalb von Zwischendecken.

*Dichtheitsklassen, DIN 24194 „Dichtheitsprüfung für Blechkanäle und Blechkanal-Formstücke".

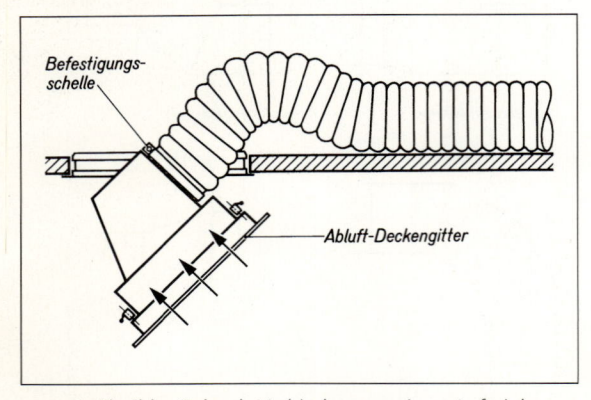

*Prüfdruck, er muss dem Betriebsdruck entsprechen.

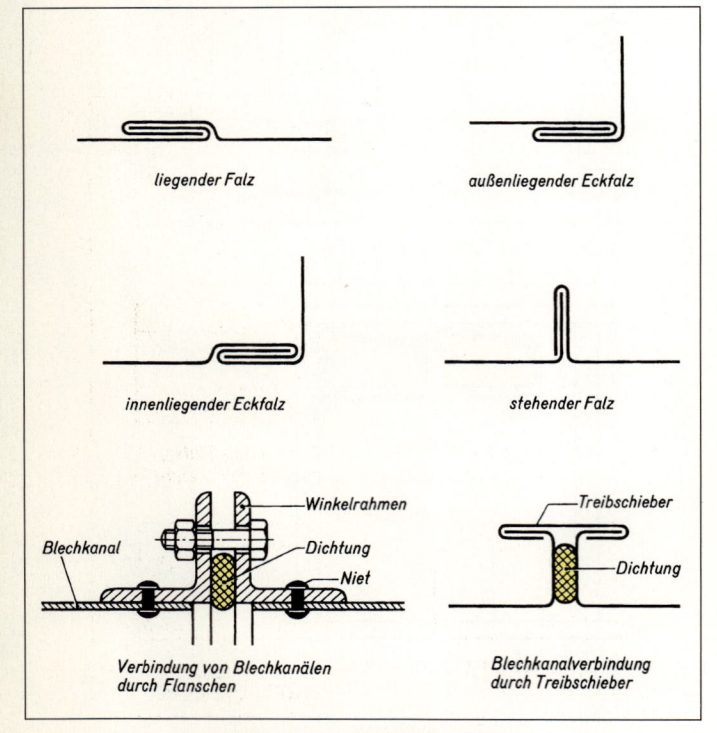

1. Flexibles Rohr als Verbindung zu einem Lufteinlass.

2. Verbindungen bei Blechkanälen.

Verbindung von Luftkanälen. Luftkanäle und deren Verbindungen müssen weitgehend dicht sein. Dabei werden verschiedene Dichtheitsklassen* unterschieden. Ohne besondere Anforderungen bei Dichtheitsklasse I können Luftkanäle und deren Formstücke durch Nieten, Punktschweißen, Falzen, Schrauben oder Stecken verbunden werden. Bei erhöhten oder hohen Anforderungen an die Dichtheit sind zusätzliche Abdichtungen notwendig. Die Längsnähte von Blechkanälen werden durch verschiedene Falze oder durch Schweißen hergestellt. Die Verbindung der Luftkanäle untereinander oder mit deren Formstücken kann durch Flanschverbindungen, Treibschieber oder Steckverbindungen mit jeweils geeigneten Dichtungen erfolgen. Geschweißte Kanalverbindungen sind besonders dicht (Dichtheitsklasse IV).

Tabelle 5.07: Dichtheitsklassen bei Luftkanälen

Dichtheitsklasse	Prüfdruck* in Pa		
	1000	400	200
	Leckrate in l/(s·m²)		
I	7,2	3,96	2,52
II	2,4	1,32	0,84
III	0,8	0,44	0,28
IV	0,27	0,15	0,093

Beispiel:

Wie groß darf maximal die Leckrate eines 30 m langen runden Luftkanals mit einem Durchmesser von 600 mm sein bei Dichtheitsklasse I und einem Prüfdruck von 400 Pa?

Lösung:
Leckrate nach Tab. 5.07: 3,96 l/(s·m²)
$A = l \cdot d \cdot \pi$
$A = 30 \text{ m} \cdot 0,6 \text{ m} \cdot 3,14$
$A = 56,5 \text{ m}^2$
$\dot{V}_L = 3,96 \text{ l/(s·m}^2) \cdot 56,5 \text{ m}^2$
$\dot{V}_L = 224 \text{ l/s}$
$\dot{V}_h = 0,224 \text{ m}^3/\text{s} \cdot 3600 \text{ s/h}$
$\dot{V}_h = 806 \text{ m}^3/\text{h}$

Wärmedämmung. Um Wärmeverluste und Kondenswasserbildung zu vermeiden, müssen Luftkanäle gedämmt werden. Dazu verwendet man überwiegend Matten aus Mineralwolle mit Aluminiumfolie oder Matten aus Schaumkunststoffen. Da die Temperaturdifferenzen zwischen Kanalluft und der Luft außerhalb meist nicht sehr groß sind, genügen Dämmdicken von 30 mm bis 80 mm. Die Matten werden von außen auf die Luftkanäle geklebt und zusätzlich durch Stifte befestigt. Wo die Wärmedämmung beschädigt werden kann, sind Blechverkleidungen als Schutz zu empfehlen.

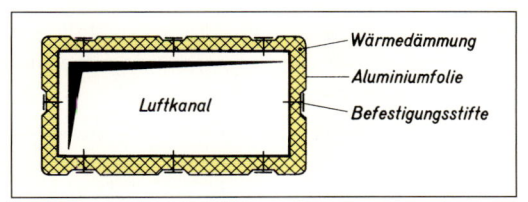

1. Wärmedämmung eines Luftkanals.

2. Wärmedämmung von Luftkanälen mit Blechverkleidung im unteren Bereich.

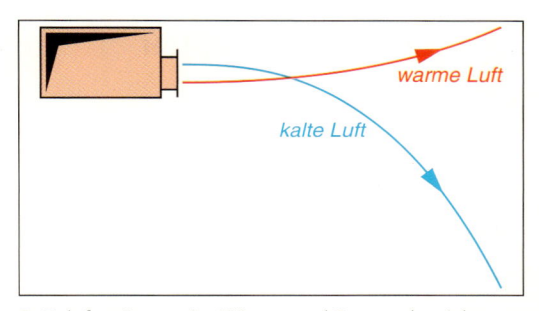

3. Zuluftströmung im Winter- und Sommerbetrieb.

5.4.2 Luftführung im Raum

Die Luft soll möglichst zugfrei in den Raum ein- und ausströmen. Dabei ist darauf zu achten, dass alle Zonen des Raums möglichst gleichmäßig durchlüftet werden. Bei der Luftführung ist außerdem die unterschiedliche Dichte der Zuluft zu berücksichtigen. Gekühlte Luft im Sommer ist schwerer als die Raumluft und hat deshalb das Bestreben, nach unten zu sinken. Im Winter, wenn die Zuluft wärmer als die Raumluft ist, steigt sie nach oben.

Die Art der Luftführung richtet sich nach den räumlichen und baulichen Verhältnissen, den jeweiligen Volumenströmen und den Zulufttemperaturen.

Querlüftung. Bei großen Räumen kann die Zuluft auf einer Seite eingeblasen und die Abluft auf der gegenüberliegenden Seite abgesaugt werden. In diesem Fall spricht man von Querlüftung.

Strahllüftung. Dabei liegen Zu- und Abluftkanal auf derselben Raumseite. Die Zuluft

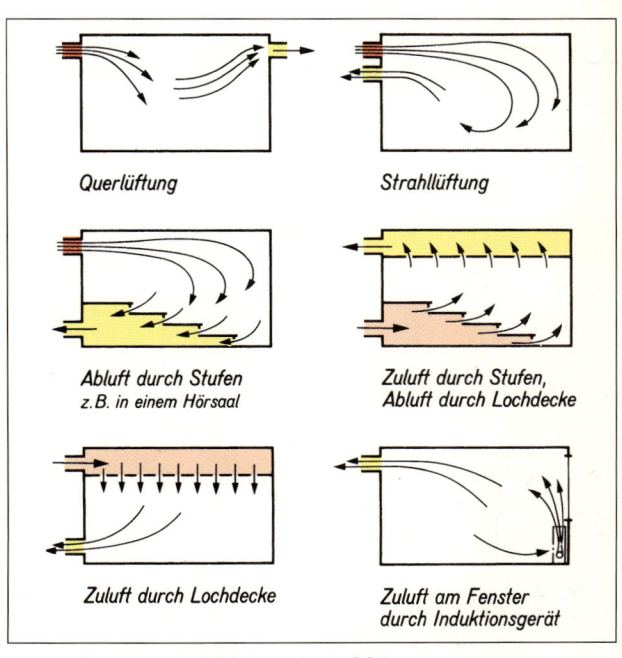

4. Verschiedene Möglichkeiten der Luftführung.

wird mit so hoher Geschwindigkeit eingeblasen, dass sie den ganzen Raum durchdringt. Die Abluft wird an der gleichen Raumseite abgesaugt.

Senkrechte Luftführung. Die Zuluft lässt sich über die Raumdecke einblasen und die Abluft in Bodennähe oder an der Decke absaugen. Eine besonders günstige Luftführung wird erreicht, wenn die Zuluft in Bodennähe eingeblasen und die Abluft im Deckenbereich abgesaugt wird. Dabei unterstützt die RLT-Anlage die natürliche Luftbewegung von unten nach oben.

5.4.3 Zu- und Abluftgitter

Wandgitter. Luftaus- und Lufteinlässe an einer Wand bestehen aus Stahlblech, Aluminium, Kunststoff oder Holz. Zuluftgitter besitzen Leitlamellen, mit denen die Strahlrichtung eingestellt werden kann. Über Drosselvorrichtungen lassen sich die Volumenströme regulieren.

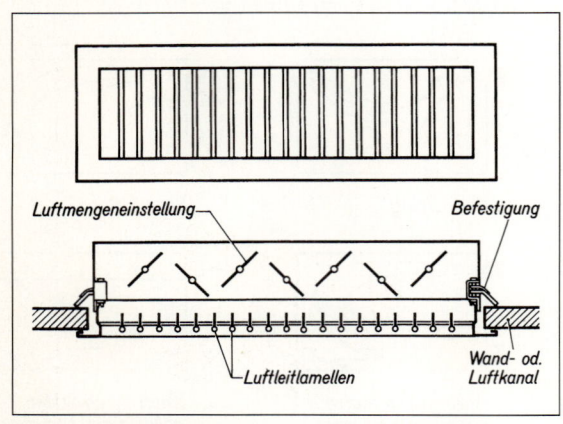

1. Zuluft- oder Abluftgitter mit Mengenregulierung und Leitlamellen.

Bei kleinen Volumenströmen werden Luftventile eingesetzt. Sie lassen sich auch in Decken einbauen.

Deckengitter. Bei großflächigen Räumen, z.B. in Kaufhäusern, wird die Zuluft häufig

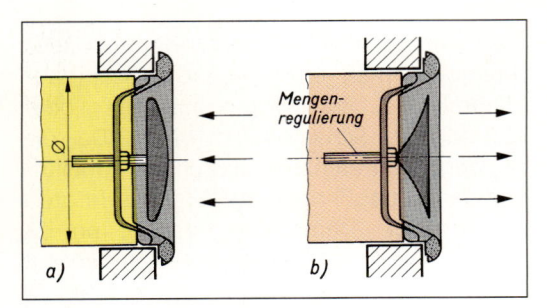

2. Runde Luftventile a) für Abluft, b) für Zuluft.

durch Deckenauslässe mit trichterartigen Lamellen kegelförmig eingeblasen. Der Luft-Volumenstrom lässt sich durch einstellbare Schöpfgitter regulieren. Auch eine Absaugung über Deckengitter ist möglich.

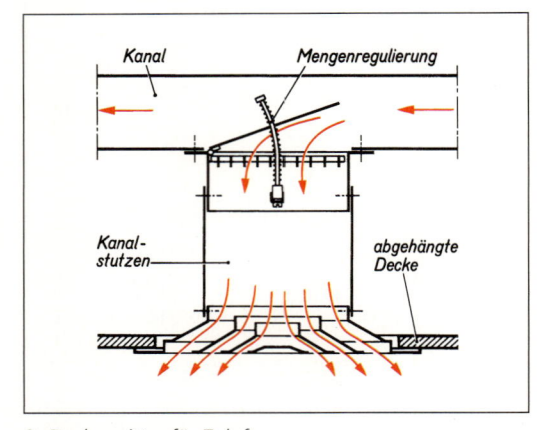

3. Deckengitter für Zuluft.

Deckengitter mit Drallauslässen sorgen für eine schnelle Durchmischung von Zu- und Raumluft. Dadurch werden Temperaturunterschiede und Luftgeschwindigkeiten schnell abgebaut.

Induktionsauslässe. In RLT-Anlagen mit hohen Luftgeschwindigkeiten, z.B. in großen Verwaltungsgebäuden, werden häufig Induktionsgeräte an den Fenstern aufgestellt. Die Zuluft strömt durch Injektordüsen in eine Mischkammer, wo sich Raumluft als Sekundärluft mit der zentral aufbereiteten Primärluft mischt. Eine Nachbehandlung der Luft durch eingebaute Lufterwärmer oder Kühler ist möglich. Die Raumtemperaturen können dann individuell geregelt werden.

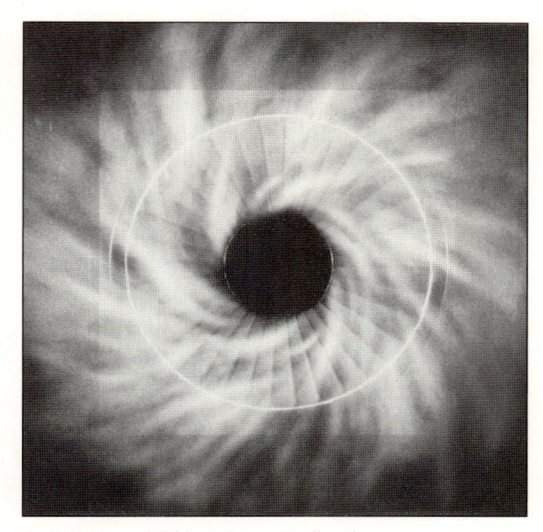

Luftverteilung

==Quell-Lüftung.== Dabei strömt die Zuluft aus großflächigen Auslässen mit geringer Geschwindigkeit und ohne größere Turbulenzen in Bodennähe aus. Die Abluft wird dann im Deckenbereich abgesaugt. Dieses System arbeitet weitgehend zugfrei.

Es gibt viele weitere Möglichkeiten, Zuluft in den Raum einzublasen oder Abluft anzusaugen.

5.4.4 Wetterschutzgitter und Jalousieklappen

==Wetterschutzgitter.== Außenluft wird häufig durch Wetterschutzgitter an einer Außenwand angesaugt. Regenabweisende Lamellen und ein Drahtgitter verhindern, dass Feuchtigkeit, Insekten oder Kleintiere in das Kanalnetz gelangen. Wetterschutzgitter lassen sich auch zum Ausblasen der Fortluft verwenden. Bei der Anordnung des Fortluftgitters am Gebäude sind Geruchbelästigungen zu vermeiden. Es darf nicht zu einem Kurzschluss- zwischen Fortluft und Außenluft-Ansaugung kommen.

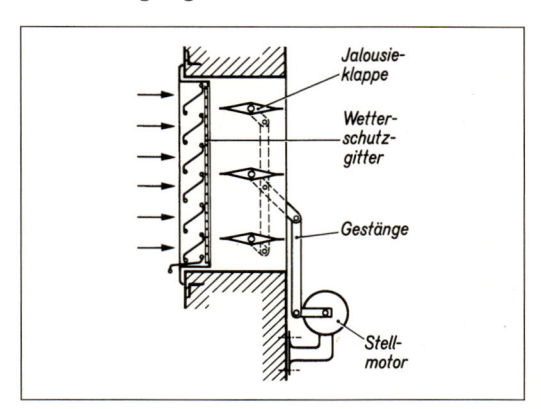

1. Strömungsbild bei einem Drallauslass.

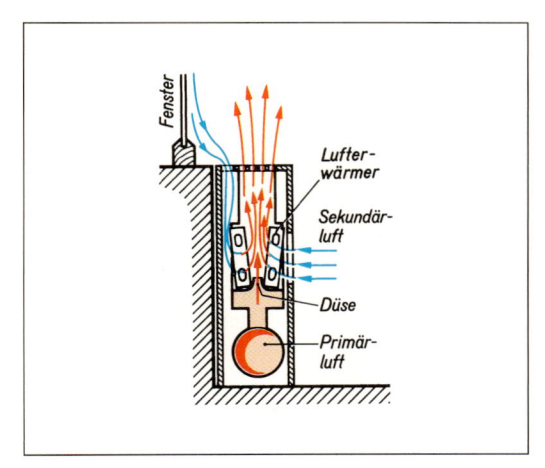

2. Induktionsgerät.

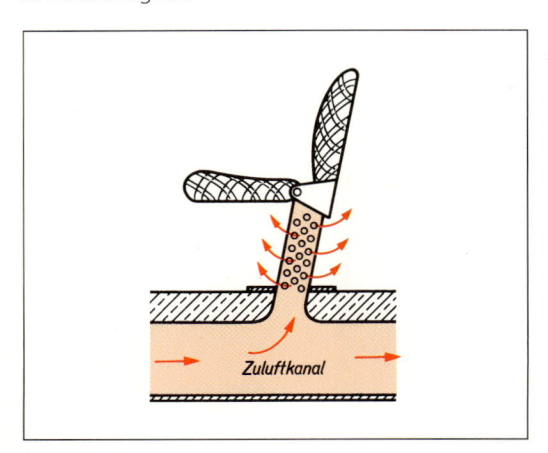

3. Stuhl als Quell-Auslass für einen Hörsaal oder Theatersaal.

4. Wetterschutzgitter mit Jalousieklappe.

==Jalousieklappen.== Sie dienen zur Regulierung und Absperrung der Luftvolumenströme in Kanälen, Misch- und Verteilkammern. Jalousieklappen werden durch Stellmotore oder von Hand betätigt. Die Klappen können gleichläufig oder gegenläufig mit dem Antriebsgestänge gekuppelt sein.

Raumlufttechnische Anlagen

1. Gleichläufige und gegenläufige Jalousieklappe.

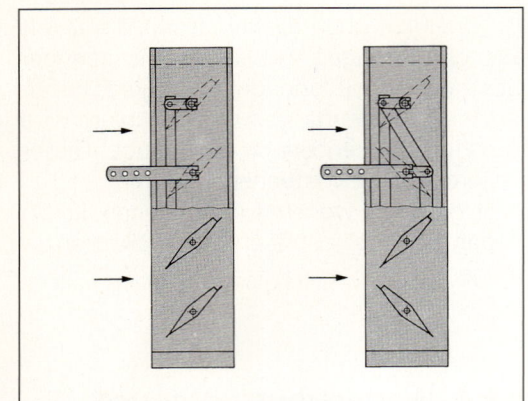

Gebäudeabschnitte, sie bilden Brandabschnitte, die durch Brandschutzmaßnahmen voneinander zu trennen sind.

K 90, Kurzbezeichnung für eine Brandschutzklappe mit einer Feuerwiderstandsdauer von 90 Minuten.

L 90, Feuerwiderstandsdauer des Luftkanals mindestens 90 Minuten, je nach Anforderungen an den Brandschutz.

DIN 4102, Brandverhalten von Baustoffen und Bauteilen.

5.4.5 Brandschutz in RLT-Anlagen

Bei einem Gebäudebrand kann sich das Feuer über die großen Luftkanäle schnell ausbreiten. Besonders senkrechte Kanäle wirken wie Kamine, über die sich der Brand von Geschoss zu Geschoss überträgt. Außerdem kann sich Rauch durch die RLT-Anlage ausbreiten und zu Todesfällen durch Ersticken und Rauchvergiftung führen. Deshalb müssen in RLT-Anlagen technische Einrichtungen eine Brand- und Rauchausbreitung im Gebäude verhindern.

Bauteile und Einrichtungen für den Brandschutz sind nach DIN 4102* in verschiedene Feuerwiderstandsklassen eingeteilt. Vgl. Bd. 07487, Kap. 1.4.4. Je nach Anforderungen an den Brandschutz müssen Bauteile und Einrichtungen der RLT-Anlagen mindestens 30 Minuten bis 180 Minuten einem Feuer standhalten.

Brandschutzklappen. Es sind automatisch schließende Absperrvorrichtungen gegen Brandübertragung in Luftkanälen. Die Absperrklappe ist im Normalfall geöffnet. Bei Brand wird sie durch ein Schmelzlot bei ca. 72 °C geschlossen. Zusätzlich kann der Schließvorgang durch eine magnetische oder pneumatische Vorrichtung betätigt werden. Brandschutzklappen sind zwischen zwei Gebäudeabschnitten* in Wände oder Decken einzubauen. Die Feuerwiderstandsklasse beträgt meistens K 60 oder K 90*.

Feuerhemmende Luftkanäle. Wenn Luftleitungen aus Stahlblech Brandabschnitte ohne Brandschutzklappen durchqueren, müssen sie durch äußere feuerhemmende Dämmschichten die Feuerwiderstandsklassen L 30 bis L 90* erfüllen. Es dürfen keine Öffnungen im Luftkanal vorhanden sein. Die Kanalverbindungen und Befestigungen sind ebenfalls feuerhemmend herzustellen. Die maximalen Kanalabmessungen sind auf 600 mm begrenzt.

Rauchmelder. RLT-Anlagen müssen auch gegen Rauchübertragung geschützt sein. Da

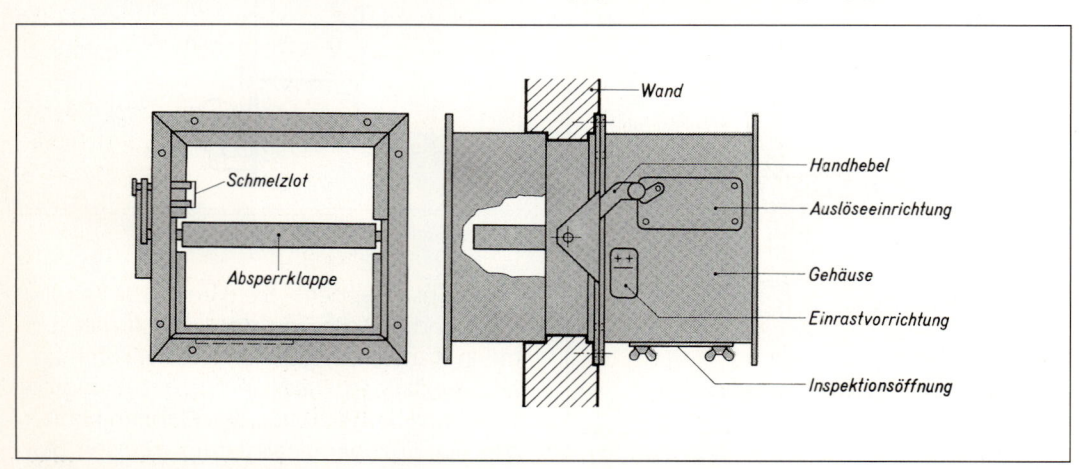

2. Brandschutzklappe in geöffnetem Zustand.

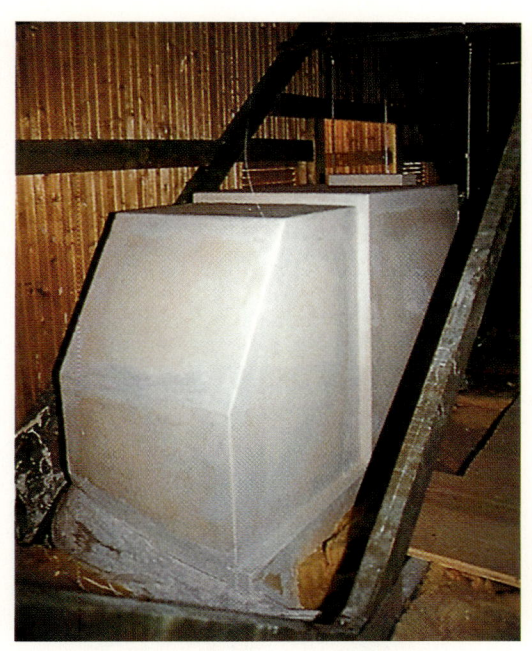

Luftverteilung

1. Luftkanal mit Brandschutz-Verkleidung.

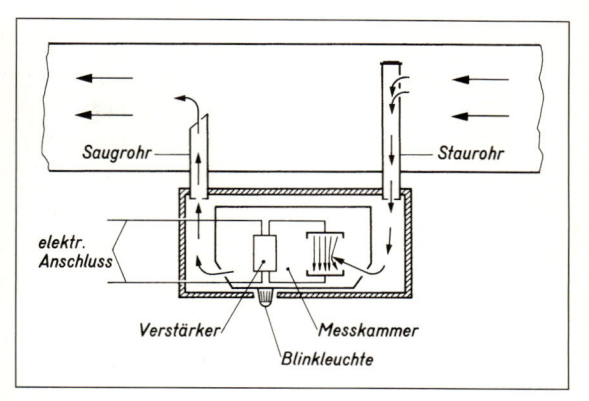

2. Rauchmelder nach dem Ionisationsprinzp für den Einbau in einen Luftkanal.

Brandschutzklappen erst bei einer Temperatur von 72 °C reagieren, müssen Rauchmelder eingebaut werden, die bei Rauchentwicklung die Brandschutzklappen automatisch schließen und die Ventilatoren abschalten. Die meisten Rauchmelder arbeiten nach dem Ionisationsprinzip. Rauch erzeugt schwer bewegliche Ionen, die den Strom in einer Messkammer verändern. Durch einen Verstärker wird diese Änderung zur Betätigung der Brandschutzklappe genutzt.

5.4.6 Schallschutz in RLT-Anlagen

Die von Ventilatoren erzeugten Geräusche müssen gemindert werden, da sonst der zulässige Schallpegel in den Räumen nicht eingehalten werden kann. Die Geräusche können sich durch Luftschall über die Luftkanäle und durch Körperschall über Wände und Decken übertragen. Vgl. Bd. 07487, Kap. 3.4. Die Anforderungen an den einzuhaltenden Schallschutz sind in erster Linie in DIN 4109* festgelegt. Außerdem enthält die DIN 1946-2 Richtwerte in RLT-Anlagen.

Tabelle 5.08: Richtwerte für Schallpegel bei RLT-Anlagen*

Raumart	Schallpegel in dB (A) Anforderungen hoch	gering
Konzertsäle, Theater, Lesesäle, Ruheräume	30	35
Hörsäle, Klassenräume, Museen, Konferenzräume	35	40
Laboratorien, Gaststätten, EDV-Räume	40	55
Großraumbüros, Sporthallen, Schwimmbäder	45	50

*Tabelle 5.08, Anforderungen nach DIN 1946-2.

Schalldämpfer. Meistens werden Kulissen-Schalldämpfer im Zuluftkanal, Abluftkanal und bei Bedarf auch im Fortluftkanal eingebaut. Die Kulissen bestehen aus schallabsorbierenden Mineralfasermatten, deren Oberfläche durch Drahtgitter oder Glasvliese gegen Abrieb geschützt ist. Je nach Dicke und Länge der Kulissen ist die Schalldämpfung unterschiedlich groß.

Die Frequenz der Ventilatorgeräusche hängt u.a. von der Drehzahl und der Schaufelzahl des Ventilators ab. Ventilatorgeräu-

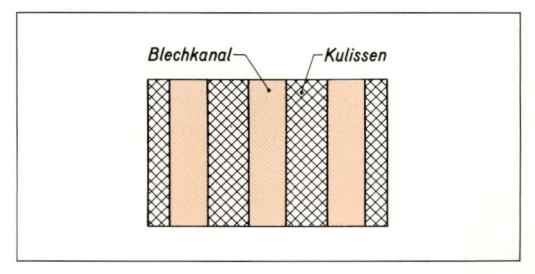

3. Kulissen-Schalldämpfer.

*DIN 4109, Schallschutz im Hochbau.

287

Raumlufttechnische Anlagen

*Zu Tabelle 5.09, nach Werksangaben.

Tabelle 5.09: Leistung von Kulissen-Schalldämpfern*

Länge in mm	Frequenzbereich in Hz				
	125	250	500	1000	2000
	Dämpfung in dB (A)				
830	9	15	16	17	13
910	12	20	20	22	16
1090	14	24	25	26	20
1390	17	30	32	34	25

sche in RLT-Anlagen liegen meistens in einem Frequenzbereich von 250 Hz bis 1000 Hz.

Die genaue Festlegung eines Schalldämpfers ist sehr schwierig. Er kann jedoch nach einem stark vereinfachten Verfahren ausgesucht werden. Durch das Kanalnetz, durch Luftaus- und Lufteinlässe sowie durch Kanalformstücke wird ein Teil des Schalls gemindert. Der dann immer noch zu hohe Schallpegel muss durch einen Schalldämpfer herabgesetzt werden.

Beispiel:

Ein Ventilator hat bei einer Frequenz von ca. 500 Hz einen Schallpegel von 80 dB (A). Durch das Kanalnetz werden 20 dB (A) gemindert. Der Schallpegel im Raum soll 30 dB (A) betragen. Welcher Schalldämpfer ist zu wählen?

Lösung:
Schallpegel des Ventilators   80 dB (A)
Minderung im Kanalnetz (−)   20 dB (A)
Schallpegel im Raum (−)   30 dB (A)
Zusätzliche Schalldämpfung   30 dB (A)
Länge des Schalldämpfers
nach Tabelle 5.09:   1390 mm

Zusätzliche Schalldämpfer können an den Zuluft- und Abluftanschlüssen der einzelnen Räume eingebaut werden. Damit lassen sich unterschiedliche Schallpegel in den Räumen einhalten. Außerdem wird die Schallübertragung von Raum zu Raum gemindert.

Minderung des Körperschalls. Ventilatoren haben Unwuchten, die Schwingungen der Lüftungsgeräte verursachen. Damit sich diese nicht über das Kanalnetz, Decken und Wände übertragen, sind zusätzliche Maßnahmen erforderlich:
- elastische Anschlüsse an den Ansaug- und Ausblasestutzen der Lüftungsgeräte,
- Feder-Schwingungsdämpfer oder Schalldämm-Matten, auf die die Lüftungsgeräte gestellt werden,
- Schwingungsdämpfer an den Kanalbefestigungen.

1. Schwingungsdämpfer an einem Lüftungsgerät.

Außerdem können Wände, Decken und Fußböden der Lüftungszentralen mit schalldämmenden Stoffen ausgekleidet sein, die verhindern, dass sich Luft- und Körperschall in benachbarte Räume übertragen.

5.4.7 Druckverluste in RLT-Anlagen

Luftgeschwindigkeiten. Sie bestimmen die Größe und damit die Kosten der Luftkanäle sowie die Druckverluste und Strömungsgeräusche. Bei kleineren bis mittleren Volumenströmen werden Anlagen mit Luftgeschwindigkeiten in den Hauptkanälen bis maximal 8 m/s bevorzugt. In Lüftungs- und Klimageräten liegen sie zwischen 2 m/s und 3 m/s.

Luftverteilung

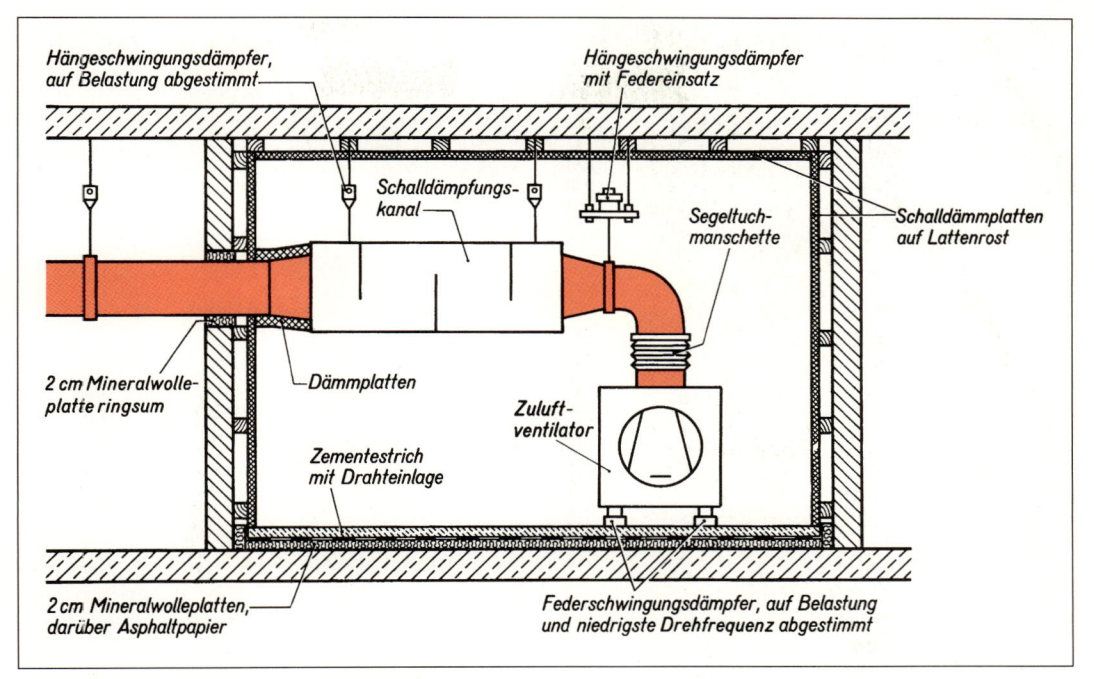

1. Schallschutz-Maßnahmen in einer Lüftungszentrale.

Tabelle 5.10: Luftgeschwindigkeiten in RLT-Anlagen

	Industrieanlagen v in m/s	Komfortanlagen v in m/s
Hauptkanäle	8 bis 12	4 bis 8
Abzweigkanäle	5 bis 8	3 bis 5
Außenluftgitter	4 bis 6	2 bis 3
Zuluft- und Abluftgitter	3 bis 4	1 bis 3

Volumenströme. Der stündliche Volumenstrom in einem Luftkanal hängt ab von dem Querschnitt und der Luftgeschwindigkeit.

$$\dot{V}_h = A \cdot v \cdot 3600$$

$\dot{V}_h$	Volumenstrom	in m³/h
A	Kanalquerschnitt	in m²
v	Luftgeschwindigkeit	in m/s
3600	Umrechnungsfaktor	in s/h

In RLT-Anlagen werden überwiegend runde oder rechteckige Luftkanäle verwendet. Die Kanalabmessungen werden nach folgenden Formeln berechnet:

$$d = \sqrt{\frac{A}{0{,}785}}$$

$$a = \frac{A}{b}$$

$$b = \frac{A}{a}$$

A	Kanalquerschnitt	in m²
d	Kanaldurchmesser	in m
a	Kanalhöhe	in m
b	Kanalbreite	in m

runde Querschnitte

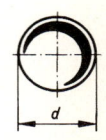

rechteckige Querschnitte

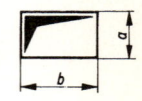

Beispiel 1:

Eine Großküche hat ein Raumvolumen von 200 m³. Durch Zuführung von Außenluft soll ein 20-facher stündlicher Luftwechsel erzeugt werden. Welchen Durchmesser muss bei einer Luftgeschwindigkeit von 6 m/s ein runder Außenluftkanal erhalten?

Raumlufttechnische Anlagen

Beispiel 1 (Fortsetzung):

Lösung:
Außenluft-Volumenstrom:
$\dot{V}_A = n \cdot V = 20 \text{ 1/h} \cdot 200 \text{ m}^3$
$\dot{V}_A = 4000 \text{ m}^3/\text{h}$

Kanalquerschnitt und Kanaldurchmesser:

$$A = \frac{\dot{V}_h}{3600 \cdot v}$$

$$A = \frac{4000 \text{ m}^3/\text{h}}{3600 \text{ s/h} \cdot 6 \text{ m/s}} = 0{,}185 \text{ m}^2$$

$$d = \sqrt{\frac{A}{0{,}785}}$$

$$d = \sqrt{\frac{0{,}185 \text{ m}^2}{0{,}785}} = 0{,}485 \text{ m}$$

Durchmesser gewählt: $d = 500$ mm

Beispiel 2:

Durch ein rechteckiges Außenluftgitter sollen 7000 m³/h Luft bei $v = 2{,}6$ m/s angesaugt werden. Wie breit muss das Außenluftgitter bei einer Höhe von 1000 mm sein?

Lösung:

$$A = \frac{\dot{V}_h}{3600 \cdot v}$$

$$A = \frac{7000 \text{ m}^3/\text{h}}{3600 \text{ s/h} \cdot 2{,}6 \text{ m/s}} = 0{,}75 \text{ m}^2$$

$$b = \frac{A}{a} = \frac{0{,}75 \text{ m}^2}{1{,}00 \text{ m}} = 0{,}75 \text{ m}$$

Gittergröße: 750 mm x 1000 mm

Druckverluste. Für die Berechnung der Druckverluste in einem Kanalnetz gelten im Wesentlichen die gleichen Formeln wie für die Rohrnetzberechnung von Trinkwasser- oder Heizungsanlagen. Vgl. Bd. 07487, Kap. 1.8 und 4.8.

$$\Delta p = l \cdot R + Z$$

$$Z = \Sigma \zeta \cdot \frac{\rho \cdot v^2}{2}$$

Δp	Druckverluste	in Pa
l	Länge des Luftkanals	in m
R	Druckgefälle	in Pa/m
Z	Druckverluste (Einzelwiderstände)	in Pa
$\Sigma \zeta$	Summe der Widerstandsbeiwerte	
ρ	Dichte der Luft (1,2 kg/m³)	in kg/m³
v	Luftgeschwindigkeit	in m/s

Gerade Kanalstrecken. Das Druckgefälle R wird dem Diagramm, Abb. 1, entnommen. Dabei können nur die R-Werte runder Kanäle bestimmt werden. Für rechteckige Kanäle muss bei gleicher Luftgeschwindigkeit ein hydraulischer Durchmesser nach folgender Formel berechnet werden:

$$d_h = \frac{2 \cdot a \cdot b}{a + b}$$

d_h	hydraulischer Durchmesser	in m, mm
$a; b$	Seiten des rechteckigen Kanals	in m, mm

Beispiel 3:

Durch einen rechteckigen Blechkanal 500 mm x 800 mm sollen 8640 m³/h Luft strömen. Wie groß ist der Druckverlust in einer geraden Kanalstrecke von 16 m Länge?

Lösung:
$A = a \cdot b = 0{,}5 \text{ m} \cdot 0{,}8 \text{ m} = 0{,}4 \text{ m}^2$

$$v = \frac{\dot{V}_h}{3600 \cdot A}$$

$$v = \frac{8640 \text{ m}^3/\text{h}}{3600 \text{ s/h} \cdot 0{,}4 \text{ m}^2} = 6{,}0 \text{ m/s}$$

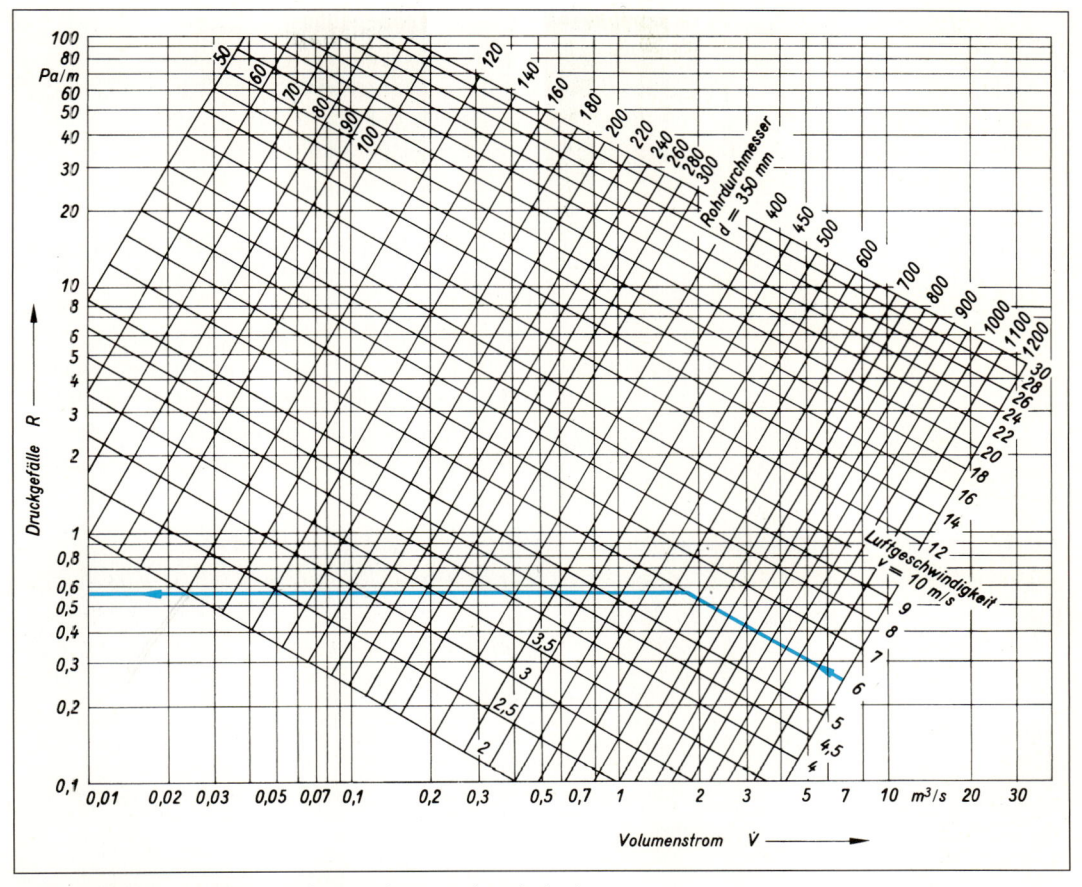

1. Diagramm: Druckgefälle bei glattwandigen runden Blechrohren.

Beispiel 3 (Fortsetzung):

hydraulischer Kanaldurchmesser:

$$d_h = \frac{2 \cdot a \cdot b}{a + b}$$

$$d_h = \frac{2 \cdot 500 \text{ mm} \cdot 800 \text{ mm}}{500 \text{ mm} + 800 \text{ mm}} = 615 \text{ mm}$$

Nach Diagramm, Abb. 1: $R = 0{,}56$ Pa/m
$\Delta p = l \cdot R$
$\Delta p = 16 \text{ m} \cdot 0{,}56 \text{ Pa/m} = 8{,}96 \text{ Pa} \approx 9 \text{ Pa}$

Beachten Sie: Die Bestimmung des Druckgefälles R rechteckiger Kanäle erfolgt mit der tatsächlichen Luftgeschwindigkeit im rechteckigen Kanal, nicht mit der Geschwindigkeit, die sich bei d_h ergeben würde.

Einzelwiderstände. In RLT-Anlagen sind diese Druckverluste meist erheblich größer als die Druckverluste gerader Kanäle. Die ζ-Werte von Kanalformstücken, Gittern usw. hängen in starkem Maß von der Gestaltung der Formstücke und Bauteile ab. Sie können deshalb nur durch Herstellerunterlagen ermittelt werden.

Beachten Sie: Tabelle 5.11 enthält einige Widerstandsbeiwerte, die den folgenden Beispielen und Aufgaben zugrunde gelegt werden können. Für die Berechnung realer RLT-Anlagen sind sie nicht geeignet.

Ventilatordruck. Der Zuluftventilator muss die Druckverluste von der Außenluftansaugung bis zur Zulufteinblasung in den Raum ausgleichen. Der Abluftventilator gleicht die

Raumlufttechnische Anlagen

Beispiel 4:

In dem Luftkanal aus Beispiel 3 sind 1 TA und 4 Bo 90° eingebaut. Wie groß sind die Einzelwiderstände und der gesamte Druckverlust dieser Teilstrecke?

Lösung, Einzelwiderstände:

$$Z = \Sigma\zeta \cdot \frac{\rho \cdot v^2}{2}$$

$$Z = (1{,}5 + 4 \cdot 0{,}5) \cdot \frac{1{,}2 \text{ kg/m}^3 \cdot (6 \text{ m/s})^2}{2}$$

$$Z = 75{,}6 \text{ Pa} \approx 76 \text{ Pa}$$

Beispiel 4 (Fortsetzung):

Gesamtdruckverlust der Teilstrecke:
$\Delta p = l \cdot R + Z$
$\Delta p = 9 \text{ Pa} + 76 \text{ Pa} = 85 \text{ Pa}$

Druckverluste von der Abluftansaugung im Raum bis zur Fortluftausblasung aus.

Druckabgleich. Die Druckverluste $l \cdot R + Z$ sind jeweils für den ungünstigsten Fall – in den meisten Fällen ist das der längste Weg – zu berechnen. Zu geringe Druckverluste im übrigen Kanalnetz müssen durch Drosselung abgeglichen werden.

Tabelle 5.11: ζ-Werte von Einzelwiderständen bei RLT-Anlagen (stark vereinfachte Werte)

Einzelwiderstand	Abkürzung	Abbildung	ζ-Wert
Bogen 90°	Bo		0,5
T-Stück Durchgang	TD		0
T-Stück Abzweig 90°	TA		1,5
T-Stück Gegenlauf	TG		1,5
Zu- und Abluftgitter, Luftstrahl 60° streuend	ZG AG		4,0
Deckenluftgitter für Zu- und Abluft	DGZ DGA		2,0
Außenluftgitter und Fortluftgitter mit Jalousieklappe	ALG FLG		10,0

Beispiel 5:

Das Kanalnetz einer Zuluftanlage für 6000 m³/h besteht aus folgenden Teilstrecken:
TS 1: Außenluftgitter, 1000 mm x 670 mm,
TS 2: Außenluftkanal, d = 600 mm, l = 8,0 m,
TS 3: Zuluftkanal, 400 mm x 700 mm, l = 12,0 m,
TS 4: Zuluftkanal, 400 mm x 400 mm, l = 3,0 m,
TS 5: Zuluftkanal, 400 mm x 300 mm, l = 3,0 m,
TS 6: Zuluftkanal, 300 mm x 300 mm, l = 3,0 m,
TS 7: Zuluftgitter, 1000 mm x 150 mm, 60° streuend.
Wie groß sind die gesamten Druckverluste, wenn die Druckverluste im Zuluftgerät einschließlich des Schalldämpfers 450 Pa betragen?

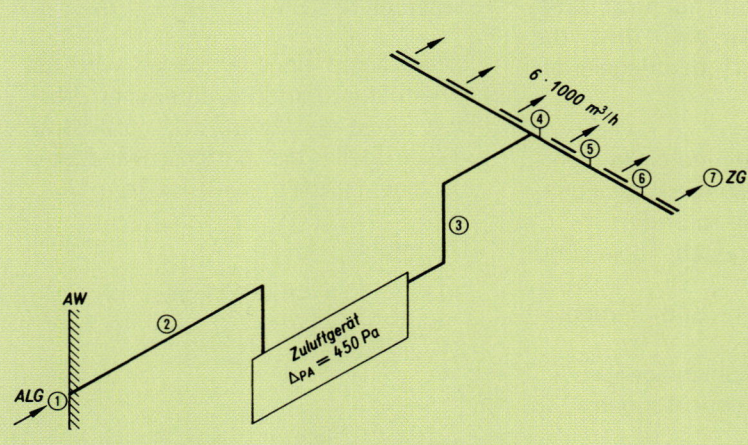

1. Isometrische Darstellung des Kanalnetzes (Beispiel 5).

Lösung:

	Aus dem Rohrplan								Nachrechnung				
1	2	3	4	5	6	7	8	9	10	11	12	13	14
TS	$\dot{V}_h$	$\dot{V}$	l	d	a	b	d_h	v	R	$l \cdot R$	$\Sigma\zeta$	Z	$l \cdot R + Z$
	m³/h	m³/s	m	mm	mm	mm	mm	m/s	Pa/m	Pa		Pa	Pa
1	6000	1,67			1000	670		2,5			10,0	38,0	
2	6000	1,67	8,0	600				5,9	0,6	4,8	0,5	10,5	
3	6000	1,67	12,0		400	700	509	6,0	0,7	8,4	1,0	21,6	
4	3000	0,83	3,0		400	400	400	5,2	0,7	2,1	1,5	24,3	
5	2000	0,56	3,0		400	300	343	4,7	0,7	2,1			
6	1000	0,28	3,0		300	300	300	3,1	0,4	1,2			
7	1000	0,28			1000	150		1,9			4,0	8,7	
										18,6		103,1	121,7

Gesamtdruckverlust:
$\Delta p = \Sigma (l \cdot R + Z) + \Delta p_A$
Δp = 18,6 Pa + 103,1 Pa + 450 Pa
Δp = 571,7 Pa = 5,7 mbar

Raumlufttechnische Anlagen

Die Berechnung der Druckverluste im Kanalnetz wird mit Computer-Programmen oder mit Hilfe eines Formblatts durchgeführt.

5.4.8 Inbetriebnahme von RLT-Anlagen

Nach DIN 18379* muss für RLT-Anlagen eine Abnahmeprüfung durchgeführt werden. Dabei ist nachzuweisen, dass die Anlage vollständig und nach den Regeln der Technik gebaut wurde.

*DIN 18379, Raumlufttechnische Anlagen, aus VOB Teil C: **A**llgemeine **T**echnische **V**ertragsbedingungen für Bauleistungen (ATV).

Funktionsprüfung. Während eines mehrstündigen Betriebs ist besonders die Funktion folgender Anlagenteile zu prüfen:
- Absperrvorrichtungen gegen Feuer und Rauch,
- Frostschutzeinrichtungen und Temperaturbegrenzungen,
- Lufterwärmer und Luftkühlanlagen,
- Be- und Entfeuchtungseinrichtungen,
- Filter,
- Regelungsanlagen.

Wenn im Zuluftkanal geeignete Rauchpatronen angezündet werden, lässt sich die Luftführung im Raum nachweisen. Häufig stimmen die berechneten Luft-Volumenströme nicht mit den wirklichen Verhältnissen überein. Deshalb sind Messungen der Luftgeschwindigkeiten durchzuführen, damit über Drosselvorrichtungen genauere Werte eingestellt werden können. Für die Messung der Luftgeschwindigkeit sind folgende Anemometer* geeignet:
- Staurohre,
- Flügelrad-Anemometer,
- Hitzdraht-Anemometer.

*Anemometer, Windmesser.

Staurohre nach Prandtl* sind für Luftgeschwindigkeiten von mehr als 2 m/s geeignet. Sie messen den dynamischen und statischen Druck der strömenden Luft. Durch Messumformer kann die Geschwindigkeit

*Prandtl, Ludwig, deutscher Physiker, 1875 bis 1953.

berechnet und analog oder digital angezeigt werden. Vgl. Bd. 07487, Kap. 1.5.5.

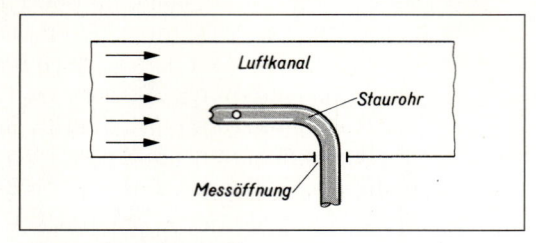

1. Staurohr nach Prandtl.

Beispiel 1:

In der Mitte eines Luftkanals wird mit einem Staurohr ein dynamischer Druck von 30 Pa gemessen. Wie groß ist an dieser Stelle die Luftgeschwindigkeit bei einer Luftdichte von 1,2 kg/m³?

Lösung:

30 Pa = 30 N/m² = 30 kg/(m · s²)

$$p_{dy} = \frac{\rho \cdot v^2}{2}$$

$$v = \sqrt{\frac{2 \cdot p_{dy}}{\rho}}$$

$$v = \sqrt{\frac{2 \cdot 30 \text{ kg/(m} \cdot \text{s}^2)}{1,2 \text{ kg/m}^3}} = 7,07 \text{ m/s}$$

Flügelrad-Anemometer. Durch die strömende Luft wird ein propellerartiges Flügelrad in Drehung versetzt. Dadurch kann die Luftgeschwindigkeit gemessen und an-

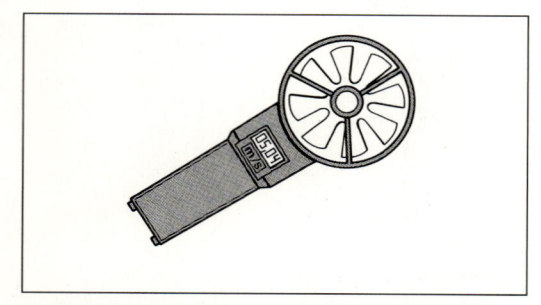

2. Flügelrad-Anemometer zum Messen der Luftgeschwindigkeit an Luftgittern.

Luftverteilung

gezeigt werden. In den meisten Fällen dienen sie zum Messen der Luftgeschwindigkeit an Luftgittern.

Hitzdraht-Anemometer. Diese Geräte sind für Luftgeschwindigkeiten von 0,01 m/s bis zu 12 m/s geeignet. Ein Draht wird elektrisch erhitzt. Die Abkühlung durch die Luft hängt von der Luftgeschwindigkeit ab, die daraus berechnet und digital angezeigt wird.

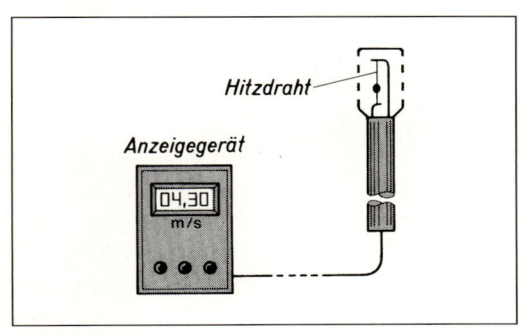

1. Hitzdraht-Anemometer.

Um in einem Luftkanal die mittlere Luftgeschwindigkeit zu ermitteln, müssen netzartig über den gesamten Kanalquerschnitt verteilt mehrere Messungen durchgeführt werden. Die mittlere Luftgeschwindigkeit ergibt sich annähernd aus dem Mittel der gemessenen Einzelgeschwindigkeiten, aus der sich dann der Luftvolumenstrom berechnen lässt.

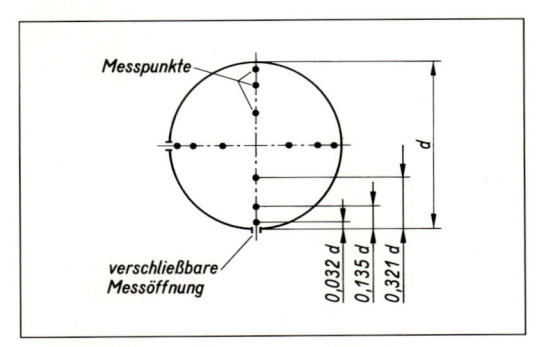

2. Messpunkte zur Bestimmung der mittleren Luftgeschwindigkeit in einem Luftkanal.

Volumenstrom-Messungen an gitterförmigen Luftauslässen werden häufig mit dem Flügelrad-Anemometer durchgeführt. Dabei wird das Messgerät in einem Abstand von ca. 30 mm gleichmäßig und schleifenförmig über den gesamten Gitterquerschnitt geführt. Das Anemometer zeigt dann annähernd die mittlere Luftgeschwindigkeit am Gitter an, aus der dann der Luftvolumenstrom berechnet werden kann. Je nach Art der Gitter können Korrekturfaktoren nach Angaben der Hersteller erforderlich sein.

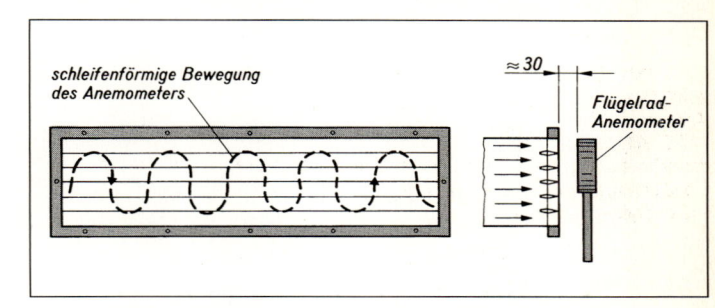

3. Messung der mittleren Luftgeschwindigkeit an einem Zuluftgitter mit einem Flügelrad-Anemometer.

Beispiel 2:

Bei einem Zuluftgitter mit einer Länge von 1250 mm und einer Höhe von 150 mm wird eine mittlere Luftgeschwindigkeit von 1,8 m/s gemessen. Wie groß ist der Zuluftvolumenstrom?

Lösung:
$A = l \cdot h$
$A = 1{,}25 \text{ m} \cdot 0{,}15 \text{ m} = 0{,}1875 \text{ m}^2$
$V = A \cdot v_m \cdot 3600$
$V = 0{,}1875 \text{ m}^2 \cdot 1{,}8 \text{ m/s} \cdot 3600 \text{ s/h}$
$V = 1215 \text{ m}^3/\text{h}$

Die Luftgeschwindigkeiten im Raum werden mit einem Hitzdraht-Anemometer durchgeführt. Dabei ist festzustellen, ob die mittlere Luftgeschwindigkeit im Aufenthaltsbereich den zulässigen Werten entspricht. Vgl. Abb. 1, S. 248. Durch Verstellen der Drossel- und Luftleitelemente an den Luftauslässen kann die Luftgeschwindigkeit im Raum beeinflusst werden.

Raumlufttechnische Anlagen

Einweisung. Das Wartungs- und Bedienungspersonal der RLT-Anlage muss mit der Anlagentechnik vertraut gemacht werden. Über die Einweisung ist ein Protokoll anzufertigen. Der Auftraggeber erhält die technischen Unterlagen der Anlage in mehrfacher Ausfertigung.

Zur Wiederholung

1. Aus welchen Werkstoffen werden Luftkanäle hergestellt?
2. Wie werden Luftkanäle miteinander verbunden?
3. In welche Dichtheitsklassen werden Luftkanäle eingeteilt?
4. Welche Luftgeschwindigkeiten sollen in RLT-Anlagen eingehalten werden?
5. Wie kann in Räumen die Zuluft eingeblasen und die Abluft abgesaugt werden?
6. Wie unterscheiden sich eine Querlüftung, eine Strahllüftung, eine senkrechte Luftführung und eine Quell-Lüftung?
7. In welchen Anlagen werden Induktionsgeräte verwendet und wie arbeiten sie?
8. Wie sind Wandluftgitter und wie Deckenluftgitter aufgebaut?
9. Wozu werden Wetterschutzgitter benötigt?
10. Welche Aufgaben erfüllen Jalousieklappen?
11. Wie kann Außenluft angesaugt und Fortluft ausgeblasen werden?
12. Eine Brandschutzklappe hat die Bezeichnung K 60. Was bedeutet diese Bezeichnung?
13. Wann und wo müssen Brandschutzklappen in Luftkanäle eingebaut werden?
14. Wie arbeiten Rauchmelder und welche Aufgabe haben sie in RLT-Anlagen?
15. Wie können Luftkanäle feuerfest oder feuerhemmend hergestellt werden?
16. Wie hoch darf der Schallpegel nach DIN 1946-2 in einem Konferenzraum sein a) bei geringen, b) bei hohen Anforderungen?
17. Wie kann die Geräuschübertragung von Ventilatoren gemindert werden?
18. Was sind Kulissenschalldämpfer?
19. Welche Geräte können zur Messung der Luftgeschwindigkeit in RLT-Anlagen verwendet werden?
20. Wie wird die Luftgeschwindigkeit in einem Luftkanal und wie an einem Zuluftgitter gemessen?

Zur Vertiefung

1. Ein runder Luftkanal hat einen Durchmesser von 640 mm, ein rechteckiger die Abmessungen 800 mm/400 mm. Vergleichen Sie beide Querschnittsflächen und den Blechbedarf für je 10 m Kanallänge.
2. Luftkanäle müssen nicht so dicht sein wie wasserführende Leitungen. Warum sollten dennoch größere Undichtigkeiten vermieden werden?
3. Ein rechteckiger Luftkanal 800 mm/400 mm ist 50 m lang. Wie groß darf maximal die Leckrate sein bei einem Prüfdruck von 400 Pa und einer Dichtheitsklasse II?
4. Warum wird in klimatisierten Räumen im Sommer häufiger über Zugerscheinungen geklagt als im Winter?
5. Sie sollen einen Kunden beraten, an welcher Stelle eines Gebäudes Außenluft angesaugt und Fortluft ausgeblasen wird. Welche Punkte müssen Sie beachten, wenn der Kunde mit Ihrem Rat zufrieden sein soll?
6. Ein Ventilator hat bei einer Frequenz von ca. 250 Hz einen Schallpegel von 85 dB (A). In dem zu klimatisierenden Raum ist ein Schallpegel von maximal 40 dB (A) zulässig. Durch das Kanalnetz werden 25 dB (A) gemindert. Wie lang muss ein zusätzlicher Schalldämpfer nach Tabelle 5.09 sein?

7. In einem Luftkanal wird mit einem Staurohr ein dynamischer Druck von 25 Pa gemessen. Wie groß ist an dieser Stelle die Luftgeschwindigkeit?

Zur Berechnung

Luft-Volumenstrom und Kanalabmessungen

1. Ein runder Luftkanal hat einen Durchmesser von 500 mm. Berechnen Sie die Volumenströme bei folgenden Luftgeschwindigkeiten:
   a) 12 m/s,   c) 6 m/s,
   b) 8 m/s,   d) 4 m/s.
2. Berechnen Sie die Luftgeschwindigkeiten in m/s, die sich in einem rechteckigen Luftkanal, 800 mm x 500 mm, bei folgenden Volumenströmen einstellen:
   a) 5760 m^3/h,   c) 9080 m^3/h,
   b) 8640 m^3/h,   d) 7200 m^3/h.
3. In runden Luftkanälen sollen die Luftgeschwindigkeiten einheitlich 5 m/s betragen. Berechnen Sie, wie groß die Kanaldurchmesser bei folgenden Volumenströmen sein müssen:
   a) 10.000 m^3/h,   d) 3200 m^3/h,
   b) 7000 m^3/h,   e) 1000 m^3/h,
   c) 4000 m^3/h,   f) 750 m^3/h.
4. Ein rechteckiger Luftkanal soll eine gleich bleibende Höhe a = 400 mm erhalten. Berechnen Sie die Breite b, die bei folgenden Volumenströmen erforderlich ist, wenn die Luftgeschwindigkeit konstant 5 m/s beträgt:
   a) 7200 m^3/h,   c) 4300 m^3/h,
   b) 5760 m^3/h,   d) 2880 m^3/h.
5. Welche quadratischen Abmessungen benötigt ein Klimagerät für einen Volumenstrom von 8000 m^3/h bei einer Luftgeschwindigkeit von 2,22 m/s?

Luftaus- und Lufteinlässe

6. Ein Außenluftgitter hat eine Breite von 750 mm. Wie hoch muss das Gitter sein, wenn 6000 m^3/h Außenluft bei einer Luftgeschwindigkeit von 3 m/s angesaugt werden?
7. An einem runden Luftauslass mit einem Durchmesser von 500 mm wird mit einem Anemometer eine durchschnittliche Luftgeschwindigkeit von 1,15 m/s gemessen. Wie groß ist der Volumenstrom der Zuluft?
8. In einen Raum werden 6000 m^3/h Zuluft durch 6 gleiche Zuluftgitter eingeblasen. Die Gitter haben eine Höhe von 150 mm. Wie lang muss ein Gitter sein, wenn die Luftgeschwindigkeit am Gitter 1,5 m/s betragen soll?
9. In einen Raum sollen 250 m^3/h Zuluft über ein Zuluftgitter mit einer Länge von 400 m bei einer Luftgeschwindigkeit am Gitter von 1,75 m/s eingeblasen werden. Wie hoch muss das Zuluftgitter sein?
10. In einem Kaufhaus müssen 10.000 m^3/h Abluft über Deckeneinlässe mit einem Durchmesser von 500 mm abgesaugt werden. Die Luftgeschwindigkeit am Einlass soll 1 m/s betragen. Wie viel Deckeneinlässe sind notwendig?

Druckverluste

11. Durch einen 20 m langen Luftkanal, d = 500 mm, strömen 6500 m^3/h Zuluft. Wie groß sind die Druckverluste der geraden Kanalstrecke?
12. Bestimmen Sie die hydraulischen Durchmesser d_h folgender Luftkanäle:
    a) 600 mm x 300 mm,
    b) 1000 mm x 500 mm,
    c) 300 mm x 200 mm,
    d) 500 mm x 500 mm.
13. Durch einen rechteckigen Luftkanal 800 mm x 400 mm mit einer Länge von 25 m strömen 7000 m^3/h Abluft. Berechnen Sie die Druckverluste dieser Kanalstrecke.
14. Wie groß sind die Druckverluste in einer Teilstrecke durch Einzelwiderstände bei folgenden Angaben:

a) v = 6 m/s; $\Sigma\zeta$ = 6,0,
b) v = 8 m/s; $\Sigma\zeta$ = 3,5,
c) v = 3 m/s; $\Sigma\zeta$ = 3,5.

15. Berechnen Sie die Druckverluste einer Abluftanlage bei folgenden Angaben:
TS 1: Abluftgitter, 500 m³/h,
       $a \times b$ = 600 mm × 150 mm,
TS 2: Abluftkanal, 500 m³/h,
       d = 250 mm, l = 6 m, 2 Bo,
TS 3: Abluftkanal, 1000 m³/h,
       d = 300 mm, l = 6 m, 1 TA,
TS 4: Abluftkanal, 4000 m³/h,
       d = 500 mm, l = 8 m, 4 Bo,
TS 5: Fortluftkanal, 6000 m³/h,
       d = 550 mm, l = 9 m, 3 Bo,
TS 6: Fortluftgitter, 6000 m³/h,
       $a \times b$ = 1000 mm × 665 mm,
Druckverlust im Abluftgerät mit Schalldämpfer 300 Pa.

16. Berechnen Sie die Druckverluste des längsten Wegs in einer Zuluftanlage bei folgenden Angaben:
TS 1: Außenluftgitter, 10.000 m³/h,
       1250 mm × 750 mm,
TS 2: Außenluftkanal, 10.000 m³/h,
       d = 700 mm, l = 8 m, 3 Bo,
TS 3: Zuluftkanal, 10.000 m³/h,
       d = 700 mm, l = 8 m, 2 Bo,
TS 4: Zuluftkanal, 10.000 m³/h,
       850 mm × 500 mm, l = 9 m,
       4 Bo,
TS 5: Zuluftkanal, 6000 m³/h,
       700 mm × 400 mm, l = 5 m,
       1 TD,
TS 6: Zuluftkanal, 4000 m³/h,
       550 mm × 400 mm, l = 6 m,
       2 Bo,
TS 7: Zuluftkanal, 2000 m³/h,
       350 mm × 400 mm, l = 5 m,
       1 TA,
TS 8: Zuluftkanal, 800 m³/h,
       350 mm × 200 mm, l = 5 m,
       3 Bo,
TS 9: Zuluftgitter, 800 m³/h,
       750 mm × 200 mm.
Die Druckverluste im Zuluftgerät Δp_A = 600 Pa.

■ 5. Lernsituation: Entwurf einer Teilklimaanlage

Ein Versammlungsraum in einer Gaststätte für 150 Personen soll eine Teilklimaanlage mit Lufterwärmer und Luftkühler erhalten. Die Anlage hat einen maximalen Zuluft- und Abluft-Volumenstrom von 9000 m³/h.

Sommerbetrieb:
- Außentemperatur 32 °C,
- Außenfeuchte 60 %,
- Raumtemperatur 26 °C,
- Raumfeuchte ca. 60 %,
- äußere Kühllasten 5 kW,
- innere Kühllasten: elektrische Geräte und Beleuchtung 2,5 kW, Ventilatoren 3,5 kW, Personen bei sitzender Tätigkeit,
- Oberflächentemperatur des Luftkühlers 8 °C.

Es sind für den Sommerbetrieb zu berechnen und die Luftzustände in ein Mollier-Diagramm einzutragen:
1. die gesamte trockene Kühllast,
2. die Zulufttemperatur,
3. der Außenluft-Volumenstrom bei einer Außenluftrate je Person von 40 m³/h,
4. der Umluft-Volumenstrom,
5. die Luft-Massenströme bei einer Luftdichte von 1,2 kg/m³,
6. die Mischlufttemperatur,
7. die Leistung des Luftkühlers,
8. die Wasserausscheidung am Kühler.

Winterbetrieb:
- Außentemperatur −12 °C,
- Außenfeuchte 80 %,
- Raumtemperatur 20 °C,
- Raumfeuchte ca. 30 %,
- Heizlast 12 kW.

Die Luftvolumenströme sind wie im Sommerbetrieb anzunehmen.

Es sind für den Winterbetrieb zu berechnen und die Luftzustände in ein Mollier-Diagramm einzutragen:
 9. die Zulufttemperatur,
10. die Mischlufttemperatur,

Luftverteilung

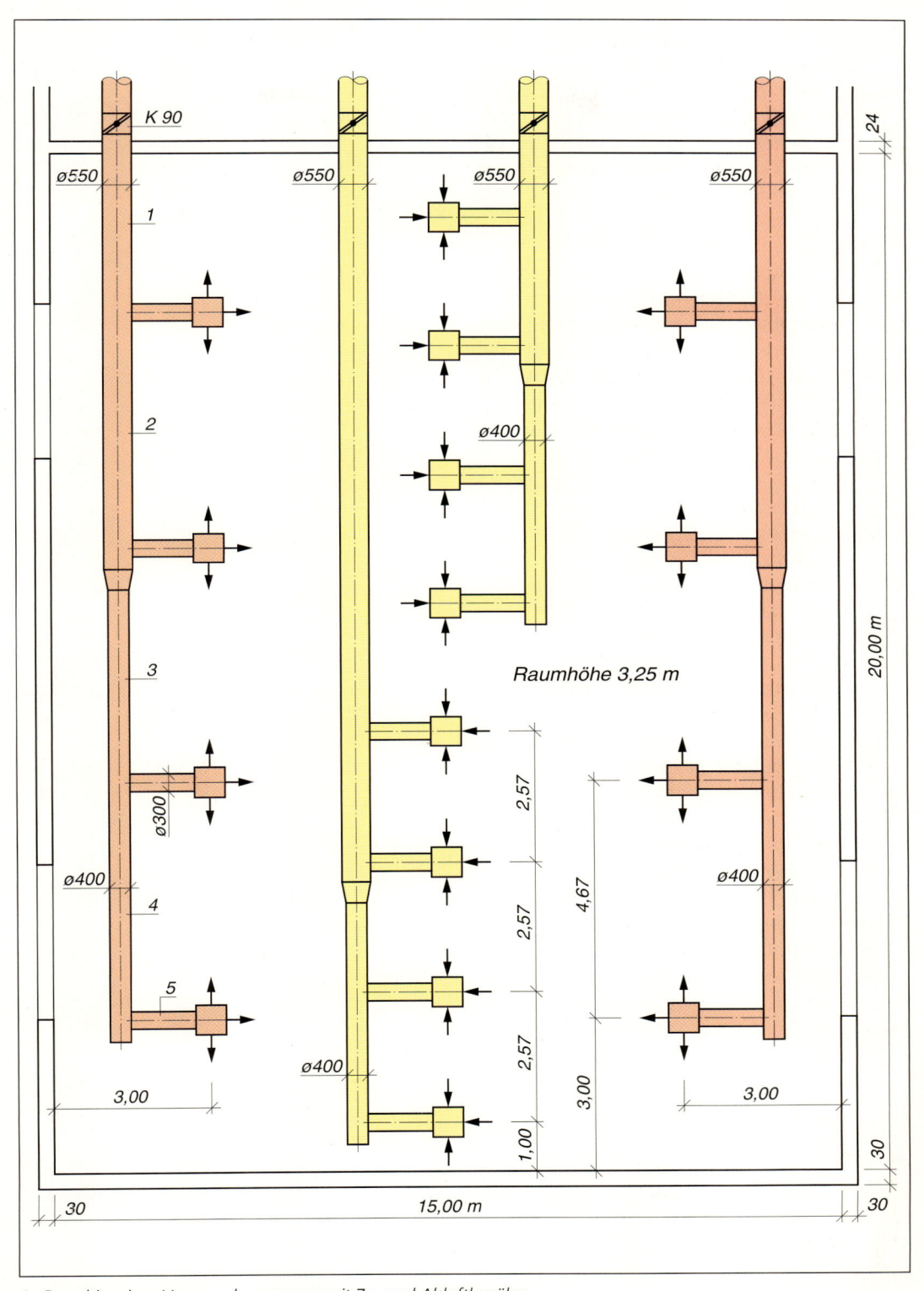

1. Grundriss eines Versammlungsraums mit Zu- und Abluftkanälen.

11. die Leistung des Lufterwärmers ohne Wärmerückgewinnung,
12. die Wärmerückgewinnung in kW, wenn die Fortluft in einem Kreuzstrom-Wärmeaustauscher von 20 °C auf 3 °C abgekühlt und die Außenluft entsprechend erwärmt wird.

Luftkanäle:
Zuluft und Abluft werden durch quadratische Deckenluftgitter mit 500 mm Kantenlänge eingeblasen und abgesaugt. Der Schallpegel der Ventilatoren beträgt bei einer Frequenz von 250 Hz 85 dB (A); im Raum sollen maximal 40 dB (A) gemessen werden. Die Luftkanäle dämpfen den Schallpegel um ca. 15 dB (A).

Es sind zu berechen:
13. die Luftgeschwindigkeiten an den Zu- und Abluftgittern,
14. die Luftgeschwindigkeiten an den Teilstrecken des Zuluftkanals 1 bis 5,
15. die Druckverluste in den Teilstrecken 1 bis 5,
16. die Länge der erforderlichen Schalldämpfer,
17. der stündliche Luftwechsel des Raums bezogen auf den Außenluft- und auf den Zuluft-Volumenstrom.
18. Zeichnen Sie den Grundriss im Maßstab 1:100 und tragen sie die Luftkanäle maßstäblich in den Plan ein.
19. Ermitteln Sie die Längen und Formstücke der runden Wickelfalzrohre ab den Brandschutzklappen und die Längen der flexiblen Anschlussleitungen.

6 Ressourcenschonende Anlagen

6.1	**Solar- und Wärmepumpen-Heizungen**	302
6.1.1	Solaranlagen mit Heizungsunterstützung	302
6.1.2	Solare Schwimmbadbeheizung	303
6.1.3	Wärmepumpen-Heizungen	303
6.1.4	Kombination verschiedener Systeme	308
6.2	**Wohnraumlüftung**	314
6.2.1	Wohnraumlüftung durch freie Lüftungssysteme	314
6.2.2	Wohnraumlüftung mit Wärmerückgewinnung	314
6.2.3	Außenluftansaugung über Erdkollektoren	316
6.2.4	Luftdichtheit bei Gebäuden	316
6.3	**Kraft-Wärme-Kopplung und Fernheizungen**	319
6.3.1	Kraft-Wärme-Kopplung	319
6.3.2	Brennstoffzellen-Heizgeräte	320
6.3.3	Fernheizungen	320
6.3.4	Biomasse-Heizwerke	324
6.3.5	Geothermische Heizkraftwerke	325
6.4	**Ressourcenschonung durch Heizkostenabrechnung**	328
6.4.1	Heizkostenverordnung	328
6.4.2	Heizkostenverteiler	328
6.4.3	Wärmezähler	329
6.4.4	Kostenverteilung	331

6.1 Solar- und Wärmepumpen-Heizungen

*Ressourcen,
Erwerbsquellen für
Rohstoffe.

*Kollektorfläche.
Sie kann auch nach
der beheizten Wohnfläche berechnet werden: z.B. 0,06 m²/m²

*Tabelle 6.01
nach VDEW-Angaben
für 2002.

Die auf der Erde vorhandenen Ressourcen* an Erdgas und Erdöl sind begrenzt und der Energieverbrauch ist sehr hoch. Die Menschheit muss lernen, künftig mit weniger Energie auszukommen und anstelle von Öl und Erdgas erneuerbare und nachwachsende Energien einzusetzen. Da die meiste Energie im privaten Bereich für die Heizungen benötigt wird, sind Maßnahmen zur Energieeinsparung und Ressourcenschonung hier am wirkungsvollsten.

Tabelle 6.01: Privater Energieverbrauch in deutschen Haushalten*

Heizung	53 %
Warmwasser	8 %
Haushaltsgeräte	8 %
Licht	1 %
Auto	30 %
insgesamt	100 %

6.1.1 Solaranlagen mit Heizungsunterstützung

Solaranlagen werden überwiegend für die Trinkwassererwärmung gebaut. Vgl. 3.4, S. 176. Im Herbst und im Frühjahr, aber auch an einigen sonnigen Tagen im Winter, kann die Solarenergie zusätzlich für die Heizung des Gebäudes genutzt werden.

Durch die geringer werdende Heizlast der Gebäude aufgrund der vorgeschriebenen Wärmedämmung nach der Energie-Einsparverordnung kann bei diesen Heizungsanlagen ein Teil der benötigten Heizenergie durch die Solaranlage aufgebracht werden. Besonders bei Ein- und Zweifamilienhäusern werden häufig Solaranlagen mit Heizungsunterstützung gebaut. Dabei soll die Kollektorfläche* etwa doppelt so groß ausgelegt werden wie bei Anlagen ohne Heizungsunterstützung. Wenn z.B. für die Trinkwassererwärmung mit 1,5 m² Kollektoren je Person gerechnet wird, so sind bei Anlagen mit Heizungsunterstützung 3 m² je Person anzunehmen.

Beispiel:

Ein Zweifamilienhaus wird von insgesamt 6 Personen bewohnt. Wie groß soll die Kollektorfläche aus Flachkollektoren bei einer Solarheizung a) mit und b) ohne Heizungsunterstützung sein?

Lösung:
a) $A = 6 \cdot 3{,}0 \text{ m}^2 = 18 \text{ m}^2$
   mit Heizungsunterstützung
b) $A = 6 \cdot 1{,}5 \text{ m}^2 = 9 \text{ m}^2$
   ohne Heizungsunterstützung

Wärmespeicher. Die durch die Solarheizung gesammelte Wärmeenergie wird in einen Pufferspeicher eingespeist, von dem aus die Heizungsanlage unterstützt und das Trinkwasser aufgeheizt wird. Für diese Speicher werden u.a. Thermosiphon-Speicher verwendet, bei denen das Heizwasser durch eine Heizschlange des Solarheizkreises erwärmt wird, die in einem Wärmeleitrohr (Siphon) eingebaut ist. Vgl. 3.4.5, S. 182. Durch diese Konstruktion wird das aufgeheizte Wasser in den oberen Teil des Speichers geleitet und die Wärmeschichtung

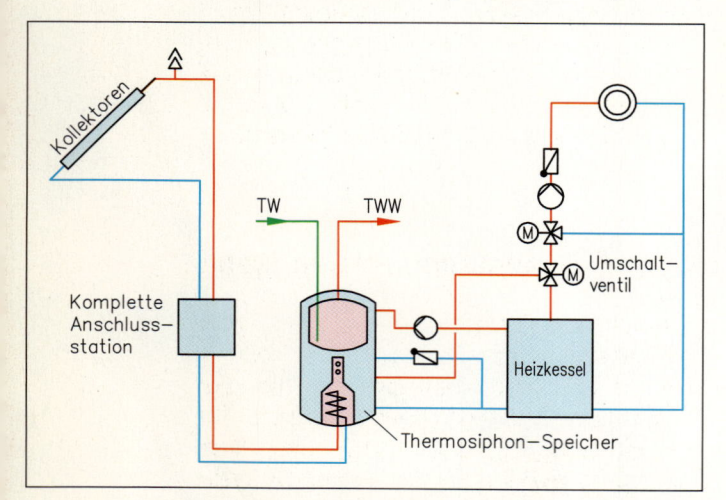

1. Solarheizung mit Pufferspeicher, eingebautem Speicher-Wassererwärmer und Heizungsunterstützung.

verbessert. Bei Bedarf wird durch die Heizungsanlage nachgeheizt. Der Pufferspeicher hat bei Ein- und Zweifamilienhäusern einen Inhalt von 500 l bis 1000 l. In großen Behältern kann ein Trinkwasserspeicher mit einem Inhalt von 120 l bis 180 l eingebaut sein; in kleineren Speichern wird das Trinkwasser meist durch eine Heizschlange im Durchflussprinzip erwärmt. Vgl. Abb. 2, S. 182.

6.1.2 Solare Schwimmbadbeheizung

Eine besonders wirtschaftliche Nutzung der Sonnenenergie ist bei der Beheizung öffentlicher oder privater Schwimmbäder in den Sommermonaten möglich. Durch die hohe Sonneneinstrahlung während dieser Zeit ergibt sich ein guter thermischer Wirkungsgrad.

Das Schwimmbadwasser kann mit der Solarkreispumpe direkt durch den Kollektor befördert werden. Ein Frostschutz ist nicht notwendig, wenn die Anlage im Winter ent-

> **Beispiel:**
>
> Ein Hallenschwimmbecken hat eine Wasseroberfläche von 300 m². Je m² sollen 0,5 m² Kollektorfläche gewählt werden. Die tägliche Sonneneinstrahlung kann mit 4 kWh/m² angenommen werden. Wie viel Wärme wird durch die Solaranlage während 150 Tagen bei einem Wirkungsgrad von 50 % eingespart?
>
> Lösung: Vgl. 3.4.8, S. 185.
> $Q = A \cdot \dot{q}_s \cdot t \cdot \eta$
> $Q = 150 \text{ m}^2 \cdot 4 \text{ kWh/(m}^2 \text{ d)} \cdot 150 \text{ d} \cdot 0,5$
> $Q = 45.000 \text{ kWh}$
>
> Das entspricht einem Brennstoffvolumen von etwa 4500 m³ Erdgas oder 4500 l Heizöl.

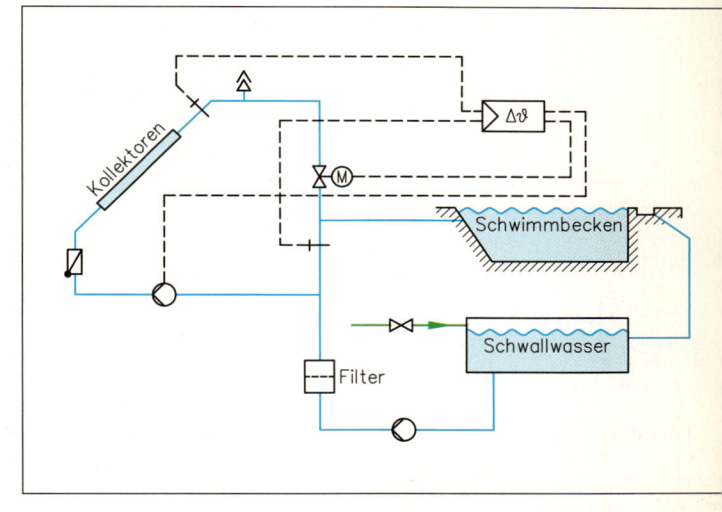

1. Solaranlage mit Schwimmbadwasser-Erwärmung.

leert wird. Soll die Solaranlage auch in den kalten Jahreszeiten genutzt werden, müssen ein Wärmeaustauscher und ein Frostschutz vorhanden sein.

Neben den handelsüblichen Flach- oder Röhrenkollektoren können auch preiswertere Kollektoren aus schwarzem PE-Kunststoff ohne Glasabdeckung eingesetzt werden. Vgl. 3.4.2, S. 177. Die Kollektorgröße richtet sich in erster Linie nach der Wasseroberfläche des Schwimmbeckens. Außerdem ist zu berücksichtigen, ob es sich um ein Schwimmbad in der Halle oder im Freien handelt und ob die Oberfläche nachts abgedeckt werden kann. Entsprechend wird eine Kollektorfläche von 0,5 m² bis 1,0 m² je Quadratmeter Wasseroberfläche gewählt.

6.1.3 Wärmepumpen-Heizungen

Außenluft, Erdreich, Fluss-, See- oder Grundwasser enthalten auch im Winter große Mengen an Wärmeenergie, die aber wegen der niedrigen Temperaturen für Heizungsanlagen nicht nutzbar sind. Deshalb muss die Temperatur dieser Umweltenergie mit einer Wärmepumpe angehoben werden.

Ressourcenschonende Anlagen

Wärmepumpen arbeiten mit umgekehrter Wirkung wie Kühlmaschinen, die in Kühlschränken und Klimaanlagen eingebaut sind. Sie besitzen einen geschlossenen Kältemittelkreislauf, der im Wesentlichen aus dem Verdichter*, dem Expansionsventil*, dem Verdampfer und dem Verflüssiger* besteht. Diese Elemente sind durch Kupferleitungen miteinander verbunden.

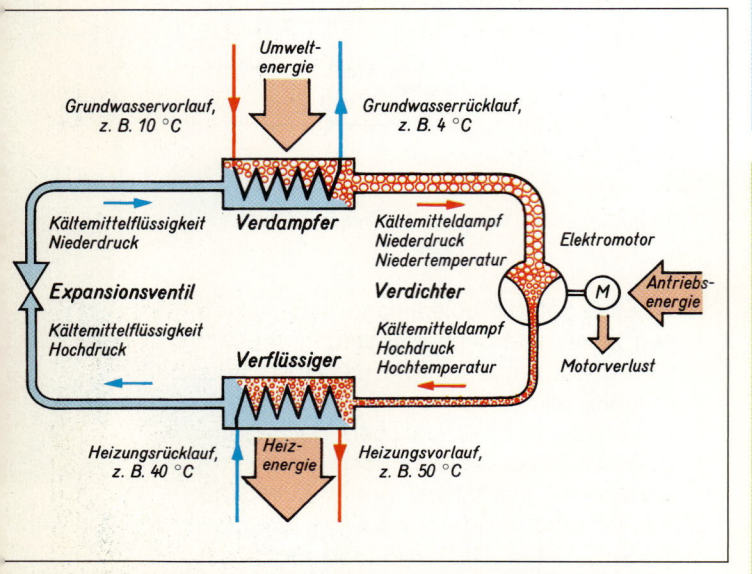

***Verdichter** = Kompressor.

***Expansionsventil** = Druckminderer.

***Verflüssiger** = Kondensator.

Tabelle 6.02: Physikalische Werte eines Kältemittels

Verdampfungstemperatur ϑ in °C	absoluter Druck p_{abs} in bar	Verdampfungswärme r in Wh/kg
−30	1,0	46
−20	1,5	45
−10	2,2	44
0	3,1	43
10	4,2	41
20	5,7	39
30	7,5	38
40	9,6	36
50	12,2	34
60	15,3	32
70	19,0	29

1. Schematische Darstellung einer Grundwasser-Wasser-Wärmepumpe.

Beispiel 1:

Wie groß sind Druck und Verdampfungswärme des Kältemittels nach Tabelle 6.02 bei einer Temperatur von 0 °C im Verdampfer und 70 °C nach dem Verdichter?

Lösung:

0 °C $\quad p_{abs1}$ = 3,1 bar
$\quad\quad\quad p_{e1}$ = 2,1 bar
$\quad\quad\quad r_1$ = 43 Wh/kg
70 °C $\quad p_{abs2}$ = 19,0 bar
$\quad\quad\quad p_{e2}$ = 18,0 bar
$\quad\quad\quad r_2$ = 29 Wh/kg

Kältemittel. Es sind Flüssigkeiten, die bei niedrigen Temperaturen unter normalem Luftdruck verdampfen. Für Wärmepumpen verwendete man früher Kältemittel, die aus einer chemischen Verbindung von Fluor (F), Chlor (Cl), Kohlenstoff (C) und Wasserstoff (H_2) bestanden. Diese FCKW*-Kältemittel verdampfen bei normalem Luftdruck und steigen dann in hohe Schichten der Atmosphäre auf, wo sie für die Schädigung der schützenden Ozonschicht verantwortlich gemacht werden. FCKW-Kältemittel wurden deshalb weltweit verboten und müssen bei alten Wärmepumpen fachgerecht entsorgt werden.

In neuen Wärmepumpen werden Kältemittel eingesetzt, die kein FCKW enthalten, z.B. R 134a, R 407c oder R 404a.

*__FCKW__, Abkürzung für **F**luor, **C**hlor, **K**ohlenstoff und **W**asserstoff.

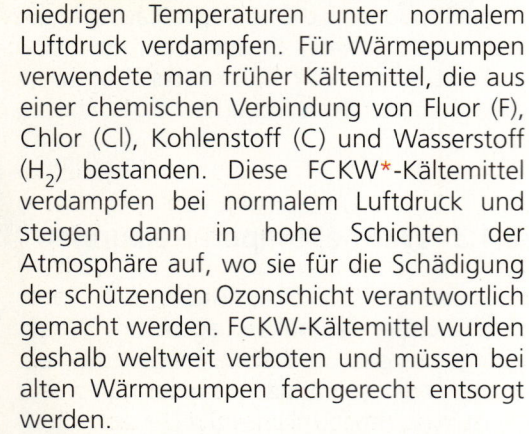

Verdampfer. Hier hat das Kältemittel einen geringen Überdruck, z.B. 2,5 bar, so dass es bei ca. 2 °C verdampfen kann. Die zur Verdampfung erforderliche Verdampfungswärme wird der Umwelt, z.B. dem Grundwasser, entzogen.

Verdichter. Er saugt den Kältemitteldampf an und komprimiert ihn auf einen Überdruck von z.B. 18 bar. Dabei erhöht sich die Temperatur des Kältemitteldampfs auf 70 °C. Vgl. Beispiel 1. Der Verdichter wird meistens durch einen Elektromotor angetrieben. Bei Wärmepumpen mit großen Leistungen wird aus wirtschaftlichen Gründen ein Antrieb mit einem Gas- oder Dieselmotor bevorzugt.

Solar- und Wärmepumpen-Heizungen

Verflüssiger. Hier kondensiert der Kältemitteldampf. Dabei werden die im Verdampfer aufgenommene Wärme und die zur Verdichtung aufgewändete Energie an das Heizungswasser abgegeben, das sich bis auf ca. 60 °C erwärmen lässt.

Expansionsventil. Es reduziert den hohen Druck des flüssigen Kältemittels in Abhängigkeit von der gewünschten Temperatur im Verdampfer. Dadurch kann das Kältemittel wieder verdampfen und den Kältemittelkreislauf schließen.

Wärmequellen. Der Verdampfer einer Wärmepumpe kann die zur Verdampfung des Kältemittels benötigte Verdampfungswärme folgenden Umwelt-Energiequellen entziehen:
- Außenluft oder Raumluft,
- Grundwasser,
- Fluss- oder Seewasser,
- Erdreich.

Außenluft oder Raumluft. Die Außenlufttemperatur sollte über 0 °C liegen. Bei tieferen Temperaturen wird mit herkömmlichen Heizungsanlagen oder elektrischem Strom zusätzlich oder ausschließlich geheizt. In Lüftungsanlagen kann eine Wärmepumpe der Fortluft Wärme entziehen und der Außenluft zur Vorwärmung zuführen. Vgl. 5.3.6, S. 274.

Grundwasser. Es wird einem Brunnen mit Temperaturen von 8 °C bis 12 °C entnommen und durch den Verdampfer einer Wärmepumpe geleitet. Durch den Wärmeentzug sinkt die Temperatur auf 2 °C bis 5 °C. Über einen zweiten, im Gelände tiefer liegenden Brunnen* wird das abgekühlte Wasser wieder dem Erdreich zugeführt. Bei ausreichendem Grundwasser können Grundwasser-Wärmepumpen auch bei tiefen Außentemperaturen ein Gebäude beheizen.

Fluss- oder Seewasser. Falls ein Fluss oder See in erreichbarer Nähe liegt und ausreichend Wasser entnommen werden kann, ist eine Wärmepumpe wie bei Grundwasser zu betreiben. Der Wärmeentzug des Grund-, Fluss- oder Seewassers unterliegt der Genehmigung der zuständigen Behörde.

Erdwärme-Kollektoren. Im Erdreich werden waagrecht verlaufende Kunststoffrohre in einer Tiefe von 1,0 m bis 1,5 m und einem Abstand von 0,5 m bis 0,8 m verlegt. Durch dieses Rohrsystem wird frostgeschütztes Wasser gepumpt, das sich durch die Erdwärme auf 8 °C bis 10 °C erwärmt. Diese Sole* wird dann im Verdampfer auf 2 °C bis 5 °C abgekühlt. Bei der Beheizung eines Niedrig-Energiehauses reicht eine Gartenfläche aus, die etwa der beheizten Wohnfläche entspricht.

***Sole,** frostgeschütztes Wasser durch Glykol.

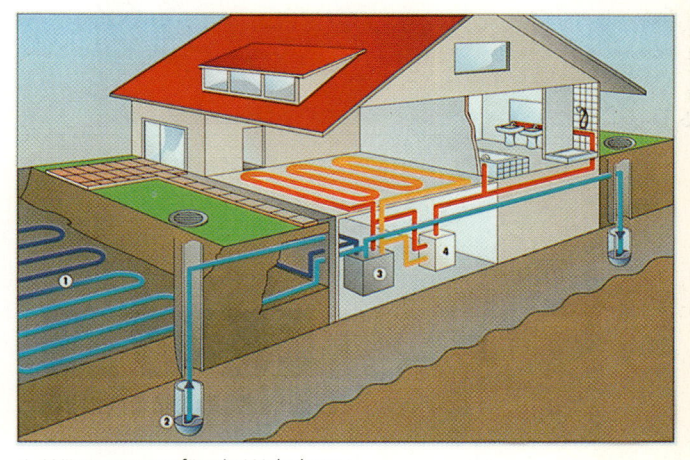

1. Wärmepumpe für ein Wohnhaus.
1 Wärmequelle Erdreich, 2 Wärmequelle Grundwasser, 3 Wärmepume, 4 Trinkwassererwärmer.

Erdsonden. Bevorzugt werden heute senkrechte Erdsonden, die von spezialisierten Firmen durch Bohrungen bis zu 130 m Tiefe hergestellt werden. Für eine Heizleistung von 10 kW benötigt man je nach Bodenbeschaffenheit eine oder mehrere Sonden mit 70 m bis 130 m Tiefe. Der Vorteil liegt im geringen Platzbedarf bei günstigen Herstellungskosten. Das senkrecht verlaufende Rohrsystem wird wie bei waagrechten Erdkollektoren mit einem frostgeschützten Wärmeträger durchflossen.

***Brunnen,** der zweite Brunnen wird als Schluckbrunnen bezeichnet.

Ressourcenschonende Anlagen

1. Bohrvorrichtung für die Herstellung von Erdsonden.

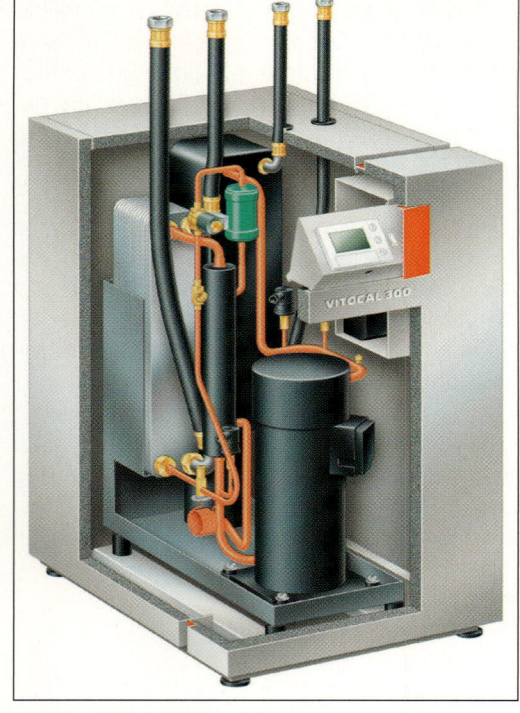

2. Wasser-Wasser-Wärmepumpe.

Bezeichnungen. Wärmepumpen werden nach der benutzten Wärmequelle und dem Heizungsmedium bezeichnet. Man unterscheidet bei Warmwasserheizungen Luft-Wasser-Wärmepumpen, Wasser-Wasser-Wärmepumpen und Sole-Wasser-Wärmepumpen, wobei an erster Stelle die Wärmequelle und an zweiter Stelle das Heizungsmedium angegeben wird. Bei Luftheizungen spricht man von Luft-Luft- oder von Wasser-Luft-Wärmepumpen.

Leistungszahl. Die Wirtschaftlichkeit einer Wärmepumpe ist an ihrer Leistungszahl ε* erkennbar. Sie ergibt sich aus dem Verhältnis der für die Heizung nutzbar gemachten Energie zur Antriebsenergie des Verdichters.

Die Leistungszahl von Luft-Wasser-Wärmepumpen erreicht Werte von 2 bis 3,5. Bei Wasser-Wasser- oder Sole-Wasser-Wärmepumpen liegen die Leistungszahlen zwischen 3 und 5,5. Je höher die Temperatur der Umweltenergie ist und je niedriger die Temperatur des Heizungswassers gehalten werden kann, desto größer ist die Wirtschaftlichkeit und somit die Leistungszahl einer Wärmepumpe. Vgl. Tab. 6.03. Deshalb sind Warmwasser-Fußbodenheizungen oder Wandheizungen wegen der niedrigen Vorlauftemperaturen besonders gut mit Wärmepumpen kombinierbar.

Monovalente Anlagen. Wenn ausreichend Grund-, Fluss- oder Seewasser oder Erdwärme zur Verfügung steht, kann eine Wärmepumpe während des ganzen Jahres

*ε, griech. Buchstabe, sprich Epsilon.

$$\varepsilon = \frac{\dot{Q}}{P_{zu}}$$

ε Leistungszahl
$\dot{Q}$ Wärmeleistung in kW
P_{zu} zugeführte Antriebsleistung in kW

Solar- und Wärmepumpen-Heizungen

Tabelle 6.03: Leistungsdaten von Wasser-Wasser-Wärmepumpen*

Modell der Wärmepumpe	12	15	18	22	27	40*
Wärmeleistung/Leistungszahl bei 10/50 °C	11,8/4,0	14,6/4,0	18,2/4,0	20,5/3,9	26,8/4,0	43,0/4,0
Wärmeleistung/Leistungszahl bei 10/35 °C	12,2/5,7	14,7/5,6	18,7/5,6	21,6/5,7	27,2/5,3	44,0/5,7
Kaltwasserdurchfluss bei 10 °C in m³/h	2,7	3,5	3,5	5,0	7,0	9,5
Heizwasserdurchfluss in m³/h	1,1	1,3	1,7	2,0	2,4	3,5
Kältemittel R 407c in kg	1,8	2,0	2,3	2,8	4,5	6,7
Stromaufnahme bei 10/35 °C in kW	2,14	2,63	3,34	3,79	5,13	7,72

*mit 2 Kompressoren

*Tabelle 6.03 nach Werksangaben.

ein Gebäude beheizen. Ein zusätzlicher Wärmeerzeuger ist nicht erforderlich. Man spricht dann von monovalenten* Anlagen.

Beispiel 2:

Eine Wasser-Wasser-Wärmepumpe hat eine Leistungszahl von 4,0. Wie groß ist ihre Wärmeleistung, wenn die Antriebsleistung des Kompressors 3,5 kW beträgt?

Lösung:
$\dot{Q} = P_{zu} \cdot \varepsilon = 3{,}5\ \text{kW} \cdot 4{,}0 = 14\ \text{kW}$

Bivalente Anlagen. Falls der Umwelt nicht während des ganzen Jahres ausreichend Wärme entzogen werden kann, z.B. bei Außenluft als Wärmequelle, muss die Wärmepumpe mit einem Heizkessel oder einem anderen zusätzlichen Wärmeerzeuger kombiniert werden. Man spricht dann von bivalenten* Anlagen.

Pufferspeicher. Bei Wärmepumpen-Heizungen wird ein Pufferspeicher eingebaut, der eine größere Wärmemenge speichern kann. Vgl. 1.3.12, S. 54. Dadurch schaltet die Wärmepumpe nicht so oft ein und aus*, was die Betriebssicherheit und Lebensdauer der Anlage erheblich verbessert.

***monovalent,** mono = alleine, valent = wertig.

***bivalent,** zwei- oder doppelwertig.

***Ein- und ausschalten,** bei Wärmepumpen spricht man von Takten, wenn durch die Regelung die Maschine zu oft ein- und ausschaltet.

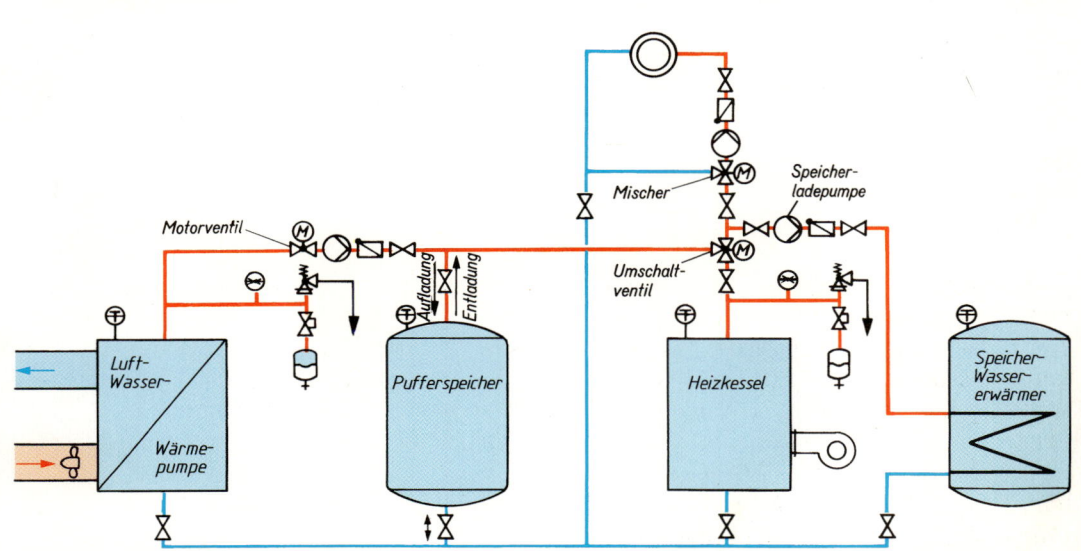

1. Einbau einer bivalenten Luft-Wasser-Wärmepumpe mit Pufferspeicher. Bei zu niedrigen Außentemperaturen wird das Umschaltventil auf Kesselbetrieb geschaltet und die Wärmepumpe abgestellt.

Ressourcenschonende Anlagen

> **Beispiel 3:**
>
> Für ein Einfamilenhaus wird eine monovalente Wasser-Wasser-Wärmepumpe mit einer Antriebsleistung von 2,5 kW und einer Wärmeleistung von 11 kW eingebaut.
> a) Wie groß ist die Leistungszahl?
> b) Wie lang kann die Wärmepumpe in der Übergangszeit bei 50 % Auslastung ununterbrochen arbeiten, wenn ein Pufferspeicher mit einem Inhalt von 500 l um durchschnittlich 20 K aufgeheizt werden kann?
>
> Lösung a):
>
> $$\varepsilon = \frac{\dot{Q}}{P_{zu}} = \frac{11\ \text{kW}}{2,5\ \text{kW}} = 4,4$$
>
> Lösung b):
>
> $Q_{Sp} = m \cdot c \cdot \Delta \vartheta$
> $Q_{Sp} = 500\ \text{kg} \cdot 1{,}163\ \text{Wh/(kg} \cdot \text{K)} \cdot 20\ \text{K}$
> $Q_{Sp} = 11.630\ \text{Wh} = 11{,}63\ \text{kWh}$
>
> $$t = \frac{Q_{Sp}}{\dot{Q}} = \frac{11{,}63\ \text{kWh}}{0{,}5 \cdot 11\ \text{kW}}$$
>
> $t = 2{,}115\ \text{h} = 2\ \text{h}\ 7\ \text{min}$

6.1.4 Kombination verschiedener Systeme

Heizungsanlagen können mehrere ressourcenschonende Systeme enthalten. So kann ein Öl-, Gas-, Holz- oder Pellets-Heizkessel mit einer Wärmepumpe und einer Solaranlage mit oder ohne Heizungsunterstützung kombiniert sein. Diese Anlagen sind in der Anschaffung zwar teurer als monovalente Anlagen, sie können jedoch erheblich mehr Heizenergie einsparen, die Umwelt schonen und so die erhöhten Anschaffungskosten ganz oder teilweise ausgleichen.

Zur Wiederholung

1. Was versteht man unter Solaranlagen mit Heizungsunterstützung und wie sind diese Anlagen aufgebaut?
2. Wie arbeitet ein Thermosiphon-Speicher?
3. Welche preiswerten Solarkollektoren können für die Schwimmbadwasser-Erwärmung verwendet werden?
4. Aus welchen wesentlichen Teilen besteht eine Wärmepumpe?
5. Welche besonderen Eigenschaften müssen Kältemittel in einer Wärmepumpe haben?

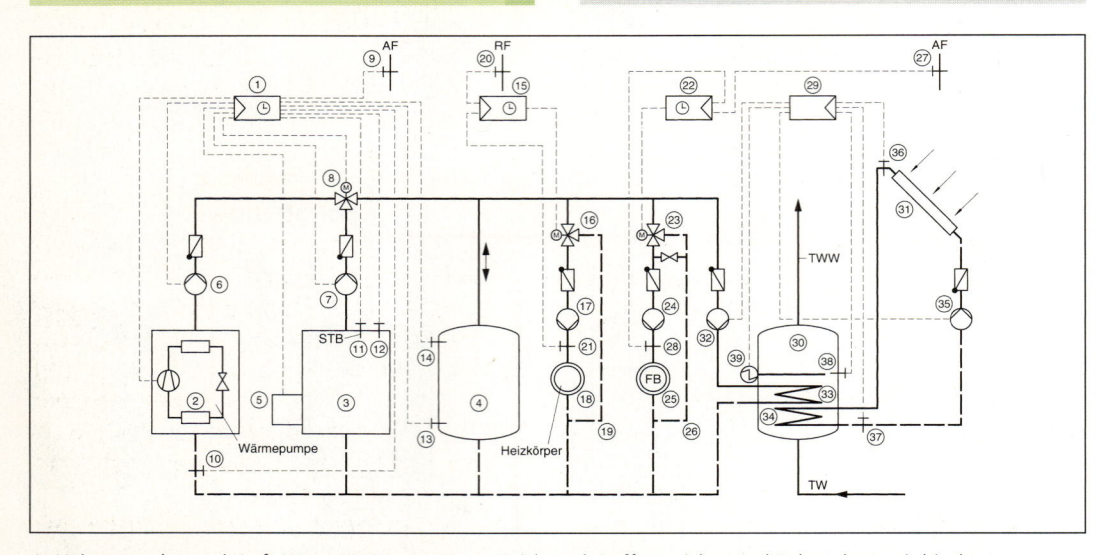

1. Heizungsanlage mit Luft-Wasser-Wärmepumpe, Heizkessel, Pufferspeicher und Solaranlage mit bivalentem Speicher.

Solar- und Wärmepumpen-Heizungen

6. Welche Umweltgefährdung kann von FCKW-Kältemitteln ausgehen?
7. Welche Aufgaben erfüllen in einer Wärmepumpe der Verdampfer, der Verdichter, der Verflüssiger und das Expansionsventil?
8. Welchen Wärmequellen kann eine Wärmepumpe Energie für die Heizungsanlage entziehen?
9. Wann spricht man bei Wärmepumpen-Heizungen von monovalenten und wann von bivalenten Anlagen?
10. Was versteht man unter einer Luft-Wasser-Wärmepumpe, einer Wasser-Wasser-Wärmepumpe und einer Sole-Wasser-Wärmepumpe?
11. Welche Bedeutung hat ein Pufferspeicher in einer Wärmepumpen-Heizung?
12. Was sagt die Leistungszahl 3,5 einer Wärmepumpe aus?

Zur Vertiefung

1. Ein Kunde möchte von Ihnen wissen, welche Vorteile eine Solaranlage mit Heizungsunterstützung hat. Welche Antwort würden Sie ihm geben?
2. Warum findet man Solaranlagen mehr bei Ein- und Zweifamilienhäusern als bei Mehrfamilienhäusern im städtischen Bereich?
3. Welche Bedeutung messen Sie der Solarenergie im Hinblick auf die begrenzten Öl- und Erdgasressourcen zu?
4. Warum ist eine Solarheizung bei Schwimmbädern besonders wirtschaftlich?
5. Eine Wärmepumpe hat eine Wärmeleistung von 18 kW und eine zugeführte elektrische Antriebsleistung von 5 kW. Wie groß ist die Leistungszahl?
6. Wie groß ist die Wärmeleistung einer Wärmepumpe, die eine elektrische Leistungsaufnahme von 5 kW und eine Leistungszahl von 4,5 hat?
7. Eine Kundin möchte von Ihnen wissen, ob eine elektrische Beheizung ihrer Wohnung durch Niedertarifstrom oder durch eine elektrische Wärmepumpe günstiger ist. Welche Antwort würden Sie ihr geben?
8. Warum ist eine Warmwasser-Fußbodenheizung bei Einsatz einer Wärmepumpe günstiger als eine Heizungsanlage mit Heizkörpern?
9. Beantworten Sie zur Abbildung 1, S. 308 folgende Fragen:
   a) Welche Teile der Anlage werden als Wärmeerzeuger und welche als Wärmeverbraucher bezeichnet?
   b) Wie arbeitet der Regler 1 bei Betrieb der Wärmepumpe?
   c) Welche Armaturen und Geräte werden bei Betrieb des Heizkessels durch den Regler 1 in Betrieb genommen und welche werden abgeschaltet?
   d) Welcher Teil der Anlage wird als Pufferspeicher bezeichnet und welche Vorteile bietet er?
   e) Geben Sie die Art der zu messenden Temperaturen an, die den Reglern 15 und 22 gemeldet werden. Welche Stellglieder haben diese Regelkreise?
   f) Wie werden die Anlagenteile 19 und 26 bezeichnet?
   g) Benennen Sie die einzelnen Bauteile der Solaranlage und geben Sie die Nummern der Bauteile an.

Zur Berechnung

Solarheizungen, vgl. 3.4.8, S. 185.
1. Ein Einfamilienhaus erhält eine Solaranlage mit Heizungsunterstützung und 10 m² Flachkollektoren. Der durchschnittliche Wirkungsgrad kann mit 60 %, die Sonneneinstahlung mit 4,2 kWh/(m²·d) angenommen werden. Wie viel Wärmeenergie wird durch diese Anlage im Jahr bei 180 Sonnentagen in einen Pufferspeicher eingespeist?

2. Für ein Hallenschwimmbad soll eine Solaranlage für die Aufheizung des Schwimmbadwassers gebaut werden. Das Becken hat eine Länge von 8 m, eine Breite von 5 m und eine durchschnittliche Tiefe von 1,8 m. Die Sonneneinstrahlung an einem Sonnentag beträgt während 7 Stunden durchschnittlich 600 W/m². Je m² Wasseroberfläche sollen 0,6 m² Kollektorfläche gewählt werden.
   a) Wie groß ist der Wärmegewinn an einem Sonnentag?
   b) Wie groß ist der Wärmegewinn während des ganzen Jahres bei insgesamt 150 Sonnentagen und wie viel m³ Erdgas können dabei eingespart werden?
   c) Um wie viel K wird das Schwimmbadwasser an einem Tag durch die Solaranlage aufgeheizt?

Wärmepumpen-Heizungen

3. Eine Luft-Wasser-Wärmepumpe saugt Außenluft von 8 °C an und kühlt sie auf 2 °C ab, $c_{p,Luft}$ = 0,34 Wh/(m³ · K). Die Leistungszahl beträgt 2,8, die elektrische Leistungsaufnahme für den Antrieb 2 kW.
   a) Wie groß ist die Wärmeleistung der Wärmepumpe?
   b) Wie viel m³/h Außenluft müssen durch die Wärmepumpe strömen, wenn 10 % der Antriebsleistung verloren gehen?

4. Durch eine Wärmepumpe sollen dem Grundwasser 12,5 kW Wärmeleistung entzogen werden. Berechnen Sie den erforderlichen Grundwasserstrom, wenn eine Abkühlung des Grundwassers von 10 °C auf 5 °C möglich ist.

5. Wie groß muss der Außenluftvolumenstrom einer Luft-Wasser-Wärmepumpe sein, wenn der Luft eine Wärmeleistung von 6 kW entzogen wird und sich die Luft dabei von 8 °C auf 2 °C abkühlt?

6. Eine große Flusswasser-Wärmepumpe für eine Schule hat eine Wärmeleistung von 1000 kW und eine zugeführte Antriebsleistung von 300 kW, die zu 95 % für die Heizung genutzt wird. Das Flusswasser hat eine Temperatur von 6 °C und wird auf 3 °C abgekühlt.
   a) Wie groß ist die Leistungszahl?
   b) Wie viel m³/h Flusswasser müssen durch die Wärmepumpe fließen?

7. Eine Grundwasser-Wasser-Wärmepumpe mit einer Leistungszahl von 4,5 hat eine Heizleistung von 8 kW. Das Grundwasser kann von 10 °C auf 5 °C abgekühlt werden. Es ist ein Pufferspeicher mit einem Inhalt von 500 l eingebaut.
   a) Wie groß ist die zugeführte elektrische Antriebsleistung der Wärmepumpe?
   b) Wie groß ist der Volumenstrom des Grundwassers, wenn 95 % der Antriebsleistung für die Heizungsanlage genutzt werden?
   c) Wie lange kann die Wärmepumpe bei voller Leistung ununterbrochen laufen, wenn sich der Pufferspeicher um 25 K erwärmen kann und die Heizungsanlage 3 kW Wärmeleistung benötigt?

■ 6. Lernsituation: Wärmepumpen-Heizung

Ein Einfamilienhaus ist nach der Energieeinspar-Verordnung gegen Wärmeverluste gedämmt und hat deshalb nur eine Norm-Heizlast von 11,8 kW. Als Wärmeerzeuger wird eine Wasser-Wasser-Wärmepumpe mit einer Leistungszahl von 4 eingebaut. Es steht Brunnenwasser mit einer Temperatur von 10 °C während des ganzen Jahres in ausreichender Menge zur Verfügung. Damit die Wärmepumpe in der Übergangszeit nicht zu oft ein- und ausschaltet (taktet), wird ein Pufferspeicher mit einem Inhalt von 300 l eingebaut.

Die zentrale Trinkwassererwärmung wird durch einen Elektro-Speicher-Wassererwärmer mit einem Inhalt von 150 l sichergestellt, der mit Niedertarif-Strom betrieben wird. Der Speicher arbeitet im Zweikreisbetrieb mit einer Leistung von 2 kW (Niedertarifzeit) und 6 kW (Schnellaufheizung). Vgl. 3.2.2, S. 160.

Berechnen Sie:
1. die elektrische Antriebsleistung der Wärmepumpe,
2. den notwendigen Volumenstrom des Brunnenwassers bei einer Abkühlung von 10 °C auf 7 °C, wenn 90 % der Antriebsleistung des Elektromotors für die Heizungsanlage genutzt werden,
3. die Laufzeit der Wärmepumpe, wenn in der Übergangszeit nur 35 % der Wärmeleistung für die Heizungsanlage benötigt werden und der Pufferspeicher von 35 °C auf 55 °C aufgeheizt werden kann,
4. den jährlichen Stromverbrauch der Wärmepumpe, wenn die gesamte Betriebszeit 1500 h/a beträgt,
5. die Aufheizzeiten des Elektro-Speicher-Wassererwärmers bei einer Aufheizung des Trinkwassers von 25 °C auf 60 °C bei Niedertarif und bei Schnellaufheizung.
6. Zeichnen Sie ein Schaltschema der Wärmepumpen-Heizung, wenn die Anlage aus einem Stromkreis für eine Warmwasser-Fußbodenheizung 40/35 °C besteht. Zeichnen Sie alle Armaturen und Bauteile ein, die zum Betrieb und zur Sicherheit der Anlage notwendig sind.

■ 7. Lernsituation: Ressourcenschonende Anlagen in einem Reihenhaus

Für ein Reihen-Eckhaus in Mannheim ist eine Pumpen-Warmwasserheizung- mit Solaranlage und Wärmepumpe zu projektieren. Das Gebäude ist ein Altbau, der nachträglich mit neuen Fenstern und Außentüren sowie mit zusätzlicher Wärmedämmung ausgestattet wurde.

Temperaturen. Das angrenzende Gebäude ist fremdbeheizt, Dachraum und Kellerräume sind unbeheizt.

***U*-Werte:**
AT und AF: $U = 1{,}40$ W/(m² · K),
AW: $U = 0{,}35$ W/(m² · K),
IW zum Nachbarhaus: $U = 0{,}55$ W/(m² · K),
DE_{OG}: $U = 0{,}33$ W/(m² · K),
FB_{EG}: $U = 0{,}35$ W/(m² · K),
FB_{OG}: $R_{\lambda,Dä} = 0{,}75$ m² · K/W

Die Heizlast im Treppenhaus (Räume 4 und 104) wird durch die Anbindeleitungen der Fußbodenheizung und durch die Wärmegewinne der umliegenden Räume ausgeglichen; sie muss nicht berechnet werden. Mit dem Bauherrn wurde vereinbahrt, dass die Anlage ohne zusätzliche Aufheizleistung berechnet wird.

Heizkörper und Heizflächen. Die Räume 1, 5, 6, 101, 102, 103, 105 und 106 erhalten eine Warmwasser-Fußbodenheizung mit einer Vorlauftemperatur von 40 °C. In allen Räumen ist Teppichboden 7 mm anzunehmen. Die Verteilerstationen sollen in den Räumen 2 und 102 installiert werden. Für die Räume 2 und 3 sind glattwandige Plattenheizkörper einzuplanen. Der Raum 103 erhält zusätzlich einen Bad-Heizkörper. Alle Heizkörper sollen an die Fußbodenheizung mit 40/36 °C angeschlossen werden.

Rohrleitungen. Für die Anschlussleitungen der Verteilerstationen, zwischen Brunnen und Wärmepumpe sowie für die Solaranlage werden Kupferrohre, für die Fußbodenheizung und die Heizkörperanschlüsse sauerstoffdichte PE-X-Rohre 14 x 2 verwendet.

Wärmeerzeuger. Wasser-Wasser-Wärmepumpe mit einer Leistungszahl von 4,0 mit Pufferspeicher, Inhalt = 400 l.

Trinkwassererwärmung. Solaranlage mit 6 m² Flachkollektoren und einem Speicher-Wassererwärmer, Inhalt = 300 l. Im oberen Teil des Speichers befindet sich eine elektrische Zusatzheizung.

Ressourcenschonende Anlagen

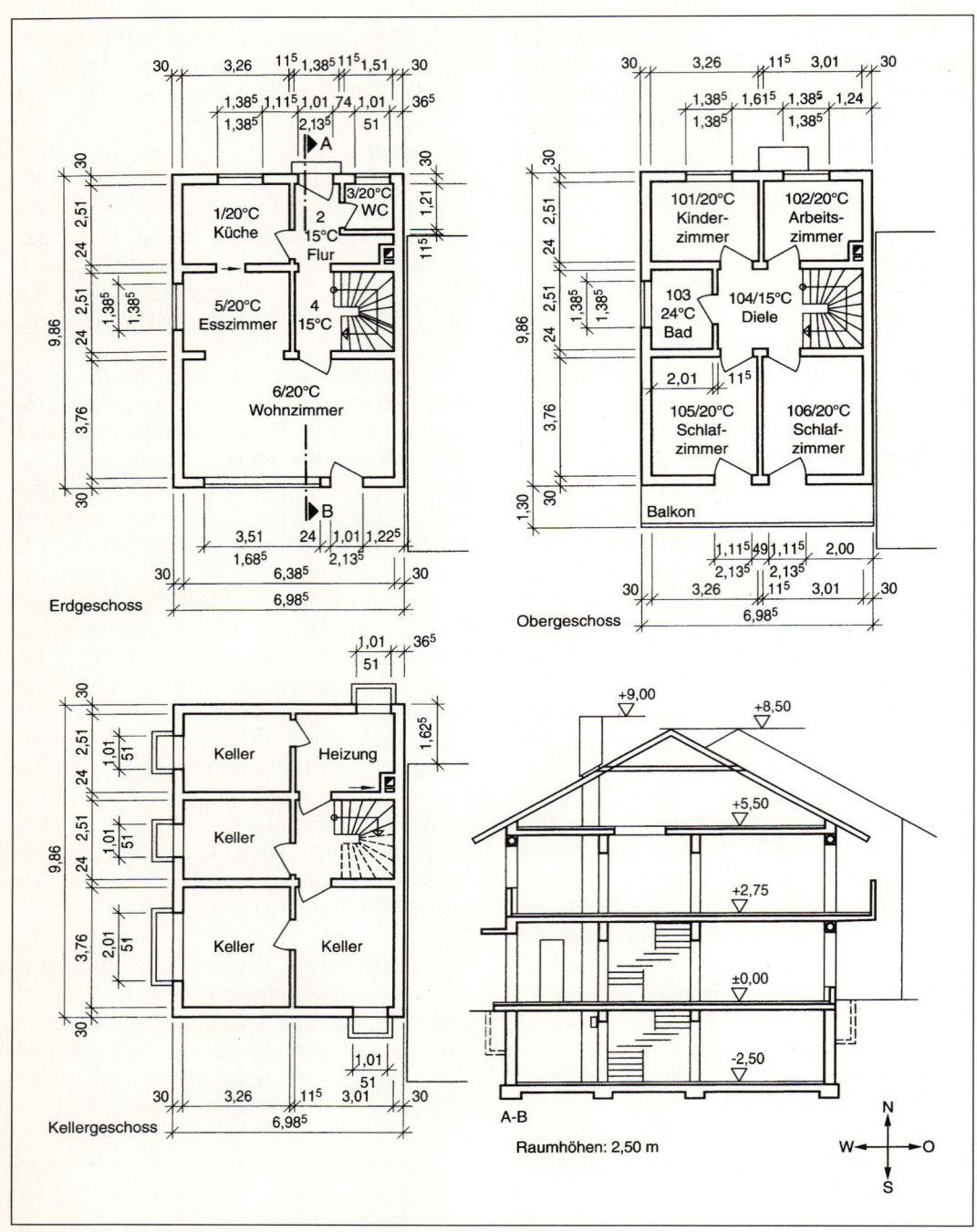

1. Grundrisse und Schnitt eines Reihen-Eckhauses.

Regelung. Witterungsgeführte Beimisch-Regelung vor den Verteilerstationen. Die Heizkörper erhalten Thermostatventile, $k_v = 0{,}25$ m³/h, alle Heizkreise der Fußbodenheizung thermostatische Regelventile, $k_v = 0{,}75$ m³/h.

Sicherheit. Geschlossene Anlage nach DIN EN 12828.

Wärmedämmung der Rohrverteilung. Nach Vorschrift der EnEV.

Aufgaben:

Berechnen Sie:
1. die Norm-Heizlasten der Räume und des Gebäudes nach dem vereinfachten Verfahren der DIN EN 12831, vgl. Bd. 07487, Kap. 4.4.2,
2. die Heizkörper, vgl. Bd. 07487, Kap. 4.5,
3. die Warmwasser-Fußbodenheizung, vgl. Bd. 07487, Kap. 4.6.1,
4. die erforderliche Wärmeleistung und elektrische Leistung der Wärmepumpe sowie den notwendigen Grundwasserstrom bei einer Abkühlung um 5 K,
5. die Laufzeit der Wärmepumpe, wenn die Heizungsanlage 50 % der Wärmeleistung benötigt und 50 % in den Pufferspeicher eingespeist werden, der sich dabei um 25 K aufheizt,
6. die Rohrnetze bei $v \leq 0{,}8$ m/s für die Kupferrohre,
7. den erforderlichen Druck und Volumenstrom der Heizungsumwälzpumpe, wenn der Mischer einen k_{vs}-Wert von 5 m³/h und der ungünstigste Stromkreis in der Fußbodenheizung einen Druckverlust von 200 mbar hat, vgl. Bd. 07487, Kap. 4.8,
8. das Membran-Ausdehnungsgefäß,
9. die maximale Wärmeleistung der Solaranlage bei einer Wärmestromdichte von 800 W/m² und einem Kollektorwirkungsgrad von 60 %,
10. die Nennweiten der Kupferrohre des Solarkreislaufs bei $v \leq 0{,}8$ m/s und einer Temperaturdifferenz zwischen Vor- und Rücklauf von 10 K,
11. die jährliche durch die Solaranlage gewonnene Wärmemenge bei einer durchschnittlichen Wärmestromdichte von 500 W/m² während 6 Stunden an einem Sonnentag und insgesamt 170 Sonnentagen im Jahr,
12. den Anteil der Solarwärme in Prozent, wenn die Familie in einem Jahr 70 m³/h Warmwasser von 50 °C bei einer Kaltwassertemperatur von 10 °C benötigt.
13. Fertigen Sie folgende Zeichnungen an: Kellergeschoss-, Erdgeschoss- und Obergeschoss-Grundriss ohne Maßangaben im Maßstab 1:50. Zeichnen Sie in die Grundrisse die gesamte Heizungsanlage maßstäblich ein und geben Sie alle für die Montage notwendigen Werte an.
14. Zeichnen Sie eine schematische Darstellung der Anlage mit allen wesentlichen Armaturen.
15. Erstellen Sie einen Materialauszug für alle Kupfer- und PE-X-Rohre.

6.2 Wohnraumlüftung

6.2.1 Wohnraumlüftung durch freie Lüftungssysteme

Bewohnte Räume benötigen mindestens einen 0,5-fachen Außenluftwechsel je Stunde. Bei herkömmlichen Wohngebäuden wird dieser Luftwechsel durch mehr oder weniger undichte Fenster und Außentüren oder durch Schachtlüftungen erreicht. Vgl. 5.2.1, S. 255. Wenn diese Luft das Gebäude wieder verlässt, geht die Wärme, die zum Aufheizen der Luft erforderlich ist, verloren.

Neue Gebäude und sanierte Altbauten werden nach der EnEV als so genannte Niedrig-Energie- oder als Passivhäuser errichtet. Dabei erhalten die äußeren Begrenzungsflächen eine sehr wirksame Wärmedämmung und die Außenfenster und Außentüren Dichtungen, die im geschlossenen Zustand praktisch keine Außenluft in das Gebäude eindringen lassen. Um bei diesen verhältnismäßig dichten Gebäuden den notwendigen Mindestluftwechsel zu erreichen, müssen die Fenster in regelmäßigen Zeitabständen geöffnet werden. In der Praxis hat sich jedoch gezeigt, dass dieses freie Lüftungssystem vor allem im Winter häufig unzureichend ist. Als Folge kann es zu Schimmelbildungen an den Wänden kommen, wenn die Feuchtigkeit der Raumluft durch einen zu geringen Luftwechsel nicht nach außen befördert wird.

6.2.2 Wohnraumlüftung mit Wärmerückgewinnung

Bei einer Wohnraumlüftung mit Ventilatoren und Wärmerückgewinnung kann ein Teil der Heizlast, die für die Aufheizung der Außenluft erforderlich ist, eingespart werden. Außerdem wird stets für einen ausreichenden Luftwechsel gesorgt. Vgl. 5.2.2, S. 256. Die Zuluft wird im Wohn- und Schlafbereich eingeblasen. Durch Gitter in den Türen oder bei gekürzten Türblättern strömt die Luft über die Diele ins Bad, ins WC und in die Küche, wo sie abgesaugt wird. So können sich die Gerüche dieser Räume nicht in der Wohnung ausbreiten. Um die Geräuschübertragung von Raum zu Raum zu mindern, werden Schalldämpfer in die Zuluftrohre eingebaut.

Die kalte Außenluft und die warme Abluft werden durch einen Kreuzstrom-Wärmeaustauscher geleitet, wo sich die Abluft z.B. von 20 °C auf 0 °C abkühlt und die Außenluft entsprechend von –10 °C auf 10 °C erwärmt. Vgl. 5.3.6, S. 272

Bei der Wohnraumlüftung mit Ventilatoren ist zu berücksichtigen, dass für den Betrieb der Anlage elektrische Energie benötigt wird, die den Energiegewinn etwas reduziert.

Wohnungslüftungen mit Wärmerückgewinnung werden in den meisten Fällen mit Pumpen-Warmwasserheizungen kombiniert. Heizkörper oder Flächenheizungen gleichen die Transmissions-Wärmeverluste aus, während der Lüftungs-Wärmeverlust durch die Wohnraumlüftung ausgeglichen wird.

Bei sehr geringer Heizlast in Passivhäusern kann die Beheizung des Gebäudes von der Wohnraumlüftung allein übernommen wer-

1. Prinzip einer Wohnraumlüftung mit Wärmerückgewinnung.

Wohnraumlüftung

Beispiel 1:

Die Norm-Heizlast eines Einfamilienhauses beträgt 10 kW. Darin ist die Wärmeleistung enthalten, die für die Aufheizung von 250 m³/h Außenluft von −12 °C auf 20 °C erforderlich ist.

a) Wie groß ist der prozentuale Anteil der Heizlast für die Luftaufheizung?
b) Wie viel Heizlast wird durch einen Wärmeaustauscher zurückgewonnen, wenn die Außenluft von −12 °C auf 15 °C vorgewärmt werden kann?

Lösung a):
$\dot{Q}_V = \dot{V}_h \cdot c_p \cdot \Delta\vartheta$
$\dot{Q}_V = 250$ m³/h · 0,34 Wh/(m³·K) · 32 K
$\dot{Q}_V = 2720$ W ≙ 27 % von 10.000 W

Lösung b)
$\dot{Q}_{WRG} = 250$ m³/h · 0,34 Wh/(m³·K) · 27 K
$\dot{Q}_{WRG} = 2295$ W ≙ 84 % von 2720 W

Beispiel 2:

Ein Gerät für die Wohnraumlüftung in einem Einfamilienhaus hat bei 250 m³/h eine elektrische Leistungsaufnahme von durchschnittlich 80 W. Wie groß ist der jährliche Stromverbrauch, wenn die Anlage an 300 Tagen 24 Stunden in Betrieb ist?

Lösung:
$W_{el} = P_{zu} \cdot t$
$W_{el} = 0,08$ kW · 300 d/a · 24 h/d = 576 kWh/a

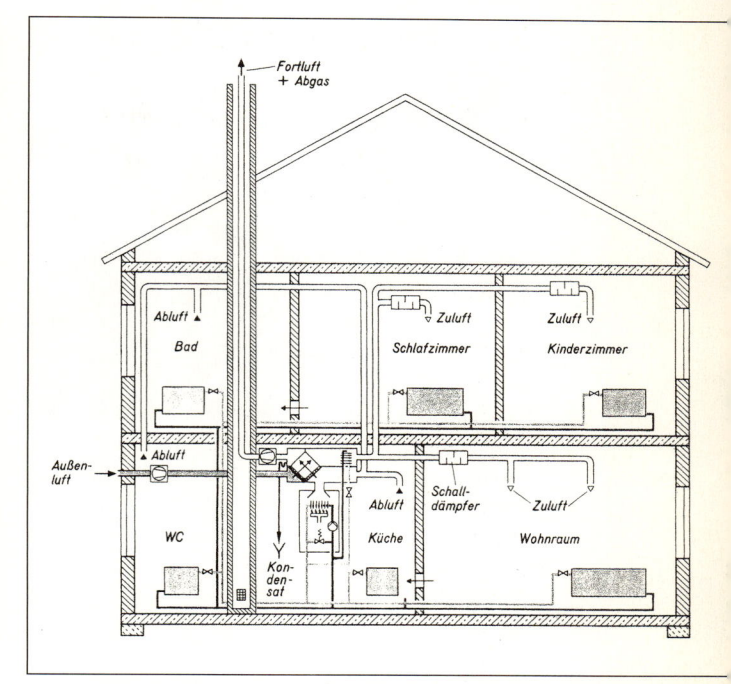

1. Wohnraumlüftung mit Wärmerückgewinnung und Pumpen-Warmwasserheizung. Abluft und Abgase des Gas-Umlaufwasserheizers werden gemischt und gemeinsam durch den Kreuzstrom-Wärmeaustauscher geleitet. Dadurch können ein Teil des Brennwerts und die Wärme der Abluft zur Vorerwärmung der Außenluft genutzt werden.

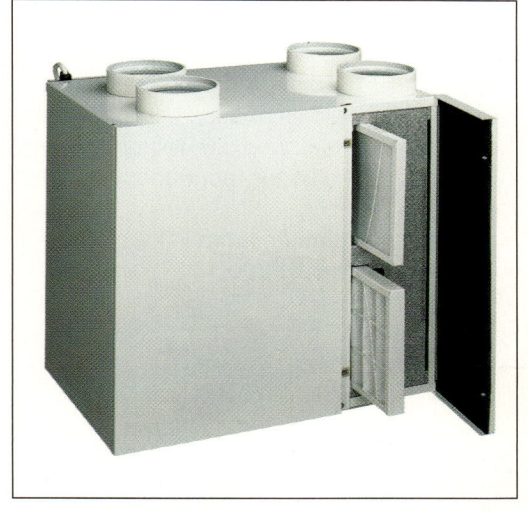

2. Lüftungsgerät für eine Wohnraumlüftung.

den; sie wird dadurch gleichzeitig zu einer Warmluftheizung.

Die Industrie bietet komplette Geräte an, in denen Zu- und Abluftventilatoren, Lufterwärmer, Kreuzstrom-Wärmeaustauscher und Luftfilter einschließlich der erforderlichen Steuerung und Regelung eingebaut sind. Bei Bedarf kann für den Sommerbetrieb eine Kühl- und für den Winterbetrieb eine Befeuchtungs-Einrichtung eingebaut sein. Die Wohnungslüftung wird dann zur Klimaanlage.

Die erforderlichen Luftleitungen können im Fußbodenaufbau, in den Wänden oder an der Decke verlegt werden.

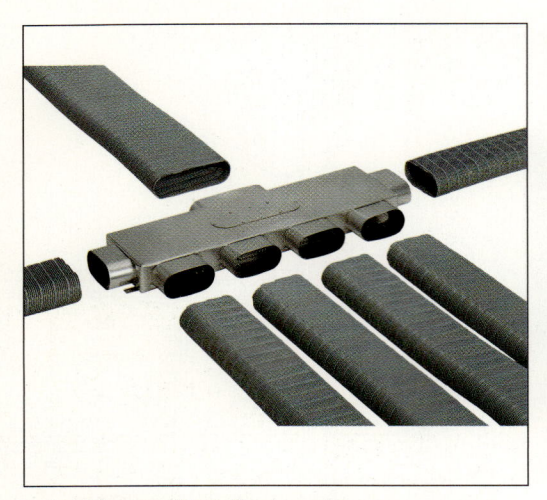

1. Luftleitungen für Fußbodenverlegung.

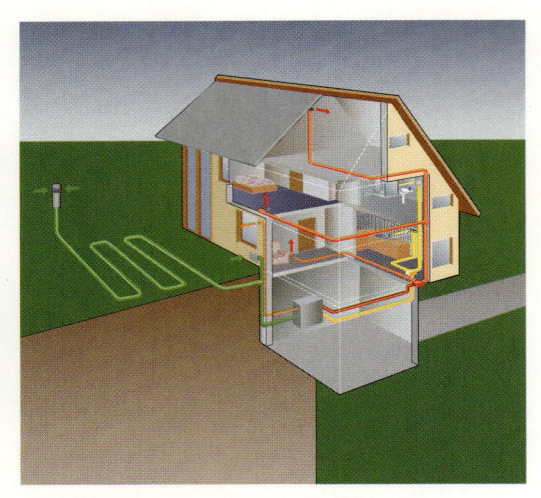

2. Erdkollektor in einer Wohnraumlüftung mit Wärmerückgewinnung.

6.2.3 Außenluftansaugung über Erdkollektoren

Um den Wirkungsgrad von Wohnraumlüftungen mit Wärmerückgewinnung weiter zu verbessern, kann die Außenluft über einen Erdkollektor angesaugt werden. Dieser besteht aus einer PVC- oder PE-Kunststoffleitung DN 100 bis DN 300 bei einer Länge von 10 m bis 60 m. Das Rohr wird in einer Tiefe von 1,5 m bis 6 m im Erdreich verlegt. Bei einem Einfamilienhaus, das als Passivhaus gebaut ist, können z.B. folgende Werte für einen Erdkollektor angenommen werden:
- Außenluft-Volumenstrom 200 m³/h,
- Kunststoffrohr DN 200,
- Rohrlänge 30 m,
- Verlegetiefe 2 m.

Bei diesem Erdkollektor wurde durch Versuche* ermittelt, dass im Winter ein Energiebetrag von ca. 1000 kWh/a gewonnen wurde. Mit zunehmender Rohrlänge und größerer Verlegetiefe kann der Energiebetrag noch etwas gesteigert werden. Dabei ist jedoch zu bedenken, dass sich die Kosten für die Herstellung des Kollektors erhöhen und die zurückgewonnene Wärme durch den Kreuzstrom-Wärmeaustauscher etwas geringer wird.

Da eine mechanische Wohnraumlüftung ganzjährig in Betrieb ist, kühlt ein Erdkollektor im Sommer die angesaugte Außenluft ab und trägt damit auch in der warmen Jahreszeit zu einem besseren Klima im Wohngebäude bei.

Aus hygienischen Gründen ist es erforderlich, vor dem Kollektor einen Grobstaubfilter und beim Eintritt in das Lüftungsgerät einen Feinstaubfilter einzubauen. Vgl. 5.3.1, S. 265. Da sich vor allem in den Sommermonaten an den Innenwänden des Kollektors Kondenswasser niederschlagen kann, sind die Rohre mit ca. 1 % Gefälle zum Gebäude zu verlegen, wo eine Entwässerungsstelle eingebaut sein muss.

*Versuche, Projektinfo Karlsruhe, Informationszentrum 2/2000.

6.2.4 Luftdichtheit bei Gebäuden

Besonders bei Niedrig-Energie- und Passivhäusern mit Wohnraumlüftungen sollte auf Luftdichtheit der Gebäudehülle geachtet werden, die folgende Vorteile bietet:
- keine Wärmeverluste durch unkontrollierte Lüftung,

Wohnraumlüftung

- keine Zugerscheinungen durch undichte Bauteile,
- Minderung des Geräuschpegels von außen,
- Vermeidung von Bauschäden durch Dampfkondensation.

Um eine weitgehende Luftdichtheit der Gebäudehülle zu erreichen, ist eine sorgfältige Bauplanung und Bauausführung notwendig. Nach DIN EN 13829* wird ein Verfahren zur Messung der Luftdichtheit von Gebäuden festgelegt.

Blower-Door*-Messverfahren. Bei diesem heute üblichen Verfahren wird die Dichtheit des Gebäudes oder einer Wohnung bei geschlossenen Fenstern und Außentüren festgestellt. Auch die Öffnungen mechanischer Wohnraumlüftungen müssen geschlossen sein. Ein drehzahlgeregelter Ventilator wird in einen Außentür- oder Fensterrahmen eingebaut und damit eine Druckdifferenz zwischen innen und außen von 50 Pa erzeugt. Dieser Druck entspricht dem Staudruck bei einer Windgeschwindigkeit von 9 m/s*. Der vom Ventilator geförderte Volumenstrom entspricht dem Leckvolumenstrom, der durch alle undichten Teile der Gebäudehülle entsteht. Die wichtigste Kenngröße ist der Luftwechsel n_{50}, der sich aus dem ermittelten Leckvolumenstrom und dem geprüften Raumvolumen ergibt.

$$n_{50} = \frac{\dot{V}_{50}}{V_R}$$

n_{50} Luftwechsel bei 50 Pa   in 1/h
$\dot{V}_{50}$ Leckvolumenstrom   in m³/h
V_R geprüftes Raumvolumen   in m³

Beispiel:

Eine Wohnung mit $V_R = 250$ m³ wird durch das Blower-Door-Verfahren auf Luftdichtheit geprüft und dabei ein Leckvolumenstrom von 375 m³/h festgestellt. Wie groß ist der Luftwechsel n_{50}?

Lösung:

$$n_{50} = \frac{\dot{V}_{50}}{V_R} = \frac{375 \text{ m}^3/\text{h}}{250 \text{ m}^3} = 1,5 \text{ 1/h}$$

*DIN EN 13829, Bestimmung der Luftdurchlässigkeit von Gebäuden.

*Blower-Door, engl., blow = blasen, door = Tür.

*9 m/s = Windstärke 5.

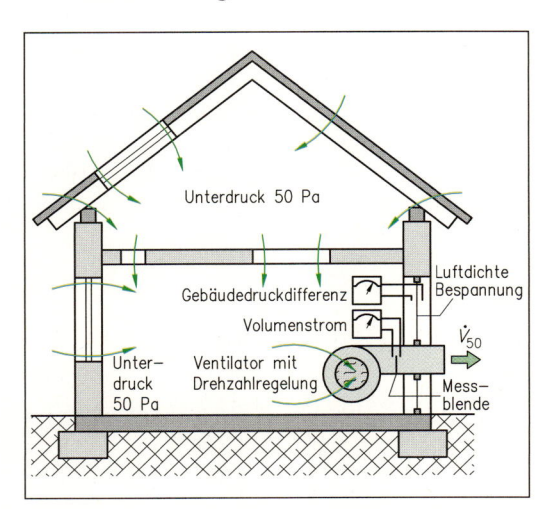

1. Prüfung eines Gebäudes auf Luftdichtheit nach dem Blower-Door-Messverfahren.

Nach DIN EN 13829 ist folgender Luftwechsel bei Gebäuden zulässig:
- $n_{50} = 3,0$ 1/h ohne mechanische Wohnraumlüftung,
- $n_{50} = 1,5$ 1/h mit mechanischer Wohnraumlüftung.

Eine Prüfung der Luftdichtheit eines Gebäudes ist vorgeschrieben, wenn die Wärmerückgewinnung einer mechanischen Lüftungsanlage bei der Erstellung eines Energie-Bedarfsausweises nach EnEV angerechnet werden soll. Vgl. Bd. 07487, Kap. 4.4.1. Auch bei Gebäuden ohne mechanische Wohnraumlüftung darf im EnEV-Nachweis mit einem niedrigeren Lüftungswärmeverlust gerechnet werden, wenn die Luftdichtheit nachgewiesen wird. Die Ergebnisse der Blower-Door-Messungen sind in einem Protokoll zu dokumentieren.

Zur Wiederholung

1. Wie hoch soll der Mindest-Luftwechsel in Wohnräumen sein?
2. Welche Gebäudeschäden können durch eine unzureichende Wohnraumlüftung entstehen?
3. Wo werden bei einer mechanischen Wohnraumlüftung mit Wärmerückgewinnung die Zuluft eingeblasen und die Abluft abgesaugt?
4. Mit welchen Geräten wird in Wohnraumlüftungen überwiegend ein Teil der Lüftungswärme zurückgewonnen?
5. Bei welchen Anlagen werden Warmwasserheizungen mit mechanischen Wohnraumlüftungen kombiniert und bei welchen Anlagen kann die Wohnraumlüftung auch die Heizung übernehmen?
6. Erklären Sie die Vorteile eines Erdkollektors, über den die Außenluft einer Wohnraumlüftung angesaugt wird.
7. Wie müssen Erdkollektoren für Wohnraumlüftungen verlegt werden?
8. Welche Vorteile entstehen, wenn eine Gebäude weitgehend dicht gebaut ist?
9. Was versteht man unter einem Blower-Door-Messverfahren und wann wird es angewendet?
10. Wann ist eine Prüfung der Luftdichtheit eines Gebäudes vorgeschrieben?

Zur Vertiefung

1. Nach dem Einbau neuer Fenster beklagt sich ein Kunde bei Ihnen, dass sich in seiner Wohnung an einigen Stellen der Decken und Wände Schimmel bildet. Erklären Sie ihm, wie es zu diesen Schäden kommt und wie sie zu vermeiden sind.
2. Geben Sie Gründe an, warum mechanische Wohnraumlüftungen bisher verhältnismäßig selten eingebaut werden.
3. Durch Wärmerückgewinnung in einer Wohnraumlüftung wird die Fortluft von 20 °C auf 2 °C abgekühlt und die Außenluft von −12 °C auf 6 °C vorgewärmt. Wie viel Prozent der Lüftungswärme wird dadurch zurückgewonnen?
4. Das Zentralgerät einer Wohnraumlüftung in einem Zweifamilienhaus hat bei einem Volumenstrom von 350 m^3/h eine Stromaufnahme von durchschnittlich 100 W. Wie hoch ist der jährliche Stromverbrauch, wenn die Anlage ununterbrochen in Betrieb ist?
5. Ein Wohnraum mit einem Volumen von 85 m^3 soll einen 0,7-fachen Luftwechsel erhalten. Wie viel m^3/h Zuluft benötigt der Raum?
6. Die Zuluft aus Aufgabe 5 wird durch ein rundes Wickelfalzrohr zugeführt. Welchen Durchmesser muss das Rohr haben bei einer Luftgeschwindigkeit von 2,1 m/s?
7. Warum nimmt der prozentuale Anteil der Wärmerückgewinnung durch einen Kreuzstrom-Wärmeaustauscher ab, wenn die Luft einer Wohnraumlüftung im Winter durch einen Erdkollektor vorgewärmt wird?
8. Warum müssen am Eintritt eines Erdkollektors ein Grobstaubfilter und im Lüftungsgerät ein Feinstaubfilter eingebaut sein?
9. In einer Wohnung mit einem Volumen von 200 m^3 wird bei einer Blower-Door-Messung ein Leckvolumen von 650 m^3/h festgestellt. Wie groß ist der Luftwechsel bei einer Druckdifferenz zwischen innen und außen von 50 Pa?
10. Wie kann das Leckvolumen der Aufgabe 9 reduziert werden?

6.3 Kraft-Wärme-Kopplung und Fernheizungen

6.3.1 Kraft-Wärme-Kopplung

Bei der elektrischen Stromerzeugung müssen ca. 3 kWh Brennstoffenergie aufgewändet werden, um 1 kWh Strom zu erzeugen. Zwei Drittel der benötigten Energie sind als Wärme für die Stromerzeugung nicht nutzbar. Bei der Kraft-Wärme-Kopplung wird durch einen Gas- oder Dieselmotor* ein Drehstromgenerator angetrieben und die dabei anfallende Wärme über einen Wärmeaustauscher für die Heizungsanlage genutzt.

Durch diese Kraft-Wärme-Kopplung lässt sich der Gesamtwirkungsgrad bis auf 90 % der eingesetzen Brennstoffenergie anheben. Bei einzelnen Gebäuden oder bei zusammenhängenden Siedlungsgebieten können mit Nah- oder Fernwärmeanschluss die einzelnen Heizkesselanlagen ersetzt werden. Diese Anlagen sind besonders wirtschaftlich, wenn ein hoher elektrischer Energiebedarf besteht. Überschüssiger Strom wird bei entsprechenden Verträgen mit dem EVU in das öffentliche Versorgungsnetz eingespeist. Da ressourcenschonende Energieanlagen öffentlich gefördert werden, wurde durch ein Gesetz die Vergütung auf einen verhältnismäßig hohen Preis je kWh festgelegt. Blockheizkraftwerke* für Kraft-Wärme-Kopplung werden wie Heizkessel installiert und zusammen mit einem oder mehreren Heizkesseln wie Mehrkesselanlagen betrieben. Vgl. 1.3.12, S. 53.

Stirlingmotor. Die gleichzeitige Erzeugung von Heizwärme und elektrischem Strom kann auch mit einem Stirlingmotor* verwirklicht werden. Dabei handelt es sich um einen Heißgasmotor, bei dem eine eingeschlossene Gasmenge abwechselnd erwärmt und abgekühlt wird. Die dadurch entstehenden Druckänderungen werden durch Kolben in mechanische Arbeit umgewandelt, mit der sich ein Stromgenerator antreiben lässt.

1. BHKW mit Dieselmotor bei 5 kW elektrischer Leistung und 11 kW Wärmeleistung für Ein- oder Zweifamilienhäuser.

Tabelle 6.04: Leistungen kleiner BHKW*

Elektrische Leistung in kW	Wärmeleistung in kW	Antrieb durch
5	11	Dieselmotor
40	70	Erdgasmotor
65	110	Erdgasmotor
110	190	Erdgasmotor

Der wärmeaufnehmende Zylinder befindet sich im Wärmeerzeuger, der wärmeabgebende wird durch Heizungswasser gekühlt. Diese Anlagen befinden sich zur Zeit im Versuchsstadium.

2. Modell eines Stirlingmotors.

*Diesel, Rudolf, deutscher Ingenieur, 1858 bis 1913, Erfinder des nach ihm benannten Motors.

*Tabelle 6.04 nach Werksangaben.

*Blockheizkraftwerk, Abkürzung BHKW.

*Stirling, Robert, schottischer Erfinder, 1790 bis 1878.

6.3.2 Brennstoffzellen-Heizgeräte

Eine neue Entwicklung in der Heizungstechnik sind Brennstoffzellen-Heizgeräte. Wie bei kleinen Blockheizkraftwerken werden Wärme und elektrischer Strom gleichzeitig erzeugt.

Einem so genannten Reformer werden Erdgas, Wasserdampf und Luft zugeführt und zu wasserstoffreichem Gas umgewandelt. Dieses Gas gelangt zu einem Brennstoffzellen-Stapel, wo es mit Luftsauerstoff reagiert, wobei Wärme und elektrische Energie freigesetzt werden. Ein Wechselrichter verwandelt den Gleichstrom in Wechselstrom mit einer Frequenz von 50 Hz und einer Spannung von 230 V. Die Wärme wird in den Heizkreislauf eingespeist.

Die Brennstoffzelle besteht aus einer Anode*, einer Kathode* und einer speziellen Membran, die nur die Protonen* des Wasserstoffs passieren lässt. Die Elektronen werden dadurch gezwungen, den Umweg über einen elektrischen Leiter zu nehmen.

*Anode, Minuspol, Überschuss an Elektronen.

*Kathode, Pluspol, Mangel an Elektronen.

*Protonen, positiv geladene Teile des Atomkerns.

1 Funktionsprinzip einer Brennstoffzelle.

Das Brennstoffzellen-Heizgerät hat einen großen Modulationsbereich, wodurch ein ganzjähriger Betrieb für die Warmwasserbereitung im Sommer und für den Heizbetrieb im Winter möglich ist. Durch Zusatzheizungen können größere Heizlasten im Winter ausgeglichen werden.

Brennstoffzellen-Heizgeräte befinden sich z.Z. noch in der Entwicklung und Erprobung. Mehrere Firmen bemühen sich, einsatzfähige und kostengünstige Geräte zu bauen, die einen sicheren Betrieb und eine lange Lebensdauer garantieren. So strebt man z.B. folgende Betriebsdaten an:
- elektrische Leistung: 1 kW bis 4,5 kW,
- Wärmeleistung: 1,5 kW bis 7 kW,
- Vor- und Rücklauftemperaturen: maximal 70/55 °C,
- elektrischer Wirkungsgrad: mindestens 35 %,
- Gesamtwirkungsgrad: mindestens 80 %,
- Inspektion: einmal jährlich,
- Wartungsintervall: alle 2 Jahre.

Brennstoffzellen-Heizgeräte erzeugen keine nennenswerten Geräusche; sie sind umweltfreundlich, da bei der Reaktion überwiegend nur Wasser entsteht und neben der Heizlast auch der Bedarf an elektrischer Energie abgedeckt werden kann. Ob diese Geräte künftig teilweise oder überwiegend die herkömmlichen Heizgeräte und BHKW ersetzen können, bleibt abzuwarten.

6.3.3 Fernheizungen

In dicht besiedelten Gebieten kann die nicht verwertbare Wärme aus Kraftwerken und Industrieanlagen in Fernheizungen energiesparend und umweltschonend genutzt werden. Vor allem durch Kraft-Wärme-Kopplung bei der elektrischen Stromerzeugung lässt sich ein wesentlicher Teil der Heizenergie einsparen. Auch in Kraftwerken, die nur der Stromerzeugung dienen, können nur 40 % bis 45 % der aufgewendeten Energie in elektrische Energie umgewandelt werden. Der Rest ist Verlust und wird mit Luft oder Flusswasser abgeführt. Bei einer angeschlossenen Fernheizung lässt sich dagegen der größte Teil der Abwärme für die Beheizung der Gebäude in größeren Siedlungsgebieten und Städten nutzen.

Wärmeträger. Als Wärmeträger in Fernheizungen ist überhitzter Wasserdampf mit einem Überdruck bis zu 15 bar, Warmwasser

Kraft-Wärme-Kopplung und Fernheizungen

bis 100 °C oder Heißwasser bis 180 °C geeignet. Heißwasser hat gegenüber Warmwasser den Vorteil, dass bei gleichen Heizwasserströmen größere Wärmeströme möglich sind und die Fernleitungen kleiner bemessen werden können. Da aber bei hohen Heizwassertemperaturen die Wärmeverluste im Rohrnetz zunehmen, werden neue Anlagen häufig mit Warmwasser unter 100 °C betrieben.

Dampf wird als Wärmeträger in Fernheizungen seltener als Wasser eingesetzt, da die Rückführung des Kondensats zum Heizkraftwerk sehr aufwändig ist und bei Zutritt von Luft Korrosion in den Dampf- und Kondensatleitungen entsteht.

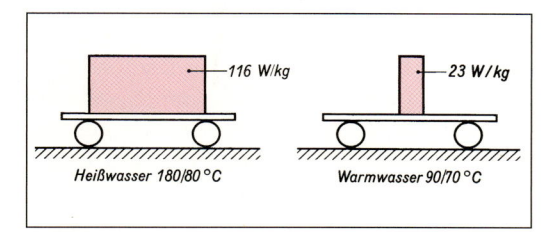

1. Wärmeströme bei Heißwasser 180/80 °C und Warmwasser 90/70 °C.

2. Flexible wärmegedämmte Fernleitungen aus Kunststoff im Bereich eines Hausanschlusses. Die Rohrverbindungen und Abzweige werden im Gebäude hergestellt, um T-Stücke im Erdreich zu vermeiden.

Fernleitungen. Die Rohrleitungen für Fernheizungen werden unterirdisch oder oberirdisch zu den Verbrauchern verlegt. Sie können, je nach Wärmeleistung, sehr große Nennweiten haben und müssen gut gegen Wärmeverluste gedämmt und gegen Feuchtigkeit geschützt sein. Die thermischen Längenänderungen werden durch Kompensatoren, Dehnungsbögen oder Richtungsänderungen der Rohrleitungen aufgefangen. Kleinere Nennweiten lassen sich bei Warmwasser auch mit flexiblen Kunststoffrohren verlegen.

Wärmeaustauscher. Die Wärme einer Fernheizung wird meistens über Wärmeaustauscher an die Pumpen-Warmwasserheizung der Gebäude abgegeben. Als Wärmeaustauscher lassen sich Platten-Wärmeaustauscher oder Gegenstromapparate in liegender oder stehender Bauweise verwenden. Der Wärmeaustauscher ersetzt den Heizkessel, während sich die übrigen Anlagenteile nicht von einer Anlage mit Kesselbetrieb unterscheiden.

Platten-Wärmeaustauscher. Sie bestehen aus wellenfömig profilierten Edelstahl-Platten, die so zusammengebaut sind, dass jeweils zwischen zwei Platten das aufzuheizende und in den folgenden das wärmeabgebende Wasser im Gegenstrom fließt. Das Plattenpaket wird mit Dichtungen nach außen und zwischen den Medien abgedichtet und durch Spannschrauben zusammengehalten. Platten-Wärmeaustauscher haben durch große Strömungsgeschwindigkeiten

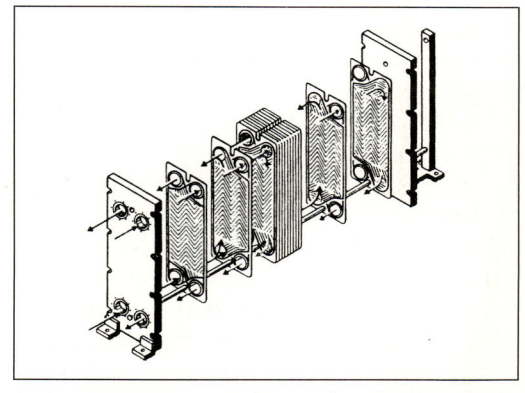

3. Platten-Wärmeaustauscher vor dem Zusammenbau.

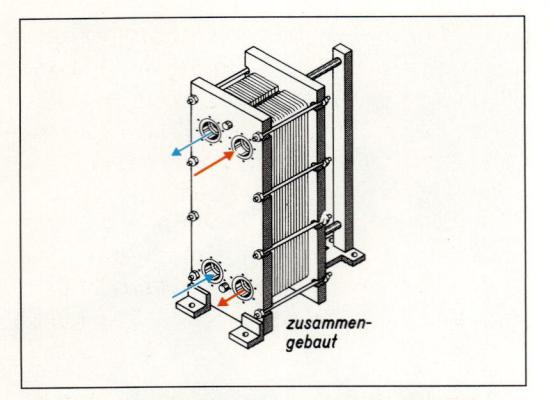

Ressourcenschonende Anlagen

1. Zusammengebauter Platten-Wärmeaustauscher.

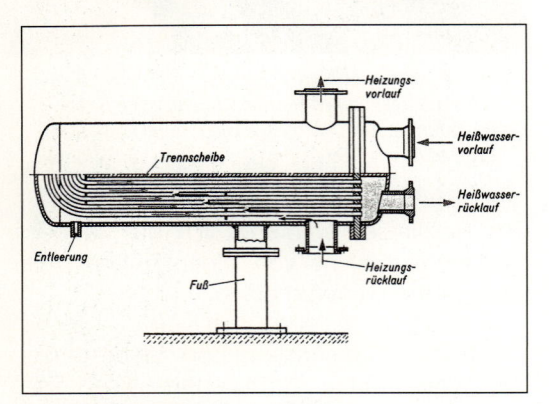

2. Liegender Gegenstromapparat.

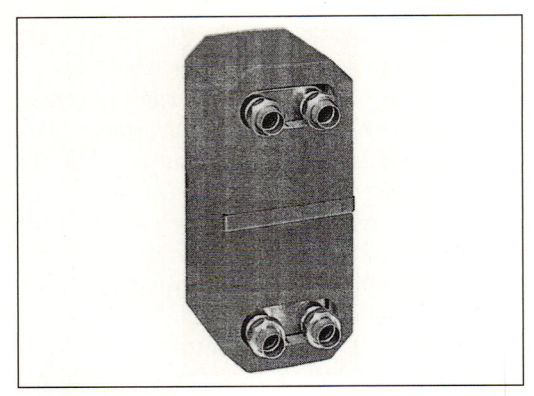

3. Platten-Wärmeaustauscher mit Wärmedämmung.

und Turbulenzen der Medien hohe Wärmeübergangswerte. Sie sind deshalb verhältnismäßig klein und werden bevorzugt eingebaut, wenn Warm- oder Heißwasser als Wärmeträger verwendet wird.

Gegenstromapparate. Liegende Geräte besitzen ein Rohrregister mit u-förmig gebogenen Rohren, durch die das heißere Medium strömt. Das kältere Heizungswasser bewegt sich um diese Rohre im Gegenstrom. Damit es nicht zu einem Kurzschluss kommt, ist im Rohrregister eine Trennscheibe eingebaut. Liegende Gegenstromapparate werden nur noch selten verwendet.

Stehende Gegenstromapparate werden bei Dampf-Fernheizungen eingesetzt, da sich in den senkrechten Heizrohren das Kondensat anstauen lässt. Am Kondensatausgang werden ein oder mehrere Magnetventile eingebaut, die nur dann öffnen, wenn sich das Kondensat auf eine möglichst niedrige Temperatur, z.B. 50 °C, abgekühlt hat. Dadurch lässt sich die Kondensatwärme besser nutzen. Bei geöffnetem Magnetventil fließt das Kondensat ab, der Dampf kann von oben nachströmen. Das Kondensatvolumen wird durch einen Wasserzähler gemessen und bildet die Grundlage für die Abrechnung des Wärmeverbrauchs.

Hausanschlüsse. Gebäude, die an eine Fernheizung angeschlossen werden, erhalten je nach Heizlast Hausanschlüsse mit Nennweiten von DN 25 bis DN 150. Die Übergabestation wird durch das Wärme-

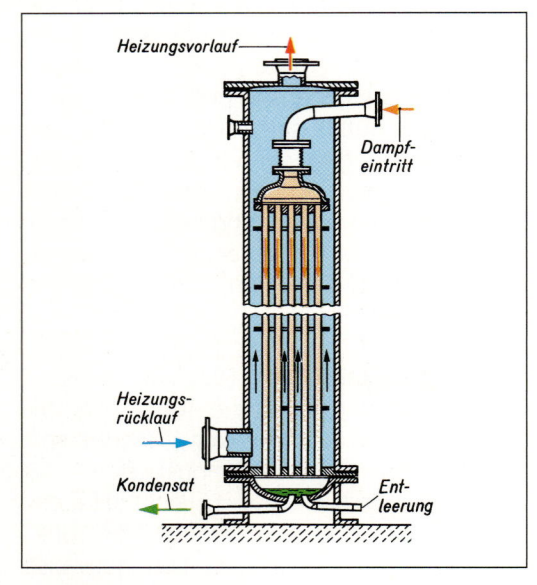

4. Stehender Gegenstromapparat für Dampf.

Kraft-Wärme-Kopplung und Fernheizungen

> **Beispiel:**
>
> In einen stehenden Gegenstromapparat einer Dampf-Fernheizung strömen 800 kg/h Sattdampf mit einem Überdruck von 4 bar. Die Dampftemperatur beträgt 134 °C und die Verdampfungswärme r = 600 Wh/kg. Welche Wärmeleistung gibt der Dampf an das Heizungswasser ab, wenn sich das Kondensat bis auf 50 °C abkühlt?
>
> Lösung:
> Beim Kondensieren bleibt die Temperatur konstant. Erst danach kühlt sich das Kondensat ab.
>
> $\dot{Q}\ = \dot{Q}_1 + \dot{Q}_2$
> $\dot{Q}_1 = \dot{m} \cdot r$
> $\dot{Q}_1$ = 800 kg/h · 600 Wh/kg
> $\dot{Q}_1$ = 480.000 kW = 480 kW
> $\dot{Q}_2 = \dot{m} \cdot c \cdot \Delta\vartheta$
> $\dot{Q}_2$ = 800 kg/h · 1,163 Wh/(kg·K) ·
>   (134 °C – 50 °C)
> $\dot{Q}_2$ = 78.154 W ≈ 78 kW
> $\dot{Q}\ $ = 480 kW + 78 kW = 558 kW

träger der Fernheizung und das Heizungswasser getrennt. Die teilweise sehr hohen Drücke im Fernheizungsnetz können sich nicht in die Gebäudeheizung übertragen. Außerdem ist die Anlage bei Rohrbrüchen oder Undichtheiten besser geschützt.

Bei kleineren Anlagen werden fertige Hausanschluss-Stationen geliefert, die alle Einrichtungen für den Wärmeaustausch, die Wärmemessung, Steuerung und Regelung enthalten.

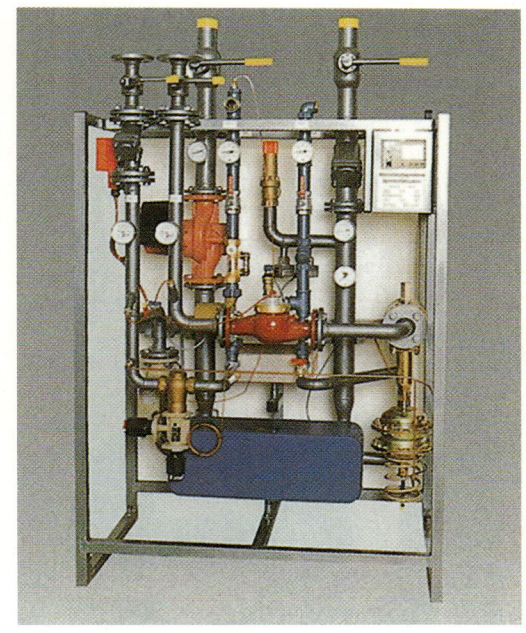

versorgungs-Unternehmen* festgelegt; die verbrauchte Heizenergie muss durch geeignete Wärmezähler gemessen werden.

<mark>Indirekter Anschluss.</mark> Bei Verwendung von Wärmeaustauschern sind der Wärme-

2. Hausanschluss-Station für eine Wasser-Fernheizung mit Platten-Wärmeaustauscher.

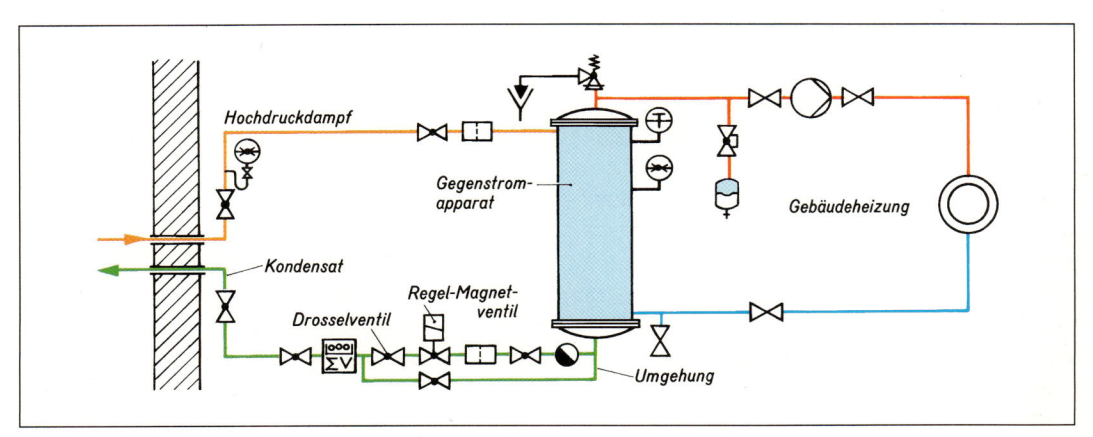

*Wärmeversorgungs-Unternehmen, Abkürzung WVU.

1. Übergabestation einer Dampf-Fernheizung mit stehendem Gegenstromapparat.

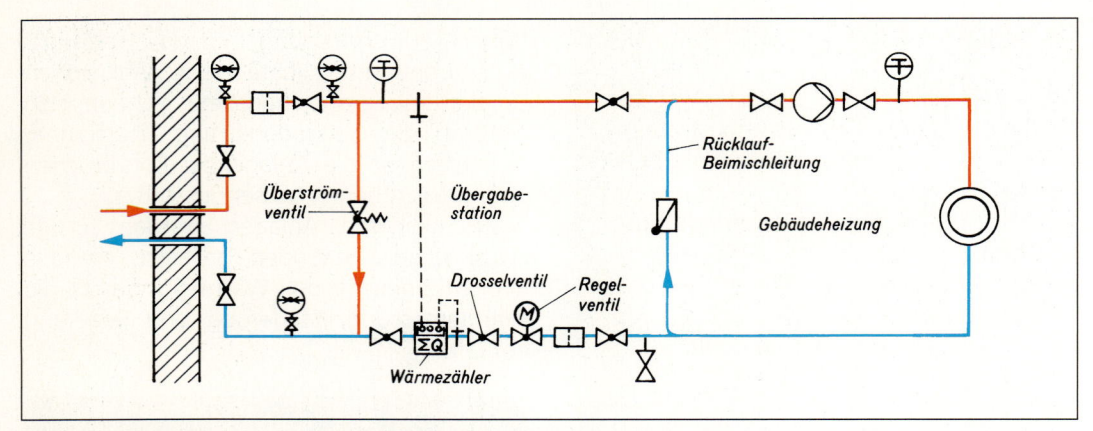

Ressourcenschonende Anlagen

1. Übergabestation einer Wasser-Fernheizung mit direktem Anschluss.

Direkter Anschluss. Bei Wasser-Fernheizungen lässt sich die Heizungsanlage auch ohne Wärmeaustauscher direkt anschließen. Durch Rücklaufbeimischung wird die Vorlauftemperatur geregelt. Druckminderer müssen den hohen Druck im Fernleitungsnetz auf den Druck in der Heizungsanlage reduzieren.

Auch in kleineren Siedlungsgebieten kann die Heizwärme zentral durch Kraft-Wärme-Kopplung oder durch ein Biomasse-Heizwerk erzeugt und durch ein Rohrnetz im Ort verteilt werden.

6.3.4 Biomasse-Heizwerke

Eine besondere Form der Wärmeversorgung findet man in ländlichen Gemeinden, die ihre benötigte Energie für Heizungen und Warmwasser zentral in einem Biomasse-Heizwerk gewinnen. Holzabfälle, die in großen Mengen beim Holzfällen und Auslichten der Wälder entstehen, werden an Ort und Stelle durch Maschinen zu Hackschnitzeln zerkleinert und ins Biomasse-Heizwerk transportiert und gelagert. Vgl. 1.1.2, S. 6. In speziellen Heizkesseln mit Wärmeleistungen bis zu 10 MW werden dann die Hackschnitzel automatisch verbrannt. Es gibt in Deutschland und in anderen europäischen Ländern bereits viele solcher Heizwerke, die einen wesentlichen Beitrag zur Ressourcenschonung unserer fossilen Brennstoffe leisten und die Wälder von überschüssigen Abfallholz befreien.

Photosynthese. Die Verbrennung von Holz ist CO_2-neutral, da nur so viel CO_2 entsteht, wie die Bäume zum Wachsen benötigen. Pflanzen bilden im Wesentlichen ihre Biomasse mit Hilfe ihrer Blätter*, des CO_2-Gehalts in der Luft, des Sonnenlichts und des Wassers. Dabei wird Sauerstoff an die Luft abgegeben. Dieser für unsere Erde lebenswichtige Vorgang wird als Photosynthese bezeichnet.

Heizwerk in Reit im Winkl. Am Beispiel eines Biomasse-Heizwerks mit Hackschnitzelfeuerung soll das Prinzip der Anlagen erklärt werden.

Reit im Winkl ist ein waldreicher Urlaubsort in den oberbayerischen Alpen mit ca. 3500 Einwohnern und vielen Gaststätten, Pensionen und Hotels. Das Heizwerk wurde im Jahre 2000 außerhalb in einem Waldgebiet errichtet und hat eine Wärmeleistung von 5 MW. Ein Anschlusszwang für die Hausbesitzer besteht nicht; deshalb waren Ende 2003 nur etwa 60 % der Gebäude an die Fernwärmeversorgung angeschlossen. Die Heizleitungen haben insgesamt eine Länge von mehr als 10 km und bestehen aus wärmegedämmten Stahlrohren DN 200 bis DN 25. Als Wärmeträger wird Warmwasser mit Vorlauftemperaturen bis 90 °C und

*__Blätter__, das Grün in den Blättern und Nadeln wird als Chlorophyll bezeichnet.

Kraft-Wärme-Kopplung und Fernheizungen

1. Blick auf Reit im Winkl.

3. Hackschnitzellager mit Heizzentrale.

Rücklauftemperaturen bis 50 °C verwendet. Die Wärmeübertragung an die Heizungsanlagen in den Gebäuden erfogt mit Platten-Wärmeaustauschern.

2. Wärmeversorgungsleitungen in Reit im Winkl.

Die Hackschnitzel verbrennen im Biomasse-Heizkessel bei etwa 900 °C. In einem nachgeschalteten Wärmeaustauscher werden die Abgase von 160 °C bis auf 35 °C abgekühlt, so dass der Wasserdampf in den Abgasen kondensiert. So werden die Abgase gleichzeitig gereinigt und der Brennwert der Hackschnitzel genutzt. Die Anlage arbeitet weitgehend emissionsfrei und trägt wesentlich zur Reinhaltung der Luft im Ort bei. Die Asche wird landwirtschaftlich als Düngemittel genutzt. Die Gemeinde hofft, dass in einigen Jahren weitgehend alle Gebäude an die zentrale Wärmeversorgung angeschlossen sind und dann das Heizöl, das vorher überwiegend die Wärmeversorgung des Orts gesichert hatte, eingespart wird.

6.3.5 Geothermische Heizkraftwerke

Die Erde hat einen Radius von 6370 km. Außen ist sie durch eine bis zu 50 km dicke Erdkruste begrenzt, in der im unteren Bereich Temperaturen bis zu 1000 °C herrschen. In 1 km Tiefe kann das Gestein bereits Temperaturen von 50 °C bis 60 °C haben. In größeren Tiefen nimmt die Temperatur zu. Unter der Erdkruste befindet sich ein bis zu 3000 km dicker Mantel, auf den dann der Erdkern bis zum Mittelpunkt folgt. Der Erdmantel enthält überwiegend flüssiges Gestein mit Temperaturen bis zu 3000 °C, auf dem die Erdkruste in Form von Platten liegt. An den Grenzen der Platten kommt es häufig durch Vulkane zu Austritten von flüs-

Ressourcenschonende Anlagen

Magma,
flüssiges Gestein.

sigem Magma*. Man schätzt, dass im festen Kern der Erde Temperaturen von mehr als 5000 °C herrschen. Die Wärmeströme zur Erdoberfläche werden z.T. durch den Zerfall radioaktiver Elemente wieder ausgeglichen.

Nutzung der Erdwärme. Bei Erdkollektoren oder Erdsonden, die bei Wärmepumpen-Heizungen als Energiequelle verwendet werden, wird die entnommene Wärme durch Wärmeleitung aus dem Erdinneren und durch Sonneneinstrahlung von außen ausgeglichen. Vgl. 6.1.3, S. 303. Geothermische* Anlagen für Energienutzung nur aus dem Erdinneren besitzen Bohrungen von mehreren Kilometern Tiefe. Man unterscheidet im Wesentlichen drei Verfahren bei dieser Wärmenutzung:

Geo...,
lat. Vorsilbe für Erde.

- Nutzung von Wasserdampf, der in Gebieten mit Vulkanismus aus der Erde austreten kann,
- Nutzung von Thermalwasser, das sich in der Erde auf 50 °C bis auf über 100 °C erwärmt hat und durch Bohrungen erschlossen wird. Über Thermalquellen kann das heiße Wasser auch von selbst an die Erdoberfläche gelangen.
- Nutzung heißer Gesteine, an denen sich eingepresstes Wasser nach dem Hot-Dry-Rock*-Verfahren erwärmen lässt.

Hot-Dry-Rock,
engl. heißes,
trockenes Gestein.

Wasserdampf. Diese geothermische Energie kommt nur in Gebieten mit starkem Vulkanismus vor, z.B. in Island. Der Dampf kann in einer Turbine zur Stromerzeugung und die Abwärme zu Heizzwecken genutzt werden. In Deutschland ist diese Energiequelle nicht vorhanden.

Thermalwasser. Warme oder heiße Wässer in großen Tiefen können durch Bohrungen erschlossen werden. Bei ausreichendem Druck gelangen sie von selbst oder durch Pumpen an die Erdoberfläche. Eine geothermische Anlage dieser Art wird z.Z. in Unterhaching bei München gebaut. Durch eine Tiefenbohrung von ca. 3000 m hofft man, auf ein großes Thermalwasser-Vorkommen mit Temperaturen von 100 °C bis 120 °C zu stoßen. Das Wasser wird durch den eigenen Druck, teilweise durch Pumpen gefördert. Bei einem Volumenstrom von etwa 500 m³/h will man bis zu 3 MW elektrische Leistung und 16 MW Heizwärme gewinnen. Das abgekühlte Thermalwasser wird in einer Entfernung von 2,5 km durch eine zweite Bohrung dem tiefen Untergrund wieder zugeführt.

Heiße trockene Gesteine. Unter dem englischen Begriff „Deep Heat Mining" versteht man den Entzug geothermischer Energie aus einem künstlich geschaffenen Reservoir in tiefen Schichten der Erdkruste zur Erzeugung von Strom und Heizwärme. Nachdem eine Tiefenbohrung hergestellt ist, wird das Gestein künstlich aufgeweitet, damit ein unterirdischer Raum entsteht, in den Wasser von oben eingepresst wird. Dieses Wasser erwärmt sich an dem Gestein und wird durch eigene Bohrungen an die Erdoberfläche zurückbefördert. Über einen Wärmeaustauscher wird Dampf zur Stromerzeugung entwickelt und die Restwärme für Fernheizungen verwendet. Im Elsass (Frankreich) ist eine solche Hot-Dry-Rock-Pilotanlage mit Wassertemperaturen von 140 °C in Betrieb. Bei ausreichend hoher Temperatur in einer Hot-Dry-Rock-Anlage kann auch das Wasser unterirdisch verdampfen und direkt einer Turbine zugeführt werden.

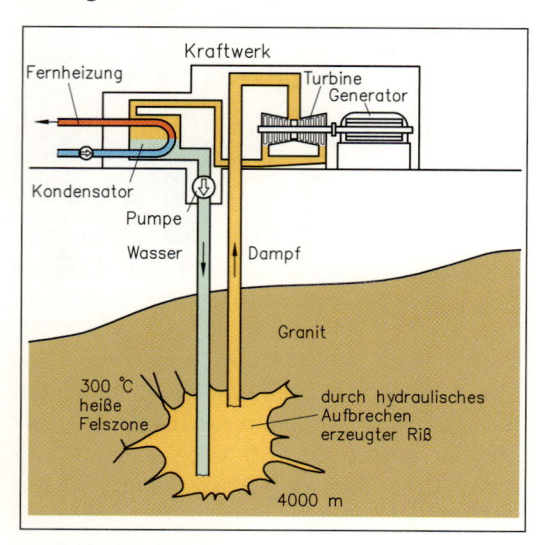

1. Prinzip einer Hot-Dry-Rock-Anlage zur Gewinnung von elektrischem Strom und Fernwärme.

Kraft-Wärme-Kopplung und Fernheizungen

Geothermische Heizkraftwerke sind in der Herstellung sehr teuer. Sie haben aber den großen Vorteil, dass für die Stromerzeugung und die Beheizung größerer Siedlungsgebiete keine Emissionen entstehen und diese Energiequelle praktisch unerschöpflich ist. In den letzten Jahren wurde in vielen Ländern die Nutzung der Geothermie durch den Bau mehrerer Pilotanlagen gefördert.

Zur Wiederholung

1. Was versteht man unter Kraft-Wärme-Kopplung?
2. Welche Vorteile haben Blockheizkraftwerke und unter welchen Bedingungen sind sie wirtschaftlich einsetzbar?
3. Welche Wärmeträger werden bei Fernheizungen eingesetzt?
4. Was sind Platten-Wärmeaustauscher und welche Vorteile haben sie?
5. Wann werden liegende und wann stehende Gegenstromapparate mit Rohrbündel in Fernheizungen eingesetzt?
6. Wann spricht man bei einer Fernheizung von einem indirekten Hausanschluss?
7. Was ist ein direkter Hausanschluss bei einer Fernheizung?
8. Wie kann bei einer Fernheizung der Wärmeverbrauch gemessen werden a) bei Dampf, b) bei Heiß- oder Warmwasser?
9. Was versteht man unter einer CO_2-neutralen Verbrennung?
10. Wie arbeitet ein Biomasse-Heizwerk?
11. Auf welche Weise können geothermische Heizkraftwerke die Wärme in tiefen Schichten der Erde nutzen?
12. Was versteht man unter einem Hot-Dry-Rock-Verfahren?

Zur Vertiefung

1. Welche Vorteile hat die Kraft-Wärme-Kopplung im Vergleich zu Kraftwerken, die nur der elektrischen Stromerzeugung dienen?
2. Welcher Wärmestrom stellt sich in einer Fernheizung ein, wenn 20 t/h Heißwasser 150/80 °C durch das Fernleitungsnetz zirkulieren?
3. Erklären Sie das Prinzip eines Gegenstromapparats.
4. Warum sind stehend angeordnete Gegenstromapparate bei Ferndampf besonders wirtschaftlich?
5. Welche Bedeutung haben Biomasse-Heizwerke für die Ressourcenschonung der fossilen Brennstoffe und welche Grenzen sehen Sie beim Einsatz dieser Anlagen?
6. Es ist seit langem bekannt, dass in tiefen Schichten der Erde hohe Temperaturen herrschen, die für geothermische Heizkraftwerke genutzt werden können. Warum werden erst in letzter Zeit Pilotanlagen dieser Art gebaut?

6.4 Ressourcenschonung durch Heizkostenabrechnung

6.4.1 Heizkostenverordnung

Damit für die Beheizung von Gebäuden und für die Erwärmung des Trinkwassers Energie eingespart wird, wurde in Deutschland die Heizkostenverordnung* eingeführt, nach der mindestens 50 % der Heiz- und Warmwasserkosten nach individuellem Verbrauch zu berechnen sind. Der Rest kann pauschal nach der Wohnfläche oder dem umbauten Raumvolumen verrechnet werden. Je mehr sich die Abrechnung am individuellen Verbrauch orientiert, umso stärker ist der Anreiz, sparsam mit Energie umzugehen.

Die Bestimmungen der Heizkostenverordnung haben Vorrang vor privaten Vereinbarungen zwischen Vermieter und Mieter. Eine Ausnahme gilt nur bei Zweifamilienhäusern, in denen eine Wohnung der Vermieter selbst bewohnt.

*Heizkostenverordnung, Verordnung über Heizkostenabrechnung auf Grund der Vorschriften des Energie-Einsparungsgesetzes.

*Verdunstung, sie wird als Kaltverdunstung bezeichnet.

6.4.2 Heizkostenverteiler

Heizkostenverteiler sind Geräte, die so am oberen Drittel des Heizkörpers angebracht werden, dass sie durch die Bewohner nicht abgenommen oder beeinflusst werden können. Bei großen Heizkörpern lassen sich auch zwei oder drei Heizkostenverteiler anbringen. Diese Geräte zeigen keine physikalischen Einheiten an und sind deshalb nicht eichfähig.

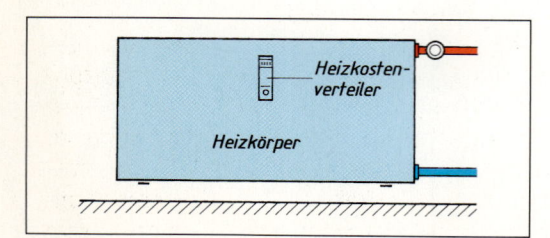

1. Heizkörper mit Heizkostenverteiler.

Man unterscheidet:
- Heizkostenverteiler nach dem Verdunstungsprinzip,
- elektronische Heizkostenverteiler.

Verdunstungsprinzip. Bei diesen Heizkostenverteilern wird eine Flüssigkeit durch den Heizkörper erwärmt, die in Abhängigkeit von Temperatur und Dauer der Wärmeeinwirkung teilweise verdunstet. Das Volumen der verdunsteten Flüssigkeit ist bei Berücksichtigung der Art und Größe des Heizkörpers ein Maß für die abgegebene Wärmemenge.

Die Verdunstungsflüssigkeit befindet sich in einer oben offenen Ampulle. Die Absenkung des Flüssigkeitsspiegels wird durch Ablesen der Teilstriche an der Skale festgestellt. Die Anzahl der abgelesenen Teilstriche in einem Jahr ist eine verwertbare Größe für die Verbrauchserfassung. Da auch bei normaler Raumtemperatur und abgeschaltetem Heizkörper Flüssigkeit verdunstet*, wird die Ampulle zum Ausgleich über den Nullstrich der Skale aufgefüllt.

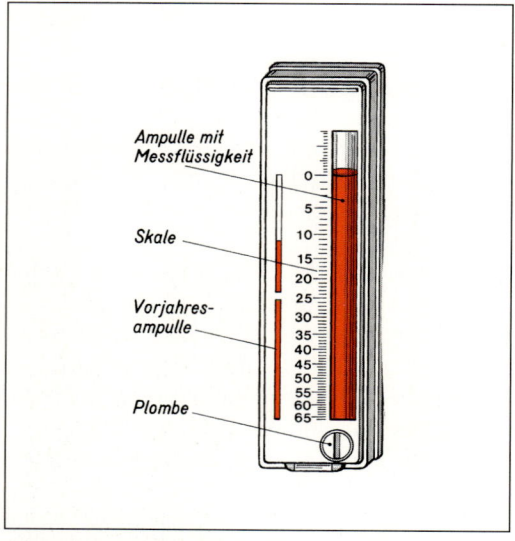

2. Heizkostenverteiler nach dem Verdunstungsprinzip.

Nach dem Ablesen wird die alte Ampulle durch eine neue ersetzt. Dabei kann die alte Ampulle als Markierung für den Verbrauch des abgelaufenen Jahres dienen.

Elektronische Heizkostenverteiler. Sie besitzen Temperaturfühler, die die Heizkörper- und Raumtemperatur erfassen, durch eine Elektronik auswerten, digital anzeigen und speichern. Bei verkleideten Heizkörpern muss die Raumtemperatur durch einen Fernfühler erfasst werden. Die Bewertungsfaktoren für Größe und Art des Heizkörpers sind in jedem Gerät einprogrammiert. Die Verbrauchswerte können durch den Benutzer ständig abgefragt und kontrolliert werden. Eine Batterie sorgt für eine mehrjährige Energieversorgung.

Bei Neuanlagen werden überwiegend elektronische Heizkostenverteiler verwendet, da sie genauere Verbrauchswerte anzeigen und auch bei niedrigen Heizkörpertemperaturen sowie bei Einrohrheizungen einsetzbar sind.

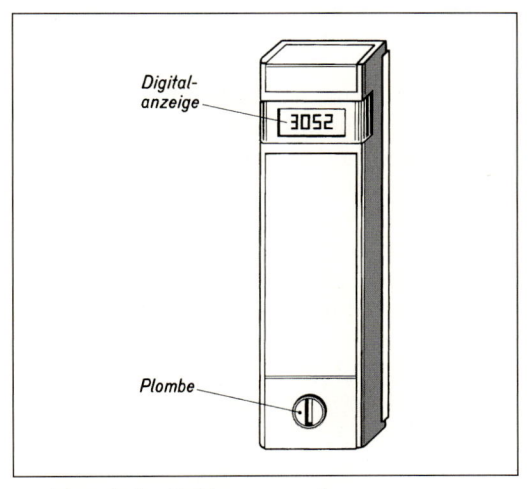

6.4.3 Wärmezähler

Wärmezähler werden im Heizungsrücklauf eingebaut. Sie erfassen die durch die Rohrleitung fließende Wassermenge und die Rücklauftemperatur. Die Vorlauftemperatur wird durch einen Vorlauffühler erfasst. Ein elektronischer Rechner ermittelt aus diesen Werten den Energieverbrauch und gibt ihn in kWh oder MWh an. Wärmezähler sind deshalb eichfähig.

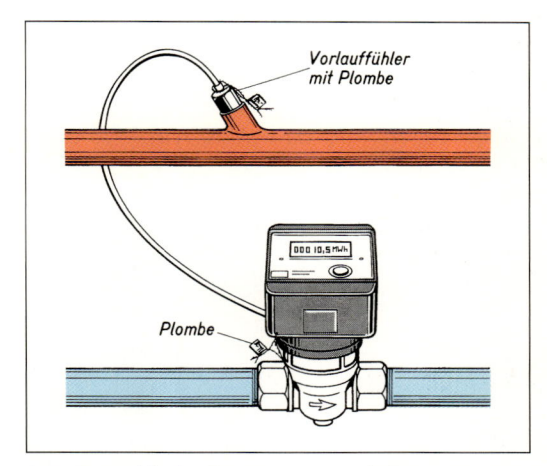

1. Elektronischer Heizkostenverteiler.

2. Montage eines elektronischen Heizkostenverteilers.

3. Wärmezähler in einer Warmwasserheizung.

Bei Verwendung im geschäftlichen Verkehr zwischen Mieter und Vermieter muss durch eine Prüf- oder Eichbehörde kontrolliert werden, ob das Gerät genau anzeigt. Diese Beglaubigung oder Eichung hat eine Gültigkeit von 5 Jahren und muss regelmäßig wiederholt werden.

Kleinere Wärmezähler werden bei geschossweiser Rohrverteilung in Flächenheizungen oder waagrechten Heizkörperanschlüssen eingesetzt. Dadurch ist der Wärmeverbrauch einer Wohnung oder Etage einfach zu erfassen. In großen Anlagen, z.B. bei Fernheizungen, werden entsprechende Wärmezähler im Hausanschluss eingebaut.

Ressourcenschonende Anlagen

1. Wärmezähler für kleine und große Heizungsanlagen.

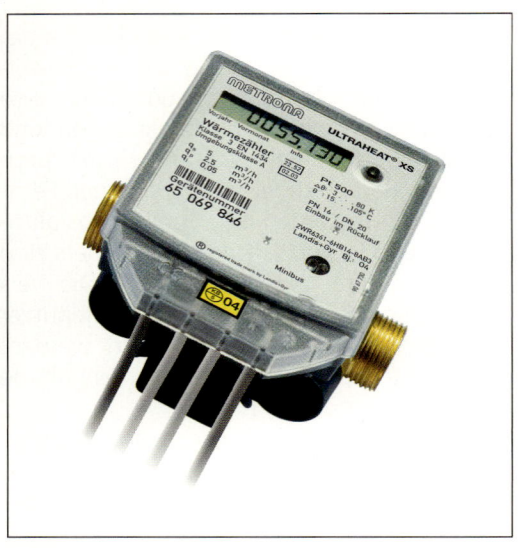

3. Ultraschall-Wärmezähler.

Ultraschall-Wärmezähler. Bei diesen Geräten wird das Heizwasservolumen durch Ultraschall*-Impulse gemessen, die das Gerät gegen die Strömungsrichtung aussendet. Aus den Messwerten für die Laufzeiten der Schallwellen wird dann das Wasservolumen berechnet. Ultraschall-Wärmezähler sind verschleißfrei, benötigen keine Vor- oder Nachlaufstrecken und können in beliebiger Lage eingebaut werden. Wenn eine geeignete Schnittstelle vorhanden ist, lassen sie sich in eine zentrale Gebäudeleittechnik integrieren. Vgl. 2.4.2, S. 131.

Für die Erfassung des Warmwasserverbrauchs werden Wohnungs-Wasserzähler verwendet. Vgl. Bd. 07487, Kap. 1.6.3. Die Werte der Heizkostenverteiler, der Wärme- und Warmwasserzähler werden einmal jährlich abgelesen und mit Computer-Programmen ausgewertet. Das Ablesen und Auswerten wird in der Regel von besonderen Unternehmen durchgeführt.

*****Ultraschall,** Schallwellen oberhalb der menschlichen Hörgrenze mit Frequenzen über 20 kHz.

2. Gebäude mit drahtloser Datenerfassung für die Heiz- und Wasserkostenverteilung. 1 elektronische Heizkostenverteiler, 2 Wohnungs-Wasserzähler, 3 Wärmezähler, 4 zentraler Funkempfänger.

Funksender. In großen Wohn- und Verwaltungsgebäuden ist es sehr zeitaufwändig, alle Messgeräte in den einzelnen Wohnungen oder Etagen zu erfassen. Deshalb werden vermehrt Geräte eingesetzt, die die Daten über Funk an eine zentrale Stelle des Gebäudes, z.B. ins Treppenhaus, übertragen. Dieser Funkempfänger speichert die Verbrauchsdaten und gibt sie bei Bedarf an das Abrechnungsunternehmen weiter.

Bei Anlagen mit Gebäudeleittechnik können die Verbrauchswerte ebenfalls zentral erfasst und ausgewertet werden.

6.4.4 Kostenverteilung

Betriebskosten. Zu den Betriebskosten einer zentralen Heizungsanlage gehören:
- Brennstoffkosten,
- Betriebsstromkosten,
- Kosten für Bedienung, Überwachung und Pflege der Heizungsanlage,
- Kosten für regelmäßige Prüfung, Wartung, Einstellung und Reinigung,
- Kosten für Leistungen des Schornsteinfegers,
- Kosten für die Verbrauchserfassung und Abrechnung.

Warmwasserkosten. Die Kosten für die zentrale Versorgung mit Warmwasser müssen bei gemeinsamen Anlagen getrennt von den Kosten für die Heizung abgerechnet werden. Nach der Heizkostenverordnung wird der Brennstoffverbrauch für die zentrale Warmwasserversorgung nach folgender Formel berechnet:

$$B = \frac{2{,}5 \cdot V \cdot (\vartheta_W - 10)}{H_i}$$

B	Brennstoffverbrauch	in l	m³
V	Warmwasserverbrauch	in m³	m³
ϑ_W	Warmwassertemperatur	in °C	°C
H_i	Heizwert des Brennstoffs	in kWh/l	kWh/m³
2,5	Faktor*	in kWh/(m³·K)	kWh/(m³·K)

Je nach Brennstoff ergibt sich der Brennstoffverbrauch in l oder in m³. Die Kaltwassertemperatur wird mit 10 °C angenommen. In den Brennstoffkosten sind die Wasserkosten nicht enthalten. Diese werden gesondert abgerechnet.

Aufteilung der Betriebskosten. Die Betriebskosten für die zentrale Heizungsanlage und Warmwasserversorgung sind mit 50 % bis 70 % nach dem ermittelten Wärmeverbrauch zu verteilen. Die verbleibenden Kosten werden nach der beheizten Nutzfläche oder dem umbauten Raumvolumen berechnet.

Beispiel 1:

In einem Mehrfamilienhaus werden in einer Heizperiode für die zentrale Heizungsanlage mit Warmwasserversorgung Betriebskosten von 3820 EUR ohne Wasserkosten ermittelt. Der gesamte Warmwasserverbrauch beträgt 220 m³, die Warmwassertemperatur 60 °C. Wie hoch sind die Anteile der Betriebskosten für Warmwasser und Heizung bei einem Heizölpreis von 0,38 EUR/l?

Lösung:
Kosten für Warmwasser:

$$B = \frac{2{,}5 \cdot V \cdot (\vartheta_W - 10)}{H_i}$$

$$B = \frac{2{,}5 \text{ kWh/(m}^3 \cdot \text{K)} \cdot 220 \text{ m}^3 \cdot (60\,°C - 10\,°C)}{10 \text{ kWh/l}}$$

B = 2750 l Heizöl

K_{TWW} = 2750 l · 0,38 EUR/l = 1045 EUR

Kosten für Heizung:
K_H = 3820 EUR − 1045 EUR = 2775 EUR

Beispiel 2:

Das Mehrfamilienhaus aus Beispiel 1 hat eine beheizte Nutzfläche von 500 m². Es wurden insgesamt 600 Verbrauchseinheiten für die Heizungsanlage und 220 m³ Warmwasser gemessen. Die Betriebskosten für die Heizungsanlage wurden mit 2775 EUR und die für Warmwasser mit 1045 EUR ermittelt. Wie hoch sind die Kosten für Heizung und Warmwasser einer 70 m² großen Wohnung, bei der für die Heizung 80 Einheiten und 40 m³ Warmwasser gemessen wurden? Der verbrauchsabhängige Anteil soll 70 % betragen.

*__Faktor__, er berücksichtigt den Wirkungsgrad, die spezifische Wärmekapazität und die übrigen Betriebskosten.

Beispiel 2 (Fortsetzung):

Lösung: Heizungskosten:
Kosten für 1 Einheit:

$$\frac{0{,}70 \cdot 2775 \text{ EUR}}{600} = 3{,}2375 \text{ EUR}$$

Kosten für 80 Einheiten:
80 · 3,2375 EUR = 259,00 EUR
Kosten für 1 m² Nutzfläche:

$$\frac{0{,}30 \cdot 2775 \text{ EUR}}{500} = 1{,}665 \text{ EUR}$$

Kosten für 70 m²:
70 · 1,665 EUR = 116,55 EUR
Gesamtkosten Heizung:
K_H = 259 EUR + 116,55 EUR
K_H = 375,55 EUR
Warmwasserkosten:
Kosten für 1 m³ Warmwasser:

$$\frac{0{,}70 \cdot 1045 \text{ EUR}}{220} = 3{,}325 \text{ EUR}$$

Kosten für 40 m³:
40 · 3,325 EUR = 133,00 EUR
Kosten für 1 m² Nutzfläche:

$$\frac{0{,}30 \cdot 1045 \text{ EUR}}{500} = 0{,}627 \text{ EUR}$$

Kosten für 70 m²:
70 · 0,627 EUR = 43,89 EUR
Gesamtkosten Warmwasser:
K_{TWW} = 133 EUR + 43,89 EUR
K_{TWW} = 176,89 EUR
Gesamtkosten:
$K = K_H + K_{TWW}$
K = 375,55 EUR + 176,89 EUR
K = 552,44 EUR

Zur Wiederholung

1. Wie arbeitet ein Heizkostenverteiler nach dem Verdunstungsprinzip?
2. Wie werden Heizkostenverteiler am Heizkörper befestigt?
3. Wann können Wärmezähler eingesetzt werden?
4. Welche Größen muss ein Wärmezähler erfassen?
5. Wie werden Wärmezähler eingebaut?
6. Was bedeutet eine Eichung oder Beglaubigung eines Wärmezählers?
7. Aus welchen Einzelkosten setzen sich die Betriebskosten einer zentralen Heizungsanlage zusammen?
8. Wie viel der Betriebskosten müssen verbrauchsabhängig verrechnet werden?
9. Welche Vorteile bietet eine Verbrauchserfassung mit Funk?

Zur Vertiefung

1. Warum werden elektronische Heizkostenverteiler bei neuen Anlagen häufiger eingesetzt als Heizkostenverteiler nach dem Verdunstungsprinzip?
2. Wärmezähler sind eichfähig, Heizkostenverteiler nicht. Erklären Sie einem Kunden diesen Unterschied.
3. Warum werden bei einer senkrechten Rohrverteilung meistens Heizkostenverteiler, bei einer waagrechten Rohrverteilung in den Geschossen dagegen häufig Wärmezähler eingesetzt?
4. In einem Wohnhaus mit insgesamt 1200 m² beheizter Nutzfläche wird durch Wärmezähler ein Gesamtwärmeverbrauch von 158 MWh gemessen. Die Betriebskosten für die Heizung wurden in einer Heizperiode mit 7000 EUR berechnet. Davon sollen 65 % verbrauchsabhängig verteilt werden. Wie hoch sind die Heizungskosten einer 90 m² großen Wohnung, bei der der Wärmezähler 9360 kWh Energie gemessen hat?
5. In derselben Wohnung wie bei Frage 5 werden durch einen Wasserzähler 45 m³ Warmwasser bei einer Temperatur von 60 °C gemessen. Wie hoch sind die Warmwasserkosten, wenn in der Wohnanlage während der Heizperiode insgesamt 480 m³ Warmwasser verbraucht wurden, der Preis für Erdgas 0,42 EUR/m³ und der Heizwert 10 kWh/m³ betragen?

Instandhaltung

7.1	**Instandhalten sanitärer Anlagen**	**334**	**7.3**	**Instandhalten von Brennstoff-Versorgungsanlagen**	**354**
7.1.1	Inspektion, Wartung und Instandsetzung	334	7.3.1	Erdgasanlagen	354
7.1.2	Trinkwasseranlagen	334	7.3.2	Flüssiggasanlagen	356
7.1.3	Entwässerungsanlagen	339	7.3.3	Heizölanlagen	357
7.1.4	Regenwasser-Nutzungsanlagen	342			
			7.4	**Instandhalten raumlufttechnischer Anlagen**	**358**
7.2	**Instandhalten von Heizungsanlagen**	**345**	7.4.1	Luftbehandlungsgeräte	358
7.2.1	Wärmeverteilungsanlagen	345	7.4.2	Luftverteilung	360
7.2.2	Heizkessel	346	7.4.3	Steuerungs- und Regelungsanlagen	361
7.2.3	Öl- und Gasbrenner	347			
7.2.4	Wandhängende Heizgeräte	349			
7.2.5	Heizungsregler	350			
7.2.6	Trinkwassererwärmer	352			
7.2.7	Solaranlagen	352			

7.1 Instandhalten sanitärer Anlagen

7.1.1 Inspektion, Wartung und Instandsetzung

*DIN 1988-8, TRWI, Betrieb der Anlagen.

Sanitäre Anlagen, Heizungsanlagen und raumlufttechnische Anlagen sind nach Fertigstellung dem Betreiber zu übergeben. Dabei wird die Anfertigung eines Übergabeprotokolls empfohlen. Da die Anlagen im Laufe der Zeit technischen Störungen und einem ständigen Verschleiß unterliegen, sind sie durch regelmäßige Kontrollen auf sichere Funktion und Mängelfreiheit zu überprüfen und bei Bedarf wieder in einen betriebssicheren Zustand zu bringen. Diese Instandhaltung umfasst:
- Inspektion,
- Wartung,
- Instandsetzung.

Inspektion. Durch sie wird der Zustand der Anlage durch den Betreiber oder einer Fachfirma festgestellt. Sie besteht im Wesentlichen aus einer Sichtkontrolle, bei der Mängel festgestellt werden können. Je nach Art der Inspektion sind auch Messungen durchzuführen.

Wartung. Durch sie wird der ordnungsgemäße Zustand einer Anlage erhalten. Wartungsarbeiten bestehen überwiegend aus Reinigen, Funktionsüberprüfungen und Beseitigen von Störungen, die z.B. durch mangelnde Beweglichkeit von Bauteilen entstehen können. Dem Kunden sollte empfohlen werden, einen Wartungsvertrag mit einer Fachfirma abzuschließen, damit die Anlagen in regelmäßigen Zeitabständen fachlich überprüft und gewartet werden.

Instandsetzung. Sie geht über die Wartung hinaus und bedeutet Reparatur defekter Anlagenteile. Wenn Bauteile ausgewechselt werden müssen, sind sie möglichst durch Orginalteile des Herstellers auszutauschen.

Die Notwendigkeit einer Instandsetzung wird vom Kunden selbst oder bei Inspektions- und Wartungsarbeiten festgestellt.

7.1.2 Trinkwasseranlagen

Für den Betrieb und die Instandhaltung von Trinkwasseranlagen gilt DIN 1988-8*. Danach sind die Anlagen so zu betreiben, dass Störungen anderer Abnehmer und Rückwirkungen auf die Güte des Trinkwassers vermieden werden. Vgl. Bd. 07487, Kap. 1. Dazu sind Trinkwasseranlagen durch regelmäßige Inspektionen auf sichere Funktion und Mängelfreiheit zu überprüfen und bei Bedarf zu warten und instand zu setzen.

Armaturen. Absperrarmaturen sind voll zu öffnen und von Zeit zu Zeit regelmäßig zu betätigen. Für Armaturen, die den Schallschutzanforderungen unterliegen, dürfen nur entsprechende Ersatzteile verwendet werden, z.B. Strahlregler, Oberteile und Brausen. Gekennzeichnete Armaturen der Gruppen I oder II dürfen nur durch entsprechende neue Armaturen ausgetauscht werden. Vgl. Bd. 07487, Kap. 3.4.4. Bei Mischbatterien in Bad und Küche müssen von Zeit zu Zeit die Luftsprudler gereinigt oder ausgetauscht werden.

1. Standbatterie mit Luftsprudler für eine Küchenspüle.

Betriebsunterbrechungen. Bei längerer Abwesenheit des Betreibers, z.B. länger als drei Tage, wird empfohlen, die Trinkwasseranlage bei Einfamilienhäusern nach dem Wasserzähler und bei Mehrfamilienhäusern an den Stockwerken abzusperren. Nach der Betriebsunterbrechung sollten die einzelnen Entnahmestellen jeweils etwa 5 Minuten lang voll geöffnet werden, damit das abgestandene Wasser in den Leitungen ausfließen kann. Trinkwasseranlagen, die vorübergehend außer Betrieb genommen und entleert wurden, sind bei der Inbetriebnahme gründlich zu spülen.

Wassermangel, der nach einer längeren Betriebszeit auftritt, kann verschiedene Ursachen haben:
- nicht voll geöffnete Absperrarmaturen,
- zugesetzte Filter,
- verschmutzte oder verkalkte Luftsprudler,
- defekte Druckminderer,
- Ablagerungen von Kalkstein in der Leitungsanlage,
- Änderung des Versorgungsdrucks.

Anpassung. Die nachträgliche Anpassung einer Trinkwasseranlage an die jeweils gültigen Regeln der Technik ist im Allgemeinen nicht erforderlich, wenn die Anlage beim Bau den gültigen Regeln entsprochen hat. Mißstände, die eine Gefährdung der Benutzer bedeuten würden, sind jedoch zu beseitigen, z.B., wenn Trinkwasserleitungen mit Bleirohren verlegt wurden. Bestehende Anlagen, die keinen Rückflussverhinderer hinter dem Wasserzähler besitzen, müssen nachgerüstet werden.

Instandhaltungen. In DIN 1988-8 werden Hinweise für Inspektion, Wartung und Instandsetzung der verschiedenen Bauteile von Trinkwasseranlagen gegeben. Vgl. Tabelle 7.01, S. 339.

Freier Auslauf
Inspektion: Überprüfung des Sicherheitsabstands, des Einlaufventils und des Überlaufs bei voll geöffnetem Einlauf, z.B. bei einem WC-Spülkasten.

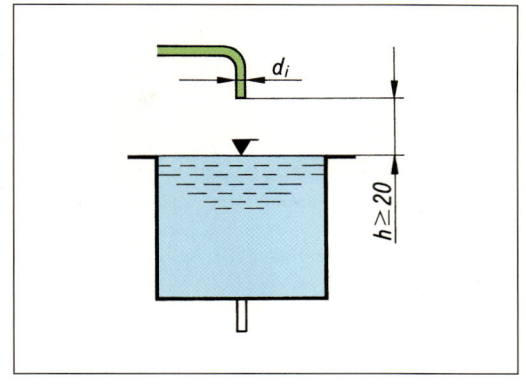

1. Freier Auslauf.

Rohrunterbrecher
Inspektion: Bei Wasserdurchfluss darf aus den Lufteintrittsöffnungen kein Wasser austreten (Sichtkontrolle), z.B. bei einem WC-Druckspüler.

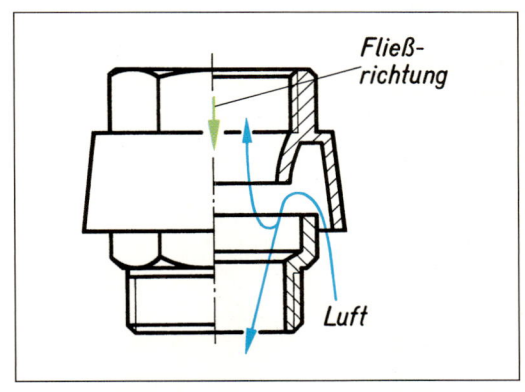

2. Rohrunterbrecher.

Rohrtrenner
Inspektion: Überprüfung auf Funktion und Dichtheit in Durchflussstellung, Sichtkontrolle beim Schließen einer vorgeschalteten Absperrarmatur. Der Rohrtrenner muss dann in Trennstellung gehen; sonstige Überprüfungen nach Herstellerangaben.

Rückflussverhinderer
Inspektion: Zur Prüfung des dichten Abschlusses ist die Rohrleitung in Fließrichtung vor dem RV abzusperren. Wenn durch Öffnen der Prüfschraube Wasser am RV ausfließt, ist er auszutauschen oder zu reparieren.

Instandhaltung

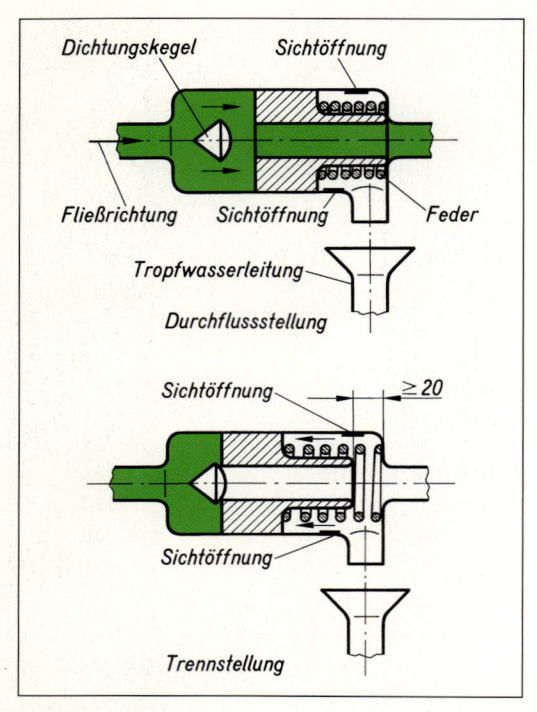

1. Rohrtrenner.

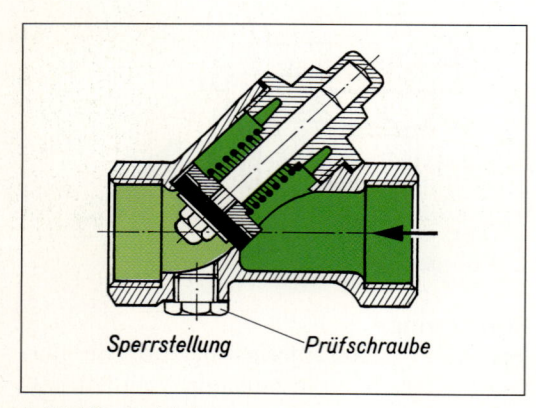

2. Rückflussverhinderer.

Rohrbelüfter, Bauform C
Inspektion: An den Belüfter, z.B. an einer Garten-Entnahmearmatur, ist ein Schlauch von etwa 1 m Länge anzuschließen. Die dem Rohrbelüfter vorgeschaltete Absperrarmatur ist etwas zu öffnen, damit aus dem Schlauch Wasser austritt. Dann ist das Schlauchende bis über den Rohrbelüfter anzuheben, die Absperrarmatur zu schließen und der Schlauch zu senken. Das im Schlauch enthaltene Wasser muss dann unter hörbarer Luftansaugung ausfließen.

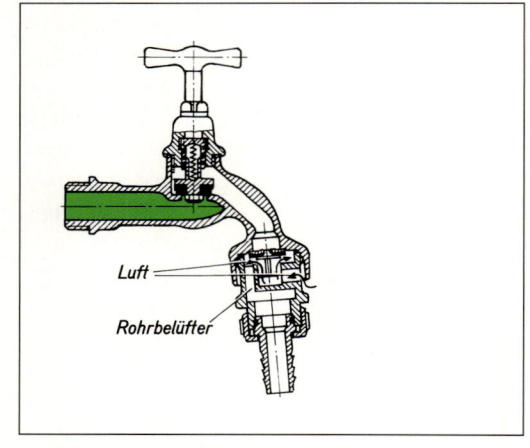

3. Auslaufventil mit Rückflussverhinderer und Rohrbelüfter Bauform C.

Rohrbelüfter Bauform E
Inspektion: Überprüfung auf Dichtheit durch Sichtkontrolle; bei Betrieb darf kein Wasser aus den Luftöffnungen austreten. Die Funktion kann mit einem gefüllten Wasserglas überprüft werden, indem das Ende des Überlaufbogens in das Glas getaucht wird. Bei Entleerung der Leitung muss zuerst das Wasser und dann Luft sichtbar bzw. hörbar angesaugt werden.

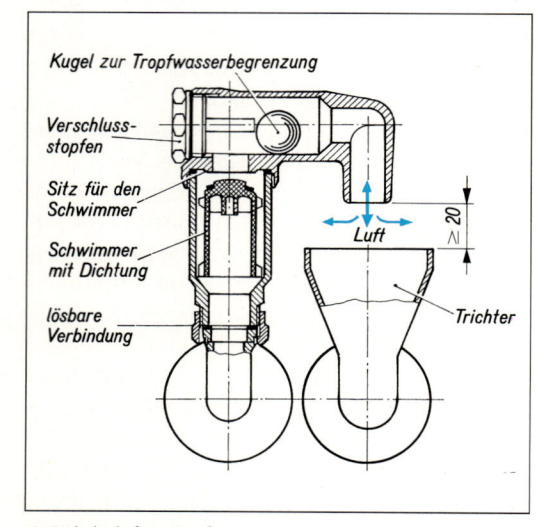

4. Rohrbelüfter Bauform E.

Instandhalten sanitärer Anlagen

Sicherheitsventil
Inspektion: Während des Betriebs ist mehrmals die Anlüfteinrichtung zu betätigen. Dabei ist zu beobachten, ob das Ventil wieder dicht schließt und ob das ausgeflossene Wasser über Trichter oder Abblaseleitung vollständig abfließt. Bei SV vor Speicher-Wassererwärmern ohne MAG-W ist zu beobachten, ob beim Aufheizen das Ventil anspricht. Bei nicht zu beseitigenden Störungen muss das Sicherheitsventil ausgetauscht werden.

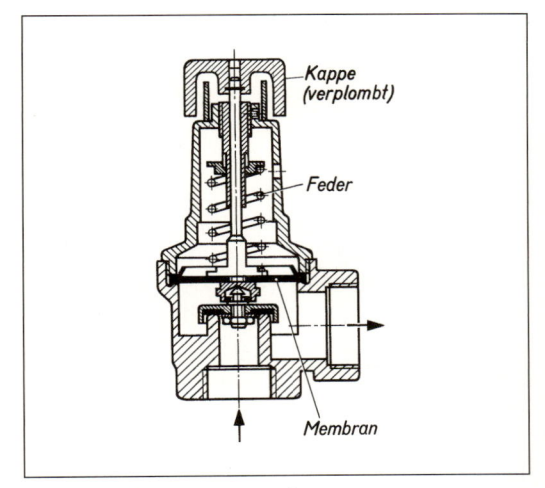

1. Membran-Sicherheitsventil.

2. Druckminderer.

3. Trinkwasserfilter, rückspülbar.

Druckminderer
Inspektion: Überprüfung des eingestellten Ausgangsdrucks bei Nulldurchfluss und bei großer Entnahme.

Wartung und Instandsetzung: Druckminderer sind Regler mit geringen Verstellkräften und daher gegen Verunreinigungen sehr empfindlich. Deshalb ist das Schmutzsieb zu säubern oder zu erneuern. Die Innenteile sind auf einwandfreien Zustand zu überprüfen und bei Bedarf zu erneuern.

Druckerhöhungsanlage
Inspektion, Wartung und Instandsetzung nach Betriebsanleitungen des Herstellers.

Filter, rückspülbar
Inspektion und Wartung: Bei Verringerung des Wasserdurchflusses ist eine Rückspülung nach den Wartungsanleitungen des Herstellers erforderlich.

Filter, nicht rückspülbar
Inspektion: Überprüfung des Filtergewebes durch Sichtkontrolle bei durchsichtigen Filtertassen oder durch Kontrolle des Druckverlustes.

Wartung: Auswechseln des Filtereinsatzes nach Anleitungen des Herstellers.

Dosiergerät
Inspektion: Überprüfung und bei Bedarf Auswechseln des Chemikalienbehälters. Die

Instandhaltung

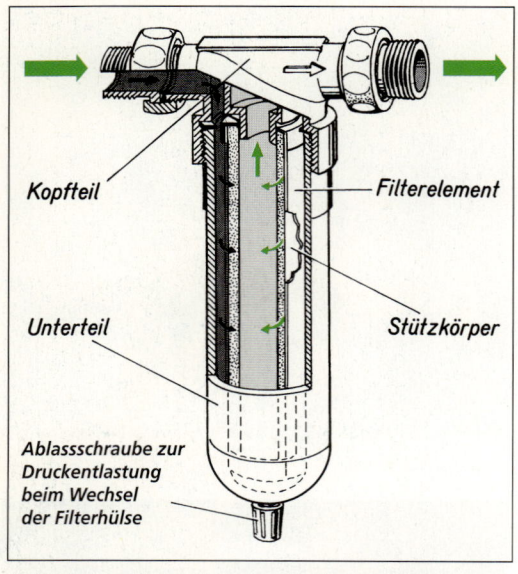

1. Trinkwasserfilter mit auswechselbarem Filtereinsatz.

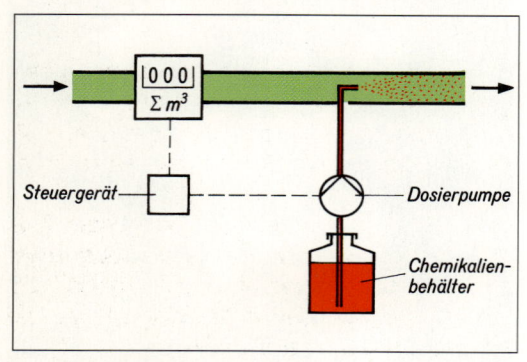

2. Dosiereinrichtung.

Angaben über die Haltbarkeit der Dosiermittel sind zu beachten.
Wartung nach Anleitungen des Herstellers.

Enthärtungsanlage
Inspektion: Der Kochsalzverbrauch ist regelmäßig zu überwachen, gegebenenfalls Nachfüllen von Regeneriersalz. Der Salzlösebehälter darf dabei nicht überfüllt werden, er ist wieder sorgfältig zu verschließen. Überprüfen der Zeitschaltuhr und Messen der Verschnitthärte.
Wartung nach Angaben des Herstellers. In das vom Hersteller mitgelieferte Betriebsbuch sind alle Wartungen und notwendigen Reparaturen einzutragen.

Trinkwassererwärmer
Inspektion: Überprüfen der eingestellten Temperatur, der Funktion des Sicherheitsventils, des Rückflussverhinderers, der thermischen Ablaufsicherung bei Festbrennstoffen, Vordruck beim MAG-W und Druck des zulaufenden Trinkwassers.
Wartung und Instandsetzung: Vgl. 7.2.6, S. 352.

Rohrleitungen
Inspektion: Sichtkontrolle, Ausbau vorhandener Kontrollstücke und Kontrolle der inneren Rohroberfläche. Vgl. Abb. 3.

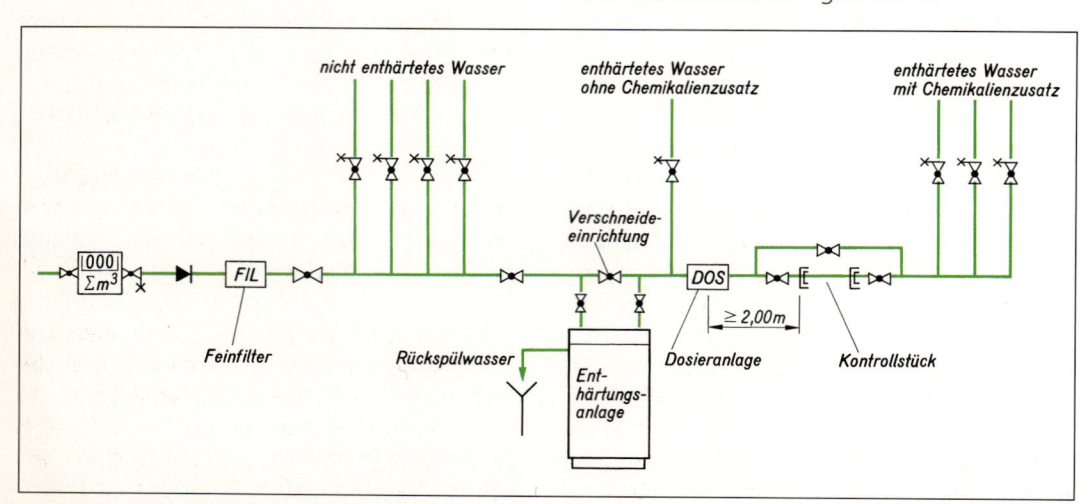

3. Trinkwasserinstallation mit Enthärtungs- und Dosieranlage.

Instandhalten sanitärer Anlagen

Tabelle 7.01: Inspektions- und Wartungsplan bei Trinkwasseranlagen*

Nr.	Anlagenteil	Inspektion monatlich	Inspektion jährlich	Inspektion Durchführung	Wartung monatlich	Wartung jährlich	Wartung Durchführung
1	freier Auslauf		1	B Inst			
2	Rohrunterbrecher		1	B Inst			
3	Rohrtrenner EA 1		1	B Inst			
4	Rückflussverhinderer		1	B Inst			
5	Rohrbelüfter		5	B Inst			
6	Sicherheitsventil	6		B Inst			
7	Druckminderer		1	B Inst		1...3	Inst
8	Druckerhöhungsanlage		1	Inst		1	Inst
9	Filter, rückspülbar	2		B Inst	2		B Inst
10	Filter, nicht rückspülbar	2		B Inst	6		B Inst
11	Dosiergerät	6		B Inst		1	Inst
12	Enthärtungsanlage	2		B Inst	6*	1	Inst
13	Trinkwassererwärmer		1	Inst			Inst
14	Rohrleitungen		1	Inst			
15	Kaltwasserzähler	1		B		8	Inst
16	Warmwasserzähler	1		B		5	Inst

B: Betreiber, Inst: Installationsunternehmen

***Tabelle 7.01** nach DIN 1988-8.

*bei Gemeinschaftsanlagen

7.1.3 Entwässerungsanlagen

Die Regeln für Betrieb und Wartung der Entwässerungsanlagen für Gebäude und Grundstücke sind in DIN 1986-3* festgelegt. Ergänzt wird diese Norm durch den zugehörigen Kommentar und die DIN 1986-30*. Entwässerungsanlagen dienen der Hygiene und der Erhaltung eines gesunden Gemeinwesens. Die dauernde Benutzbarkeit muss sichergestellt sein und darf nicht durch Einleitung unzulässiger Stoffe beeinträchtigt werden.

Der Betreiber einer Entwässerungsanlage ist darauf hinzuweisen, dass die Anlage nicht aus Bequemlichkeit für die Abfallbeseitigung benutzt werden darf, da die Abfallstoffe mit hohem Aufwand wieder aus dem Wasserkreislauf entfernt werden müssen und zu Verstopfungen der Rohrleitungen führen können.

Bei einer Entwässerungsanlage sind der Grundeigentümer und der Nutzungsberechtigte für den ordnungsgemäßen Betrieb verantwortlich. Dazu sind regelmäßige Inspektionen und Wartungen der Anlage erforderlich, um sie jederzeit betriebsbereit zu halten. Vom Planer und Hersteller der Entwässerungsanlage müssen dem Betreiber Bedienungs- und Wartungsanleitungen übergeben werden. Alle der Wartung und Instandsetzung dienenden Anlagenteile, z.B. Reinigungsrohre und Revisionsschächte, müssen zugänglich sein.

Im Einzelnen unterliegen folgende Teile der häuslichen Entwässerungsanlage einer regelmäßigen Inspektion und Wartung, aus der sich dann bei Bedarf Maßnahmen für die Instandsetzung ergeben können:

Geruchverschlüsse. Selten benutzte Abläufe müssen regelmäßig gewartet werden, damit nicht durch Austrocknen des Sperrwassers Kanalgase austreten können.

Reinigungsöffnungen. Wenn Reinigungsrohre mehrere Jahre nicht geöffnet wurden, sollte nach jeder Benutzung die Dichtung ausgetauscht werden.

Regenwasserabläufe an Dachrinnen sind nach dem örtlichen Baumbestand bei Bedarf, jedoch mindestens halbjährlich zu überprüfen und zu reinigen, damit das Niederschlagswasser von den Dachflächen sicher abgeleitet wird. Fehlende oder defekte Laubfangsiebe sind zu ersetzen.

***DIN 1986-3,** Entwässerungsanlagen für Gebäude und Grundstücke, Regeln für Betrieb und Wartung.

***DIN 1986-30,** Entwässerungsanlagen für Gebäude und Grundstücke, Instandhaltung.

Instandhaltung

Rückstauverschlüsse. Hierbei ist zu unterscheiden zwischen fäkalienfreiem und fäkalienhaltigem Abwasser. Vgl. Bd. 07487, Kap. 2.4.2. Rückstauverschlüsse müssen mindestens einen Verschluss besitzen, der bei Rückstau selbsttätig verschließt und einen davon unabhängigen Notverschluss, der von Hand geschlossen werden kann. Da durch Rückstau bei starken Regenereignissen oder Kanalverstopfungen durch Austritt von Abwasser in rückstaugefährdeten Räumen sehr hohe Schäden entstehen können, sind die Rückstauverschlüsse regelmäßig mindestens zweimal im Jahr zu warten. Dabei sollte ein Wartungsbuch vorhanden sein, in dem im Wesentlichen folgende Arbeiten mit Datum und Unterschrift zu bestätigen sind:
- Teile reinigen,
- Dichtungen und Dichtflächen überprüfen, bei Bedarf austauschen,
- Funktionsprüfung bei simuliertem Rückstau durchführen.

Bei der Funktionsprüfung wird der Notverschluss geschlossen und ein Prüfrohr aufgeschraubt, das bei fäkalienfreiem Abwasser bis 10 cm hoch mit Wasser gefüllt wird. Bei diesem Druck von 10 mbar muss der Rückstauverschluss durch eine Klappe oder Schwimmerkugel selbsttätig dicht schließen. Nach Beendigung der Prüfung ist der Trichter wieder zu entfernen, die Prüföffnung zu verschließen und der Notverschluss zu öffnen.

*Wartungsarbeiten nach DIN EN 12056-4, Abwasserhebeanlagen.

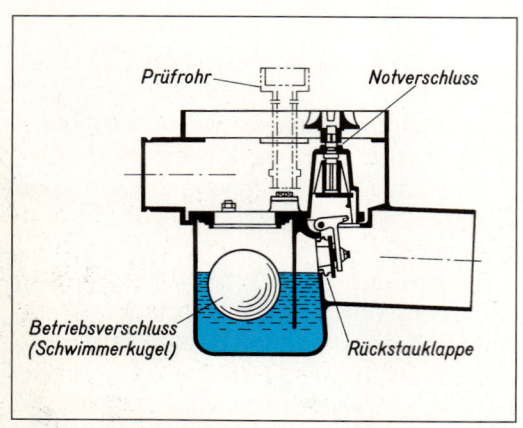

1. Prüfung eines Rückstauverschlusses für fäkalienfreies Abwasser.

Bei der Funktionsprüfung von Rückstauverschlüssen für fäkalienhaltige Abwässer muss ein Prüfdruck von 100 mbar erzeugt werden.

Abwasser-Hebeanlagen. Sie sollen einmal im Monat durch den Betreiber beobachtet und durch mindestens zwei Schaltvorgänge auf ihre Betriebsfähigkeit geprüft werden. Abwasser-Hebeanlagen müssen regelmäßig durch Fachfirmen gewartet werden. Die Wartungsabstände dürfen nicht länger als drei Monate bei gewerblichen Anlagen, sechs Monate bei Mehrfamilienhäusern und ein Jahr bei Einfamilienhäusern betragen. Dabei sind folgende Arbeiten* auszuführen:
- Prüfen auf Dichtheit,
- Betätigen der Schieber, Prüfen auf leichten Gang, gegebenenfalls nachstellen und einfetten,
- Öffnen und Reinigen des Rückflussverhinderers mit Funktionsprüfung,
- Reinigen der Pumpe, Prüfen des Laufrads und der Lagerung,
- bei vorhandener Ölkammer Ölstand prüfen und bei Bedarf nachfüllen,
- Innenreinigung des Sammelbehälters und Spülen mit Wasser,
- visuelle Kontrolle des elektrischen Teils der Anlage.

Über die Wartungsarbeiten nach dem Probelauf ist ein Protokoll anzufertigen. Dabei sind die durchgeführten Arbeiten anzugeben und festgestellte Mängel, die nicht beseitigt werden konnten, gegen Quittung des Anlagenbetreibers zu benennen.

Schlammfänge und Abscheider. Kleinere Sand- und Schlammeimer aus Boden- und Hofabläufen kann der Betreiber entleeren und über den Hausmüll entsorgen. Gewerbliche Schlammfänge, Heizölsperren, Abscheider für Leichtflüssigkeiten, Fett- und Stärkeabscheider müssen durch spezielle Entsorgungsbetriebe regelmäßig gewartet und die abgeschiedenen Inhalte umweltgerecht entsorgt werden. Die Wartungsabstände sind

Instandhalten sanitärer Anlagen

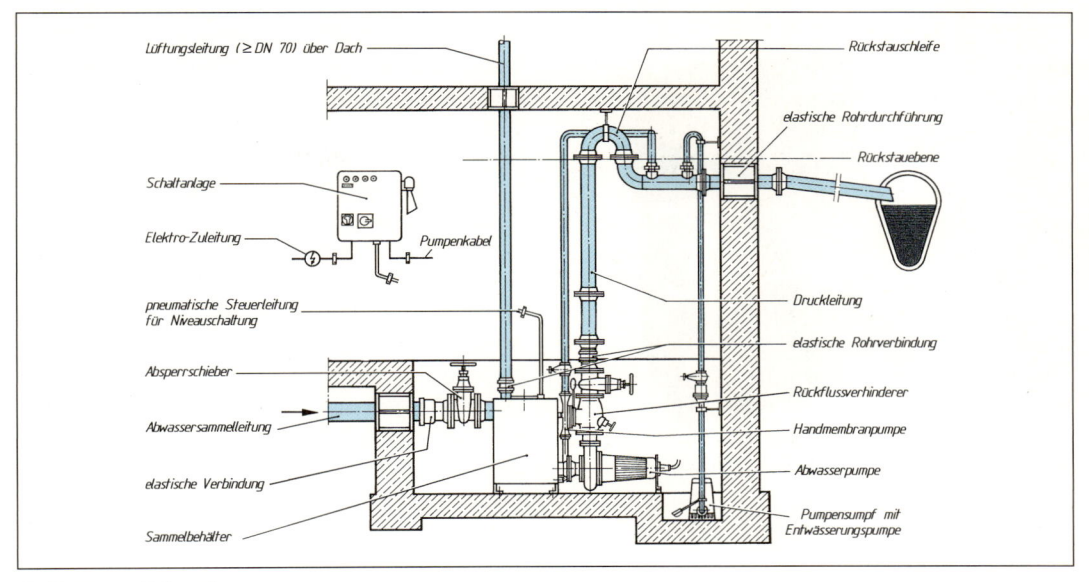

1. Abwasser-Hebeanlage.

sehr unterschiedlich und richten sich nach Art des Betriebs und der abzuscheidenden Stoffe.

Rohrinspektionen. Bei zugänglichen Fall- und Sammelleitungen ist eine äußere Inspektion leicht durchzuführen. Schwieriger ist es, wenn der innere Zustand von Abwasserleitungen oder unzugänglichen Grundleitungen überprüft werden soll. Für die Inspektion der Leitungen wurden Kanal-Fernsehkameras entwickelt, mit denen die Rohrleitungen inspiziert werden können. Das Kanalfernsehen mit Videoaufzeichnung und Einmessen eventueller Schadensstellen ist eine ausgereifte Technik mit guter Bildauflösung. Die Kameras können 87°-Bögen durchfahren, so dass sie über Reinigungsöffnungen der Fall- oder Grundleitungen eingebracht werden können. Man unterscheidet selbstfahrende Kameras für Rohrleitungen ab DN 100 und Kamerasonden ab DN 40, die mit einem Kabel eingeschoben werden. Der Zustand der geprüften Rohrleitungen wird dokumentiert und aufgezeichnet, damit die Leitungen bei Bedarf repariert, saniert oder erneuert werden können. Die Dichtheit von Grundleitungen lässt sich dann nach DIN EN 1610 überprüfen. Vgl. Bd. 07487, Kap. 2.2.2.

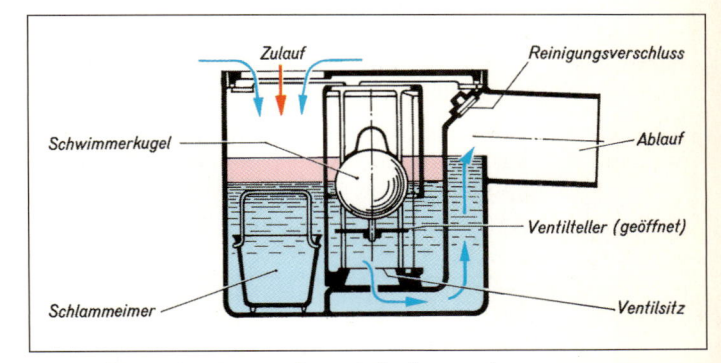

2. Heizölsperre für einen größeren Aufstellraum mit Ölfeuerungen.

3. Kanalfernsehen mit selbstfahrender Kamera.

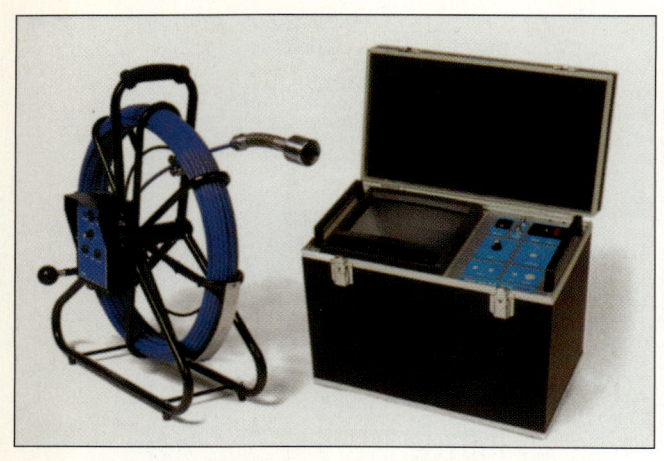

Instandhaltung

1. Kamerasonde mit Glasfaserkabel und Monitor.

Verstopfungen. Sie zählen zu den häufigsten Störungen bei Abwasseranlagen. Bei fachgerechter Installation nach DIN EN 12056* kommen diese Schäden selten vor. Wesentlichen Einfluss hat jedoch das Verhalten der Benutzer, wenn sie Abfälle, z.B. Textilien, über die Entwässerungsanlage entsorgen, die nach kürzerer oder längerer Zeit

*__DIN EN 12056__, Schwerkraft-Entwässerungsanlagen innerhalb von Gebäuden.

Verstopfungen verursachen. Grundleitungen außerhalb von Gebäuden können verstopfen, wenn die Leitungen undicht sind und Baumwurzeln in die Abwasserleitungen hinein wachsen. Diese Verstopfungen lassen sich nur mit großem Aufwand beseitigen.

Für die Beseitigung einfacher Verstopfungen werden handbetriebene Stahlspiralen oder Rohrreinigungsmaschinen verwendet. Auf die Spiralenden können verschiedene Reinigungskrallen aufgeschraubt werden, die das Verstopfungsmaterial zerkleinern. Durch aufgeschraubte kurze Ketten können Ablagerungen in älteren Abwasserleitungen gelöst werden. Die Reinigungswerkzeuge müssen auf die Rohrwerkstoffe abgestimmt sein. Mit Krallen bestückte Spiralen könnten sich durch Kunststoffrohre bohren und dann teure Reparaturen erforderlich machen.

Beachten Sie: Beim Drehen der Stahlspiralen entstehen große Spannungen und Drehmomente, die zu einem Rückschlagen der Spirale und zu Verletzungen führen können.

Für die Reinigung von Abwasserleitungen und Beseitigung von Rohrverstopfungen haben sich einige Firmen spezialisiert, indem sie ein geeignetes Fahrzeug mit verschiedenen Inspektions-Kameras, Reinigungsgeräten und Druckwasser-Spülgeräten ausgerüstet haben. Die Werkzeuge werden durch besonders geschulte Fachkräfte bedient und stehen bei Notfällen auch außerhalb der üblichen Arbeitszeiten zur Verfügung.

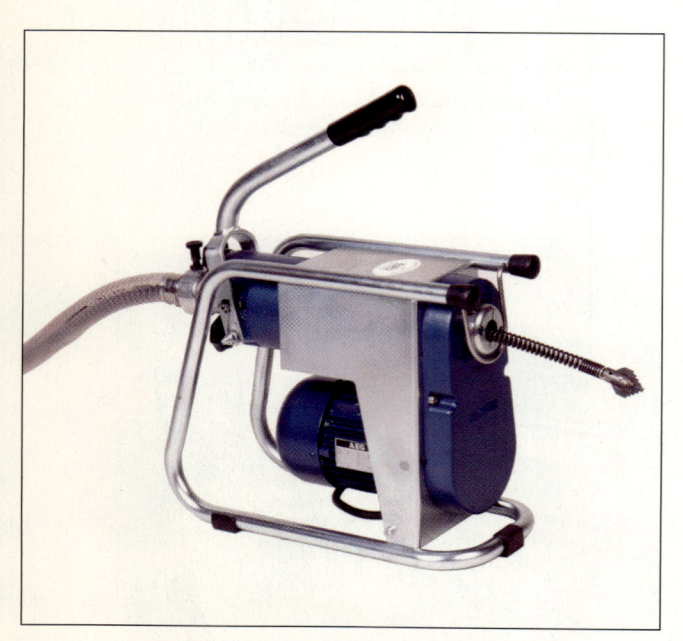

7.1.4 Regenwasser-Nutzungsanlagen

Durch regelmäßige Inspektionen und Wartungen von Regenwasser-Nutzungsanlagen werden die Betriebs- und Funktionssicherheit erhöht und die Nutzungsdauer verlängert. Regelmäßig sollten vom Betreiber oder einer Fachfirma die Wasserzähler, Pumpensteuerung und Laufruhe der Pumpe, die Füllstandsanzeige des Regenwasserspeichers und die Dichtheit der Anlage überprüft so-

2. Motorisch angetriebene Reinigungsspirale.

Instandhalten sanitärer Anlagen

Tabelle 7.02: Inspektions- und Wartungsmaßnahmen bei Regenwasser-Nutzungsanlagen*

*Tabelle 7.02 nach DIN 1989-1.

Anlagenteil	Maßnahme	Durchführung	Zeitspanne
Dachabläufe	Inspektion	Prüfung auf Dichtheit, Dachrinne, Schmutzfänger und Siebe reinigen, ggf. Beheizung prüfen,	6 Monate
Filtersysteme	Inspektion Wartung	Kontrolle des Zustands des Filters, Reinigung des Filters,	1 Jahr 1 Jahr
Regenwasserspeicher	Inspektion Wartung	Prüfung der Sauberkeit, Dichtheit, Entleerung, Reinigung,	1 Jahr ca. 10 Jahre
Betriebswasser-Pumpe	Inspektion Wartung	visuelle Prüfung auf Betriebsfähigkeit, Probelauf, dabei sind zu prüfen: – die elektrischen Teile der Anlage, – Vordruck des Membranbehälters (MAG), – Gleitringdichtung und Rückflussverhinderer, – Geräusche, Sauberkeit und Dichtheit, – Korrosion der Anlagenteile,	6 Monate 1 Jahr
Nachspeisung	Inspektion	Prüfung des Sicherheitsabstands, des Einlaufventiles und des Überlaufs bei voll geöffnetem Einlauf,	1 Jahr
Systemsteuerung	Inspektion Wartung	Prüfung eines Schaltspiels der Pumpe, Probelauf, dabei sind zu prüfen: – Ein- und Ausschaltpunkte der Anlage, – Nachspeisung, Magnetventil,	6 Monate 1 Jahr
Füllstandsanzeige	Inspektion	Kontrolle der Anzeige,	1 Jahr
Rohrleitungen	Inspektion	Prüfen auf Zustand, Dichtheit, Befestigung und Außenkorrosion,	1 Jahr
Wasserzähler	Inspektion Wartung	Prüfen auf Funktion und Dichtheit, Austausch nach dem Eichgesetz,	1 Jahr 6 Jahre
Rückflussverhinderer	Inspektion	Funktionsprüfung,	1 Jahr
Rückstauverschlüsse	Inspektion Wartung	Verschlüsse betätigen, Reinigen, Überprüfung auf Dichtheit, Funktionsprüfung,	1 Monat 6 Monate
Geruchverschlüsse	Inspektion	Prüfung auf Sauberkeit, Wasserstand und Dichtheit,	6 Monate
Abwasserhebeanlage	Inspektion Wartung	Prüfung auf Betriebsfähigkeit und Dichtheit, Funktionsprüfung, Dichtheit, Niveauregelung, Einstellhöhen von Ein, Aus und Alarm, Rückflussverhinderer,	1 Monat 3 Monate* 6 Monate** 1 Jahr***
Entnahmearmaturen	Inspektion	Prüfung auf Dichtheit und Veränderungen des Wassers (Geruch, Farbe, Schwebstoffe),	1 Jahr
WC-Spülung	Inspektion	Prüfung des Spülvorgangs,	1 Jahr
Kennzeichnung	Inspektion	Prüfung der Kennzeichnung aller Rohrleitungen und Entnahmestellen.	1 Jahr

* in gewerblichen Betrieben
** in Mehrfamilienhäusern
*** in Einfamilienhäusern

Instandhaltung

*DIN 1989-1,
Regenwasser-Nutzungsanlagen, Planung, Ausführung, Betrieb und Wartung.

wie die Filter gereinigt werden. Regenwasser-Nutzungsanlagen dürfen in keinem Fall mit der Trinkwasseranlage verbunden werden. Vgl. Bd. 07487, Kap. 2.5.8. Für Betrieb und Wartung gilt die DIN 1989-1*. Danach müssen die Inspektions- und Wartungsarbeiten in Zeitintervallen nach Tabelle 7.02 durchgeführt werden.

1. Regenwasser-Nutzungsanlage mit Erdspeicher.

Zur Wiederholung

1. Was versteht man bei der Instandhaltung einer sanitären Anlage unter Inspektion, Wartung und Instandsetzung? Nennen Sie einige Beispiele.
2. Was ist bei der Instandsetzung von Trinkwasser-Armaturen bezüglich des Schallschutzes zu beachten?
3. Was würden Sie einem Kunden für seine Trinkwasseranlage empfehlen, wenn alle Bewohner seines Hauses zwei Wochen in Urlaub waren?
4. Ein Kunde klagt, dass der Druck in seiner Trinkwasseranlage seit einiger Zeit erheblich geringer geworden sei. Welche Ursachen können Sie ihm nennen?
5. Bei einer älteren Trinkwasseranlage stellen Sie fest, dass sich hinter dem Wasserzähler kein Rückflussverhinderer befindet. Was empfehlen Sie dem Kunden?
6. Wie müssen Sie die Funktion eines Rückflussverhinderers überprüfen?
7. Wie können Sie einen Rohrbelüfter, Bauform C in einer Gartenleitung und wie einen Rohrbelüfter Bauform E an einer Steigleitung überprüfen?
8. Wie werden Sicherheitsventile und wie Druckminderer auf störungsfreie Funktion geprüft?
9. Auf welche Punkte müssen Sie bei der Inspektion und Wartung einer Enthärtungsanlage achten?
10. Sie erhalten den Auftrag, einen Trinkwassererwärmer mit einem Inhalt von 700 l zu warten. Welche Anlagenteile am Kaltwasseranschluss müssen Sie überprüfen und welche Instandsetzungsarbeiten könnten anfallen?
11. Welche Wartungsarbeiten sind bei Rückstauverschlüssen in Abwasseranlagen und welche in Abwasser-Hebeanlagen auszuführen?
12. Nennen Sie Ursachen, die zu Rohrverstopfungen in Abwasserleitungen führen können.
13. Erklären Sie die Arbeitsweise einer Kanal-Fernsehkamera.
14. Wie können Rohrverstopfungen in Abwasseranlagen beseitigt werden?
15. Nennen Sie wesentliche Inspektions- und Wartungsarbeiten bei einer Regenwasser-Nutzungsanlage.

Zur Vertiefung

1. Erklären Sie den Unterschied zwischen Instandhaltung und Instandsetzung.
2. Warum sollten den Kunden besonders bei Enthärtungsanlagen und Abwasser-Hebeanlagen Wartungsverträge empfohlen werden?
3. Bei der Inspektion einer älteren Trinkwasseranlage stellen Sie fest, dass die Kaltwasserleitungen teilweise aus Bleirohren bestehen. Welche Empfehlung würden Sie dem Kunden geben?
4. Ein Kunde beklagt sich, dass seine Warmwasserbereitung seit einiger Zeit

unzureichend ist. Welche Ursache würden Sie vermuten?
5. Bei der Inspektion der sanitären Anlage in einer Wohnung stellen Sie Kanalgerüche fest. Welche Ursachen wird dieser Mangel wahrscheinlich haben und welchen Rat würden Sie dem Kunden geben?
6. Warum ist eine sorgfältige Instandhaltung der vorhandenen Rückstauverschlüsse in einem Gebäude besonders wichtig?
7. Welche Bedeutung hat ein Wartungsbuch bei der Instandhaltung einer Abwasser-Hebeanlage?
8. Bei der Inspektion mit einer Kanal-Kamera werden Ratten im Anschlusskanal gesichtet. Welche Empfehlungen sollten den Benutzern der Anlage gegeben werden?
9. Bei Wartungsarbeiten an einer Regenwasser-Nutzungsanlage beklagt sich der Kunde, dass der Trinkwasserverbrauch für die Nachspeisung sehr hoch ist. Welche Erklärungen können Sie dem Kunden geben?

7.2 Instandhalten von Heizungsanlagen

7.2.1 Wärmeverteilungsanlagen

Der Wartungsaufwand bei Wärmeverteilungsanlagen ist gering. Da heute überwiegend geschlossene Warmwasserheizungen gebaut werden, besteht wenig Gefahr, dass das Rohrnetz, der Wärmeerzeuger und die Heizkörper durch Korrosion geschädigt werden.

==Membran-Ausdehnungsgefäße.== Der Betreiber und der Kundendienst müssen darauf achten, dass die Anlagen stets ausreichend mit Wasser gefüllt sind, damit an keiner Stelle ein Unterdruck entsteht. Bei Ansaugung von Luft können trotz geschlossener Anlage Korrosionsschäden an Heizkörpern, Rohrleitungen und Heizkesseln entstehen. Der Vordruck des MAG muss bei Warmwasser mindestens der Wasserhöhe entsprechen. Bei zu geringem Druck ist Stickstoff nachzufüllen. Starke Druckschwankungen beim Heizbetrieb lassen auf eine undichte Membran schließen; dann muss das MAG oder bei großen Anlagen die Membran ausgetauscht werden. Nach der Instandsetzung ist die Ausdehnungsleitung wieder gegen unbeabsichtigtes Schließen zu sichern. Vgl. 1.5.5, S. 81.

==Heizungspumpen.== Nassläuferpumpen sind weitgehend wartungsfrei. Nach längerem Stillstand kann sich jedoch der Läufer durch Ablagerungen festsetzen und muss dann wieder gängig gemacht werden. Trockenläuferpumpen besitzen zur Abdichtung eine Gleitringdichtung oder eine Stopfbuchsendichtung, die durch Spannschrauben in bestimmten Zeitabständen nachgezogen werden muss. Gleitringdichtungen sind wartungsfrei. Bei Ausfall einer Heizungspumpe ist sie durch eine neue zu ersetzen. Vgl. Bd. 07487, Kap. 4.7.3.

==Heizkörper.== Eine regelmäßige Wartung der Heizkörper ist nicht erforderlich. Bei

Instandhaltung

Flachheizkörpern mit eingebauten Konvektorblechen setzt sich im Laufe der Zeit Staub zwischen den Heizplatten an, der mit Bürsten und Staubsauger zu entfernen ist. Bei sehr starker Verschmutzung muss der Heizkörper abgenommen und mit einem Hochdruckreiniger gesäubert werden.

==Thermostatventile== können besonders bei stark gedrosselter Voreinstellung verstopfen. Es muss dann versucht werden, die Verschmutzung bei größter Ventilöffnung wegzuschwemmen. Anschließend ist das Ventil wieder neu einzustellen. Bei einem Defekt am Ventilkegel können diese Teile unter Druck mit einem Spezialwerkzeug ausgetauscht werden. Defekte Thermostate sind zu erneuern.

==Warmwasser-Fußbodenheizungen== älterer Bauart wurden teilweise mit nicht sauerstoffdichten Kunststoffrohren verlegt. Die dann auftretende Sauerstoff-Diffusion bewirkt an den Eisenmetallen der Wärmeverteilungsanlage Korrosion, die durch eine Systemtrennung oder durch regelmäßige Beigabe von sauerstoffbindenden Mitteln in das Heizungswasser gemindert werden kann. Vgl. Bd. 07487, Kap. 4.6.1. Ablagerungen in den Rohren der Fußbodenheizung sind bei Wartungsarbeiten durch Spülen zu entfernen.

==Schmutzfänger,== die im Rohrnetz einer Heizungsanlage eingebaut sind, müssen regelmäßig bei Wartungsarbeiten gereinigt werden, da sonst die Druckverluste der Anlage zu- und die Heizwasser-Volumenströme abnehmen.

7.2.2 Heizkessel

Heizkessel sollten mindestens einmal jährlich gereinigt und gewartet werden. Die Gesamtanlage ist auf ihre einwandfreie Funktion zu prüfen und aufgedeckte Mängel sind zu beseitigen. Die regelmäßige Reinigung, Wartung und Instandsetzung verhilft zu einem störungsfreien, umweltschonenden und energiesparenden Betrieb während des ganzen Jahres.

Durch die Vielzahl der Fabrikate und Bauarten von Wärmeerzeugern kann keine allgemein gültige Beschreibung der notwendigen Wartungs- und Reparaturarbeiten gegeben werden. Kundendienstmonteure benötigen besondere Schulungen für die von ihnen betreuten Anlagen. Außerdem müssen für Heizkessel, Brenner und Regelungsanlagen ausführliche Betriebs-, Wartungs- und Reparaturanleitungen zur Verfügung stehen. Es sollten bei Instandsetzungsarbeiten generell Orginal-Ersatzteile der Hersteller verwendet werden.

==Wartungsvertrag.== Die Betreiber haben die Reinigung und Wartung ihrer Heizungsanlagen zu veranlassen. Damit in den kalten Jahreszeiten möglichst keine Störungen auftreten, ist dem Kunden der Abschluss eines Wartungsvertrags mit einer Fachfirma zu empfehlen. Über die durchgeführten Arbeiten sollte ein Wartungsprotokoll angefertigt werden.

==Kesselreinigung.== Bei Beginn der Wartungsarbeiten ist die Anlage an den Sicherungen oder am Notschalter vor dem Aufstellraum stromlos zu schalten und gegen Wiedereinschalten zu sichern. Damit die Brenner während der Kesselreinigung nicht verschmutzen, sind sie auszubauen oder auszuschwenken. Die Reinigung des Heiz-

1. Kundendienst beim Reinigen eines Heizkessels.

kessels kann durch Bürsten und Absaugen oder durch geeignete Sprühmittel durchgeführt werden.

Abgasanlage. Überprüfung, Reinigung und Wartung der Abgasanlage ist Aufgabe des Bezirks-Schornsteinfegers. Bei der Kesselreinigung sollte jedoch das Verbindungsstück zwischen Heizkessel und Schornstein auf Dichtheit geprüft und gereinigt werden. Auch Abgasklappen und Zugbegrenzer sind in ihrer Funktion zu überprüfen und bei Bedarf instand zu setzen. Vgl. 1.7.3, S. 100.

Brennwertkessel. Die Wartung wird wie bei Heizkesseln ohne Brennwertnutzung durchgeführt. Zusätzlich ist die Abführung des Kondenswassers und bei größeren Anlagen die Neutralisationsanlage zu überprüfen, zu warten und bei Bedarf instand zu setzen. Vgl. 1.3.4, S. 42. Der Kondenswasserablauf mit Siphon ist zu reinigen, auf Dichtheit zu prüfen und wieder mit sauberem Wasser zu füllen.

7.2.3 Öl- und Gasbrenner

Ölbrenner. Um Verbrennungen bei den Wartungsarbeiten zu verhindern, muss nach dem Abschalten der Brenner abkühlen. Je nach Fabrikat wird der Brenner abgebaut oder am Heizkessel ausgeschwenkt.

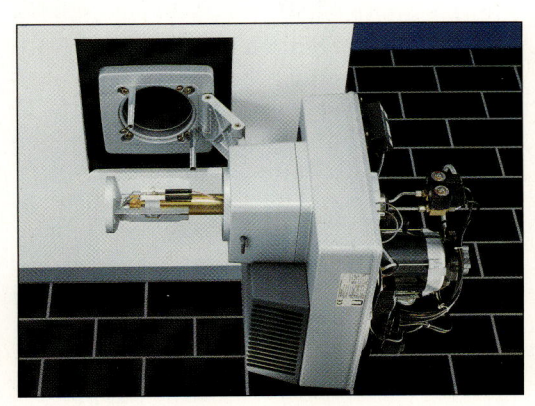

1. Ölbrenner bei Wartungsarbeiten.

Alle Teile des Brenners und der vorgeschaltete Ölfilter sind gründlich zu reinigen und auf Schäden zu überprüfen. In der Regel wird die Öldüse gewechselt. Bei dieser Arbeit sollte der Düsenstock senkrecht stehen, damit Lufteinschlüsse vermieden werden. Die Mischeinrichtung am Flammrohr und die Abstände der Zündelektroden sind nach Herstellerangaben einzustellen, die Flammenüberwachung ist zu überprüfen.

Ölbrenner-Störungen. In Tabelle 7.03 werden häufig auftretende Störungen, deren Ursache und Behebung tabellarisch beschrieben.

Nach Abschluss der Wartungsarbeiten ist die Anlage wieder in Betrieb zu nehmen und eine Abgasmessung durchzuführen. Bei unbefriedigenden Messergebnissen sind die Brennereinstellungen so lange zu verbessern, bis sich gute Ergebnisse einstellen. Vgl. 1.3.8, S. 48.

Gasbrenner. Da durch Erdgas schwere Unfälle durch Verpuffungen und Explosionen verursacht werden können, sind bei Wartungs- und Instandsetzungsarbeiten unbedingt die Sicherheits- und Unfallverhütungs-Vorschriften zu beachten. Die Arbeiten dürfen nur von qualifiziertem Personal mit entsprechenden Fachkenntnissen durchgeführt werden. Vgl. 4.1.11, S. 211. Vor Arbeitsbeginn ist die elektrische Spannung abzuschalten und die Gaszufuhr zu schließen.

Gas-Gebläsebrenner sind ähnlich wie Öl-Zerstäubungsbrenner zu warten. Dabei sind besonders folgende Teile zu reinigen und zu überprüfen:
- Motor, Gebläserad und Luftführung,
- Luftdruckwächter,
- Gaszuführung,
- Gasdruckwächter,
- Zündeinrichtungen,
- Flammenkopf und Stauscheibe,
- Stellantriebe für Luft und Gas,
- Flammenüberwachung,
- Steuergerät.

Instandhaltung

Tabelle 7.03: Störungen am Öl-Zerstäubungsbrenner

Störung	Ursache	Behebung
Brenner läuft nicht.	Keine Spannung vorhanden.	Sicherungen, elektrische Anschlüsse, Betriebsschalter der Regelung und Notschalter überprüfen.
	STB hat abgeschaltet.	STB entriegeln.
	Motor defekt.	Motor austauschen.
	Ölvorwärmung defekt.	Ölvorwärmung austauschen.
	Steuergerät zeigt eine Störung an.	Entstörknopf drücken.
Brenner läuft an, es bildet sich aber keine Flamme.	Zündelektroden nicht richtig eingestellt.	Elektroden richtig einstellen.
	Zündelektroden verschmutzt.	Elektroden reinigen.
	Isolierung der Zündkabel oder Zündtransformator defekt.	Zündkabel oder Zündtransformator austauschen.
	Ölpumpe fördert kein Öl.	Pumpe durch Manometer kontrollieren, ob Druck aufgebaut wird.
Ölpumpe fördert kein Öl.	Öltank ist leer.	Öl nachfüllen lassen.
	Ventile geschlossen.	Ventile öffnen.
	Filter verstopft.	Filter reinigen.
	Kupplung zwischen Motor und Pumpe defekt.	Kupplung austauschen.
	Saugleitung undicht.	Ölleitungen überprüfen und abdichten.
	Zu großes Vakuum in der Saugleitung.	Ansaugventil prüfen, Filter reinigen, Nennweite der Ölleitung zu klein.
Brenner läuft, Öldruck vorhanden, es wird jedoch kein Öl eingesprüht.	Magnetventil defekt.	Magnetventil austauschen.
	Öldüse verstopft.	Öldüse austauschen.
Brenner geht nach Ablauf der Sicherheitszeit jedesmal auf Störung.	Flammenwächter verschmutzt.	Flammenwächter reinigen.
	Flammenwächter defekt.	Flammenwächter austauschen.
	Steuergerät defekt.	Steuergerät austauschen.
Flamme reißt während des Betriebs ab.	Undichte Saugleitung.	Saugleitung abdichten.
	Öldüse defekt.	Düse austauschen.
	Falsche Lufteinstellung.	Lufteinstellwerte korrigieren.
	Pumpendruck zu hoch oder zu niedrig.	Pumpendruck korrigieren.
	Stauscheibe verschmutzt.	Stauscheibe reinigen.
CO_2-Gehalt zu niedrig.	Falschlufteintritt.	Falschlufteintritt abdichten.
	Luftklappe öffnet zu weit.	Luftklappe neu einstellen.

1. Gas-Gebläsebrenner bei Wartungsarbeiten.

Bei Störungen oder falschen Einstellungen sind diese Mängel zu beseitigen; defekte Bauteile müssen ausgetauscht werden. Nach den Wartungs- und Instandsetzungsarbeiten sind die Armaturen und der Brenner fachgerecht zu entlüften, auf Dichtheit zu prüfen und wieder in Betrieb zu nehmen. Vgl. 4.1.10, S. 210.

Gasbrenner ohne Gebläse müssen vor der Kesselreinigung elektrisch, gasseitig und mechanisch vom Heizkessel gelöst und herausgezogen werden. Es sind dann im Wesentlichen folgende Wartungsarbeiten durchzuführen:

Instandhalten von Heizungsanlagen

- Ionisations-Elektrode reinigen,
- Brenner mit einer weichen Bürste reinigen oder mit Seifenlauge auswaschen, Brennerlanzen mit Wasser nachspülen und Restwasser entfernen,
- Zündgasleitung ausbauen, Zündbrennerdüse und Zündbrenner reinigen,
- Zündelektroden prüfen und einstellen,
- Brenner nach der Kesselreinigung wieder einbauen,
- Dichtungen für Anschlussverschraubungen erneuern und die Gasleitung auf Dichtheit prüfen,
- bei Inbetriebnahme alle Funktionen und den eingestellten Düsendruck überprüfen,
- Wartungsprotokoll ausfüllen.

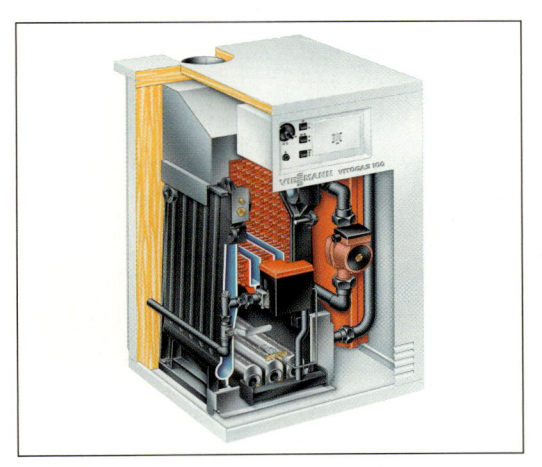

1. Heizkessel mit atmosphärischem Gasbrenner.

Wartungsprotokoll: Heizkessel mit Gasbrenner ohne Gebläse
Name des Kunden: Norbert Müller,
Karlsruhe, Schlossstraße 5
Kesselfabrikat: xxx
Nennwärmeleistung: 22 kW
Datum: 09.09.05
Durchgeführte Wartungsarbeiten:
1. Heizkessel gereinigt   ja
2. Brenner gereinigt   ja
3. Dichtheitskontrolle   ja
4. Gasanschlussdruck geprüft   20,5 mbar
5. Düsendruck geprüft   10,3 mbar
6. Funktionsprüfungen   ja
7. Strömungssicherung
   überprüft   ja
8. Abgasmessungen   ja
   – Abgastemperatur   110 °C
   – Lufttemperatur   20 °C
   – O_2-Gehalt   4 %
   – CO-Gehalt   80 ppm*
Firmenstempel und Unterschrift

***80 ppm**
(parts per million)
≙ 0,008 %.

7.2.4 Wandhängende Heizgeräte

Bei wandhängenden Heizgeräten unterscheidet man Gas-Umlaufwasserheizer, Gas-Kombiwasserheizer und Wandheizkessel für Öl- und Gasfeuerungen mit und ohne Brennwertnutzung sowie mit und ohne Speicher-Wassererwärmer. Vgl. 1.3.6, S. 43. Außerdem werden bei diesen Wärmeerzeugern raumluftabhängige und raumluftunabhängige Geräte unterschieden.

2. Wartungsarbeiten bei einem wandhängenden Heizgerät.

Für Wartung und Instandsetzung wandhängener Heizgeräte gelten im Wesentlichen die gleichen Bedingungen wie bei bodenstehenden Heizkesseln.

Wandheizkessel. Am Beispiel eines raumluftunabhängigen Gas-Wandheizkessels mit Brennwertnutzung und Speicher-Ladesystem werden im Folgenden wichtige Wartungsarbeiten aufgeführt:
- Betriebsschalter aus-, zusätzlich durch Notschalter oder Sicherungen die Anlage spannungsfrei schalten,

Instandhaltung

- Spannungsfreiheit überprüfen,
- Gashahn schließen,
- Wartungshähne für Heizungsvor- und -rücklauf schließen,
- Wartungshähne für Kalt- und Warmwasser schließen,
- Verkleidung abnehmen,
- Gerät entleeren,
- Brenner und Heizwasser-Wärmeaustauscher reinigen,
- Kondenswasser-Abfluss reinigen, Siphon wieder mit Wasser füllen,
- bei Bedarf Warmwasser-Wärmeaustauscher entkalken,
- Schichtenspeicher reinigen,
- Vordruck im Membran-Ausdehnungsgefäß prüfen, bei Bedarf Stickstoff nachfüllen,
- Luft- und Abgasgebläse überprüfen und reinigen.

Nach Abschluss der Wartungsarbeiten:
- Wandheizkessel und Speicher wieder mit den Rohrleitungen verbinden, Absperrungen nach Betriebsanleitungen öffnen,
- Anlage entlüften und auf den eingestellten Vordruck füllen,
- Schichtenspeicher füllen,
- Speicherladepumpe und Heizungspume entlüften,
- Anlage auf gas- und wasserseitige Dichtheit prüfen,
- Heizkreis entlüften, bei Bedarf Wasser nachfüllen,
- Anlage wieder in Betrieb nehmen,
- Wartungsprotokoll ausfüllen.

Störmeldungen. Bei modernen Heizgeräten werden Störungen über die Elektronik erfasst und über ein Display angezeigt. Dabei können Störungen mit einem Code versehen sein, der in der Betriebsanleitung zu deuten ist, oder die Störung wird im Klartext angegeben.

Beispiele bei Codeangaben mit Zahlen:
1 Übertemperatur am STB,
4 keine Flammenbildung,
12 Vorlauffühler defekt,
15 Außenfühler defekt,
20 Fehler am Gasventil,
22 Luftmangel, Gebläse defekt,
25 Fehler in der Regelungsplatine, Platine austauschen.

Durch den Fehlercode können auch Hinweise des Herstellers zur Behebung der Störung gegeben werden. Besonders, wenn der Kunde dem Kundendienst die angezeigte Störung mitteilt, geht nicht unnötige Zeit für die Fehlersuche und Ersatzteilbeschaffung verloren. Wenn die Anlage an eine zentrale Gebäudeleittechnik angeschlossen ist, können die Störmeldungen an eine Zentrale oder direkt an die Wartungsfirma weiter gegeben werden. Vgl. 2.4.2, S. 131.

7.2.5 Heizungsregler

Bei kleineren bis mittelgroßen Heizungsanlagen wird die Regelung meistens gemeinsam mit dem Heizkessel, Brenner und Wassererwärmer als Einheit geliefert. Dadurch können bereits werkseitig die einzelnen Komponenten aufeinander abgestimmt und dem Regler ein Standardprogramm eingegeben werden.

Heizungsanlagen sind meistens mit digitalen Reglern, die witterungs- oder raumtemperaturgeführt sind, ausgestattet. Vgl. 2.3, S. 120. In vielen Fällen ist das werkseitig vorgegebene Standardprogramm nicht in der Lage, alle Bedürfnisse der Kunden zufrieden zu stellen. Die Anlagen müssen dann bei der Inbetriebnahme auf den Standort und die Bauweise des Gebäudes, die Art der Heizung sowie auf die Bedürfnisse und Wünsche der Bewohner abgestimmt werden. Auch bei Wartungsarbeiten kann es notwendig sein, einige Regelungsparameter* zu verändern, wenn der Kunde mit der Regelung seiner Heizungsanlage unzufrieden ist.

Beanstandungen. Im Folgenden werden einige Beanstandungen der Kunden bei einer außentemperaturgeführten Heizungsregelung behandelt:

*****Regelungsparameter,** Werte, die dem Regler einprogrammiert werden.

Instandhalten von Heizungsanlagen

- Beanstandung: Die Raumtemperaturen sind generell oder nur bei bestimmten Außentemperaturen zu niedrig.
Abhilfe: Heizkennlinie anpassen. Vgl. 2.3.1, S. 120. Lage und Funktion des Außen- und Vorlauffühlers überprüfen; bei Bedarf Widerstandsmessungen durchführen.
- Beanstandung: Die Temperatur des warmen Trinkwassers wird als zu hoch oder zu niedrig empfunden.
Abhilfe: Speicher-Ladepumpe prüfen, Sollwert am Temperaturregler verändern. Bei Absenkung der Standardtemperatur von 60 °C das Problem der Legionellen, bei Erhöhung die Verbrühungsgefahr und Steinbildung beachten. Vgl. 3.5.5, S. 195.
- Beanstandung: Die Temperaturabsenkungen der Heizungsanlage in der Nacht, am Wochenende oder in den Ferien sind unbefriedigend.
Abhilfe: Eingestellte Uhrzeit (Sommer-/Winterzeit) am Regler überprüfen. Bei Bedarf das Zeitprogramm und die Höhe der Absenktemperaturen ändern.
- Beanstandung: Zu bestimmten Zeiten muss viel kaltes Trinkwasser ausfließen, bis warmes Wasser kommt.
Abhilfe: Zirkulationspumpe überprüfen. Das Zeitprogramm für die Unterbrechung der Pumpe den Bedürfnissen besser anpassen.

1. Mobile Programmiereinheit zum Einstellen und Abrufen von Regelungsparametern.

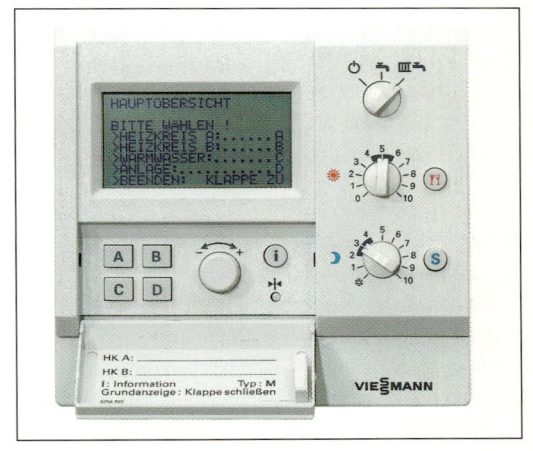

2. Heizungsregler.

Programmieren des Reglers. Die Parameter der Regler können aufgerufen, am Display abgelesen und dann mit Knöpfen oder Tasten neu programmiert und bestätigt werden. Das werkseitige Standardprogramm wird nicht gelöscht, sondern lässt sich zu jeder Zeit wieder aktivieren.

Zeitprogramme. Es sind meist mehrere Zeitprogramme werkseitig vorgegeben, die sich individuell verändern lassen, z.B.

Bedienungsebenen. Während die erste Ebene durch den Kunden selbst bedient werden kann, ist die so genannte Fachmann-Ebene nur durch eine Code-Nummer zugänglich. So wird vermieden, dass durch den Kunden ungünstige oder gar gefährliche Veränderungen der Einstellungen vorgenom-

Schaltpunkt	1	2	3	4	5	6
Wochenblock	Mo–Fr	Mo–Fr	Mo–Fr	Mo–Fr	Sa–So	Sa–So
Schaltzeit Kesselkreis	6:00	8:00	15:00	22:00	7:00	23:00
Schaltzeit Speicherladung	6:00	8:00	14:00	22:00	6:30	23:00
Ein/Aus	Ein	Aus	Ein	Aus	Ein	Aus

men werden. Die Fachmann-Ebene kann z.B. folgende Einstellungen besitzen:

Nr.	Parameter	Einstellbereich	Werkseinstellung
1	Frostschutzgrenze	−20 °C bis +10 °C	+2 °C
2	Nachlaufzeit Ladepumpe	0 min bis 10 min	3 min
3	max. Speicherladezeit	bis 5 h	2 h
4	max. Warmwassertemp.	60 °C bis 80 °C	60 °C
5	Kesselübertemperatur bei Speicherladung	0 K bis 40 K	10 K
6	min. Kesseltemperatur	38 °C bis 90 °C	38 °C bei Öl / 50 °C bei Gas
7	max. Kesseltemperatur	50 °C bis 90 °C	75 °C
8	Schaltdifferenz Brenner	5 K bis 30 K	15 K

7.2.6 Trinkwassererwärmer

Die meisten Hersteller empfehlen, Speicher-Wassererwärmer im Abstand von etwa zwei Jahren warten und reinigen zu lassen. Bei hartem Wasser in Verbindung mit hohen Betriebstemperaturen sind kürzere Wartungsintervalle notwendig.

Wartungsarbeiten. Es sind im Wesentlichen folgende Arbeiten durchzuführen:
- Anlage stromlos schalten,
- Warmwasserspeicher entleeren,
- Verschlussdeckel mit Dichtung entfernen,
- Innenraum des Speichers reinigen; bei starken Kalkstein-Verkrustungen können auch chemische Mittel eingesetzt werden,
- Verschlussdeckel evtl. mit neuer Dichtung wieder sorgfältig verschließen; Schrauben kreuzweise mit einem Drehmoment-Schlüssel anziehen,
- Warmwasserspeicher wieder füllen und in Betrieb nehmen.

Schutzanode. Bei einem emaillierten Speicher muss die Wirksamkeit der Magnesiumanode überprüft werden. Dabei wird der Strom zwischen Stahlbehälter und Anode mit einem Amperemeter gemessen. Bei weniger als 0,5 mA oder bei starkem Verbrauch ist ein Austausch der Opferanode vorzunehmen. Bei Fremdstrom-Anoden ist nach Werksangaben zu prüfen, ob die Anlage richtig arbeitet. Vgl. Bd. 07487, Kap. 1.3.4.

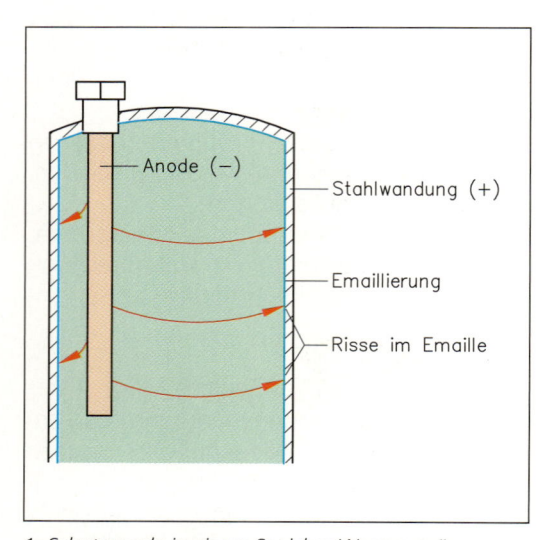

1. Schutzanode in einem Speicher-Wassererwärmer.

7.2.7 Solaranlagen

Obwohl solarthermische Anlagen sehr sicher arbeiten, ist es empfehlenswert, regelmäßige Inspektionen und Wartungen in einem Abstand von etwa zwei Jahren, möglichst im Frühjahr an einem sonnigen Tag, durchzuführen. Vgl. 3.4, S. 176.

Die Kollektoren müssen auf Verschmutzung, Befestigung, Dichtheit der Anschlüsse und Glasbruch untersucht werden. Solarkreis und Wärmespeicher sind auf Leckagen, ausreichende Füllung mit Solarflüssigkeit und Vollständigkeit der Wärmedämmung zu kontrollieren, eingebaute Schmutzfänger sind zu reinigen.

Frostschutz. Der Frostschutz wird mit einem Aräometer geprüft. Dazu muss der Anlage eine geringe Menge Solarflüssigkeit in einem Gefäß entnommen werden. Das Aräometer besteht aus einem Glasrohr mit Skale, das unten beschwert ist. Je nach Dichte der Flüssigkeit, sinkt es mehr oder weniger tief in die Flüssigkeit ein, bei hoher Dichte weniger, bei geringer Dichte mehr. Da das Frostschutzmittel die Dichte der Solarflüssigkeit beeinflusst, kann die Stockpunkt-Temperatur am Aräometer direkt abgelesen oder über eine Tabelle bestimmt werden.

Korrosionsschutz. Im Solarkreis erfolgt die Überprüfung des Korrosionsschutzes, indem der pH-Wert mit einem Teststreifen gemessen wird. Vgl. Bd. 07487, Kap. 1.1.6. Sinkt der Wert unter 7, sollte die Solarflüssigkeit gewechselt werden.

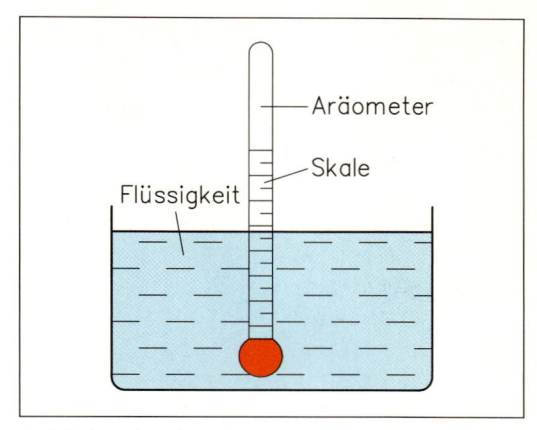

1. Arbeitsweise eines Aräometers.

Anlagenparameter. Druck und Temperatur der Anlage sind bei Sonnenschein zu überprüfen. Der Druck darf bei vollgefüllter und vollständig entlüfteter Anlage um nicht mehr als 0,3 bar vom eingestellten Druck abweichen. In keinem Fall darf der Vordruck des MAG unterschritten werden. Die Temperaturdifferenz zwischen Vor- und Rücklauf soll nicht unter 5 K liegen. Die Einstellungen und Funktionen des Temperatur-Differenzreglers sind zu überprüfen. Falls ein Wärmezähler eingebaut ist, kann bei Wartungsarbeiten der jährliche Wärmeertrag der Solaranlage festgestellt werden.

Zur Wiederholung

1. Erklären Sie die wichtigsten Arbeiten an einem MAG während der Wartung eines Heizkessels.
2. Welche Arbeiten können bei der Wartung von Heizungspumpen, Heizkörpern, Thermostatventilen und Schmutzfängern anfallen?
3. Welche Arbeiten sind auszuführen, bevor mit der Wartung eines Heizkessels begonnen werden kann?
4. Welche Teile der Abgasanlage sind bei der Wartung eines Heizkessels zu prüfen und zu reinigen?
5. Nennen Sie die wesentlichen Teile eines Ölbrenners, die bei Wartungsarbeiten gereinigt und überprüft werden müssen.
6. Welche Teile eines Gas-Gebläsebrenners sind bei Wartungsarbeiten zu reinigen und in ihrer Funktion zu überprüfen?
7. Nennen Sie die wesentlichen Wartungsarbeiten bei einem Heizkessel mit einem Gasbrenner ohne Gebläse.
8. Welche Vorteile hat ein Heizgerät, bei dem Störungen über ein Display angezeigt werden?
9. Was versteht man unter dem Standardprogramm eines Heizungsreglers? Nennen Sie einige Regelungsparameter, die darin festgelegt sein können.

Instandhaltung

10. Welche Änderung an der Einstellung des Heizungsreglers würden Sie vornehmen, wenn sich der Kunde beklagt, dass an sehr kalten Tagen im Winter die Wohnung nicht richtig warm wird?
11. Wie unterscheidet sich die Bedienungsebene, die der Betreiber selbst betätigen kann, von der so genannten Fachmann-Ebene?
12. Welche Arbeiten müssen bei der Wartung eines Trinkwassererwärmers durchgeführt werden?
13. Wie wird der notwendige Frostschutz in einer thermischen Solaranlage festgestellt?

*G 676, Verfahren für die Erteilung der DVGW-Bescheinigung für Wartungsunternehmen.

Zur Vertiefung

1. Warum ist ein Wartungsvertrag zwischen dem Kunden und einer Fachfirma besonders bei der Betreuung einer Heizungsanlage wichtig?
2. Geben Sie die möglichen Ursachen bei einem Ölbrenner an, wenn der Brenner läuft, sich aber keine Flamme bildet.
3. Welche Gründe können vorliegen, wenn die Flamme eines Ölbrenners während des Betriebs abreißt?
4. Warum sollte bei Wartungsarbeiten grundsätzlich ein Wartungsprotokoll erstellt werden?
5. Warum muss bei Wartungsarbeiten an einem Brennwertgerät der Siphon am Kondensatabfluss wieder mit Wasser gefüllt werden?
6. Der Besitzer eines Zweifamilienhauses beklagt sich, dass an klaren Tagen im Winter sein Haus unzureichend beheizt wird. Welche Ursache würden Sie vermuten?
7. Warum muss die Magnesiumanode in einem Trinkwassererwärmer in bestimmten Zeitabständen ausgetauscht werden?

7.3 Instandhalten von Brennstoff-Versorgungsanlagen

7.3.1 Erdgasanlagen

Wartungs- und Instandsetzungsarbeiten an Gasleitungen dürfen nur durch das GVU, durch eingetragene Vertrags-Installationsunternehmen (VIU) und von Firmen ausgeführt werden, die eine DVGW-Bescheinigung nach G 676* für Wartungsunternehmen besitzen.

Vor Beginn von Arbeiten an gasführenden Leitungen ist die zugehörige Absperreinrichtung zu schließen und gegen Öffnen durch Unbefugte zu sichern. Wo Gas austreten kann, muss durch Lüftung oder durch Ableiten über einen Schlauch ins Freie dafür gesorgt werden, dass das Gas gefahrlos abgeführt wird. Vgl. 4.1.11, S. 211.

Stillgelegte Leitungsanlagen. Bevor Gas in Leitungsanlagen eingelassen wird, die auf Dauer nicht mehr betrieben wurden, ist die Anlage durch Besichtigung auf einwandfreien baulichen Zustand zu prüfen und eine Dichtheitsprüfung durchzuführen. Erst dann darf Gas in die Leitungsanlage eingelassen werden. Vgl. 4.1.9, S. 209 und 4.1.10, S. 210.

Außer Betrieb gesetzte Leitungsanlagen. Anlagen, die vorübergehend außer Betrieb genommen wurden, z.B. für die Instandhaltung oder aus anderen Gründen, ist das Gas vorschriftsmäßig einzulassen. Wenn nicht auszuschließen ist, dass durch Reparaturarbeiten die bestehende Leitungsanlage undicht geworden sein könnte, so ist sie auf Dichtheit und Gebrauchsfähigkeit zu prüfen.

Kurzzeitige Betriebsunterbrechung. Vor dem Einlassen von Gas in Leitungsanlagen, die zur Wartung der Gasanlage oder zum Wechsel des Gaszählers kurzzeitig im Betrieb unterbrochen wurden, ist durch Druckmessung oder andere geeignete Maßnahmen

Instandhalten von Brennstoff-Versorgungsanlagen

festzustellen, dass alle Leitungsöffnungen verschlossen sind. In undichte Leitungen darf kein Gas eingelassen werden.

Erhöhung des Betriebsdrucks. Bei einer Erhöhung des Betriebsdrucks bis 100 mbar ist die Gebrauchsfähigkeit der Anlage zu überprüfen.

Reinigen der Leitungen. Gasleitungen können auf folgende Weise gereinigt werden:
- mechanisch,
- durch Absaugen,
- durch Ausblasen mit Luft oder inertem Gas,
- durch Einfüllen von Lösungsmitteln.

Die Leitungen sind vor den Reinigungsarbeiten von den Haus-Anschlussleitungen und den Gasgeräten zu trennen. Gas-Druckregler und Gaszähler sind auszubauen. Beim Absaugen mit einem Vakuumreiniger ist das Gerät stets am Leitungsteil mit der größten Nennweite anzuschließen. Das Ausblasen der Leitungen ist vom engen zum weiten Rohrquerschnitt vorzunehmen.

Nachträgliches Abdichten. Rohrgewinde in alten Gasleitungen aus Gewinderohr können im Laufe der Zeit undicht werden. Da die Leitungen häufig unzugänglich und deshalb schwierig abzudichten sind, wurde ein Verfahren entwickelt, mit dem bei verminderter Gebrauchsfähigkeit durch Füllen der Rohre mit einem flüssigen Dichtmittel aus Kunststoff-Dispersion* Gewindeverbindungen innerhalb eines Gebäudes abgedichtet werden können.

Das nachträgliche Abdichten wird wie folgt durchgeführt:
- Gaszähler ausbauen.
- Leckrate nach DVGW-Arbeitsblatt G 624* prüfen. Das Abdichtverfahren darf nur bei verminderter Gebrauchsfähigkeit (≤ 5 l/h Leckvolumen) angewendet werden.

*Dispersion, feinste Verteilung eines Stoffes in einem anderen.

*G 624, Nachträgliches Abdichten von bestehenden Gas-Innenleitungen.

1. Füllen der Leitung

2. Entleeren der Leitung

3. Trocknen der Leitung

4. Dichtheitsprüfung

1. Nachträgliches Abdichten einer Gasleitung aus Gewinderohr.

- Alle Absperrarmaturen an den Gasleitungsenden durch Entlüftungshähne ersetzen.
- Leitung unter 3 bar Druck setzen, damit Korrosionsschäden unter Putz festgestellt werden können.
- Leckrate nochmals überprüfen.
- Reinigen der Leitung.
- Befüllen der Leitung mit Dichtmittel unter einem Druck von 3 bar bis 7 bar; den Druck 30 Minuten aufrecht erhalten.
- Entleeren der Anlage; das restliche Dichtmittel durch Schaumstoffkörper* aus den Leitungen entfernen.
- Trocknen, indem etwa eine Stunde lang Luft durch die Leitungen geblasen wird.
- Dichtheitsprüfung bei 110 mbar.
- Gaszähler und Armaturen wieder einbauen und die Anlage in Betrieb nehmen.

*Schaumstoffkörper, dieses Trocknungsverfahren wird Molchen genannt.

Das aus den Leitungen abgelassene Dichtmittel kann wieder verwendet werden.

7.3.2 Flüssiggas-Anlagen

Flüssiggas-Anlagen dürfen nur von Fachbetrieben mit der notwendigen Sachkunde und Erfahrung errichtet, instand gehalten oder geändert werden. Als Fachbetrieb wird u.a. anerkannt, wer als Installateur- und Heizungsbaubetrieb zugelassen und in die Handwerksrolle eingetragen ist.

Wiederkehrende Prüfungen. Flüssiggas-Anlagen müssen in bestimmten Zeitabständen überprüft werden. Die Durchführung der Prüfungen hat der Betreiber zu veranlassen.

Flüssiggas-Behälter. Bei oberirdisch im Freien und in Räumen aufgestellten Behältern sowie bei erdbedeckten Behältern mit besonderem Korrosionsschutz ist in der Regel eine innere Prüfung alle zehn Jahre erforderlich. Die Prüfung wird durch Sachverständige durchgeführt. Vgl. 4.2.1, S. 222.

Eine äußere Prüfung der Behälter durch Sachkundige ist alle zwei Jahre durchzuführen. Im Rahmen dieser Prüfung sind zusätzlich zu prüfen:
- die Funktionsfähigkeit von Kathodenschutzanlagen, die mit Fremdstrom betrieben werden,
- bei erdbedeckten Behältern ohne besonderen Korrosionsschutz, die Prüfung des darüber liegenden Erdreichs mittels Gasspürgerät.

Ziel der wiederkehrenden Prüfungen ist, eine Aussage zu treffen, ob sich der Flüssiggas-Behälter und seine Ausrüstung zum Zeitpunkt der Prüfung in ordnungsgemäßem Zustand befinden und zu erwarten ist, dass dieser Zustand bis zur nächsten Überprüfung andauert.

Mitteldruck-Rohrleitungen müssen ebenfalls alle 10 Jahre wiederkehrend geprüft werden. Die Prüfung besteht aus einer äußeren Prüfung, bei der vor allem Korrosionserscheinungen und Korrosionsschäden erfasst werden und einer Druckprüfung. Vgl. 4.2.8, S. 230. Die Ergebnisse der wiederkehrenden Prüfungen sind durch einen Sachkundigen bzw. Sachverständigen zu bescheinigen.

Verbrauchsanlagen. Die wiederkehrende Prüfung von Verbrauchsanlagen, die durch ortsfeste Flüssiggas-Behälter versorgt werden, muss alle zehn Jahre durchgeführt werden. Die Prüfungen erstrecken sich auf
- äußere Besichtigung der Rohrleitungen, deren Ausrüstungsteile und Schlauchleitungen,
- sicherheitstechnische Ausrüstungsteile,
- Funktion der Druckregler,
- Dichtheitsprüfung mit dem Betriebsdruck.

Die wiederkehrende Prüfung von Verbrauchsanlagen mit Flüssiggas-Flaschen muss bei Flaschen bis 14 kg Füllgewicht alle fünf Jahre und bei Flaschen über 14 kg Füllgewicht alle zehn Jahre durchgeführt werden.

7.3.3 Heizöl-Versorgungsanlagen

Heizöl-Versorgungsanlagen sind weitgehend wartungsfrei. Trotzdem ist es ratsam, sie regelmäßig zu kontrollieren, um die Betriebssicherheit zu erhalten. Die Instandhaltung umfasst die Inspektion und Wartung der Heizölbehälter, der Ölleitungen und des Zubehörs, z.B. der Leckanzeigeeinrichtung, des Grenzwertgebers, des Inhaltsanzeigers und der Absperreinrichtungen. Vgl. 4.3.4, S. 236. Schäden sind durch Instandsetzungen zu beheben. Wiederkehrende Prüfungen nach dem „Wasserhaushaltsgesetz" und den „Verwaltungsvorschriften über Anlagen zum Lagern, Abfüllen und Umschlagen wassergefährdender Stoffe" sind vom Betreiber der Anlage rechtzeitig zu veranlassen. Vgl. 4.3.5, S. 238.

Tankreinigung. Im Laufe der Zeit können sich Alterungsprodukte des Heizöls am Boden des Behälters ablagern. Zusammen mit Kondenswasser bildet sich ein Bodensatz, der zu Betriebsstörungen führt, wenn er durch den Brenner angesaugt wird. Bei Stahlbehältern kann durch den mit Wasser durchsetzten Bodensatz auch Korrosion auftreten. Es wird deshalb empfohlen, in Abständen von mehreren Jahren durch besonders geeignete Fachbetriebe eine Inspektion und Tankreinigung durchführen zu lassen. Falls der Tank noch zum Teil gefüllt ist, wird der Ölinhalt in einen flexiblen Behälter ins Freie gepumpt, der Bodensatz fachgerecht entsorgt und das Heizöl wieder dem gereinigten Behälter zugeführt. Die Ölfeuerung sollte nach der Tankreinigung und der Befüllung mehrere Stunden nicht in Betrieb gehen, damit aufgewirbelte Feststoffe nicht zum Brenner gelangen, sondern sich am Boden absetzen.

Tankbeschichtungen. Korrosion in Behältern aus Stahl wird nicht durch das Heizöl, sondern durch Schwitzwasser, das durch die Tankbelüftung und beim Befüllen entsteht, verursacht. Da Wasser schwerer ist als Öl, sinkt es zu Boden, wo es zu Lochkorrosion kommen kann. An den Seitenwänden bildet sich lediglich abwischbare Flächenkorrosion, die in der Regel nicht zur Schwächung der Stahlbleche führt, aber durch den Rost einen Teil des Bodensatzes bilden kann. Vgl. Bd. 07487, Kap. 1.3.3. Man unterscheidet Ganz- und Teilbeschichtungen, wobei die Teilbeschichtung nur den Bodenbereich des Öltanks erfasst. Vor der Beschichtung ist der Behälter gründlich zu reinigen und durch Sandstrahlen oder andere mechanische oder chemische Verfahren metallisch blank zu machen. Die Beschichtung muss den Bau- und Prüfgrundsätzen des Deutschen Instituts für Bautechnik* entsprechen. Bevor der Tank wieder mit Öl gefüllt wird, muss die Beschichtung ausreichend ausgehärtet sein.

*__Deutsches Institut für Bautechnik,__ Abk. DIBt.

Innen-Schutzanstriche. Der Unterschied zu einer Innenbeschichtung besteht vor allem im geringeren Aufwand bei der Vorbehandlung der zu schützenden Flächen. Innen-Schutzanstriche von Heizölbehältern sind nicht gütegesichert. Bei Korrosionstiefen ab ca. 30 % der ursprünglichen Wanddicke sollte statt eines Innenanstrichs eine Innenbeschichtung oder der Einbau einer inneren Kunststoffhülle empfohlen werden.

Zur Wiederholung

1. Wie sind Erdgasleitungen in einem Gebäude wieder in Betrieb zu nehmen, wenn sie auf Dauer nicht mehr betrieben oder nur vorübergehend außer Betrieb genommen wurden?
2. Bei einer Hausgasleitung musste wegen einer Reparatur kurzzeitig der Betrieb unterbrochen werden. Was ist vor dem Einlassen von Gas zu beachten?
3. Wie können Gasleitungen innen gereinigt werden und welche vorbereitenden Arbeiten sind zu erledigen?
4. Erklären Sie wesentliche Arbeitsschritte beim nachträglichen Abdichten einer Gasleitung aus Gewinderohr?

5. Welche wiederkehrenden Überprüfungen bei Flüssiggas-Behältern hat der Betreiber dieser Anlage zu beachten?
6. Welche wiederkehrenden Prüfungen sind bei Flaschenanlagen bis 14 kg Füllgewicht und welche über 14 kg Füllgewicht zu beachten und welche Teile der Anlage werden dabei überprüft?
7. Welche Teile der Heizöl-Versorgungsanlage sollen bei Wartungsarbeiten überprüft werden, wenn im Keller ein Kunststoff-Batteriebehälter mit 5000 l Inhalt aufgestellt ist?
8. Was versteht man unter einer Tankbeschichtung und wann sollte sie angewendet werden?

Zur Vertiefung

1. Warum ist bei Erhöhung des Betriebsdrucks in einer Erdgasversorgungsanlage eines Gebäudes die Gebrauchsfähigkeit der Anlage zu überprüfen?
2. Warum darf das Verfahren zum nachträglichen Abdichten von Gasleitungen nur dann angewendet werden, wenn die Leckrate nicht mehr als 5 l/h beträgt?
3. Kennen Sie den Unterschied zwischen einem Sachkundigen und einem Sachverständigen?
4. Warum müssen Flüssiggasanlagen und Heizölanlagen mit Erdbehältern in regelmäßigen Zeitabständen überprüft werden?
5. Können Sie den Unterschied zwischen einer Tankbeschichtung und einem Tankanstrich erklären?

*VDI 6022, Hygienische Anforderungen an RLT-Anlagen, Büro- und Versammlungsräume.

7.4 Instandhalten raumlufttechnischer Anlagen

RLT-Anlagen sollen ein physiologisch günstiges Raumklima und eine hygienisch gute Qualität der inneren Raumluft schaffen. Sie sind nach dem jeweiligen Stand der Technik zu planen, auszuführen, zu betreiben und instand zu halten, so dass von ihnen keine Gefährdung der Gesundheit und keine Störungen der Behaglichkeit ausgehen. Vgl. Kap. 5, S. 244. Deshalb sind regelmäßige Inspektionen, Wartungen und Instandsetzungen defekter Anlagenteile durch geschultes Fachpersonal von großer Bedeutung. Viele Beanstandungen an raumlufttechnischen Anlagen haben ihre Ursache in mangelhafter Bedienung und Wartung. Der Verein Deutscher Ingenieure hat Hinweise für Betrieb und Instandhaltung raumlufttechnischer Anlagen in der VDI-Richtlinie 6022* erarbeitet. Danach wird empfohlen, die notwendigen hygienischen Überprüfungen, Reinigungen und Desinfektionen in einem Betriebstagebuch zu dokumentieren.

7.4.1 Luftbehandlungsgeräte

Luftfilter. Um die Funktion während des Betriebs sicherzustellen, sind in regelmäßigen Abständen Inspektionen vorzunehmen, bei denen die Druckdifferenz und Betriebszeit festgestellt wird. Vgl. 5.3.1, S. 265. Bei auffälliger Verschmutzung oder Lecks ist das Filter auszutauschen. Die Auswechselung einzelner Filterelemente ist nur im Falle der Beschädigung einzelner Elemente zulässig, wobei der letzte Filterwechsel nicht länger als sechs Monate zurückliegen darf. Beim Einsetzen neuer Luftfilter ist auf den dichten Abschluss zwischen Filterrahmen und Einbauwand zu achten. Taschenfilter dürfen nicht eingeklemmt sein und müssen sich im Luftstrom frei ausrichten. Es ist darauf zu achten, dass die neuen Filter nicht durch den Staub der ausgewechselten Elemente kontaminiert werden.

Folgende Daten müssen am Filter von außen sichtbar angebracht sein:
- Luftvolumenstrom,
- Filterklasse,
- Filterbezeichnung, Typ,
- Datum des letzten Filterwechsels,
- Anfangsdruckdiffereunz bei sauberem Filter,
- zulässige Enddruckdifferenz.

Lufterwärmer und Luftkühler. Wärmeaustauscher und deren Zubehör sind auf Verschmutzung, Korrosion und Dichtheit periodisch zu überprüfen. Vgl. 5.3.2 S. 267. Bereits bei geringer Verschmutzung der Lamellen sind sie durch Abblasen oder Absaugen im eingebauten Zustand zu reinigen. Bei starken Verschmutzungen sind sie auszubauen und mit einem Hochdruckreiniger zu säubern. Der Zustand der Kondensatwanne und des Siphons bei Luftkühlern und Wärmeaustauschern für Wärmerückgewinnung ist bei jeder Inspektion und Wartung zu überprüfen und bei Bedarf gemeinsam mit den Tropfenabscheidern gründlich zu reinigen.

Kühlmaschinen. Sie sind regelmäßig auf richtige Funktion, ausreichende Füllung mit Kältemitteln und Schmierung der Lager zu überprüfen. Vgl. 5.3.3, S. 268. Zur Instandhaltung dieser Maschinen sind spezielle Kentnisse und Fertigkeiten erforderlich, so dass dafür häufig besondere Kundendienste beauftragt werden.

Rückkühlwerke. Beim Betrieb von Kühltürmen ist auf eine gute Qualität des Rückkühlwassers zu achten. Vgl. 5.3.3, S. 268. Da die Temperatur des Wassers häufig zwischen 30 °C und 40 °C liegt, ist auch eine kritische Kontamination durch Legionellen möglich. Bei Wartungs- und Reinigungsarbeiten muss der Kühlbetrieb abgeschaltet werden. Die Reinigungsintervalle sind auf die örtlichen Gegebenheiten abzustimmen. Eine Reinigung und Entleerung des gesamten Systems ist erforderlich:
- vor der ersten Inbetriebnahme,
- am Ende der Kühlsaison und vor längeren Stillstandszeiten,
- beim Beginn der Kühlsaison oder nach längeren Stillstandszeiten,
- mindestens zweimal im Jahr.

Es wird empfohlen, das Rückkühlwasser regelmäßig mikrobiologisch zu untersuchen. Desinfektionsarbeiten mit geeigneten chemischen Mitteln sind durch besonders geschultes Personal durchzuführen.

Umlauf-Sprühbefeuchter. Es muss sichergestellt sein, dass sich kein Wasser hinter dem Befeuchter niederschlagen kann. Vgl. 5.3.4, S. 269. Beim Betrieb ist auf eine ausreichend gute Wasserqualität zu achten. Das zugespeiste Wasser muss der Trinkwasserverordnung entsprechen und keine höhere Härte als 7° dH besitzen. Die Keimzahl des Umlaufwassers sollte gering sein. Legionellen müssen durch keimtötende Maßnahmen, z.B. durch UV-Bestrahlung, vermieden werden. Die Abschaltregelung des Umlauf-Sprühbefeuchters ist regelmäßig auf richtige Funktion zu überprüfen. Dabei muss der Befeuchter automatisch abschalten, sobald die Klimaanlage ausgeschaltet wird. Für die regelmäßige Wartung von Umlauf-Sprühbefeuchtern sind die Zeitintervalle nach Tabelle 7.05, S. 362, zu beachten.

Weitere Wartungs- und Instandsetzungsarbeiten beim Umlauf-Sprühbefeuchter:
- Zerstäuberdüsen auf Verkalkung überprüfen, bei Bedarf austauschen,
- Wanne und Tropfenabscheider reinigen,
- Saugleitung der Umwälzpumpe reinigen,
- Funktionsprüfung der UV-Desinfektionsanlage,
- Überprüfung der Abschlemmvorrichtung,
- Überprüfung der Wasseraufbereitung.

Dampfbefeuchter. Sie sind so zu betreiben, dass kein Kondensat in das Kanalsystem gelangen kann. Der verwendete Dampf darf keine schädlichen Stoffe enthalten.

Instandhaltung

Durchzuführende Wartungsarbeiten:
- Zustand der Befeuchtungskammer und der Dampflanze überprüfen,
- Kondensatablauf prüfen,
- Funktionsprüfung des Dampf-Regelventils.

Ventilatoren. Vgl. 5.3.5, S. 270. Die Antriebe müssen regelmäßig auf Verschmutzung, Beschädigung und Korrosion überprüft und bei Bedarf gereinigt oder instand gesetzt werden. Die Keilriemen sind auf richtige Spannung zu überprüfen, beschädigte Riemen sind zu ersetzen. Bei einer Nassreinigung muss das anfallende Wasser am tiefsten Punkt des Ventilators ablaufen können. Die Funktion dieses Ablaufs ist bei der jährlichen Wartung zu überprüfen.

Endgeräte. Zu den Endgeräten gehören u.a. Ventilator-Konvektoren, Induktionsgeräte, Zonen-Nacherwärmer und Zonen-Nachkühler. Endgeräte müssen für Wartungs- und Instandsetzungsarbeiten zugänglich sein. Die Oberflächen, mit denen die Luft in direktem Kontakt ist, müssen gereinigt werden können. Zusätzliche Filter zum Schutz von nachgeschalteten Wärmeaustauschern und Geräten müssen gewartet und bei Bedarf ausgetauscht werden. Zonen-Nachkühler sollten so betrieben werden, dass die Taupunkttemperatur der Luft nicht erreicht wird, damit sich möglichst kein Kondensat bildet, das als Nährboden für Mikroorganismen dienen kann. Wo Entfeuchtung notwendig ist, muss die Kondensatwanne aus korrosionsbeständigem Material bestehen und leicht zu reinigen sein.

*Tabelle 7.04 nach VDI 6022.

7.4.2 Luftverteilung

Luftleitungen. Luftleitungen und Luftkanäle werden meistens in gefalzter oder geschweißter Ausführung hergestellt. Vgl. 5.4.1, S. 281. Flexible Rohre sind wegen der eingeschränkten Reinigungsmöglichkeit auf das notwendige Maß zu beschränken. Aussteifungen, Luftleitbleche sowie andere Einbauten müssen Schmutzablagerungen verhindern und eine gründliche Reinigung ermöglichen. Blechschrauben in den Luftleitungswänden und scharfe Kanten an Revisionsöffnungen, die zu Verletzungen führen können, sind zu vermeiden. Die Anordnungen und die Anzahl der Revisionsöffnungen wird wesentlich durch die Anforderung an das Lüftungssystem und durch die Reinigungsmethode bestimmt. Wenn für die Reinigung vorgesehen ist, dass Personen durch die Revisionsöffnung in die Luftkanäle einsteigen, müssen die Luftleitungen und Halterungen dafür ausreichend bemessen und stabil sein.

Tabelle 7.04: Abmessungen von Revisionsöffnungen*

Runde Kanäle d in mm	Rechteck-Kanäle Kantenlänge in mm	Revisionsöffnung Mindestabmessungen Länge x Breite in mm
200 bis 315	bis 200	300 x 100
300 bis 500	200 bis 500	400 x 200
größer 500	größer 500	500 x 400
bei Eintritt von Personen		600 x 500

Im Bereich folgender Bauteile sind zusätzliche Revisionsöffnungen vorzusehen, falls die Teile nicht ausbaubar sind:
- Jalousieklappen   an beiden Seiten,
- Brandschutzklappen   an einer Seite,
- Heiz- oder Kühlregister an beiden Seiten,
- Schalldämpfer rund   an einer Seite,
- Schalldämpfer eckig   an beiden Seiten.

Die Lage und Größe der Revisionsöffnungen sollen in den Plänen der RLT-Anlage gekennzeichnet sein. Wenn Luftkanäle mit Dampf oder Flüssigkeit zu reinigen sind, müssen sie wasserdicht sein und einen Wasserablauf besitzen. Falls eine teilweise Demontage der Luftleitungen für die Reinigung erforderlich ist, müssen die Arbeiten in einer Anleitung detailliert beschrieben werden.

Außen- und Fortluftdurchlässe. Es ist ein Mindestabstand zwischen Außenluftansaugung und Fortluftausblasung von 10 m einzuhalten. In jedem Fall ist eine Rezirkulation zu vermeiden. Die Luftleitung zwischen Außenluftdurchlass und Lüftungsgerät soll möglichst kurz sein. Es sind eine Reinigungsmöglichkeit und ein Ablauf für eventuell eingedrungenes Wasser vorzusehen. Vorhandene Wasserabläufe dürfen nicht direkt an die Entwässerungsanlage angeschlossen werden.

Die Fortluft ist möglichst über Dach auszublasen. Dabei ist eine Belästigung der Umwelt durch Geräusche und Gerüche möglichst zu vermeiden. Die Ableitung von eingedrungenem Regenwasser muss sichergestellt sein.

==Lüftungs- und Klimageräte.== Vgl. 5.3.7, S. 274. Für RLT-Geräte in Lüftungszentralen ist zur Montage, Inspektion, Wartung und Instandsetzung ausreichend Platz vorzusehen. Vor der ersten Inbetriebnahme der Ventilatoren muss geprüft werden, ob alle vom Luftstrom berührten Teile sauber sind, gegebenenfalls ist eine Nachreinigung durch Aussaugen und Wischen erforderlich. Lüftungsgeräte dürfen nicht ohne Luftfilter in Betrieb genommen werden. Nachgeschaltete zusätzliche Schwebstoff-Filter sollten erst eingebaut werden, wenn das Kanalnetz staubfrei geblasen ist. Bei höheren hygienischen Anforderungen, z.B. in Krankenhäusern, muss eine Messung der Keimkonzentration in der Zuluft vorgenommen werden.

7.4.3 Steuerungs- und Regelungsanlagen

Die richtige Funktion der Steuerungs- und Regelungsanlagen muss regelmäßig überprüft werden. Vgl. 5.3.8, S. 276. Insbesonders sind zu prüfen und bei Bedarf instand zu setzen:
- Stellantriebe und Einstellungen der Luftklappen,
- Funktion der Frostschutzeinrichtungen,
- Funktion der Einrichtungen gegen Feuer und Rauch,
- Funktion der Temperatur-Begrenzungseinrichtungen,
- Temperaturregelung im Winterbetrieb,
- Temperaturregelung im Sommerbetrieb,
- Feuchteregelung im Winterbetrieb,
- Feuchteregelung im Sommerbetrieb.

Bei Bedarf sind Messungen der Volumenströme von Zu- und Abluft sowie der Luftgeschwindigkeiten im Raum durchzuführen. Vgl. 5.4.8, S. 294.

Zur Wiederholung

1. Welche Daten müssen bei einem Luftfilter von außen sichtbar angebracht sein?
2. Nennen Sie wichtige Instandhaltungsarbeiten, die regelmäßig bei Luftfiltern durchgeführt werden müssen.
3. Welche Arbeiten müssen zur Instandhaltung von Lufterwärmern, Luftkühlern und Kühlmaschinen durchgeführt werden?
4. Welche besonderen Gefahren gehen von Kühltürmen aus und welche Reinigungsarbeiten sind regelmäßig vorzunehmen?
5. Nennen Sie die wesentlichen Wartungs- und Instandsetzungsarbeiten bei einem Umlauf-Sprühbefeuchter und in welchen Zeitintervallen sind diese Arbeiten durchzuführen?
6. Welche Wartungsarbeiten sind bei Dampfbefeuchtern durchzuführen?
7. Wie müssen Ventilatoren und Endgeräte gewartet und instand gesetzt werden?
8. An welchen Stellen sind in Luftleitungen Revisionsöffnungen vorzusehen?
9. Worauf ist bei der Inbetriebnahme von Lüftungs- und Klimageräten zu achten?
10. Welche Funktionsprüfungen der Steuerungs- und Regelungsanlagen in RLT-Anlagen sollen bei Wartungsarbeiten durchgeführt werden?

Instandhaltung

*Tabelle 7.05 nach VDI 6022

*Check, engl. Kontrolle.

Tabelle 7.05: Checkliste für Betrieb und Instandhaltung von RLT-Anlagen*

Nr.	Tätigkeit	Maßnahmen, falls notwendig	Zeitintervall
1.	**Außen- und Fortluftgitter** Auf Verschmutzung, Beschädigung und Korrosion prüfen	Reinigen und Instandsetzen,	12 Monate
2.	**Lüftungs- und Klimageräte** Auf Verschmutzung, Beschädigung und Korrosion prüfen	Reinigen und Instandsetzen,	12 Monate
	Auf Wasserbildung prüfen	Reinigen, Ursache ermitteln,	6 Monate
3.	**Luftfilter** Auf unzulässige Verschmutzung und Beschädigung prüfen	Auswechseln der betroffenen Filter,	3 Monate
	Differenzdruck prüfen	Filterstufe auswechseln,	1 Monat
	spätester Filterwechsel 1. Filterstufe		12 Monate
	spätester Filterwechsel 2. Filterstufe		24 Monate
	Kontrolle des Hygienezustands		Hygiene-Inspektion
4.	**Umlauf-Sprühbefeuchter** Auf Verschmutzung, Beschädigung und Korrosion prüfen	Reinigen und Instandsetzen,	1 Monat
	Keimzahlmessungen	> 1000 KBE/ml: waschen mit Reinigungsmitteln, Ausspülen und Trocknen der Wanne, ggf. Desinfektion,	14 tägig
	Zerstäuberdüsen prüfen	Düsen reinigen, ggf. auswechseln,	1 Monat
	Schmutzfänger prüfen	Reinigen und Instandsetzen,	6 Monate
	Auf Flockenbildung in Wanne prüfen	Wanne reinigen,	1 Monat
	Umlaufpumpe prüfen	Pumpenkreislauf reinigen,	1 Monat
	Abschlämmvorrichtung prüfen	Abschlämmvorrichtung nachstellen,	6 Monate
	Funktionsprüfung der UV-Zelle	Instandsetzen,	1 Monat
	Reinigung bei Stillstand über 48 h	Waschen mit Reinigungsmitteln, spülen und trocknen der Wäscherwanne,	bei Bedarf
	Tropfenabscheider auf Verschmutzung, Beschädigung und Korrosion prüfen	Reinigen,	1 Monat
5.	**Dampfbefeuchter** Auf Verschmutzung, Beschädigung und Korrosion prüfen	Reinigen und Instandsetzen,	3 Monate
	Waschen mit Reinigungsmitteln, Ausspülen und Trocknen, Desinfektion		6 Monate
	Auf Kondensat in der Befeuchtungskammer prüfen (nur bei Betrieb)	Dampfbefeuchter reinigen,	1 Monat
	Schmutzfänger prüfen	Reinigen und Instandsetzen,	6 Monate
	Dampflanze prüfen	Reinigen,	6 Monate
	Kondensatablauf prüfen	Reinigen und Instandsetzen,	3 Monate
	Regelventil auf Funktion prüfen	Instandsetzen,	6 Monate
	Kontrolle des Hygienezustands		6 Monate
6.	**Wärmeaustauscher, auch für Wärmerückgewinnung** Auf Verschmutzung, Beschädigung und Korrosion prüfen	Reinigen und Instandsetzen,	3 Monate
	Nasskühler-Kondensatwanne und -Tropfenabscheider prüfen	Instandsetzen,	3 Monate
	Siphon auf Funktion prüfen	Instandsetzen,	3 Monate
	Tropfenabscheider und Kondensatwanne reinigen		6 Monate
	Kontrolle des Hygienezustands		Hygiene-Inspektion
7.	**Ventilatoren** Auf Verschmutzung, Beschädigung und Korrosion prüfen	Reinigen und Instandsetzen,	6 Monate

Tabelle 7.05: (Fortsetzung)

Nr.	Tätigkeit	Maßnahmen, falls notwendig	Zeitintervall
8.	**Luftleitungen und Schalldämpfer** Zugängliche Luftleitungen und Schalldämpfer auf Beschädigungen prüfen	Instandsetzen,	12 Monate
	Innere Kanalflächen an zwei bis drei Stellen auf Verschmutzung und Korrosion prüfen,	Ursache ermitteln und entsprechende Kanalabschnitte reinigen,	12 Monate
	Kontrolle des Hygienezustands		Hygiene-Inspektion
9	**Luftdurchlässe** Eingebaute Lochbleche und Siebe auf Verschmutzung prüfen	Reinigen bzw. Austauschen,	12 Monate
	Filtervliese auswechseln bei Filterklasse < F 9		12 Monate
	Filterklasse ≥ F 9		24 Monate
10	**Kühlturm** Auf Beschädigung und Korrosion prüfen	Instandsetzen,	12 Monate
	Reinigen und Entleeren des gesamten Systems		2 x jährlich
	Abschlämmrate prüfen	Instandsetzen,	6 Monate
	Mikrobiologische Untersuchung	Reinigen und Desinfizieren,	2 x jährlich
11	**Endgeräte** Endgeräte mit Außenluftfilter auf Verschmutzung prüfen	Luftfilter austauschen, Gerät reinigen,	3 Monate
	Endgeräte mit Umluftfilter auf Verschmutzung prüfen	Luftfilter austauschen, Gerät reinigen,	12 Monate
	Wärmeaustauscher bei Endgeräten ohne Luftfilter auf Verschmutzung überprüfen	Reinigen (Staubsauger).	6 Monate
	Luftfilter auswechseln		24 Monate

Zur Vertiefung

1. Erklären Sie einem Kunden die Notwendigkeit regelmäßiger Inspektions-, Wartungs- und Instandsetzungsmaßnahmen bei raumlufttechnischen Anlagen.
2. Welche Vorteile hat ein Betriebsbuch, in dem die Instandhaltungsmaßnahmen einer RLT-Anlage regelmäßig und vollständig dokumentiert werden?
3. Warum sind Umlauf-Sprühbefeuchter und Kühltürme besonders anfällig für Legionellen-Kontaminationen?
4. Warum ist stehendes Wasser in Auffangwannen bei Kühleinrichtungen und Wasser, das sich in Einrichtungen und Kanälen ansammelt, besonders für die Verbreitung von Legionellen verantwortlich?
5. Sie werden zu einem Kunden gerufen, bei dem der wasserbeheizte Lufterwärmer durch Frosteinwirkung geplatzt ist. Welche Ursache liegt wahrscheinlich vor und welche Instandsetzungsarbeiten sind erforderlich?

Sachwortverzeichnis

Abblaseleistung 76
Abblaseleitung 77, 148, 226
Abbrand 46
Abdichtverfahren 355
Abgas-Rezirkulation 40
Abgas-Überwachungseinrichtung 28, 174
Abgasabführung 102
Abgasanlage 88, 94, 97, 347
Abgase 15
Abgasfahne 48
Abgasführung 175
Abgasklappe 40
Abgasklappen 100
Abgasleitungen 94, 96
Abgasmessgerät 48
Abgasmessungen 47
Abgasrohre 99
Abgasrückführung 65
Abgassammelrohr 41
Abgastemperatur 36, 48, 49
Abgastemperaturen 16
Abgasüberwachung 28, 91
Abgasverluste 29, 48
Ablaufsicherung 46
Ablaufsteuerung 111
Abluft 256
Abluft-Deckengitter 282
Abluftanlagen 256
Abluftgitter 284
Abnahmeprüfung 230, 294
Abscheider 340
Abscheidezone 266
Absorber 177
Absperrhahn 25
Absperrvorrichtungen 294
Abstandsschellen 208
Absturzsicherungen 18
Abwasser-Hebeanlagen 340
Abzweig 281
Abzweigleitungen 202
Additive 8
Alarm 233
Aluminiumfolie 283
Amperemeter 141
Analyse 48
Anemometer 294
Ankerschrauben 37
Ankerstangen 37
Anlagenparameter 353
Anlagenüberwachung 132
Anlaufstrecken 100
Anlegefühler 122
Anode 320
Anpassung 335
Anschluss-Schläuche 60
Anschlussdruck 30
Anschlussleitungen 205
Anschlusspläne 137
Anschlusswert 29, 212
Anschlusszwang 324
Anthrazit 6
Antiheber-Einrichtung 59
Antriebsleistung 272
Anwesenheitsschalter 132
Aräometer 353
Armaturen 24, 334
Armaturenhaube 226
Aschenraum 46
Atemluft 246
ATV 294
Aufdach-Montage 179
Aufheizzeit 145
Aufstellort 223
Aufstellraum 87, 88, 165, 225, 236
Auftrieb 233

Auftriebskräfte 233
Ausdehnungsgefäße 79, 81
Ausdehnungsleitung 82
Ausdehnungsvolumen 83, 150
Ausgangsgröße 110, 111
Auslösesignal 110, 111
Ausrüstung 225, 230, 236
Außenabsperrung 202
Außenfugen 88
Außenfühler 122
Außengeräte 275
Außenleiter 134
Außenleitungen 201, 203
Außenluft 256, 305
Außenluftansaugung 316, 360
Außenluftklappe 276
Außenluftwechsel 314
Außentemperatur 124
Außenwand-Gasgeräte 103
Außenwand-Heizgeräte 103
Außenwand-Wasserheizer 103
Außenwandanschluss 171
Ausströmgeschwindigkeit 13
Ausziehsicherung 203
Axialventilatoren 270
Azimutwinkel 179

Backofenbrenner 32
Balgen-Gaszähler 206
Balgenzähler 206
Batteriebehälter 235
Bauartzulassung 79
Be- und Entlüfter 183
Beanstandungen 350
Bedarfskennzahl 152
Bedienungsanleitungen 38
Bedienungsebene 132, 351
Befeuchten 256
Befüllen 224
Beglaubigung 329
Behaglichkeit 247
Behältergröße 233
Beimischregelung 123
Belastungsprobe 209
Berechnungsbeiwerte 49
Bereitschaftsdienst 212
Betriebsanweisung 231
Betriebsarten 144
Betriebsdruck 76, 355
Betriebskosten 331
Betriebsmittel 135
Betriebspunkt 272
Betriebsstromkosten 331
Betriebsstundenzähler 127
Betriebstemperatur 76, 115
Betriebsunterbrechung 354
Betriebszustand 10
Bewertungsfaktoren 329
Bezirks-Schornsteinfeger 48
BHKW 319
Bildzeichen 256
Bimetall 139
Biodiesel 8
Biofilm 195
Biogas 9
Biomasse-Heizwerke 324
Bioöle 8
Bivalente Anlagen. 307
Bivalente Speicher 181
Blankdraht-Heizkörper 162
Blasen-Membran 82
Blaubrennern 65
Blauflamme 22
Blechkanäle 281
Blechschrauben 360
Bleimennige 37

Blindstopfen 235
Blitzschutzanlage 180
Blockheizkraftwerke 319
Blockierschutz 127
Blower-Door-Messverfahren 317
Brandabschnitte 286
Brandgefahr 233
Brandklasse 226
Brandschutz 92, 286
Brandschutz-Verkleidung 287
Brandschutzarmaturen 205
Brandschutzklappen 286
Braunkohle 6
Brennereinstellung 31
Brenngas-Luft-Gemischen 13
Brenngase 9
Brennholz 6, 46
Brennkammer 39
Brennpunkttemperatur 57
Brennstoff-Versorgungsanlagen 354
Brennstoffbedarf 16
Brennstoffbeschickung 47
Brennstoffkosten 331
Brennstoffzelle 320
Brennstoffzellen-Heizgeräte 320
Brennwert 6
Brennwertgeräte 16, 104
Brennwertkessel 42, 347
Brennwertnutzung 11, 16
Brennwerttechnik 53
Briketts 7
Brunnen 305
Bundes-Immissionsschutz-Verordnung 48
Bunsenbrenner 23
BUS-Systeme 132
Butan 9, 222

CE-Kennzeichen 39
Checkliste 362
chemische Desinfektion 197
Chlorbleiche 197
Chlorophyll 324
CO-Gehalt 48, 72
CO-Messung 50
Code 350
Code-Nummer 351
Computer 132

Dach-Heizzentralen 92
Dachabdichtungsarbeiten 180
Dachaufsatzlüftung 255
Dachfanggerüste 180
Dachfirst 96
Dachhaube 281
Dachheizzentralen 78
Dachrinnen 339
Dachschutzwände 180
Dampf-Fernheizungen 322
Dampfbefeuchter 269, 359
Dampfdruck 76
Dampfkessel 40
DDC-Regler 132
Deckengitter 284
Dehnstoffpatronen 205
Desinfektion 197
Diagnosegeräte 128
Dichte 11, 244, 248
Dichtedifferenz 193
Dichtheit 231
Dichtheitsklassen 282
Dichtheitsprüfung 210, 231
Dichtheitswächter 69
Dichtmittel 132
Dieselmotor 319
Differenzdruck 162

Differenzdruck-Schalter 265
Diffusionsbrenner 22
Diffusionsflamme 22
Digitaltechnik 125
Digitaluhren 127
Direktverdampfer 268
Display 118
Domdeckel 235
Domschacht 235
Dosiereinrichtung 338
Dosiergerät 337
Drallauslässe 284
Drehstrom 135
Drehstrom-Motoren 138
Drehzahlanpassung 52
Drehzahlen 138, 271
Dreieckschaltung 138
Dreiphasen-Wechselspannung 135
Dreipunktausgang 123
Dreipunktregelung 34
Dreipunktregler 117
Dreiwege-Mischhahn 124
Dreiwege-Mischventil 125
Dreizugkessel 39
Drosselung 292
Drosselventil 149
Drosselvorrichtungen 284
Druckabgleich 292
Druckbegrenzer 78
Druckbehälter 222
Druckbehälterverordnung 222
Druckerhöhungsanlage 337
Druckgefälle 290
Druckmessgerät 78
Druckminderer 148, 304, 337
Druckprobe 60
Druckprüfung 210, 230
Druckregelgeräte 228
Druckschwankungen 228
Druckverluste 214, 288
Druckwasser-Spülgeräten 342
Durchfluss-Wassererwärmer 145
Durchflussprinzip 44, 303
Durchlüftung 101
Düsenauswahl 61
Düsendruck 30, 62
Düsendruck-Einstelltabelle 31
DVGW-Arbeitsblatt W 551 196
DVGW-TRGI 201

Eckfalz 282
Edelgasen 244
EIB 133
EIB-Adapter 163
Eichung 329
Einbau 234
Eingangsgrößen 110, 111
Einheitswohnungen 152
Einkesselanlagen 53
Einkreisbetrieb 160
Einschaltstrom 139
Einstellwert 30
Einstiegstür 235
Einstrangsystem 59
Einstutzen-Gaszähler 206
Einweisung 296
Einzelflaschen-Anlagen 227
Einzelraum-Temperaturregelungen 130
Einzelraumregelung 130, 132
Einzelsicherungen 196
Einzelversorgung 144
Einzelwiderstände 214, 291
Elektrische Arbeit 167
Elektrische Begleitheizung 194
Elektrische Leistung 167

Elektrische Schutzmaßnahmen 211
Elektro-Boiler 158
Elektro-Durchfluss-Wassererwärmer 162
Elektro-Speicher-Wassererwärmer 158
Elektrofachkraft 138
Elektrofilter 266
Elektroherden 32
Elektromagneten 27
Elektromotoren 138, 139
Elektronen 320
Elektronik 111, 163
Emission 15
Emissionen 51
Enddruck 83, 150
Endgeräte 360
Endlagenschalter 276
Energie-Bedarfsausweises 317
Energie-Einsparungsgesetz 328
Energie-Einsparverordnung 36, 302
Energiebedarf 144, 154
Energieeinsparung 15
Energiekosten 16
Energieverbrauch 302
Entfeuchten 256
Enthärtungsanlage 338
Entleerungseinrichtungen 78
Entleerungsvorrichtung 149
Entlüftung 235
Entnahmearmatur 235
Entspannungstopf 77
Entstörtaste 64
Entwässerungsanlagen 339
Erdbehälter 240
Erde 325
Erdgas 9, 201
Erdgas-Luft-Gemisch 13
Erdgasanlagen 354
Erdgasbestandteile 9
Erdgastransport 200
Erdgasverbundnetz 200
Erdgasversorgung 200
Erdgasverteilung 200
Erdgasvorkommen 9
Erdkern 325
Erdkollektoren 316
Erdkruste 325
Erdmantel 325
Erdöl 7
Erdsonden 305
Erdwärme 326
Erdwärme-Kollektoren 305
Ersatzwiderstand 166
Estrich-Trocknungsprogramm 127
Etagebogen 281
Europa-Norm 61
EVU 162
Expansionsventil 164, 305

Fachmann-Ebene 351
Falschluft 95
Falz 282
Faserfilter 265
FCKW-Kältemittel 304
Feder-Schwingungsdämpfer 288
Fehlercode 350
Fehlersuche 350
Fensterlüftung 255
Ferngas 9
Fernheizungen 320
Fernleitungen 321
Fernwärmeanschluss 319
Fernwärmeversorgung 324
Festbrennstoff-Feuerung 80
Festbrennstoffe 45
Feuchtefühler 245
Feuchteregelung 361
Feuchteregler 278
Feuchtigkeit 239
Feuerlöscher 226
Feuerraum 36
Feuerstätten 16, 87
Feuerungs-Manager 71
Feuerungsregler 46
Feuerungsverordnung 87, 233
Feuerwiderstandsdauer 104, 286

Feuerwiderstandsklassen 286
FeuVO 87
Filter 337
Filtereinsatz 25
Filterklasse 265
Filterpapier 50
Filterstufen 265, 267
Filterwechsel 358
Flächenkorrosion 357
Flachheizkörpern 346
Flachkollektoren 177
Flammenüberwachung 63, 70
Flammenwächter 63
Flammenwurzel 65
Flammpunkt-Temperatur 8, 57
Flammrohr 59
Flanschverbindungen 282
Flaschenbatterien 227
Flaschenschränke 227
Fließdruck 30
Fließgeschwindigkeiten 214
Fließweg 193
Flügelrad-Anemometer 294
Flüssiggas 9
Flüssiggas-Anlagen 222, 356
Flüssiggas-Behälter 222, 356
Flüssiggas-Entnahmeventil 226
Flüssiggas-Flaschen 226
Flüssiggas-Installationen 227
Flüssiggase 222
Förderschnecke 46, 240
Formstücke 281
Fortluft 256
Fortluft-Jalousieklappe 276
Fortluftausblasung 360
Fortluftdurchlässe 360
Fortluftklappe 276
Fossilien 6
Fotokreis 63
Fotowiderstände 63
Fotozelle 47, 63
Freier Auslauf 335
Fremdlichteinfall 63
Fremdstrom-Anoden 352
Fremdwärme 130
Frequenz 134, 287
Frequenzbereich 288
Frostschutz 276, 353
Frostschutz-Einrichtungen 267, 278, 294, 361
Frostschutzgrenze 352
Frostschutzsicherung 127
Führungsgröße 112
Fülldruck 84
Fülleinrichtung 78
Füllleitung 236
Füllrohr 235
Füllrohrverschluss 235
Füllschlauch 236
Füllstutzen 236
Füllventil 225
Fünfleiternetz 134
Funkenstrecke 26
Funksender 330
Funksteuerung 131
Funktionsabläufe 64, 65
Funktionsprüfung 28, 294, 334
Funkuhren 127
Fußbodenheizung 130
Fuzzylogik 122

Garbrenner 32
Gas-Absperrarmaturen 205
Gas-Druckregelgerät 203
Gas-Durchfluss-Wassererwärmer 171
Gas-Durchlaufwassererhitzer 171
Gas-Feuerstätte 87
Gas-Gebläsebrenner 42, 68, 111, 347
Gas-Hausanschluss 202
Gas-Haushalts-Kochgerät 88
Gas-Heizkessel 41
Gas-Innenleitungen 208
Gas-Kombiwasserheizer 44, 349
Gas-Luft-Gemisch 69
Gas-Magnetventil 26

Gas-Mangelsicherung 207
Gas-Manometer 69
Gas-Raumheizer 33
Gas-Regelblock 175
Gas-Speicher-Wassererwärmer 174
Gas-Strömungswächter 203, 207
Gas-Umlaufwasserheizer 43, 349
Gas-Wandheizkessel 45
Gasarmatur 172
Gasbackofen 32
Gasbrenner 22, 172, 347
Gasdruck 226
Gasdruckregler 25
Gasdruckwächter 25
Gasdüsen 26, 69
Gasentnahme-Armatur 225
Gasentnahme-Ventil 225
Gasexplosionen 211
Gasfamilien 10
Gasfilter 25
Gasgeräte 20, 88
Gasgeräte-Anschluss 214
Gasgeruch 211
Gasgleichung 10
Gasherde 32
Gasspeicherung 200
Gassteckdosen 205
Gastemperatur 226
Gasversorgungsunternehmen 11, 201
Gasvolumenstrom 30
Gaszähler 206
Gaszufuhr 69
Gebäudeart 120
Gebäudeleittechnik 128, 330
Gebläse 58, 60
Gebläsefeuerungen 38
Gebrauchsfähigkeit 211, 355
Gegenstromapparate 322
Geothermische Heizkraftwerke 325, 327
Geräte-Schutzsicherungen 137
Geräteanschlussleitungen 202
Gerätearten 212
Geräteeinstellung 29, 31
Gerätekategorien 7
Gerätewirkungsgrad 29
Geruchverschlüsse 339
Gerüstarbeiten 180
Gesamt-Nennwärmeleistung 89
Gesamtdruckverlust 215, 292
Gesamtwiderstand 166
Gesamtwirkungsgrad 154
Gesundheitsamt 197
Gesundheitsgefahr 195
Gewebetanks 242
Gewinderohre 204
GFK-Hülle 234
Gleichstrom 320
Gleichzeitigkeitsfaktor 212
Gleitringdichtung 345
Gliederbogen 281
Globalstrahlung 177
Glühzünder 47
Glykolgehalt 181
Grauwert 48
Gravitationswert 95
Grenzwertgeber 235, 237
Grobfilter 265
Großanlage 196
Großflaschen-Anlagen 227
Großkessel 39
Grundheizlast 130
Grundstellung 135
Grundwasser 305
Grundwasser-Wärmepumpen 305
Gruppenversorgung 144
Gusseisen 36
Gusskessel 36
GVU 11

h-x-Diagramm 248
Hackschnitzel 47, 239
Hackschnitzel-Heizung 47
Hackschnitzelfeuerung 324
Halbleiter-Bauelement 63
Halbleiter 123

Hauptabsperreinrichtung 201, 228
Hauptbrenner 172
Hauptgasventil 25, 172
Hauptprüfung 210
Haus-Druckregelgerät 214
Hausanschluss-Stationen 323
Hausanschlüsse 322
Haushalts-Gaszähler 206
Hausschornsteine 94
Heißgasmotor 319
Heißluftgebläse 33, 46
Heißwasser 321
Heißwasserheizungen 75
Heizband 194
Heizen 256
Heizflächen 36
Heizgeräte 349
Heizkennlinien 120
Heizkessel 36, 346
Heizkessel-Temperaturregler 115
Heizkesselanlagen 52
Heizkörpergruppe 130
Heizkörper 345
Heizkörper-Thermostatventile 117, 130
Heizkostenabrechnung 328
Heizkostenverordnung 328
Heizkostenverteiler 328
Heizkreise 123
Heizkreisregelungen 128
Heizkreisverteiler 54
Heizöl 233
Heizöl-Versorgungsanlagen 357
Heizölbehälter 236
Heizöle 7
Heizöllagerräume 235
Heizöllagerung 233
Heizölmoleküle 235
Heizölsperren 340
Heizperiode 123, 233
Heizräume 92
Heizschlange 147
Heizungsanlagen 345
Heizungspumpen 345
Heizungsregelungen 120
Heizungsregler 350
Heizungssystem 121
Heizungsunterstützung 182, 302
Heizwerk 324
Heizwert 6
Heizwiderstände 158
Hersteller-Code 61
Hilfsenergie 113
Hilfsmotor 58
Himmelsrichtungen 123
Hinweisschild 31, 202
Hitzdraht-Anemometer 294
Hochdruck-Kugel-Gasbehälter 200
Hochleistungskesseln 38
Hochspannungs-Funkenstrecke 69
Hochtarif 160
Hochwasser 233
Höhendifferenzen 214
Höhenstandsanzeiger 79
Hohlraumspeicher 201
Hohlstrahl 61
Holz-Brennstoffe 7
Holz-Pellets 6, 46, 240
Holzabfälle 324
Holzbrennstoffe 239
Holzverschwelung 46
Hot-Dry-Rock-Verfahren 326
Hotelküche 262
Hydraulische Weiche 54
Hydraulischer Durchmesser 290
Hydrometer 79
Hygrometer 245
Hysterese 116

Immission 15
Inbetriebnahme 30, 67, 104, 210, 294
Indach-Montage 179
Induktionsauslässe 284
Induktionsgerät 285, 360
Industrie-Gasgeräte 212
Infrarotlicht 110

365

nfrarotstrahlen 65
nhaltsanzeiger 226
nhaltsmesser 235
njektorbrenner 23
njektorwirkung 22
nnenleitungen 201, 204
nnentür 90
nnenwiderstand 141
nspektion 334
nstallationstechnik 208
nstandhaltungen 335
nstandsetzung 334
nvarstab 115
onisations-Flammenüberwachung 26, 70
onisations-Überwachungselektrode 172
onisationszone 266
solierstück 203
stwert 112

Jahresbrennstoffbedarf 154
Jahresenergiebedarf 154
Jalousieklappen 285

Kalkstein-Verkrustungen 352
Kältemittel 164, 304
Kaltleiter 237
Kaltverdunstung 328
Kaltwasseranschluss 148
Kamine 94
Kaminofen 34
Kanal-Fernsehkameras 341
Kanalstrecken 290
Kappenventil 82
Kaskadenregelung 41, 126
Kathode 320
Kavernenspeicher 201
Keilriemen 360
Kennlinien 271
Kessel-Temperaturregelung 123
Kessel-Temperaturregler 115
Kesselbauart 41
Kesselkitt 37
Kesselkreispumpen 54
Kesselkreisregelung 128
Kesselmontage 37
Kesselnippel 37
Kesselreinigung 346
Kesseltemperaturregler 80
Kesselübertemperatur 352
Kesselwirkungsgrad 51
Klappensteuerung 276
Kleinanlagen 196
Kleinfeuerungsanlagen 48
Kleinflaschen-Anlagen 227
Klempnerarbeiten 180
Klimaanlagen 256, 258
Klimageräte 361
Klimatruhe 275
Klimazentralen 275
Klimazone 120
Kochbrenner 32
Kochendwassergeräte 158
Kochmulde 32
Kochsalzverbrauch 338
Kodieren 137
Kohle-Brennstoffe 6
Kohlendioxid 14, 244
Kohlenmonoxid 14
Kohlenstoff 14
Kohlenwasserstoff 8
Kollektor 177
Kollektorfeld 183
Kollektorfläche 302
Kollektorgröße 303
Kollektormontage 179
Kollektorwirkungsgrade 185
Kombikessel 43
Komfortausstattung 152
Kommunikation 127, 133
Komplettstation 184
Kompressor 304
Kompressor-Kühlmaschine 268
Kondensat 322
Kondensator 138, 304
Kondensatwärme 322

Kondenswassers 347
Kontamination 197
Kontrollbehälter 234
Kontrollkanäle 234
Kontrollflüssigkeit 234, 235
Konvektion 246
Körperschall 287
Korrosionsschutz 43, 204, 353
Kostenverteilung 331
Kracken 8
Kraft-Wärme-Kopplung 319
Krankheitserreger 195
Kreuzstrom-Wärmeaustauscher 272, 314
Kreuzstromprinzip 267
Küchen 88
Küchenaufstellung 41
Kühleffekt 246
Kühlen 256
Kühlfläche 252
Kühleroberflächen-Temperatur 252
Kühllast 261
Kühllastberechnung 261
Kühlmaschinen 268, 359
Kühlstäbe 23
Kühlwasser-Kreislauf 278
Kulissen-Schalldämpfer 287
Kundendienst 132
Kunststoffbehälter 235
Kunststoffhülle 233
Kupferrohre 204
Kurzschluss 61

Lagermenge 240
Lagerräume 240
Lagervolumen 235
Längenausdehnung 191
Längensumme 193
LAS 102
Laubfangsiebe 339
Leckanzeige 235
Leckgasvolumen 211
Leckmengen-Messgerät 211
Lecksicherungen 233
Leckvolumen 355
Leckvolumenstrom 317
Leckwarngerät 234
Legionellen 195, 269, 359
Leichtflüssigkeiten 340
Leistung 272
Leistungsbereich 37
Leistungsfaktor 139
Leistungskennzahl 152
Leistungszahl 164, 306
Leiterwerkstoff 165
Leiterwiderstand 165
Leitfähigkeit 162
Leitlamellen 284
Leitungsanlage 201
Leitungsquerschnitte 137
Leitungsschema 15
Leitungsschutzschalter 135
Leitungsteile 228
Leuchtflamme 22
Lichtstrahl-Steuerung 110
Lochdecke 283
Lochkorrosion 357
LON-BUS 133
Löschpulver 226
Luft 12, 244
Luft-Abgas-Systeme 102
Luft-Massenströme 248
Luft-Volumenströme 248, 260
Luft-Wasser-Wärmepumpen 306
Luftarten 256
Luftbedarf 14
Luftbefeuchter 258, 269
Luftbefeuchtung 251
Luftbehandlung 256
Luftbehandlungsgeräte 358
Luftdichtheit 316
Luftdruckwächter 69
Luftdurchlässigkeit 90
Lufteinlässe 284
Lufterwärmer 258, 267, 359
Lufterwärmung 250
Luftfeuchte 245
Luftfilter 265, 358

Luftführung 283
Luftgeschwindigkeiten 288
Luftkanäle 281
Luftklappe 46, 58
Luftkühler 258, 268, 359
Luftkühlung 252, 268
Luftleitlamellen 284
Luftleitungen 281, 316, 360
Luftmengeneinstellung 284
Luftmischung 250
Luftregler 69
Luftschall 287
Lufttemperatur 247, 248
Luftüberschuss 14, 49
Lüftungsanlagen 256, 257
Lüftungsfunktion 256
Lüftungsgeräte 361
Lüftungsleitungen 237
Lüftungsöffnungen 225
Lüftungssysteme 255
Luftventile 284
Luftverhältniszahl 14, 49
Luftversorgung 88
Luftverteilung 281, 360
Luftvormischung 22
Luftwäscher 269
Luftwechsel 262, 317
Luftzufuhr 58, 69
Luftzustände 250
Lungenentzündung 196

M-BUS 133
MAG 83
MAG-W 149, 338
Magma 326
Magnesiumanode 43, 352
Magnetventil 25, 61
MAK-Werte 262
Manipulation 207
Manometer 78
Manometer-Anschluss-Stutzen 148
Manometrische Methode 30
Mantelrohr 209
Mehrfach-Messgeräte 140
Mehrkesselanlagen 53
Mehrschicht-Verbundrohre 204
Meldeleuchte 65
Membran 81
Membran-Ausdehnungsgefäß 79, 81, 149, 183, 345
Membran-Sicherheitsventil 76, 148, 337
Messöffnung 47
Messort 113
Messprotokoll 52
Messpunkte 295
Messstutzen 30
Messumformer 113
Messungen 48
Methan 9
Mikroprozessoren 125
Mindest-Außenluftstrom 260
Mindest-Druckbegrenzer 78
Mindestabstand 88
Mindestdruck 78
Mindestraumvolumen 90
Mineralwolle 283
Minimalbegrenzer 278
Mischeinrichtung 69, 70
Mischformel 250
Mischhähne 124
Mischkammer 258
Mischluft 256
Mischluft-Temperaturregelung 276
Mischrohr 22
Mischtemperatur 124
Mischventil 124, 185, 277
Mischwasser 153
Mitteldruck-Rohrleitungen 230, 356
Mitteldruckleitungen 210
Modul 128
Modulation 172
Modulationsbereich 320
Molchen 356
Mollier-Diagramm 248
Motor-Schutzschalter 139
Motorleistung 272

Motorschütz 139
Münz-Gaszähler 207
Muster-Feuerungsverordnung 87

Nacherwärmer 258
Nachlaufzeit 352
Nachrüstungspflicht 52
Nachschaltheizflächen 36
Nachspülzeit 70, 111
Nachzündzeit 63, 111
Nassläuferpumpen 345
Naturzugfeuerung 38
Nebenluft 102
Nebenluft-Vorrichtungen 81, 100
Neigungswinkel 178
Nenndurchsatz 62
Nennvolumen 84
Nennwärme-Leistungsbereich 29
Nennwärmebelastung 29, 61
Nennwärmeleistung 29
Nennweitenbestimmung 193
Netzkennlinie 272
Neutralisation 42
Neutralisationsanlage 347
Neutralleiter 134
Niederdruck-Leitungsanlage 209
Niederdruck-Rohrleitungen 230
Niedertarif 160
Niedertarifstrom 160
Niedertemperaturbereich 39
Niedertemperaturkessel 39
Norm-Heizlast 37
Normalausstattung 152
Normalbrenner 32
Normzustand 10
Notschalter 92
Notverschluss 340
NTC-Widerstand 122
Nutzungsgrad 51

O$_2$-Gehalt 48
Öffnungsdruck 83
Ohmmeter 141
Ohmsches Gesetz 165
Öl-Blaubrenner 45, 65
Öl-Verdampfungsbrenner 66
Öl-Wandheizkessel 45
Öl-Zerstäubungsbrenner 57, 348
Ölanschlussleitungen 238
Ölbrenner 347
Ölbrenner-Störungen 347
Öldampf-Luft-Gemisch 65
Öldämpfe 57
Ölderivate 51, 68
Öldruck 62
Öldruckleitung 61
Öldurchsatz 61
Öldüse 61
Ölfeuerungsanlagen 233
Ölfilter 60
Ölleitungen 59
Ölnebel-Luft-Gemisch 65
Ölpumpe 60
Ölstandsanzeiger 237
Öltemperaturschalter 64
Ölvorwärmung 63
Operationsraum 267
Opferanode 352
Optimierung 12
Ordnungsprüfung 230
Ozonschicht 304

P-Regler 116
Parallelschaltung 166, 183
Parameter 352
Passivhäuser 314
PE-HD-Rohre 204
PE-Leiter 135
Peilrohr 235
Peilrohrverschluss 235
Peilstab 235
Peilventil 225
Pellets 7
Pelletsheizung 240
Pelletskessel 47
pH-Wert 353
Photosynthese 324

Photovoltaik-Anlage 190
Piezozünder 27
Pipelines 200
Platten-Wärmeaustauscher 147, 321
Porenspeicher 201
Potenzialausgleich 180, 206
Pourpoint 8
Prandtl 294
Präzisionsstahlrohre 204
Pressfittings 205
Presswerkzeug 37
Primärluft 22
Programmieren 351
Programmspeicher 111
Propan 9, 222
Proportional-Regler 116
Proportional-Verhalten 116
Propylen-Glykol 181
Protonen 320
Prozessrechner 132
Prüfanschluss 225
Prüfdruck 282
Prüfeinrichtung 148
Prüfrohr 340
Prüfschraube 335
Prüfungen 230, 356
PTC-Widerstände 123
Pufferspeicher 54, 182, 302, 307
Pumpensteuerung 127

Quell-Auslass 285
Quell-Lüftung 285
Querlüftung 283
Querstromventilatoren 271

Radarstrahlen 110
Radialventilatoren 270
Raketenbrenner 65
Rauch 287
Rauchgasführung 39
Rauchmelder 286
Rauchpatronen 294
Raum-Klimageräte 275
Raum-Temperaturregler 117
Raum-Thermostate 117
Raumgeräte 275
Raumklima 244
Raumluft 305
Raumlufttechnik 244, 255
Raumtemperatur-Zweipunktregler 117
Raumvolumen 88
Reduzierstück 281
Regeleinrichtungen 112
Regelgröße 113
Regelkreis 112, 113
Regelstrecke 113
Regelung 163, 184, 276
Regelungsanlagen 361
Regelungsparameter 350
Regelungstechnik 112
Regeneriersalz 338
Regenwasser-Nutzungsanlagen 342
Regenwasserabläufe 339
Regler 113
Regler-Armaturen-Gruppe 229
Reihenschaltung 166, 183
Reindampf-Erzeugern 270
Reinigen 334
Reinigung 346
Reinigungsintervalle 359
Reinigungsöffnungen 100, 339
Reinigungsspirale 342
Reinigungswerkzeuge 342
Reinlufttechnik 265
Reparatur 334
Ressourcenschonung 302
Revisionsöffnungen 360
Rezirkulation 65
Ringelmann-Skale 48
RLT-Anlagen 256, 358
RLT-Geräte 361
Rohr-im-Rohr-System 195
Rohrbelüfter 336
Röhrenkollektor 178
Rohrinspektion 11
Rohrleitung

Rohrnetz 183
Rohrnetzberechnung 187
Rohrregister 322
Rohrreinigungsmaschinen 342
Rohrstrecken 214
Rohrtrenner 335
Rohrunterbrecher 335
Rohrweitenbestimmung 229
Rollbandfilter 265
Rost 46
Rotations-Wärmeaustauscher 272
Rückflussverhinderer 78, 148, 335
Rückkühlsystem 268
Rückkühlwasser 269
Rückkühlwerk 269, 359
Rücklauf-Temperaturanhebung 53, 127
Rücklaufbeimischung 324
Rücklaufsammler 54
Rückstauverschlüsse 340
Rückstrom 28, 88
Ruß 14
Rußbrände 95
Rußmesser 50
Rußpumpen 50
Rußzahl 50

Sachverständiger 104
Salpetersäure 15
Sanierung 197
Sanierungsmaßnahmen 197
Sattdampf 270
Sättigungslinie 248
Sauerstoff 14, 244
Sauerstoff-Diffusion 346
Saugaustragung 240
Sauggebläse 240
Säurekorrosion 42
Schachtlüftung 255
Schalldämm-Matten 288
Schalldämpfer 257, 287
Schallpegel 287
Schallschutz 287
Schallübertragung 288
Schaltdifferenz 116, 127, 352
Schaltfunktionen 160
Schaltkästen 128
Schaltperiode 117
Schaltpläne 135
Schaltpunkt 351
Schaltschemen 137
Schaltschränke 128
Schaltuhren 111, 113, 118
Schaltzeichen 135
Schamottestein 39
Schaufelformen 271
Schaufeln 271
Schaumkunststoffe 283
Scheitholz 46, 239
Schichtenspeicher 147
Schichtenspeicher-Ladepumpe 147
Schimmelbildungen 314
Schlammabgang 340
Schluckbrunnen 305
Schmelzlot-Element 25
Schmelzlote 205
Schmelzsicherungen 135
Schmutzfänger 346
Schneidringverschraubungen 60
Schnellaufheizung 161
Schnellschlussventil 235
Schnittstellen 127
Schöpfgitter 284
Schornsteinabmessungen 98
Schornsteinanlage 95
Schornsteindurchmesser 98
Schornsteine 94
Schornsteinfeger-Funktion 126
Schornsteinhöhe 95
Schornsteinmündung 95, 96
Schornsteinquerschnitt 95
Schornsteinzug 95
Schrägrohr-Manometer 265
Schutzanode 352
Schutzanstriche 357
Schutzbereiche 224
Schutzkappe 226

Schutzleiter 134
Schutzmaßnahmen 223
Schutzwände 224
Schwefel 14
Schwefeldioxid 14
Schwefelgehalt 8
Schwefelige Säure 15
Schweiß 246
Schwerkraftheizungen 79
Schwerkraftwirkung 192
Schwerkraftzirkulation 193
Schwimmbadbeheizung 303
Schwimmbäder 303
Schwimmerkugel 340
Schwingungsdämpfer 288
Schwüle 247
Seewasser 305
Segeltuchmanschette 289
Sekundärluft 22
Selbstregeleffekt 194
Sensor 28
Servomotor 58
Sicherheits-Abblaseventil 228
Sicherheits-Absperrventil 228
Sicherheits-Druckbegrenzer 78, 163
Sicherheits-Magnetventil 66
Sicherheits-Manometer 225
Sicherheits-Temperaturbegrenzer 64, 76, 116
Sicherheitsbestimmungen 140
Sicherheitseinrichtungen 52, 79
Sicherheitsgeschirr 180
Sicherheitsgruppe 149
Sicherheitskappen 208
Sicherheitskennzeichen 224
Sicherheitsleitungen 79
Sicherheitsmaßnahmen 211
Sicherheitsregeln 138
Sicherheitsrücklaufleitung 79
Sicherheitsschalter 63
Sicherheitsstopfen 208
Sicherheitsventil 76, 148, 183, 225, 227, 337
Sicherheitsverschlüssen 208
Sicherheitsvorlaufleitung 79
Sicherheitszeit 26, 63, 70, 111
Signalverstärker 113
Silizium 123
Sinnbilder 215
Software 132
Solaranlagen 126, 302, 352
Solarenergie 176
Solarflüssigkeit 180
Solarheizung 302
Solarkonstante 177
Solarstrahlung 176
Sole-Wasser-Wärmepumpen 306
Sollbruchstelle 203
Sollwert 112
Sollwertabweichung 112
Sollwerteinsteller 112
Sommerbetrieb 127, 258
Sommerumschaltung 127
Sonneneinstrahlung 177
Sonnenenergie 176
Sonnenkollektoren 177
Spaltgas 9
Spannungsmessung 141
Speicher-Ladepumpe 43, 118
Speicher-Ladesystem 147, 349
Speicher-Vorrangschaltung 118
Speicher-Wassererwärmer 43, 118, 126, 145, 352
Speicheraufheizung 128
Speicherbatterie 151
Speicherentleerung 148
Speichergröße 151, 186
Speicherladezeit 352
Speichervolumen 233
Spitzenbelastung 146
Spitzenvolumenstrom 212
Splittgeräte 275
Spritzdüsen 269
Sprüh-Charakteristik 61
Sprühbefeuchter 269
Sprühwinkel 61
Stadtgas 9

Stagnation 197
Stahl 36
Stahlbehälter 233
Stahlblechkanäle 281
Stahlkessel 36
Stahlrohre 204
Stahlspiralen 342
Standardprogramm 350
Standspeicher 160
Starkbrenner 32
Stärkeabscheider 340
Stau 28
Staub 48
Staubabsaugung 240
Staubfilter 265
Staudruck 317
Staurohre 294
Stauscheibe 59
STB 76
Stecker 137
Steckverbindungen 137, 282
Steigleitungen 201
Steinbildung 119
Steinkohle 6
Stellantrieb 70, 130, 361
Stellglied 110, 113
Stellgröße 110, 113
Stellmotor 58, 285
Sternschaltung 138
Steuereinrichtung 110
Steuergerät 64, 110
Steuerkette 110
Steuerstrecke 110
Steuerung 162, 276
Steuerungstechnik 110
Stickstoff 81, 244
Stickstoffoxide 14
Stillstands-Temperaturen 183
Stillstandsverluste 51, 58
Stirlingmotor 319
Stockpunkt-Temperatur 353
Stockwerksverteiler 192, 195
Stopfbuchsendichtung 345
Störabschaltung 26
Störgrößen 112
Störmeldungen 350
Störungen 64, 334
Strahllüftung 283
Strahlungsbrenner 23
Strahlungsdichte 176, 185
Stroh 6
Stromerzeugung 319
Stromlaufpläne 160
Strommessgeräte 141
Stromnetz 134
Stromstärke 141
Strömungsschalter 44, 162
Strömungssicherung 27, 41, 172
Stromverlauf 135
Systemtrenner 78

Tankbatterie 235
Tankbeschichtungen 357
Tankreinigung 357
Tauchfühler 122
Tauchschaft 122
Taupunktkorrosion 124
Taupunktspiegel 28
Taupunkttemperatur 15, 42, 245, 248
Taupunkttemperatur-Regelung 278
Teilklimaanlagen 256, 259
Teilklimagerät 274
Teillastbetrieb 53
Temperatur-Begrenzungseinrichtungen 361
Temperatur-Differenzregler 184
Temperaturanzeige 128
Temperaturausgleich 210
Temperaturbegrenzer 115, 116
Temperaturdifferenzen 187
Temperaturfühler 122
Temperaturregelung 118, 158, 361
Temperaturregler 33, 64, 76, 115
Temperaturschichtungen 146
Temperaturschwankungen 117
Temperaturverlauf 123

Temperaturwächter 116
Temperaturwähler 172
Testraum 120
Thermalwasser 326
Thermische Ablaufsicherung 81
Thermische Desinfektion 119, 197
Thermische Rückführung. 117
Thermistoren 122
Thermoelement 27
Thermometer 76
Thermosiphon-Speicher 182, 302
Thermospannung 27
Thermostatarmaturen 196
Thermostatventile 130, 346
Thermostrom 175
Thermostromkreis 175
Tichelmannsystem 183
Tiefenbohrung 326
Titanoxid-Beschichtung 177
Transmissionswärme 261
Treibhauseffekt 15, 177
Treibhausklima 247
Treibschieber 282
Trend 132
TRF 222
TRF-Sachkundiger 230
Trinkwasser-Installationen 191
Trinkwasser-Verordnung 197
Trinkwasseranlagen 334
Trinkwassererwärmer 144, 338, 352
Trinkwassererwärmung 43
Trockenläuferpumpen 345
Tropfenabscheider 359
Turbulenz 59

U-Rohr-Manometer 265
Überbrückungsleitung 211
Überdruckfeuerung 38
Überfüllsicherung 225
Übergabe 105
Übergabestation 200, 322
Überlaufbatterie 158
Überlaufleitung 79
Überprüfungen 238
Überströmventile 52
Übertischmontage 159
Überwachung 51
Überwachungselektrode 26
Ultraschall-Wärmezähler 330
Umgehungsleitung 172
Umlauf-Sprühbefeuchter 258, 269, 359
Umluft 256
Umluftanlagen 256
Umluftklappe 276
Umwälzpumpen 52
Umweltbelastung 15
Umweltenergie 306
Unfallverhütung 180
Unitkessel 39
Unterdrücke 262
Untertischmontage 159
Unwuchten 288
US-Gallonen 61
UV-Bestrahlung 197, 359
UV-Desinfektionsanlage 359
UV-Diode 197
UV-Licht 269

Vakuumreiniger 355
Vakuumschutz 233
VDI 255
VDI-Richtlinie 358
Ventilator-Konvektoren 360
Ventilator-Wirkungsgrad 272
Ventilatordruck 272, 291
Ventilatoren 270, 360
Ventilatorgeräusche 287
Ventilatorkennlinie 272
Venturidüse 162
Verbindungsschlauch 78
Verbindungsstück 47, 99
Verbrauchsanlage 228, 356
Verbrauchserfassung 331
Verbrauchsleitungen 201
Verbrennung 12, 14
Verbrennungsluft 88

Verbrennungsluft-Gebläse 46, 81
Verbrennungsluft-Öffnung 91
Verbrennungsluft-Raum 89
Verbrennungsluft-Verbund 89
Verbrennungsluft-Versorgung 88
Verbrennungsluft-Volumen 89
Verbrennungsstrombild 15
Verbrennungsvorgänge 12
Verbrühung 119
Verbundraum 90
Verdampfer 164, 304
Verdampfungsprinzip 66
Verdampfungswärme 6, 42, 226, 246, 304
Verdichter 164, 304
Verdrahtung 137
Verdrängungsprinzip 60
Verdunstung 246
Verdunstungsprinzip 328
Verflüssiger 164, 305
Vergleichsskale 50
Verkettungsfaktor 139
Verkleidung 174
Verlustleistungen 139
Verpuffung 63
Verriegelung 76
Versorgungsanlage 227
Versorgungsleitung 202
Versottung 53
Verstopfungen 342
Verteilungsleitungen 201
Verteilventil 277
Vertrags-Installationsunternehmen 201
Verunreinigungsgefahr 233
Vierwege-Mischhahn 124
Viskosität 8, 63, 181
VOB 294
Vollstrahl 61
Voltmeter 141
Volumenstrom 272, 289
Volumenstromregler 277
Vordruck 83, 150
Vorerwärmer 258
Vorfilter 265
Vorlauffühler 122
Vorlaufleitung 235
Vorlauftemperatur 124
Vorlaufverteiler 54
Vormischbrenner 23
Vorprüfung 209
Vorrang-Umschaltventil 44
Vorspülung 63
Vorspülzeit 111
Vorzündzeit 63, 111
Vulkanismus 326

Wandgitter 284
Wandheizkessel 349
Wandheizungen 306
Wandtemperaturen 247
Wanne 235
Wärme-Inhalt 248
Wärmeaustauscher 42, 172, 174, 321
Wärmebelastung 29
Wärmedämmung 183, 282
Wärmeeinstrahlung 261
Wärmeerzeuger 75
Wärmehaushalt 246
Wärmekapazität 181
Wärmeleistung 37
Wärmeleitrohr 182
Wärmepumpe 163, 273, 303
Wärmepumpen-Heizungen 303
Wärmequellen 305
Wärmerohr 178
Wärmerückgewinnung 272, 314
Wärmeschichtung 302
Wärmespeicher 181, 302
Wärmestauungen 247
Wärmestrahlung 246
Wärmeträger 181, 244, 320
Wärmeverbrauch 329
Wärmeversorgungs-Unternehmen 322
Wärmeverteilungsanlagen 345

Wärmewerte 6
Wärmezähler 329
Warmwasser 320
Warmwasser-Fußbodenheizungen 130, 306, 346
Warmwasserheizungen 75
Warmwasserkosten 154, 331
Warmwasserleitungen 191
Warmwassertemperatur 196, 352
Warnband 204
Warngerät 233
Wartung 31, 334
Wartungsanleitung 105
Wartungsarbeiten 31
Wartungshähne 79
Wartungsmaßnahmen 343
Wartungsplan 339
Wartungsprotokoll 349
Wartungsvertrag 346
Wäscher 259
Wasser-Glykol-Gemische 181
Wasser-Luft-Wärmepumpen 306
Wasser-Strömungswächter 78
Wasser-Wasser-Wärmepumpe 306
Wasserabgabe 246
Wasserarmatur 172
Wasseraufbereitung 359
Wasserdampf 14, 320
Wasserdampf-Aufnahmefähigkeit 245
Wassergehalt 239
Wasserhaushaltsgesetz 233
Wasserkosten 331
Wassermangel 78, 335
Wassermangelsicherung 78, 172
Wassermangelventil 44, 172
Wassermengenregler 162, 172
Wasserschalter 172
Wasserschutzgebieten 238
Wasserstoff 9, 14
Wasserstoffgehalt 16
Wasserumlaufsysteme 273
Wasservorlage 81, 83
Wasserzähler 195
Wechselspannung 134
Wechselstrom 135, 320
Wechselstrom-Motoren 138
Werkstoffe 36
Wetterschutzgitter 285
Wickelfalzrohre 281
Widerstände 166
Widerstandsbeiwerte 214, 290
Widerstandsmessung 141
Wiederholungsmessung 52
Windgeschwindigkeit 317
Winterbetrieb 127, 258
Wirkleistung 139
Wirkungsgrad 43, 50, 139, 185, 272
Wirkungsweg 112
Wobbe-Index 12, 26
Wobbe-Index-Bereich 30
Wohlbefinden 247
Wohnraumlüftung 314
Wohnungs-Wasserzähler 195

Zählernischen 206
Zählerschränke 206
Zahnradpumpe 60
Zechenkoks 6
Zeitprogramme 351
Zeitschaltuhr 118, 127
Zentrale Gebäudeleittechnik 131
Zentrale Versorgung 144
Zerstäuberdüsen 359
Zirkulationsleitung 79, 192
Zirkulationspumpe 119, 192
Zonen-Nacherwärmer 360
Zonen-Nachkühler 360
Zonenventil 130
Zugbedarf 38, 99
Zugbegrenzer 95
Zugerscheinungen 247
Zuluft 256
Zuluft-Volumenstrom 260
Zuluftgerät 274
Zuluftströmung 283

Zulufttemperaturen 260
Zuluftventilator 257
Zündbrenner 26
Zündeinrichtung 26
Zündelektrode 26, 63
Zündgas-Druckknopf 175
Zündgasmenge 44
Zündgasventil 172
Zündgerät 63
Zündgeschwindigkeit 13
Zündgrenzen 13
Zündsicherung 27
Zündtemperaturen 12
Zündtransformator 26, 63
Zündung 26, 63, 69, 111
Zündzeit 63
Zustandsgrößen 10
Zweikreisbetrieb 160
Zweipunktausgang 123
Zweipunktregelung 34
Zweipunktregler 115
Zweistoffbrenner 71
Zweistrangsystem 59
Zweistutzen-Gaszählern 206